中国政法大学精品系列教材

行政法学

（第三版）

中国政法大学教材编审委员会 审定

主 编 马怀德

撰稿人 （以姓氏笔画为序）

马怀德　王万华　王敬波

贺昱辰　高家伟　薛刚凌

中国政法大学出版社

2019·北京

图书在版编目（ＣＩＰ）数据

行政法学/马怀德主编. —3版. —北京：中国政法大学出版社, 2019. 1（2022.7重印）

ISBN 978-7-5620-8772-4

Ⅰ.①行… Ⅱ.①马… Ⅲ.①行政法学–中国 Ⅳ.①D922.101

中国版本图书馆CIP数据核字(2019)第002169号

出　版　者　　中国政法大学出版社

地　　　址　　北京市海淀区西土城路 25 号

邮　　　箱　　fadapress@163.com

网　　　址　　http://www.cuplpress.com（网络实名：中国政法大学出版社)

电　　　话　　010–58908435(第一编辑部) 58908334(邮购部)

承　　　印　　固安华明印业有限公司

开　　　本　　720mm × 960mm　1/16

印　　　张　　28

字　　　数　　597 千字

版　　　次　　2019 年 1 月第 3 版

印　　　次　　2022 年 7 月第 2 次印刷

印　　　数　　5001～9000 册

定　　　价　　59.00 元

作者简介

　　马怀德　男，现任中国政法大学副校长、教授、博士研究生导师。兼任中国行政法学研究会会长，中国法学会常务理事，中国监察学会副会长，中国学位与研究生教育学会副会长，国家发展和改革委员会、住房和城乡建设部、民政部、北京市、山东省、福建省、湖南省等政府顾问或专家咨询委员。直接参与《国家赔偿法》《行政处罚法》《立法法》《行政许可法》《行政强制法》等多部法律的起草工作。曾于 2005 年 12 月为中央政治局第 27 次集体学习讲授"行政管理体制改革和经济法律制度"，于 2016 年 5 月 17 日参加习近平总书记召开的哲学社会科学工作座谈会，多次为各部委和地方人民政府作法治政府建设和依法行政专题讲座。系人事部等七部委"新世纪百千万人才工程"国家级人选，荣获第四届"中国十大杰出青年法学家奖"，获 2008 年"宝钢优秀教师奖"、"首都五一劳动奖章"等荣誉称号，获霍英东基金会优秀青年教师奖、2006 年首都劳动奖章、北京市哲学社会科学优秀成果奖，"北京市有突出贡献的科学、技术、管理人才"，中国法学会百名法学家百场报告会最佳宣讲奖，北京市第八届哲学社会科学优秀成果二等奖，北京市第十届哲学社会科学优秀成果二等奖，2012 年中国十大影响力法学理论研究成果奖，北京市法学会应用法学研究成果一等奖等多项奖励。享受国务院批准的政府特殊津贴。出版学术专著、合著四十余部，在《中国法学》《法学研究》等重要学术期刊发表成果百余篇，在《人民日报》《光明日报》《新华日报》等报纸发表文章六十余篇。主持国家社科基金重大项目、国家自然科学基金培育项目、教育部哲学社会科学重大攻关项目、中国法学会十大专项研究规划项目、北京市哲学社会科学重大规划项目等国家、部委和地方科研课题数十项。

　　王敬波　女，现任中国政法大学法治政府研究院院长、教授、博士研究生导师。1993 年毕业于西北政法学院，获法学学士学位；1996 年毕业于西北政法学院，获法学硕士学位；2004 年 10 月毕业于法国巴黎第一大学，获第三阶段大学文凭；2005 年毕业于中国政法大学，获法学博士学位。主要著作有：《法治政府要论》（中国政法大学出版社 2013 年版）、《城市管理与行政执法》（研究出版社 2011 年版）、《高等教育领域里的行政法问题研究》（中国法制出版社 2007 年版）。教材有《行政法与行政诉讼法学》（中国政法大学出版社 2007 年版）等。在《法律科学》《行政法学研究》等刊物上发表学术论文数十篇。主持或参加多项国家和省、部级课题研究。

　　薛刚凌　女，现任华南师范大学政府改革与法制建设研究院院长，法学院教授。兼任监察部特邀监察员、国务院行政审批改革办公室专家咨询组成员、中央治理商业贿赂领导小组专家组成员；中国行政法学研究会常务理事、中国行政管理学会理事、决策科学研究会常务理事；国家行政学院、北京大学、中国人民大学等行政法或公法研究中心兼职研究员或客座教授。2007 年被评为第五届中国十大杰出青年法学家。研究领域为行政法学和军事法学。曾参与《行政许可法》《全面推进依法行政实施纲要》等多部法律和文件的研究起草工作。个人专著、合著有《行政诉权研究》《行政组织法研究》等，主编《行政体制改革研究》《外国及港澳台行政诉讼制度》《军事法学》等，并在《中国法学》等报刊发表学术论文数十篇。

　　高家伟　男，现任中国政法大学"2011"计划司法文明协同创新研究中心研究员、诉讼法学研究院教授、博士研究生导师。1991 年获西南政法学院法学学士学位，1994 年和 1997 年分别获中国政法大学法学硕士和博士学位，先后在德国康斯坦茨大学法学院、芬兰图库大学法学院、德国德累斯顿大学法学院高级访问学者。译著有《行政法学总论》（法律出版社 2000 年版；元照出版有限公司 2002 年版）、《行政法》（三卷，商务印书馆 2002 年/2006 年版），专著有《行政诉讼证据的理论与实践》（工商出版社 1998 年版）、《欧洲环境法》（工商出版社 2000 年版）、《公正高效权威视野下的行政司法制度研究》（中国人民公安大学出版社 2013 年版）、《证据法基本范畴研究》（中国人民公安大学出版社 2018 年版），教材有《国家赔偿法学》（中国工商出版社 2000 年版）、《国家赔偿法》（商务印书馆 2004 年版），在《中国法学》《法学家》《政法论坛》《现代法学》等刊物上发表学术论文六十余篇，参编教材和专著十余本，主持国家级或者省部级研究项目十余项。

　　王万华　女，现任中国政法大学诉讼法学研究院教授、博士研究生导师。研究领域是行政程序法，主要著作有：《行政程序法研究》（中国法制出版社2000年版）、《中国行政程序法立法研究》（中国法制出版社2005年版）、《中国行政程序法典试拟稿及立法理由》（中国法制出版社2010年版）。发表的论文主要有"论我国尽早制定行政程序法典的必要性与可行性""法治政府建设的程序主义进路"等。2001年获"百篇全国优秀博士学位论文"奖。2006年入选教育部"新世纪优秀人才支持计划"。2013年入选第七届"全国十大杰出青年法学家"。2016年获第六届"钱端升法学研究成果奖二等奖"。2017年入选中国社会科学院"首届十大杰出法学博士后"。2017年入选"文化名家暨四个一批人才"。2018年入选国家"万人计划"哲学社会科学领军人才。

编写说明

为了深化教学改革，提高教学质量，中国政法大学教材编审委员会组织中国政法大学长期从事教研的专家、学者，打造一套在全国有重大影响的中国政法大学精品系列教材。

本套教材力求适应高等教育教学改革的新要求，面向并体现21世纪高等教育的新思想和新观念，在内容上注意吸收国内外教育、科研的最新成果，正确阐述本学科的基本理论、基础知识，努力做到知识性、理论性和实践性的统一。具体地讲，本系列教材的编写力求体现以下特征：

一、权威性。本套教材的编写人员在专业领域中具有较高学术水准、丰富的实践经验和教学经验，从而确保了每种教材在本学科领域中具备权威影响力。

二、基础性。本套教材体现"三基"，即基本概念、基本理论和基本体系，保证传授知识的完整性和系统性。

三、新颖性。本套教材体现"三新"，即知识点新、法律法规（司法解释）新、体例新，给读者呈现出一道全新而前沿的知识盛宴。

四、实用性。本套教材注重理论和实践相结合，重视收集典型案例、整理资料索引、编写多种引导学生自测的思考练习。

五、针对性。本套教材主要是针对本科生撰写的，但对研究生入学考试和相关职业考试也有重要的参考价值。

本套教材编写体例上继承了传统教材的优点，做到科学、规范、统一，并力求有所创新，以适应新世纪高等教育发展的全新要求。

参与编写本套教材的人员，或为学界有重要影响的学科带头人，或为在各自领域有较大影响的学术骨干，或为学术研究中崭露头角的学科新秀，他们均是具有丰富教学经验的一线教师，深谙教育教学的特点与规律。本套教材即是他们在教学和研究领域长期钻研的结晶。

　　本套教材的出版虽经长期酝酿、反复推敲，但疏漏之处在所难免，希望读者不吝指正。

中国政法大学教材编审委员会
2007 年 8 月

第三版说明

　　本书第二版的出版时间为 2009 年，至今已近 10 年。其间，我国行政法学理论研究与立法实践均取得了明显进展。2010 年《国家赔偿法》修订实施，2011 年《行政强制法》出台，2015 年修订后的《立法法》《行政诉讼法》陆续颁行。这些法律的制定与修正都深刻地影响着行政法的诸多理论内涵。因此，本书在修订时，主要以法律规范变化为基础，完善相关概念、原则、制度的阐述。其中，重点补充了第九章"行政强制"与第十四章"国家赔偿法"中的相关内容，并对第六章"行政立法与行政规范文件"、第十二章"行政协议"中的概念、制度内容进行了全新介绍。

　　本书作者分工如下（以姓氏笔画为序）：

　　马怀德：第十四章至第十七章；

　　王万华：第五、八、九章；

　　王敬波　贺昱辰：第六、十、十一、十三章；

　　高家伟：第一、四、七章；

　　薛刚凌：第二、三、十二章。

编　者

2018 年 12 月

| 目 录 |

第一章

行政法的基本概念

本章提要：

   本章介绍了行政、行政权、行政法、行政法律关系、行政法学等基本概念；从主体、范围和目的三个要素分析了公共行政的内涵，从形式意义和实质意义两个角度勾勒了公共行政的外延。通过国家行政与自治行政、裁量行政与羁束行政、秩序行政与服务行政、权力行政与非权力行政等分类，对公共行政的内在结构、行政法的渊源、特征与种类进行了剖析；介绍了行政权与行政职权之间的区别，分析了行政法律关系的概念、特征、要素、种类，初步探讨了行政法学的研究对象和体系。

第一节 行 政

一、公共行政的定义

行政法上的行政即公共行政，是指国家行政机关或者法律规范授权的社会组织，为了实现公共利益，依法对一定范围内的社会事务进行管理的活动。对这一定义，可以从如下方面理解：

（一）主体

公共行政的主体是国家行政机关和法律法规授权的社会组织。具体包括：

1. 国家行政机关。国家行政机关主要是指中央和地方各级人民政府及其下属工作部门。它们是中央和地方人民代表机关依据宪法和组织法的规定，按照法定的选任程序，依法成立的执行特定国家行政任务的机关。其工作人员属于国家公务员，与国家之间具有公法上的勤务关系。它们各自依法拥有专属的地域和事项管辖范围，由地方各级财政负责编制预决算、提供办公经费，并且由国家最终承担其行为的法律后果。尽管它们各自的职责分工是明确的，上下级关系是不可逾越的，而且有自己的部门利益，但相对于国家而言，它们却是一个不可割裂的整体，相互之间存在领导、委托、委任、协助、合作等多种关系，因此构成的是一个完整的、运转协调的组织系统。

从比较法的视角来看，我国国家行政机关体制的总体特点是：

（1）单一制。与我国国家形式的单一制相对应，中央和地方各级人民政府及其工作部门按照相同的组织原则、标准和程序设置，上下级之间虽然没有绝对的"条条"对应关系，不同的工作部门的具体机构的设置也不完全相同，但就整体上的组织模式而言，却是基本一致、整齐划一的。国务院及其所属的部、委、局的设置模式是地方各级人民政府及其工作部门设置的蓝本与典范，而地方各级人民政府及其工作部门也相应地按照上下级业务对口的原则设置。这样做的最大优点是有助于确保组织统一和政令畅通，减少沟通、协调方面的难题。

我国国家行政机关实行单一制的另一个表现是地方政府的双重身份，即地方各级人民政府一方面是国家在地方设立的、代表中央在特定地方维护国家整体利益的国家行政机关；另一方面，地方各级人民政府由地方人民代表大会选举产生，是地方居民为了自己的局部利益而依法组织起来的地方行政机关。对地方居民而言，本地政府是维护地方利益的"父母官"；对中央政府而言，地方各级政府则是维护国家整体利益的"地方官"。从实行地方自治制度的西方国家的视角来看，我国的特点在于自治行政与国家行政的结合，只在任务和权限方面作相对明确的划分，而在机构设置方面，将二者合并。所谓"一套班子，两块牌子"或者"两块牌子，一套人马"，讲的就是这个道理。从公共行政的简化与效率来看，我国的这种"二合一"体制具有独到的优点。

这里值得思考的一个问题是：凡是在行政机关体制方面实行上下级行政机关业务对口关系的，是否都是单一制呢？答案是否定的。业务对口关系只是形式上的一个认定标准。单一制与联邦制的实质区别在于：前者在全国只建立一套国家行政机关系统，不同地方和级别的行政机关之间存在法律监督、职务委托、行政协助等关系，但前提是以命令服从为基本内容的上下级隶属关系。与此不同，在联邦制中，全国分别建立中央和地方两套并行的行政机关系统，而且在地方行政机关中，州行政机关和县、乡镇的地方自治机关也是并立、分别设置的，联邦行政机关、州行政机关、地方自治行政机关在各自法定的职责范围内都是最高行政机关，相互之间并没有上下级隶属关系，只有法律监督、职务委托、府际合作、行政协助等关系。

（2）集权制。集权制是与分权制相对的一种行政机关组织模式，是指中央行政机关享有原始的行政权限，是地方各级行政机关权限的最终合法来源。如果地方行政机关的权限不能在中央政府的权限那里寻找到合法的来源和依据，则视为违法或者无权限，所谓"自上而下"。分权制则恰恰相反，地方行政机关享有原始的行政权限，凡是地方行政机关能够管理的事情，无论在法理上还是在规范上，都属于地方行政机关的权限。上级行政机关的权限来源于下级行政机关的"让渡"或者"转让"，后者之所以要让渡或者转让，是出于能力和效率的考虑。

这里首先要注意集权制与单一制之间的区别，前者是指国家总体的行政权限在中央和地方各级行政机关之间分配的体制，后者是指国家的整个行政机关组织体系在中央和地方的设置模式。简言之，前者针对的是权限，后者针对的是组织。尽管在实践中，二者具有一定的对应关系，例如，实行单一制行政组织模式的国家在行政权限的分配上往往实行集权制；但是，无论在理论上还是实践上，二者之间并没有必然的对应关系。与此同理，联邦制与分权制之间也没有必然的联系，尽管二者在实践层面具有常态的关系。

这里需要注意的第二个问题是：集权制并不反对分权，集权制强调的仅仅是原始的行政权限来源于中央，至于具体的行政权限，可能出于效能的考虑，依法分配给地方各级行政机关行使，即地方行政机关依法享有派生的行政权限。实行集权制的国家，其行政分权的程度不必然低于实行联邦制的国家，道理就在这里。因此，我国的行政权限体制的典型特征是"分权的集权制"。

（3）独任制。独任制是与合议制相对的一种组织模式，是指在具有相对独立的地位、任务、职权与职责，因而能够以自己的名义对外独立行文的行政机关中，决策的权力与责任均由担任领导职务的公务员个人最终行使并且负责。独任制的行政组织形态在我国国家机关的机构设置中是普遍的，它的最大特点是：下级的意志无论多么正确，都必须通过合理的途径汇集到主管领导那里，形成主管领导的意志，才能在法律上以行政法律行为的方式表现出来。这就意味着：只有主管领导的意志才能成为机关的意志。这种组织体制面临的一个法律难题在于如何确保领导个人意志与机关意志的高度统一，如何科学地划分主管领导个人的政治责任与机关的法律责任之间的界限。这种体制的优点是效率，这表明我国国家行政是以效率为第一位的价值取向的。从组织法的角度来看，领导权是行政权的关键所在，因而也是行政组织法的关键所在。在某种意义上可以认为，领导权的规范与控制是行政法的关键所在。

（4）层级制。层级制也称为科层制、威权制，是指通过有相对明确分工的上下级关系将中央与地方各级人民政府及其工作部门联系起来，构成一个完整的、政令畅通的国家行政组织系统。这种体制的最大特点是层层下达的指令制与层层上报的报告制，有助于上级对下级的控制。对上级机关而言，下级机关是执行上级机关意志的工具，而对下级机关而言，上级机关是其权力的来源，业务活动主要围绕上级机关的指令进行，因而有助于提高效率。但是，从行政文化的角度来看，这种体制的突出特征在于奉行所谓的"唯上"意识，比较看重上级的指令和意志，对下级机关的意见则关注不足，对民众呼声的回应比较迟缓，因而不利于发挥下级的主观能动性，不利于集中群众的智慧，反而损害了效率。

（5）官僚制。与层级制密切关联的另一个特点是所谓的官僚制，是指国家主要通过所属公务员队伍来执行行政任务的组织体制。"官僚"一词来源于法文，其本意是"办公桌""办公室",由于办公室和办公桌能够形象地表明这种体制的封闭性特征,就借用来表示"官僚"了。在我国,"官僚制"一词与"官本位"意识一脉相承。从法律的角度来看,国家任用国家公务员的目的当然是执行公务,但是,公务的执行并不一定要由他们来执行,许多服务性、公益性、专业性比较强的公务,由具有相关知识和经验优势的专业人士和社会组织来执行,更有助于行政效率的提高。随着民主法治的发展,民众参与公共行政的意识越来越强,逐步打破官僚制的封闭性,提高公共行政的开放性、透明度与民主性,是公共行政发展的必然趋势。

2. 法律规范授权的社会组织。法律规范授权的社会组织是指根据法律、法规的授权,以自己的名义行使特定行政职权,并且独立承担由此而产生的法律后果的社会组织,又称为法律法规授权的组织、授权组织等。这类组织的形态多种多样,例如:

(1)行业自治组织。行业自治组织是在特定地方从事同一行业经营活动的人员,为了维护本行业及其从业人员的利益,发展和巩固行业精神,维护职业准则,在主管行政机关的支持下,依法组建起来的行业组织,又称为协会、行会、公会等。从国外的情况来看,行业自治组织有自愿加入和退出的私法组织,也有采取强制成员身份的公法组织。公法上行业协会的组织模式多种多样,有的采取同志社的组织方式,有的采取兄弟会的组织方式,有的采取团体的组织方式,凡是在特定地方从事同一行业的人员都是会员,依法承担会员义务,享受会员权利。行会的成立一般要经过社团登记程序,通常有归口管理的国家行政机关,也就是所谓的"主管机关"或者"监督机关"。

(2)地方居民自治组织。这方面的典型是居民委员会、村民委员会、社区委员会等。根据2010年《村民委员会组织法》第2条、第5条和1989年《居民委员会组织法》第2条、第3条的规定,村(居)民委员会是村(居)民自我管理、自我教育、自我服务的基层群众自治组织,实行民主选举、民主决策、民主管理和民主监督。在治安、卫生、规划、福利、环境、生态等公益事务方面,村(居)民委员会享有一定的独立权限。这类自治组织的最大特点和优点是"直接民主性"。

(3)学术自治团体。这方面的典型是大学,是为了维护学术自由,发扬追求真理的科学精神,为国家和社会培养高级人才,按照团体制方式组织起来的教育服务组织。根据《教育法》《高等教育法》《学位条例》等法律法规的规定,大学享有办学自主权、学位颁发权、学籍管理权等,在此权限内是公共行政的一种组织形式。大学具有团体和设施的双重属性,一方面是执行国家教育任务的教育公共设施,另一方面是从事学术研究活动的学术自治团体。教育公共设施属性与学术自治团体属性之间的主次关系协调是彰显不同国家不同时代的大学法制建设特色的标志之一。

(4)公共设施。公共设施是指按照公平、公开和公正的原则,给国民提供普遍服务的临时性或者永久性的营造物。这方面的典型是由行政机关所有或者监督管理的博物馆、图书馆、公路、桥梁等。它们的组织形态多种多样,有的采取社会事业单位的组织管理方式，有的采取公司制的组织管理方式，但都指向特定公共利益目的，依法享有制定使用和管理规则、采取特定管理措施的公权力。

（5）行政公司。行政公司又称为政府公司，是指国家为了给国民提供有效的服务，有效调控对国计民生具有重要影响的垄断性行业，推行公共行政的民营化或者公私合作，贯彻执行国家的产业政策、社会政策或者国家安全政策而成立的公司制组织。它们的最大特点是商业性与公共性的结合。从组织模式和经营方式来看，它们是商业性的，应当遵循私法的规范；从所追求的目的和执行的任务来看，它们是公共性的，应当接受公法原则的约束。公法和私法的混合形成了一个特殊的法律规范领域，学理上称之为行政私法。

（6）行业监管机构。行业监管机构是国家行政机关为了突出行业管理的特点，利用社会力量执行专业性较强的行政任务，按照委员会制组织起来的行业监管机构，例如证券监督管理委员会（证监会）、中国银行保险监督管理委员会（银保监会）。这类机构的特点是知识性、专家型，业务活动的专业性非常强，因此，在组织机构和业务活动方面，有很强的独立性。在美国，这类组织被称为独立管制机构。它们与传统的国家行政机关不同，但也不属于民间行业自治组织，而是介于二者之间，很难归类。

以上六种情形是法律规范授权组织的主要类型。关于它们的具体情况，本教材将在其他章节专门介绍，这里只是作一般性的归纳。

总体而言，国家行政机关与法律规范授权的组织的区别在于：

（1）依据。前者成立的依据主要是宪法和组织法；后者则主要依据单行的部门法律法规或者主管行政机关专门发布的规范性文件。

（2）程序。前者的成立一般要通过同级人民代表大会及其常委会的选举程序或者选任程序；而后者成立的程序多种多样，有的由主管的国家行政机关决定成立，有的则由民间力量自发组织成立，有的则按照社团登记的程序办理成立手续。

（3）原则。就组织法原则而言，前者贯彻的主要是统一、精简、层级、效能等原则；而后者实行的主要是专业、分散、民主、公平、公正的原则。

（4）体制。如上所述，国家行政机关的组织体制是比较整齐划一的，与此不同，法律规范授权的组织体制多种多样，有的实行自下而上的团体制，有的实行自上而下的机关制，有的实行以公物为主的设施制，有的是按照股份公司制组建起来的企业，有的是按照事业单位模式组建起来的公益组织。

（5）任务。相比较之下，国家行政机关执行的任务主要是一些秩序性、强制性、命令性较强的传统行政任务；而法律规范授权的组织执行的任务则往往是专业性、技术性、服务性较强的现代行政任务。

国家行政机关与法律规范授权的组织之间存在着错综复杂的关系，主要是：

（1）主管。所谓"主管"，是指"归口管理"，即在组织和业务上对法律规范授权的组织实行监督。法律规范授权的组织往往都有归口管理的国家行政机关，例如，律师协会的主管机关是人民政府所属的司法行政部门。从组织法的角度来看，"主管"的意义在于将分散而又多样的授权组织纳入国家行政机关的体制，从而使它们与国家行政机关共同构成一个协调的国家行政组织系统。

（2）监督。授权组织享有独立的法律地位，依法以自己的名义行使法律授予的职权，并且独立承担由此而产生的法律后果。但是，授权组织的独立性是相对的、有界限的，主管机关依法进行监督，包括章程批准、制定行业标准、日常的监督检查等。

（3）协助。无论是在学理上还是实践上，这层关系是最有意义的。授权组织实际上是国家行政机关的"助手"。在知识、资源、技术和组织等方面，授权组织具有独到之处，国家行政机关为了提高公共行政的效率性和民主性，以法律授权的形式，将部分公共行政的任务"下放""转让"给授权组织。对国家行政机关而言，自己可以从繁重的任务中解放出来，集中有限的资源制定好政策、掌握好方向，而公民也因此获得了参与公共行政、施展自己才华的机会。如果国家行政机关与授权组织的关系协调好了，职权职责的界限划分清楚了，那么，就会出现双赢的局面，公共行政的效率性与民主性就可能统一起来。

既然公共行政的主体的范围已经从传统的国家行政机关扩大到大量的社会组织，就不能将公共行政与国家行政等同了。除了国家行政之外，公共行政还包括大量的、由各种社会组织根据授权进行的公共行政，例如社会自治行政、独立管制行政等。

（二）客体

公共行政的客体是一定范围内的社会事务。问题是：所谓的"一定范围"，界限在哪里？对此，可以从多个角度认识，有限政府原理是一个可行的角度，这是因为，法治政府本质上是有限政府，法治政府的各项原则都是建立在有限政府原理的基础之上的。关于政府职能和权力的界限，可以从政府与社会、政府与市场等多个角度认识，但关键在于国家与公民之间的关系。凡是公民享有绝对自由的地方，就是政府权限的禁地，公民自由的边界就是公共行政范围的绝对警戒线；仅仅在公民享有相对自由的范围内，并且在公益原则、中立原则、辅助原则、比例原则等原则的约束下，政府才享有干预的权力。

具体而言，有关公共行政客体范围的原则性标准有：

1. 有限性原则。公共行政的客体范围是不确定的，但是必须是有限的，这种有限性表现在：

（1）主观自由的绝对性。思想、意见、意志、信仰等主观层面的精神自由是绝对的，那里是公共行政活动的禁区，行政机关只能在这个禁区之外巡逻，而不能在禁区之内涉足。公民主观自由的绝对性决定了公共行政范围的有限性。公共行政只能在公民客观外在自由的领域中活动。

（2）自由实现手段的可选性。即使在外在的客观自由领域，公共行政也不是绝对必要的，更非理所当然。这是因为克服公民自由之缺陷的社会手段不只是公共行政，除此之外，还有家庭、团体、风俗、舆论、宗教等多种多样的形式，它们在不同的层面制约着公民的自由，也在不同方面保护着公民的自由。仅仅在上述手段不能奏效的前提下，公共行政才具有必要性。

（3）目的相对于手段的支配性。公共行政的根本目的是为公民享受自由、追求幸福而创造秩序、制度、经济和文化等方面的必要条件，相对于公民自由的有效保障而言，公共行政只是手段，无论这个手段显得多么必要，都不可能成为实质性地剥夺公民自由的正当理由。如果抛开目的谈论手段，无论这个手段多么精巧，都不再是正当的手段。

（4）服务与税费的对价性。世界上不存在免费的午餐。从公共经济学的角度来看，任何公共行政活动都是政府向人民提供的一种公共服务产品，问题不仅在于这种服务的必要性，而且在于这种服务是有成本的，也就是向公民征收的税费。政府向人民提供的服务越多，实际上也就意味着要向人民征收的税费越多，所谓"服务即意味着收费"，讲的就是这个道理。从这个角度来看，政府的无限性实际上就意味着公共服务收费的无限性，而其最终的结果则是公民财政负担的无限性。

由此看来，财政税费的范围与公共行政的范围是一致的，二者必然是有限的。问题是：它们的范围划到哪里才合适呢？财政税费的"手"伸到哪里才合理呢？对此，自由放任理论从公民财产权保护的角度提出了两个总的原则：①迫切需要原则，税费仅仅在必不可少的范围内才是合理的；②对价服务原则，即税费必须直接和全部地用于与纳税人权益有关的事务，不能用于与纳税人无关的目的。自由放任理论认为，税收是国家从公民手中拿走的本来属于公民个人的财产，"国家是必不可少的，人们必须为安全付出一笔代价。……国家这样做只有出于迫切需要的理由才是正当合理的。国家没有任何'权力'为了达到自己的、并不为公共秩序急需的目的而夺取个人的任何一样东西。这样做是侵犯个人权利，是用暴力强迫一个人对一些他表示冷淡甚至不喜欢的事情作出贡献"[1]

2. 辅助性原则。这与有限性原则一脉相承，一旦确立了有限原则，必然要确立辅助性原则。公共行政的主导作用不是绝对的，是有前提的，这个前提是：仅仅在公民个人不可能依靠个人的力量，也没有其他更好的社会力量帮助克服自由的缺陷，从而享受真正自由的情况下，国家才具有干预的权力，这便是公共行政的活动范围，具体而言：

（1）公民自由的义务性。公民的主观自由是绝对的、无条件的、先验的，但它却需要外在客观自由的保护和滋养。公民的外在客观自由是相对的，只能在特定的条件下实现。就这个条件的创造和满足而言，首先承担义务的不是社会，更不是国家，而是公民自己。因此，公民要享受绝对的主观心灵自由，就必须积极地为客观自由的实现创造条件，这就是公民对社会所承担义务的本质所在。

（2）自治管理的优先性。为了实现和保护自由，公民需要在不同的社会群体中

---

〔1〕 ［英］霍布豪斯著，朱曾汶译：《自由主义》，商务印书馆 1996 年版，第 46 页。

扮演不同的角色，从法律的角度来说，这意味着公民在不同层面上联合着，这种从公民的自主性中生发出来的团体自治性相对于国家公权力的干预而言，时空的距离更短，更有助于表达公民的真实意志，保护公民的个人利益。国家是公民走向自治联合体的最高形式，因而也只能是最后可供选择的备用手段。相对于公民个人的自主社会团体的自治而言，公共行政是必不可少的，却也是尽可能备而不用的。

（3）公共行政本身的局限性。公共行政的优点决定了它的必要性，局限性决定了它的可选择性。按照经济学上的边际效益递减理论、效率最大化理论、效益均衡理论，公共行政的效能性有一个最好的临界点，超过了这个临界点，公共行政的效率就会降低，如果无限制地扩大公共行政的活动范围，公共行政的效率就会走向反面，呈现出效益的负值。除此之外，代议制政府理论揭示的政府脱离民意问题、公共经济学上的权力寻租理论和管制俘获理论、行政管理学上的公共行政民营化理论和社区民主治理理论等，都从不同的角度揭示着公共行政的局限性。凡是公共行政存在局限性的地方，就是采用其他方式替代公共行政的地方，也就是辅助原则发生作用的地方。

3. 放任性原则。放任的字面意思是"冷眼旁观，听之任之，放任自流"，在政治学和公共经济学上，该原则被称为自由放任主义。典型的观点认为，"国家不应当介入冲突。这就是说，国家只需要制止暴力和欺骗，保障财产安全，并帮助人们履行契约。……根据这些条件，人们应该绝对自由地相互竞争，以便他们最好的能力得以发挥，每个人得以感到必须为指引自己的生活负责，并最大限度地发挥他的大丈夫气概"。[1]

作为一项行政法的原则，其着眼点是微观层面的，是指对公民自主、自律和自治的范围内的事务，政府应当听任公民自负其责地依法处理，除非公民的言行超越了自由和法律的界限，政府不得干预。具体而言：

（1）消极的放任。公民的消极自由意味着政府的消极放任。所谓消极自由，就是个人的行为并不涉及他人的利害，处于与社会可以暂时分离的独立状态。在这种情况下，政府的干预反而破坏了自由。只要政府不主动干预，公民就可以享受到自由了。政府"无为而治"，而"百姓皆曰我自然"。

（2）积极的放任。公民的积极自由意味着政府的积极放任。放任本质上是消极的，但是在很多情况下却要依靠积极的方式去实现它。凡是公民要通过积极的作为实现自由的地方，往往也需要政府积极地去为公民的作为创造条件。在学理上，这被称为"生存照顾""通过政府的自由""通过行政程序的基本权利保护"等。政府通过积极的作为，为公民行使外在的客观自由创造安全、秩序、制度、文化和经济等方面的条件，而在这种条件下，公民是否要通过积极的作为来实现自己的自由，政府并不干预，也就是不去强迫公民享受自由，这就是积极放任的本义所在。

---

〔1〕〔英〕霍布豪斯著，朱曾汶译：《自由主义》，商务印书馆1996年版，第43页。

在实践的层面，消极放任与积极放任之间并没有截然的界限，它们互动依存的形态是多种多样的，正如消极与积极之间的辩证统一关系是错综复杂的。消极放任可能蕴涵着积极的放任，往往以积极的放任为前提，而且是积极放任的结果，此消彼长，此起彼伏。理论上作出这种区分的意义在于：为公共行政的实践部门提供一个审查自己法定活动范围的一个思路，为他们的决策提供某种可供参照的样板。

4. 中立性原则。中立性是放任性的必然要求，是指行政机关应当在利益冲突的各方之间保持等距离的中立立场，不让任何一方当事人左右自己的立场，不做任何一方当事人的利益代理人，而仅仅依据法律维护公平博弈所需要的秩序。

中立性有形式意义和实质意义之分：

（1）形式意义的中立性是指行政机关及其工作人员不与任何一方当事人有任何形式的利害关系，如果有的话，则应当回避。形式意义中立性的着眼点是外在有形的利益，落脚点是行政机关及其工作人员。从行政法学的角度来说，公共经济学上的权力寻租理论和管制俘获理论针对的就是行政机关的中立性问题，公共权力与当事人的利益之间一旦建立了交易性的寻租关系，那么，随之而来必然出现的结果是：行政机关被相对人"俘获"，成为一方当事人利益的代理人，为了一方当事人的利益而为其他当事人设置种种不利的处境，在这种情况下，行政机关则成为社会利益冲突的焦点，无论做什么或者不做什么，都不可能赢得社会的信任。

（2）实质意义的中立性是指行政机关及其工作人员应当本着主观的良心和理性，遵循客观的规律，按照理性和规律来理解和执行法律。在理性和规律的面前，所有当事人都是平等的，无论他们各自的实力如何，各自的利益诉求是什么，对行政机关而言，他们都是平等的。当事人进行利益博弈的结果，不只是有形实力对比的结果，更应当是理性与规律发生作用的自然结果。实质意义中立性的着眼点是内在的规律和主观的理性，落脚点是公共行政过程的公平性及其结果的合理性。

从行政法的角度来看，中立性原则的实质在于政府角色的定位。面对社会不同群体的利益诉求，政府是作不同当事人利益的协调人，还是作一方当事人利益的代理人？是作利益博弈、公平竞争的制度平台的维护人，还是作其中的一名博弈者和竞争者？是作船舶航行的舵手，还是发动机？如果以理性的、未来的眼光来看问题，答案是显而易见的。

5. 自律性原则。自律性是指行政机关不仅应当恪守法律明确限定的活动范围，而且应当采取谨慎、约束的态度，尽到自己合理的注意义务。有限性、辅助性、放任性等标准的着眼点都在于公共行政的外部，而自律性的着眼点是公共行政内部自身的素质和能力。

自律是相对于他律而言的。对行政机关而言，议会法律是他律性规范，而行政法规、规章和规范性文件则是自律性规范。社会舆论、民主监督、信访申诉、行政诉讼、国家赔偿是他律性的，而勤务监督、行政监察、行政复议、错案追究等是自律性的。改革开放以来，我国逐步建立了比较完备的行政法制监督体系。

　　问题是：自律与他律之间的关系是什么样的？无论是从理论还是从实践的层面来看，自律性都是首要的、基础性的，这是因为：自律性是任何人的本质属性，是自由的本质要素，从而也必然是公共行政所具有的内在本质的属性。如果说"做人靠自觉""管住行为管不住心"是大家普遍接受的情理，那么，"依法行政靠自律"也是自然的情理。自律性措施是他律性措施发生切实作用的基础，在行政机关不能很好地自律、甚至丧失了自律能力的情况下，无论外在的他律的监督措施有多么的完善和强大，都可能流于形式和过场。

　　6. 比例性原则。这是调整公共行政之目的与手段的关系的基本原则，是指行政机关采取手段所造成的成本与实际的收益之间应当存在合理的对称关系。关于该原则的具体内容，本教材将在基本原则部分作比较细致的介绍，这里仅从公共行政范围的角度进行评析。就此而言，该原则的要点是：

　　（1）最小侵害。最小侵害是指在达成相同目的的各种措施中，行政机关应当选择给公民造成损害最小的。在决定是否对公民采取干预措施时，行政机关必须事先认真地考虑干预的目标、目的和收益是什么，也就是说，采取干预措施到底存在哪些法律上的"好处"；在目标和目的明确之后，行政机关还必须认真地思考有哪些可供采取的措施，这些措施各自的成本有哪些，对目标和目的的达成而言，哪个措施的成本是最小的。最小侵害的要旨在于：在现有的客观条件下，在人类理性的一般认知能力范围内，行政机关应当寻找并且采取解决问题的最好办法。从法律的角度来说，一切没有必要的损失都没有法律上的正当性，只要出现了本来可以避免的损失，公共行政就构成了实质的违法性。

　　（2）过度禁止。过度禁止是指如果采取措施造成的成本大于收益，那么，就不得采取干预的措施。如果在现有的条件下没有收益大于成本的干预措施，那么，就应当放弃干预，也就是说，采取放任的立场。从法律的角度来说，任何成本大于收益的措施都是没有必要的，它超出了公共行政的能力所及的范围，因而在实质上是违法的。

　　（3）利益均衡。利益均衡是指公共行政的过程与结果应当立足于各个方面利益的协调，除非能够做到这一点，否则行政机关就不得主动采取干预的措施。换言之，量力而行，能够办好的事情才办，管不好的事情就不要管。所谓"管得好还是不好"，一个重要的标准就是"利益均衡"。行政机关在考虑是否采取干预措施时，应当全面地考虑有关的重要的利益，利益均衡的前提是客观地发现各个方面的利益诉求，让各个方面的利益都能够在公共行政的过程中通过适当的方式发现和表现出来，让各个方面的利益都能够在协商和博弈中找到自己合适的位置，从而形成各个方面利益都得到尊重和实现的协调方案。从利益均衡的角度来看，比例性原则与利益衡量原则是一脉相承的。

　　（4）效益最优。效益最优是指在目的得到了最大化实现的情况下，手段的成本能够降低到最低的限度，即收益的最大化和成本的最小化。就此而言，比例性原则与成本收益分析原则是一脉相承的。

公共行政的范围与有限政府原理是表里的关系，是一个值得不断探索的实践问题和理论命题。勾画出一个量化的清晰轮廓是不可能的，因为公共行政必须随着历史的发展不断地调整自己，它是有边界的，但这个边界却是不（能）固定的。如果以直观量化的方式勾勒出公共行政的范围，那么，公共行政的生命力也许就终止了。有限性、辅助性、放任性、中立性、自律性、比例性等原则不是现成的答案，而是打开谜底的钥匙。有了这些钥匙，结合具体的情形，就能在个案中勾勒出特定行政活动的界限。

（三）目的

公共行政之首要和直接目的是公共利益。[1] 私人权益当然也是公共行政的目的，在特定情况下还可能是公共行政的首要目的。但是，相对于一般的私行政而言，能够体现公共行政目的之特色的，仍然是公共利益。这就是公共利益在学界和实务界备受关注的主要原因。

1. 定义。公共利益是一个不确定的法律概念，它的定义众说纷纭：

《布莱克法律大辞典》的解释是：公共利益是指"公众在其中都有份的金钱物质利益，或者可能影响他们法律权利义务的利益，但不包括任何狭隘的、单纯好奇的事物，也不意味着特殊地区的利益。它是一种在地方、国家或者政府事物中被公民分享的利益"。[2] 这种定义比较偏重有形的、客观的物质利益，可以称之为"客观说"。

庞德认为，所谓公共利益，是包含在一个政治组织社会生活中并基于这一组织的地位而提出的各种要求、需要和愿望。这种观点比较偏重于人们的主观需要，可以称之为"主观说"。

美国政治学家亨廷顿认为，公共利益并非先验地存在于自然法或者人们意志中，也并非政治过程所产生的结果，而是由统治机构代表、证明统治机关的权威和正当性的东西，简言之，"公共利益就是公共机构的利益"。[3] 这种观点强调公共利益的代表者，认为公共利益的关键其实并不在于它的具体内涵和内容是什么，而在于它由什么样的人来代表，再好的公共利益遇到了不好的代表人，也是会变异或者变质，可以称之为"代表说"。

这些观点从不同的角度解释了公共利益的主体和客体、主观与客观要素，都不乏科学之处。作为一种不确定的法律概念，公共利益是不可能明确界定的，它的关

---

〔1〕 蔡乐渭："论行政法上的公共利益——以土地征收为中心的研究"，中国政法大学 2007 年博士学位论文；王忠一："论行政法上公益原则"，中国政法大学 2007 年博士学位论文。

〔2〕 *Blacks Law Dictionary*, West Publishing Co. 1991, p. 856.

〔3〕 ［美］塞缪尔·P. 亨廷顿著，王冠华译：《变化社会中的政治秩序》，生活·读书·新知三联书店出版社 1989 年版，第 23 页。

键不是内容和内涵，也不是它的外延和范围，而是它的来源和形成过程。公共利益来源于个人利益，是个人利益在民主政治的博弈过程中自然形成的结果，是人们通过公平民主的政治协商和博弈过程所达成的有关社会生活规则的某种共识。在理解公共利益时，不能被"利益"一词所迷惑，以至于望文生义，仅仅从世俗的眼前利益（尤其是物质利益）的角度来审视它。公共利益之所以被认为是"公共"的，并不仅仅是因为它是人人有份、人人得以分享的，还因为它是反映了某种具有普遍性的社会规律、从而具有真理内核的物质存在形式。公共利益之所以被称为"利益"，主要不是因为它是人人都可以看到、得到的物质好处，而是因为它能够为人们明确未来的目标、道路和方向，是类似于"路标"那样的一种规范和命令，是人们必然要遵循的路线，是人们必然要走的道路。与上述观点的不同之处在于：笔者强调公共利益的真理内核和它的必然性，认为凡是一切包含了真理的内核、从而具有存在之合理性和必然性的一切事物都是公共利益，简言之，一切合理的必然的存在都是公共利益。反之，凡是没有真理的内核、从而不能证明其存在之合理性和必然性的一切现象，都不是公共利益。

2. 属性。关于公共利益的属性，不同的学科从不同的角度作了深入细致的分析，这里选择其中重要的方面。

（1）模糊性。又称为不确定性，是指在主体、来源、内容、范围、形成过程、发生作用等方面，公共利益都具有一定的不确定性，不能事先设定具体量化的标准。不过，不确定性是相对的而不是绝对的，至少在个案中，公共利益的主体、内涵和标准是能够明确的。那种不能证明、无法确定的幻影，不是公共利益。公共利益不可能仅仅因为有法律的抽象规定而明确，它必须也只能在具体的政治、行政或者司法的过程中得到明确。如果经过了这样的过程，主体、内容、形式仍然不明确的事物，不能认为是公共利益。

（2）开放性。又称为共享性，是指公共利益是开放的，可供人们分享，在特定的条件下，人人都有份。正如不确定性那样，开放性也不是绝对的，是有条件的、相对的，例如，公共利益的来源主体和受益主体必须符合特定的条件。

（3）整体性。整体性是指公共利益本身是一个人们共同共有的不可能分割的整体，它不会因为人们分享它而被割裂，更不会在人们分享的过程中变质。整体性是由公共利益本身构成元素的系统性和相关性所决定的。公共利益就像一部公共汽车那样，是一个由行驶系统、动力系统、制动系统等多个部分组成的设施整体，也只有作为一个完整有序的整体，才能为人们提供有效的乘坐服务。

（4）普遍性。普遍性是指公共利益具有超越个人利益的属性，是面向大众的，来源于大众，最终归属于大众。这里所说的"超越"，并不是指公共利益高于或者优先于个人利益，而是只在范围、标准等方面，公共利益具有更大的包容性。

（5）现实性。现实性是指公共利益必须是可见的，经过努力可以实现。

（6）正当性。正当性是指公共利益必须能够以令人信服的方式证明其存在的合理性，例如，经过了公平民主的协商过程达成了共识，符合人们公认的价值标准，符合客观的自然或者社会的规律。反过来说，一切不正当的东西，无论给它披上什么样的公共性外衣，都不可能是公共利益。

3. 公共利益与个人利益之间的关系。这是公共利益理论的核心问题。对此，人们众说纷纭：

第一种代表性的观点是"简单总和说"，认为公共利益是个人利益的总和。例如，边沁认为，公共利益并不独立于个人利益，"共同体是个虚构体，由那些被认为可以说构成其成员的个人组成，那么，共同的利益是什么呢？是组成共同体若干成员利益的总和"[1]。我国有学者持类似的观点，认为"宏观是由微观构成的，公共不是抽象的，而是由一个个实实在在的个体构成的，既然公共是由个体构成的，公共利益也就是个人利益的某种组合，并最终体现于个人的利益。就像不存在超越个人的社会和国家那样，超越个人的公共利益也同样是不存在的"[2]。

第二种有代表性的观点是"总和提升说"，认为公共利益来源于个人利益，是个人利益的总和，但这种总和不是简单的，而是经过了复杂的升华过程，因而必然大于个人利益的简单总和。例如，卢梭认为，"公共的利害不仅仅是个人利害的总和，像是在一种简单的集体里那样，而应该说是存在于把他们结合在一起的那种联系之中；它会大于那种总和；并且远不是公共福祉建立在个体的幸福之上，反而是公共福祉才能成为个体幸福的源泉"[3]。一种类似的观点认为："公共利益绝不仅仅是所有人利益的总和，也不是消去私人利益的各种加号和减号之后剩下的和。尽管公共利益并没有与私人利益完全分离，而且它源于具有许多私人利益的公民，但它是从私人利益内部和私人利益之间产生并且离开和超越了私人利益的某种有特色的东西。"[4]我国学界也有人持这种观点，认为公共利益是个人利益的有机组合，这种组合过滤掉了个人利益中的任意性、偶然性和特殊性的因素，同时又综合放大了其中的合理性、必然性和普遍性，也只有这样的个人利益才能与公共利益统一，从而成为公共利益[5]。

第三种有代表性的观点是"还原说"，认为公共利益必然可以还原到个人利益。"利益，不论是个人的还是集体的，最后必须……落实到个人，为个人所感觉到。换句话说，不存在不能落实为个人利益的国家利益或社会的、集体的利益。"[6]

---

〔1〕　[英] 边沁著，时殷弘译：《道德与立法原理导论》，商务印书馆2000年版，第58页。
〔2〕　张千帆："'公共利益'是什么"，载《法学论坛》2005年第1期。
〔3〕　[法] 卢梭著，何兆武译：《社会契约论》，商务印书馆1982年版，第192～193页。
〔4〕　[美] 珍尼特·V. 登哈特、罗伯特·B. 登哈特著，丁煌译：《新公共服务：服务，而不是掌舵》，中国人民大学出版社2004年版，第69页。
〔5〕　杨通进："爱尔维修与霍尔巴赫论个人利益与社会利益"，载《中国青年政治学院学报》1998年第4期。
〔6〕　周安平："公民财产权与国家行政权之法治关系——以房屋拆迁为分析背景"，载《华东政法学院学报》2006年第1期。

第四种有代表性的观点是"转化协调说"，认为公共利益是从个人利益那里转化而来，因此是能够与个人利益协调的。例如，德国学者莱斯纳认为，特定的公民利益本身就是公共利益，例如生命财产的安全利益。透过民主的程序，少数人的利益可以转化为或者被承认为公共利益。[1]

第五种有代表性的观点是"冲突优先说"，认为在发生冲突的情况下，公共利益优先于个人利益，这不仅是人们共同生活的需要，而且是个人利益发展的需要，因为在"一个真正自由的国度里，每一个公民都在法律保护下享有为自己福利或者个人利益而劳动的权利，不容许有任何人违反公共利益"。[2] 因为公共福祉是个人幸福的源泉，公共利益反过来也是个人利益的源泉。一种类似的观点认为，"如果个人或者少数人利益与大多数人利益不冲突时，则大多数加少数；如果少数人或者个人利益与大多数人利益发生根本冲突时，则抛弃少数而顾大多数"。[3]

上述各种观点从不同的角度揭示了公共利益与个人利益之间的关系，都具有一定的可取之处。笔者认为，公共利益与个人利益之间是辩证、相对的关系，具体的表现形态可能是内容与形式、目的与手段、内在与外在、共性与个性、普遍与特殊、名义与实际、对立与依赖、来源与转化等多种多样的形态。在具体的个案中，二者之间到底呈现出了哪一种关系，只能作具体的分析。

关于公共利益相对于个人利益的优先性，不能一概而论，更不能绝对化，公共利益并不因为被冠之以"公共"的名义，就当然取得了优先于私人利益的优先地位；即使经过合理的利益衡量，认为公共利益是优先的，也不能将其绝对化，也就是说，必须受如下原则的限制：

（1）法律保留原则。在作为限制公民人身权和财产权的理由时，被认为优先的公共利益必须有法律和法规的明确规定，也就是说，在什么样的情况下公共利益优先于个人利益，应当由法律和法规规定。在没有明确的法律依据的情况下，行政机关不得仅仅以维护公共利益为由限制或者剥夺公民的人身自由和财产自由。

（2）比例原则。即使在法律明确规定了公共利益优先于个人利益的情况下，公共利益的优先性也不是绝对的，而是有限度和条件的。对公民个人利益的限制与达成的公共利益目的之间必须具有合理的、内在的、必然的关联性，并且侵害最小、成本最低。

（3）正当程序原则。即使法律规定了公共利益的优先性，并且经过比例原则的衡量，形成了限制或者剥夺公民个人合法权益的实体正当理由，行政机关也必须遵循正当的法律程序，在程序进行过程中以看得见的、令人信服的方式来证明公共利

〔1〕　陈新民：《德国公法学基础理论》，山东人民出版社2001年版，第200页。
〔2〕　[法] 霍尔巴赫著，黄太庆译："社会体系"，载黄枬森、沈宗灵主编：《西方人权学说（上卷）》，四川人民出版社1994年版，第142页。
〔3〕　《周恩来选集（上卷）》，人民出版社1980年版，第305页。

益的正当性和有限性。

（4）公平补偿原则。公共利益被认为优先于个人利益，并不意味着个人利益是可以被忽视的。优先性仅仅意味着，为了公共利益可以限制、剥夺公民的个人利益，而并不意味着这种限制或者剥夺是无条件的、绝对的。只要公民的个人权益是合法的，法律就应当给予保护。因此，在公共利益与个人利益发生冲突，个人利益是合法权益，而公共利益又被认为是优先的情况下，在为了公共利益而牺牲个人利益的同时，则应当给予公平合理的补偿。

二、公共行政的范围

上文从主体、客体和目的三个角度分析了公共行政的内涵，下面从形式和实质两个角度勾勒公共行政的外延。

（一）形式意义的行政

公共行政是国家或者授权组织进行的管理活动，而私行政是指企业、事业单位进行的自我管理活动。公共行政与私行政的根本区别在于主体不同，以主体为标准界定的公共行政在行政法学上称为形式意义的行政。

以主体的不同为基础，可以进一步明确公共行政与私行政的其他区别：

1. 目的不同。公共行政以公共利益即国家和社会的利益为目的。私行政虽然必须符合社会利益和国家利益，不得违反法律、法规和社会公德，但是其直接的目的却是实现企业事业单位自身的利益。

2. 手段不同。公共行政以国家强制力为后盾，当被管理者不服从时，行政机关可以采取行政处罚、行政强制等措施，可以限制公民的人身自由权和财产权，迫使其服从。私行政不能直接以国家强制力为后盾，当被管理者不服从时，通常只能协商、说服教育或者起诉，而不能直接限制他人的人身权和财产权。

3. 范围不同。公共行政的范围除了行政机关的内部自我管理之外，还包括大量的社会事务，同时具有内部管理职能和外部管理职能。私行政的管理职能限于内部，即只能进行内部自我管理。

4. 救济途径不同。在发生争议或者纠纷时，公共行政的救济途径是宪法诉讼、行政诉讼、行政复议等；而私行政的救济途径是协商、仲裁、民事诉讼、劳动诉讼等。

5. 法律依据不同。公共行政的依据是宪法、组织法、行政法等公法规范；而私行政的法律依据是民法、商法等私法规范。

公共行政与私行政之间也存在密切的联系。表现在：

1. 二者之间存在着许多相通的原理、原则。私人的行政也是管理，公共行政的许多方法都受益于私人的行政，许多国家在进行行政体制改革时都借鉴和汲取私行政的经验。在结构和管理方面，可以发现或多或少的对一切行政都适用的原理、原则，如管理幅度规律、管理层次规律、效率原则等。

第一章

2. 二者之间存在着互动关系。一方面，公共行政服务于私行政，私行政的需要是界定公共行政范围的实践根据之一，私行政的水平决定了公共行政的发展水平；另一方面，公共行政反作用于私行政，作为宏观的制度设计者和微观的裁判监督者，公共行政的质量和水平直接制约着私行政的发展水平。

3. 公共行政的推行越来越多地借助私行政。给付行政和民主行政的发展，导致公共行政与私行政的界限越来越模糊。一方面，国家将大量的公益性、社会性、行业性或者地方性的职能以授权的形式下放给各种各样的社会组织行使，例如律师协会、村民委员会、社区、大学等社会组织；另一方面，公共行政的运行逐步借用私行政的方法，如协商、合同等，而且援用相应的私法规范，公共行政由此在某些方面形成了私行政的形态和特点。

案例 1-1：某玻璃纤维无捻粗纱厂发生一起破坏生产设备事件。后经公安机关调查查明，破坏生产设备的违法行为人是该厂职工甲。甲一向不遵守工厂的纪律，经常迟到、早退、睡岗，被工厂先后三次处以罚款。甲因此产生报复念头，一次乘值夜班之机，将一根铁销投入炉内，使锅炉损害，因很快被修复，工厂没有深究。后来，甲因违反工厂纪律又被罚款，甲恼羞成怒，又乘值夜班之机将一根铁销投入锅炉之内，造成锅炉轻微损害。工厂怀疑有人破坏，遂向公安机关报案。公安机关查明上述事实之后，依法作出了罚款 200 元的裁决，同时责令甲赔偿给工厂所造成的损失。

本案涉及的主要问题是工厂的处罚与公安机关的处罚都是"罚款"，它们之间存在哪些区别？回答这个问题的关键之处在于公行政与私行政的区别。抓住了这一点，问题就迎刃而解。公共行政与私行政的区别表现在主体、客体、目的、依据、手段等方面：①从主体来看，工厂是企业，而公安机关则是国家行政机关；②从客体来看，工厂的罚款针对的是本企业内部的管理事项，而公安机关的罚款针对的是外部社会的管理事项；③从目的来看，工厂的罚款只是维护本企业的秩序，而公安机关的罚款是为了维护公共秩序；④从依据来看，工厂的罚款依据是企业管理方面的规章制度，而公安机关的罚款依据则是《治安管理处罚法》；⑤从方法来看，工厂的罚款没有国家强制性，如果甲拒绝交纳，工厂只能通过诉讼的方式解决与甲的纠纷，而公安机关的罚款具有直接的国家强制性，公安机关可以依法强制执行。

（二）实质意义的行政

形式意义的行政只界定了公共行政的主体范围和组织形式，而没有明确其职能和活动的范围和形式。由于公共行政的活动形态和作用形式多种多样，与其他国家机关的职能和活动存在着密切的联系，因此需要进一步明确公共行政与立法、司法等其他国家职能的界限。从权力分立和职能分工的角度界定的公共行政，学理上称为"实质意义的行政"。

传统的分权理论认为，立法的实质是以法律规范的形式表达民意，司法的实质是中立的国家公断人应申请裁决法律争端，行政的实质是将法律规范积极主动地适用于具体的事件。为了进一步区分这三种国家权力，需要设立不同的国家机关分别行使这三种权力，即议会、行政机关和法院。权力分立理论在我国演变成为人民代表大会制度下的职能分工理论。

从范围来看，三种国家权力和职能之间不可能划分出一个明确的、泾渭分明的界限，它们都可能涉及个人、社会、政治、经济和文化的各个方面。三种国家权力和职能的主要区别在于活动的方式和程序不同，就此而言，行政区别于立法和司法的特点是：

1. 具体性。行政的客体通常是日常的、特定的、具体的事务。这是行政与立法的根本区别所在。

2. 主动性。在公共利益需要的情况下，即使公民或者法人不提出申请或者要求，国家行政机关或者国家授权的社会组织也应当积极主动地采取特定的措施。行政的主动性取决于实现公共利益的必要性，而不是特定公民或者法人的主观愿望。这一点是公共行政区别于司法的关键所在，司法活动遵循不告不理的原则，所谓"没有原告就没有法官"。

3. 创造性。行政的一个重要方面是进行制度设计、观念引导和社会塑造。我国的经济体制改革和政治体制改革总体上属于自上而下的模式，在改革的过程中，政府始终起着积极、主动的作用，旧制度的废除，新制度的设计和建立，新的观念和社会风尚，首先由政府提出并且主导推行。

但是，行政、立法、司法之间的区别并不是绝对的。如下问题值得思考：

1. 行政机关根据法律的授权也可以进行立法和司法活动。例如，行政机关制定行政法规和规章、裁决民事权利纠纷等。

2. 司法机关也进行立法和行政活动。例如，法院进行的法官考核、奖惩活动和内务管理活动实际上属于行政的范畴，而司法解释实际上是立法性质的活动。

3. 立法机关也进行行政活动。例如，立法机关也针对特定的具体事件立法，即所谓的措施立法或者个案立法，立法机关也存在大量的内务管理活动。

4. 人民法院下设的执行机关及其职能，就其实质而言，应当属于行政的范畴。因为执行职能及其活动方式更接近公共行政的特点，与司法的属性不符。

5. 人民检察院的组织体制和职能也具有行政的性质。人民检察院实行垂直领导体制，这一点完全不符合司法职能的中立、国家公断人的主体属性，相反，却与行政的上下级领导关系体制如出一辙。人民检察院进行刑事侦查活动时，其活动方式也不符合司法的特点，而与行政的单方面性、具体性等特点一致。

三、公共行政的分类

分类有助于揭示公共行政的不同表现形态，根据不同的标准可以作如下分类：

（一）国家行政和自治行政

这是以主体为标准所作的分类。国家行政是指国家行政机关代表国家进行的公共行政，在我国主要是各级人民政府及其工作部门进行的管理活动。自治行政是指根据法律、法规和规章的授权，享有相对独立的公权力的社会组织进行自我管理、自我服务、自我监督的公共行政活动。二者的区别表现在：

1. 主体不同。国家行政的主体是中央和地方各级人民政府及其下属工作部门，它们在性质上属于宪法规定的国家机构，它们相互之间具有层级和隶属的关系。自治行政的主体是各自相对独立的社会组织或者团体，例如，作为学术自治团体的大学，作为地方居民自治团体的村民委员会、居民委员会或者社区委员会，作为行业自治团体的律师协会，等等。在法律上，各个自治主体之间是平等的，没有上下级的隶属关系。

2. 范围不同。国家行政的范围十分广泛，诸如国家安全、财政、警察、交通、邮政等需要在全国范围内作统一管理的事务通常属于国家行政的范畴。与此不同，自治行政的范围则具有明显的地方和社群属性，限于本地方或者本群体利益的事务。

3. 权力来源不同。国家是原始的行政主体，享有原始的公权力，而自治行政主体往往是国家主管行政机关依法设立的，享有的公共行政权力是从国家权力中派生出来的，也就是说，是国家通过法律、法规或者规章授予的。

国家行政与自治行政之间是互相补充、此消彼长的关系。自治行政是国家行政分权、国家行政体制分散化和民主化的结果，自治行政越是发达，国家行政就越是萎缩，反之，国家行政越是强大，自治行政的空间则越会缩小。

案例1－2：1999年3月，在落实《村民委员会组织法》规定举行的"海选"村官中，蒋某当选为村委会主任。为维护村民的合法权益，蒋某曾多次在征收农业税和收费过程中违背镇领导的意愿，作出了让镇领导"不痛快"的事情。为此，2001年1月，在镇召开的党员冬训会上，镇政府宣布罢免其村委会主任职务。蒋某对该决定不服，向市人民法院提起行政诉讼，请求撤销镇政府免除其村委会主任职务的行政行为。2001年11月6日，一审法院判决蒋某胜诉。判决送达后，被告镇政府未执行法院判决。

本案值得思考的问题是：在案件中，乡政府与村委会之间是什么法律关系？本案是比较典型的自治行政诉讼案件。从国家行政与自治行政之间关系的角度来看，本案是关于二者之间公务协助与组织监督关系的一个典型案例。村委会是法律法规授权性质的行政主体，也是地方居民自治团体，因此，乡政府与村委会之间的关系是国家行政与自治行政之间的关系。镇政府作为主管的国家行政机关，可以依法行使监督权，以确保自治行政主体在法律规定的范围内活动，但前提是尊重村委会作为行政主体的地位。以法律规定之外的理由，非经村民代表会议的罢免程序就单方面宣布免除村委会主任的职务，实际上是对村委会自主权的侵犯，也就是说，以国家权力侵害自治权力。从性质和效果上来看，镇政府的免职决定是外部的具体行政行为，不仅侵害了蒋某担任公职的权利，而且侵害村委会的自主权，是可诉的具体行政行为。

（二）权力行政和非权力行政

这是以手段为标准所作的分类。权力行政以命令与服从为基础，以国家强制力为后盾，例如行政处罚、行政检查、行政强制、行政征收等。非权力行政以合意为基础，往往采取私法的方式，援引私法的规则，例如行政协议、行政指导等。具体而言，二者的区别表现在：

1. 相对人的地位不同。权力行政以行政机关为主导角色，对行政机关决策的过程和意思表示的形成，相对人只享有非常有限的参与权，相对人的意思表示没有决定性的意义。与此不同，在非权力行政中，行政机关与相对人之间是一种对等互动合作的关系，相对人不仅要参与公共行政的过程，而且他的意思表示对公共行政的结果起着决定性的作用。

2. 公共行政的方式不同。命令与强制是权力行政的典型方式，而协商、合意与协议则是非权力行政的典型方式。非权力行政中并非没有任何的强制性，在这一点上，它与权力行政的根本区别在于强制性的来源不同。非权力行政的强制性是约定的，是行政机关与相对人协商的结果；而权力行政的强制性则是法定的，是国家依法单方面赋予行政机关的一种特权。

3. 发生作用的范围不同。权力行政通常应用于处理国防、治安、财政、税收等传统的国家行政事务，而非权力行政通常适用于公共设施、公共服务等现代服务行政的事务。就此而言，权力行政与秩序行政具有对应的关系，而非权力行政与服务行政之间具有对应的关系。

权力行政与非权力行政之间的界限不是绝对的。例如，根据2017年《行政处罚法》第31条、第32条和第41条的规定，行政机关在作出处罚决定之前必须听取被处罚人的陈述和申辩，否则行政处罚不成立。这种规定确定了公民意思表示的效力，使行政处罚具有一定程度的合意性。此外，非权力行政往往需要借助权力行政进行，例如，行政机关在签订行政协议之前进行调查。

（三）秩序行政和服务行政

这是以任务为标准所作的分类。秩序行政的任务是维护公共安全和社会稳定，例如，用催泪弹驱散可能发生骚乱的示威人群；服务行政的任务是为公民提供各种福利，例如发放抚恤金、救济失学儿童。二者的区别主要表现在：

1. 内容不同。秩序行政是以维护社会秩序为出发点来理解、发现、设定和执行自己的任务，因此，它的内容必然偏重于预防性、抑制性、管制性等消极性的行政事务，维护社会的稳定是秩序行政的核心目标。服务行政是以给国民提供生产或者生活方面的服务为出发点来理解、发现、设定和执行行政任务，它的内容着眼于推动性、引导性、发展性等积极性的行政事务，如何为国民提供优质的公共行政服务是行政机关考虑的核心目标。

2. 关系不同。在秩序行政中，公共行政与相对人之间的关系比较紧张，以命令与服从为基础，以国家的需要为本位，以预防和惩戒相对人的违法行为为主要手段。

在服务行政中，公共行政与相对人的关系比较和睦，以平等与合意为基础，以国民个人的需要为本位，公共行政的主要目的就是给国民提供个性化的服务，二者之间是一种信任与合作的关系。

3. 方式不同。秩序行政的活动方式往往是单方面的命令、处罚与强制，而服务行政的活动方式主要是双方合意性的协议、契约、合同等。

4. 依据不同。秩序行政的依据是传统的行政法，而服务行政的依据则包括了私法。这就意味着，服务行政往往采取私法的方式，以私法为依据，在这种情况下，私法成为行政法的主要渊源。

秩序行政与服务行政之间是互相依存的关系。服务行政的发展以秩序行政为基础，秩序行政本身也是行政机关为国民提供的一种服务。服务行政的发展往往会促进秩序行政的改善，例如在社会保障制度完善的情况下，秩序行政的压力会大大减轻。

（四）裁量行政与羁束行政

这是以法律约束程度为标准所作的分类。羁束行政是指法律对行政活动的程序和实体要件作了明确规定，行政机关只能按照法律规定实施行政活动，没有选择行政类型的余地。裁量行政是指法律对行政活动的程序或者实体标准规定得不明确、具体，行政机关可以根据案件的具体情况进行自主判断、进行选择的行政类型。裁量行政与羁束行政的区分是相对的，任何行政法规范都具有裁量和羁束的两面性，问题在于哪一个是主要的方面。

裁量行政总体上有两种：①法律后果裁量，即在法律规定的不同处理方法中进行选择，例如，"可以""有权""20 元以上 3 万元以下"的罚款幅度、"警告、200 元以下罚款或者 15 日以下拘留"。②事实要件裁量，即法律规定使用了不确定的概念，例如"必要时""公共利益""情况紧急""合理""正当理由""可靠性"等。

法律后果裁量和事实要件裁量的区别，除了对象不同之外，主要是司法审查的标准不同。就前者而言，多个法律后果都是合法的，司法审查的标准是适当性；就后者而言，虽然行政机关在理论上可以对不确定的法律概念作多种解释，但在具体的案件中，正确的解释只能有一个，因此，司法审查的标准是正确性。

法律后果裁量瑕疵的表现形式有：

1. 裁量逾越。行政机关没有选择法律规定的法律后果，即构成裁量逾越。例如，法律规定的罚款幅度是"20 元以上 3 万元以下"，而行政机关决定罚款 10 元。

2. 裁量怠慢。行政机关不行使或者不谨慎行使裁量权，即构成裁量怠慢，例如漫不经心、不作为。

3. 裁量滥用。行政机关不遵守裁量目的、没有考虑有关因素或者考虑不相关因素，即构成裁量滥用。例如，因当事人申辩而加重处罚。

4. 违反行政法的一般原则。适用于所有行政活动的行政法一般原则，特别是必要性原则和比例性原则，是对裁量行政的客观限制，必须遵守。例如，平等原则禁止行政机关同等情况不同等对待；基本权利保护原则要求行政机关全面考虑公共利益和个人利益、适用所有的相关的法律规范，而不能断章取义、主观取舍，更不能歪曲法律或者肢解法律。

事实要件裁量在具体案件中的认定结论只有一个是正确的，这里的问题主要是：

1. 法律解释。事实要件的裁量往往涉及一些不确定的法律概念的解释，实践中最常见的争议是什么样的解释才是合法的。行政机关为了执行法律，必须对有关的不确定的法律概念作出自己的理解和解释，因此，无论在法理上还是实践上，行政机关都享有不确定法律概念的解释权。这一点是没有争议的。问题是：如果行政机关的解释与法院的解释出现了冲突，该如何处理？从司法权的最终性来看，在行政机关的解释与法院的解释出现冲突时，应当以法院的解释为准，也就是说，法院可以自己的解释取代行政机关的解释。

2. 行政机关的独占判断权。如果案件涉及的问题不是法律概念的理解和解释，而是特定事实的真实性的判断，问题就比较复杂了。从事实审查与法律审查之间的密切关系来看，法院要审查行政机关对法律的理解和解释，是不可能完全脱离对事实的理解的。但是，关于事实的真实性判断问题，行政机关往往掌握了比法院更多的经验，那么，法院是否可以以自己的事实判断取代行政机关的事实判断？行政机关是否享有不受法院审查的独占判断权或者判断余地？

在德国，行政机关享有的独占判断权被称为"判断余地"，具体情形有：①考试决定（中学毕业考试、国家考试等），以及与考试决定类似的决定。②公务员法上的考核。③由专家和（或者）利益代表人组成的独立委员会作出的判断性决定。④环境法和经济法领域的预测性决定和风险评估决定。⑤具有不确定法律概念因素的决定，特别是政策性行政决定。

在美国，行政机关享有独占判断权的情形属于司法审查范围中裁量排除审查问题，具体情形有：①确定未来政策的行为；②基于直觉和预感而作出行为；③需要速度、灵活性或保密的行为；④需要专门的知识和经验才能作出的行为。[1]

从上述两个国家的情况来看，答案应当是肯定的。在特定的情况下，行政机关享有不受法院审查的事实判断权。之所以不受法院审查，是因为在知识和经验方面，法院没有能力审查。不过，不予审查限于行政机关事实判断的实体内容和结论；对行政机关进行事实判断的程序和形式，法院仍然具有审查的权力。行政机关进行事实判断的程序和形式不规范，可能导致事实判断的实体结论不产生法律上的效力。

四、公共行政的现代化

公共行政的现代化是国家治理体系现代化的重要组成部分。从行政机关在国家机构体系中的地位来看，公共行政的现代化是国家治理体系现代化的重心所在，理

---

〔1〕　王名扬：《美国行政法》，中国法制出版社1995年版，第611~612页。

论上有必要予以特别的关注。

公共行政的现代化是指为了推动国家治理体系的现代化，使我国公共行政制度达到世界先进水平，按照特定的理想范式对公共行政的构成要素进行理性化改造的过程。

（一）公共行政现代化的含义

为了把握公共行政现代化的含义，需要注意的问题是：

1. 现代化不同于"工业化"，因为工业化限于因科学技术革命导致的经济发展模式的变迁，只是现代化过程中的一个阶段和一个方面的内容。

2. 现代化也不同于"西化"。现代化的一些普遍标准虽然来自西方发达国家，但是，这并不意味着现代化是西方发达国家的专利，相反，现代化是所有民族国家的普遍过程。现代化之所以与西方化联系密切，是因为现代化的标准在西方发达国家得到的体现比不发达国家更为充分、全面，在民族交往中，率先推行现代化的民族具有更强的同化力量。

3. 现代化是一个民族性的多元化概念，不同国家在现代化过程中有不同的选择，只存在相对稳定的现代化标准，而不存在绝对固定的现代化模式。

4. 公共行政现代化的实质是使我国公共行政制度越来越接近其形式和实质的合理性。所谓形式合理性，是指公共行政制度作为推动经济、文化、科技发展，增强国家竞争能力的工具效用性，公共行政制度越是能够推动先进生产力的发展，就越接近其形式合理性。所谓实质合理性，是指公共行政制度符合人类的法律价值追求，其运作能够充分体现秩序、民主、公平、效率等价值要求。

（二）公共行政现代化的一般规律

对于公共行政现代化的一般规律，可以从如下三对模式区分的角度进行认识：

1. 内发型模式和外发型模式。内发型现代化是指公共行政因内部条件的成熟而从传统走向现代，是自发进行的，循序渐进的，原创性的，又称为自发型现代化模式。外发型现代化是指一个国家或者地方的公共行政受到外部较为先进的公共行政制度的冲击而进行现代化，具有一定的被动性，是传导性的，又可以称为回应型模式。

2. 观念先导模式和实践先行模式。观念先导模式是指首先在理论上通过对各民族公共行政现代化历史进程要素进行比较分析，明确现代化的标准和措施，构筑理想现代公共行政模型，作为公共行政现代化的范本，然后再具体实施的现代化模式。实践先行模式是指实践部门率先进行试点改革，学理上予以总结，然后再提供观念指导并且予以推广的现代化模式。

3. 递进模式和跳跃模式。递进模式是指随着农业社会、工业社会、信息社会和知识社会的逐步演进，公共行政也逐步从前一个阶段向后一个阶段过渡的现代化模式。跳跃模式是起点于农业社会的公共行政直接向信息社会和知识社会的公共行政转型的现代化模式。这两种模式的区别主要表现在现代化是自发进行还是被动进行，以及现代化进程在不同的地区是否存在明显的时代落差。

按照上述三个标准，就改革开放四十年的实践来看，我国的公共行政的现代化进程是自发原创跳跃的实践先导模式。

（三）公共行政现代化的标准

公共行政现代化的标准是在世界各国公共行政制度的相互比较中发现的，能够体现公共行政先进水平的因素。就我国公共行政的现代化而言，需要强调的是：

1. 生态化。生态化是指公共行政的制度设计和运行应当将生态规律作为一个重要的考虑因素，生态保护不仅是公共行政的一个任务，更为重要的是公共行政制度本身有助于生态效益[1]的提高，有助于可持续发展。

2. 一体化。一体化是指公共行政制度的各个环节和方面形成一个协调的政府管理系统。首先，在中央和地方、不同地方之间形成协调的分工协作关系；其次，各种行政活动方式（例如行政确认、行政许可、行政处罚、行政强制、行政协议等）相互穿插、相互衔接、相互保障，由此形成一个全面、灵活、有效的行政管理手段体系；最后，各层级、各地方、各部门的行政法律规范之间形成一个协调、有效、严密的法制网络。

3. 人性化。人性化是指公共行政制度的设计和运行不仅能够尊重公民和公务员的一般人格尊严，而且有助于实现他们个体的特殊需要，从而使公共行政接近人民群众的日常生活。就此而言，人性化的实质是"亲民化"。

4. 国际化。这里所说的"国际化"采取广泛的含义，是指我国公共行政制度在突出自己特色的基础上，越来越融入世界各国的公共行政制度体系中，逐步形成全球公共行政、国际公共行政、涉外公共行政和国内公共行政四元并举、关联互动的格局。行政法的规范体系也由此形成四足鼎立的格局，亦即用于调整全球公共治理行为的全球行政法、用于调整区域性国际合作行政行为的国际行政法、在一国之内调整涉外公共行政事项的涉外行政法和仅调整本国内部事务的国内行政法。在全球化和国际化的历史大背景下，任何一个国家的行政法体系实际上都由前述四个方面的法律规范组成。如何将这四个方面的公共行政规范组合成一个价值追求正确、目的指向明确、功能相互支持、效力相互协调的行政法律规范体系，是当代行政法学的一个全新课题。

5. 民主化。民主化是指在公共行政过程中逐渐提升公民、法人或者其他组织的地位，提高公共行政过程的透明度，增加民众和关系人参与公共行政程序的机会。有效地保障关系人的知情权、阅卷权、通知权、陈述权、举证权、代理权等程序权利，逐步扩大听证程序、合作协议的适用范围，是推行公共行政民主化的有效措施。公共行政民主化的根本在于公共行政本身的民主性品质保障，也就是说，从权力来

---

〔1〕《中国大百科全书》光盘 1.1 版，经济学部分"生态效益"：所谓生态效益，是指"自然界生物系统对人类生存条件、生活条件和生产活动产生的有益效应"。

源、组织体制、决策程序等方面切实保障现代民主法治原则的贯彻落实，从而逐步谋求外在行为方式的民主化与内在体制属性的民主化的表里统一。

从法治国家原则的角度来看，法治化是现代化的落脚点。公共行政的现代化最终要以政府法治建设的方式表现出来并且固定下来。从国家治理体系现代化的角度来看，公共行政的现代化与法治化之间是相辅相成、同步进行的关系。

第二节　行　政　法

一、行政法的概念

行政法是调整在公共行政的组织、活动、程序、监督和救济等方面所产生各种社会关系的法律规范的总称。简言之，行政法是有关公共行政的法。在理解这一定义时，值得注意的问题是：

1. 行政法的调整对象是行政关系。这是行政法与其他部门法的区别所在。行政关系可能在国家与公民之间、国家机关之间或者公民之间产生，具有行政管理关系、监督行政关系、行政救济关系、内部行政关系等多种类型。认定行政关系是否存在的标准有：

（1）主体。只有一方当事人是国家或者行政机关的关系才有可能是行政关系。在一方当事人是行政机关的情况下，还需要结合其他标准作进一步的认定。

（2）过程。发生在行政管理过程中的关系通常是行政关系。所谓"发生在行政管理的过程"，需要结合特定的社会关系与行政机关管理活动在主体、内容、目的、时间、地点等方面的关联性而综合认定。

（3）目的。以公共利益为主要目的而产生的关系通常是行政关系。公共行政的过程是一个多方面主体进行利益博弈的过程，每一个方面的当事人都有自己的利益诉求，都追寻着自己的目的，而且，目的是主观内在的，与外在的行为之间并没有必然的逻辑关系，因此，认定公共行政的目的需要结合不同方面关系人的行为方式、利益诉求、实际后果等因素综合考量。

（4）权力。行政机关行使公权力或者利用公权力的便利条件实施的行为所引起的关系属于行政关系。这里的关键是"权力"的认定，它与权利的根本区别在于：权力往往只能够由一方当事人所专有，而且在意思表示的效力和法律后果的设定方面具有单方面性，握有权力的一方当事人可以单方面地决定对方的法律地位。

（5）地位。表现为权利义务的独占性和特殊性。如果行政机关行使了只有它才能行使的权利，履行了只有它才能履行的义务，因此产生的通常是行政关系。

如果通过上述五个标准不能明确地认定某种社会关系的法律性质，在这种情况下，应当本着有利于保护公民、法人或者其他组织合法权益的原则。如果认定为行政关系、对公民是有利的，应当作出这种认定。

2. 行政法调整的领域广泛，规范的数量多、内容分散，实体规范和程序规范交织，难以制定完整、统一的行政法典。这是行政法形式上的特征。法典化是行政法的一个长期目标，完全系统的法典化还没有出现，局部的法典化是行政法近年来发展的一个亮点，而制定一部统一的《行政法总则》或者《行政法通则》是学界努力追求的理想目标。这里值得思考的问题是：法典化的标准是什么？局部的法典化是指针对行政法的部分内容进行系统完备的立法，并不意味着立法的质量标准降低。系统性、完备性、稳定性、明确性等是法典的实质性评价标准，即使是局部的法典化，也应当遵循这样的标准。

3. 行政法的内容变化快，效力稳定程度低，形成成熟稳定的规范体系和法律制度的难度很大。一方面，改革开放以来，我国的行政法体系伴随政府体制改革的进程转变、拓展、充实的速度很快，回应政治、经济和社会转型的速度越来越快，但相对于理想的政府法治建设目标而言，制度性和体系性的漏洞仍然很多，行政私法、行政合作法、行政公产法、行政仲裁法、行政冲突法等法律领域可谓仍然是空白。另一方面，我国的政府体制改革进程是自上而下、政策主导型的，公共政策的灵活性也在很大程度上冲击着行政法律规范的稳定性。回应体制改革和社会转型的不断变化和日益增长需求与法律规范应有的明确性、稳定性、可预测性之间存在着十分紧张的关系。协调好这个关系是我国政府法治建设的一个特殊难题。

二、行政法的渊源

行政法的渊源是指行政法律规范的表现形式。具有渊源地位的规范既可以成为行政执法的依据，也可以成为行政审判的依据。因此，什么样的规范可以作为行政执法和行政审判的依据是行政法渊源理论的核心命题。

（一）成熟的实定法渊源

成熟的实定法渊源是指具备了法律规范的外在表现形式，学界和实务界普遍认为可以作为行政执法和行政审判依据的规范。此类行政法的渊源有：

1. 宪法。宪法中有关行政管理的规范有：

（1）关于一般法律原则的规定。例如，尊重和保障人权原则、人民参与国家管理的原则、法制统一和尊严的原则、平等原则、比例原则、信赖保护原则、正当程序原则、社会主义法治国家原则等。

（2）有关行政机关机构设置、基本工作制度和职权的规范。例如，关于国务院的组织、基本工作制度和职权的规范。

（3）有关国家行政区域划分和设立特别行政区的规范。

（4）有关公民基本权利和义务的规范。

（5）有关部门行政管理的规范。例如，有关发展教育、科学、医疗卫生、体育、文学艺术、新闻广播、出版发行等事业的规范，有关保护环境、防止污染和其他公害的规范。

2. 法律。这是指全国人民代表大会及其常务委员会制定的正式法律，主要有：

（1）有关行政机关机构设置、职权和基本工作制度的组织法，如《地方各级人民代表大会和地方各级人民政府组织法》《国务院组织法》。

（2）有关特定行政行为的专门法律，如《行政处罚法》《行政许可法》《行政强制法》。

（3）有关行政救济的专门法律，如《行政复议法》《行政诉讼法》《国家赔偿法》等。

（4）有关行业管理的专门法律，如《环境保护法》《治安管理处罚法》等。

3. 行政法规。行政法规是指国务院按照特定的程序制定并且以国务院令的形式发布或者批准发布的规范性文件，主要是国务院根据法律的授权制定的行政法规，以及国务院制定并且以国务院令的形式发布的规范性文件。

这里需要注意的是：并非所有的国务院制定的规范性文件都是行政法规，区分的标准在于是否适用了行政法规的制定程序、是否以国务院令的形式发布或者是否经过国务院批准。

4. 地方性法规。地方性法规是指省、直辖市、设区的市的人民代表大会及其常务委员会按照法定程序制定的规范性文件。

5. 自治条例和单行条例。自治条例和单行条例是指民族自治地方的人民代表大会，依照宪法、民族区域自治法和其他法律规定的权限，结合自治地方的政治、经济和文化的特点所制定的规范性文件。对此，2018 年修正的《宪法》第 116 条规定："民族自治地方的人民代表大会有权依照当地民族的政治、经济和文化的特点，制定自治条例和单行条例。自治区的自治条例和单行条例，报全国人民代表大会常务委员会批准后生效。自治州、自治县的自治条例和单行条例，报省或者自治区的人民代表大会常务委员会批准后生效，并报全国人民代表大会常务委员会备案。"

6. 行政规章。国务院各部、委员会、中国人民银行、审计署和具有行政管理职能的直属机构，可以根据法律和国务院的行政法规、决定、命令，在本部门的权限范围内，制定规章；省、自治区、直辖市和设区的市、自治州的人民政府，可以根据法律、行政法规和本省、自治区、直辖市的地方性法规，制定规章。

7. 法律解释和司法解释。法律解释是指享有立法权的人民代表大会常务委员会对特定法律规范的理解和适用问题作出的解释。司法解释是最高人民法院就行政审判中的问题作出具有普遍约束力的解释。

8. 国际条约。国际条约是指中国政府缔结或者参加的国际条约中有关行政管理的规定。

（二）不成熟的行政法渊源

行政法是一个充满生机和活力的新型法律部门，它调整公共行政的范围、方式、模式随着政治、经济、社会的发展而不断革新，新类型的规范形式不断涌现，引起了学界的广泛关注。在行政法的渊源中，有待研究和扩展的规范类型是：

1. 习惯法。习惯法是指被国家机关按照法定的程序和标准认可和承认的，由特定的地方居民或者职业团体在日常的生产和生活中逐步形成的，反映地方或者团体文化特色的惯例。习惯法作为学界和实务界公认的法律渊源之一，能够成为行政执法和行政审判的法律依据。问题的关键在于认定习惯法的标准和程序。认定习惯法的标准有：

（1）自发性。习惯法是一个地方的居民或者特定的社群在长期的地方生活实践或者行业经营活动中自发自然地形成的行为规范，在语言表述方式、行为实施方式等方面具有浓厚的地方文化特色，其中蕴含着丰富多彩的地方知识和行业知识，只有长期在一个地方生活或者经营才能理解。习惯法的实施主要依靠居民和社群成员的自觉，仅在极端例外的情况下才需要借助国家的强制力量。

（2）长期性。习惯的形成本身就是一个长期的过程，而它得到人们的普遍信任和遵循更是一个长期的过程。至于多少年才算"长期"，不能一概而论，很难有一个统一的量化的标准，一套既符合人类法治文明的发展趋势又充分照顾地方文化生活特色的习惯法规范体系的形成，需要数代人坚持不懈的努力。

（3）规范性。习惯要成为具有普遍约束力的法律，必须具备法律规范所具备的形式特征，也就是说，具有明确的调整范围和调整方法，有具体的权利义务的内容，有相对明确的条件、行为模式、法律后果。

（4）有效性。有效性是指得到了人们的普遍地认可和普遍地遵循，具有实际上的法律规范效力。

认定习惯法的程序可以分为立法、行政与司法三类，立法机关、行政机关和司法机关都可以在自己的职权范围内，按照正当合理的程序，发现和认定习惯法。认定习惯法的一般程序步骤是：

（1）调查研究。即进行地方风土人情、人文地理历史等方面的考察，发现在人们的日常生产生活中存在的具有普遍规范性质的风俗、习惯、做法等，这是有关习惯法的素材收集和整理的阶段。

（2）学理分析。进行学理上的研究和整理，主要深入地研究形成习惯法的理论基础和实践根据，从法律的角度对习惯法进行系统化的整理，将作为素材的习惯法提炼成作为法律的习惯法。

（3）实践检验。实践检验的方法多种多样，例如，听取地方居民和社群成员的意见，在个案中适用，考察它的社会效果。经过法律职业人整理、提炼、升华的习惯法规范，既要突出地方民族文化或者社群文化的精神和特色，又要将它们融入国家统一的法律制度体系中，在确保国家法制统一的基础上充分照顾地方法治建设的特色，力求地方文化生活的多样性与国家法律体系的统一性的有机结合。

（4）公开发布。公开发布也就是主管的国家机关按照正当合理的程序，将经过理论论证和实践检验的习惯法公开向社会发布。在这种情况下，习惯法取得了国家实定法律规范的效力。

2. 判例法。判例是指司法机关作出的，对类似情况具有普遍依据效力的裁判，判例中所蕴含的具有普遍约束力的行为规范就是判例法。判例是判例法的基础和载体，判例法是判例中提炼出来的精华。是否要建立判例制度，将判例法作为行政法的一种法律渊源，是学界近年来探讨的一个热点问题。笔者认为，至少在行政法领域，建立判例制度，确立判例法的法律渊源地位是实践的必然。即使在不实行判例制度的国家，例如德国和法国，判例法都是行政法的重要法律渊源。问题的关键不是要不要建立判例制度，而是如何建立，以确保判例的质量，从而能够从其中提炼出被称为"法官造法"的判例法。一般而言，判例法的形成要经过如下三个步骤：

（1）典型案例的收集、整理与出版。在已经生效并且执行结案的案件裁判文书中，如果具有在法律适用、事实认定、推理论证等方面具有普遍的示范意义、长远的关注价值或者值得深入研究的内容，主管国家机关即可将其按照特定的格式和程序整理成为判例。

（2）经典判例的分析、评价与发布。判例不仅需要官方正式的发布，更需要学界的广泛探讨和深入研究，以发掘其具有普遍约束意义的规范内涵。

（3）判例法规范的提炼、改造、汇集、整理与发布。在判例中蕴含的法律规范内容，既可能是抽象的法律价值观念宣示或者政策导向宣示，也可能是具有普遍约束力的一般法律原则，更多更常见的是具体的法律行为规范。

除了符合法律规范的一般形式要求之外，一条完整的判例法规范应当具备观念、原则和规则三个层次的内容。观念层次的内容主要用于明确判例法规范的法律价值取向；原则层次的内容主要用于适用范围、效力等级等界限的限定和把握；规则层次的内容则用于解决具体的法律问题。这三个层次的内容所采取的规范表现形式是不同的，观念层次的内容通常隐含在规则内容之中，需要仔细甄别才能发现。原则层次的内容通常表现在一个判例中具有统帅性质和主导地位的行为规范之中。

判例的形成主要依靠司法实务界，而判例法的发现和形成则主要依靠学界，因此判例法具有浓厚的学理法特征。形象地说，法官和检察官创造判例，法律学者发现和编撰判例法；判例诞生在法官和检察官的裁判文书中，而判例法诞生在法律学者的学说之中。

3. 一般法律原则。原则是明确行动方向的路标，是价值判断的基本尺度。具有普遍约束力的一般法律原则即使没有得到成文法的承认，但作为一种客观存在的规律，也实实在在地发生着它固有的支配、评价、规范、引导、惩戒等作用，这并不以人们的意志为转移，当然也不会因为立法者没有认识到它、执法者没有承认它而转移。规律，总是要发生作用的。因此，理性的执法和司法人员不能也不会拘泥于成文的法律规定，而是将成文法作为一种指引，积极地探寻其中蕴涵的客观规律。依法办事，究其实质而言，就是按规律办事。从这个角度而言，遵循行政法的一般法律原则就是依法行政。一般法律原则具有法律渊源地位，可以作为行政执法和行政审判的直接依据。

　　4. 软法规范。软法是由社群居民、社会团体、行业协会等民间力量，为了实现自我管理、自我服务、自我约束而通过特定程序制定并且公开发布的，主要依靠成员的自觉认同和道德自律实施的法律规范。村规民约、社团章程、协会公约是软法的主要表现形式，性质上属于民约法。硬法是主要由国家主管机关制定或者认可的，以命令的形式发布，并且由国家强制力保证实施，是国家法律体系中的主要内容，性质上属于国定法。一个健全的国家法律体系应当由硬法和软法两个方面的规范组成，在范围、功能等方面相互补充、相互支持，共同指向现代法治国家的建设目标。在我国，软法作为一种法律规范的表现形式已经得到学界和实务界普遍的认可，但是关于软法的范围、体系、效力等基础理论问题，还处于前期探索过程中，尚未形成明确的理论体系，成为行政执法和行政审判的依据还任重道远。

三、行政法的种类

　　按照不同的标准可以对行政法作多种分类，主要包括：

　　1. 一般行政法、职能行政法和部门行政法。这是以调整对象为标准所作的分类。一般行政法是指适用于所有公共行政领域的规则、原则和制度，如行政法的一般原则、行政程序法、行政处罚法、行政许可法、行政强制法、行政复议法等，是行政法学总论的主要研究内容。职能行政法是指调整在目的、内容、方式和性质上具有密切关联性的特定类型的公共管理职能的法律规范，例如秩序行政法、给付行政法、涉外行政法、管制行政法等，是行政法学分论的研究对象。部门行政法是调整特定行业管理活动的行政法律规范，如环境行政法、教育行政法、公安行政法、海事行政法、海关行政法等，学理上称之为行政法各论。

　　2. 行政组织法、行政行为法、行政救济法、行政公产法、行政监督法。这是以内容为标准所作的分类。行政组织法是有关行政机关的机构设置、职权职责和相互关系的法律规范，包括行政机关组织法、行政机关编制法、公务法人法和公务员法。行政行为法是有关行政活动方式和程序的法律规范，如行政处罚法、行政许可法、行政强制法、行政程序法、行政协议法等。行政救济法是有关公民申请行政复议、提起行政诉讼、申请国家赔偿的法律规范，主要目的在于切实有效地保护公民、法人或者其他组织的主观合法权益，包括行政复议法、行政诉讼法、国家赔偿法等。行政监督法是督促行政机关及其工作人员依法行使公权力的法律规范，全称为行政法制监督法，例如人民监督法、人民信访法、公益诉讼法、检察监督法等，其主要目的在于维护客观的公共利益和公共秩序。行政公产法是有关行政领域的公共财产的法律规范，例如公共基金法、公共设施法、国有资产法等。

　　3. 内部行政法和外部行政法。这是以权利义务为标准所作的分类，内部行政法调整国家内部的行政机关之间、行政机关与公务员之间的职权职责关系；外部行政法调整国家与公民之间的权利义务关系。

　　4. 行政公法和行政私法。这是从公法与私法的关系的角度对行政法所作的分类，二者都以公权力的设定、行使和监督为直接的约束对象，但调整的领域和方法不同。公法规范的主要调整对象是命令与服从关系，主要的调整方法是许可、处罚、强制等，主要规范对象是秩序行政、警察行政和权力行政。私法规范的主要调整对象是平等主体之间的分工合作关系，主要的调整方法是指导、合同、协商、补贴、奖励、优惠等，主要调整对象是给付行政、非权力行政。

上述四个方面的划分是相互交织的。例如，环境行政法可以进一步分为一般环境行政法和特别环境行政法，经济行政法可以进一步分为经济行政组织法、经济行政行为法、经济行政救济法、经济行政公产法、经济行政监督法等。

四、行政法的地位

行政法是国家法律体系中仅次于宪法的重要法律部门。对此，可以从行政法与其他部门法相互关系的角度认识。

1. 行政法与宪法。行政法从属于宪法，行政法不得与宪法冲突。行政法是宪法的具体化，是动态的宪法。宪法的模式决定了一个国家行政法的模式。宪法是公共行政和行政审判的直接法律依据。

2. 行政法与刑法。二者都属于公法，但调整对象、实施机关和程序不同，刑法的实施靠司法机关通过刑事诉讼活动加以适用，而行政法则由行政机关通过行政行为来实现。但是，在涉及行政管理的违法犯罪行为方面，二者存在着交叉和衔接关系。有些违法行为与犯罪行为在主体、情节、后果等方面存在着衔接关系，而更多的犯罪行为既违反行政法，也触犯刑法，同时构成行政违法行为和犯罪行为。专门为确保行政管理秩序而设置的刑罚，学理上称为行政刑罚，如走私罪、妨害税收征收管理罪等。

3. 行政法与民商法。民商法属于私法，是调整平等主体之间财产和人身关系的法律规范，行政法属于公法，调整行政关系。二者在调整对象、原则、救济途径等方面不同。但是，二者之间也存在密切的联系，表现在：

（1）行政法是民商法的保障。行政机关依照法定程序确认民事主体资格及其权利范围，确认、证明或者检查监督民事行为。行政行为可能产生民事法律后果，行政行为往往决定民事行为的效力。

（2）民商法是行政法的基础。民法基本原则对公共行政具有约束力；民商法所确认的民事权利是公共行政的保护对象，是公民在行政法律关系中的权利；民法学基本原理对行政法学研究具有指导作用。

（3）行政机关可以援引民商法，采取民商法的方式和方法，如协商、合同等。以民商法方式推行的行政称为行政私法。

4. 行政法与国际法。国际交流和全球经济一体化促进了世界各国政府之间的合作，有关行政管理的国际条约越来越多，国际行政法成为行政法与国际法之间交叉形成的新兴法律领域，在行政法律体系中的数量会越来越多，地位也将越来越重要。

第三节　行政法律关系

一、行政法律关系的概念

行政法律关系是指经行政法调整的，行政机关在管理过程中，因行政职权的配置、行使和监督而形成的权利义务关系的总称。

1. 行政法律关系是行政法律规范调整一定社会关系的结果。所谓"调整"，是指法律赋予关系各方当事人以实体权利和程序权利，规定各方当事人实体义务和程序义务，使主体之间的相互关系达到符合法治要求的状态。法律调整的方式多种多样，例如认可和设定。"认可"，是指通过法律规范对已经形成的社会关系加以确认。"设定"则是对期待发生的社会关系事先作出明确的规定，使该类社会关系在特定的事实条件下以法律规定的方式产生、变更和消灭。

2. 行政法律关系是以行政机关为一方当事人与另一方当事人之间的权利义务关系。在行政法律关系中，通常有一方为行政机关，而另一方既可以是行政机关，也可以是国家权力机关、司法机关、企业事业组织、社会团体或者个人。

3. 行政法律关系的内容是由行政法所调整的权利义务关系。行政法意义上的权利义务通常既具有公权力的因素，又具有私权利的内容。前者如行政机关作为一方当事人承担的职权与职责，后者如公民或者法人作为另一方当事人的权利义务。

二、行政法律关系的种类

对行政法律关系可以从不同的角度，按不同的标准进行分类。

1. 以主体的性质为标准，可以将行政法律关系分为行政主体之间的关系，行政主体与行政内部人员之间的关系，行政主体与其他国家机关之间的关系，行政主体与企业、事业单位、社会组织和团体之间的关系，行政主体与公民之间的关系，行政主体与外国组织、外国人和无国籍人之间的关系。

2. 以主体的身份为标准，可以将行政法律关系划分为内部行政法律关系与外部行政法律关系。前者的双方当事人均属国家行政系统，这种关系反映了国家行政机关的自我管理。后者的一方当事人不属于国家行政系统，这种关系体现了国家对社会的管理。

3. 以客体和内容为标准，可以将行政法律关系分为行政权力配置关系、行政职权行使关系和监督行政关系。所谓行政权力配置关系，是指由行政权力配置所形成的由行政法调整的社会关系，包括行政机关与权力机关之间的关系；行政机关与其他国家机关之间的关系；上下级行政机关之间，平级的行政机关之间，不同职能或不同地域的行政机关之间，行政机关与法律法规授权组织之间的权限分配关系；行政机关与其内部行政机构之间、各内部行政机构之间、行政机关与行政公务人员个体之间、行政公务人员相互之间的地位、权限、职责的分配关系。所谓行政职权行使关系，是指因行政职权的运作而发生的法律关系，包括行政机关之间、行政机关与公务人员之间、行政机关与被授权被委托组织之间内部公务往来关系，以及行政主体与行政相对人之间的公共管理与服务关系。所谓监督行政法律关系，是指监督行政法律关系主体在对行政机关及其公务人员进行监督时所形成的法制监督关系。

4. 以形成方式为标准，可以将行政法律关系分为明示的行政法律关系和暗示的行政法律关系。前者是因行政行为指明了行政相对人而形成的法律关系，例如基于行政处罚决定书而形成的法律关系。后者是指行政行为没有指明行政相对人，但实际上影响到第三人的合法权益，从而与第三人之间产生的行政法律关系。

三、行政法律关系的要素

行政法律关系由主体、客体和内容三个要素构成。

1. 主体。主体是指承担行政法上的权利义务的人，其类型多种多样，有机关、团体、企业、个人等；他们在行政法律关系成立、展开、变动和消灭过程中所处的地位和所能发挥的作用不同，有的是具有直接利害关系的当事人，有的是可能具有某种潜在的利害关系的参加人，而有的则是在证据、信息、手续等方面提供一定协助的参与人。行政法律关系是这些不同类型主体以不同的地位或者角色展开互动而形成的多维度交织而成的、错综复杂的社会关系。

2. 客体。客体是指行政法律关系主体的权利义务所共同指向的对象或标的，包括权力、行为、物、智力财富等。

（1）权力。权力是指以某种强制方式迫使对方服从的力量，具体包括了行政权力与行政职权两个层面。行政权力是指国家行政机关依据宪法和法律而享有的执行国家法律规定、管理国家行政事务的权力，是政权的重要组成部分。行政职权是指作为行政机关的个体依法享有的对不同行政管理领域和不同行政管理事项进行组织与管理的行政权力，是行政权力的具体配置和转化形式。行政权力在特定的法律制度中与它的行政机关和行政事务相结合而转化成具体的行政职权，成为特定行政机关及其公务人员所拥有的与其行政地位、工作任务相适应的资格和权能。

（2）物。物是能够为人们控制和支配的物质财富，包括实物和货币。有的行政法律关系直接以物为客体，如行政机关对公共设施及道路、河川的管理，对国库、国有企业国有资产的管理；有的虽以行为为客体，但仍与物紧密相关，如海关对进、出境人员进行监管，其中的一项主要内容是对其携带的货物或者物品等进行检查。

（3）智力财富。智力财富是指行政法律关系主体从事智力活动所取得的智力成果，包括发明权、发现权、商标权、专利权、著作权等具有复杂的科学知识内涵和科学创新内容的物质权益。

（4）行为。行为是指主体出于特定的目的、以特定的方式实施的可能产生行政法上的法律后果的活动。作为行政法律关系客体的行为多种多样，包括作为与不作为、合法行为与违法行为、行政主体的行为与行政相对人的行为等。

3. 内容。行政法律关系主体所享有的权利和承担的义务。例如，在上下级行政机关之间的关系中，上级机关对下级机关具有职权职责的配置权、指挥权、命令权、决定权和监督检查权等；下级机关具有服从的义务，但对上级机关具有请求权、建议权、异议权等；上级机关则相应地具有听取建议或申诉的义务、接受监督的义务、纠正错误决定的义务等。又如，在行政机关与公务员之间的关系中，公务员有代表行政主体执行公务的权利、身份受保障的权利、工资福利待遇的权利、参加培训的权利、提出批评建议的权利、申诉控告的权利等；同时，公务人员对行政主体又有服从命令和指挥的义务、忠于职务的义务、保守国家秘密和工作秘密的义务等；相应地，行政主体对公务人员则有工作上的指挥命令权、监督权、人事管理权等。

四、行政法律关系的变动

行政法律关系的产生通常需要具备两个条件：行政法律规范的有效存在和法律事实的出现。前者为行政法律关系的产生提供了法律依据，而后者为行政法律关系的产生创造了条件。法律事实通常分为两类：①法律事件。法律事件是指能够导致行政法律后果，但又不依人的主观意志为转移的客观事件。②法律行为。法律行为是指能产生法律效果的，体现行政法律关系主体个人意志的行为，包括作为和不作为。

行政法律关系的变更是指行政法律关系在存续期间所发生的变化，包括行政法律关系主体变更、权利义务的变更和客体的变更。主体的变更是指行政法律关系的内容不变，作为关系一方的当事人发生了变化，但他与对方当事人之间的权利义务关系仍然有效。内容的变更是指行政法律关系的当事人不变，但内容发生部分变化，这种变化是由法律的规定和行政机关的行为而引起的。客体的变更是指客体发生了不影响原权利义务的某种变化，通常只能是具有可替代性的变化，即以一种客体取代另一种客体。如果客体不具有可替代性，则不能发生变化。

行政法律关系的消灭是指原行政法律关系不再存在，表现为主体、客体或者内容的消灭。原因包括：主体双方之间因已产生的行政法律关系没有意义或没有必要而终止；因权利得以实现或义务履行完毕而消灭；作为依据的行政法律规范被撤销或者确认无效；行政相对人依法放弃权利主张或客观上不能履行义务等。

五、行政法律关系的方法论意义

行政法律关系理论是一种行之有效的案例分析方法，是全面梳理案情、准确案件定性、正确适用法律规范的一把钥匙，是解决疑难案件时常用的一种妙方。

1. 行政法律关系理论有助于明确不同类型的关系人在案件事实发生过程中所扮演的角色、所处的地位和所发挥的作用。行政法律关系本质上是一种围绕着特定的利益诉求而展开的社会交往关系，在法律权利义务的背后蕴含着特定的利益关系内容，不同的关系人因资源、能力、信息等客观条件的不同，寻求利益的动机、途径和方式的不同，在行政法律关系中所处的地位和所扮演的角色也就不同。只有查明了这些方面的内容，才能全面地认定案情。

2. 行政法律关系理论有助于准确定性，正确地限定案件法律规范的选择和适用的范围。不同关系人之间在社会交往过程中所产生的关系只是一种事实上的社会关系，只有在纳入行政法律规范的调整之后才能成为由国家强制力保障实现的行政法律关系。将事实上的利益关系和法律上的权利义务关系区分开来，有助于明确将事实上的利益关系纳入法治轨道的范围、条件、方式和效果，从而进行积极能动的选择和创造，这是给案件准确定性的关键。

3. 行政法律关系理论有助于准确适用法律规范。行政法律关系的产生、变更和消灭不仅需要行政实体法规范作为选择和判断的依据，更需要一个过滤和转换的程序法中介，主要是行政程序法、行政复议法和行政诉讼法。行政法律关系理论的独到之处在于：将方方面面交织在一起的社会关系作为一个既相互分离又关联互动的社会生活画面进行整体的考察，进而将相关的实体行政法和程序行政法规范联系起来，作为一个完整的案件裁判依据予以考察。这正是给案件进行准确定性的一个先决条件。

第四节　行政法学

一、行政法学的概念、体系和方法

（一）行政法学的概念

行政法学是研究行政法现象及其内在规律的法学学科群。

行政法现象是指行政法的制定、执行和救济等过程所呈现的表面现象，例如，我国或者外国的行政法规范是规范现象，特定的行政机关组织或者公务员岗位是制度现象，具体的行政执法案例或者行政指导案例是行为现象等。这些与公共行政活动密切相关的"现象"属于行政法学研究的材料基础。对这些材料进行收集、整理、归纳、总结、提升、提炼是行政法学的首要任务。

行政法的内在规律是指蕴涵在丰富多彩而又纷繁复杂的行政法现象之中、支配行政法现象产生、演变和变革的客观规律。例如，有限政府原理、信赖保护原则、比例原则、法律优先原则、法律保留原则、正当程序原则等，这些以"基本原理"或者"基本原则"为表达方式的定律其实都属于行政法的内在规律。从复杂多变、无限多样的规范现象、制度现象或者行为现象中走出来，发现不以人的主观意志为转移的、有关政府法治建设的客观规律，以独特的学科语言、学科逻辑将客观规律表达出来，便于实务界理解、消化和吸收，是行政法学作为一个法学学科的中心任务。

　　从政府法治建设的实践出发，将丰富多彩、昙花一现、富有欺骗性与迷惑性的规范现象、制度现象、行为现象与简单明确、稳定不变的内在客观规律自觉地区分开来，在此基础上寻找到独特的语言表达方式、价值观念导向和知识体系架构，最终形成一种世界先进性与民族特色性兼备的理论研究范式，为政府法治建设实践提供正确的理论指导，是现代中国行政法学作为一个独立的法学学科得以健康发展的必由之路。

　　（二）行政法学的理论体系

　　现代中国的行政法学体系正处于迅速的发展过程中，从价值观念导向到基本知识点的逻辑架构都处于不断更新、不断扩展的过程之中，成熟稳定的知识体系框架还没有形成。

　　一般而言，一个学科的完整体系框架由核心领域、交叉领域和边缘领域三个部分构成。按照这种"三分法"的逻辑架构考察行政法学的学科体系，可以划分为：

　　1. 行政法学的核心领域。从研究现状来看，行政法学的核心领域由总论、分论、各论三个层次构成。总论部分研究行政法的基本概念、基本渊源、基本原则和基本制度。行政、行政权、行政法、行政法律关系是行政法学最为基础的概念，制定法、习惯法、判例法等是行政法的主要规范的表现形式，法律优先、法律保留、信赖保护、比例、正当程序等是行政法的基本原则，行政主体、行政机关、公务法人、公务人员、行政行为、行政程序、行政复议、行政诉讼、行政赔偿等是行政法的基本制度。这是现行行政法学教科书的共同内容。

　　分论是围绕公共行政职能的类型化而形成的，将行政法学的一般原理和原则与特定领域中的专门规范与制度结合起来而形成的一类中间性、过渡性的研究领域，例如秩序行政法、给付行政法、管制行政法、社会行政法、经济行政法、涉外行政法等。其中，秩序行政法是以公共秩序为中心任务而形成的行政规范体系，包括但不限于警察行政法。管制行政法是以市场监管为中心任务而形成的行政法规范体系，包括但不限于工商行政法。社会行政法是以社会治理为中心任务而形成的行政法规范体系，包括但不限于劳动保护法、社会保障法。经济行政法是围绕政府作为公共经济主体的角色而形成的行政法规范体系，包括但不限于金融法、税费法、证券法、保险法等。涉外行政法是在一国之内具有国外、境外或者域外因素的行政法规范体系，包括但不限于国际行政法、全球行政法等。目前，行政法学的分论领域处于迅速扩张的发展阶段，新的分论研究领域将不断涌现。

　　行政法的各论是指因公共行政的专业化分工而形成的部门研究领域，例如警察行政法、卫生行政法、环境行政法、税务行政法、海关行政法等。由于各论研究通常与中央和地方各级人民政府的职能部门设置具有一定的对应关系，因此，在研究范围、研究内容和体系架构方面最富有变化，是行政法学的学科领域之中最为活跃的研究领域。

　　以上"总论、分论、各论"的三层次逻辑只是归纳整理行政法学核心领域的一种方法。

2. 行政法学的交叉领域。行政法学作为法学门类的一个分支学科，与宪法学、民法学、刑法学、诉讼法学、环境法学、国际法学、比较法学等基本法学学科并列，并且存在着密切的联系，特别是存在交叉关系。例如，行政法的基本原则是行政法学和宪法学的交叉领域，行政诉讼法是行政法学与诉讼法学的交叉领域，行政私法、行政刑法、环境行政法、国际行政法、比较行政法等是行政法学与其他法学学科的交叉领域。

3. 行政法学的边缘领域。行政法学的边缘领域是指应用哲学、伦理学、经济学、社会学、政治学、管理学、心理学、数学、物理学等社会科学或者自然科学领域的知识研究行政法中的特定问题而形成的一个具有无限扩张维度的理论研究领域。近十多年来，这个领域的研究活动十分活跃，公共政策的分析方法、社会动力学分析的方法、成本收益分析的方法、制度经济学的分析方法、行为心理学的分析方法等在行政法学领域中得到了广泛而又深入的应用，为行政法学注入了崭新的观念、崭新的方法和崭新的前景，使行政法学科的研究领域充满活力、欣欣向荣。

以上三个领域要形成一个健全的行政法学学科体系，还需要一套学界和实务界普遍公认的、稳定如一的价值观和方法论。前者作为一个内在统一的思想灵魂，将向四面八方不断扩张的、分散在不同领域的行政法研究领域统一起来，从行政法作为公法学科的特色（尤其是全球化的发展趋势）来看，有必要确立一种将中国特色与世界先进性结合起来的分配正义观。后者作为标志或者界碑，一方面用于彰显行政法学作为公法学科的内在独特性，另一方面用于彰显中国行政法学区别于一切域外、境外和国外行政法理论的独到性，从这一点来看，平衡论的主张为学界提供了一种值得尝试和深入研究的方法论指南。这个意义上的价值观和方法论形成之时，就是现代中国行政法学在世界公法学舞台的崛起之日。

（三）行政法学的研究方法

行政法学的研究方法是无限多样的，除了古典的法学研究方法之外，其他学科的成熟理论都可以直接或者间接地吸收过来，以便不断开拓行政法学研究的新视角。以开放的胸襟和开阔的视野尝试采用多种多样的方法综合研究，是行政法学保持创新活力的一个秘籍所在。从法学学科发展的一般规律来看，这里需要强调指出的是：

1. 以规范实证分析的方法为立足点。以开放的胸襟和开阔的视野吸收其他学科的知识营养是为了充实、巩固和发展行政法学的学科体系，不能淡化、甚至迷失行政法学作为一个法学学科的属性。为此，从其他学科吸收来的知识营养必须在语言、思维、命题、意义等方面进行规范化的转换，使之成为具有行政法规范意义的理论观点或者对策主张。例如，管制经济学上的有关政府与市场之间关系的效益均衡理论、外部性理论和内部性理论、管制强度理论、信息不对称理论、代理人风险理论、管制俘获和权力寻租理论等是经济学的知识，应当从法治政府建设的实践需要和依法行政的理论视角出发，在语言、思维、命题等方向进行提炼和转换，形成具有行政法意义的原则、规则、政策或者理论命题，例如有限政府原理、政府透明度原则、政府中立原则、政府信息公开制度、知情权和参与权的有限保护制度等。

规范实证分析方法的关键在于"规范"，亦即具有权利义务的内容、假设的事实条件和特定法律后果的行为准则。对行政法而言，除了公民作为相对人的地位准则和行为准则之外，主要是有关行政机关的组织、职权和行为的准则。吸收其他学科的知识必须最终形成这种意义上的准则或者命题，研究的过程才算完成。

2. 全面完整地应用跨学科的方法。跨学科的研究方法，简称为"交叉法"，主要有两个方面：①与法学学科之外的其他学科进行交叉研究，从其他社会学科，从法与政治、经济、社会、文化、科技等的联系的角度，研究行政法的现象和规律，探寻行政法的法经济、法社会、法文化、法科技内涵。②从行政法学与其他法学学科之间交叉关系的角度进行开拓性的理论研究，形成诸如经济行政法、环境行政法、国际行政法等崭新的理论领域。

在应用跨学科的理论作为行政法的方法论时，需要注意尊重相关理论在其他学科中的理论原貌，在系统整理具有代表性的理论文献、把握研究现状的基础上，形成一个完整、全面、准确的认识，然后再结合行政法中的某个实践问题或者理论命题，按照行政法学的专业头脑、专业思维、专业语言和专业逻辑进行选择、提炼和转化。应用跨学科知识的过程不是单向度的，而是在循环往复中逐步提升的，但立足点始终是行政法的规范实证分析。如果片面地肢解所借用学科的理论，或者没有找准有待解决的行政法问题，会造成跨学科研究方法的误用或者滥用。

3. 深入细致地应用比较法的研究方法。这是指针对特定的实践问题或者理论命题，选择不同国家或者地区的行政法制度或者理论，从不同的角度比较异同，以探寻背后隐藏着的规律。

要正确应用作为一种法学方法论的比较法，必须命题集中、问题明确、资料详实、语言朴实易懂、论证深入细致、结论切实可行。大而化之、浮光掠影、浅尝辄止的做法不是科学意义上的理论研究，而只是"周游列国"式的粗浅体验或者华而不实的引注作秀，不会形成富有针对性和建设性的理论命题或者对策方案。

4. 正确地应用案例分析的方法。案例分析法简称案例法，是结合典型案例，研究有关实践问题或者理论命题的方法。

二、行政法学的历史发展

1949～1978 年党的十一届三中全会召开前的三十年，没有出版过学界和实务界普遍认可的行政法学教科书。20 世纪 50 年代曾有高等学校的法律院系开设过《苏维埃行政法》，但没有建立独立的中国行政法学理论体系，至于行政法学的学科建设更是无从谈起。尽管新中国的行政法学前期积累很薄弱，但发展的步伐十分迅速，学术研究成果日新月异，学术研究的领域不断扩张，学科队伍的规模日趋壮大，学科的影响力迅速提升，总的发展趋势是令人乐观、欣欣向荣的。下文尝试按照启蒙、奠基、成长的阶段性规律，简要地归纳行政法学在改革开放四十年以来的发展历程：

1. 启蒙阶段。这是现代中国行政法学作为一个学科建立起来的前期理论准备阶段，时间大约是 1978~1989 年。在这十多年的准备工作中，行政法学课程在具有较大国内影响力的大学本科教学和研究生教学中逐渐开设，作为一个独立的研究生法学教育专业，也开始在中国政法大学、北京大学、中国人民大学等学校率先建立起来。总体而言，"拿来主义"是这个时期在方法论上的一个鲜明特征，应用外国行政法的理论术语和原理框架发掘和整理我国的行政法材料、培训政府法制干部和行政审判干部、筹备和推动行政基本法的制定是这个时期具有划时代意义的学科中心任务。法律优先、法律保留、正当程序、信赖保护、比例原则、行政主体、公务法人、行政行为的公定力等源自欧陆国家或者英美国家行政法学的术语和理论，被大量吸收到中国的行政法学理论之中，使中国的行政法学理论研究从一开始就站在西方先进国家成熟理论研究成果的基础上。历史的起点很晚、太晚，但基本观念的起点却很高、很长远，这是现代中国行政法学在启蒙阶段的一个鲜明时代特色。

其间，20 世纪 80 年代初，司法部法学教材编辑部约请部分高校行政法学者编写第一本行政法学教科书《行政法概要》，这是我国行政法学作为一个法学研究领域开始建立起来的标志。之后到 1989 年，行政法学的发展步伐加快，教科书、译著、论文、译文等形式的成果如雨后春笋。全国各高等学校法律院系陆续开设行政法课程，行政法课程成为法学各专业的必修课，教学科研人员的队伍也迅速扩大。

2. 奠基阶段。在经过十几年的理论准备期和实践积累期之后，行政法学学科从 1989 年开始进入一个形成基本的理论命题、理论术语和理论体系框架的历史发展阶段，一大批专题性研究专著出版。

随着 1989 年《行政诉讼法》的制定和实施，行政诉讼法学逐步发展成行政法学学科中相对独立的一个研究领域，许多高校法律院系开设了独立的行政诉讼法课程，专门的行政诉讼法学教材也陆续出版，这是这个时期的一大亮点。

行政法学总论部分的知识框架得以形成是这个历史阶段的第二个亮点。这个时期出版的行政法学教科书在具体的概念和术语的使用上千差万别，具体的观点也各有千秋，但理论框架都由基本概念、基本原则、行政组织、行政行为、行政救济和行政监督等理论模块组成，没有实质性的差异。

注重理论联系实际是这个阶段的第三个亮点。通过研讨会、论证会、调研会等形式，学界积极参加《行政诉讼法》《国家赔偿法》《行政处罚法》《行政许可法》等法律的草拟工作，广泛参与重大疑难问题和重大疑难案件的研讨，对推动中国政府法治建设的进程发挥了越来越重要的作用。可以说，正是在这个意义上，具有浓厚的学理法色彩是这个时期出台的一系列行政基本法律的一个鲜明特征。

在专题研究方面，有关行政法理论基础的争鸣是这个时期的第四个亮点。控权论、管理论、服务论、公共利益论、公共权力论、平衡论等具有理论创新意义和实践指导价值的学术主张纷纷涌现，百花齐放、百家争鸣的学科发展格局开始形成。[1]

3. 成长阶段。以中国成功加入世贸组织为契机，进入 21 世纪后，我国行政法学的发展进入了一个蓬勃发展的崭新历史时期，表现在：

（1）国际学术交流日渐频繁。除了国际性或者区际性的学术研讨活动比较频繁之外，一系列有关外国行政法的译著或者专著出版，英、美、法、德、日等具有代表性的西方资本主义国家的行政法译著或者教材都已经出版；比较行政法的研究也逐步走向深入，比较行政法的课程在研究生教学中开始设立，有关的教材也陆续出版。

（2）跨学科交叉性研究得到重视。行政法学与其他法学学科的关系，以及与政治、经济、文化、科技等社会因素的联系受到重视，有关经济行政法、知识经济与行政法、电子商务与行政法、WTO 与行政法等专题的译著、专著或者论文大量出版或者发表。

（3）行政法的学科体系逐渐扩展充实。一方面，行政法学成为所有大学法学院本科生的主干必修课程，行政法学专业的硕士点遍布全国各地的法学院，而博士点也在具有国际知名度和国内影响力的大学法学院中普遍设立，行政法学的教师队伍继续扩大；另一方面，行政法的研究领域迅速扩张，主要表现在经济行政法、管制行政法、风险行政法、比较行政法等分论领域的快速增多，行政法的研究深度逐渐提升，富有针对性和建设性的专题研究成果纷纷涌现、目不暇接。

（4）行政法学的研究平台建设扎实稳进。法学研究在这个历史时期得到了党和国家的高度重视，尤其是行政法的学科建设。在党中央的正确领导和各级人民政府的大力支持下，龙头大学设立了一批国家级的研究院、研究基地、创新中心，配备了一批专职的理论研究队伍。党和国家高度重视，研究资金、研究平台、研究队伍齐头并进、蓬勃发展，这是这个历史时期的一个显著成果。

随着党中央确立的"一带一路"全球化发展倡议的纵深发展，中国的行政法学学科又迎来了新一轮的历史发展机遇，即将进入一个与政府法治建设的实践联系更加密切并具有更强的理论自觉性和自主性的发展阶段。面向人类命运共同体的建构和国家治理体系现代化的建设的实践需要，顺应全球化、民主化、多元化、信息化、法治化的历史潮流，形成具有充分文化自信的价值观念导向和理论话语体系，谋求中国的特色性与世界先进性的有机统一，是现代中国行政法学的总体发展方向。

三、行政法学的理论基础

有关行政法学理论基础的热烈争鸣是新中国行政法学在奠基阶段发生的一个具

---

[1] 关于以上两个阶段，参见姜明安主编：《行政法与行政诉讼法》，北京大学出版社、高等教育出版社 1999 年版，第 70 ~ 72 页。

有时代标志性意义的事件，可以说，不同学者从不同的角度以不同的方式参与了这场学术大讨论，形成了平衡论、服务论、控权论、公共利益论、公共权力论和管理论等具有代表性的观点，为新中国的行政法学走向独立发展的道路，尝试建立一套公法学的学科特色、改革开放的时代特色和中华民族的文化特色兼备的行政法学理论体系，提供了多元视角的思路启迪。时隔四十年，回顾中国行政法学的发展历程，可以发现这场学术讨论的影响十分深远。[1]

1. 服务论的观点认为，行政法的宗旨在于从全心全意为人民服务的立场出发，以推动政府法治建设为突破口，建设一个职能清晰、运转协调、公开透明、廉洁高效的政府机构体系、公务人员队伍和管理方式方法体系，力求现代公共行政治理体系的人民性、服务性、时代性与法治性的有机统一。服务论的倡导者因此非常注重行政组织法建设，积极推动行政机关组织法、行政机关编制法、公务人员法的制定和完善；十分注重行政行为法的理论研究，积极推动行政处罚法、行政许可法、行政强制法、行政程序法、行政复议法、行政诉讼法等行政基本法律的制定和实施。

2. 平衡论的观点认为，现代行政法制度的宗旨是力求权力与权利之间的平衡，"为了权利与权力的平衡"可谓平衡论者的箴言。有鉴于掌握公权力的行政机关在人才、知识、信息、资源、手段等方面具有绝对优势的地位，因此，平衡论的倡导者十分注重公民合法权益的特别保护，努力推动正当程序制度、司法审查制度、协商对话制度、柔性治理制度和软法规范体系的建设，借此有效保护公民的参与权、知情权、起诉权、复议申请权、国家赔偿请求权等程序权益。在方法论研究方面，平衡论注重私人利益、公共利益等不同内容、不同层次、不同类型的利益诉求之间的均衡考虑，注重自由、平等、秩序、效率等法律价值之间的均衡考量以及政府职能配置结构的均衡优化。

3. 控权论的观点认为，行政法的主要目的是从事前授权、事中行使和事后监督等角度，有效控制行政机关的公权力，形成一套防止公权力滥用、引导公权力正确行使的法律制度体系。行政监督法和行政救济法是控权论者关注的重点。

4. 管理论的观点从公共管理学上的政府再造理论出发，主张从观念导向、组织机构、职能配置、业务流程、质量标准、活动方式等方面对政府管理过程进行全面的优化、重组和升级。为此，管理论者积极倡导引入"客户导向"的观念，推动"一站式服务"相关法律制度建设；主张打破条条块块的职能壁垒，以"问题导向"的思路对政府职能进行优化组合，建设跨部门的部委机构、综合执法机构和工作团队；倡导公务分权和权力下放，推动政府权力清单的相关法律制度建设；倡导公共行政的民营化，推动公私合作法律制度的建设。

5. 公共利益理论的观点并不否认公民权益保护在行政法制度建设中的重要性，

---

[1]　关于讨论的要点，参见姜明安主编：《行政法与行政诉讼法》，北京大学出版社、高等教育出版社1999年版，第77~83页。

但认为，以维护公共利益为直接和主要目的是行政法区别于私法部门的特殊性所在，公共利益的属性决定了公共行政的组织属性和行为属性，公共利益的范围决定了政府职能的范围和政府权力的界限，因此在方法论上主张从内容、标准、程序等方面对公共利益进行清晰的界定。

6. 公共权力理论的观点认为，公权力是行政法制建设的关键所在，无论是公民合法权益的保护还是公共利益的维护，最终都取决于行政机关合法合理地行使公权力。因此，行政法律规范的制定和实施应当从公权力的本质属性和内在规律出发，为公权力的行使提供有效的引导、监督和控制。

以上是笔者对行政法学基础理论代表性观点的一种理解。在把握行政法学的理论基础时，需要注意的问题是：

1. 行政法学的理论基础是开放的，是不断更新和发展的。任何一种理论，当其达到不可完善的地步时，其生命也就停止了。有生命力的理论，可以在不断证伪的过程中不断完善。就此而言，平衡论、服务论、控权论、管理论等具有代表性的观点都具有很大的生命力，关键要看其自身如何传承与创新。

2. 在政府法治建设的目标上，各种观点是一致的；在角度、思路、内容和方法上，不同观点各有千秋，是相得益彰的互补关系。不同的观点分别从不同的角度或者层面突出了政府法治建设中的不同要素、属性或者规律，将它们综合起来考察，有助于更加客观、全面和深入地认识政府法治建设的内在规律。

拓展阅读书目

1. 陈新民：《法治国公法学原理与实践》，中国政法大学出版社 2007 年版。
2. 宋功德：《行政法哲学》，法律出版社 2000 年版。
3. 叶必丰：《行政法的人文精神》，北京大学出版社 2005 年版。
4. 包万超：《行政法与社会科学》，商务印书馆 2011 年版。

第二章
行政法的基本原则

本章提要：

　　行政法基本原则统摄着成千上万的行政法规范，使它们在多样性中贯穿统一性，在纷繁复杂中形成有序的整体。本章首先介绍了行政法基本原则的涵义、功能及其确立标准，然后分别详细介绍了六个基本原则（即保障公民权利与自由原则、依法行政原则、比例原则、信赖保护原则、程序正当原则和行政效益原则）的涵义和内容。

第一节　行政法基本原则概述

一、行政法基本原则的涵义

　　行政法的基本原则，是指贯穿于行政法始终、指导行政法的制定和实施的基本准则或原理。行政法基本原则是行政法精神实质的体现，是行政法律规范存在的基础。

　　行政法基本原则作为行政法最基本的原理，在行政法的构建和行政法学研究中占有重要地位，因此历来为中外学者所关注。法的基本原则有别于法的具体规则、原则，法的具体规则、原则是由成文法的具体条文加以确立和宣示的，而基本原则一般是隐藏在具体法律规范背后的观念和精神，通常由各国学者加以概括、归纳，具有一定的主观性。加之行政法在各国产生、发展的政治、经济以及文化背景不同，行政法律制度形式多样，这些因素直接影响到学者们对行政法基本原则的理解与适用，所以各国行政法的基本原则各有自己的特点。在英国，行政法的基本原则被概括为四项，即行政法治原则、议会主权原则、政府守法原则和越权无效原则。[1] 其

---

〔1〕　〔英〕威廉·韦德著，徐炳等译：《行政法》，中国大百科全书出版社1997年版，第25~52页。

中，越权无效原则是支配英国司法复审制度的核心原则，具有直接的法律效力。在法国，行政法的基本原则是行政法治原则，该原则支配整个行政活动。[1] 在德国，行政法的基本原则有两项：一是合法性原则，它要求做到法律至上和符合法律要件；二是比例原则，即坚持行政行为的公正合理性。[2] 日本学者则侧重于从行政法的基本原理角度来认识行政法基本原则，强调依法行政。[3]

　　自 20 世纪 80 年代中期，我国行政法学界开始探索究竟什么是中国行政法的基本原则以及行政法的基本原则包含哪些内容，但至今尚无定论，仍在探索之中。

二、行政法基本原则的功能

　　行政法基本原则的功能，是指行政法基本原则所具有的实际作用。它具体表现在以下几个方面：

　　1. 引导行政法的发展。行政法的基本原则是对行政法基本原理、价值和目的的总结，是对行政法治走向的理性选择。行政法基本原则的确立无疑将推进行政法的发展。基本原则作为行政法最基本的原理，可以为行政法规则体系的建立提供内在的正当性根据。另外，作为行政法的目的和规则制度之间的中介和桥梁，行政法基本原则不仅可以指导各项行政法律制度的建立和完善，还将对行政法整体的发展以及行政法结构体系等产生深刻的影响。

　　2. 指导行政法的制定。立法者在制定行政法规范时需要确定基本价值目标，明确立法的方向。行政法法律制度如何建立，如何处理行政相对人与行政主体的关系，行政权的设定需要考虑哪些因素等问题的解决，都需要行政法基本原则的指导。行政法的基本原则虽然比较抽象，但其价值取向是明确的，有利于立法中的价值取舍，有利于立法者达成共识。

　　3. 指导行政法的实施。行政法的实施既发生在行政活动过程，也发生在行政救济过程中。在行政活动过程中，适用行政法规范的行政机关众多，适用机关以行政法基本原则为指导有助于统一认识，准确把握行政法条文的含义，并将法律的规定正确地运用于具体的事件和具体的人。同时，当行政主体在行使自由裁量权时，依据行政法的基本原则，将有一个相对稳定的标准，有助于行政主体的自由裁量行为符合行政法的精神和理念。在行政救济过程中，行政法的实施同样要以行政法的基本原则为指导，正确理解和适用有关法律条文，纠正违法行为，确保行政法律秩序的实现。

　　此外，行政法基本原则还有助于对行政法规范的解释，推动行政法学研究的深入。同时，随着行政法基本原则由思想原则向法律原则的转化，其还将具有规范功

〔1〕　王名扬：《法国行政法》，中国政法大学出版社 1988 年版，第 195～212 页。
〔2〕　〔印〕M. P. 赛夫著，周伟译：《德国行政法——普通法的分析》，五南图书出版公司 1991 年版。
〔3〕　〔日〕南博方著，杨建顺、周作彩译：《日本行政法》，中国人民大学出版社 1988 年版，第 10 页。

能和补漏功能，甚至可以成为克服成文法局限的有效工具。

三、行政法基本原则的确立标准

基于行政法基本原则的重要性，对于其如何确立，需要从理论的高度进行探讨。结合我国行政法制实践，适应全球化的趋势，综合考虑到宪政理念、法治观念以及行政法的价值等多重因素，行政法基本原则的确立标准有以下四项：

（一）行政法基本原则应当融入现代宪政精神

在法律部门中，行政法与宪法的关系最为密切。在一定程度上可以说，行政法是宪法的直接延伸。一方面，宪法的许多规定需要行政法加以落实；另一方面，现代宪政精神直接影响到行政法的发展。宪政制度的基本问题，如公民与国家的关系以及国家权力的分工与制衡等，都与行政法息息相关。综观西方发达国家行政法基本原则的确立，无不以其本国的宪政原则为基础。[1] 行政法是在近现代的宪政基础上生长起来的，失去了宪法基础，行政法就无法存在。同时，行政法存在的目的是将宪政精神具体化，当然是在行政法领域的具体化。因而，作为行政法精髓的行政法基本原则应当最大限度地反映现代宪政精神。

（二）行政法基本原则应当体现法律的基本价值

法律有其共同的价值追求。自由、平等、正义（公正）、秩序和效益等都是现代法律追求的基本价值，行政法也不例外。行政法虽然有其特定的规范对象和制度内容，但行政法的价值追求并没有特殊性。行政法同样要保障公民的基本自由和权益，维护平等，追求正义，确保行政秩序的稳定，并保证行政管理的高效。行政法的基本原则作为法律价值的载体，应当承载、协调各项价值，并将这些基本价值融入行政法律制度之中。

（三）行政法基本原则应当反映行政法的目的

行政法基本原则作为行政法的目的与具体制度之间的桥梁，将对行政法的各项具体法律制度的建立起指导作用，而这些行政法律制度又直接影响到行政法目的的实现。因而，行政法基本原则的确立应充分反映行政法的目的。目的与价值相比，更为明确、具体，具有可操作性。关于行政法的目的，法学界没有展开正面研究。我们认为，行政法的目的主要在于确保公民行政权益的实现。[2] 因此，在架构行政法的基本原则时，要将公民行政权益的保障放在突出地位。

（四）行政法基本原则必须具有普遍性、统率性

行政法的基本原则必须具有普遍性、统率性，能够对行政活动提供全方位的指导。因此，行政法基本原则应当是行政法规范中最高层次的规则。这种规则无论是已为法律所规定，还是深藏于法律条文之后，作为行政法最基本的原理，都将对行

---

〔1〕 王名扬：《美国行政法》，中国法制出版社 1995 年版，第 77～119 页。
〔2〕 薛刚凌："论行政法的目的、手段与体系"，载《政法论坛》1997 年第 3 期。

政法的发展产生深刻影响。

按照上述确立标准，我们认为，行政法基本原则可提炼为六项：保障公民权利与自由原则、依法行政原则、比例原则、信赖保护原则、程序正当原则以及行政效益原则。

第二节　保障公民权利与自由原则

一、保障公民权利与自由原则的涵义

保障公民权利与自由原则，是指行政法规范及行政法律制度应以保障公民等一方（自然人、法人和其他组织）的合法权利与自由为出发点和归宿点，确认并保证公民等一方的合法权益得以实现。

保障公民权利与自由原则是法治国家极为重要的一项原则，也是尊重和保障人权的宪法基本原则和现代宪政精神在行政法中的具体体现。人权又称公民权利，是指每个人作为人应当享有的权利。西方的天赋人权说认为，人权是人在自然状态下就享有的，是人生而有之的，是人之作为人的结果和表现，不是国家所赐，它是先于政府而存在的，不受任何国家权力的非法侵犯，政府有义务保护公民的这些先在的权利。现代各国纷纷将天赋人权说以宪法规范的形式表现出来，使得自然权利作为实在法载明于宪法中，由此形成了尊重和保障人权的宪法基本原则。我国《宪法》第 33 条第 3 款明确规定："国家尊重和保障人权。"这一条款表明国家权力对人权负有不侵犯的义务，同时国家还必须保护公民的各项权利免受来自国家机关、其他公民、法人和社会组织的侵害和破坏。据此，我国确立了人权保障的宪法基本原则。作为一个法治政府，自然应该尊重和保障人权，切实维护行政相对人的合法权益，使之不受侵犯，更不能以自己的行为侵犯公民的人权，损害行政相对人的合法权益。

二、保障公民权利与自由原则的内容

保障公民权利与自由原则是与尊重保障人权的宪法基本原则相衔接的，它是保障人权的宪法基本原则在行政法领域的表现，该原则强调保障公民等一方的基本自由与权利是行政法的主导方面，有关限制性、制裁性的规定只能是次要内容，禁止以行政权力随意侵害公民等一方的合法权益。

保障公民权利与自由原则的主要内容，应包括以下几个方面：

1. 行政法律制度的建立以保障公民一方的自由和权利为主导。按照主权在民的政治理念，建立国家的目的就是确保个人的安全，保障公民的自由、权利和发展。公民所享有的基本自由和权利主要规定在宪法中，这些自由和权利需要通过相应的行政法律制度加以落实和拓展。例如，《宪法》第 2 条第 3 款规定："人民依照法律规定，通过各种途径和形式，管理国家事务，管理经济和文化事业，管理社会事务。"这是对公民行政参与权的肯定。而行政参与权则需要一系列行政法律制度（包括行政公开制度、听取意见制度等）来保障实现。行政法的主要内容是将公民一方的基本权利和自由具体化为国家行政管理过程中应享有的各种行政实体、行政程序权利和其他权益，并且保障其得以实现。

2. 行政法不得随意限制和剥夺公民一方的基本自由和权利。这是从另一角度来保护公民一方的自由和权利不受侵犯。首先，行政法规范的制定（特别是行政立法）不能随意对公民一方的自由和权利作出限制性规定，更不得予以剥夺。其次，对公民一方的制约性、制裁性规定虽然在行政法中不可缺少，但属于次要方面。对在行政管理中确实需要的这类规范，在设定和使用上还应当严格加以控制。最后，行政机关在行政管理过程中也要尊重公民一方的自由和权利，不得违法予以侵害。

3. 对因行政活动而受到侵害的公民等应提供有效的法律救济。虽然我们强调要从理论和制度上保障公民的基本自由和权利，但仍不能排除侵害公民自由和权利的行为发生。对侵害公民一方权利和自由的行政行为，行政法要确立公民的救济权，并设立有效的制度使其得以实现。行政法应保障公民一方在权利和自由受到违法行政行为侵害时有权得到补救，具体包括实体上的救济权和程序中的各项程序权利。我国自 20 世纪 80 年代末以来，建立的行政诉讼制度、行政复议制度以及国家赔偿制度，都是为保障、救济公民一方的自由和权利而设置的，都是行政法的重要组成部分。

三、保障公民权利与自由原则的意义

在行政法中，保障公民权利与自由原则具有重要地位，其意义主要表现在三个方面：

1. 有利于人权保障的精神和宪政理念在行政领域的贯彻实施。行政机关是与人民群众联系最多、最紧密的国家机关，与人民群众的权益有着千丝万缕的联系，如果在行政领域能够树立保障公民权利与自由的原则，做到较好地维护和保障行政相对人的合法权益，那么宪法上保障人权的精神将能在广阔领域内得以落到实处。

2. 有利于公民一方在行政法上主体地位的确立。权利、自由保障原则要求改变"官贵民贱"的传统观念，也要求在行政法律制度的设定上注重公民一方的自由和权利，改变过去以行政主体、行政权力为中心来构建各项法律制度的做法。现代行政法应当构筑一种新型的行政管理和行政服务关系，在这种关系中，公民一方的主体地位、独立人格和利益应当得到充分肯定，并受法律的保护。行政主体及其行政权力存在的根本目的是保障公民一方的利益和发展，而不是管制和处罚公民等行政相对人。

3. 有利于市场经济的发展和完善。市场经济要求具有独立地位的市场主体在市场中自由地实施经济行为，通过竞争实现对社会资源的最佳配置，获取最佳经济效

益。市场经济的本质特征是权利经济，即市场经济以市场主体的独立人格权为起点，以市场主体的经济自主权、平等竞争权为核心，以法律救济权为保障。没有权利的确认和保障，就没有市场经济。由此可见，对公民一方自由和权利的保障与市场经济的要求相一致。公民及其他市场主体地位的确立、权利义务的明确界定以及对公民一方自由和权利的保护，无疑将促进市场经济的发展。

第三节　依法行政原则

一、依法行政原则的涵义

依法行政原则是近年来行政法学界普遍主张的一项基本原则。该原则强调行政机关行使行政权力，管理行政事务，必须依法进行。法律是行政机关权力活动的依据和标准。依法行政原则是社会发展到一定阶段的产物，是法治原则（宪法原则）对行政活动的具体要求。依法行政是行政法目的得以实现的保障，可以确保行政活动建立在理性的法律规则之上，免受个人意志的干预。依法行政也是行政法最高层次的规则之一，对行政法律规范的制定以及行政机关的具体管理活动都有指导意义。

依法行政原则不同于自由、权利保障原则。首先，依法行政原则主要针对行政机关而言，强调对行政机关的规范；而自由、权利保障原则则对国家的立法机关、行政机关以及司法机关都有指导意义。其次，依法行政原则主要是制度层面的原则，尤其在法律适用方面发挥作用；而自由、权利保障原则则不仅是制度层面的原则，而且已上升到价值层面。就两项原则的地位而言，自由、权利保障原则更为基本，依法行政原则不得与自由、权利保障原则相背离。

依法行政原则在许多国家都得到承认，只是在各国有不同的理解。在英国，行政法治原则有四层涵义：①政府的一切活动必须遵守法律；②法治原则不局限于合法性原则，还要求法律必须符合一定的标准，具备一定的内容；③法治原则表示法律的保护平等；④法治原则表示法律在政府和公民之间无所偏袒。[1] 美国的依法行政构成要素表现为基本权利和正当程序。前者指一切组织和个人都必须服从法律，但这种做法必须旨在保护而不是摧残人类固有的基本权利；后者指法律的实施必须通过正当的法律程序进行。[2] 在法国，行政法治包含三层内容：①行政行为必须根据法律（在法定权限内）；②行政行为必须符合法律（符合法律授权的目的、程序和条件）；③行政机关必须采取行动保证法律规范的实施。[3] 在现代日本，行政法治原则包括：①法律保留，建立议院内阁制、议会制的民主主义，通过国会对行政

---

〔1〕　王名扬：《英国行政法》，中国政法大学出版社 1987 年版，第 11 页。
〔2〕　王名扬：《美国行政法》，中国法制出版社 1995 年版，第 114～116 页。
〔3〕　王名扬：《法国行政法》，中国政法大学出版社 1988 年版，第 196～198 页。

进行政治限制；②法律优先，行政立法、行政裁量和行政手续中存在着立法优先的要求或者立法的统治问题；③司法审查，通过法院对行政进行司法方面的事后救济。[1]

二、依法行政原则的内容

我国近年来对依法行政原则讨论较多。有学者认为，依法行政原则的内涵为职权法定、法律保留、法律优先、依据法律和职权与职责统一。[2] 也有学者主张依法行政具体包含三项原则，即行政合法性原则、行政合理性原则和行政应急性原则。[3] 我们认为，依法行政的内容应当涵盖行政管理的各个环节、各个方面。具体应为：

（一）行政组织法定

行政组织法定是指行政组织的权限、中央和地方行政权的划分、行政机关的设置和职能以及行政编制等都要由法律设定，其他任何组织和个人都无权规定。在我国，宪法尽管原则上规定了行政机关由权力机关产生，但根据地方组织法的具体规定，地方各级人民政府根据工作需要和精干的原则，可以设立必要的工作部门。可见，政府设立工作机构，不受权力机关的控制和监督，由行政机关自己决定。行政组织法定在西方国家已成为行政法治的应有之义。由于行政组织的规模、结构，行政机关的职权等都会对公民的自由、权利和义务产生重大影响，因而必须依法规定。在行政组织法定原则中，行政权限法定具有核心地位。对行政机关来说，其职权来自于法律的规定。凡法律没有授予的职权，行政机关不得自行享有。行政权的设定应符合一定的标准，如应当确保公民行政权益的实现、符合行政管理的规律等。[4] 行政机关必须在法定的权限范围内活动，越权的行为无效。

（二）法律优位

法律优位即法律优先，又称消极的依法行政。这一概念最早由德国行政法学家奥托·迈耶提出。他认为："以法律形式出现的国家意志依法优先于所有其他形式表达的国家意志；法律只能以法律的形式才能废止，而法律却能废止所有与之相冲突的意志表达，或使之根本不起作用。这就是我们所说的法律优先。"[5]

作为依法行政原则的支柱性原则之一，法律优位指的是一切行政行为均不得与法律抵触，行政机关不能采取与法律相抵触的任何措施，法律与任何行政行为相比都处于最高的位阶，其根本目的是要禁止违法的行政行为。法律优位可以从广义和狭义两个方面来理解。广义上，法律优位原则是指行政活动必须受法律的约束，行政机关不能采取与法律相抵触的行政措施。这个意义上的法律优位原则，无条件、

[1]　[日]和田英夫著，倪健民等译：《现代行政法》，中国广播电视出版社1993年版，第27~28页。
[2]　应松年："依法行政论纲"，载《中国法学》1997年第1期。
[3]　罗豪才主编：《行政法学》，北京大学出版社1996年版，第31~35页。
[4]　应松年主编：《行政法学新论》，中国方正出版社1998年版，第127~128页。
[5]　[德]奥托·迈耶著，刘飞译：《德国行政法》，商务印书馆2002年版，第70页。

无限制地适用于行政活动的各个方面。行政从属于法律，法律居于优位。不过，目前我们更侧重于从狭义方面来理解法律优位原则，主要是指在法律规范的效力层阶上，法律高于其他任何法律规范，其他任何法律规范都不得与法律相抵触。[1] 我国行政随着 20 世纪末以来行政机关立法的增加，行政法律规范已不再局限于由国家立法机关制定。在我国，行政法律规范由宪法、法律、行政法规、地方性法规以及规章等几个层次的规范组成。法律优位所强调的是在宪法之下，法律具有最重要的地位。根据《宪法》和《立法法》的规定，行政法规、规章不得与宪法、法律相抵触；规章不得与行政法规相抵触，地方规章不得与地方性法规相抵触。在没有法律规定的情况下，其他法律规范可在法定权限或授权的范围内就某事项作出规定，但一旦法律就同一事项作出规定时，则行政法规、规章必须服从法律，以法律规定为准。

（三）法律保留

从起源上来说，法律保留源自 19 世纪的"干涉行政"，是作为宪政工具而发展起来的一项重要原则。其最初的意义是指：行政机关如果要对私人的财政和自由进行干预，必须得到议会所指定的法律的明确授权，否则就构成违法。由于此时的政府奉行消极政府的理念，法律保留中的法律仅仅是指狭义上的法律（即议会制定的法律）。加之政府的职能主要是从外部保障经济自由竞争的秩序，所以，行政的范围被限定在尽可能少地侵害市民社会的最小限度内。

随着行政权的不断扩张以及现代行政的发展，法律保留对行政控制的范围和程度也发生了变化。日益专业化的行政技术以及行政效率的内在要求，都使得立法再也无法适应行政管理的需要。法律保留中的"法律"也就不再仅指议会制定的狭义上的法律，而是包括了行政机关的行政立法在内的广义上的法律。法律保留的适用范围也不仅仅停留在侵害行政领域。对于法律保留的适用范围有着不同的意见，归纳起来大致可以分为：

第一，重要事项说。该说不认为法律保留原则仅仅局限于干预行政，也不认为所有行政行为均需有法律上的依据，而是以"重要事项"作为确认法律保留范围的标准。即凡属于国家的重要事项，尤其是涉及人民基本权利的实现与行使的事项，必须由法律规定。

第二，全部保留说。该说认为，一切国家行为均源自人民，任何行为不问性质如何（包括给付行政在内），都应当受法律约束。

第三，侵害保留说。该说认为，法律保留适用范围仅限于干预行政，仅在行政权侵害人民自由权或财产权时，必须有法律的授权。对于其他的行政作用如给付行政则不需要法律的依据。[2]

法律保留指的是当行政事项涉及公民、组织的重大权益时，属于宪法和法律规

[1]　袁曙宏、杨伟东："依法行政讲座（二）：依法行政的原则"，载《中国纪检监察》2002 年第 7 期。
[2]　李建良等：《行政法入门》，元照出版有限公司 2004 年版，第 78 页。

定只能由法律进行规范的，必须有全国人大常委会制定的法律或其明确的授权才能从事此项行政活动。法律保留对规则的制定和行为的作出这两个方面都提出了要求。在规则的制定方面，特定事项的设定权应属国家立法机关享有，除非有国家立法机关的明确授权，行政机关不得就该事项制定规范，否则即为无效。我国《立法法》第9条规定的有关犯罪和刑法、对公民政治权利的剥夺和限制人身自由的强制措施和处罚、司法制度等事项，就属于法律保留事项，只能通过法律加以规定。《行政处罚法》第9条规定："法律可以设定各种行政处罚。限制人身自由的行政处罚，只能由法律设定。"在行为的作出方面，法律保留要求对特定的行政事项，行政机关只有在有法律授权，或者法律明确规定的可以授出该权力的规范有相应授权的情况下，才能从事该行政活动。例如，行政机关在采取侵害人身权、财产权的行政行为，侵害劳动权、受教育权的行政行为，以及侵害涉及社会保障、税收和公民政治权利方面的行政活动时，必须有法律依据，否则需承担相应的法律后果。

（四）符合法律规定

符合法律规定是指行政机关行使行政权，实施管理活动要以法律为依据。此处法律泛指行政法律规范，不仅包括国家权力机关制定的法律，还包括行政法规、地方性法规和规章等。符合法律规定，具体有三层含义：

1. 形式合法。行政机关的管理活动应当符合法律的规定：①行政机关进行管理时不得超越法定职权。无论是制定抽象的规范性文件，还是实施具体行政行为，或者是作出其他管理行为，都要严格依法进行。②行政机关的管理活动不仅要遵守实体法的规定，还要遵守程序法的规定。③行政授权和行政委托都必须具有法律依据，具备法定条件。

2. 实质合法。行政机关的管理活动应当符合法律规定的内在精神和要求，具体包括：①行政机关的活动要符合法律的目的。任何法律的制定都有特定的目的，行政活动不能与法律的目的相背离。②行政机关在作出具体决定时要考虑相关因素。凡是法律要求考虑的因素必须考虑，不相干的因素不得考虑。③符合公正法则。这是实质合法最一般的要求。所谓公正，是指合乎理性。例如，对某一事物的判断和决定符合常人的推理和行为标准。

3. 违法的行为无效，行政机关要对此承担法律责任。违法的行为不仅应被确认为无效、予以撤销，给公民造成实际损失的还应依法给予赔偿。

第四节　比例原则

一、比例原则的历史沿革和发展

比例原则虽是德国行政法学首创的基本行政法原则，但是它的渊源可以追溯到雅典的梭伦时期。雅典的立法者梭伦早已对限度和过度的思想给予高度的重视，他将正义作为出发点，将限度作为社会秩序的界限，使其成为以后立法者的楷模。[1]
亚里士多德进一步提出了对西方法学影响颇深的"正义"法哲学思想，他把正义分
为普遍的正义和特殊的正义，认为公平是违背比例相称的可能性之间的中部。作为
一项法律原则，比例原则真正出现在公法领域是在 19 世纪，主要集中在警察法内。
1802 年德国学者贝格出版的《德国警察法手册》一书，已经明白地提及警察之权力
唯在必要时可以实行之。后来，德国的行政法学鼻祖奥托·迈耶在其《德国行政法
学》一书中提出了"行政权追求公益应有凌越私益的优越性，但行政权力对人民的
侵权必须符合目的性，并采行最小侵害之方法"，也即"比例原则"。比例原则在行
政法学领域具有独特的地位，我国台湾地区著名的行政法学者陈新民教授认为："比
例原则是拘束行政权力违法最有效的原则，其在行政法学中所扮演的角色，可比拟
'诚信原则'在民法中居于帝王条款之地位，所以，吾人称比例原则是行政法中之
'帝王条款'当不为过。"[2]

　　第二次世界大战后，随着民主、法治的发展，比例原则在德国不仅获得了内涵
上的发展与完善，更重要的是走出了狭隘的警察法领域，而取得了宪法原则的地位。
在内涵上，德国学者将比例原则分为三个具体的原则：①适应性原则，即国家所采
取的措施，包括普遍措施或个案措施，都要适应于它所追求的法律所规定的目的，
不得有所偏离；②必要性原则，即如果以国家措施干预公民自由为实现公共利益所
不可缺少，那么这种干预必须是最低限度的，也就是说，国家在其职权范围内已经
没有侵害更小的措施可以采取；③比例性原则，即国家措施的采取对当事人来说是
不过分的，对国家的目标来说又是适当的。这一点又被称为狭义的比例原则。

　　如前所述，德国是确立比例原则最早的国家，但是在比例原则的运用上却不如
有些国家和地区广泛和深入。虽然在某些具体法律中较好地体现了比例原则，如
《联邦行政强制执行法》第 9 条规定：①强制执行方法有：代履行（第 10 条）；执
行罚（第 11 条）；直接强制（第 12 条）。②强制执行方法必须与其目的相适应，并
且应当尽可能减少对当事人和公众的损害。但是，在 1976 年制定的《联邦行政程序
法》及其以后的历次修订中都没有明确规定比例原则是行政程序法的基本原则，只
是在个别条款中体现了比例原则的某些精神。例如，《联邦行政强制执行法》第 36
条规定，（行政行为）附属规定不得有悖行政目的。第 40 条规定："行政机关被授权
依其裁量行为时，裁量活动须符合授权目的，且应遵守法定的裁量界线。"而深受德国
行政法影响的葡萄牙、西班牙以及我国台湾地区却给予比例原则较高的关注。[3]

---

[1]　Ruprecht Kraus. Der Grundsatz der Verhaeltnismaessigkeit in seiner Bedeutungfuer dieNotwendigkeit des Mit-
　　tels imVerwaltungsrecht. Hamburg1995，p. 18. 转引自王名扬、冯俊波："论比例原则"，载《时代法
　　学》2005 年第 4 期。
[2]　陈新民：《行政法学总论》，三民书局股份有限公司 2015 年版，第 112 页。
[3]　黄学贤："行政法中的比例原则研究"，载《法律科学（西北政法学院学报）》2001 年第 1 期。

葡萄牙1996年的《行政程序法》规定了11项基本原则，其第三项原则为"平等及适度原则"。该法对适度原则是这样规定的："行政当局的决定与私人权利或受法律保护的利益有冲突时，仅可在对拟达致的目标系属适当及适度的情况下，损害这些权利或利益。"比例原则中的目的性和比例性在此清晰可见。

在法国行政法中，比例原则虽然没有被明确提出，也没有成为调整整个行政活动的一项原则，但是在警察法等特定的行政领域中，比例原则得到了很好的体现和运用。根据法国法律规定，行政机关为了维护公共秩序而限制公民的自由，是典型的警察活动手段。警察活动不仅要符合目的性要求，还必须在维持公共秩序必要的范围以内，不能超过一定的程度，否则就有可能被行政法院认为是没有必要性的警察手段和超过危害程度的警察手段而撤销。[1]

值得注意的是：普通法国家历来是以合理性原则作为对行政自由裁量权的审查标准，近年来也开始对比例原则给予关注。在英国行政法中，越权无效是其原则之一。而英国的越权无效原则几乎涵盖了所有的违法行为，所以，比例原则在英国行政法中也没有明确的概念界定。但是，英国行政法中的"合理性""必要性""适当性"等概念，与比例原则中的有关内容是一致的。正如 Akehurst 所认为的那样："如果英国法官认为地方机关制定的条例可能因不合理而被宣告无效，如果'对被管理人权利规定了专制性的或者没有根据的侵犯从而理性的人认为没有正当性'……法官实际上得出了与德国法学家适用比例原则时相同的结果。"[2]

二、比例原则的内容

尽管我国与西方各国的国情不同，但都面临着如何调控行政自由裁量权以实现行政法治的共同课题。行政法意义上的比例原则是指行政权力的行使除了有法律依据这一前提外，行政主体还必须选择对相对人侵害最小的方式而进行。比例原则通常包含了以下三方面内容：

1. 特殊性，也称妥当性、目的性。即行政权力的行使，行政措施的采取，是为了达到法定目的。如果一项行政权力的行使，一个措施的采取不是为了达到法定目的，或者达不到法定目的，则违反了妥当性要求，从而违反了比例原则。比例原则中的特殊性最为明显地体现了依法行政原则的基本内涵。如果一个行政行为违反了这一要求，便丧失了其合法性。比例原则中的特殊性是从"目的取向"来规范行政权力与其行使主体所采取的措施之间的比例关系的。

2. 必要性，也称不可替代性。即为了达到法定的行政目的，该项措施是给人民造成最小侵害的措施。换句话说，已经没有任何其他的能给人民造成更小侵害的措施来取代该项措施了。比例原则中的必要性要求行政权力在行使时，必须选择对人

---

〔1〕 王名扬：《法国行政法》，中国政法大学出版社1988年版，第472页。

〔2〕 马怀德主编：《行政法与行政诉讼法》，中国法制出版社2000年版，第75~76页。

民侵害最小的措施来达到目的，如果存在多项措施可以选择，行政自由裁量权的行使必须受到必要性要求的拘束，否则会因违反了必要性要求而违反了比例原则。可见，比例原则中的必要性是从"法律后果"上来规范行政权力与其所采取的措施之间的比例关系的。

3. 比例性，也称相称性，即行政权力所采取的措施与其所达到的目的之间必须合比例或相称。具体地说，是指一项行政措施虽然为达到行政目的所必要，但如果其实施的结果会给人民带来超过行政目的价值的侵害，那么，该项行政权力的行使就违反了比例原则。也就是说，行政主体在行使某项行政权力前，必须将行政目的的达到的利益与给人民造成的后果之间进行权衡，只有在证明行政目的重于所侵害的人民权利时才能采取；反之，则不能采取。比例性或相称性是从"价值取向"上来规范行政权力与其所采取的措施之间的比例关系的。

比例原则的三项内容分别从"目的取向""法律后果""价值取向"上规范行政权力与其行使之间的比例关系。三者相互联系，不可或缺，构成了传统比例原则完整而丰富的内涵。比例原则通过调整两种关系从总体上引导公权力的行使：一是国家活动中目的与手段的关系；二是公民的自由权利与公共利益的关系。虽然二者的侧重点不同，但是都没有超脱其价值坐标，即正确处理好国家权力与公民利益的关系，既要赋予国家权力一定的优越性以实现社会公共利益，又要防止国家权力过分介入私领域而干涉公民权利，在国家权力和公民权利之间找到最佳结合点以迎合现代法治的理念追求。

第五节　信赖保护原则

一、信赖保护原则的涵义

信赖保护原则，是指受国家权力支配的人民，如果信赖公权力措施的存续而有所规划或者有所举措的，其信赖利益应当受到保护。现代福利国家中，国家和人民之间应该存在信赖关系，公民必须信任行政机关所作出的决定，以此安排自己的生活，否则社会秩序的稳定性和社会生活的可预测性便会遭到破坏。当公民信赖行政行为，并且这种信赖值得保护时，为保护行政相对人的信赖利益，该行政行为受到存续保护而不得任意撤废，如出于公共利益的紧急需要必须撤废该行政行为时，也应给予相对人相应的补偿，此为行政法上信赖保护原则的基本涵义[1]

二、信赖保护原则的理论渊源和主要学说

一般认为，行政法上的信赖保护原则起源于第一次世界大战前后的德国。当时

---

〔1〕〔德〕哈特穆特·毛雷尔著，高家伟译：《行政法学总论》，法律出版社2000年版，第277～278页。

德国各邦行政法院在裁判有关撤销、废止行政处分的案件时，开始引用此项原则的内容。第二次世界大战结束之后，有关信赖保护的学说与论争不断出现、演进，行政信赖保护开始被人们提升为行政法基本原则来加以认识，并在行政法制实践中得到运用。1973 年 10 月召开的德国法学者大会将"行政上之信赖保护"定为会议的第二主题，信赖保护作为一项公法原则的地位终告奠定。[1] 1976 年《德国行政程序法》的颁布，标志着行政信赖保护作为行政法上的一项基本原则在法典中得到正式确认，此后也为多数大陆法系国家所效仿。与此同时，英美法系国家也另辟蹊径，在行政法上确立了与此近似的"合法预期原则"或"不得翻供原则"。[2] 在英国法中，行政信赖保护原则被"保护合理期待原则"取代。"保护合理期待原则"与"自然正义"这一程序保护相联系——"至少直到最近，这种程序性的本源仍然限制着它发展成为英国行政法的实质性概念。因此，作为一般原则，在英国，违反该原则仅仅会导致一种行政听证的权利或者可能是一种更小的程序上的权利"。但有一点应予注意，包括英国在内的多数欧洲国家深受德国行政法的影响，对"合理期待"给予实质性保护，这必然影响英国行政法的发展。在美国，"行政机关改变长期适用的政策，如果对于真诚信赖政策的人发生影响时，不能通过裁决，必须制定法规。行政机关通过裁决建立规则不能违反原先得到行政机关同意而广泛流行的习惯"。[3] 这是通过将不利结果普遍化来减轻对社会成员的伤害，也是保护社会成员合理信赖的一种方式。

有关行政信赖保护原则在理论上的依据与渊源，学界向来存在不同意见，主流的大致有三种学说：

1. "法律安定说"。该说认为，信赖保护的对象在于人民对旧法律状态存续的信赖，并防止事后的法律溯及，以保护人民的处分权。"所以，法安定性原则作为信赖保护原则之依据，较为妥当。"[4]

2. "诚信类推说"。该说认为，信赖保护原则乃私法上"诚实信用"原则在公法上的类推。该说提出最早、流行甚广。信赖保护原则在德国法上得以率先出现也是基于此种类推。该说认为："信义诚实的原则乃至信赖保护的原则，是将在私人间适用的法原理适用于行政法关系的情况。"[5]

3. "基本权利说"。该说认为，行政信赖保护实质上出于宪法上所保护的人民基本权利：信赖保护的对象乃人民因信赖法律、行政处分而实施其行为的权利，属

〔1〕 吴坤城："公法上信赖保护原则初探"，载城仲模主编：《行政法之一般法律原则（二）》，台湾三民书局 1997 年版，第 238、247 ~ 248、249 页。

〔2〕 余凌云："行政法上合法预期保护"，载《中国社会科学》2003 年第 3 期。

〔3〕 王名扬：《美国行政法》，中国法制出版社 1995 年版，第 378 页。

〔4〕 ［日］盐野宏著：杨建顺译：《行政法》，法律出版社 1999 年版，第 59 页。

〔5〕 吴坤城："公法上信赖保护原则初探"，载城仲模主编：《行政法之一般法律原则（二）》，台湾三民书局 1997 年版，第 249 页。

于宪法上的自由权；而保护的结果在于保障或补偿人民因信赖而产生的正当利益，属于财产权。

应当看到，"诚实信用"本为私法上的基本原则，我国台湾地区学者史尚宽认为，一切法律关系都应根据它们的具体情况按照正义衡平的原则进行调整，从而达到它们具体的社会公正。决断案情不应是形式或机械的，而应从道义衡平的原则出发，站在立法者的角度决定这些关系，这就是诚信原则的要求。[1] 行政法上的信赖保护虽同样可以透过诚信原则加以解释，但本质的差别仍然存在。在行政法上，诚实信用原则主要是指行政主体应本着诚实信用精神，以诚实信用的方法作出行政行为，并对行政相对人的正当合理信赖利益以适当的方式给予保护。此外，"法律安定"与"基本权利"之说也难以单独解释信赖保护的原则。原因在于：法律的安定并非绝对的安定和不变，人民所拥有的宪法基本权利也并非漫无边际，以上两说尚需作进一步的论证。实际上，无论是对政府诚信、法律安定的要求，还是对人民基本权利的保护，均蕴涵在现代社会"法治国家"的宪政原理之中，同处于后者的统帅之下。[2]

三、行政法上信赖保护原则的适用

由于行政行为的多样性，使得信赖保护原则在行政法上的适用表现也各有差异。[3] 主要可以见于以下几个方面：

（一）以诚实信用的方法作出行政行为

诚实信用要求行政主体的行政行为必须真实并且有诚意，意思表示不仅诚实，还要完整。为了确保行政行为的明确性、连续性和稳定性，树立和保护行政相对人对行政主体及其行政行为的真诚信赖，行政主体必须本着诚实信用的精神，以诚实信用的方法作出行政行为。

（二）禁止具有溯及力的抽象行政行为

行政机关作出的抽象行政行为的效力不得适用于行为施行前已经终结的事实，

---

[1] 史尚宽：《债法总论》，荣泰印书馆1978年版，第319~320页。

[2] 莫于川、林鸿潮："论当代行政法上的信赖保护原则"，载《法商研究》2004年第5期。

[3] 我国台湾地区学者认为，信赖保护原则植根于法治原则的法安定性要求，据此衍生出法不溯及既往、行政处分的撤销与废止的限制、行政机关承诺或保证的效力等原则。信赖保护原则的适用，应当有以下考量的因素：①信赖基础：行政机关须有表现于外之行为或措施，构成人民信赖之基础。例如发布行政命令或作成行政处分。②信赖表现：人民须因信赖行政行为而有客观上具体表现信赖之行为，例如，安排其生活或处置其财产，纯属人民主观之愿望或期待而未有表现以生信赖之事实者，尚不足以当之。③信赖值得保护：人民之信赖须值得保护，换言之，人民之信赖若有瑕疵而不值得保护时，即无信赖保护原则之适用。例如，以欺诈、胁迫或贿赂方法，使行政机关作成行政处分者，对重要事项提供不正确资料或为不完全陈述，致使行政机关依该资料或陈述而作成行政处分的，或明知行政处分违法或因为重大过失而不知者，均属之。参见李建良等：《行政法入门》，元照出版有限公司2004年版，第87页。

这是法治国家中法的安定性的必然要求。安定性原则要求国家维护法律状态的稳定性和不可分割性，除非符合法律规定的条件，不得制定溯及既往的法律规范。行政主体抽象行政行为不溯及既往也有其例外情形，例如，人民对溯及的规范和政策可能预计时，或原法律状态不明确、混乱不清时，由于人民欠缺值得保护的信赖，可以溯及既往；再如，抽象行政行为本身就无效，缺乏合法基础，以及新的抽象行政行为是基于公共福利的需要时。

（三）具体行政行为的撤销必须受到限制

"信赖保护原则固然在许多公法领域都有适用的余地，但与行政处分的撤销最具直接关系。"[1] 行政行为一旦成立，即具有确定力和存续力，法律虽不禁止行政主体对行政行为的撤销和废止，但这种权力受到严格限制，否则将会导致行政行为的确定力和确定力保证的权利的稳定性受到损害。从依法行政的角度来看，行政机关如果作出了违法的行政行为，有权机关应当依其职权并经正当程序予以撤销。基于信赖保护原则，是否撤销违法的行政处分，应衡量行政合法性的公共利益与人民信赖该行政处分的信赖利益，而非一意维护合法性。对违法的不利具体行政行为，有权机关可随时依法撤销。撤销不利具体行政行为通常不发生相对人既得利益或信赖利益的保护问题。基于信赖保护原则，对违法的不利具体行政行为撤销是原则，不撤销是例外。这里的例外情形主要是：不撤销该行为的私人信赖利益明显大于公共利益。正确的做法应当是：如果原有行政许可法律状态对相对人有利，不改变又不致明显损害公共利益时，则原则上应当采取存续保护的方式。但如果改变该法律状态所维护的公共利益明显大于相对人的信赖利益时，按"公益优先"原则，则应改变原有行政许可法律状态，而对行政相对人的信赖利益予以财产保护。

第六节　程序正当原则

一、程序正当原则的涵义

程序正当原则有广义和狭义的区分，广义的程序正当原则指整个行政法的程序性基本原则，包括行政公开原则、行政公正原则以及民主参与原则。狭义的程序正当则指的是英国行政法中古老的"自然公正"[2] 和美国行政法中的"正当法

---

〔1〕　叶俊荣："行政程序与一般法律原则"，载《台湾经社研究报告》2002 年第 2 期。

〔2〕　自然公正原则有两项基本原则：①任何人不应成为自己案件的法官。根据这一原则，行政机关实施任何行政行为，参与行为的官员如果与该行为有利害关系，或被认为有成见或偏见，即应当回避，该行为无效。②任何人在受到惩罚或其他不利处分之前，应当公正地听取其意见。根据这一原则，公民在财产被征用，申请许可证照被拒绝，或受到吊销证照、罚款、开除公职等处罚或制裁等不利处分前，行政机关应当事前给予其通知、告知处分根据、理由、听取其申辩意见，否则该处分将被司法审查确认为无效。参见王名扬：《英国行政法》，中国政法大学出版社 1987 年版，第 151～160 页。

律程序"〔1〕的原则。

程序正当原则发轫于英国自然公正的理念，后来被美国所继承，《美国宪法》第5条和第14条修正案对其冠以"正当程序"并作了明确规定。此后，西方国家逐步接受和确立了这一原则，特别是在20世纪40年代以后，随着各国行政程序法的制定，程序正当已经成为很多国家行政法的基本原则。程序正当原则的基本含义是指行政机关作出影响行政相对人权益的行政行为，必须遵循正当的法律程序，采取包括告知、说明理由、听取意见等方式，通过规范行政行为从而保障相对人的合法权益。〔2〕

我国历来有"重实体，轻程序"的传统，因而更有必要借鉴发达法治国家的程序原则，将"程序正当"上升为行政法的基本原则，以规范行政主体的行政行为，特别是自由裁量行为。由于经济发展和现代社会生活的需要，行政主体自由裁量的范围越来越广，行政裁量是行政的自由领域，法律领域无法从实体上予以明确规定，又不能失控，因而程序的规范作用就显得尤为必要。

二、程序正当原则的内容

在程序正当原则中，重要的是落实各项程序制度。如果没有必要的制度，正当程序也就成了一句空话。民主、公开和参与是正当程序的基石，正当程序这一基本原则包括公开原则、公正原则和民主参与原则等内容。

（一）公开原则

随着各国民主的发展、法治的进步和公民权利意识、参与意识的增强，行政公开成为公众的迫切要求，20世纪中叶以来得以迅速发展和广泛推广。它的基本含义是指行政主体在行使行政权力的过程中，应当将行政权力运行的依据、过程、结果以及由此而产生的政府信息，除涉及国家秘密、个人隐私和商业秘密外，主动或依申请及时向行政相对人和社会公众公开。

行政公开原则贯彻于行政权力运行的全过程。只要行政权的行使影响了行政相对人的合法权益，就必须向行政相对人公开相关事项和信息，除非法律作出了相反的规定。由于行政权的行使存在着若干个阶段，每个阶段具有不同的要求和内容，所以，在不同的阶段，行政公开的内容也会有所不同。从行政权力运行的不同阶段和不同形式来看，行政公开原则的要求主要有以下四项：

1. 行政权力运行的依据公开。行政权力的运行要有正当的依据，这是依法行政的基本要求。这些依据主要包括宪法、法律、行政法规、行政规章以及其他规范性文件。宪法和法律公开度比较高，相对来说，行政法规和规章以及其他规范性文件存在的问题比较多，这些规范性文件应对着纷繁复杂而又变化不定的社会现实，对

---

〔1〕　"正当法律程序"为《美国宪法》第5条和第14条修正案所规定。具体介绍参见王名扬：《美国行政法》，中国政法大学出版社1995年版，第382~414页。

〔2〕　姜明安主编：《行政法与行政诉讼法》，北京大学出版社、高等教育出版社2005年版，第72页。

行政相对人的权利有着重要的影响，在我国的行政活动中发挥着重要的作用。

　　法律的公开程度一般比较高，问题主要在于：行政法规、行政规章以及其他规范性文件，如何确保它们能够及时公开，使公众获悉呢？就目前而言，应当做到行政法规、规章和对公众权利义务产生直接影响的其他规范性文件应当一律强制其在政府公报、政府网站或其他公开刊物上公布，或者是印制成单行本，供公众购买。

　　2. 行政权力运行的过程公开。英国大法官休厄特曾说："正义不仅要实现，而且要以人们看得见的方式实现。"这是程序正义的要求。行政权力运行过程的公开是行政正当性的一个很重要的方面。这一过程的公开包括行政立法及制定其他规范性文件过程的公开、行政执法过程的公开和行政司法活动的公开：

　　（1）行政立法及制定其他规范性文件的过程公开。在行政机关制定行政法规、行政规章和其他规范性文件的过程中，行政机关应首先向社会公众说明立法目的，通过包括举行听证等方式，征求社会公众的意见，然后由有关机关制定出立法草案，向社会公众发布，并将立法的进展情况对外公布。公众对一些影响其自身权利的规定有权提出建议，行政机关应对此作出反应。

　　（2）行政执法过程公开。在行政执法过程中，行政应当及时公开相应的信息。公开的内容主要包括：①行政执法行为的标准、条件公开。如行政许可、行政处罚、行政征收等行为，其所遵循的标准和所要具备的条件应一律公开，让公众知悉。②行政执法行为的程序、手续公开。如申请、审批、鉴定等行为，应通过特定的形式公布，让相对人获知，这样也有利于行政行为的顺利进行。③一些涉及相对人重大权益的行政执法行为公开。如涉及人身权或重大财产权的行政处罚，应采取公开的形式进行。

　　（3）行政司法活动公开。行政司法活动主要包括行政裁决、行政复议。行政机关无论是实施行政裁决行为还是行政复议行为，其裁决、复议的依据、标准、程序应予以公开，让当事人事先知晓。至于裁决、复议的形式，依法可书面进行；必要时也可举行正式听证会，以听证的方式进行。

　　3. 行政权力运行结果公开。行政权力运行的结果是多种多样的，根据结果的不同，其公开的方式也有所差别。行政立法以及制定其他规范性文件活动的结果就是规范性文件的产生，政府机关应当通过专门的刊物或网站，公开此类文件。行政执法结果公开是指行政主体作出影响行政相对人合法权益的行政决定之后，应当及时将行政决定的内容以法定的形式向行政相对人公开。行政司法活动结果的公开，即对于行政裁决、行政复议活动的结果的公开。对于作为裁决、复议结果的裁决书、复议决定书，除应当及时送达双方当事人，让其知晓之外，对于其他与案件有利害关系的个人和组织，也应该允许他们依法进行查阅。

　　4. 政府信息公开。政府信息公开是行政公开原则一个非常重要的制度体现，也是实现公民知情权的重要保障。政府作为公共事务的管理者，在行使行政权力的过程中获得了大量的信息，公民有权要求政府公开这些信息，政府也有义务对其予以公开，以满足公民的知情权。同时，政府信息公开还是公民实现参政议政权利的前提条件，唯有知政方能参政。

推进政府信息公开制度，将行政机关的办事制度与程序告知民众，使政府行为处于广大群众的监督之下，增加其权力行使的透明度，有利于促使政府机关及其工作人员增强法制观念，依法办事，提高行政管理的水平。

总之，行政公开是人民实现当家做主、行使参与国家管理权利的基础，也是政府机关履行法定职责和义务的重要方式，是建设法治国家的重要举措。对于发展民主政治，保障公民宪法权利，增强公民对行政机关的信任度，监督政府机关依法行政，建设廉洁、高效、勤政政府，都具有十分重要的意义。

（二）公正原则

行政公正是确保行政机关行使行政权的过程和结果可以为社会一般理性人认同、接受所要遵循的基本原则。[1] 公正原则要求行政机关应当公正地行使行政权。行政机关公正地行使行政权力，对于行政机关来说，是树立权威的源泉，对于相对人来说，则是信任行政权的基础。

行政机关及其工作人员是人民的公仆，其权力是人民赋予的。因此，他们必须运用这种权力为人民服务，做到办事公道、不徇私情、平等对待不同身份、民族、性别和不同宗教信仰的行政相对人。行政公正包括实体的公正和程序的公正两方面的内容。

实体公正的要求主要包括：①行政机关行使行政权力，以事实为根据，以法律为准绳，做到严格依法办事，不偏不倚。②合理考虑相关因素，不专断，所谓的"相关因素"，包括法律、法规规定的条件，政策的要求，社会公正的准则，相对人的个人情况，行为可能产生的正面或负面效果，等等。

程序公正的要求则包括：①自己不能做自己的法官。行政机关工作人员与所处理的行政事务存在利害关系可能影响程序公正进行的，应当予以回避。②禁止单方接触。行政机关就某一行政事项同时对两个或两个以上相对人作出行政决定或行政裁决时，不能在一方当事人不在场的情况下与另一方当事人接触、听取其陈述和接收其证据。③不在事先未通知和听取相对人陈述、申辩意见的情况下作出对相对人不利的行政行为。

公正原则主要是针对行政自由裁量权而提出的，由于行政自由裁量权本质上是一种自由的权力，有可能导致行政自由裁量权的滥用。通过以上从实体和程序两方面的规范，特别是行政程序，可以较有效地规制行政自由裁量权，确保其正当行使。

（三）民主参与原则

民主参与原则是现代行政程序中的一项基本原则，民主参与原则是指行政权力的运行过程要有公民的有效参与，要为公民参与管理、参与决定自己的事情提供程

---

〔1〕　张树义主编：《行政法学》，北京大学出版社 2005 年版，第 43 页。

序上的保障。该原则还特别强调那些受到行政权力运行结果影响的利害关系人应有权参与行政权力的运行过程，表达自己的意见，并对行政权力运行结果的形成发挥有效作用。

民主参与原则的政治基础是人民主权。国家权力来自于人民，人民有权以各种形式参与国家管理。选举、罢免等制度是公民参与国家管理的传统形式，但这种方式毕竟是一种间接民主制，是对民主妥协的结果。而通过设置合理的行政程序使得人民直接参与行政权的运作过程则是一种直接民主制，通过这样的方式使得人民的意志得以影响行政决策和行政决定的作出。同时，随着 20 世纪以来行政权力的膨胀，行政逐渐取代议会成为国家权力的中心，政府的权力控制着人们"从摇篮到坟墓"的全过程，因而从法律上保障公民积极地参与行政过程，也是公民保护自己权利，监督政府依法行政的有效手段。

为了确保民众得以进行有效的民主参与，就要求行政机关在行使职权过程中，除法律规定的程序外，应当尽可能为行政相对人提供参与行政活动的机会，从而确保行政相对人实现行政程序权利，同时也可以使行政活动更加符合社会公共利益。

目前世界上许多国家和地区的行政程序法都明确规定了参与原则。葡萄牙《行政程序法》第 8 条明确规定："公共行政当局的机关，在形成与私人有关的决定时，尤其应借本法典所规定的有关听证，确保私人以及以维护自身利益为宗旨团体的参与。"我国澳门特别行政区《行政程序法》第 8 条也明确规定："公共行政当局之机关，在形成与私人有关之决定时，应确保有私人之参与，尤应透过本法典所规定的有关听证确保之。"我国虽然尚未制定统一的行政程序法典，但某些单行法已经有了规定，例如《行政处罚法》《价格法》《行政许可法》等均作了有关听证的规定。

民主参与原则强调的是公民参与行政权的运行过程，而非简单的"出席"或是"到场"，而参与过程实际上又是行政主体行使行政权与相对人参与行政决定形成的互动过程。这种互动过程使得双方相互影响，双方的意志得以沟通和交流。"这种反复沟通和交流，可以将行政意志融化为相对人意志，也可以将相对人意志吸收到行政意志中，从而使行政法关系真正具有双方性，使相对人真正成为行政法关系的主体。"[1] 因此，民主参与原则的法律价值是使得行政相对人在行政程序中成为具有独立人格的主体，而不是受行政权随意支配的客体。同时，由于各方参与到程序过程中，行政主体和相对人已经进行了某种程度上的沟通，从而有利于消除双方的矛盾和摩擦，会使得最终结果具有相对的可接受性和公正性，相对方也更易接受。

民主参与原则的内容在行政法上集中体现为行政相对人在行政程序中的权利，听证是其中的核心，即相对人享有听证权，也就是"被听取意见的权利"。这种权利意味着行政主体负有听取相对人意见的义务。行政主体在作出对相对人不利的决定时，必须听取其意见，不能片面认定事实，剥夺对方辩护的权利。在行政程序中，

---

〔1〕 叶必丰：《行政法的人文精神》，湖北人民出版社 1999 年版，第 212 页。

相对人的行政参与权还包括：①获得通知权。获得通知是参与的前提。②陈述权。陈述权是行政相对人就行政活动所涉及的事项向行政主体作陈述的权利，这有利于行政主体全面了解行政案件的事实真相，也有利于维护相对人的合法权益。③抗辩权。抗辩权是行政相对人针对行政主体提出的不利指控，依据其掌握的事实和法律向行政主体提出反驳，旨在从法律上消灭或者减轻行政主体对其提出的不利指控。④申请权。申请权是行政相对人请求行政主体启动行政程序的权利。行政相对人行使申请权的目的是希望通过行政程序来维护其自身的合法权益。

第七节　行政效益原则

一、行政效益原则的涵义

行政效益原则，又称效率原则，是指行政法律制度以及管理行为要以较小的经济耗费获取最大的社会效果。效益本是经济学的概念，后被导入法学，并成为法律追求的基本价值之一。成本与效益分析是经济学的核心内容，任何复杂高深的经济学问题均可归结到成本与效益分析这一基础上来。法律作为一种稀缺性资源，同样存在如何配置最优的问题，这就需要以成本效益分析作为基础，因此将成本与效益分析纳入法律的研究是可行的。与自由、权利保障原则以及依法行政原则相比，行政效益原则属于次一层级的原则，但仍具有重要意义。一方面，该原则是市场经济下行政法发展的需要。市场经济体制作为一种对社会资源进行高效、合理配置的模式，客观上要求与之匹配的法律制度能保持一定的运行效率，从而促进社会的全面发展；[1] 另一方面，行政管理的高效对公民来说本身就意味着一种利益，能为公民提供更多的发展机会，与行政法的目的相一致。

虽然效率不是行政法的终极目标，但效率是现代法律的基本价值追求之一，行政法也不例外。行政效益原则与自由、权利保障原则以及依法行政原则既有相辅相成的一面，也有相互冲突的一面。当产生冲突时，首先要考虑自由、权利保障原则以及依法行政原则，然后才能兼顾效益。这是因为保障公民的自由、权利以及确保依法行政的整体价值更高。

二、行政效益原则的内容

至于行政效益原则的内容，我们认为应主要包括以下几项：

（一）行政法律制度应符合效益要求

行政法律制度的建立、健全和完善都要融入效益的要素，以最小的资源消耗，换取最大的社会效益。

---

[1]　章剑生："论司法审查有限原则"，载《行政法学研究》1998 年第 2 期。

第
二
章

　　1. 行政组织法律制度要体现效益精神。现代社会需要反应迅速、运转高效的政府，而这又以行政组织设置简洁、结构合理、职责分明为基础。为此，在行政组织法律制度中要融入效益的要素，要符合行政管理的规律。

　　2. 行政程序法要考虑效率要求。21世纪以来，加强行政程序立法，行政程序的法典化已成为世界潮流。行政程序法律制度的建立既要引入民主、公正的价值观，也要符合效率要求。只强调公正，牺牲效率，难以满足时代的需要；而仅追求效率、忽视公正，则不利于对公民自由、权利的保护，与行政法的目的相左。在行政程序中，效率主要体现在程序的统一和简化，以及适用于紧急情况的特别程序的建立。

　　3. 具体行政法律制度要考虑成本效益。这里的具体行政法律制度，既包括具有普遍意义的行政许可制度、行政处罚制度、行政强制制度等，又包含具有专门意义的教育行政制度、经济行政制度、治安行政制度等。每一项具体行政制度的建立和完善，都应进行必要的成本效益分析，要从多个方案中选择最佳方案，以保证对社会资源的有效合理使用。

　　4. 行政救济法律制度也要符合效益精神。无论是行政诉讼、行政复议、国家赔偿，还是其他救济制度，都不得忽视效率的要求。一方面，对受害的相对人应提供及时、便捷的救济，使当事人迅速从行政纠纷中摆脱出来；另一方面，要及时排除违法，确保行政法律秩序的稳定和安宁。

　　（二）行政立法要重视成本效益

　　行政立法是指行政机关依照法律规定制定行政法规、规章的活动。它是随着议会权力的分化、行政管理活动的发展而发展起来的，并在社会生活中充当着极其重要的角色。欧内斯特·盖尔霍恩指出，"在过去的20年里，行政法最重要发展之一是行政机关日益依赖于规则制定——将其作为制定政策的一种手段"[1]行政立法需要人力、物力的投入，因而也存在成本效益问题。为确保行政立法的高效，首先，要合理划分行政立法权，即在享有行政立法权的国家机关中确定各自的立法权限，以避免行政立法的交叉和冲突，同时保证重大事项由法律规定。其次，明确行政立法的程序和行政立法的技术要求，以保证行政立法的质量。劣质的行政法律规范会导致执行的困难以及管理秩序的混乱，是对资源的浪费。最后，行政立法要考虑时效性，不能久拖不决。

　　（三）行政管理行为要考虑效益因素

　　行政机关适用法律、实施管理行为时，无论是作出抽象行政行为，还是具体行政行为，或者是事实行为，都要分析成本效益，避免资源的浪费。当然，不能仅考虑效益的要求，而牺牲自由、权利和公正等价值。

---

〔1〕　〔美〕欧内斯特·盖尔霍恩、罗纳德·M. 利文著，黄列译：《行政法和行政程序概要》，中国社会
　　　科学出版社1996年版，第188~190页。

拓展阅读书目

1. 翁岳生编:《行政法 2000（上册）》,中国法制出版社 2002 年版。
2. 陈新民:《中国行政法学原理》,中国政法大学出版社 2002 年版。
3. 叶必丰:《行政法的人文精神》,湖北人民出版社 1999 年版。
4. 周佑勇:《行政法基本原则研究》,武汉大学出版社 2005 年版。

第
七
节

第三章
行政主体与行政组织法

本章提要：
　　本章首先对行政主体理论进行了评论并提出了多元背景下行政主体发展的构想，在此基础上论述了行政主体的构成要件、行政主体的功能与行政主体制度的构建；然后提出了利益行政主体与代理行政主体的新型分类方法，并详细介绍了各类行政主体；最后具体介绍了行政组织法的概念、功能、基本原则、内容与体系。

第一节　行政主体理论述评

　　行政主体概念不是我国的发明，而是从西方传入的，因而在探讨我国行政主体的理论之前，有必要先说明西方行政主体的有关制度和理论。

一、西方国家的行政主体

（一）大陆法系的行政主体理论

　　在大陆法系国家，行政主体制度是行政实体制度的重要组成部分，即通过行政主体制度来实现社会利益的配置，确立中央和地方的关系，建立地方自治制度和公务自治制度。

　　1. 行政主体的界定与创设。在法国，行政主体是法律创设的主体，是指享有实施行政职务的权力，并负担由于实施行政职务而产生的权利、义务和责任的主体。行政主体有两层含义：①行政主体是有权实施行政职务的组织；②行政主体是分担权利、义务和责任的组织。[1] 在性质上，行政主体是法人，即法律拟制的能够享有权利和承担义务的人。进一步说，行政主体是公法人，与私法人相区别。行政主体

───────────

〔1〕　王名扬：《法国行政法》，中国政法大学出版社1988年版，第38页。

是根据公法成立的，并以公共事务为成立目的。行政主体在法国是一个重要的概念，是行政组织法律理论的基础，是保证行政活动具有统一性和连续性的一种法律技术。现代行政事务很多，往往由许多行政机关承担，这就需要成立一个中心，把行政机关的行为以及先后不同的公务员的行为统一起来，并承担行政机关及其公务员行为所产生的权利义务。这个中心就是行政主体。

在德国，行政主体是指行政法上享有权利，承担义务，具有统治权并可设置机关以便行使并借此实现行政任务的组织体。[1] 德国行政主体概念的关键在于权利能力。要使行政接受法律的调整和约束，不仅需要为"行政"设定权利义务的法律规范，而且需要进一步明确承担这些权利义务的主体。这一点在法理上是通过赋予特定行政组织以权利能力从而使其成为行政法权利义务的归属主体来实现的。[2]

日本的行政法学者们将行政主体界定为行政权的归属者。[3] 行政主体一般是指在行政法律关系上具有权利，或具有能承担义务资格的法律主体中执行行政的一方。行政主体是一个便宜的、技术性的概念。[4]

2. 行政主体的类型。一般来说，大陆法系国家的行政主体主要包括三类：[5]

第一类为国家。国家由国民组成，国家的权力来自于国民的委托。国家作为行政主体，掌握重要的行政权力。国家除了组织属于全国范围内的公务外，还享有设立其他各类行政主体，监督和控制其他行政主体的权力，如通过立法、司法等手段来控制其他行政主体。

第二类是地方行政团体。这是以一定的地区及在那里居住的居民为基础，在该地区内设置的以实施有关公共服务为目的，并对该地区内居民具有支配权的公共团体。地方行政团体有普遍地方行政团体和特别地方行政团体之分。地方行政团体相对独立于国家，管理自己的事务，但又受国家的监督。地方行政团体通常由法律设定成立的标准，由当事人申请设立。

第三类是其他行政主体，如法国的公务法人。[6] 这类行政主体的一个共同特点是组织特定的公务，而不以地域为基础。如国立大学、国立图书馆等。这些行政主体通常由国家或地方行政团体设立，一旦成立则相对独立于其设置机关，可依法自主管理，受法律约束，也依法受到其设置机关的节制。

3. 行政主体的法律地位。行政主体具有法人地位。这种法律地位通常来自法律的授予或依法取得。例如，法国的行政主体是由宪法与行政组织法规定的。行政主体具有相当的独立性，这主要表现在：

[1] 吴庚：《行政法之理论与实用》，三民书局2000年版，第151页。
[2] ［德］哈特穆特·毛雷尔著，高家伟译：《行政法学总论》，法律出版社2000年版，第498页。
[3] 杨建顺：《日本行政法通论》，中国法制出版社1998年版，第233页。
[4] ［日］室井力主编，吴微译：《日本现代行政法》，中国政法大学出版社1995年版，第271页。
[5] 薛刚凌："行政主体之再思考"，载《中国法学》2001年第2期。
[6] 王名扬：《法国行政法》，中国政法大学出版社1988年版，第119~125页。

（1）行政主体相对于个人独立。虽然行政主体由个人组成，但一旦行政主体成立，即拥有独立于个人的利益。个人可以通过法定的程序向行政主体施加影响，使其行为符合自己的意愿和利益，但行政主体的决定，不管与个人的利益一致与否，个人都必须服从。对行政主体的行为不服，只能通过法律的途径解决。

（2）行政主体与其他行政主体相对独立。行政主体与其他行政主体之间的关系在一定程度上就像法人与法人之间的关系一样。他们各自独立，但为了工作的需要，它们可以进行合作，共享利益和共同承担责任。需要说明的是：国家是一类特殊的行政主体。其他行政主体存在于国家之中，但又相对独立于国家。其他行政主体在法定范围内对其所管辖的事务有自主的决定权。除了服从法律外，其他行政主体的事务不受国家的领导。

由于行政主体相互独立，因而它们之间的行政纠纷只能通过法律途径解决，通过法院的裁判解决是最通常、最主要的途径。

需要说明的是：在单一制的国家，行政主体的独立仅指行政上的独立，不包括司法上的独立。司法制度涉及国家的意志、秩序；关系公民的安全、自由和生活的安定；承载着公平、公正等价值理念，需要统一的标准，因而，国家需要建立统一的司法制度，行政主体不能设立自己独立的司法制度。

4. 行政主体的公务。在不同的国家，由于行政分权和自治的程度不同，因而各类行政主体所承担的公务范围各不相同。一般来说，国家作为一类特殊的行政主体，其承担的公务主要是涉及全国性的事务或地方难以独立处理的事务，如国防、外交、货币、邮政、知识产权等；地方行政团体组织的公务主要涉及地方事务，如道路、公共秩序、环境卫生、城乡计划、公用事业和福利服务等[1] 在许多国家，国家和地方公共团体还共同承担某些公务。至于其他行政主体，其公务范围大多都单一，如国立大学的公务就是高等教育。

5. 行政主体的权力。一般来说，行政主体具有以下四类权力：

（1）行政组织设置权。行政主体需要设置相应的行政组织去运作，以实现其行政利益。通常，法律对行政主体的组织设置作原则规定，由行政主体通过民主的方式自行产生。不同的行政主体由于其性质的不同，有不同的组织机构。国家和联邦制国家中的州不仅是一个行政实体，还是一个政治实体，设有立法机关、行政机关和司法机关。地方行政团体的组织机构有两部分：议事机构和执行机构。其他行政主体的机构与作为民事主体的法人机构相类似。

（2）公务组织权。行政主体可以依法就其所承担的公务进行组织和管理。如城市规划、开发地方公益事业等。

（3）财政收支权。行政主体拥有自己独立的财政。行政主体中最重要的一类是地方行政团体，其财政收入的多少决定了其自治的程度，也决定了其与中央的关系。

---

〔1〕　王名扬：《英国行政法》，中国政法大学出版社 1987 年版，第 69～71 页。

地方行政团体的财政收入由税收、国家补助金、杂项收入和借款组成。通常法律对行政主体的财政收入有严格规定，但对其财产支出则没有严格的限制。

（4）财产管理权。行政主体可以在法定范围内自由地支配自己的财产以及决定对其财产的管理方式。

此外，根据国家的委托，地方行政主体和公务行政主体还可代表国家行使一定的行政权力，此时行为的后果及责任归属于国家。

（二）英美法系的行政主体

在英美法系国家，虽然行政法的教科书上并没有行政主体的概念，也没有对行政主体的系统讨论，但在公共行政中，无论是地方分权还是社会自治都相当发达，并有一套成熟的实体制度。例如，在英国13世纪时，某些大城市就已经成为大自治市，享有由英王颁布的特许状所规定的权利。各个自治市的权利不同，主要有自主管理权、财产权、选派代表出席全国议会权和成立市法院权。[1] 19世纪80年代以后，英国建立了近代地方政府制度，即地方政府分为郡（郡区）和区（乡区、非郡市）两级，由地方选举的议会管理。地方政府具有独立的法律地位，都是独立的法人。中央政府与地方政府不是领导和被领导的关系，各级地方政府之间也不是领导和被领导的关系，他们分别在其管辖范围内独立行使法律授予的职权。[2] 除地方自治外，社会自治在英国也有着悠久的历史。此外，英国的公法人制度也是公务分权的一种模式。[3] 美国继承了英国的政治和行政传统，强调权力中心多元化，联邦主义、地方自治和社会自治都相当发达。可见，在英美国家中，虽然没有系统的行政主体理论，但却存在着行政分权和自治的实体制度，而且这套制度已相当成熟。之所以没有发展出一套关于行政主体的系统理论，是因为这套制度的形成源远流长，依赖于博弈程序实现和普通法制度的保障。换言之，这套制度是自生自发形成，而不是理性建构的产物，对理论并没有太多的依赖。而且，行政分权和自治常在政治学和行政学中讨论，在法学中，地方政府法也已经成为一门专业化和技术化很高的独立法律部门，[4] 从而无需在行政法学中重复研究。

二、我国行政主体理论

（一）行政主体理论的形成

我国的行政主体理论是从国外传入的。最早使用行政主体概念的是《行政法学原理》[5]《中国行政法学》[6]。20世纪90年代后，绝大多数行政法教科书都采用

---

〔1〕 王名扬：《英国行政法》，中国政法大学出版社1987年版，第53页。
〔2〕 应松年、薛刚凌：《行政组织法研究》，法律出版社2002年版，第186～187页。
〔3〕 张越编著：《英国行政法》，中国政法大学出版社2004年版，第406页。
〔4〕 张越编著：《英国行政法》，中国政法大学出版社2004年版，第380页。
〔5〕 张焕光、胡建淼：《行政法学原理》，劳动人事出版社1989年版。
〔6〕 张树义、方彦主编：《中国行政法学》，中国政法大学出版社1989年版。

了行政主体概念，并用较大篇幅阐述行政主体的定义、种类和资格要件等，形成了独特的行政主体理论。[1]

20世纪80年代末，行政主体理论在我国的出现主要有三方面的原因：

1. 行政法学界研究行政组织角度的变化。自20世纪80年代初行政法学恢复研究以来，许多学者从组织学、管理学的角度研究行政组织，或者仅对行政组织法的规定作事实性的描述。这一状况逐渐引起不满，学者们着意求新，寻找研究行政组织的新的角度，行政主体理论正是在这一需求下出现的。有学者论证说，对行政组织的研究应当从行政主体的角度出发，因为行政法学对行政组织的研究应从法律的角度，主要是研究行政组织在法律上的地位，而行政组织的法律地位即在于其作为行政上的主体。[2]

2. 国外行政主体制度及理论的传入。20世纪80年代末期，随着对国外行政法制度的了解，法国、日本等国的行政主体制度及理论被介绍、引入中国。[3] 学者们在行政组织之外接触到行政主体这一崭新概念，将其引进到我国的行政法学研究自在情理之中。

3. 行政诉讼实践的需要。1989年4月4日，我国制定颁布了《行政诉讼法》，并于1990年10月1日生效，至此，行政诉讼制度全面建立。行政诉讼面对的问题之一是如何设定被告制度。虽然《行政诉讼法》对此作了规定，但需要从理论上予以论证。不久，有学者从行政主体的角度解释行政诉讼被告制度，并逐步获得学术界的认同。

（二）行政主体理论的基本内容

一般认为，行政主体理论包括四部分内容：

1. 行政主体的界定。对行政主体的界定，学者们在表述上大同小异，基本一致。有的学者认为，行政主体是享有实施行政活动的权力，能以自己的名义从事行政活动，并因此承担实施行政活动所产生的责任的组织；并认为，行政机关在行政法上的地位就是行政主体。[4] 有的学者把行政主体定义为能以自己的名义实施国家行政权（表现为行政管理活动）并对行政效果承担责任的组织。[5] 可见，学术界一般将行政主体界定为依法承担行政权的单个行政机关和法律法规授权的组织。

---

[1] 罗豪才主编：《行政法学》，中国政法大学出版社1996年版，第66页。

[2] 张尚鹥主编：《走出低谷的中国行政法学——中国行政法学综述与评价》，中国政法大学出版社1991年版，第700页。

[3] 王名扬：《法国行政法》，中国政法大学出版社1988年版，第38页；[日]南博方著，杨建顺、周作彩译：《日本行政法》，中国人民大学出版社1988年版，第13页。

[4] 张尚鹥主编：《走出低谷的中国行政法学——中国行政法学综述与评价》，中国政法大学出版社1991年版，第80页。

[5] 派出机关指一级政府设立的派出组织，如行政公署、区公所和街道办事处。派出机构指政府职能部门设立的派出组织，如公安派出所、工商所等。

2. 行政主体的范围。按照行政主体的界定，行政主体可分为行政机关和法律法规授权组织两部分。具体包括以下十类：

（1）国务院；

（2）国务院的组成部门；

（3）国务院直属机构；

（4）经法律法规授权的国务院办事机构；

（5）国务院部委管理的国家局；

（6）地方各级人民政府；

（7）地方各级人民政府的职能部门；

（8）经法律法规授权的派出机关和派出机构；

（9）经法律法规授权的行政机关内部机构；

（10）法律法规授权的其他组织。

行政机关内部的机构、公务员以及受行政机关委托实施管理的组织都不是行政主体。

3. 行政主体的职权与职责。关于行政主体的职权与职责，学者常从不同的角度加以归纳。一般认为，行政主体的职权可分为抽象的权力和具体的权力。前者如制定规章和一般规范性文件，后者如对具体的人或事作出处理。还有学者强调，行政主体具有优越的地位，享有行政优益权。另外，学者们认为，行政主体的职权与职责具有统一性，行政主体有义务合法公正地行使职权，否则，将承担不利的法律后果。

4. 行政主体的资格及确认。一般认为，作为行政主体必须具备一定的法律资格要件和组织要件。法律资格要件有三项：①行政主体必须是依法享有行政职权的组织。②行政主体必须是能以自己的名义实施行政活动的组织。③行政主体必须是能够独立承担行政责任的组织。关于行政主体的组织要件说法不一，有的认为需要经过正式的批准成立手续，也有的认为行政主体必须有独立的经费和办公场所等。

对行政主体资格的确认，主要从资格要件入手。任何一个组织，符合行政主体资格要件的就是行政主体；不符合的，当然不是。

三、多元化背景下行政主体之发展构想

传统行政主体理论在多元化背景下的明显不足[1]已引起学界的高度重视，针对我国现行行政主体理论的种种缺陷，学界提出了三种主张：第一种主张是完全否定现有行政主体理论，退回到对行政组织的研究；第二种主张是保留行政主体概念，借鉴西方国家的行政主体制度，建立以地方自治、公务分权为核心的行政主体制度；第三种主张是以现有行政主体理论为基础，完善或者重构行政主体理论。[2]有学者

---

[1]　薛刚凌："行政主体之再思考"，载《中国法学》2001 年第 2 期。

[2]　郎佩娟、陈明："行政主体理论的现状、缺陷及其重构"，载《天津行政学院学报》2006 年第 2 期。

从公共行政发展的角度提出拓展行政主体理论的设想。为回应社会变迁与公共行政的发展，以及为更好地解决非政府公共组织行使公权力所产生的法律问题，必须赋予行政主体新的内涵，发展行政主体理论。行政主体的概念虽然仍可表述为享有行政权，以自己的名义实施行政管理活动，并能独立承担自己行为所产生的法律责任的组织，但主张将行政权扩展为国家行政权和社会公行政权，将行政管理活动扩展为国家行政管理活动和社会公行政管理活动，就可以把非政府公共组织纳入行政主体的范畴。[1] 也有学者从治理理论的角度提出了社会行政主体的概念。治理理论指出，行政管理在主体方面出现了多元化的趋势，而且这些多元化的主体（如政府和各个社会公共机构）之间存在权力依赖和互动的伙伴关系。治理理论的核心主张是建立公民社会，非政府组织在行政管理活动中也可能成为权力中心。治理理论在行政管理中的广泛运用，公共行政代替原有的国家行政模式，公私法二元边界的逐渐模糊等现象，使得行政主体的多元化趋势成为必然。社会行政主体正是在此背景下提出的。[2]

上文的第一种主张并不成立，对行政组织及行政组织法的研究并不需要否定对行政主体的研究，二者并不矛盾，研究行政组织法的目的是要建立一套完整的行政实体法律制度，而行政主体制度则是其中的一个子制度。第三种主张建议对现有的行政主体理论进行修补，扩大对行政权的解释，扩展行政主体的类型，但前节已说明，现行的行政主体理论对应的是一元利益框架，无法回应多元社会发展的需要，难以从根本上为我国行政主体制度的转型提供制度支持。第二种主张提出回归到西方行政主体的本来含义，建立与多元社会相匹配的行政主体理论体系。笔者基本赞成第二种主张。有学者认为，我国尚处在体制改革和社会转型时期，社会结构还未定型，各类行政主体也无法完全定型，建立完全与西方相同的行政主体模式为时过早，不能体现我国的现实国情。[3] 相反，笔者认为，改革传统的行政主体理论，构建以利益多元为基础的行政主体制度恰恰是国情所需。经济多元化、社会多元化发展的必然要求是行政的多元化，在一定程度上，中国社会大量冲突的产生正是一元的行政体制和多元的经济、社会不匹配所导致的。在我国的现实生活中，行政已在逐渐走向多元，地方在公共行政上已获得越来越多的自主创新权，基层村民自治、社区自治、行业自治、国立高校的自治也在逐步发展，但行政的多元化在法律上并没有得到承认，我们没有确认多元的行政利益主体的法律资格，没有界分和明确各类行政主体的权利义务，也没有建立相应的制度保障其利益的实现。其结果是行政利益主体不清，利益界分不明，竞争规则缺失，管理成本高昂，并引发大量的短期行为。当然，建立以多元行政利益为基础的行政主体制度，并不意味着我国要立即全面推行行政分权和自治。在不同国家，行政多元的方式有很大差异，行政分权和

〔1〕 石佑启："论公共行政之发展与行政主体多元化"，载《法学评论》2003 年第 4 期。
〔2〕 庞兰强："治理理论与行政主体的多元化"，载《社会科学辑刊》2006 年第 2 期。
〔3〕 周实、陈娟："我国行政主体多元化的理论完善"，载《社会科学辑刊》2005 年第 5 期。

自治的程度也各不相同。然而，是否建立以多元行政利益为基础的行政主体制度直接影响到我国行政实体制度的发展方向。因而，重新审视传统行政主体理论，并建构新型行政主体制度具有重要意义。

第二节　行政主体的界定与功能

如何在多元利益框架下建构一套符合时代需求的行政主体理论，以指导行政主体的制度建设，是行政法学界的一项重要任务。

一、行政主体的界定

从行政多元的角度考虑，可将行政主体界定为在行政法上具有独立行政利益，享有权利（权力）、承担义务，并负担其行为责任的组织体或该类组织体的代理主体。和传统界定相比，新的概念不是着眼于行政外部关系，而重在行政主体制度的自身建构；不是以行政权力为核心，而是强调行政利益。

对此新概念，可从以下方面把握：①行政主体为行政上的多元行政利益主体或代理主体。就原始意义而言，每个行政主体都有自己独立的行政利益，行政利益包括经济上的利益和自主管理权，后者指管理模式的选择权、相对独立的组织权、财政权、对外合作权、平等竞争权、救济权等。需要说明的是：除了利益主体外，还有代理主体。代理主体受行政利益主体的委托实施管理，享有权力但没有独立的行政利益。②行政主体具有行政法上的权利（权力）义务。这里的权利（权力）是法律化的行政利益。每个行政主体享有的行政权利（权力）各不相同，并可以随着时代的发展而不断丰富。这里的义务也是行政主体要承担的职责，如提供相关服务，维持公共秩序等。需要注意的是：行政权利具有相对性，相对于其他行政主体，行政权利表现为一种权利，但对其内部成员而言，则表现为一种权力。例如，确认社会自治组织是一类独立的行政主体，并允许其制定自治规则，则制定自治规则对外是一种权利，对内就变成了权力，内部成员有义务服从。对代理主体而言，其权利义务完全取决于法律授权或行政利益主体的委托。③行政主体要承担其行为的实质责任，包括经济上的责任。当然，行政代理主体行为的责任最后要归属于其所代理的行政利益主体。这种责任显然不同于传统行政主体理论所强调的形式责任。

与民事主体相类似，行政主体的本质特征也在于其具有行政权利能力。即行政主体能够独立地组织公务，享有行政权利，负担行政义务。此外，行政主体也具有行为能力和责任能力。行政主体能够通过意思自治，通过其设立的组织独立对内对外活动并承担其行为产生的法律后果。从主体的内涵考虑，作为一个行政主体，应具备以下条件：

1. 在本原意义上，行政主体必须是两人以上的组织体，而不能为自然人个人。行政主体为自然人的延伸，其存在的目的正是实现一般个人无法单独从事的事业。

行政是对社会公众提供服务的活动，即行政以谋求社会成员共同利益为目的，因此，行政的担当者不可能是特定的个人，而必须是由社会成员组成的团体。[1] 当然，如果是代理性质的行政主体，也可以是个人。例如，法律授权船长在紧急情况下，可以对乘客的财产进行处置，以避免更大的损失发生。

2. 享有自身的利益。利益是任何一个主体所不能缺少的组成部分，无论是民事主体还是行政主体。缺少了利益，主体也就虚有其名。但民事主体所享有的利益与行政主体享有的利益各不相同。民事主体享有的利益主要是人身权益和财产利益；行政主体享有的利益则要广泛得多，除了人身权益和财产利益外，还有自我组织、自我管理和自我发展的利益。

3. 存在独立的权利义务。独立的权利义务是由行政主体的利益派生而来的，是其利益的具体化和法律化。自然人作为权利义务的归属体，是人作为人所具有的价值和尊严所决定的。法人作为民事权利义务的归属体，则是法律拟制的结果。但由于法人制度的存在，自然人的民事活动空间变得更为广阔。行政主体作为权利义务的归属体也是法律拟制的结果。行政主体由自然人组成，依法自我组织、自我管理，其目的是保障公民对行政的直接参与并实现行政分权。

4. 具有独立的意志。具有独立的意志是指主体者必须有独立的意思表示能力，可以自由地决定自己的行为。独立的意志是主体者的内在要求，主体者独立自在，不依附他人而存在。行政主体同样如此。如果行政主体处处依附他人，则不再有主体可言。当然，行政主体的活动也要受法律的约束，在法律规定的范围内活动。行政主体的独立意志不能侵害其他主体的利益。

5. 能够独立承担责任。任何主体都必须对自己的行为负责，这是法治社会对主体的基本要求。在人类社会，任何主体都不是孤立的存在，需同其他主体一起形成一个和平的秩序。为维护这一秩序，主体必须承担其行为的后果，而无论是正面的后果还是负面的后果。行政主体同民事主体一样，同样需要对自己的行为负责。现代国家赔偿制度的普遍建立正是行政主体承担责任的一种具体表现。

二、行政主体理论的基础

这里需要论证行政主体理论和制度存在的正当性和合理性。从实践的角度分析，把行政主体界定为行政上的利益主体首先是市场经济发展的需要，在我们这样一个幅员辽阔、人口众多的大国，经济的多元化必然带来社会利益的多元化，从而要求行政的多元化，把行政上的利益主体界定为行政主体，认可其相对独立的法律人格，正是对行政多元的肯定。其次是公共行政改革的需要。现代的公共行政日趋复杂，行政任务全部由国家担当有相当困难，因此，推行公共行政的分权化、社会化、民主化、多元化的改革是一条必由之路，其结果也是要形成一个行政多元的结构，以

---

[1]　杨建顺：《日本行政法通论》，中国法制出版社1998年版，第233页。

多元利益为基础的行政主体理论将推动行政多元结构的生成。最后是直接民主的需要。变传统相对集中的一元行政为分散的多元行政，可以方便人民直接参与公共管理，从而有利于吸纳社会的智慧、资源和技术，也有利于培养公民的独立人格、管理能力和责任意识。

在理论上，将行政主体界定为行政利益主体是人的主体性原理、辅助性原则和建构理性主义的要求。人的主体性，简单地说，就是作为人具有的自我意识、个人特殊性、独立人格和意志自由。[1]　人的主体性强调人作为人而具有的终极意义和自由意志，要求对个体的价值予以尊重，要求对个人独立人格和自由意志的认可，要求社会的发展应以不断扩充人的自由空间为目的。以多元利益为核心的行政主体将为个人的发展提供更加充分的空间。辅助性原则主张在国家和个人之间存在一条界线，在界线的一侧属于个人领域范围内的事务，国家不能干预，只有对个人无法解决的事务，国家才能介入。辅助性原则应用于公共权力范畴，意味着应先由下级政府承担解决问题的责任，只有当下级政府需要上级政府支持时，上级政府才能进行干预。[2]　按照辅助性原则，行政事务要更多地由各个分散的行政利益团体分担，从而要求多元行政。对行政主体新的界定正是对多元行政的认可。建构理性主义是指通过理性的制度设计来促进社会进步。我国正处在社会转型期，建立以多元利益为基础的行政主体制度将推动我国行政实体制度的转型。

三、行政主体的功能

就整体而言，西方国家的行政主体制度具有以下功能：

1. 保障行政分权和自治的功能。20 世纪是行政分权和自治发展最为迅速的一个世纪。从理论上说，行政分权与自治是直接民主的要求，以满足人们参与管理与自己相关事务的愿望，可以更好地调动和使用社会资源和技术，有利于管理的创新和满足特殊公务的需求，降低管理的风险和成本，提高管理的效率，通过分权实现对权力的规范和制约。另外，现代信息技术的发展以及知识的多元性也为分权与自治提供了可能。在实践中，行政分权与自治朝着三个方向发展：①地方自治。英国在19 世纪末就已经建立起比较完备的地方自治制度。美国也是在同一时期推行了地方自治的改革，到 1995 年，美国 48 个州容许至少部分市自治以及 37 个州容许县自治。在某些州，地方自治是州宪法授权的，而在另一些州，地方自治则为州法律所规定。[3]　德国在二战后建立起地方自治制度，法国在 20 世纪 80 年代后、日本在 20世纪 90 年代后大规模地推行地方自治改革，并取得了显著的实效。②社会自治。20世纪非政府组织的崛起，承担着越来越多的公共事务，实现了国家行政之外的社会

〔1〕　武步云：《黑格尔法哲学——法与主体性原则的理论》，法律出版社 1995 年版，第 395 页。

〔2〕　刘莘、张迎涛："辅助性原则与中国行政体制改革"，载《行政法学研究》2006 年第 4 期。

〔3〕　David J. Mccarthy, JR. : *Local Government Law in A Nutshell*, West Publishing Co. , 1995, p. 19.

分权。③公共行政的多元化改革。委托行政和公私合作日益发展，公共行政不再由国家垄断，并且更加开放，在传统的事务分权之外又发展出环节分权，即决策和监督环节仍由国家和地方自治体负责，而决策的咨询、实施和公务的提供等环节由社会广泛参与和承担。无论是传统的事务分权，还是新出现的环节分权，都依赖行政主体制度的支持和保障。法律在确认各类行政主体的同时，也赋予他们相应的权利、义务和责任，尤其是授予他们自主管理权，以保障各类行政主体的自我管理，从而推进行政分权和自治的发展。

2. 确认和保障多元行政利益的功能。多元化已成为时代的特征，经济的多元化在推动技术进步、经济发展的同时，也带来社会利益的多元化，地方利益、行业利益、社会利益等日益生长，社会利益的多元化必然要求行政利益的多元化。行政利益是指社会利益共同体在公共行政方面所享有的权利和利益，包括一定范围内的自主管理权，如选择和创新管理模式、制定规则和公共政策、决定辖区内的重大事项、设定行政机关、确定编制规模、管理财产和公务员、与其他横向社会利益团体的平等竞争以及行政救济权等。强调行政利益的目的是通过其内部民主、理性、公正、高效的管理和构建外部平等、有序的竞争秩序来谋求社会利益共同体的发展，进而满足社会利益共同体成员的需要。

在西方国家，行政主体制度的核心就是行政利益。行政利益不仅涉及人们的经济利益、社会利益，还直接涉及人们参与管理的权利的实现，发达的行政主体制度可以为人们展示自己的聪明才智，为促进个人的全面自由发展提供更多的机会和空间。

行政主体制度正是通过一套法律制度，对多元行政利益予以认可和保障。例如，确认各类行政利益主体独立的法律人格，明确各行政主体在公共行政上的各项行政权利和利益，确立行政主体之间的理性交往规则和平等竞争规则，规范和控制行政主体的行为、保证其在宪法和法律的范围内活动，建立行政主体之间的纠纷解决机制等。

行政主体实质上就是独立的行政利益主体，如国家、地方团体、公务自治团体、社会自治团体等。但除了这类行政利益主体外，还有代理意义上的行政主体。这类行政主体虽然被授予一些行政权力，但不具有独立的行政利益，授予其权力是为了社会利益和共同体的利益。例如，在紧急情况下授权船长对运载财产实行处分，这时船长成为行政主体。再如，在委托行政的情况下，接受委托的行政机关、社会组织以及个人可以提供公共服务，行使一定的权力，其目的仍然是社会共同体的利益。

3. 建构公共行政秩序、规范外部行政的功能。行政主体制度通过对各行政利益主体的权利、义务和责任的规定，建立各行政利益主体的行为规范，为行政利益主体的活动提供合理的预期，促进相互之间的理性交往，减少管理成本和交易成本，避免无序竞争和短期行为，从而为理性的公共行政秩序的形成奠定基础。在一个法治发达、社会有序的国家，个人的利益需要界分，个人行为需要规范，行政主体的利益也需要界分，行为也需要规范。

在我国，传统行政主体理论的功能主要是为了解决外部行政的责任归属，与行

政主体制度强调行政分权、自治和利益多元的普适性功能有相当距离。从中国社会
发展的需求看，行政主体理论有必要回归到普适性功能上来，即强调行政主体对多
元行政利益的保障和建构公共行政秩序的功能。

第三节 行政主体的类型

按照行政主体是否具有独立的利益，可把行政主体分为利益行政主体和代理行
政主体。

一、利益行政主体

利益行政主体是指具有独立的行政利益的行政主体，也是实质意义上的行政主
体。利益行政主体又可分为原始的行政主体和派生的行政主体，前者指国家，后者
包括地方行政主体、公务行政主体和社会行政主体。

（一）国家

作为行政主体，国家主要是为了谋求国民的利益和国家的发展，还负有建立和
监督其他行政主体的职责，当然，国家也需要在宪法和法律的框架下运行。国家的
基本职能有三项：一是安全保障职能，包括对外和对内两个方面。二是经济管理职
能，包括宏观和微观两个方面。[1] 三是社会管理职能，包括文化艺术、科技、教
育、卫生、就业、社会保障以及预警和应急机制等各方面。

国家作为行政主体，其行政事务主要由中央行政机关及垂直行政机关承担，也
有部分归地方行政机关承担。关于行政机关的设置，详见代理行政主体部分的说明。

（二）地方团体

地方团体是相对于国家而言的，由国家派生，主要由土地、人口和财富构成。
我国目前在法律上并不承认地方团体的独立法律地位，但在法律上又有一些地方分
权的规定，在实践中有地方分权的表现，并有加强的趋势，因而值得重视。地方分
权的表现为：地方权力机关的存在，地方官员由地方选举产生，地方有相对独立的
事权、财权和立法权，地方有相对独立的责任。[2]

（三）公务行政主体

公务行政主体是指国家或地方团体为实施特定公务而设置的公务组织。如国立
大学、省立环境检测机构等。公务主体具有以下特点：①组织和实施特定的公务，
如教育、卫生、文化。②公益性，公务主体不以营利为目的。③由国家或地方团体
设定，经费全部或部分由设置主体提供。④在管理上可以相对独立，存在独立的利
益空间，可以通过创新和自我管理实现。与国家、地方团体不同，公务主体不以土

---

〔1〕 应松年、薛刚凌：《行政组织法研究》，法律出版社 2002 年版，第 145～146 页。
〔2〕 例如，我国《国家赔偿法》明确规定，国家赔偿的费用，由各级财政承担。

地、人口为重要组成部分，主要以特定的公务为内容。

（四）社会行政主体

社会行政主体是指经法律授权或认可，为实现特定群体利益而设立的社会自治组织。社会行政主体又可细分为村民自治行政主体、社区自治行政主体、行业自治行政主体以及其他社会行政主体等。与公务行政主体不同，社会行政主体以实现特定群体的利益为目的。社会行政主体的出现是市民社会发展的结果，也是多元社会发展的必然。

二、代理行政主体

代理行政主体是指经法律授权或委托，代表利益行政主体进行管理，并承担形式责任的行政主体，包括行政机关、法律法规授权组织、行政机关委托的组织和个人。与利益行政主体不同，代理行政主体没有自己独立的行政利益，其行为的后果全部归属于所代理的利益行政主体。代理行政主体可分为三类：第一类是国家行政机关，第二类是法律法规授权组织，第三类是行政机关委托的组织和个人。

（一）国家行政机关

根据《宪法》《国务院组织法》《地方各级人民代表大会和地方各级人民政府组织法》（以下简称《地方组织法》）的规定，国家行政机关包括中央行政机关和地方行政机关两部分。

1. 中央行政机关。中央行政机关的设置如下：

（1）国务院。对国务院的理解有狭义和广义两种。从狭义上理解，国务院是指由国务院总理、副总理、各部部长、各委员会主任、审计长和秘书长构成的组织体。在广义上，除狭义的国务院外，还包括国务院下设机关，即各部、各委员会以及直属机构、办事机构等。这里所说的"国务院"是狭义上的。

国务院实行总理负责制。根据《宪法》第89条的规定，国务院享有18项职权。归纳起来，有以下四类职权：①制定行政法规权；②领导全国各项行政工作权；③领导各级国家行政机关权；④国家最高权力机关授予的其他职权。

（2）国务院组成部门。国务院的组成部门包括各部、各委员会、人民银行和审计署，共26个部门。[1] 国务院的组成部门虽然必须按国务院的分配担当行政事务，

---

〔1〕根据《第十三届全国人民代表大会第一次会议关于国务院机构改革方案的决定》，国务院组成部门为：外交部、国防部、国家发展和改革委员会、教育部、科学技术部、工业和信息化部、国家民族事务委员会、公安部、国家安全部、民政部、司法部、财政部、人力资源和社会保障部、自然资源部、生态环境部、住房和城乡建设部、交通运输部、水利部、农业农村部、商务部、文化和旅游部、国家卫生健康委员会、退役军人事务部、应急管理部、中国人民银行、审计署；教育部对外保留国家语言文字工作委员会牌子。科学技术部对外保留国家外国专家局牌子。工业和信息化部对外保留国家航天局、国家原子能机构牌子。自然资源部对外保留国家海洋局牌子。生态环境部对外保留国家核安全局牌子。

要接受国务院的领导和监督，但它们可以在法定的职权范围内独立对外管理。其中，国务院办公厅是一种辅助性机关，协助国务院领导处理国务院日常工作。

国务院组成部门实行首长负责制。归纳起来，有三个方面职权：①制定规章权；②本部门所辖事务管理权；③部分机构、人事管理权。

（3）国务院直属特设机构。国务院直属特设机构是指国务院设立的主办各项专门业务的行政管理部门。根据国发〔2018〕6号文件，国务院直属特设机构有国有资产监督管理委员会。

（4）国务院直属机构。国务院直属机构是指国务院设立的主办各项专门业务的行政管理部门。和国务院组成部门相比，直属机构有以下特点：①直属机构的级别低，其负责人不是国务院的组成人员；②直属机构由国务院自行设置，无须国家权力机关的批准；③直属机关的主管业务单一，不具有综合性。根据《第十三届全国人民代表大会第一次会议关于国务院机构改革方案的决定》、国发〔2018〕6号和国发〔2018〕7号文件，国务院直属机构有：海关总署、国家市场监督管理总局、国家体育总局、国家国际发展合作署、国务院参事室、国家税务总局、国家广播电视总局、国家统计局、国家医疗保障局、国家机关事务管理局。[1]

虽然直属机构有别于国务院组成部门，但直属机构在法定的职权范围内可以独立对外行使职权，并可依据《立法法》的规定制定规章。

（5）国务院办事机构。国务院办事机构是指国务院设立的协助总理办理专门事项的辅助性机构。和国务院的组成部门以及直属机构不同，办事机构的主要职能是协助总理承办具体事务，一般不享有对外管理的独立权限。根据《第十三届全国人民代表大会第一次会议关于国务院机构改革方案的决定》、国发〔2018〕6号和国发〔2018〕7号文件，国务院办事机构有：国务院港澳事务办公室、国务院研究室。[2]

（6）国务院部委管理的国家局。部委管理的国家局是指国务院设置的主管专门业务，由部委管理但又具有相对独立性的行政机关。国家局既不同于国务院直属机构，又不同于部委内部的司局，具有半独立的性质。根据《第十三届全国人民代表大会第一次会议关于国务院机构改革方案的决定》、国发〔2018〕6号和国发〔2018〕7号文件，国务院部委管理的国家局有：国家信访局（由国务院办公厅管

---

〔1〕 根据《第十三届全国人民代表大会第一次会议关于国务院机构改革方案的决定》、国发〔2018〕6号和国发〔2018〕7号文件，国家市场监督管理总局对外保留国家认证认可监督管理委员会、国家标准化管理委员会牌子。国家新闻出版署（国家版权局）在中央宣传部加挂牌子，由中央宣传部承担相关职责。国家宗教事务局在中央统战部加挂牌子，由中央统战部承担相关职责。

〔2〕 根据《第十三届全国人民代表大会第一次会议关于国务院机构改革方案的决定》、国发〔2018〕6号和国发〔2018〕7号文件，国务院侨务办公室在中央统战部加挂牌子，由中央统战部承担相关职责。国务院台湾事务办公室与中共中央台湾工作办公室、国家互联网信息办公室与中央网络安全和信息化委员会办公室，一个机构两块牌子，列入中共中央直属机构序列。国务院新闻办公室在中央宣传部加挂牌子。

理）、国家能源局（由国家发展和改革委员会管理）、国家烟草专卖局（由工业和信息化部管理）、国家林业和草原局（由自然资源部管理）、中国民用航空局（由交通运输部管理）、国家文物局（由文化和旅游部管理）、国家煤矿安全监察局（由应急管理部管理）、国家药品监督管理局（由国家市场监督管理总局管理）、国家粮食和物资储备局（由国家发展和改革委员会管理）、国家国防科技工业局（由工业和信息化部管理）、国家移民管理局（由公安部管理）、国家铁路局（由交通运输部管理）、国家邮政局（由交通运输部管理）、国家中医药管理局（由国家卫生健康委员会管理）、国家外汇管理局（由中国人民银行管理）、国家知识产权局（由国家市场监督管理总局管理）。

（7）国务院议事协调机构和临时机构。

（8）中央行政机关在地方的分支机关。严格地说，中央在地方的分支机关也属于中央行政机关的范畴。但和中央行政机关不同，他们的管辖仅涉及一定行政区域，而不及于全国。这些地方分支机关靠中央财政负担，是国家在地方的直接代表。地方分支机关的人事、业务由中央主管部门负责，和地方政府没有直接关系。目前，我国在地方建立直接垂直分支机关的国家行政机关有海关、国税、银行、边检等。从发展的角度看，中央在地方直接设置分支机关的范围有扩大的趋势。

2. 地方行政机关。与中央行政相对应的是地方行政机关。我国是单一制国家，也不存在严格意义上的分权，因而地方行政机关实际上是国家行政机关在地方的代表。按照《地方组织法》的规定，地方行政机关主要包括地方各级人民政府和各级人民政府的工作部门以及派出机关和派出机构。

（1）地方各级人民政府。根据《宪法》和《地方组织法》的规定，我国的行政区划分为省（自治区、直辖市）、市（副省级市、地级市）、县（县级市）和乡镇四级。相应地，地方人民政府也分为省级、市级、县级和乡级四级。在我国，地方各级人民政府具有双重性质：一方面，各级人民政府是国务院统一领导下的国家行政机关，都要服从国务院；另一方面，地方各级人民政府又是地方利益的代表，是地方权力机关的执行机关，对地方权力机关负责。

按照《地方组织法》的规定，我国地方各级人民政府主要行使以下职权：①制定规章权。省、自治区、直辖市和省、自治区人民政府所在地的市以及经国务院批准的较大市的人民政府有权根据法律和国务院的行政法规，制定规章。②本行政区域内行政事务的管理权。③领导下级行政机关权。

和国务院一样，地方各级人民政府也实行首长负责制。各级人民政府首长负责召集和主持本级人民政府的全体会议和常务会议。

（2）地方各级人民政府的工作部门。根据《地方组织法》的规定，县级以上地方人民政府可以根据工作需要和精干的原则，设立若干工作部门。其中，省级人民政府工作部门的设置由本级人民政府报请国务院批准，其他各级地方人民政府工作部门的设置，由本级人民政府报请上一级人民政府批准。地方各级人民政府的工作部门一方面对本级人民政府负责，受本级人民政府的统一领导；另一方面又要接受上级人民政府主管部门的领导或指导。地方各级人民政府工作部门中的绝大多数享有对外管理的职权，在法定范围内可以独立进行管理。地方各级人民政府工作部门的职权主要是主管事务的决定权，或者说是执行法律对具体事项作出处理的权力。我国的执法机构大多集中在县、市两级。

（3）派出机关和派出机构。派出机关是一级人民政府在一定区域内设立的派出组织，履行一级政府的职责。按照《地方组织法》的规定，我国派出机关有三类：第一类是行政公署；第二类是区公所；第三类是街道办事处。事实上，在《地方组织法》之外，还存在开发区的管委会，他们主要行使的是经济类的管理权。

派出机构是由政府的工作部门根据需要在一定行政区域设置的派出组织。在我国，派出机构的种类较多，如公安派出所、税务所、工商所等。派出机构由政府的工作部门设置，因而其职能相对单一。

除上述行政机关外，地方各级人民政府还设有许多议事协调机构和临时机构。

（二）法律法规授权组织

在传统上，法律法规授权组织指除行政机关以外，经法律法规授权、承担行政事务、履行行政职责的组织。应该说，传统的法律法规授权组织包含了公务行政主体和社会行政主体，而这里的法律法规授权组织主要是具有代理行政主体资格的组织。具体有两类：一类是仅具有行政职能的事业单位，他们由于专业性、技术性较强，被设置成了事业单位，如证券监督管理委员会、中国银行保险监督管理委员会、电力监督管理委员会等；另一类是以公共事业为主的事业单位，因为法律法规授权而履行行政职能，如公路管理站。

案例 3 - 1：长春亚泰足球俱乐部诉中国足球协会处罚不当案[1]

根据有关规定，中国足球协会（以下简称中国足协）组织全国足球甲级联赛并实施管理，长春亚泰足球俱乐部（以下简称长春亚泰）参加了 2001 年全国足球甲级B 组联赛。在 2001 年 10 月 6 日甲 B 联赛第 22 轮的一场比赛中，长春亚泰足球队以6：0 大胜浙江绿城足球队，在整个赛季中排名甲 B 联赛第二名。按照中国足协发布的《全国足球队甲级联赛规则》第 9 条的规定，长春亚泰足球队应升入甲 A 足球队之列。

但是，比赛结束之后，一些球迷及部分媒体均指出该场比赛存在"假球"嫌疑。中国足协在联赛后的 10 月 16 日，作出足纪字（2001）14 号"关于对四川绵阳、成都五牛、长春亚泰、江苏舜天和浙江绿城俱乐部足球队处理的决定"（以下简称 14 号处理决定），宣布取消长春亚泰升入甲 A 资格和 2002 年、2003 年甲、乙

---

〔1〕　本案例根据以下资料整理：罗璇、曹斌："面临尴尬：长春亚泰状告中国足协——访亚泰足球俱乐部代理律师周卫平"，载《中国律师》2002 年第 3 期；崔丽："告足协未被受理，长春亚泰提起上诉"，载《中国青年报》2002 年 1 月 29 日。

级足球联赛引进国内球员的资格，并限长春亚泰进行为期 3 个月的内部整顿，同时对教练员、球员作出停止转会资格的处罚。长春亚泰不服中国足协的 14 号处理决定，于 10 月 19 日和 11 月 10 日两次向中国足协提出申诉，但中国足协未在法定期限内答复。

据此，长春亚泰针对 14 号决定于 2002 年 1 月 7 日向北京市第二中级人民法院提起行政诉讼。长春亚泰认为，中国足协作出的处罚决定既没有事实根据，也没有法律依据。作为法律授权的具有行政管理职权的组织，中国足协在行使法律授予的行政管理职权时，严重违背了以事实为根据、以法律为准绳的法治原则。对亚泰足球俱乐部及其教练员和球员的处罚是主观臆断、越权和滥用职权的行为，完全违背了法律授权的原则和法定程序。因此，请求法院依法撤销中国足协对长春亚泰的处罚，并要求赔偿经济损失 300 万元。

北京市二中院以"不符合法律规定的受理条件"为由，于 2002 年 1 月 23 日作出行政裁定书，裁定不予受理。长春亚泰于 1 月 28 日向北京市高级人民法院提起上诉，请求撤销北京市二中院的裁定，并依法裁定受理本案。

2002 年 1 月，全国人大常委吴长淑等 12 名全国人大代表联名上书全国人大常委会，要求北京市高级人民法院受理此案。3 月 4 日，中国足协纪律委员会作出的《关于对江苏舜天队、浙江绿城队、四川绵阳队及相关人员减轻处罚的决定》指出，在处罚期间，四川绵阳、浙江绿城和江苏舜天等俱乐部对自己的问题认识比较深刻，采取各项措施，进行了认真的整改。根据有关规定，作出该减轻处罚的决定。长春亚泰认为没有减轻对自己的处罚，是中国足协对自己起诉的报复，对此非常不满。

2002 年 5 月 8 日，中国足协公布了关于对长春亚泰、成都五牛及相关人员减轻处罚的决定，认为长春亚泰和成都五牛足球俱乐部整顿态度有了较大的转变，整顿比较认真，整顿效果较好。依据《中国足球协会纪律处罚办法》第 3 条、第 29 条第 2 项之规定，决定对长春亚泰队和成都五牛队及相关人员减轻处罚。媒体认为，中国足协突然减轻对长春亚泰的处罚，是因为长春亚泰已经放弃了强硬的立场，诉讼将不再继续。

（三）行政机关委托的组织和个人

在西方国家，自 20 世纪 70 年代末开始公共行政改革以来，公共行政的多元化、社会化、民营化、企业化已经成为改革的主要方向，公私融合、委托行政开始大量出现。行政机关将行政任务委托企业、民间组织或个人承担，引入企业竞争机制，国家不再垄断公共行政，公共行政由国家和社会共同承担。在这里，受委托的组织或个人都具有代理行政主体的地位。需要注意的是：由于行政职能的履行涉及公共利益，因此，受委托的组织要具有相应的履行职能的条件，个人承担公共职能更应该有严格的条件限制，例如，可委托船长在紧急情况下处置个人的财产、对救援工作进行安排。

第四节　行政主体制度的构建

由于传统行政主体理论主要停留在理论学说上，不直接对应制度建设，而以多元行政利益为核心的行政主体理论则重在制度构建，以便为我国行政实体制度的转型奠定基础。

一、行政主体制度建构的内容

行政主体制度的建构，涉及许多问题，具体要做以下方面的工作：

（一）在法律上确认行政主体制度

行政主体制度的建立，首先需要法律的认可。这里有两种方式：第一种是通过立法在整体上建立行政主体制度。确认行政主体独立的法律人格，确立行政主体的类型，明确各类行政主体的权利、义务和责任等。这种方式简单明了，而且系统性强，有利于行政主体制度的整体推进。不足在于转型过快，后续的制度难以跟上。第二种是首先通过单行立法确立每一类行政利益主体独立的法律地位、明确其权利义务和责任，待条件成熟后再统一立法。从目前的实际情况看，行政多元正在逐步形成，因此，采取第二种方式，渐进式建立行政主体制度比较可取。

（二）行政主体内部制度的构建

不同类型的行政主体，其功能和利益不同，其组织机构的设置、人事、财政、规则创制以及其他的管理权限也有很大差异，因而，需要逐步建立健全各类行政主体的内部制度，逐步明确各类行政主体的权利义务和责任，还需明确各类行政主体内部的权力运行规则。例如，对行业自治组织而言，要明确有哪些自治权和自治手段、内部组织如何产生、行业组织与其成员具有何种关系、其经费如何筹集、自治权力的运行规则等。对代理行政主体而言，要明确代理的条件、代理权限的范围和程序、代理行政的责任归属等。内部制度的建构涉及大量实体制度的建设，如地方制度、公务自治制度、社会自治制度、行政委托制度等。

（三）行政主体外部制度的构建

行政主体的外部制度主要涉及行政主体之间的关系，包括不同类型行政主体之间的关系与同类行政主体之间的关系。内容包括各类行政主体的利益配置和保护、合作与竞争、权力制约、纠纷解决等制度。除行政主体之间的关系外，外部制度中还有一部分是行政主体与相对人之间的关系问题。

二、行政主体建构中要注意的问题

建立以多元利益为基础的行政主体制度是时代的需要，但这是一个复杂的系统工程，面临着许多困难。在行政主体制度的构建过程中，有以下问题需要考虑：①传统行政主体理论的障碍。一元背景下的行政主体理论虽然有种种不足，但有了近 20 年的传播，尤其是与行政诉讼的被告及责任相连，已为许多人所接受，现在要做根本性的改革不是一件容易的事情，还需要充分的研究和论证。当然，还需要对传统行政主体理论的合理内涵进行充分的吸纳。②中国的国情。目前我国的经济改革取得了很大成就，但行政实体制度的转型才刚刚开始，这种转型还需要漫长的过程，因此，行政主体理论和制度的构建要考虑渐进性和可操作性，行政主体的类型也需要逐步建立。③公共行政改革的需要。公共行政的多元化改革必然要求行政主体的多元化，因此，要根据改革的进程，如行业自治的发展、委托行政的开展，不断确认新的行政主体类型，完善相关制度。④注意与立法衔接。我国目前法律尚未肯定以多元行政利益为基础的行政主体制度，因此，如果要真正建立新型的行政主体制度，必须从法律上突破。当然，立法的推进可以是渐进的，新型行政主体制度的建立需要逐步完成。

第五节　行政组织法的概念与功能

　　行政主体是行政组织法的重要内容，但对行政主体的探讨在很大程度上取代了对行政组织法的全面研究。行政主体像一根红线贯穿于行政组织法之中，对行政组织法起到支撑的作用。行政组织法包括行政权的范围及设定标准、中央与地方行政权的分配、行政机关的设置标准与程序、行政授权与行政委托等内容，是行政主体的法律保障。下面我们开始行政组织法的整体研究。

一、行政组织的概述

　　何谓行政组织，法律没有明确界定。在学术界，对行政组织的内涵有不同理解，归纳起来有三种观点：第一种观点认为，行政组织是行政机关的综合体。无论是中央行政机关还是地方行政机关，都属于行政组织的范畴。这一观点对行政组织的界定较为宽泛。第二种观点认为，行政组织是行政主体[1]的组织，是行政主体所设置的行政机关的综合体。该观点在国外较为流行，法国、德国、日本等都取此涵义。由于我国不存在与法国、日本相类似的行政主体制度，因而这一界定在我国缺乏现实基础。第三种观点认为，行政组织是由国家设定，依法从事国家社会行政事务管理的国家组织，是行政机关和行政机构的合成。按此观点，行政组织泛指行政机关以及行政机构。行政组织成为行政机关或行政机构的替代词。这种观点对行政组织的界定较窄。

　　从词源上看，行政（指公共行政）是国家行政机关执行法律、推行政务的活动。组织一词既有静态的涵义，指两人以上的集合体；又有动态的涵义，指有机的结合。鉴于行政与组织各自的内涵，用"行政组织"来概括行政机关有机构成的系统比较理想。在我国，由于各级人民政府具有相对独立性，因而可将行政组织界定

[1]　这里的行政主体是指在法国、日本由法律创设的主体。

为各级人民政府的组织。

基于上述分析，我们认为：行政组织是指担当行政事务、享有行政权的各级人民政府及其设置的行政机关的综合体。这一概念包含以下几层内容：

1. 行政组织是行政机关的综合体，是行政机关组成的有机系统。

2. 行政组织是各级人民政府的组织，由各级人民政府以及设置的行政机关组成。据此，行政组织有中央行政组织和地方行政组织之分。中央行政组织指国务院及国务院下属各部门构成的系统；地方行政组织指各地方人民政府及所设行政机关构成的系统。

3. 行政组织是担当行政事务、行使行政权的组织。这一属性使其与立法组织、司法组织相区别。现代国家的权力可分为立法权、行政权和司法权三部分，立法权由立法组织行使、司法权由司法组织承担，行政权则归属于行政组织。

从不同的角度分析，行政组织具有不同的构成要素。从基本构成要素上看，行政组织包括人的要素（行政人员）和物的要素（公物）两部分。这是行政组织得以建立的基础。从结构构成要素上看，行政组织由机关、层级以及机关相互关系等构成。从系统功能要素上看，行政组织包含目标、功能和权力等。

二、行政组织法的概念

何谓行政组织法，学术界并没有一致的认识。日本学者认为，行政组织法是指关于国家、地方公共团体及其他公共团体等行政主体的组织及构成行政主体的一切人的要素（公务员）和物的要素（公物）的法的总称。[1]我国有学者认为，行政组织法就是关于行政机关和行政工作人员的法律规范的总称，是管理管理者的法。[2]也有观点认为，行政组织法是规范和调整行政组织关系的法律规范的总和。[3]

我们认为，行政组织法可界定为规范行政的组织过程和控制行政组织的法。该界定可从以下几方面理解：

1. 行政组织法是规范行政组织过程的法。行政是国家管理不可缺少的重要组成部分，如何来组织行政，是统一管理还是分散行政；将哪些事务纳入行政管理的范畴；设置哪种类型的行政机关进行管理；等等，都是组织行政过程中不可回避的问题。另外，对行政的组织是由立法机关控制，还是交由行政机关负责；如何保证行政组织过程中的民主、公正和理性；如何进行行政改革；等等，这些问题都需要从法律上解决，都属于行政组织法的范畴。

〔1〕 田中二郎：《简明行政法》，弘文堂1983年版，第43页。转引自杨建顺：《日本行政法通论》，中国法制出版社1998年版，第213页。
〔2〕 张尚鹜主编：《走出低谷的中国行政法学——中国行政法学综述与评价》，中国政法大学出版社1991年版，第115页；应松年、朱维究：《行政法总论》，工人出版社1985年版，第115~257页。
〔3〕 张焕光、胡建淼：《行政法学原理》，劳动人事出版社1989年版，第151页。

2. 行政组织法是控制行政组织的法。这是行政组织法最核心的内容之一。行政组织一旦为有权机关设定，就要受到法律的严格制约。例如，行政组织的规模不得随意增长，行政组织的结构不得随意改变，行政机关的职能不能随意增减。规范行政组织和规范行政的组织过程同样重要，只不过对行政组织的规范具有静态意义，而对行政的组织过程的规范则呈现出动态性。

3. 行政组织法是与组织行政和行政组织有关的法律规范的总称。我国对行政组织加以规定的有宪法、法律和法规等，如《国务院组织法》《地方组织法》等。行政组织法不是指单一的法律，而是有关行政组织的法律法规的集合。在行政组织法比较发达的国家，都有一套完备的行政组织法规体系，如美国、日本等。我国台湾地区也十分重视行政组织法的制定和体系化。比较而言，我国的行政组织法体系尚不完备。

我国现有的行政组织法除宪法关于行政权与行政组织的规定外，主要由三部分构成：

第一部分是《国务院组织法》[1] 与《地方组织法》[2]。这两部法律是我国行政组织法的主要渊源。

第二部分是单行法律中关于行政权与行政组织的规定。如《行政处罚法》第12条规定："国务院部、委员会制定的规章可以在法律、行政法规规定的给予行政处罚的行为、种类和幅度的范围内作出具体规定。尚未制定法律、行政法规的，前款规定的国务院部、委员会制定的规章对违反行政管理秩序的行为，可以设定警告或者一定数量罚款的行政处罚。罚款的限额由国务院规定。……"

第三部分是有关行政组织的法律性与法规性文件。

虽然在不同国家和地区，行政组织法的载体有很大差异，但行政组织法的内容却基本一致。在法国、日本，行政组织法主要包括对行政主体制度的肯定和对三类行政组织（指国家行政组织、地方公共团体的行政组织和其他准行政组织，后者如社会中介组织、公务法人等）的规范等。在美国，行政组织法包括对各类、各级行政机关的设置及权限的规定，也包括地方政府法。

三、行政组织法的功能

行政组织法的功能是指行政组织法可以发挥的作用。在很大程度上，行政组织法的功能是由其基本内容和法律固有的规范性、强制性等特点所决定的。我们认为，行政组织法具有如下功能：

（一）为公共行政的组织提供法律支撑

现代公共行政十分复杂艰巨，需要法律技术支持。行政主体制度、行政委托制

---

[1]《国务院组织法》于 1982 年 12 月 10 日由第五届全国人民代表大会第五次会议通过。

[2]《地方各级人民代表大会和地方各级人民政府组织法》于 1979 年 7 月 1 日由第五届全国人民代表大会第二次会议通过，并于 1982 年、1986 年和 1995 年三次修改。

度、行政分权制度、公务员制度等都离不开法律的确认、规范和保障。因此，行政组织法的首要功能是服务于公共行政的需要。公共行政的开展需要人、财、物、组织机构等各种手段，需要在个人和国家、政府和市场、政府与社会之间进行合理分工，这都需要借助于法律手段才能实现。尤其是一些复杂的制度安排，如吸引民间资本参与公有公共设施建设的 BOT 制度更离不开法律规范。当人类的治理还是很原始的时代，行政管理主要取决于君主的命令，对法律的依赖较轻，随着社会的进步，公共管理本身也日益精细化，对法律制度的依赖日益加重。

（二）保障行政组织的民主、理性和公正

对行政的组织，涉及行政的基本组织形式、行政权的范围、行政组织的规模等重大问题，关涉到广大民众的自由、权利和义务。因而行政的组织过程需要公民的参与，并应建立在理性和公正的基础上。行政组织法在这方面起着重要的保障功能。

1. 行政组织法可以保障公民对行政组织过程的直接参与。例如，规定行政的基本组织制度由立法机关确定，规定地方的行政组织由地方代议机关设置，规定公民有权对行政机关的设置和行政机关的权限提出自己的意见，等等。

2. 行政组织法可以保障行政组织过程的理性和公正。行政组织结果的合理是以行政组织过程的合理为基础的。在行政组织的过程中，采用何种组织、管理形式，设定哪些行政权，设置哪些行政机关，确定多大的行政组织规模等，都需要反复的调查、研究、论证，需要在程序上予以规范和保障。行政组织法正是通过对行政组织的合理设定，来确保行政组织结果的合理和公正。

3. 行政组织法可以保障行政组织结果的理性和公正。一些合理的行政组织法律制度，例如，以行政自治为核心的行政主体制度，行政组织的合理结构和规模，行政机关的合理设置和权限分配，等等，行政组织法可以直接予以规定，以保障其在实践中的运作。

（三）合理设定行政权

这里对行政权的设定包括创设、分配和调整行政权力。合理设定行政权的功能具体表现在以下几个方面：

1. 合理创设行政权力。行政组织权限的创设绝不是一个事实问题，而是法律问题。规定行政权的首先是宪法，但宪法的规定往往比较原则和抽象，需要行政组织法加以具体化。一方面，行政组织法可以对行政组织的权限作出统一明确的规定；另一方面，行政组织法可以根据社会的发展，创设新的行政权力或对宪法的规定作出新的阐释。

2. 合理分配行政权力。这里的权力分配既包括纵向的中央和地方权力的分配，也包括横向的行政机关之间的权力分配。行政组织法在行政权的分配上具有独特的优越性。一方面，行政组织立法比任何形式的决定慎重得多，它需要详细的论证，民众的广泛参与，因而在权力分配的合理性上较有保障；另一方面，涉及权力分配的组织法一旦制定出来，就具有相对稳定性，可防止因人设事，减少人为因素的影响。

3. 合理调整行政权力。行政组织法可以根据社会发展的需要，政府职能的转变，适时对行政组织的权力进行调整。这里包括赋予行政组织新的权力，也包括取消原有的权力，还可以对行政权力重新进行分配。

（四）规范行政组织的设置

行政组织法在这方面的功能尤为突出，其具体表现在：

1. 行政组织法可以确定行政组织的合理结构。行政组织由不同性质、地位和层级的行政机关有机构成，其结构如何直接影响到行政管理的质量和效率，进而影响到相对人的利益。在这方面，国外有许多成功的经验可以借鉴，也有许多管理学的研究成果，都可以通过行政组织法将其肯定下来。

2. 行政组织法可以明确行政机关的设置标准。在行政机关的设置方面，有许多规律可循，例如，设置独任制机关或合议制机关的条件，行政机关副职的职数，行政机关的层次和管理幅度等。另外，谁有权设定哪种类型的行政机关，也需要明确。行政机关的设置标准一旦为行政组织法规定，便可将行政机关的设置纳入理性的轨道，防止其设置的随意和非理性。

3. 行政组织法可以明确行政机关的设置程序。不同地位、性质的行政机关，其设置程序也不相同。重要的行政机关原则上都需要通过立法程序，由立法机关设置。其他行政机关的设置、调整可由行政机关决定，但都需要经过严格的论证程序，以保障其设置的科学合理。

（五）控制行政组织的规模

由于现代社会行政事务日增，而行政组织又缺乏内在的自我约束机制，因此，在整体规模上，行政组织有自我膨胀的趋势。行政组织整体规模的失控将造成两大弊端：一是大量消耗国家财力，使国民不堪重负。因为维持庞大的行政组织的运转完全靠税收负担。机关、人员越多，公民的负担就越重。二是导致人浮于事，行政效率低下。过去我们虽常强调精减人员，但都没有达到预期目的，公务员的总数不但没有减少，反而不断增长，这足以说明对行政组织整体规模控制之必要。行政组织法可以从实体和程序两个方面对行政组织的规模进行控制。

第六节　行政组织法的基本原则

行政组织法的基本原则是对行政组织法基本精神的概括。行政组织法基本原则的确立要反映现代宪政精神、遵循行政法的基本原则、符合行政管理的规律，同时必须是行政组织法中最高层次的规则。学界一般认为，行政组织法的基本原则有四项：依法组织原则、行政分权原则、组织效率原则、民主和参与原则。

一、依法组织原则

国家对行政的组织，或者说行政组织权的行使、行政组织的形成，必须受到法律的约束，这是依法组织原则的核心所在。依法组织原则是现代西方国家行政组织活动中奉行的一项最基本的原则，是人民主权的要求，是依法行政原则的要求，是保障公民权益的需要，也是形成责任政府的需要。

（一）依法组织原则的具体要求

依法组织原则具有丰富的内涵，其具体要求如下：

1. 重要的行政组织问题要由宪法和法律加以规范。依法组织原则要求对行政的组织依法进行。首先，行政组织设置中的重要问题属于法律保留事项。例如，对行政的基本组织形式（行政主体制度）的选择，行政权的设定，中央行政机关的设置、职权，地方行政组织的结构，其他公法人的设置，公务员制度等，都要由宪法或法律规定。这些事项不能授权行政机关决定，行政机关更不得自行其是。但对法律保留原则得应用到何种程度，以至于不妨碍行政的灵活性，需要研究。[1] 其次，行政组织法规范可通过行政立法加以具体化。例如，中央政府根据有关行政机关设置法的规定，可通过行政法规具体分配内部机构的职权。再次，在特定情况下需要赋予行政机关一定的行政机关设置权时，要有法律的特别授权并规定相应的设置标准。最后，对行政的组织过程必须由法律规范。从内容来看，行政组织法规范有两类：一类是对行政的直接组织，如行政机关设置法中规定行政机关的主管事务、职权、行政机关内部一级机构的设置等。另一类是规定组织基准，具体的组织仍需要行政机关或社会组织协助完成。如规定国家或地方设置公法人的类型和标准，公法人的设置仍需要一个过程。这种具体的组织过程也要为法律所规制。

2. 行政组织法必须公开、明确、稳定。行政组织法公开意味着所有的行政组织法律规范，包括行政立法制定的行政组织规范都要正式予以公布，让人民知晓。行政组织法明确要求行政组织法律条文具体、意思清楚、具有可操作性，真正起到对行政组织的规范和控制，而不是模棱两可、无法把握。我国目前行政组织法的条文非常具有原则性，欠缺明确性。行政组织法稳定要求行政组织法律制定后，需要保持相对稳定，而不能频繁变动。当然，行政组织需要根据政治、经济、社会的发展而调整，行政组织法也同样要满足发展的需要，这里的稳定仅是相对的。

3. 行政组织法必须切实保障公民的自由和权利。依法组织并不意味着对行政的组织仅需要考虑、遵循法律的规定，而可以忽视对公民自由和权利的保障。依法组织的直接宗旨是规范行政组织及其形成过程，但最根本的目的则是保障公民的自由和权利。一方面，要在行政组织过程中确保公民的参与；另一方面，要合理界定行政权与公民权。如果行政权的范围过宽，则会妨碍个人的自由。

4. 违反行政组织法要承担法律责任。对行政的组织要依法进行。无论是行政组织的过程还是行政组织的结果，都需要法律规定。行政机关在法律之外的行政组织行为无效。另外，违反行政组织法的责任人员必须承担相应的法律责任。当然，如

第六节

─────────

[1]　翁岳生主编：《行政法》，翰芦出版有限公司1998年版，第303页。

果责任人员是政府组成人员的，还需承担相应的政治责任。

（二）确立依法组织原则的意义

在西方国家，依法组织已成为法治的应有之义，并体现在实践中。西方国家制定了大量的行政组织法规范，对行政的组织几乎都受到法律的严格约束。确立这一原则最大的意义在于制度构建。依法组织，意味着将整个的行政组织制度纳入法治轨道，需要重新分配国家权力机关与行政机关在组织行政方面的权限。由于宪法采纳的是行政组织权归属于行政机关这一传统观念，因此，依法组织原则的真正确立只能通过修宪才能完成。

二、行政分权原则

在以往的行政组织法研究中很少使用行政分权的概念，将此概念引入是因为其在现代行政组织法律制度中具有重要意义。

（一）行政分权原则的涵义

行政分权原则是指采用分散的方式组织行政，行政权分别由不同组织体或不同行政机关承担。行政分权有两类：

第一类是在不同主体间的分权。即将行政事务由多个组织体承担，与集权式管理相对应。这类行政分权的特点是：①国家的行政事务由两个以上的组织体承担。除国家这一原始的行政主体外，还存在其他行政主体。②在各个组织体之间按照一定的标准划分行政事务。③各个组织体之间相对独立，其相互关系由法律调整。

第二类是在同一主体内的分权。即在同一组织体内设置不同的机关予以分权，包括纵向分权，如在中央统一行政之下的地方分治；也包括横向分权，如美国独立管制机构，它们大多独立或相对独立于总统，和总统一起分享行政权。

（二）行政分权的方式

在现代行政中，行政分权的方式有多种：

1. 采用联邦制的形式分权。严格地说，联邦制分权不仅限于行政分权，还包含了立法权和司法权在联邦与州之间的分配。州与联邦一样也是政治实体，只不过州不能像一个主权国家那样拥有独立的军事、外交等方面的权力。联邦制分权往往由特定的历史原因形成，如美国、德国等，难以人为地采用。

2. 采用地方自治的形式分权。在单一制国家（如英国、法国和日本），都采用了地方自治的形式，在国家与地方之间实现行政分权。在联邦制的美国、德国，州与地方政府也实现行政分权。地方自治一词，起源于英国。英国人夙有自治思想，认为凡公共事务之与人民有利害关系者，并不由国家专任官吏支配，而由人民亲自处理，或由其代表出而参加者，谓之地方自治。[1] 和联邦制国家的州不同，地方自治体不如州的地位独立，也没有相应的司法权。但地方自治体可在法律规定的范围

---

〔1〕 管欧：《地方自治概要》，三民书局1995年版，第2页。

内自主管理。

3. 采用公务自治的形式分权。将一些特殊性质的公务独立出来，组建公法人或委托某种行会进行管理，而不受行政机关的直接指挥。公务自治的形式又有两种：一种是组建各种类型的公法人，如非营利性质的公立大学、营利性质的政府公司等；另一种是委托同业行会进行管理，甚至于委托私人进行管理等。西方国家的行政管理私有化趋势是公务分权的一种新发展。

4. 采用权力下放的形式分权。这是指在同一个组织体内设有中心管理机关和分支机构，中心管理机关将一些权力下放给分支机构行使。实现权力下放主要是为了提高行政效率。我国目前主要是采用权力下放的形式在中央和地方之间实行分权。

5. 采用设置特殊机构的形式分权。如美国联邦政府设置的独立管制机构是对总统权力的限制，也是一种分权形式。

（三）确立行政分权原则的意义

在西方国家的行政组织法律制度中，行政分权占有重要地位。由于历史传统的影响，我国却习惯于集中式的管理，时至今日，这种集中的观念仍然影响着我们的行为方式和制度架构。因而，确立行政分权原则具有重要意义。首先，有利于传统观念的改变。其次，有利于行政分权制度的发展。最后，有利于推动民主和法治的发展。行政分权建立在民主和法治的基础上，其基本原理是通过分权，使公民有更多的机会参与管理，从而实现直接民主。

三、组织效率原则

行政组织以能发挥效率、成效及效能为其目标，故行政组织之设置、调整、改组、废止等均应符合行政效率原则，否则行政组织必趋于腐化、僵化而无存在之必要，此为现代行政组织之立法趋势[1]。在现代行政组织法律制度中，组织效率原则具有重要地位。

（一）组织效率原则的涵义

组织效率原则是指对行政的组织，要以提高效率为宗旨。即组织行政，要以最小的投入获取最大的效益。效率问题自古与组织管理并存，凡是有政府组织存在的地方，就有效率的要求。在现代社会，由于行政事务繁多，行政组织系统庞大，因而效率问题变得尤为突出。二战以后，在西方国家以及我国进行的多次行政改革，其目标之一就是提高效率。

效率原则建立在合理的基础上。可以说，现代国家的行政组织制度是人类社会不断探索、寻求合理组织的结果。我国古代行政组织及其官制的演变，西方国家行政组织制度的发展，都体现了对合理组织、对效率的要求。组织效率原则源远流长，主要是因为统治的需要。无论是封建的专制统治，还是现代的民主政体，合理高效

---

[1] 管欧：《地方自治概要》，三民书局 1995 年版，第 48 页。

的行政组织都是维持其运转的基础。

（二）组织效率原则的具体要求

组织效率原则具体在行政组织法律制度中，有如下要求：

1. 行政组织精简化。行政组织的精干是其高效的前提。机构臃肿、人浮于事，其必然结果就是效率低下。为保证行政组织的精干，通常有三种做法：第一种是通过立法明确规定行政组织的定员。例如，日本早在 20 世纪 60 年代就制定有《总定员法》，任何人不得突破。这种控制行政组织规模的方法比较严格，效果也比较理想。第二种是通过控制行政组织预算的方法来限制行政组织的规模。预算数额一定，人员与经费成反比，人员越多，经费越少。美国、德国等西方国家大多采用此办法。第三种是通过大规模的机构改革，通过精简机构、人员来控制行政组织的规模。我国常采用此种方法。三种控制模式相比，前两种主要是法律控制，而第三种则主要由人为因素决定。为满足效率要求，应运用法律手段，即通过行政组织法的规定来确保行政组织的精干。

2. 行政组织系统化。对行政的组织按系统方式进行，也为组织效率原则所要求。系统组织包含以下内容：①确保国家行政一体性。一般而言，行政一体性是指称国家行政整个为一体，由最高行政首长指挥、监督，并以此总体向选民与议会负责〔1〕这一观念在当今作为一个多元化行政之协调、统御问题的上位概念，其意味着：不同之公共任务尽管有其专业性（从而分属于不同部门与机关完成），但仍然有一种紧密之关联性存在，并且经由最上位之行政首长加以协调并且履行〔2〕行政一体性与行政分权并不矛盾。行政一体性并不排除在国家之外有其他公法人的存在，但所有的行政组织体又有分工与协调。②确保各组织体（公法人）的一体性。国家行政作为一个整体，需要遵循一体化的原理，各组织体（公法人）也同样有一体化的要求。各组织体的机关设置既要强调合理分工，又要考虑工作协调、相互沟通，即作为一个整体发挥功能。③确保各行政机关自身的一体性。行政机关作为行政主体的组成部分，也有一体化的需要。尤其是当行政机关规模庞大，内部机构和分支机构众多时，需要强调其系统性和一体性。

3. 行政组织合理化。我国古代虽重视对行政组织的建构，行政组织制度也有许多经验，但由其封建性质所决定，加之过去行政管理学的不发达，因而其合理性有很大的局限。自中华人民共和国成立以来，我国同样重视行政组织建设，并进行了八次大的机构改革〔3〕但行政组织法律制度远没有建立在合理科学的基础上。我们

〔1〕　翁岳生：《行政法》，翰芦出版有限公司 1998 年版，第 311 页。

〔2〕　翁岳生：《行政法》，翰芦出版有限公司 1998 年版，第 312 页。

〔3〕　分别是 1949～1953 年行政机构改革、1954～1959 年行政机构改革、1960～1964 年行政机构改革、1982～1983 年行政机构改革、1988 年行政机构改革、1993～1996 年行政机构改革、1998 年行政机构改革和 2003 年行政机构改革。参见薛刚凌主编：《行政体制改革研究》，北京大学出版社 2006 年版，第 67～76 页。

认为，行政组织的合理化有以下要求：①行政组织形态合理。采用最先进的具有民主、法治、效率精神的行政组织形态进行管理，是时代的需要，也是社会发展的必然。什么样的行政组织形态是最合理的，不能简单回答，必须将其放到特定国家的政治、经济和社会背景中去分析探讨。②行政组织标准合理。行政组织标准合理又包含三个方面内容：组织法规标准合理、行政组织结构合理、行政机关结构合理。③行政组织程序合理。行政组织程序包含公法人的成立程序，行政机关的设置、变更程序，行政组织系统的整体调整程序等。合理的行政组织程序至少应包括两个环节，即论证环节和民主参与环节。

（三）确立组织效率原则的意义

理论界和实务界对组织效率原则都不陌生，我国 50 年来多次的机构改革，其目标就是提高组织效率。遗憾的是，以往对组织效率原则的理解比较片面，认为只要精简就有效率，因此，机构改革往往注重机构、人员的裁减，而忽略行政组织的职能、形态、结构等方面的问题。在行政组织法中确立这一原则，需要我们对其重新予以检讨和认识，尤其是要重视效率与行政组织合理性之间的逻辑关系。效率建立在合理的基础上，行政组织形态、结构、规模等的合理会带来行政的高效率；相反，则会影响效率。没有合理的行政组织系统，也就不可能有真正的高效率。

四、民主和参与原则

民主和参与原则是现代国家在行政组织法中必须确立的一项基本原则，是宪政国家的必然要求。

（一）民主和参与原则的具体要求

民主既包括直接民主，也包括间接民主。从我国现有法律规定看，民主和参与还主要停留在间接民主层面，我们应当加强行政组织中的直接民主和参与。

具体来说，民主和参与原则有以下几项要求：

1. 加强人大对行政组织过程的监督。我国实行人民代表大会制度，政府由同级人民代表大会产生并对其负责。根据我国现行法律规定，国务院组成部门的变动由全国人大或全国人大常委会决定，县级以上地方各级政府工作部门的变动报上级政府批准，并报同级人大常委会备案。[1] 由此可见，人大及其常委会主要履行程序性职责。行政组织的变动与民众的关系很大，应当建立在理性的基础之上，因此，应当加强人大及其常委会在行政组织变动中的权力，以充分体现行政组织过程中的民主性和参与性。

2. 培养民众积极参与的意识。参与意识的存在是积极参与的前提条件。现在，民众参与还主要停留在直接涉及自身利益的层面，而对于行政组织过程等间接与民众相关的重大问题，其参与热情并不是非常高。因此，政府应当通过多种形式培养

---

〔1〕　参见《国务院组织法》第 8 条和《地方组织法》第 64 条。

民众积极参与的意识，提高民众对行政组织过程的参与热情。

3. 行政组织过程应当有民众的直接参与。从根本上来说，设置政府的目的是更好地为民众服务。民众的需要应当是行政组织设置、改革的出发点和立足点。自中华人民共和国成立以来，共进行了八次行政机构改革，但在历次改革之中都缺少民众的声音，没有发挥民众的作用。现在，我国开始"开门立法"，注重倾听民众的声音，并且民众参与热情也非常高。我国正处于转型时期，行政组织变动频繁，行政组织的设置是否合理直接影响着社会的发展。因此，我国行政组织的设置、改革等环节，应当在强调专家论证的同时，倾听民众的意见。

民众的参与应当是全程的，既包括事前参与，也应当包括事后参与。行政组织改革不是目的，改革的目的是使行政组织更加适应社会和民众的需求。我国还应当建立行政组织改革评估制度。行政组织改革后，经过一段时间的试行，应当重新听取民众的意见，对改革效果进行评估，并为下一次的行政组织改革积累素材。

4. 为民众直接参与提供畅通的渠道。民众参与必须有畅通的渠道：①应当将行政组织设置、改革方案向民众公布，民众知晓是其参与的前提条件。②应当设置多种渠道倾听民众意见，例如电话、信件、电子邮件等方式，并由专人负责。③要对民众意见归纳分析，说明是否采用，以及未采用的理由。

（二）确立民主和参与原则的意义

民主和参与是一项内容的两个方面。参与是相对于民众来说的，指民众积极参与行政组织的设置、改革、评估等过程；民主则是相对于政府来说的，指政府在行政组织的设置、改革、评估等过程中，应当听取民众的意见，注重发挥民众的积极作用。政府的民主制度，为民众的积极参与提供了可能。在一定程度上，民主和参与原则保证了依法组织原则、行政分权原则和组织效率原则的贯彻落实。民主和参与原则并不是一项陌生的原则，应当在实践中注重贯彻此原则的具体制度设计，以保证民主和参与原则的最终落实。

第七节　行政组织法的内容与体系

一、行政组织法的内容

就应然状态而言，行政组织法应规定以下内容：

（一）基本概念

行政组织法涉及的术语很多，如行政组织、行政机关、行政机构、行政主体、行政编制、行政授权、行政委托等。这些术语不仅在立法中频繁出现，在行政管理实践和行政法学研究中也经常使用，然而，这些基本概念的涵义并不清楚。因此，对行政组织法涉及的基本概念作出明确界定实属必要。

（二）行政组织法的基本原则

关于行政组织法的基本原则，已在上一节中作了具体讨论。行政组织法中对基本原则作出规定是出于以下考虑：①澄清对行政组织法的认识。对行政的组织究竟按照何种思路进行，要贯彻哪些基本精神，需要有一个清醒的认识。②为行政组织立法指明方向。我国的行政组织法如何完善，需要站在理性的高度，按照行政组织法的基本精神来重新予以制定。③为行政组织实践提供指导。

（三）行政组织形态（行政主体制度）

国家行政是采用集中式的管理，还是分散式管理，即是否肯定地方自治和公务自治，需要在行政组织法中明确。在行政组织法中，行政的基本组织制度至关重要，它直接决定了行政组织的其他法律制度。例如，若肯定地方公共团体是一类独立的行政主体，则地方公共团体组织的设置应由地方公共团体依法自行决定，而不是由上一级政府批准。若肯定公立大学为一类独立的公法人，则公立大学可以依法进行自主管理，决定自己的机构设置、规模等。重视行政组织形态的发展，将有利于我们学习国外的先进经验，并结合我国的实际，创造出符合我国发展的新的行政组织形态。

（四）行政权的内容与形式

行政权原则上要由宪法规定，但行政权的具体问题则需要在行政组织法中解决。例如，谁有权设定和分配行政权、行政权的范围、行政权的具体内容、行政权的具体表现形式、行政权的设定标准等。行政组织法有必要对行政权作出明确规定。其必要性在于：①有利于对行政权的合理界定和控制；②有利于对公民权益的保障；③有利于行政目标的实现和行政效率的提高。

（五）中央行政组织法

在行政组织法律制度中，中央行政组织的设置至关重要。因为中央行政组织是代表国家进行管理的。而国家作为一个原始的最重要的行政主体，管理重要的行政事务，其行政组织的规模相对庞大，其权力行使影响全体国民的利益，影响国家和社会的发展，因此，中央行政组织需要严格立法设置。

（六）地方行政组织法

与中央行政组织的设置相比，地方行政组织的设置较为复杂。这里首先需要确定地方团体的法律性质，然后才能决定地方行政组织的结构、规模、设置程序等。地方行政组织的设置包括各级地方组织的结构、规模，地方行政机关的类型和设置标准，地方行政机关的设置程序，行政机关的地位、权限，国家如何对地方组织进行法律监控，等等。

（七）其他公务组织法

采用国家行政机关以外的公务组织进行管理在西方已有很长的历史。比较典型的是行会组织的管理，如律师协会、医师协会等，经立法机关的授权对律师、医师的执业情况进行监督，并对违法失职者实施制裁。利用社会公务组织进行管理的理由是：①维持小政府规模，节省国家财源；②实行行业自律，促进行业的发展；③适应现代行政管理的需要。有些行政事务专业性较强，如税务审核、财务审计等，由行政机关承担有很大的困难，故需要社会中介组织协助完成。关于其他公务组织的职权，因法律授权而定，当然，究竟哪些行政权力可以授予社会中介组织，需要进一步研究。

（八）行政授权与行政委托

行政授权与行政委托在我国主要由单行法律法规规定，如《行政处罚法》第17条、第18条、第19条明确规定行政处罚中的授权和委托问题。但就整体而言，缺乏法律的全面规范。行政组织法有必要对行政授权和行政委托进行全面规定，一是规范行政授权和行政委托的需要，二是明确行政授权与行政委托法律责任的需要，三是满足行政诉讼的需要。

（九）行政代理与行政协助

在行政组织制度中，行政代理与行政协助制度具有重要地位。虽然这两项制度主要是对行政机关内部关系的规范，但同样具有外部意义。

行政代理，主要是指在特定情况下，行政官员的权限由其他官员代替行使的法律制度。代理者的行为与被代理者的行为具有同等效力。代理制度的设定主要是为了确保行政的连续性和安定性。行政协助是指一个机关在执行所属行政主体的任务以外，还执行另一个行政主体的任务，并且在此范围内执行该行政主体的机关活动。行政协助存在的正当理由是行政的效率性和经济性。行政代理和行政协助作为现代行政管理不可避免的一部分，有必要在行政组织法中规定。

（十）行政组织程序制度

在对行政的组织中，程序问题十分重要。组织程序是行政组织权的运行程序。一方面，组织程序的合理与否直接决定了组织结果的好坏；另一方面，组织程序本身需要承载民主、公正等价值追求，因此，有必要在行政组织法中对此予以规范。我国以往对组织程序不重视，法律也很少就组织程序问题进行规定，结果造成了组织过程的随意和非理性。鉴于行政组织程序的重要性以及实践中行政组织程序的无序，需要在行政组织法中全面规定。

除上述十部分内容外，行政机关组织法还应就行政机关的基本工作制度，如实行首长负责制还是委员会负责制，以及副职设置、行政机关权限冲突的解决途径等问题作出规定。

二、行政组织法的体系

行政组织法是一个庞大的体系，除修宪外，完整的行政组织法体系应包括行政组织法的全部内容。我们认为，这一体系应包含以下四个层次：

第一层次：制定《行政组织基本法》。该法应规定行政组织法的基本原则、行政组织形态、行政主体制度、地方法律分权、行政组织程序、违反行政组织法的责任等基本问题。

第二层次：在该层次，需要制定三部分法律：①制定《国务院组织法》和《中央行政机关设置标准法》。前者具体规定国务院的地位、职权，国务院总理的权限等；后者规定中央各行政机关的设置基准，中央行政组织的结构和规模等。②制定《地方基本法》，规定地方的基本问题，如地方的法律地位、地方行政建制、固有事项、权限、中央与地方的关系等。③制定《社会中介组织法》，对社会中介组织涉及的共同问题作出原则规定。

第三层次：在上述三类法律之下，进一步立法。如在《中央行政机关设置标准法》下制定各中央行政机关设置法，具体规定各中央行政机关的地位、主管事项、权限、内部结构框架及人员定额等。在《地方基本法》之下制定《省组织法》《市组织法》《县组织法》《乡镇组织法》《地方财政法》等法律，分别规定各类地方行政机关的地位、设置标准、设置程序、必设的机关和各类地方行政机关的财政权限。在《社会中介组织法》之下制定《行业组织法》《社会团体法》等，对各类社会中介组织作出进一步规定。

第四层次：在第三层次下，由国务院以及地方根据具体情况作进一步的规定。例如，国务院可根据各行政机关设置法，制定各行政机关的设置法规，具体规定各行政机关的内部构成，各内部机构的主管事项、权限、人员定额等。省、市等地方各级根据法律制定《××省组织条例》《××市组织条例》《××县组织条例》等。

拓展阅读书目

1. 王名扬：《法国行政法》，中国政法大学出版社 1988 年版。
2. 应松年主编：《当代中国行政法》，中国方正出版社 2005 年版。
3. 应松年、薛刚凌：《行政组织法研究》，法律出版社 2002 年版。
4. 翁岳生编：《行政法 2000（上册）》，中国法制出版社 2002 年版。

第四章

行政行为

本章提要:
> 本章首先介绍了行政行为的概念和特征,深入分析了行政行为的种类,包括具体与抽象、内部与外部、作为与不作为、要式与非要式、双方与单方等,然后细致分析了行政行为的成立、生效、无效和效力等。最后探讨了行政事实行为、行政私法行为等。

第一节　行政行为概述

一、行政行为的概念

行政行为是行政法学对具有法律意义的公共行政活动方式进行高度抽象的理论概括所形成的一个具有普遍指导意义的法律概念。不同国家的行政法学者认识行政活动的角度不同,有关行政行为的定义、要素、类型、效果的界定各有千秋,值得中国行政法学借鉴。

法国行政法学对行政行为的理解比较宽泛,主要有三种观点:第一种观点以行政机关为标准,认为行政行为是行政机关所实施的全部行为;第二种观点以内容为标准,认为行政行为是指将普遍性规则适用于具体事件的行为;第三种观点以行为作用为标准,认为行政行为是指行政机关用以达到一定行政法律效果的行为。这三种观点并不矛盾,而是从法律的角度分别揭示了行政行为的主体要素、内容要素、客体要素、方式要素和效果要素,富有启发意义。

德国行政法的学界和实务界有关行政行为的认识比较统一。1976年德国《联邦行政程序法》以法律的形式对行政行为的定义作了规定:"行政行为是指国家行政机关在公法领域调整具体事务的且对外直接产生法律效果的命令、规定或其他行政处分。"行政行为由此从学理概念上升为法律概念,成为普通行政程序法律制度的支撑点。将行政行为限定在行政机关实施的具有法律效果的具体行政活动，以缜密的法律效力规则为建构行政行为理论的突破口，以行政行为为支撑点建构整个行政法学理论体系，将行政行为确立为行政程序法的主导概念，使学理概念与制度概念保持高度的一致性，是德国行政行为理论的一个鲜明特色。由于特殊的历史渊源关系，德国的行政行为理论对日本、韩国和我国台湾地区的行政法学影响深远，对中华人民共和国行政法学的发展也起到了一定的启蒙作用。

英国和美国的行政法学没有像欧陆国家那样建立起一套具有普遍意义而又系统完整的行政行为理论，而是以人民主权原则、越权无效原则和正当法律程序原则在公共行政领域中的具体应用为突破口，以行政裁量权的有效约束为重点，以司法审查、信息公开和公民参与为主要推动力，对影响公民合法权益的行政裁决行为、规章制定行为、政策制定行为进行了深入细致的研究。虽然内容不够系统，但研究重点突出鲜明，对准了公共行政活动中最为关键的制度要害，尤其是在法律规范实施的动力机制设计方面，彰显出英美法系国家一贯奉行的实用主义和经验主义智慧，富有独到的启发价值。

针对中国行政执法和行政审判的实践需要，以开放的胸襟和开阔的视野如饥似渴地吸收西方先进国家的智慧是我国的行政法学界在建构行政行为理论方面的一个鲜明特色。不同学者因所关注的实践问题不同，吸收借鉴西方国家先进经验时的视角不同，形成了的丰富多彩的理论观点。行政行为的概念在行政法学界尚无一致的看法，大体上存在着六种具有代表性的观点。第一种观点认为，行政行为是指行政机关的一切行为，包括民事行为和管理行为、法律行为和事实行为、宪法行为和诉讼行为。第二种观点认为，行政行为是指行政机关的一切管理方式或者管理行为的总称，包括行政法律行为和行政事实行为，但不包括民事行为、宪法行为和诉讼行为。第三种观点认为，行政行为是指行政机关的行政法律行为，包括内部行为和外部行为，具体行为和抽象行为，单方行为和双方行为，但不包括行政事实行为。第四种观点认为，行政行为是指行政机关行使职权单方面作出的直接产生法律效果的行为，包括内部行为和外部行为、具体行为和抽象行为，但不包括行政协议等双方行为、行政指导等事实行为。第五种观点认为，行政行为是指行政机关针对特定的人或者特定的事项单方面作出的直接产生法律效果的行为，包括内部行为和外部行为、具体行为和除立法之外的其他抽象行为，但不包括行政立法行为、行政司法行为、行政协议和事实行为。第六种观点认为，行政行为是指行政机关行使职权，对具体案件单方面作出的、对外直接产生法律效果的行为，不包括私法行为、抽象行为、内部行为、双方行为和事实行为，但包括对事项特定或者相对人特定的一般命令。

结合 2017 年修正的《行政诉讼法》的有关规定，借鉴西方国家行政法学的行政行为理论，本教材认为，行政行为是指行政机关行使职权作出的直接产生法律效果的行为。根据这一定义，行政行为具有如下特征：

（一）行政行为是行政机关的行为

这是行政行为的主体要素。这里的所说的"行政机关"是指依法享有行政机关资格的各种公务组织，包括各级人民政府及其下属的职能部门和法律、法规授权的组织。行政机关内部下设的、没有行政主体资格的工作机构的行为，应视为所属行政机关的行为。公务员的行为依法认定为职务行为的，即视为其本人所在行政机关的行为。某些组织受行政机关委托，执行某一方面的公务，在委托权限内作出的行为应视为委托的行政机关的行为。

行政行为必须是行政机关的行为，但并非行政机关的所有行为都是行政行为。行政机关以民事机关法人的主体身份作出的行为是民事行为，以行政主体身份作出的行为才是行政行为。

（二）行政行为是行政机关行使职权的行为

这是行政行为的权力要素。行政权力具有单方面性、强制性、优越性等属性。握有行政权力的一方具有强制对方服从自己意志（意思表示）的权利能力和行为能力，在法律地位方面享有许多特权，明显地优越于对方。行政权力经组织法和部门法律、法规、规章具体化后，即成为行政机关的职权职责，在行政法律关系中表现为行政主体的优越法律地位。行政机关以优越于对方的地位所为的行为即行使行政职权的行为。

（三）行政行为是直接产生法律效果的行为

这是行政行为的法律要素。法律效果是指行政行为给对方当事人所造成的影响，或者表现为权利义务的增加、减少，或者表现为法律地位和性质的肯定、否定，等等。这种影响可能是合法的，如正确地核收了税金；也可能是不合法的，如错误地吊销了驾驶执照。只要造成相对一方法律权利义务的得或失，就意味着产生了"法律效果"。从这一标准来看，诸如来文来函登记，电报电话或会议谈话记录，文书的草拟、修改、打印等，虽然都是公务行为，但是没有或不直接产生什么法律效果，所以不能认定为行政行为。

所谓"直接"，是指行政行为给相对一方权利义务造成的影响具有确定性。行政机关作出行政行为需要一个过程，为了作出某个行政行为，要进行调查收集证据、内部会议讨论、主办人员拟定处理意见、主管领导签字批准以及送达等一系列准备性或者辅助性的活动。这些活动不可或缺，给相对一方的权利义务会造成一定的影响，但这些活动所造成的影响都是不确定的，其效果的具体内容到底如何，取决于并且归属于最后作出的行政行为。如果将其与最后作出的行政行为割裂开来，它们就会失去法律意义。作为行政行为的组成部分或者实施阶段，如果有违法情况发生，应视为行政行为违法。行政行为是指给相对一方权利义务作出肯定结论的、在形式和内容都确定下来的行为，如行政处罚决定书等。

（四）行政行为是行政机关实现行政管理目的的行为

这是行政行为的目的要素。行政机关实施行政行为的目的是由法律预先规定的，法律在规定行政行为的目的时通常从立法目的的角度间接地设定，行政管理的一般目的。在实践中，行政管理的目的到底是什么，要根据案件的具体情况认定。只要行政机关实施行政行为时的主要目的指向具有公共利益的内容，应认为具备了行政行为的目的要素。

（五）行政行为是具有法定表现形式的行为

这是行政行为的形式要素。行政行为的表现形式应当与其内容相适应，完全不具有法定表现形式的行为，例如，暴力行为，不认为是行政行为。形式标准是界定行政行为的一个重要标准。

以上五个特征也是行政行为的构成要素。这五个构成要素使行政行为与其他行为与概念区别开来。例如，主体要素、目的要素使行政行为与统治行为相区别；法律要素界分了行政行为与行政事实行为。行政行为包括但不限于行政处理行为，后者指行政机关依法针对特定对象所作的具体的、单方面的、能直接产生法律效果的决定。

二、行政行为的内容

行政行为的内容是指行政行为对相对方权利义务的影响。不同的行政行为在具体的目的指向、功能定位、实施方式、法律依据和所针对的公民、法人或者其他组织方面存在诸多差异，因此影响公民权益的内容、方式和程度也就不同。研究行政行为的内容有助于从理论的角度认识行政行为的多样性和复杂性。

根据所涉及公民权益的性质和所产生的法律效果的不同，可以将行政行为的内容大致归纳为如下五种情况：

1. 赋予权利或职权，免除义务或职责。行政行为内容表现的一个重要方面，就是赋予一定的权利或免除一定的义务，设定新的法律地位，使行政主体与相对人之间以及相对人与其他人之间形成一种行政法律关系。如行政机关依法授予符合条件的申请者以营业执照或者免除纳税人纳税义务的行为。

2. 剥夺权利或职权，科以义务或职责。剥夺权利或职权，是使相对人原有的法律上的权利或权能、职权丧失，这是取消某种法律地位，以解除已经存在的法律关系。如吊销营业执照、收回行政授权或委托。科以义务是指行政主体通过行政行为命令相对人为一定的行为或不为一定的行为，具体包括单纯行为上的义务，如接受审计监督；也包括财产义务，如对违法行为人处以罚款；还包括接受人身自由限制的义务，如履行依法作出的行政拘留决定等。

3. 赋予或取消某种法律资格。随着社会活动的技术性、专业性越来越强，潜在的安全风险越来越大，需要专门的资格才能从事该项行为或活动。这种资质性的权利一般由行政机关根据相对人的申请，以书面证照或其他方式授予，例如颁发律师执业资格、医师职业资格、驾驶执照等。

4. 确认某种法律事实和法律关系。确认法律事实，是指行政主体通过行政行为的方式对具有法律意义的特定事实是否存在依法加以确认。确认法律地位，是指行政主体通过特定的方式对某种法律关系是否存在及存在的范围和状况的认定。

确认法律事实与确认法律地位既有联系又有区别。确认法律事实必然影响确认法律关系，但确认法律事实并不等于确认法律关系，当事人之间是否存在某种法律关系，在事实的认定之中并不能完全确认。例如，对交通事故中受伤者伤残等级的确认不能产生确认责任关系的效果。法律关系的确认往往是以法律事实的确认为前提，而在法律关系确认之中也往往包含着对相关法律事实的确认，如土地确权行为是对土地权属关系的确认，其中包含了对相关土地状况的确认。

5. 赋予或者取消特定的物以法律性质。例如，将某地区命名为风景区、禁猎区、文物保护单位，将某些建筑物确定为危险建筑物，等等。

有时行政行为可能产生多种效果，如罚款行为就包含着剥夺财产权利和施加财产义务。

三、行政行为的意义

行政行为的理论意义在于它是建构行政法学体系的一个不可或缺的理论支撑点。就像建造一座科学知识的大厦需要一系列具有足够支撑力的支柱那样，行政行为就是这样的一个理论支撑点概念。大陆法系国家和英美法系国家的行政法学理论架构可谓大相径庭，具体适用的术语更是千差万别，但在将行政行为确立为理论研究的支撑点方面是大体一致的。对我国的行政法学理论建构而言，行政行为始终是学界关注的一个重点，以行政行为为重心建构行政法学的理论体系是教科书通常采取的一种做法。

行政行为的实践意义在于：它是制定和实施一系列行政基本法律的关键概念之一。对行政处罚法、行政许可法、行政强制法的制定和实施而言，行政行为理论是它们得以制定和实施的主要理论支持。对行政诉讼法、行政复议法、国家赔偿法的制定和事实而言，行政行为的概念是准确限定受案范围和赔偿范围、正确认定救济权资格的关键所在。

第二节　行政行为的分类

行政行为根据不同的标准可以作不同的分类。分类研究有助于深入把握行政行为的特点、内容以及法律后果，细致分析不同行政行为的不同构成要件，以便采取不同的标准认定行政行为的合法效力并对其合法性进行审查和监督，尤其是便于当事人根据案件的具体情况正确地选择不同的救济途径和方式。

一、抽象行政行为与具体行政行为

以行政行为的对象、程序、方式和效力为分类标准，可以将行政行为分为抽象行政行为和具体行政行为，这是行政行为理论中最重要的分类之一。

抽象行政行为是指行政机关在依法行使职权的过程中，针对非特定的对象制定可以反复适用的法规、规章及其他具有普遍约束力的规范性文件的行为，具有以下特征：①主体是有权的行政机关。立法机关制定有关公共行政的法律或地方性法规、自治条例、单行条例的行为，不称为抽象行政行为。②对象是范围不特定的人。③表现形式是具有规范性、稳定性、可以反复适用的法规、规章及其他具有普遍约束力的决定、命令、文件。④效力上可以反复适用。

具体行政行为指行政机关及工作人员、法律法规授权的组织、行政机关委托的组织或个人在行政管理过程中，依法行使职权针对特定人就特定事项所实施的影响其权利义务的一次性法律行为，具有以下特征：①实施主体是行政机关或者法律、法规授权的组织。②是法律行为，它的内容是根据法律法规实施的，具有相应的法律效力，能够产生法律后果。不直接产生法律效果的事实行为不是具体行政行为。③是针对特定的人或特定的事项实施的行为。④不能反复适用，不具有普遍约束力。

抽象行政行为与具体行政行为的区别表现在：

1. 相对人的范围不同。抽象行政行为的相对人范围不明确，是不特定的多数人或事；而具体行政行为的相对人范围明确，是特定的人或具体的事项。

2. 法律效力不同。抽象行政行为一般针对将要发生的事项，面向将来，可反复适用，没有次数限制；而具体行政行为多针对已经发生的事项，向过去发生效力，不能反复适用。

3. 主体资格不同。亦即对行政主体的授权资格和层级要求不同。抽象行政行为的主体资格有较严格的限制，特别是行政立法主体必须是法定的明确授权的、较高行政级别的行政机关；而具体行政行为的实施主体多为基层执法机关，主体资格限定比较宽泛。

4. 表现形式不同。抽象行政行为的典型表现形式是行政法规和规章等规范性文件以及决定、决议、通知等非规范性文件。具体行政行为的表现形式是各种包含有具体的权利义务处理内容的通知书、决定书、资格证书等，如行政处罚决定书、行政许可证等。

5. 实施程序不同。抽象行政行为主要适用会议型程序，例如，由行政立法机关主持，相关部门参加，经过立法规划、起草、征求意见、协商、审查和审议、发布等步骤。具体行政行为适用处理型程序，如行政处罚要经过立案、调查、听证、审查、决定、送达等步骤。

抽象行政行为和具体行政行为是 1989 年《行政诉讼法》在确定受案范围时所采用的基础分类。有鉴于这种分类的特殊重要性，最高人民法院在制定相关的司法解释时保持了高度的重视。

抽象行政行为与具体行政行为的划分是一种学理分类方法，虽然具有一定的科学性，但缺乏必要的严密性，现有的学理研究还没有发展到足以使其成为法律制度概念的成熟水平。《行政诉讼法》的有关规定（尤其是最高人民法院有关的司法解释）在学术界始终存在争议，使清晰准确地界分具体行政行为与抽象行政行为不仅具有深远的行政审判实践意义，而且具有长远的学术研究价值。

学理上值得反思的问题是：具体行政行为与抽象行政行为的区分是不是认定行政行为可诉性的法律标准？答案应当是否定的，因为将这种分类作为认定行政行为的可诉性——更准确地说是可接受司法审查性，不仅存在逻辑上的错误，而且不符合政府法治建设的一般规律和发展趋势。行政行为可诉性的最重要特征是对公民、法人或者其他组织的合法权益可能造成实质的损害或不利影响，只要行政行为实质上损害或影响了相对人的合法权益，就具有了可诉性。

二、内部行政行为与外部行政行为

以适用对象与效力范围为标准，可以将行政行为划分为内部行政行为和外部行政行为。

内部行政行为是指行政主体基于内部行政组织关系所作的只在行政组织系统内部产生法律效果，不影响社会公共领域中的公民权利义务的自我管理行为，例如，行政机关对所属公务员作出的行政处分，上级行政机关对下级行政机关下达的命令、指示或审批报告等。外部行政行为是指行政机关针对社会公共领域作出的直接影响公民权利义务的公共管理行为，如行政许可、行政处罚等。

内部行政行为与外部行政行为的区别具体表现在：

1. 相对人不同。外部行政行为的相对人是一般的公民、法人或者其他组织，内部行政行为的相对人是下级行政机关、行政机构或者公务员。

2. 内容不同。外部行政行为的内容直接与公民权利义务相关，而内部行政行为只直接涉及行政机关的内部职权职责。

3. 法律依据不同。外部行政行为的法律依据一般是单行的部门法律法规，而内部行政行为的法律依据是行政组织法。

4. 救济途径不同。外部行政行为原则上具有可诉性，而内部行政行为一般具有不可诉性。

这里值得注意的一个问题是：内部行政行为与外部行政行为的区分并不是绝对的，有的行政行为兼有内部和外部两种属性，如对公务员的奖惩、任免，从公务员从事行政公务的角度，这是内部行政行为，但从公务员作为公民的身份角度来看，如果这种处理决定还影响到了公务员的生存权、劳动权、工作权等公民基本权利，这实质上是一种外部行政行为，该行为在法律上就具有了内部行为和外部行为的双重属性，从而具有部分的可诉性。因此，《行政诉讼法》在受案范围上所排除的奖惩、任免决定，应该是指行政机关作出的仅仅涉及公务员岗位或者职务上的权利义务但不影响其作为公民的权利义务的决定。

这里值得注意的另一个问题是：假借内部行为之名而行外部行政行为之实，从而规避行政复议和司法审查的做法。

例如，在市场经济条件下，企业是独立的市场主体，但行政机关受陈旧的计划经济观念的影响，有可能按照内部行政行为的程序和方式免去公民根据承包合同所担任的厂长、经理职务，认为这是内部行政行为而不受人民法院的合法性审查。从市场的优先性和基础性地位来看，这实质上是干涉企业经营自主权的外部行政行为。

三、羁束行政行为与裁量行政行为

以受法律规范拘束的程度为标准，行政行为可分为羁束行政行为和裁量行政行为。

羁束行政行为，是指由法律法规对行政行为的范围、条件、形式、程度、方法等都作了详细、明确而具体的规定，行政主体只能依据法律法规的规定，不能自行选择裁量而作出的行政行为。行政主体在作出羁束行政行为时，必须严格依照法律法规的规定进行，不能将自己的意志参与其间，即不能自行斟酌、选择或判断。例如，税务机关征税必须严格按照税法所规定的税种、税目和税率计算税额，而不能自行变动、多征或少征。行政行为违反羁束规定，就构成违法行为，要承担违法的责任。羁束行政行为在法律文字上的表现形式为"应""必须""不得"等。

裁量行政行为，是指法律法规对行政行为的范围、条件、形式、程度和方法等未作详细、具体而明确的规定，行政主体可以在法律法规规定的幅度或范围内，或在符合立法目的原则的前提下，根据具体情况自行选择、裁量所作出的行政行为。例如，2014年修订的《环境保护法》第60条规定："企业事业单位和其他生产经营者超过污染物排放标准或者超过重点污染物排放总量控制指标排放污染物的，县级以上人民政府环境保护主管部门可以责令其采取限制生产、停产整治等措施；情节严重的，报经有批准权的人民政府批准，责令停业、关闭。"这一条文即赋予了行政主体较大的自由裁量权，它既可以判定危害后果的大小，是否应给予处罚，也可以决定责令停止、关闭。裁量行为的术语表现形式多为"可""可以""得"等。

羁束行政行为与裁量行政行为的区别表现在：

1. 羁束行政行为只发生违法与否的问题，不发生适当与否的问题；而裁量行政行为在裁量权限范围内一般发生是否合理的问题。

2. 羁束行政行为只受行政合法性原则的约束，而裁量行政行为主要受行政合理性原则的约束。

3. 从法律救济上说，羁束行政行为接受行政审查和司法审查，在范围上不受限制，而裁量行政行为接受行政监督和司法审查，在范围上有很大的限制，只有显失公正的裁量行为才受到司法审查。

作羁束行为和裁量行为的划分并不是绝对的。羁束行为通常会存在一定的裁量成分，行政主体在实施裁量必须遵守法律在目的、原则等方面的底线限制。

区分羁束行政行为和裁量行政行为有助于法院根据案件的具体情况确定审查行

政行为合法性的广度和深度。对羁束行政行为的合法性审查，法院只需要严格按照法律的规定进行形式合法性层面的审查、判断。对自由裁量行为，法院则需要根据法律的目的、意图、精神和法的一般原则进行实质合法性层面的审查、判断。

四、依职权的行政行为与依申请的行政行为

以行政机关是否可以主动为标准，行政行为可分为依职权的行政行为和依申请的行政行为。

依职权的行政行为，是指行政机关依据法律赋予的职权，无需相对方的请求而主动实施的行政行为。例如，公安机关依法对行政违法人进行治安处罚，税务机关依法对纳税义务人征收税款，物价部门依法对经营部门进行物价检查，等等。依申请的行政行为，是指行政机关必须有相对方的申请才能实施的行政行为。此时，相对方的申请是行政行为开始的先行程序和必要条件，非经相对方的请求，行政机关不能主动作出行政行为。例如，市场监管机关颁发营业执照、环境部门颁发排污许可证等，都是以行政相对人的申请为前提条件，行政相对人的申请是行政行为开始的先行程序。

依职权的行政行为通常是行政主体为维护国家利益和公共秩序，而为行政相对人设定某种义务的行为；依申请的行政行为则通常为受益行为，行政主体通过批准或许可行政相对人实施某种行为或免除某种义务，赋予或保护行政相对人某种特定的权益。区分依职权行政行为和依申请行政行为的意义在于：

1. 明确不同种类行政行为的行为规则和法律效力。对依职权的行政行为而言，只要发生了法定事实情况，行政主体就必须为之，否则，构成不作为违法。对依申请的行政行为而言，则必须以行政相对人的申请为条件才能启动程序，行政主体不得主动实施。

2. 确定不同的司法审查标准。对依职权的行政行为提起的大多是撤销之诉，而对依申请的行政行为，相对方提起的通常是履行之诉，法院审查的内容比较复杂，包括但不限于：相对方是否提出合法申请，该申请是否符合法定条件，行政机关是否具有实施特定作为的法定职责，对相对方的请求行政机关应如何处理等，最终作出行政机关是否履行职责的判决。

五、作为的行政行为与不作为的行政行为

以行政行为的存在方式为标准，行政行为可分为作为的行政行为和不作为的行政行为。

作为的行政行为是指行政机关积极主动实施的行为，包括行政机关行使职权和履行职责的行为，如发布命令、制定规范、实施行政处罚、进行行政奖励等。行政行为中的绝大多数都是作为的行政行为。

不作为的行政行为是指以推诿、拖延、拒绝等消极不作为方式表现出来的行政

第四章

行为。如"对符合法定条件申请行政机关颁发许可证和执照，行政机关拒绝颁发或者不予答复的；对相对人申请行政机关履行保护人身权、财产权的法定职责，行政机关拒绝履行或不予答复的；行政机关没有依法发给抚恤金的行为"等，这些都是具有可诉性的消极不作为的行政行为。

这里值得注意的一种例外情况是行政机关以不作为的方式默示同意或许可。例如 2009 年修正的《集会游行示威法》第 9 条第 1 款规定："主管机关接到集会、游行、示威申请书后，应当在申请举行日期的 2 日前，将许可或者不许可的决定书面通知其负责人。不许可的，应当说明理由。逾期不通知的，视为许可。"这里"逾期不通知的视为许可"就是不作为方式的行政许可行为。

区分作为方式与不作为方式的行政行为的意义在于：有利于保护相对人的权益。在实践中，行政机关消极不作为侵害相对人权益的现象时有发生，但相对人在收集证据、履行举证责任等方面存在较大的难度，针对不作为行政行为的特殊性确立特殊的合法性审查规则，有助于加强对相对人合法权益的保护。

六、要式行政行为与非要式行政行为

以行政行为是否应当具备一定的法定形式为标准，行政行为可分为要式行政行为与非要式行政行为。

要式行政行为，是指必须具备某种法定的形式或遵守法定的程序才能成立生效的行政行为。例如，行政处罚必须以书面形式并加盖公章才能有效。

非要式行政行为，是指不需一定方式和程序，无论采取何种形式都能成立的行政行为。例如，公安机关对醉酒的人采取强制约束的行为；消防机关为救火灾而对毗连火场的建筑物进行部分拆除的行为。

划分要式行政行为与非要式行政行为的意义在于：

1. 体现了行政行为的效力在形式上的要求。要式行政行为就其形式而言是一种羁束性要求，若不具备相应的形式，就会因形式违法而被宣布无效；而非要式行政行为就其形式上讲是一种自由裁量性规定，采取哪种方式或形式，行政主体有选择余地，原则上不发生因形式而违法的问题，但同样可能产生不公正或不合理的问题。

2. 体现了人们对行政程序的日益重视。行政行为的形式要求实质上是对它的一种程序要求，程序是行政公开公正的基本保障。行政行为不仅要求内容合法，还要求以合法的形式作出，因为"形式上的瑕疵"可以纳入法院审查的范围并构成撤销的理由。因此，采取非要式行政行为应受到严格控制，一般只在情况紧急或不影响相对人权利的情况下才能采取。

七、行政行为的其他分类

（一）附款行政行为和无附款行政行为

以行为的生效是否有限制条件为标准，行政行为可分为附款的行政行为和无附

第二节

款的行政行为。

附款行政行为是指附加生效条件的行政行为。例如，在行政机关颁发营业执照的许可行为中，行政机关在批准其经营申请的同时，在经营范围、经营方式及经营时间等方面都附加了一定的限制，相对人只有在此范围内活动，该营业执照才具有法定效力。通常来讲，这些限制性条件包括时间条件（包括始期和终期条件）、期限条件、作为或不作为条件等。无附款行政行为是指不附加任何限制条件就能立即生效的行政行为。例如，行政处罚即为无附款的行政行为，它只要符合法定标准要求即可生效，而无须其他条件限制。

（二）单方行政行为和双方行政行为

这是以决定行政行为时参与意思表示的当事人的数目为标准所作的分类。

单方行政行为是指由行政机关单方面意思表示决定，不需相对一方同意即可成立并且生效的行政行为。具体行政行为中的大多数属于此类行为，如行政处罚、行政征收、行政许可等。双方行政行为是指行政机关与相对一方经互相协商、意思表示一致才能成立的行政行为，如行政协议行为。

这种划分的意义在于有助于认识：①不同行政行为的意思表示构成不同。单方行政行为具有行政主体单方意思表示即可成立，而双方行政行为则因其属于合意行为，必须有相对方的同意方可成立。②不同行政行为的法律属性不同。相对而言，单方的行政行为更多地体现了公共行政的垄断性、优越性、命令性、强制性等特征，因而是古典公共行政的主要活动方式；与此不同，双方或者多方的行政行为更多地体现了公共行政的民主性、开放性、合意性、平等性等特征，是现代公共行政的主要活动方式。③不同行政行为的主体地位不同。双方或者多方行政行为的有效实施以行政机关与相对人的法律地位平等为前提，而单方行政行为的有效实施以行政机关与相对人的法律地位不平等为前提。

（三）可诉行政行为和不可诉行政行为

这是以行政行为与行政诉讼之间的关系为标准对行政行为所作的分类。可诉行政行为是指行政相对人对行政行为不服，可以依法提起行政诉讼的行政行为；不可诉行政行为是指排除在行政诉讼受案范围之外的行政行为。可诉行政行为应具备以下要件：①是拥有行政管理职权的组织所实施；②具有公法上的法律意义的；③对相对人的权利义务可能或者已经发生实质影响；④法律事实或者法律关系方面已经全面展开并且确定，司法审查的时机已经成熟；⑤具有公民主观权利保护或者客观法律秩序维护的价值因而具有司法审查必要性。换言之，行政机关实施的特定行政活动只要具备了前述五个条件，无论采取何种名义、名称、程序或者方式，无论是抽象行政行为还是具体行政行为、内部行政行为还是外部行政行为、单方行政行为还是双方行政行为等，都应当纳入公民诉权（尤其是人民法院合法性审查权）的范围之内。

这一分类对行政诉讼实践具有极其重要的现实意义，是界定受案范围的标准之一。这种分类不仅有助于认识公民的诉权范围，而且有助于正确认识行政决定程序、行政复议程序、行政诉讼程序、行政监督程序之间的在价值取向、目的指向、功能定位、事实认定、规范适用等方面所存在的既相互区别又相互衔接、分工协作、相互制衡的宪法关系。"可诉性"是将这些不同的公共行政程序类型贯穿起来，建构一个完整的程序行政法规范体系的一个突破口。排除行政行为的"可诉性"，不仅意味着剥夺了公民主观意义上的起诉权，更意味着在客观法律秩序建构的层面上彻底阻断了行政决定程序、行政复议程序与行政诉讼程序、行政监督程序之间的衔接互补关系，意味着赋予了行政机关在事实认定和法律适用方面的终局决定权，这仅仅在极为严格限定的例外情况下才具有合宪性。从可诉性原理的角度重新审视受案范围，是完善《行政诉讼法》有关行政诉讼受案范围规定时应当予以慎重考虑的一个的具有基础意义的思路问题。

第三节　行政行为的效力

一、行政行为效力的概念

行政行为的效力是指行政机关按照法定的程序和方式作出的具备了成立要件的行政行为对客观的公共利益或者法律秩序和对主观的公民权利义务所可能产生的影响。在理解行政行为的效力概念时需要注意的问题是：

1. 法律效力和法律效果之间的联系与区别。法律效力是依法作出并且成立的行政行为在法律上所具有的、应当得到关系人和社会公众的承认和尊重，可以借助国家强制力得以实现的一种抽象、静止、潜在的有效性权能，而法律效果是行政机关实施的任何一个公共行政活动在法律上可能产生的具体的、动态的、实际的作用，例如法律关系的变更、法律地位的确认、法律秩序的恢复等。

法律效力要通过一系列具体的法律效果体现出来。例如，依法作出的行政罚款决定具有确定力、约束力和执行力，但要落到实处，必须由相对人实际履行缴纳罚款的义务，产生相对人财产权遭受损失的效果。

法律效力与法律效果之间通常是对应一致的，特定的法律效力通常会随之产生相应的法律效果，但二者之间也可能在特定的条件下产生偏差。例如，行政行为在法律上被认为无效之后，它所造成的法律效果——准确地说是"后果"——却是客观存在的，需要采取收回证书、恢复原状、赔偿损失等方式来消除其法律后果。反之，一个合法有效成立的行政行为具有法律效力，如果相对人客观上没有履行的能力，行政机关无法采取相应的强制执行措施，那么，该行政行为的效力就只能停留在抽象静态法律权能的水平上，没有实际的法律效果。

2. 客观法律效力和主观法律效力之间的联系和区别。行政行为既具有维护公共利益和法律秩序的作用，也具有保护公民合法权益、满足公民合法利益诉求的作用，它的法律效力因此也相应地分为客观和主观两个层面。

任何一个依法成立的行政行为都具有这两个层面的法律效力，但不同类型的行政行为的效力侧重点不同。例如，抽象行政行为的法律效力着眼于客观法律秩序和公共利益的维护层面，而具体行政行为的法律效力着眼于公民合法权益的保护和合法利益诉求的满足。

客观法律效力和主观法律效力之间通常是对应一致的，一个合法成立的行政行为通常会协调两个层面的效力，谋求二者的有机统一。但是，在特定情况下，出于对重大公共利益的维护、公民信赖保护等方面的考虑，某一个层面的法律效力会得到优先的考虑。例如，出于信赖保护的理由，行政机关可能会优先考虑公民合法权益的保护，决定不撤销违法颁发的许可证，而是会采取限制许可证效力期间的方法纠正违法的错误。

3. 完备的效力规则是行政行为法律制度的一块基石。效力决定了行政行为在法律上的意义，无效意味着在法律上视为没有意义。行政机关实施行政行为的价值指向和目的追求，尤其是作出行政行为的实体的合法性与程序的正当性，最终都要通过行政行为的法律效力集中地表现出来。

行政行为的效力之中蕴含着自由、秩序与效率的价值冲突，蕴含着法律规范的安定性与公共行政的政策灵活性之间的利益权衡，蕴含着法律优先、法律保留、信赖保护等行政法基本原则的底线和界碑，因此是行政行为理论中最富有研究价值的部分。

行政行为的效力不是千篇一律、铁板一块，而是因行政行为的类型不同而千差万别，尤其是因案件具体情况而不断变化的，是富有弹性的。例如，抽象行政行为在效力的具体内容、要件、方式、撤销和无效等方面不同于具体行政行为，双方行政行为在效力的具体要件和内容方面不同于单方行政行为。同是具体行政行为，行政处罚的效力是负担性的，而行政许可的效力是授益性的。针对不同类型不同情况的行政行为设定不同的效力规则，是建构行政行为法治的关键所在。

二、行政行为的要件

行政行为的要件是指行政行为依法成立和生效所应当具备的条件，具体分为成立要件、合法要件和有效要件三个方面。

行政行为自成立时起即可按照决定的内容、期间、范围和条件产生法律效力，无论是否合法。一个具备了法定的成立要件但不符合合法性要件的行政行为仍然可能具有法律效力，这就使合法性与有效性之间出现了脱节，这正是行政行为效力规则复杂性的一种表现。在把握行政行为的效力时，首先需要注意的是，"成立"与"合法"是两个不同的概念。"成立"的着眼点是行政行为的外在形式，而"合法"的着眼点是行政行为的内在实质。行政机关的一个行为只要具备了法定的外观表现形式，即意味着行政行为"成立"了，可以作为强制执行的依据、当事人起诉和法院审查的对象；成立并不意味着合法，成立的行政行为在复议或者诉讼程序中可能会因违法被撤销，就是这个道理。

（一）行政行为的成立要件

行政行为的成立是指行政行为已经完成其作出过程，具备了行政行为的形成条件，成为已经确定的法律行为。

行政行为的成立要件，即行政行为的存在或不存在的要件，亦即行政行为事实存在的要素。行政行为是一个过程，要经过调查、取证、讨论、决定、报批、签署、告知、受领等一系列环节，在哪一个阶段，行政行为已经成立，涉及行政相对人开始享受权利和承担义务、诉讼时效的计算及其他很多事项；并且，行政行为的效力的开始和行政行为的有效以其成立为前提，行政行为只有成立，才能产生效力，才涉及行政行为有效与否。行政行为的成立要件因抽象行政行为和具体行政行为而异。

1. 抽象行政行为的成立要件。从现行法律法规的规定和实践来看，抽象行政行为成立的条件是：

（1）经行政机关会议讨论决定。抽象行政行为的作出准用或者适用立法程序，行政机关在发布抽象行为之前，应当举行本机关的会议进行审议。例如，1982 年《国务院组织法》第 4 条规定："……国务院工作中的重大问题，必须经国务院常务会议或者国务院全体会议讨论决定。"因此，国务院制定行政法规必须由国务院常务会议或全体会议讨论。未经国务院常务会议或全体会议讨论决定的行政法规，应视为不具备成立要件，不能正式对外产生法律效力。对于部委规章和地方规章的制定，2017 年修订的《规章制定程序条例》作了简要规定。行政法规、部委规章和地方规章的会议讨论审议程序不同于人民代表大会的审议程序。行政立法因为具有立法性，为了保证民主，法律规定须经相应会议讨论、审议是必要的；但是行政立法同时又具有行政性，为了保障行政首长负责原则的实现，不宜实行表决通过程序。行政机关对行政立法草案只进行讨论，会议成员可对之充分发表意见，但不进行表决。行政首长认为相应行政立法适当、可行，即签署发布；认为不当或不可行，可提出在适当时间内进行修改的意见、甚至予以搁置。经审议的行政法规或者规章草案的签署和发布，行政首长可以自己的权衡、裁量为依据（尽管这种权衡、裁量必然要受到会议成员各种意见的影响），而不以会议成员持赞成意见和持反对意见的人数为依据。

（2）经主管行政首长签署。根据 1982 年《国务院组织法》第 5 条的规定，国务院发布行政法规，由国务院总理签署发布令。国务院部委规章和地方人民政府规章同样要经相应行政首长签署才能对外发生法律效力。行政首长签署表明行政机关的意思表示已经确定。行政首长签署是行政立法和其他抽象行政行为成立的重要要件。没有行政首长的签署，抽象行政行为不能对外发生法律效力。

（3）公开发布。抽象行政行为是具体行政行为的法律根据，必须公布。经国务院总理签署公开发布的行政法规，由新华社发稿，《国务院公报》《人民日报》应当全文刊登。部委规章多以相应部委公报发布，同时登载于《国务院公报》。地方人民政府的规章则以相应地方政府的正式文件发布，其中重要者则登载于相应地方的重要报刊。总之，抽象行政行为不论采取何种形式，都必须公开发布，让所有受相应抽象行政行为约束的人知晓。否则，相应抽象行政行为就应被认为尚未成立，不能对外发生法律效力。

2. 具体行政行为的成立要件。具体行政行为的成立要件包括：

（1）行政主体作出行政决定。在实践中，具体行政行为的形式多种多样，如行政许可证或者执照、行政处罚决定书、行政裁决书等，主要的表现形式是行政处理决定。无论采取何种形式，都是正式向行政相对人作出的一种产生法律效力的意思表示。行政主体的这种正式意思表示是具体行政行为成立的必要条件。当然，这种意思表示的形成是一个过程。行政机关为作出行政处理决定而准备材料、进行调查、鉴定、召开有关会议研究、征求意见等，意思表示只处于形成过程中，尚未成立。只有行政机关就相应具体行政行为的各项准备工作已经完全就绪，有关事实材料、证据已经齐全，对相应材料、证据已经进行认真研究，并查阅了相关的法律、法规、规章和其他行政规范性文件，已形成了确定意见，并交付主管领导批准或者签字的，在行政机关的内部，该具体行政行为才确定。

有时行政机关未作出任何正式的行政处理决定就采取措施，结果导致相对方合法权益的损害，就应视为具体行政行为已成立。这种情况适用于违法的具体行政行为成立的认定。具体行政行为导致行政相对人权益的实际损害时，无论其是否经过了必要的手续或者程序，均应视为成立。

（2）具体行政行为已送达行政相对人。具体行政行为的成立不仅要求行政主体作出正式行政决定，而且要求行政主体在法定期限内将行政决定文书送达行政相对人。送达的目的是使相对人受领具体行政行为，标志着行政机关的意思表示对外已形成，从而为生效和执行奠定法律基础。确认行政相对人受领的规则是：对于当面送达的行政决定文书，受送达人签收即视为受领；留置送达以送达人将行政决定文书留于受送达人住所并在回执上记明受送达人拒收理由、日期而视为相对人受领；邮寄送达以回执上注明的收件日期视为相对人受领的日期；公告送达则以公告确定的一定期限届满的日期视为相对人受领的日期。

有些违法的具体行政行为，只是部分具备或者完全不具备上述要件，如没有作出行政处理决定，或者虽作出了行政处理决定但未依法送达。在这种情况下，只要该行为已实际损害了相对人的权益，即应视为已经成立。相对人对此不服的，可以申请行政复议或提起行政诉讼。

（二）行政行为的合法要件

行政行为合法要件不同于行政行为的成立要件，已经正式成立的行政行为不一定是合法的，违法的行政行为经过相应法定程序，具备成立要件后，亦能对外产生法律效力。因为行政行为一经作出，即具有确定力、执行力和约束力。行政相对人只能通过行政复议、行政诉讼等法定途径请求有关国家机关确认该违法行为无效或撤销违法行政行为，而在此之前，除非违法是非常明显、重大的，行政相对人仍要受该行为的约束。这是出于维护公共行政的权威性、稳定性、连续性和有效性的一种特殊需要。但违法行政行为是大量存在的，如何判断行政行为的合法性，并否定违法行政行为的效力，需要由行政复议机关或者人民法院按照法律规定的标准进行判断。从各种具体行政行为的合法要件中归纳、抽象出的统一的标准就是行政行为的一般合法要件。各类行政行为所特有的合法要件称为行政行为的特别合法要件，以下分析的是一般合法要件：

1. 行为主体合法。行政行为合法首先要求主体合法，即依法设立，具有相应的行政职权。主体合法具体包括：

（1）机关合法。机关合法是指实施行政行为的行政机关必须依法成立，并具有行政主体资格。如果行政机关不是依法成立，或虽合法成立，但并不具有行政主体资格，其所为的行为无效。也就是说，行政行为因其实施者不具备合法的行为主体资格而不能合法有效成立。例如，行政机关的内部机构、派出机构、临时机构、协调机构，以自己的名义独立实施行政行为是无效的。而其他不具备行政主体资格的社会组织、团体、企事业单位也无权作出行政行为。这类组织只有在得到法律的明确授权成为行政主体后才能实施行政行为。行政机关法定授权组织也可以委托其他机关、社会组织、个人行使委托权限范围内的权力，实施行政行为，行政委托只有合法且符合委托规则，被委托组织才能以委托机关的名义实施行政行为。委托的规则包括：①委托的行政机关必须具有合法的委托权限。②接受委托者必须具备从事行政活动的能力。③被委托者必须在委托权限内实施行政行为。法律对行政机关活动的要求同样适用于受委托者，越权无效是行政的基本原则。因此，受委托者实施行政行为同样不能超越委托权限。

（2）人员合法。行政行为总是通过行政主体的工作人员具体实施，这些人员必须具备一定的条件，所实施的行政行为才有效。人员合法，主要是指代表行政机关、法定授权组织，委托组织实施行政行为的公务人员必须具有合法的身份，具备法定职务，双方形成职务委托关系，能够对外行使行政权力。

（3）权限合法。行政主体合法，除了要求行为主体必须合法成立外，还要求行政主体的行为必须是在其权限范围内。行政主体超出自己权限范围所实施的行为属于越权行为，是无效的，法律针对不同的行政主体根据不同的职能确定了相应的职责职权，同时设定了行政主体不能超越的限度，综合起来包括：①事项管辖权的限制。行政机关只能就其管辖范围内的行政事项行使行政权力，越权的行政行为，既违反宪法和组织法所规定的事项管辖权，也侵犯了其他行政机关的行政职权，应属无效。②地域管辖权的限制。行政职权的运用都有地域的限制，每一个行政机关只能管辖一定地域范围内的行政事务，超越法定地域限制实施的行政行为无效。③手段上的限制。法律在赋予行政机关行政权力的同时，也规定了运用行政权力的一定的手段，如查封、扣押、冻结等行政强制措施。手段运用不当，有可能造成行政侵权，行政机关不得自行创设其他手段，否则构成手段上的越权。④时间管辖权的限制。行政机关只能在其自身合法存在的时间内行使行政权力，行政机关被撤销、合并、分立，原来的行政职权也发生相应的变化，以前具有的事项管辖权或地域管辖权可能随之改变，所以，行政机关实施行政行为必须受到时间管辖权的限制。⑤时效的限制。行政行为应在法律规定的时效期间实施，否则无效。

2. 内容合法。这是行政行为的内容要件。行政行为的内容合法，是指行政行为所涉及的权利、义务以及对这些权利、义务的影响或处理，均应符合法律、法规的规定和社会公共利益。如果行政行为的内容违反法律的规定和要求，或者行政行为明显违背法律的目的或公共利益，均应属于无效行政行为。内容合法具体包括：

（1）行为有事实根据，证据确凿。行政行为与司法行为一样，同样应以事实为根据，以法律为准绳。行政行为内容合法必须以有事实根据为前提。例如，行政主体实施行政处罚行为，必须有行政相对人实施违法行为的事实；行政主体向行政相对人征收个人所得税，必须有相对人已获得某种个人收入的事实；行政主体拒绝给申请许可证的相对人颁发许可证，必须有相对人不符合取得相应许可证法定条件的事实；等等。行政主体作出相应行政行为，不仅要有事实根据，而且此种事实必须证据确凿，不能根据道听途说或想象推理，否则，该行政行为就会因缺乏可靠的证据基础而受到行政相对人的指控，最终可能被有权机关撤销。

（2）正确适用法律、法规、规章和行政规范性文件。事实根据和法律根据是行政行为内容合法的两大支柱。正确适用法律包括以下几层涵义：①遵守法律冲突适用规则。先适用高效力层级的法律规范，再适用低效力层级的法律规范，二者冲突时，优先适用高效力层级的法律规范。②遵守特别适用原则。在大量存在的法律规范中，应正确选择与相应行政行为相适应的现行有效的法律规范，而不是无关的或过时的法律规范。在有法律规定的特别情况时，还应适用特别规定。例如，对正在孕期或哺乳期的妇女不能拘留，对无财产的未成年人不能处以罚款，等等。③全面适用原则。对某一个行政行为，同时有几个法律规范对其进行调整的，行政机关应同时适用所有相关的规范。否则，就是没有正确适用法律。

（3）行政行为的目的合乎法定目的。这是行政行为内容合法的主观性要求，即对行为实施者的主观动机、目的的要求。而前两个要件是行政行为内容合法的客观性要求。行政主体实施行政行为，应该是为了实现相应立法目的，维护公共利益保护权利人权益，而不应以权谋私，或假公济私、公报私仇等。行政主体实施行政行为如果不是为实现特定和立法的目的，而是出于某种个人的动机，其行为就是滥用职权。滥用职权虽具备形式合法性，但在实质内容上是违法行为。行政机关出于违反法律宗旨的主观故意，客观上行使了符合其职责范围的权力，就构成滥用职权，其本质特征是主观违法，不正当行使权力。表现形式有不相关考虑、不一致的解释、反复无常、故意迟延和不作为等。

3. 程序合法。行政行为程序与行政行为实体有着密切的联系。行为程序合法不仅是行为实体合法的保障，也是行为实体合理、公正的保障。虽然行政行为实体合法、合理、公正不完全取决于行为程序的合法，但行为程序是否合法对行为实体合法、合理、公正确实有着极为重要的影响。

现代行政法极为重视程序，将法定行政程序作为控制行政权滥用，防止行政专制，保障行政民主，保护行政相对人合法权益不被违法行政权侵犯的屏障。行政程序规范现已成为行政法的重要内容，与行政实体规范一道成为调整行政主体行使行政职权的法律规范系统的组成部分。因此，现代行政行为合法的要件不仅包括实体要件，而且包括程序要件。所谓行政程序，是指行政机关实施行政行为的过程及构成这一过程、步骤、顺序、时间和方式。因此，程序合法的要件主要有：

（1）行政行为符合法定步骤、顺序。行为步骤是指行政行为应该经过的过程、阶段和手续。例如，责令停产停业的行政处罚要经过立案审查、调查取证、举行听证、作出决定、送达与受领的步骤，如果行政机关不调取证据，或不依法进行听证，都是步骤违法的行政处罚行为，相对人可对其提起诉讼。行为顺序是指行政行为各步骤的先后次序，如必须先调查取证、后裁决。法律对行政行为的步骤有严格的顺序要求时，行政主体必须严格遵守，否则即构成程序违法。

（2）行政行为符合法定时限。行政行为的全过程或其各个阶段都要受到法定时间的限制，这既可以提高行政机关的行政效率，也可以防止行政机关以拖延时间的方式损害相对人的合法权益。例如，《行政复议法》规定的受理审查期限为 5 日，行政复议机关在 5 日内未作出不予受理的复议决定并书面通知申请人，即视为受理，开始计算复议期限。因此，行政机关必须在法定时限期内积极履行职责，消极不作为的行为将导致行政责任的承担或行政行为的无效。

（3）行政行为符合法定方式。行政行为的法定方式既包括法律、法规要求所有行政行为共同遵循的方法、形式，如公开职能分离等，也包括法律、法规对某些行政行为的特别方式要求，如要式行政行为的书面形式、法律行政协议的招标方式等。行政行为未采取法定方式的，即缺乏合法方式，属于违法的行政行为。

（三）行政行为的有效要件

行政行为的有效要件是指行政行为产生法律效力而应当具备的法定条件。这里需要注意的是：行政行为的合法要件并不等同于行政行为的有效要件。因为合法的行政行为未必立即生效，有效的行政行为也未必合法。

行政行为的有效要件包括：①行政行为依法成立，即抽象行政行为与具体行政行为分别符合各自成立的要件。②依法送达。未经送达的行政行为不产生法律效力。应当对全部相对人送达而行政机关只对部分相对人送达的，行政行为只对已被送达的相对人产生法律效力。③不存在明显违法、重大违法、延迟生效、中止、撤销或者废止的情况。明显违法或者重大违法的行政行为，绝对无效，自成立之时起就不产生法律效力。④不存在限制、阻却或者延迟生效的特殊情况。例如，附款的行政行为，自附款成就之时起生效。

第三节

三、行政行为的效力

行政行为的效力是指行政行为依法成立后所具有法律效力，具体包括确定力、拘束力和执行力。行政行为的效力涉及合法与违法、有效与无效的关系。但这两组概念之间没有稳定的对应关系：合法的行政行为未必有效；有效的行政行为未必合法。行政行为原则上自送达之日起成立并且生效，绝对无效的行政行为永远不生效，附款的行政行为自送达之日起成立但自条件成就时才生效。

（一）行政行为效力的根据

行政行为之所以具有确定力、拘束力和执行力是由行政行为本身的特性决定的，具体原因包括：

1. 行政行为是行政机关代表国家所为的意思表示，以国家强制力作为后盾，具有权威性。基于国家的这种权威性，行政行为也应当具有相应的权威即法律效力，以保证国家意志和目的的实现。

2. 行政行为效力是法的安定性的客观需要。行政行为是依法形成确认法律关系和法律秩序的行为，法律关系和法律秩序是一种稳定持续的社会关系，而行政活动也具有连续性和稳定性，这都在客观上要求赋予行政行为确定的法律效力。

3. 行政行为效力是法律规范效力的体现。行政行为是适用法律、执行法律的行为，法律本身具有约束力和执行力，这种效力也就间接决定了行政行为的效力，即行政行为的效力实际是法律效力的延伸，但这种延伸的前提是行政行为本身也合法正确。

4. 行政行为的效力是一种有效推定和合法性推定。行政行为的目的是实现行政管理的目标、满足社会公共利益的需要。为了维护公共利益，法律假定行政行为一经作出且具备成立要件后即具有合法有效的法律效力。即使违法，行政相对人也不能自行否定其效力，必须由国家机关依据法律经法定程序否定这种推定的法律效力。

（二）行政行为效力的内容

依法成立并且生效的行政行为具有如下效力：

1. 确定力。确定力是指行政行为经过法定救济期限之后，当事人不得再提出异议。其实质是行政行为内容的稳定性，行政机关在行政行为成立之后，没有法定事由，非经法定程序不得变更、撤回或者撤销。它包括形式上的确定和实质上的确定。

形式上的确定力是指行政行为一旦作出，相对人不得擅自改变或任意请求改变该行政行为，它又称"不可争力"。行政行为是行政主体代表国家作出的，是国家意志的体现。行政主体的行政行为一般涉及国家和社会公共利益，它一经作出即应具有一定的权威性和法定的效力。相对人对已作出的行政行为，有服从的义务，当相对人不服行政行为时，其意思表示并不直接否定该行政行为的效力。相对人只能在行政行为成立的一定期限内，依法向上一级行政机关申请行政复议或向人民法院提起行政诉讼，请求审查和撤销该行政行为，但在复议和诉讼期间仍不停止行政行为的执行。

实质上的确定力是指行政行为一经作出，行政主体非经法定程序不得任意改变或撤销。行政行为是行政主体代表国家意志对社会实施管理的行为。因而不能任意作出，作出之后也不能随意变更或撤销，应保持行政管理的连续性和稳定性。行政行为的确定力的目的正在于防止行政主体反复无常，任意变更已作出的行政行为，导致相对人权益的损害。当然，如果行政主体或其上级机关发现行政行为违法或不当时，可依法定程序作出变更、撤销行政行为的决定。行政行为具有的确定力是一种相对确定力，即它并不意味着行政行为绝对不可变更而是说行政行为作出后不得随意撤销或变更。基于法定事由，经过行政复议、行政诉讼等法定程序，行政行为可以依法改变。

2. 拘束力。拘束力是指行政行为对案件事实和法律关系的确认，具有拘束力，应受行政机关、当事人或者法院的尊重；可以成为行政机关作出行政行为或者法院裁判的根据，因此这种效力又称为"构成要件效力"。行政行为的拘束力具体表现在以下两个方面：

（1）对相对方的拘束力。行政行为是针对行政管理相对人作出的。因此，其拘束力首先指向相对方。对于生效的行政行为，相对方必须严格遵守、服从和执行，完全地履行行政行为的内容或设定的义务，不得违反或拒绝。否则，就要承担相应的法律后果。同时这种拘束力还及于虽不是行政行为直接对象但与之有利害关系的个人、法人或组织，即间接相对人。例如，转让注册商标时，不仅转让人受有关行政行为的拘束，而且受让人也受该行政行为的拘束，即受让人必须保证使用该注册商标的商品质量。又如，行政主体依法冻结某公司存款、账户时，有关金融机构即应予以支持和配合，不得让该公司再支取相应款项。这就是涉及第三人效力的行政行为。

（2）对行政机关的拘束力。行政行为的拘束力不仅针对相对方，行政行为生效后，行政机关同样要受拘束，包括作出该行政行为的行政机关和其他行政机关。

3. 执行力。执行力是指行政行为依法生效后，行政机关可以依法采取强制措施执行或者申请人民法院采取强制措施，迫使其履行法定义务。行政行为的执行力是与其拘束力紧密联系的。一方面，拘束力是执行力的前提，没有拘束力的行为不能加以强制；行政行为对相对人具有拘束力，故相对人必须履行；相对人拒绝履行或没有法定原因拖延履行时，行政主体就能采取措施促使相对人履行，以实现行政行为的目的。另一方面，执行力是拘束力的保障，没有执行力保障，行政行为难以实现其拘束力。行政行为的执行在原则上是不能中止的，除非相应行政行为经法定程序被确认无效或予以撤销。行政行为在行政复议或行政诉讼期间，一般也不停止执行，只有法律法规规定的特定情形下，才可以暂时停止执行。

理解行政行为的执行力必须注意以下几点：①行政行为具有执行的效力，并不等于所有行政行为必须执行，有些行政行为就不涉及强制执行的问题。比如，行政处罚中的警告及行政许可行为就与强制执行无关。②行政行为具有执行效力，并不意味着行政行为在任何情况下都必须强制执行。一般说来，必须是在相对方拒不履行义务的情况下，行政行为才需要予以强制执行。③行政行为具有执行力，也并不是行政机关都具有强制执行权。对于强制执行，我国是以申请人民法院强制执行为原则，行政机关自行执行为例外。在实践中，行政强制执行存在很多问题，急需立法以规范强制执行的主体、权限、程序以及救济措施等。

4. 公定力。公定力是学理上针对行政行为的合法性与有效性之间可能出现脱离的情况，出于维护公共行政的效率和保护公民合法权益之间的权衡考虑，而提出的一种特殊效力假定，其实质的内核是公信力。按照公定力理论，除非具有明显重大违法从而导致行政行为自始绝对无效的极端例外情形，经依法作出成立的行政行为应当在法律上认为其合法有效，依法予以履行或者执行，从而确保公共行政的权威性和有效性。起诉不停止执行是公定力理论最为典型的情况。

在行政行为的前述四种效力中，公定力是基础，确定力、拘束力和执行力是公定力的具体体现。

（三）行政行为效力的变动

行政行为的效力不是固定不变的，在以下四种情况下会发生变动：

1. 行政行为的生效。即行政行为的效力开始发生作用。抽象行政行为自合法成立后即生效，或在其规定的生效日期起生效，具体行政行为生效时间因行政机关和相对人而异。对行政机关来说，行政行为的成立和行政行为效力开始的时间一致，行政行为一旦合法成立就立即生效。行政机关从作出决定时起就有遵守的义务。对相对人来说，行政行为并非自作出时起就立刻生效，只有行政行为为相对人知晓时才能开始其效力。行政行为为相对人知晓，因行政行为的对象、环境及法律规定等因素的不同而在时间上存在差异。

具体行政行为在生效时间上的差异主要有以下几种情形：

（1）即时生效。即时生效是指行政行为一经作出对相对人即产生效力。如公安机关对醉酒的人采取的人身约束措施，即时性行政强制措施都是即时生效的，但其只适用于紧急情况下，为维持社会秩序、保护公共利益而实施的行为。

（2）送达受领生效。送达受领生效是指行政决定送达相对人并为相对人受领后发生法律效力。针对特定人的行政行为的送达方式有口头的，也有书面的，不论何种方式，行政行为必须正式通知相对人。只有相对人了解、知悉后才能生效。通知是行政程序结束的标志，也是行政行为在法律上成立的起点。

（3）公告生效。对有具体的相对人，但住所地不明确的，可以采取公告形式，公告期满后即开始生效。

（4）附条件生效。行政行为的生效附有条件的，自条件成就时生效。例如，土地确权的裁决行为，在30日内及相对方在30内提起诉讼以后而法院未作出裁判以前的时间内，暂时不能生效。

（5）批准生效。需要经过上级行政机关批准的，从批准的时间起生效。

2. 行政行为的撤销。行政行为的撤销是指在具备可撤销的情形下，由国家有权机关作出撤销决定后而使之失去法律效力。

这里的可撤销既不同于行政诉讼中的撤销判决，也不同于行政行为的无效。撤销判决针对的实质上是违法的行政行为，由司法机关经司法审查后宣告、认定其无效，行政行为无效的效力溯及其作出之时。行政行为的无效指因其不具备成立要件或合法要件而自始至终无效。简言之，需法院判决撤销的为相对无效，自始至终不产生效力的为绝对无效。

行政行为处理结论正确，但程序方面有缺陷，撤销行政行为可能会破坏行政的连续性和稳定性，损害公众对行政机关的信任。基于此种考虑，对于某些有缺陷的行政行为，不予撤销，而确认其效力。这种情况适用于：①应回避的公务员没有回避的，但其本人是当事人的除外；②应参加作出行政行为的行政机关没有参加的；③以会议讨论决定的行政行为，出席人员数不满法定人数的；④行政行为违反地域管辖权规定的；⑤缺少、遗漏签名等手续，事后可以弥补的；等等。对具有上述轻微程序违法情形的行政行为，可以采取责令事后补正的方式消除违法，而不予撤销。

行政行为具有确定力，行政机关不得任意改变或撤销。行政机关在作出撤销决定前，一方面，要考虑行政的稳定性和连续性，维护行政管理秩序和社会公共利益；另一方面，要依法行政，保护行政机关相对人的合法权益，对已经作出的行政行为已经发现违法无效的，应依法予以撤销。因此，行政行为的撤销，应符合一定的原则。

（1）区分合法的行政行为与违法的行政行为。行政机关和其他有权机关只能对违法的行政行为予以撤销，使其自始不发生效力，恢复相对人的合法权益。对合法的行政行为，如果其不再适应新的情况，行政机关只能根据公共利益的需要予以废止，使其不再发生效力。合法的行政行为与违法的行政行为后果不同，行政机关应严格区分，区别对待。

（2）区分行政行为是否对行政相对人或第三人创设了权利。行政行为是产生法律效果的行为，行政行为的撤销会对行政相对人、第三人和社会公共秩序产生影响。没有对行政相对人和第三人创设权利的行政行为，行政机关可以随时消除该行政行为的效力，宣布其无效而予以撤销，如果行政行为是对相对人和第三人有利的行为，如赋予权利、给予许可、发放补助等，并且已经生效，行政机关基于信赖保护原则，应权衡撤销所保护的公共利益与利害关系人基于对行政机关的信任应得到的利益之间的比例关系决定撤销与否，撤销后应给予相对人或第三人相应的补偿。但对相对人或第三人有利的行政行为存在以下情形时是可以撤销的：①行政行为通过行贿或其他不正当手段作出的；②受益人应当知道行政行为是违法的；③受益人自己有过错，如欺骗、虚假陈述等。

3. 行政行为的废止。行政行为的废止是指出于情势变化的需要，行政机关废除合法行政行为的一部分或全部的效力。

行政行为的废止不同于行政行为的撤销，主要在于：其一，废止针对的是合法行政行为，撤销针对违法行为；其二，废止向后发生效力，撤销发生向前的溯及力。

行政行为废止的情形包括：①法律法规中有废止的规定或行政行为保留废止权的，例如，新颁布的行政法规中明文规定废止与其相抵触的相关法规、规章。②实际情况发生重大变化，该行政行为继续生效将会有碍于社会发展或损害国家利益、社会公共利益。③法律规定被修改或废除，行政行为尚未执行，而其执行将损害公共利益的等。

行政行为废止的法律后果是：①被废止的行政行为自废止之日起失去效力，被废止以前的行为及结果仍然有效。行政主体在该行政行为被废止前，通过该行为给予相对人的利益不应收回，相对人已完成的义务也无权要求补偿。②行政行为因其法律或政策依据变化而引起废止时，如这种废止给相对人带来较大损失时，行政主体应予以适当补偿。

（四）行政行为的无效

行政行为的无效分为撤销无效（相对无效）和自始无效（绝对无效）两种情况。绝对无效的行政行为是指由于重大违法或者明显违法，自成立之日起即不产生法律效力的行为。相对无效的行政行为，指在行政机关、行政复议机关、人民法院或其他国家机关依法撤销之日起，才自始失去法律效力的行为。

行政行为无效的情形因撤销无效和自始无效而异。

1. 撤销无效的情形，《行政诉讼法》第70条所规定的六种情形比较典型：①主要证据不足的；②适用法律、法规错误的；③违反法定程序的；④超越职权的；⑤滥用职权的；⑥明显不当的。行政行为只要存在以上违法情形之一的，行政相对人即可以在法定期间内提起行政复议或行政诉讼，请求宣告行政行为无效。

2. 自始无效的情形包括：①行政主体不明确或行政主体严重超越职权或受胁迫而作出的行政行为。例如，在书面处理决定中不注明行政机关名称、不加盖公章；工商机关作出行政拘留决定；等等。②行政行为有重大明显违法情形，例如，公安局作出较大数额罚款，在罚款通知书中规定，当事人不服其决定的只能起诉，而不能申请复议，明显违反《行政处罚法》和《行政复议法》的相关规定。③行政行为有犯罪情形或将导致相对人犯罪。例如，某县政府为了争当开垦耕地的先进，命令村民砍伐大量珍稀名贵树种，将林山开辟成梯田，这种就是破坏自然资源的犯罪行为，是无效行政行为，行政相对人有权拒绝不予执行。④内容不符合情理，从而事实上导致任何人都无法履行的自始不能的行政行为。例如，要求行政协议相对人在1个月内完成半年的工作量。⑤有损善良风俗习惯的行为。例如，强令推行销售违反饮食风俗禁忌的食物。⑥必须以书面形式作出行为，而没有书面决定文书的。

行政行为无效的后果表现在：①对绝对无效的行政行为，行政相对人可以不受其拘束，可以拒绝履行该行为设定的义务，并不承担法律责任。行政相对人还可以在行政行为作出后的任何时间要求有权机关审查，宣布其无效，有权机关也可以主动审查并宣布相应行政行为无效，不受时效限制。②对相对无效的行政行为，在被宣布无效前，行政相对人必须受其拘束，履行相应义务。在法律、法规规定的提出撤销请求的时效期间内，相对人应向有权机关提出撤销的请求，该行为被确认无效并撤销后，自始不发生法律效力，被该行政行为改变的状态应尽可能恢复原状，行政主体应返还罚款、没收的财物或其他一切利益，并赔偿因此给相对人造成的损失。

第四节　其他行政活动

一、行政事实行为

行政事实行为是指行政主体基于行使职权的直接需要而作出的，不以发生法律效果为目的，而产生客观事实效果的行为。行政事实行为是与行政法律行为相对称的一种行政活动，其作用不是为产生、变更或消灭行政法律关系，但是会产生客观的事实效果。正是由于行政事实行为不直接发生法律效果，从而长期实践中容易被忽视。随着服务行政、给付行政的发展以及国家赔偿法、行政处罚法的颁布实施，行政事实行为逐渐引起学界的关注。

（一）行政事实行为的特征

关于行政事实行为的特征，可以从与行政法律行为的联系与区别的角度予以认识：

1. 行政事实行为与行政法律行为的区别表现为：

（1）法律效果的发生与否不同。前者不直接引起法律效果，而后者是以发生权利义务的变更得失为目的，必然会影响或干涉相对人的权利义务。

（2）法律调整的重点不同。行政法律行为是以意思表示为基本构成要素的行为，法律调整的重点在于意思表示本身，行政事实行为由于直接表现为行政主体的客观活动，其法律调整的意义只在于行为自身或其结果。

（3）裁判方式及性质不同。对行政法律行为而言，只存在是否有效的问题，司法审查的目的在于对其有效性作出判断并作出相应的结论，而行政事实行为则无需对其效果有无进行判断，只存在该活动是否合法的判断。

2. 行政事实行为与行政法律行为也有一定的联系，尤其是与行政法律行为中的行政处理有紧密联系，这表现在：

（1）某些事实行为如执行性事实行为，是行政处理决定的衍生行为，其本身不具有法律效力，是为执行生效的行政处理决定而作出的，但在执法过程中会产生违法的事实行为。例如，公务员在执行公务过程中，基于临时需要或滥用职权而作出的事实行为，后者的典型事例为公安机关在询问或讯问行政管理相对人时违法实施的暴力殴打行为。

（2）有些行政事实行为是作出行政处理决定的前提和准备。如行政调查、行政检查，这类行为不直接产生法律后果，而是对即将作出的行政行为产生影响或做必要的准备。如行政调查是为了实现特定的行政目的而为的收集资料信息的活动。

虽然行政事实行为不以发生特定的法律效果为最终目标，但这并不代表它绝对不受法律规范，也不代表对其没有救济途径。对违法的行政调查、违法的即时强制措施、违法的执行性事实行为，只要其影响侵害了相对人的合法权益，就具有可诉性。换言之，可诉性的界定标准不是行政法律行为与行政事实行为的区分，而应为是否对相对人的合法权益产生实质性影响或侵害。

（二）行政事实行为的表现形式

1. 行政调查。广义的行政调查是指行政机关为实现行政目的，在其职权范围内，对公民、法人或其他组织所进行的各种检查、了解等信息收集的活动，包括人口普查、物价统计、犯罪数字统计、对环境污染指数的监测、对食品卫生的抽样检查、对进出境物品的检疫等。

2. 行政指导。行政指导是指公民、法人或者其他组织对行政机关的自愿理解、合作以实现行政管理目标的行政事实行为。

3. 执行措施的实施行为。此类行为包括为作出进一步的行政处理决定采取的行政措施，或为应付各种特殊紧急情况采取的强制执行措施，前者如对不合格抽样食品的封存、销毁，后者如查封、扣押、驱逐出境等。

4. 行政资讯与通告。行政机关在行政管理过程中掌握和处理大量咨询信息，而相对人在一定范围内享有知悉权，因此行政机关有义务提供相应资料信息。例如，质量检测机构对抽样不合格产品的公告，环保部门对空气质量的污染等级的公告，气象局对天气预报的发布，等等。

5. 公共设施的设置与维护。行政机关为了公共利益，为相对人提供服务，需要养护道路、维修桥梁、建设公共工程。

（三）行政事实行为的合法要件及法律救济

行政事实行为虽然不直接产生法律后果，但也必须依法在其职权范围内作出，否则会侵害相对人的人身权和财产权。行政合法性原则也适用于行政事实行为，具体而言，行政事实行为的合法要件包括四个：

1. 行政机关享有相应的行政管辖权。行政机关在进行行政活动时，必须具备事项管辖权，否则构成超越职权或滥用职权违法，尤其是进行强制性行政调查，干涉相对人的自由与权益时必须有法律授权。

2. 程序合法。法律对某些事实的程序有相应规定的，必须遵守，如税务检查要求出示税务检查证、表明身份等。

3. 遵守行政法的一般原则，尤其是比例原则。行政机关为了达到特定的行政目的而实施的事实行为，尤其是影响相对人的人身权和财产权的即时强制措施，应符合比例原则的要求，不得超出必要限度。例如，可以强制带离现场的就不应拘留，约束人身自由。

4. 遵守宪法和其他相关法律规定。对违法的暴力殴打致人伤残的事实行为，可以根据《国家赔偿法》请求赔偿。对持续状态中的违法事实行为，如违法的扣押，德国的临时救济诉讼和不作为之诉值得借鉴。

二、行政私法行为

行政私法行为是指行政机关或其特许委托的其他组织为了实现公共利益，达到特定行政目的而运用私法手段或者采取私法的方式从事的公共管理活动。

（一）行政私法活动的特点

行政私法行为具有以下特点：

1. 合意性。行政私法活动的这一特点使其区别于行政救助，后者是公民单方面无偿接受的，而行政私法活动有一定的对价关系，如低价有偿使用水、电、煤气等公共设施。

2. 服务性。随着个人本位思想的衰落、社会本位意识的发展以及社会发展的客观需要，公民要求国家所提供的服务越来越广泛，从教育、卫生、交通、娱乐到社会保障、社会救济，几乎无所不包。这些服务一般由行政机关提供，成为行政机关的义务，行政私法行为正是行政机关履行给付义务而经常采取的活动方式。

3. 多样性。行政活动采取私法形式或者方式的条件是：公法规定出现缺位，行政活动没有相应规定来调整。在这种情况下，才能适用私法规范，而行政私法活动实际上就是借用私法方式达到行政目的的行为。

（二）行政私法行为的主要表现形式

虽然现代法治国家都是福利行政国或服务行政国，但由于法系不同，法律传统不同，行政私法活动的表现形式也不同，具体有以下几种：

1. 公务特许经营行为。例如，对于水、电、煤气、电话设备或大众运输工具的营运等，国家与符合条件的组织签订契约，特许委托其在行政主体的监督下以自己的资金和名义管理这些公务，满足社会大众的日常生活所需，但管理活动的费用和报酬都来自对使用人的收费，盈亏由受特许人承担。

2. 行政上的经营管理行为。在英国称为公法人，在法国称为公有商业公司和公商业公务法人，在我国台湾地区称为公企业。这类活动的目的是增加财政收入，为公民提供经济服务。如国有银行及行政机关投资设立的国有独资企业。

3. 公产或公共设施的建设、维护与管理行为。行政机关为满足公民的医疗卫生、文化娱乐等需要而建立的医院、疗养院、学校、游乐场、幼儿园等公共设施，公民有权利利用，也有权利因受损害而请求赔偿。从公民角度，就是对公共设施的利用关系，从行政机关角度，就是管理与提供服务的关系，因疏于管理而给公民造成损害者，应承担国家赔偿责任，但我国的《国家赔偿法》尚未规定公共设施致害的国家赔偿责任。

第四节

（三）研究行政私法行为的意义

研究行政私法行为的意义表现在：

1. 有助于认识公共行政方式的多样性。除了命令、强制等权力方式之外，公共行政管理可以采取私法的平等、协商、合意、对价的方式。根据行政事务的不同性质、类型和条件采取不同类型的管理方式，将命令性的内容与合意性的内容结合起来，有助于增加公共行政的灵活性和可接受性，从而提高效能。

2. 有助于拓展行政法律渊源的复杂性。公共行政的法律依据不限于行政法律、法规和规章，因为公共行政的活动范围广泛，经常会对公民、法人或者其他组织的民事权益造成影响。在这种情况下，行政机关除了适用相关的行政法律法规之外，还需要适用相关的民事法律规范，同时接受公法和私法两类规范的双重约束。

3. 有助于认识当代行政法的发展趋势。行政私法行为预示着公私合作型的活动方式将逐渐发展起来，甚至有可能取代命令性的活动方式而成为主要的行政活动方式类型。按此，在行政私法行为中蕴含着行政合作法的萌芽。

拓展阅读书目

1. 叶必丰：《行政行为的效力研究》，中国人民大学出版社 2002 年版。
2. 郝明金：《行政行为的可诉性研究》，中国人民公安大学出版社 2005 年版。
3. 杨伟东：《行政行为的司法审查强度研究——行政审判权纵向范围分析》，中国人民大学出版社 2003 年版。

第 五 章

行政程序法

本章提要：

　　本章从程序、法律程序、正当法律程序三者的关系入手，分析了现代行政程序的双层含义、行政程序与诉讼程序的共同点和不同点；阐述了行政程序法是规范行政权力的基本法的地位和功能以及行政程序法的基本原则；介绍了行政程序中的重要制度，如调查和证据制度、政府信息公开制度、听取意见制度和正式听证制度。

第一节　行政程序

一、程序、法律程序、正当法律程序

　　行政程序是法律程序的一种，而法律程序在现代社会除程序本身所具有的技术含义之外，还被赋予规范权力正当行使和保护人权的含义，实质是一种正当法律程序。因此，要阐明行政程序的内涵，首先需要明确程序、法律程序、正当法律程序这几个我们在学习、研究程序法时经常使用的词语之间的关系。统而言之，这几个词语之间存在语义递进关系，随着修饰语的增加，内涵逐渐缩小。

　　（一）程序

　　一般意义上，程序与要完成的事情相对应，指"事情进行的先后次序"或"按时间先后或依次安排的工作步骤"[1] 在计算机语言中，程序是指为使电子计算机执行一个或多个操作，按顺序设计的计算机指令的集合[2] 为了完成一件事情，人们总是要借助一定的程序。而不同的人由于知识、生活经验、工作习惯等各方面的

---

〔1〕《现代汉语词典》《辞海》《现代汉语规范词典》"程序"词条。
〔2〕《现代规范汉语词典》"程序"词条。

差异，会选择不同的程序完成相同的事情。同样，人们也可能运用同一程序去完成不同的事情。因此，程序与要完成的事情之间往往并不存在唯一的对应关系，相同的事情可以通过不同的程序来完成。同样，同一程序可以被运用来完成不同的事情。

（二）法律程序

人们在工作、生活中要完成的事情种类繁多，所谓家事、国事、天下事，事事关心。如果说日常生活中煮面条时是先烧开水后放面条，还是先放面条再加热煮熟，产生的后果仅仅只是影响吃面条的人的胃口而已，而有的事情采用何种程序来完成则将对某些人的利益甚至生命产生直接的影响，如对犯罪者作出的死刑判决。在后种情形中，如果任由决定者根据自己的喜好选择不同的程序来作出决定，则极有可能造成错杀无辜之人。因此，有的事情的完成程序往往由国家强制加以规定，以限制决定者的恣意。决定者必须按照特定程序来完成某件事情，不能随心所欲，自行设定规则。当程序规则为法律所规定、成为决定者的法定义务时，该项程序就被称为法律程序。法律程序中的主体享有各自的程序权利、履行相应的程序义务。如果义务人没有履行法定程序义务，则需要承担一定的法律责任。

法律程序运行结束后往往产生一个法律实体结果，因此，在法律学上，"程序"一词往往与"实体"相对称，指按照一定的方式、步骤、时间和顺序作出法律决定的过程。程序关心的是形成决定的过程，而实体关心的是决定的内容。由于私法领域的活动实行意思自治原则，民事主体双方之间并不存在支配和被支配关系，法律一般不对其活动程序作出强制性规定。而在公权力领域，由于公权力具有强制性，如果滥用极易侵犯公民的权利，因此，法律往往对权力行使的程序作出明确规定，以确保权力行使的理性、公正。所以，法律程序就其规范对象而言，主要是公权力。与现代国家权力被分立为立法权、行政权和司法权相对应，现代法律程序主要有立法程序、行政程序和诉讼程序。

（三）正当法律程序

与计算机程序、植物生长程序等其他程序相比较，法律程序形式上也体现为形成法律决定所历经的方式、步骤、时间和顺序等，但由于法律程序涉及人与人之间的关系，而非人与机器、物的关系，又使得法律程序有其特殊的价值追求，形成正确的实体决定并非法律程序的唯一目标，法律程序还应当保障人在形成实体决定过程中的尊严和权利。因此，法律学者往往并不满足于对法律程序形式特征的描述，而是将之作为一种社会关系加以认识，例如，季卫东教授认为，"程序是交涉过程的制度化"。[1] 关保英教授认为，"程序是法律制度中的一个现象，所反映的是参加主体的关系定位以及各主体在权益交换过程中的运行规则"。[2] 美国联邦最高法院法官威廉·道格拉斯认为，"权利规定的大多数条款都是程序性条款，这一事实绝不是

〔1〕 季卫东："法律程序的意义"，载《中国社会科学》1993 年第 1 期。
〔2〕 关保英：《行政法的价值定位》，中国政法大学出版社 1997 年版，第 182 页。

无意义的。正是程序决定了法治与人治之间的基本区别"〔1〕从前述论述中可以看出，程序主体在法律程序中的地位是学者所关注的重心。季卫东教授在其在中国影响甚为广泛的《程序比较论》一文中提出法律程序的普遍形态是：**按照某种标准和条件整理争论点，公平地听取各方意见，在使当事人可以理解或认可的情况下作出决定。**〔2〕在季卫东教授对程序所作出的此番描述中，既有对程序的技术含义的描述，即决定者按照某种标准和条件，整理争论点，作出决定；又有对程序的规范权力公正运行含义的价值追求，即决定者"公平听取意见，在使当事人可以理解或者认可的情况下"作出决定。因此，季卫东先生所描述的法律程序实质上是一种正当法律程序，即法律程序不仅仅在形式上由法律规定，而且在实质上要满足公正、公平的要求，从而构成正当法律程序。

英国 1215 年的《自由大宪章》和 1355 年爱德华三世颁布的一项律令（有人称为自由律）被视为正当法律程序的最早渊源，〔3〕但上述法律文件中所确定的正当程序原则的适用对象主要是贵族，是贵族从国王那里争取到的权利，并不具有普适性。正当法律程序实质是现代法律程序的要求，其核心要素在于不仅要求最终的实体结果是公正的，而且要求产生实体结果的过程同样是公正的。而过程的公正集中体现在是否让被决定者参与其中，也就是说，被决定者在权力运行过程中是作为独立主体存在还是作为权力支配客体而存在。因此，个人主体性在现代社会的确立被认为是正当法律程序作为一项法律原则得以普遍确立的基础。

在美国，正当法律程序是宪法规定的一项原则，联邦宪法修正案第 5 条和第 14 条分别规定，联邦和州未经正当法律程序不得剥夺任何人的生命、自由和财产。正当法律程序的要求在英国体现为普通法上的自然公正原则。自然公正原则包含两条基本规则：①任何人不能做自己案件的法官。②听取对方意见。

正当法律程序作为一项法律原则，在英国、美国等国家最初的适用领域主要是在司法（特别是刑事审判）领域，随着行政权的扩张，逐渐扩展至行政权力领域，成为行政程序应当遵循的最基本的原则。在德国、日本等具有重实体、轻程序传统的国家，随着二战后新宪法的颁布，公民与行政机关之间的关系发生根本变化，所有国家机关（包括行政机关）都有义务尊重公民作为人的尊严。公民由过去行政的客体转变为独立的主体，有权直接参与行政权的运作，行政程序法应运而生，正当法律程序成为行政机关行使行政权应当遵循的基本原则。

第一节

---

〔1〕　转引自季卫东："程序比较论"，载《比较法研究》1993 年第 1 期。

〔2〕　季卫东："程序比较论"，载《比较法研究》1993 年第 1 期。

〔3〕　1215 年《自由大宪章》第 39 条规定："除非经由贵族法官的合法裁判或者根据当地的法律，不得对任何自由民实施监禁、剥夺财产、流放及其他任何形式的惩罚，也不受攻击和驱逐。"1355 年爱德华三世颁布的这项律令明确规定："任何人、无论其身份、地位状况如何，未经正当法律程序，不得予以逮捕、监禁、没收财产……或者处死。"

二、行政程序的定义

对法律程序的划分，以程序所规范的权力为标准较为适宜。行政程序作为法律程序的一种，是行政权力运行的程序，具体指行政机关行使行政权力、作出行政行为所遵循的方式、步骤、时间和顺序的总和：

1. 行政程序是行政权力的运行程序。根据三权分立理论，行政权与立法权和司法权相对。立法机关行使立法权制定法律规范的程序是立法程序，司法机关行使司法权解决纠纷作出判决的程序是诉讼程序，而行政程序是行政机关行使行政权力时所遵循的程序，是行政行为的事前程序。

行政权力的运行既涉及上下级行政机关和不同地域、不同部门的同级行政机关，也涉及行政机关与相对人，与之相对应，前者形成内部行政程序，后者形成外部行政程序。因此，行政程序是行政权力运行程序的总称，包括内部行政程序和外部行政程序。

行政程序是行政权力运行的程序，但并不意味行政程序由行政机关独立操作完成，相对一方（包括相对人和内部程序中所指向的行政机关）处于无所作为的状态。尤其是在外部程序中，相对人要通过陈述意见等方式参与行政程序的运行，与行政机关一起推进行政程序，最终形成行政决定。

2. 行政程序是行政机关为行政行为的程序。并非行政机关所有的行为程序都是行政程序。行政机关以民事主体的身份进行民事行为时所遵循的程序不是行政程序。行政机关以被告的身份出现在行政诉讼中时，其行为程序也不是行政程序。因此，行政程序的实质是行使行政权力的主体所遵循的程序。

3. 行政程序的构成要素包括：方式、步骤、时间和顺序。方式指实施和完成某一行为的方法及行为结果的表现形式，例如，是采用秘密的方式还是公开的方式作决定，行政决定是以书面的方式还是口头方式作出等。随着科学技术的发展，电子技术被运用到行政程序中，例如，西班牙《行政程序法》第45条规定，公共行政机关为开展活动和行使其职能，应在宪法和法律规定的范围内推动技术及电子、电脑或电讯媒介的使用和运用。又如，韩国《行政程序法》第14条规定，行政机关认为需要迅速送达时，可以电信、传真或电话等方式作出。步骤指完成某一行为所要经历的阶段，行政程序一般由程序的启动、进行和终结三个阶段组成，不少国家正是以行政程序的不同阶段作为立法线索，架构行政程序法中程序规定的。时间指完成某一行为的期限。时间是一项重要的程序制度，规定行政机关完成某一行为的期限，有利于促进行政机关积极行使权力，使相对人的权利义务关系早日得以确定，避免行政机关无故拖延以向相对人索取好处。此外，时间的规定也有助于提高行政效率。顺序是指完成某一行为所必经的步骤间的前后次序。如行政机关在作出行政决定时，必须"先取证、后裁决"，不能先作决定，再去收集证据，否则，就违背了人的认识规律，容易形成错误决定。

4. 行政程序的运行结果是制定行政法规、规章和行政规范性文件，或者作出行政决定。法律程序的运行将产生一定的结果，[1] 立法机关经过法定立法程序所产生的结果是制定法律文件，司法机关经过诉讼程序要对民事、行政争议和刑事被告人是否构成犯罪作出判决。行政程序的运行结果则表现为制定行政法规、规章和行政规范性文件，或针对具体事项作出行政决定。

5. 行政程序是一种法律程序。行政程序是行政机关代表国家管理社会事务所遵循的程序，是行政权力运行的程序规则。为了保证行政权力的有序运行，许多重要的行政程序往往为法律所规范。行政程序是法律程序意味着行政程序一旦为法律所规范，即成为行政机关和相对人在法律上的程序权利义务，具有规范性、强制性。行政机关必须履行行政程序法所规定的程序义务，否则要承担相应的法律责任。

三、行政程序在现代社会的双层含义

（一）技术层面上的行政程序

行政程序作为程序的一种，与机器操作规程，计算机的运行程序一样，具有一般意义程序的特点，是行政机关制定规则或作出行政决定所遵循的方式、步骤、时间和顺序的总和。通过科学、合理的程序设计，行政机关得以有效实现预定的行政目标。在此层面上，行政程序是实现行政目标的手段和工具，体现了行政程序技术性、工具性特点。技术层面上的行政程序是每一社会形态行政程序所普遍具有的含义，因为在任何社会，行政目标都必须通过一定的行政程序来实现。

（二）权力制约层面上的行政程序

行政程序是实现行政管理目标的工具和手段，但又不仅仅是实现行政管理目标的工具和手段。机器生产产品、计算机程序的运行体现的是人与自然的关系，是人对物的操纵，在这里，如何提高产量、改进计算机的功能是人们设计程序所追求的唯一目标。在行政程序中，程序产生的法律决定将对公民的权利义务产生影响，是对人作出的决定，体现的是国家权力与公民的关系。因此，行政程序不仅是行政机关认定事实、作出决定的认识过程，也是一个价值选择过程：公民在行政权力运行中是作为行政的客体被动接受行政机关作出的影响其权利义务的决定，还是作为具有独立人格的主体主动参与行政决定的制作。在专制社会中，公民被视为行政的客体，无权参与行政过程，行政决定以何种方式作出由官员自行决定，带有极大的随意性。只有在现代社会中，随着公民基本权利在宪法中的确定，公民才作为具有独立人格的主体参与行政权力的运行，保障公民在行政权力运行过程中的权利才成了实现实体目标之外，行政程序追求的另一个目标。对于公民来说，在行政机关制作

---

〔1〕　在诉讼程序中，法院的审判程序一旦启动，必须作出判决。获得裁判是当事人诉权的一个重要组成部分。

影响自己权利义务决定的过程中，通过向行政机关陈述意见、提交证据、行使抗辩权，有效参与了行政程序，对自己的事务在一定程度上行使了自决权，其作为人主宰自己命运的主体地位得到尊重。行政程序在此层面上，成为保证行政过程公正、制约行政权力滥用的重要保障。

制约权力层面上的行政程序是现代社会行政程序独具的含义，专制社会中的行政程序只具有技术层面上的含义，这也正是行政程序自行政权产生就存在，但行政程序的制度化、法律化却迟至现代以后才出现的原因。随着行政权力在现代社会的扩张和行政自由裁量事务的增加，肯定行政程序制约权力层面上的含义，对于规范行政权力的正当运行、保护公民权利具有十分重要的现实意义。

四、行政程序与诉讼程序

（一）行政程序与诉讼程序的共同点

1. 行政程序与诉讼程序都属于程序范畴，与实体相对。行政程序与诉讼程序作为程序范畴，其任务之一都是要实施实体法，产生实体法律决定。行政程序中行政主体适用行政实体法作出行政决定，诉讼程序中，法官在刑事、民事和行政案件中分别适用刑法、民法和行政法作出实体判决。由于行政法上的合法性原则包括实体合法和程序合法两个方面，因此，法院在行政诉讼中既适用行政实体法，也适用行政程序法。

行政实体法的实施与刑事实体法和民事实体法的实施只能通过刑事诉讼法和民事诉讼法不同，行政实体法的实施既可以通过行政诉讼法，也可以通过行政程序法。所以，行政程序与行政诉讼程序针对的实体事务相同，都是适用行政实体法所适用的程序。二者因此都具有规范行政权力的功能，不同的只是行政程序是对行政权力运行过程的控制，属于行政行为的事前程序。行政诉讼程序是对行政权力运行的事后监督，属于行政行为的事后救济程序。

2. 作为形成实体法律决定的过程，行政程序与诉讼程序都由若干个环节组成。无论是行政决定的作出，还是司法判决的形成，都由若干环节构成，一般包括程序的启动、程序的进行和程序的终结三个阶段。

3. 行政程序与诉讼程序有共同的程序制度。二者有很多共同的制度，如为了保证程序的公正，诉讼程序规定了法官的回避制度，行政程序法也规定了行政官员的回避制度。以德国《联邦行政程序法》的规定为例，第二章"行政程序的一般规定"中规定了行政程序的当事人、代理、回避、证据、听取当事人陈述、阅览卷宗、期间、期日等制度。这些制度也为诉讼程序所有。当然，同一制度的具体规则会有所区别。

（二）行政程序与诉讼程序的区别

1. 程序的主体不同。行政程序中的主体主要有行政机关和相对人。诉讼程序中的主体主要有法院、原告被告两造当事人。行政机关在行政程序中居于调查者和决定者的地位，在诉讼程序中居于当事人的地位。

2. 程序启动的方式不同。行政权是执行公共意志的权力，行政程序的启动一般贯彻职权进行主义，由行政机关主动启动，不受相对人意思表示的拘束。一般情况下，应否启动行政程序、何时启动行政程序、如何启动行政程序，属于行政机关的自由裁量范围，由行政机关依职权确定。但如果法律规定行政机关有义务依职权或根据申请启动行政程序，或只有相对人申请才能启动行政程序的，行政机关没有自由裁量权。如德国《联邦行政程序法》第22条规定："官署依合义务性的裁量，决定应否或于何时进行行政程序。但官署基于法规的规定，有下列情形时，不适用：①依职权或依申请应从事程序的；②仅依申请始得从事程序，而没有申请的。"

司法权是解决纠纷或惩罚犯罪的权力，司法机关在现代三权分立体制之下的职责主要是公正、独立实施法律，解决争议，法官不再扮演主动维护社会秩序的角色，而是独立于纠纷之外，在原告请求之下，对争议作出裁决。因此，诉讼程序的启动具有被动性，实行"不告不理"的原则。争议产生后，只有在当事人将争议起诉至法院，或检察院将案件起诉到法院时，法院才能决定是否启动诉讼程序。

3. 程序的构造不同。程序的构造指程序各主体在程序中的地位及其相互关系，广义的刑事诉讼构造还包括侦查与起诉、审判之间的关系。[1] 诉讼构造一般涉及三方主体：原告、被告两造平等对抗，法院作为第三人居中裁判。行政程序的构造除行政裁决等行政司法程序之外，只涉及两方主体，程序由行政机关和相对人两造构成。行政机关处于管理者地位，相对人处于被管理者的地位。行政机关既是调查者，也是决定者。在行政司法程序中，对于行政裁决和由上一级机关充当复议机关的行政复议，其程序的构造与诉讼程序相同，[2] 均涉及三方主体，由行政机关居中对民事争议和行政争议作出裁决。

4. 程序的结果不同。行政程序是行政行为的事前、事中程序，程序运行的结果是制定行政法规、规章和其他规范性文件，或针对特定的相对人作出行政决定。诉讼程序结束后，由法院作出判决：刑事诉讼中对刑事被告人进行定罪量刑，作出有罪或无罪判决；民事诉讼中对当事人的民事争议作出判决，确定原、被告各自应承担的民事责任；行政诉讼中对具体行政行为的合法性作出判断。

（三）行政程序与行政诉讼程序的衔接

行政程序是行政行为的事前程序，行政诉讼程序是行政行为的事后救济程序，二者之间存在前后衔接关系。对行政程序中的违法行为，包括程序违法及实体行政决定违法，相对人可以诉诸法院，请求法院审查撤销。此时，行政程序要接受行政诉讼程序的审查，法院将通过行政诉讼程序对行政程序及行政程序所产生的实体决

---

〔1〕　参见李心鉴：《刑事诉讼构造论》，中国政法大学出版社1997年版，第14页。

〔2〕　行政复议要区分不同情况，如果复议机关为原行为机关，则程序构造为两造；如果复议机关是原行为机关的上级机关，则与行政诉讼程序相同。

定是否合法进行审查，作出判决。行政程序与行政诉讼程序的这种前后衔接关系，使法律程序对行政权力的控制贯穿于行政行为的事前、事后，也使行政程序得以提高行政效率，对诉讼程序中保证公正的制度不是全盘照搬，而是结合行政的特点，加以改造。

五、行政程序的种类

（一）外部行政程序与内部行政程序

外部行政程序与内部行政程序是以相对人是否为行政程序一方主体为标准对行政程序所作的一种分类。所谓外部行政程序，是指适用于行政机关与公民、法人或其他组织之间的程序，例如，听取意见程序是行政机关听取相对人的意见，说明理由是行政机关向当事人说明理由。外部行政程序是现代行政程序法的核心内容，也是行政程序法学研究的重心。有的国家（如美国）在其行政程序法中仅规定外部行政程序。

内部行政程序是指适用于行政机关内部、行政机关之间的程序。如行政机关之间的行政协助、上级行政机关对下级行政机关的批示等。内部行政程序不直接涉及相对人，但内部行政程序如果不规范也会间接影响相对人，因此，有的国家（如葡萄牙）的行政程序法中也规定了内部行政程序。

（二）抽象行政行为程序和行政决定程序

2014 年修正后的《行政诉讼法》用"行政行为"概念替代"具体行政行为"概念，故不宜再使用抽象行政行为与具体行政行为这一分类，转用"行政决定"替代"具体行政行为"。

这是根据行政行为的类型对行政程序所作的分类。行政行为纷繁复杂、性质差异较大，不同种类行政行为程序规则差异很大，从而使得行政程序制度呈现出极强的类型化状态。因此，必须区分抽象行政行为与行政决定以分别探讨各自遵循的程序。

抽象行政行为程序是行政机关制定行政立法和其他规范性文件、制定行政决策遵循的程序。抽象行政行为是行政执法的依据，涉及不特定公众的利益，因此，有效的公众参与机制是抽象行政行为程序的核心内容，通过程序的科学、民主来确保规则的科学和公正，使规则得以顺利执行。

行政决定程序是行政机关作出行政决定时的程序。行政决定针对具体当事人做出，是一个认定事实、适用法律的过程，保证事实认定的准确和保护特定当事人的利益是行政决定程序承担的任务，证据制度和听取意见制度是行政决定程序的核心内容，通过程序的理性、公正保证行政决定的正确，保护相对人的利益。此外，由于行政决定数量繁多，直接关系行政管理的效率，如何提高行政效率也是行政决定程序要解决的问题。

第二节 行政程序法

从世界范围来看，行政程序法是在 20 世纪（尤其是二战以后）随着行政权力在现代社会的扩张、福利国家的来临所发展起来的新的法律现象。在中国，由于历史的原因，行政程序法迟至 20 世纪 90 年代才开始引起学者和立法部门的关注。

一、行政程序法的概念

对行政程序法的理解有广义和狭义之分。[1] 广义的行政程序法是关于行政程序的法律规范的总称，包括行政程序法典和其他散见在单行法中的行政程序法律规范。[2] 狭义的行政程序法仅指行政程序法典，美国、德国、日本等国家已经制定行政程序法典。就其内容而言，行政程序法作为程序法的一种，是规范行政机关和相对人在行政程序中的权利义务的法律规范的总称。行政程序法不是一个独立的法律部门，而是行政法的有机组成部分，以行政权力的运行为规范对象。

1. 行政程序法以行政权为规范对象。行政程序法规定了行政机关和相对人在行政权运行过程中各自的程序权利义务，通过要求行政机关承担程序义务来保证行政权理性、民主地行使，保护在行政管理中居于弱势地位的相对人。据此可以认为行政程序是在法律调整下的一种行政机关和相对人之间的角色分配体系，确立了行政机关和相对人各自在行政权力运行过程中的地位。

2. 行政程序法是关于行政权力运行的程序规定。行政程序法规定了行政机关在行使行政权力、作出行政行为时所应遵循的程序规则，是关于行政权力运行的方式、步骤、时间和顺序等程序规则的规定。

就学理而言，行政程序法应是关于行政权力运行的程序规定，但越来越多的大陆法系国家的行政程序法已突破了这一理解，在行政程序法中规定了行政行为等实体方面的内容，如德国《联邦行政程序法》第三章详细规定了行政行为的生效、无效、撤销、废止等实体内容，在行政程序法中融入了大量实体规定。

3. 行政程序法主要是关于外部行政程序的规定。与传统行政程序规范不同，现代行政程序法以外部行政程序为主，主要规范行政机关与相对人在行政程序中的权利义务关系，是关于行政机关与相对人在行政程序中的相互关系的规定。如德国《联邦行政程序法》第 8 条规定："行政程序，系官署为行政要件之审查。准备行政

---

[1] 我国台湾地区与此对应的概念是形式意义上的行政程序法和实质意义上的行政程序法。所谓形式意义上的行政程序法，指名称为行政程序法的法典；实质意义的行政程序法兼指各种规定行政程序的法规。

[2] 有的学者在更广意义上理解行政程序法，如我国台湾地区学者林纪东主张将行政诉讼法及诉愿法的内容规定在行政程序法中。参见林纪东："行政程序法在民主国家的功能"，载中国台湾地区"行政院"研究发展考核委员会编印《各国行政程序法比较研究》1979 年版，第 23 ~ 24 页。

处分或作成行政处分，以及缔结公法契约所为而对外发生效力之行为。"

　　不少国家的行政程序法目前对内部行政程序也作了较多的规定，如西班牙《行政程序法》第一编、第二编（共计28条）规定了公共行政机关及其相互间关系等内容。从各国行政程序法的规定来看，关于内部行政程序的规定主要涉及行政机关相互间关系，既包括上下级机关之间的关系，[1] 也有平行行政机关相互间关系的规定。[2] 内部行政程序在行政程序法中比重的增加，一个很重要的原因就是内部行政程序与外部行政程序划分的相对性。在行政程序法中对行政机关之间的关系进行规范，有利于保护相对人的利益，应该予以肯定。

二、行政程序法的性质及其对社会生活的影响

　　行政法与宪法是具有密切联系的两大部门法，以致有"宪法是静态的行政法、行政法是动态的宪法"之说。行政程序法作为行政法的重要组成部分，直接体现了宪法中关于行政权正当行使的要求，是规范行政权正当行使的基本法，[3] 负有直接实现宪法理念的重要使命。如美国《联邦行政程序法》以正式听证制度为核心，规定了制定法规和行政裁决的程序，正是宪法修正案第5条和第14条关于正当法律程序规定的延伸，是对正当法律程序条款的具体化，直接体现了宪法规定的通过正当程序保障公民权利的理念。

　　行政程序法作为规范行政权力正当行使的基本法的性质，决定了其将对社会生活产生广泛而深远的影响：

　　1. 对国家机关之间关系的影响。从行政机关在行使行政权力时除符合实体法律规定之外还必须符合行政程序法来看，行政权的行使将因行政程序法的制定和实施受到牵制。立法机关可以通过行政程序法的制定，规定行政机关应遵循的程序，制约行政权的行使。法院可以通过对行政行为是否符合法定程序进行审查，制约行政机关。

　　2. 对行政权运行的影响：①对权力运行方式的影响。现代行政程序法规定了行政公开、听取相对人意见等基本制度，行政成为公开、透明、民主的过程。②对行

_____

[1] 如《西班牙行政程序法》第21条规定了上级机关对下级机关的命令指挥权。
[2] 如葡萄牙规定了行政授权；西班牙和我国台湾地区规定了行政委托、委托办理；我国台湾地区和德国、西班牙、韩国规定了行政协助；西班牙、葡萄牙和我国澳门地区规定了接替和代任等制度。参见应松年主编：《比较行政程序法》，中国法制出版社1999年版。
[3] 我国台湾地区学者叶俊荣将行政程序法的法律性质定性为"准宪法"，并对"准宪法"一词作了这样的解释：宪法基于其"最高"与"基本"的特性，只就政府结构与人权保障作纲领性的规定，许多具体的事项，都必须靠立法机关通过的法律来落实。然而，同样是法律，某些法律规定的内容与宪法理念与制度的实现有直接的关联，这些法律即是宪法理论上所谓"准宪法"的法律。既称为准宪法，其本身并非宪法，但论其内容则与宪法的基本制度与理念有直接的裙带关系，实际上是宪法的具体化。参见叶俊荣："转型社会的程序立法：我国行政程序法的立法设计与立法影响评估"，载《当代公法理论：翁岳生教授六秩诞辰祝寿论文集》，台湾月旦出版公司1993年版。

政效率的影响。科学、合理的行政程序设计有助于提高行政效率。此外，行政程序法所规定的行政公开、相对人参与等制度，加强了公民与行政机关的合作，减少了二者之间的摩擦，有助于提高行政效率。③对行政成本的影响。行政程序法对行政成本的影响体现在两个方面：增加直接成本，降低错误成本。行政程序法所规定的情报公开、听取相对人意见等制度，将使行政机关在人员设置、程序运作上增加直接成本。但是由于相对人的参与，行政机关作决定的事实基础很多是由相对人提供的，行政机关可以据此节约调查费用，减少成本。此外，行政公开、听证等制度有助于行政机关正确认定事实，从而降低错误成本，也减少了当事人事后提起行政申诉和司法审查的可能性，降低了因相对人提起事后救济增加的成本。④对公务员执法观念的影响。行政程序法的制定有助于提升公务员的程序意识，促使公务员遵循正当程序行使行政权。

3. 对公民权利保障方式的影响。此种影响体现在两个方面：①由事后救济向事前参与扩展。行政程序法的制定，使公民得以参与行政决定的作出，在行政机关将对其作出不利决定时，了解行政决定的内容，向行政机关提交证据，陈述自己的意见，从而对公民权利的保障得以向事前参与扩展。②由实体法向程序法扩展。行政程序法主要规定行政权运行的程序规则，且以行政机关的程序义务为主要内容，因此，对公民权利的保护得以向程序机制扩展。

三、行政程序法的渊源

（一）宪法

宪法中关于行政权运行程序的规定是行政程序法最基本的渊源，是对行政权力最低限度的程序要求。宪法对行政程序的规定在内容上一般具有高度概括性，需要通过下位阶行政程序法规范具体化。如美国联邦宪法中所规定"正当法律程序"（Due Process），[1] 通过 1946 年的《联邦行政程序法》得以具体化。根据联邦最高法院的解释，"正当法律程序"包括两方面含义：①正当法律程序是一个实体法规则，称为实质的正当法律程序。这种意义的正当法律程序要求国会所制定的法律必须符合公平与正义。②正当法律程序是一个程序法的规则，称为程序上的正当法律程序。这种意义上的正当法律程序要求一切权力在行使过程中，可能会剥夺私人的生命、自由或财产时，必须听取当事人的意见，当事人具有要求听证的权利。[2] 正当法律程序原则是对行政程序的最低要求，在制定法没有关于行政程序的具体规定时，行政机关不能违背宪法正当法律程序的要求。

---

〔1〕　美国"正当法律程序条款"是指宪法修正案第 5 条、第 14 条的规定。宪法修正案第 5 条规定联邦机构"未经正当法律程序不得剥夺任何人的生命、自由或财产"，第 14 条修正案对州行政机关作了相同的限制。正当法律程序条款最初适用于刑事程序，后逐渐扩展至行政程序。

〔2〕　王名扬：《美国行政法》，中国法制出版社 1995 年版，第 383～384 页。

英国没有成文宪法，在行政法上与美国宪法"正当法律程序原则"地位相当的是"自然公正原则"（Natural Justice）。自然公正原则是普通法所确立的支配行政机关活动的一条程序规则，不是一条实体法规则，这与美国的正当法律程序原则稍有不同。自然公正原则是一个最低限度的公正原则，是约束行政机关的最基本的公正程序规则，如果议会在授权法中没有规定行使权力的程序，行政机关不能因此认为自己没有受到任何程序限制，其权力的行使必须符合自然公正原则的要求。[1] 英国的自然公正原则主要包括两项内容：听取对方意见和任何人不能做自己案件的法官。

我国宪法中没有类似"正当法律程序"和"自然公正"的提法，也没有明确体现"正当法律程序"和"自然公正"要求的规定。学者曾经尝试寻找行政程序法的宪法基础，[2] 如认为《宪法》第 27 条第 2 款（"一切国家机关和国家工作人员必须依靠人民的支持，经常保持同人民的密切联系，倾听人民的意见和建议，接受人民的监督，努力为人民服务"）规定了听证制度。这种尝试应该说有一定意义，但由于这些规定：①过于抽象，不是对行政程序原则的直接表述；②以人民整体作为规范对象，带有很强的政治色彩，是对国家机关工作方法的一种规定，而不是对公民个体权利的直接保护；③宪法在我国不能作为法院判案的直接依据，没有对行政机关发挥实际的约束作用，这一点通过"听证"无论是作为一个法律概念为公民所了解，还是作为一项法律制度，进入行政执法实践，都是在《行政处罚法》颁布之后这一事实，已足以证明。因此，宪法的这些规定并非对行政机关的法定程序要求，尚不能将之直接作为行政程序法的法律渊源。

（二）行政程序法典

狭义上的行政程序法仅指行政程序法典，因此，行政程序法典是行政程序最直接的法律渊源，在已制定行政程序法典的国家，则是最重要的渊源。根据现有的资料，西班牙于 1889 年制定了世界上第一部行政程序法典。迄今，美国、德国、日本、意大利等国家都已经制定行政程序法典。[3]

在上述国家的行政程序法典中，以美国的《联邦行政程序法》和德国的《联邦行政程序法》影响最大。美国《联邦行政程序法》有两大显著特点：①基本为关于程序的规定，很少涉及实体问题，其中又以听证制度构成法典的核心内容；②法院对行政行为的司法审查程序（诉讼程序）也规定在其中，这是美国所独有的做法，其他国家一般都制定有专门的行政诉讼法，规范法院审查行政行为的程序。此外，从立法技术来看，美国《联邦行政程序法》还具有以下特点：①将行政机关的行为

---

[1]　王名扬：《英国行政法》，中国政法大学出版社 1989 年版，第 151～152 页。

[2]　江必新、周卫平编著：《行政程序法概论》，北京师范大学出版社 1991 年版，第 45 页；杨建顺："市场经济与行政程序法"，载《行政法学研究》1994 年第 1 期；章剑生：《行政程序法学原理》，中国政法大学出版社 1994 年版，第 91 页。

[3]　关于外国行政程序法典的内容可以参见应松年主编：《外国行政程序法汇编》，中国法制出版社 2004 年版。该书收录了 15 个国家和地区的行政程序法典。

分为法规制定和行政裁决两大类，分别规定了相应的程序；②法规制定和行政裁决的程序都分为正式程序和非正式程序两类；③将体现行政公开、透明的《信息自由法》《隐私权法》《阳光下的政府法》收录在同一法典中。美国《联邦行政程序法》以公正、民主和效能为立法原则，加上美国二战后的国际地位，一经制定，即在世界范围产生重大影响，为其他国家纷纷仿效。

德国的《联邦行政程序法》以完全不同于美国的立法模式对大陆法系国家的行政程序法产生重大影响。与美国仅就程序性事项进行规定不同，德国在其行政程序法中还对行政法的基本原则、行政处分的效力、公法契约等实体内容作出规定。行政程序法在某种意义上部分实现了行政法法典化。德国的立法为西班牙、葡萄牙等大陆法系国家所仿效。我国台湾地区的"行政程序法"也在很大程度上借鉴了德国的立法。目前，我国学者起草的行政程序法专家意见稿也主要参考了德国的立法。

我国目前尚未制定统一的行政程序法典，关于行政程序的法律规定散见在各单行法中。2003 年，全国人大常委会将行政程序法典列入十届全国人大常委会二类立法规划中。

（三）单行行政程序法律

单行行政程序法律指针对某一种类行政行为的程序或者针对某一行政程序制度的专门立法。前者如国务院制定的《行政法规制定程序条例》《规章制定程序条例》是关于行政立法程序的专门规定，后者如法国于 1979 年制定的《说明行政行为理由及改善行政机关与公众关系法》是关于说明理由制度的专门规定。

（四）实体与程序规范并存的单行法律文件

此类法律文件数量最多。行政行为纷繁复杂，性质差异较大，行政程序法典一般只能对行政程序的共通事项作一般规定。即使对特定种类行政行为的程序进行规定，也只能限于重要的行政行为。加之行政程序法典的制定在各国都较晚，因此，大量的行政程序法律规范与相应的实体规范并存同一法律文件中。立法者在规范行政实体事项的同时，往往制定相应的行为程序。如我国的《行政处罚法》在规定行政处罚权的设定、行政处罚的种类等实体问题的同时，规定了行政处罚程序。

四、行政程序法的功能

行政程序法以行政机关的程序义务为主要内容，具有以下功能：

1. 保证行政权科学、理性行使，确保行政实体法正确实施。行政程序法通过符合人们认识规律的程序设计，保证行政机关正确认定事实，理性行使权力。如作为现代行政程序法基本制度之一的听取意见制度要求行政机关在作出不利于相对人的决定时必须听取相对人的意见，这有助于行政机关听取不同意见，全面了解情况，作出正确的决定。正如罗斯基尔法官所说的那样："必须记住自然正义还有完全有别于对个人公正的一面：它有助于行政官员作出更好的决定，如果他听取那些最希望抗议他的政策的人的意见的话。"[1]

2. 制约行政权力、防止行政权力滥用，保护公民、法人或其他组织的权利。在行政实体法律关系中，行政机关享有强大的行政权力，相对人处于弱者的地位。行政权力如果得不到有效的制约，极易侵害公民的权利。行政程序法通过规定行政机关应当履行的程序义务，确保行政权以公正、公开、理性的方式行使，有效制约了行政权，防止行政权被滥用。于相对人而言，行政程序法赋予其程序权利以对抗行政机关的实体权力，相对人可以通过行使参与、陈述意见等程序权利，有效影响行政决定的作出，保护自己的利益不受行政权侵犯。

3. 实现资源合理配置，提高行政效率。行政程序法所建立的正当行政程序制度从整体看，有助于提高行政效率。这是因为：①行政程序的统一化、标准化有助于提高行政效率。②行政程序法通过将符合人们认识规律的、科学的、合理的行政程序法律化、制度化，降低直接成本，提高行政效率。③行政程序法所规定的参与机制，一方面，有助于行政机关正确认定事实，减少行政程序中的错误成本；另一方面，程序公正所体现的行政民主、公正，加强了相对人对行政机关的信任，减少了行政过程中的障碍及事后提起行政争议的可能性，提高了行政效率。④行政程序法规定的期限制度保障实体法的高效实施。所谓"迟来的正义为非正义"，对相对人来说，总是希望行政机关及早作出决定，以早日确定其行政法上的权利义务。对于国家来说，及时作出行政决定，提高行政效率，创建一个高效政府，才能更好地履行其职能。

第三节　行政程序法的基本原则

一、行政程序法基本原则的概念

行政程序法的基本原则是指行政程序法规定的，贯穿行政权力运行过程始终，为行政机关所必须遵循的基本行为准则。由于行政机关是行政权力的行使者，处于强势地位，因此，基本原则的约束对象是行政机关，而非相对人和其他程序参与人。

1. 行政程序法基本原则的内容具有根本性，直接体现了行政程序法的价值追求，是对行政权力公正运行的最低限度要求。程序公正原则、程序公开原则、参与原则、程序及时原则等原则在内容上具有高度概括性，为行政机关设定了一系列基本义务，体现了现代法治国家对行政权力公正、有效运行的最低、最基本的要求，直接承载了行政程序法的各项价值目标，是确保各项价值目标在行政程序中得以实现的重要保障。

2. 行政程序法基本原则对行政活动的进行具有普遍的指导和规范作用，不同于

---

[1]　[英] 威廉·韦德著，徐炳等译：《行政法》，中国大百科全书出版社 1997 年版，第 204～205 页。

适用于某一阶段或某一领域的原则。效力的普遍性是基本原则的特性之一，作为行政程序法基本原则，应该对行政活动的进行具有普遍指导和规范作用，不应局限在程序的某一阶段或某一环节。

3. 行政程序法基本原则通过规则具体化。规则是关于某些事项的法律规定的陈述，通常比学说或原则更加详细和具体，体现了基本原则的要求，使基本原则得以具体化，调整法律关系主体的行为。如程序及时原则通过期限制度、默示批准制度、默示驳回制度具体化。

理解行政程序法基本原则时，不能孤立地就基本原则而论基本原则，必须将之放在由不同层次的法律规范所组成的系统中，与其他层次的法律规范进行比较，才能正确确定基本原则的内涵：一方面，不能拔高了基本原则的层次，将属于价值范畴的内容作为基本原则；另一方面，不能降低了基本原则的层次，将属于具体原则和制度的内容作为基本原则。

二、行政程序法基本原则体系

行政程序法基本原则的规定方式有两种：一种是规定在宪法和行政程序法中，如美国联邦宪法规定了"正当法律程序"条款，葡萄牙《行政程序法》规定了合法性原则、参与原则等11项原则；另一种是通过判例确立，如法国行政法院通过判例确立了防卫权原则和公开原则等行政活动的基本程序原则。[1] 采用直接规定的方式可以避免理论认识上的分歧，明确基本原则的范围和内涵。

第三节

由于有的国家（如德国）的行政程序法典担负着部分实现行政法法典化的任务，因此，各国和地区所规定的基本原则，在内容上呈现出两大显著特点：

1. 行政程序法基本原则并不限于程序原则，还包括实体原则，行政程序法基本原则与行政法基本原则合为一体。除在程序法中规定公开原则、参与原则、及时原则等纯粹程序原则之外，葡萄牙、德国、韩国和我国台湾地区等行政程序法中还规定了兼具程序与实体内容的公正原则、合法原则、平等原则等基本原则，以及完全是实体法原则的比例原则、诚信原则。

2. 行政程序法基本原则并不限于公法原则，还包括私法原则，例如，韩国、我国台湾地区行政程序法规定的诚实信用原则，本是私法原则，被引入行政程序法，成为规范行政权力的一条基本原则。在德国，行政法院通过判例确定了诚实信用原则在公法领域的适用。

我国尚未制定统一的行政程序法典，关于行政程序法基本原则的规定散见于诸多单行法中。有的单行法仅列举规定了基本原则的名称，并未指明其内涵和基本要求，如《行政复议法》第4条仅规定："行政复议机关履行行政复议职责，应当遵循合法、公正、公开、及时、便民的原则，坚持有错必纠，保障法律、法规的正确

---

〔1〕　王名扬：《法国行政法》，中国政法大学出版社1988年版，第152～154页。

实施。"有的单行法则在规定基本原则的同时，规定了该原则的基本要求，如《行政处罚法》第 4 条规定，"行政处罚遵循公正、公开的原则"，公正原则的基本要求是"设定和实施行政处罚必须以事实为依据，与违法行为的事实、性质、情节以及社会危害程度相当"；公开原则的要求是"对违法行为给予行政处罚的规定必须公布；未经公布的，不得作为行政处罚的依据"。

我国学者对行政程序法基本原则包含哪几项的总结并不一致，例如，有人认为行政程序法基本原则为公正原则、公开原则、听证原则、顺序原则和效率原则；[1]有人认为行政程序法的基本原则应当是公开原则、公正原则、参与原则、复审原则、顺序原则和效率原则；[2] 有人认为行政程序的基本原则包括公开原则、公正公平原则、参与原则和效率原则。[3] 在应松年教授主持起草的《中华人民共和国行政程序法专家意见稿》中规定了如下几项基本原则：程序合法性原则、知情原则、程序公开原则、参与原则、公正原则、正当原则、效率原则、比例原则、诚信原则。

如果将行政程序法典定位为部分实现行政法的法典化，则法典中关于基本原则的规定的实质将是行政法的基本原则，应松年教授的专家意见稿即为最好的例子。如果将行政程序法典定位为仅实现对权力的程序规制，则其中规定的基本原则应仅为程序性原则。本书第二章专章介绍行政法的基本原则，因此，本部分仅介绍程序性原则。

三、行政程序法基本原则的内容

（一）参与原则[4]

参与原则指受行政权力运行结果影响的主体有权参与行政权力的运作，并对行政决定的形成发挥有效作用。"参与"不同于"参加"或"到场"，它包含行为主体的自主、自愿和目的性，是一种自主、自愿、有目的的参加。参与者意在通过自己的行为，影响某种结果的形成，而不是作为一个消极的客体被动接受某一结果。

各国行政程序法典都规定了参与原则及其制度，参与是现代行政的普遍要求。行政中的参与（特别是公共决策领域的公众参与）的发展是与寻求行政权合法化新机制相伴随的。美国理查德·B. 斯图尔特教授在《美国行政法的重构》一书中提出行政权正当化机制的传统模式，即严格遵循立法指令的传送带模式和依靠专家理性的行政官员专家模式，随着行政国家的兴起，自由裁量权的广泛存在，已经不能为

---

〔1〕 罗豪才主编、应松年副主编：《行政法学》，中国政法大学出版社 1996 年版，第 293～296 页。
〔2〕 应松年主编：《行政法学新论》，中国方正出版社 1999 年版，第 511～516 页。
〔3〕 姜明安主编：《行政法与行政诉讼法》，北京大学出版社、高等教育出版社 2005 年版，第 370～376 页。
〔4〕 关于行政中的参与问题可以参见王锡锌：《公众参与和行政过程——一个理念和制度分析的框架》，中国民主法制出版社 2007 年版。

行政的合法化提供足够的支持。[1] 利益代表模式，即广泛的利益主体参与行政的过程，成为新的行政合法化机制。公民参与行政，改变了公共行政的运作模式，特别是在公共决策领域。行政的结果不再由行政机关独自操作获得，而是行政机关与相对人、与公众互动的结果。

　　行政参与的发展历史并不久远，在世界范围内形成一种趋势始自二十世纪六七十年代，一般认为参与民主发展的背景主要有以下几点：①全球化带来的政府应对压力。需要政府整合全体社会力量去应对，协商民主因之开始发展。②民主参与理论的发展：直接民主——代议制民主——参与民主。③行政权扩张，行政事务增加，直接影响行政的运作模式。④信息化为广泛、深入的公众参与提供了技术的支持。

　　参与原则的制度构建需要区分不同类型的行政行为：

　　1. 相对人对行政决定程序的参与。行政机关作出行政决定的过程中，参与主体是特定的，限于行政决定的当事人。当事人对行政决定的参与主要表现为向行政机关陈述自己的意见，如《行政处罚法》和《行政许可法》中规定的听取当事人意见制度。

　　2. 公众对公共决策的参与，即公众参与。公共决策过程中，参与主体是不特定的。如《立法法》《价格法》等规定的听证制度。我国关于公众参与的专门立法有《环境影响评价公众参与暂行办法》《广州市规章制定公众参与办法》。公众参与公共决策是决策科学性、民主性的要求。通过公众的参与，扩大决策信息的来源，使决策更趋理性。同时也为受决策影响的各利益主体提供沟通的平台，通过发表各自意见对最终决策发生影响，使决策能够最大限度保护各方利益主体。公众参与制度的构建包括参与的主体、参与主体的权利义务、参与的范围、参与的程度、参与的程序、参与的效力等内容。由于公众参与的前提条件是掌握足够的信息，因此，公众参与制度延伸开来还包括完备的政府信息公开制度。

　　公众参与的良好运行需要具备一些条件，包括：①参与主体的组织化程度。分散的个人基于个人精力有限、搭便车、缺乏专业知识等因素，真正参与决策的很少。而组织则有专门的人员，能够保证有效参与。②信息的公开程度。行政机关与公众之间是否能够实现信息对称，直接影响参与的效果。政府信息公开的程度直接影响了公众参与的效果。③参与对最终决策的影响程度。参与对于最终的决策到底能在多大程度上产生作用，将影响公众对参与的持续热情，以及对决策的信任程度。欠缺公众信任的决策无疑将面临更大的执行阻力。

　　参与原则及在此基础上构建的行政制度可能会产生以下新的问题：①弱势群体的利益如何保护？②公众参与之下作出的行政决策产生的法律责任由谁承担？③公众参与是否会导致决策偏离正确方向？公众缺乏专门知识、信息，但违反民意的帽子

第三节

---

〔1〕〔美〕理查德·B. 斯图尔特著，沈岿译：《美国行政法的重构》，商务印书馆 2002 年版，第 5 ~ 28 页。

会给行政机关带来很大压力。④行政的成本是否增加？这些问题需要进一步深入研究。

（二）行政公开原则

行政公开在我国也叫增强行政的透明度，是指行政机关主动或者依申请将行政权力运行的依据、过程和结果向公众和相对人公开，使公众和相对人知悉。

行政公开作为行政机关的义务，对应于公民的知情权。知情权在有的国家也称信息自由权，是公民所享有的获得政府占有的信息的权利，通过专门的政府信息公开法加以制度化。制定政府信息公开法，建构行政公开制度是二战以后世界范围内行政新发展的一个趋势，其目的在于最大限度提高政府信息的利用率，同时增加行政的透明度，加强公众对行政的监督。

行政公开原则的确立，具有以下意义：

1. 实现公民的知情权，满足公民对信息的需要。首先，现代政治是民意政治、开放政治，在民主社会中，公民作为主权者应有权了解政府的活动。其次，现代社会是信息社会，信息在公民日常生活和企业的生产经营活动中的作用越来越大，客观上要求政府为公民和企业提供政府档案资料，满足公众的信息需要。通过了解政府的文件资料，新闻界、政治家和公民可以监督政府的活动，学者可以进行学术研究，企业则可将之作为一种经济、便利的收集政府资料信息的方式，安排企业生产，诉讼中的当事人或律师则可以将之作为证据使用。[1]

2. 促进公民对行政的参与，增强公民对行政机关的信赖。知情权是公民实现其他政治权利、参政议政的前提条件。美国司法部长克拉克在 1967 年对《情报自由法》即将实施所作的一份声明的序言中指出："如果一个政府是真正的民有、民治、民享的政府的话，人民必须能够详细知道政府的活动。没有任何东西比秘密更能损害民主，公众没有了解情况，所谓自治，所谓公民最大限度参与国家事务，只是一句空话。如果我们不知道我们怎样受管理，我们怎么能够管理自己呢？在当前群众时代的社会中，当政府在很多方面影响每个人的时候，保障人民了解政府活动的权利，比任何其他时代更为重要。"[2]

3. 加强对行政机关的监督，防止行政腐败。监督行政机关的途径很多，行政公开无疑是最重要的途径之一。正所谓"阳光是最好的消毒剂"。如果将政府的法规规章、行政计划、决策说明向大众公开，让公众进行评述，则可以有效防止专断和腐败。在具体的行政程序中，当事人有权查阅行政机关卷宗，了解行政机关据以作出影响其权利义务的决定所认定的事实、适用的法律，可以使当事人有效提出自己的主张，对行政机关滥用权力的，可以提起行政救济或司法救济。

行政公开制度的构建分为两个层面：

第一个层面，政府信息向公众的公开，也称大公开。具体制度规定在政府信息

---

[1] 王名扬：《美国行政法》，中国法制出版社 1995 年版，第 960~961 页。

[2] 王名扬：《美国行政法》，中国法制出版社 1995 年版，第 959~960 页。

公开立法中。我国于 2007 年 4 月 5 日正式对外公布《政府信息公开条例》，在行政法规层面规定了政府信息公开制度。该条例于 2008 年 5 月 1 日起施行。

第二个层面，政府信息对特定当事人的公开，也称小公开。具体制度包括阅览卷宗和说明理由，一般规定在行政程序法中。

（三）程序及时原则

程序及时原则是关于行政程序运行的时间方面的要求，要求行政机关在合理期间内作出决定，使当事人的权利义务得以及时确定，体现了对效率的追求。及时是过快与过慢之间的一种中间状态。行政程序如果过快，当事人无法有效参与行政程序，行政机关也不能充分、冷静考虑后再作决定，不符合程序理性原则，极易导致行政机关匆匆作出错误决定。而行政程序过慢，也会损害程序的正义，英国有句古老的谚语"迟来的正义为非正义"，对于当事人来说，总是希望行政机关尽早作出决定，以使其权利义务早日得以确定。因此，行政决定应及时作出，既不应只求快而草率作出，也不能无故拖延，或不予答复。

程序及时原则主要通过以下制度体现：

1. 期限制度。在法律中规定行政机关作决定的期限可以使"及时"这一带有模糊性质的词语明确化。我国相当数量的法律都明确规定了行政机关作出决定的期间。如《行政许可法》第 42 条第 1 款规定："除可以当场作出行政许可决定的外，行政机关应当自受理行政许可申请之日起 20 日内作出行政许可决定。20 日内不能作出决定的，经本行政机关负责人批准，可以延长 10 日，并应当将延长期限的理由告知申请人。但是，法律、法规另有规定的，依照其规定。"

2. 没有及时作出决定所承担的法律责任。法定期间是行政机关在行政程序中应履行的程序义务，没有履行，应承担法律责任。行政机关在法定期间内的沉默应视为一种意思表示，产生一定法律后果。西班牙、葡萄牙、我国澳门地区行政程序法规定了默示批准和默示驳回制度。默示批准是指行政机关在法定期限内没有对申请人的申请做出答复的，视为批准其申请。默示驳回是指行政机关在法定期限内没有对申请人的申请作出决定的，视为驳回该申请。申请人可以决定是否提起申诉，寻求救济。

我国规定作决定的法定期间的法律文件中，大多数仅规定了作决定的期间，并没有规定行政机关没有在法定期间作出决定所应承担的法律责任。但有少数法律文件对此作出规定。例如，《行政许可法》第 50 条第 2 款规定了默示批准制度："行政机关应当根据被许可人的申请，在该行政许可有效期限届满前作出是否准予延续的决定；逾期未作决定的，视为准予延续。"再如，《集会游行示威法》第 9 条第 1 款规定："主管机关接到集会、游行、示威申请书后，应当在申请举行日期的 2 日前，将许可或者不许可的决定书通知其负责人。不许可的，应当说明理由。逾期不通知的，视为许可。"

第三节

第四节　行政程序制度

行政程序制度是指行政程序法规定的、体现行政程序法基本原则要求的具体程序规则。我国行政程序法主要规定了以下程序制度：

一、回避制度

回避是指与行政事务存在法定情形，可能影响行政事务公正处理的行政人员不得参加处理该行政事务的制度。

回避制度在英国体现为"任何人不得做自己案件的法官"规则，是自然公正原则的要求之一。我国各层级立法都规定了回避制度，有的立法相对完善一些，规定了回避的法定情形和回避决定的程序。如《价格行政处罚程序规定》第20条规定，回避的法定情形包括：①是本案当事人或者当事人的近亲属；②本人或者其近亲属与案件有利害关系；③与本案当事人有其他关系，可能影响对案件公正处理的。当事人有权用口头或者书面方式申请回避。回避决定由价格主管部门负责人作出。

二、委托制度

委托是指行政机关将行政事务委托给其他主体实施完成的制度。行政委托的事务涉及行政权的行使，必须加以规范，以防止侵犯相对人的权利和避免损害公共利益。多数立法在授权行政机关委托其他主体实施公务时，都规定了行政机关应当遵循的委托规则。

我国现行立法关于委托规则的规定已经较为完善，这些规则包括：①委托必须有法律、法规、规章的规定。②受委托主体的范围有严格的限制，只能是行政机关和组织，越来越多的立法将受委托组织的范围限定为"依法成立的管理公共事务的事业组织"。③委托需签订委托协议，委托协议中应当明确委托事项、权限、期限。④行政机关应当将受托机关及委托事项公开，让公众周知。⑤行政机关对受委托主体的工作负有指导、监督的义务，并承担受委托主体实施委托行为产生的法律后果。⑥禁止再委托。委托人选择受委托人时往往基于一定因素的考虑，受委托主体应当亲自完成受委托的行为，不得再委托其他组织或者个人实施行政行为。

三、管辖制度

管辖是指行政管理职权在不同部门行政机关、不同级别行政机关和不同地区行政机关之间的权限划分，分别称为职能管辖、级别管辖和地域管辖。现行立法关于管辖的规定主要涉及以下内容：

（一）职能管辖

职能管辖是指行政管理职权在不同部门行政机关之间的权限分工。职能管辖一般由行业性行政管理法律明确规定，如《食品安全法》第 5 条规定："国务院设立食品安全委员会，其职责由国务院规定。国务院食品药品监督管理部门依照本法和国务院规定的职责，对食品生产经营活动实施监督管理。国务院卫生行政部门依照本法和国务院规定的职责，组织开展食品安全风险监测和风险评估，会同国务院食品药品监督管理部门制定并公布食品安全国家标准。国务院其他有关部门依照本法和国务院规定的职责，承担有关食品安全工作。"

（二）级别管辖

级别管辖是指行政管理职权在同一部门上下级行政机关之间的权限划分。我国行政权力纵向上的权限划分一般根据行政区域范围，并结合行政事务的大小确定。[1]

（三）地域管辖

地域管辖是指行政管理职权在不同地区同级行政机关之间的权限划分。地域管辖的范围与该行政机关所在行政区域的范围相一致。对行政事务的处理一般由行政事务发生地行政机关管辖。[2] 涉及不动产的，由不动产所在地行政机关管辖，如《土地违法案件查处办法》第 5 条规定，土地违法案件由土地所在地土地管理部门管辖。

涉及自然人身份关系的，一般由其户口所在地行政机关管辖；[3] 涉及法人或其他组织主体资格等事务的，一般由其主要办事机构所在地行政机关管辖。

（四）移送管辖

受理相对人申请的行政机关发现受理的事项不属于本机关管辖的，应当移送至有管辖权的行政机关。移送一般以一次为限，即使受移送机关认为自己也没有管辖权，也不得再次移送，而应当报请上级行政机关指定管辖。

（五）管辖权争议的解决

行政机关之间因为管辖权发生争议时，首先应当协商解决。如果协商解决不成，一般报请发生争议机关共同上一级行政机关指定管辖。

四、调查与证据制度

行政决定的作出与法院判决的作出一样，也是一个认定事实、适用法律的过程。

---

[1] 如《道路交通安全法》第 5 条第 1 款规定："国务院公安部门负责全国道路交通安全管理工作。县级以上地方各级人民政府公安机关交通管理部门负责本行政区域内的道路交通安全管理工作。"

[2] 如《行政处罚法》第 20 条规定："行政处罚由违法行为发生地的县级以上地方人民政府具有行政处罚权的行政机关管辖。法律、行政法规另有规定的除外。"

[3] 如《婚姻登记条例》第 4 条规定："内地居民结婚，男女双方应当共同到一方当事人常住户口所在地的婚姻登记机关办理结婚登记。中国公民同外国人在中国内地结婚的，内地居民同香港居民、澳门居民、台湾居民、华侨在中国内地结婚的，男女双方应当共同到内地居民常住户口所在地的婚姻登记机关办理结婚登记。"

除依申请的行为外，行政机关多数情形下依职权主动启动行政程序。行政证据的获得主要通过行政机关的调查活动取得，有时也由当事人提供。因此，在行政程序法中，证据一般规定在行政机关的调查活动中。

（一）调查制度

我国现行立法关于调查制度主要规定以下内容：①调查应当遵循合法、全面、客观、公正、及时的原则，特别是不能仅收集不利于当事人的证据。②当事人有协助、配合行政机关调查的义务。③各类调查措施。调查措施是调查制度的核心内容。现行立法中关于调查措施的规定，最为完备的当为《公安机关办理行政案件程序规定》，该规章对讯问和询问、勘验与检查、鉴定与检测、抽样取证、先行登记保存证据和扣押证据所应当遵循的程序规则作出了非常详细的规定。

（二）行政证据

我国关于行政证据的法律规定分为两大类：第一类是数量众多的单行行政管理法规；第二类是最高人民法院制定的《最高人民法院关于行政诉讼证据若干问题的规定》。由于行政诉讼中由被告行政机关对行政行为的合法性承担举证责任，而行政机关在行政诉讼中向法院提交的证据一般情形下应当是在行政程序中作出行政决定之前收集到的证据。因此，最高人民法院的司法解释事实上间接规范了行政程序中的证据制度。

行政证据制度主要包括以下内容：

1. 证据的种类。例如，《中国民用航空行政处罚实施办法》规定的证据的种类包括：物证、书证；视听资料；证人证言；当事人陈述；调查笔录和现场笔录；鉴定结论和调查结论。大多数立法规定的证据种类与之相同。2017年修正的《行政诉讼法》第33条规定的证据种类包括：书证、物证、视听资料、电子数据、证人证言、当事人的陈述、鉴定意见、勘验笔录与现场笔录。修改时将"鉴定结论"改为"鉴定意见"，新增了"电子数据"种类。

2. 行政机关收集证据应当遵循的程序。如《公安机关办理行政案件程序规定》第40条规定："在调查取证时，人民警察不得少于2人，并表明执法身份。"

3. 证据应当满足的形式要件。如《食品药品行政处罚程序规定》第21条规定："执法人员进行现场调查时，应当制作笔录。笔录应当注明执法人员身份、证件名称、证件编号及调查目的。执法人员应当在笔录上签字。笔录经核对无误后，被调查人应当在笔录上逐页签字或者按指纹，并在笔录上注明对笔录真实性的意见。笔录修改处，应当由被调查人签字或者按指纹。"

4. 证据保全制度。如《行政处罚法》第37条规定，在证据可能灭失或者以后难以取得的情况下，经行政机关负责人批准，可以先行登记保存，并应当在7日内及时作出处理决定，在此期间，当事人或者有关人员不得销毁或者转移证据。

我国行政证据制度还相当不完备。完整的证据制度应当包括证据的种类、证据的证据能力规则、证据的证明力规则、收集证据的规则、举证规则、质证规则、证明标准等内容。

五、行政公开制度

行政公开是指行政机关将行政行为的依据、过程和结果，以及在行政管理过程中获得的信息向公众和当事人公开的制度。

（一）政府信息公开制度

1. 政府信息公开。根据《中华人民共和国政府信息公开条例》（以下简称《政府信息公开条例》）第2条的规定，政府信息是指行政机关在履行职责过程中制作或者获取的，以一定形式记录、保存的信息。这些信息存在于文件、图片、音像、计算机等各种载体之中。政府信息公开是指行政机关及其他行使行政职权的组织根据法定程序主动或者依申请公开政府信息的制度。政府信息向公众公开既是公民知情权的要求，也是为了实现政府信息资源社会共享。

从目前收集到的外国信息公开立法的法典名称看，[1] 多数国家没有加上"政府"这一定语，而是直接使用信息自由法、信息公开法等表述，如阿根廷、澳大利亚、波黑、加拿大、英国、美国、波兰等；有的国家有"政府"之定语，如芬兰、荷兰、泰国等；有的国家没有使用"政府"，而是使用"公共机构"，如保加利亚、韩国等。但不论其法典名称中是否使用"政府"一词，就其指称的信息的内容看，公开的信息的范围都是作为公共事务管理主体在履行职责的过程中所获得、产生的信息。当然，不同国家公开管理中获得的信息的范围差别很大，导致公开的公共信息的范围差异很大。信息公开立法的调整范围分为以下几种情形：①仅适用于行政机关，如美国、日本。②适用于立法、行政、司法等所有国家机关，如欧盟。③除了适用于国家机关以外，还适用于行使公共权力的其他组织，如新西兰。[2] ④除了国家机关和其他行使公权力的组织之外，还适用于企业或者私法团体，如南非。尽管不同国家负有公开信息义务的主体的范围不同，但由于行政机关是最大的信息持有者，因此，信息公开法调整的对象在所有国家都以行政机关持有的信息为主。

我国目前尚未制定法律层面的政府信息公开法，国务院于2007年4月5日正式公布《政府信息公开条例》，除《政府信息公开条例》外，广东、江苏、福建、广州、北京、上海等地方也制定了地方政府信息公开规定，商务部、交通部等制定了政务公开部门规章。与国外立法相比较，我国立法名称上多数使用"政府信息公开"，少数使用"政务公开"，体现出从政府公开信息而非从公民信息自由权角度构建制度的思路。我国立法将政府的范围严格限定为行政机关和其他行使行政权力的组织。2017年6月6日，原国务院法制办公室发布《政府信息公开条例（修订草案

---

[1]　关于外国政府信息公开法典的名称请参见周汉华主编：《外国政府信息公开制度比较》，中国法制出版社2003年版，第10~12页。

[2]　新西兰《政府信息公开法》规定，大学的校董事会等机构持有的信息也属于政府信息的范畴。

征求意见稿)》，因《政府信息公开条例》实施十年后需要修改完善。

2. 政府信息公开制度概况。[1]《政府信息公开条例》分五章：总则、公开的范围、公开的方式和程序、监督和保障、附则，共计 38 条。规定了政府信息公开工作机构、政府信息公开工作的原则、公开的范围、公开方式和程序、争议的救济等内容。政府信息公开分为主动公开和依申请公开两种形式。

（1）主动公开。主动公开指行政机关主动将特定种类的信息向公众公开的制度。应当主动公开的信息包括四大类：①涉及公民、法人或者其他组织切身利益的；②需要社会公众广泛知晓或者参与的；③反映本行政机关机构设置、职能、办事程序等情况的；④其他依照法律、法规和国家有关规定应当主动公开的。《政府信息公开条例》还分别规定了县级以上各级人民政府及其部门、设区的市级人民政府和县级人民政府及其部门、乡（镇）人民政府各自应当重点主动公开的信息。

主动公开的方式包括政府公报、政府网站、新闻发布会以及报刊、广播、电视等便于公众知晓的途径。属于主动公开范围的政府信息，应当自该政府信息形成或者变更之日起 20 个工作日内予以公开。

（2）依申请公开。依申请公开是指行政机关根据公众的申请将相关信息向申请人公开的制度。只要不属于不能公开范围的信息，包括行政机关应当主动公开的信息，公民、法人或其他组织都能向行政机关申请公开。

申请人为公民、法人或其他组织。申请应当采用书面形式（包括数据电文形式），采用书面形式确有困难的，申请人可以口头提出，由受理该申请的行政机关代为填写政府信息公开申请。行政机关收到申请后，能够当场答复的，应当当场予以答复。不能当场答复的，应当自收到申请之日起 15 个工作日内区分不同情况作出答复。[2]

第一种情形：属于公开范围的，应当告知申请人获取该政府信息的方式和途径。

第二种情形：属于不予公开范围的，应当告知申请人并说明理由。

第三种情形：依法不属于本机关公开或者该政府信息不存在的，应当告知申请人，对能够确定该政府信息的公开机关的，应当告知申请人该行政机关的名称、联系方式。

第四种情形：申请内容不明确的，应当告知申请人作出更改、补充。

《政府信息公开条例》规定，行政机关依申请提供政府信息，除可以收取检索、复制、邮寄等成本费用外，不得收取其他费用，但 2017 年财政部和国家发改委联合发布的《关于清理规范一批行政事业性收费有关政策的通知》，明确行政机关停止收取依申请提供政府公开信息收费，包括：检索费，复制费（含案卷材料复制费），

---

〔1〕 因篇幅所限，本书不对政府信息公开制度作详细介绍。

〔2〕 如需延长答复期限的，应当经政府信息公开工作机构负责人同意，并告知申请人，延长答复的期限最长不得超过 15 个工作日。

邮寄费。行政机关不得通过其他组织、个人以有偿服务方式提供政府信息。

（二）特定行政程序中向当事人公开

在特定行政程序中将与行政决定相关的信息向当事人公开是司法程序中"武器平等原则"在行政程序中的体现，有利于当事人有针对性地对不利于自己的事实问题和法律问题提出反驳意见，维护自己的利益。此种公开主要通过两项制度体现：

1. 阅览卷宗。查阅行政机关的卷宗是当事人实现有效参与行政程序的重要保障。韩国、日本、德国等国家的行政程序法都规定了当事人享有查阅行政机关卷宗的权利。但我国现行立法中规定阅览卷宗制度的非常少，《海关关于当事人查阅行政处罚案件材料的暂行规定》规定，在海关送达海关行政处罚告知单至海关作出行政处罚决定前，当事人对告知事项有异议，有权自行或者委托律师向海关申请查阅案件材料。

2. 说明理由。行政决定必须说明理由是现代法治国家公认的一项规则。英国著名行政法学者韦德教授认为，给予决定的理由是正常人的正义感所要求的，是所有对他人行使权力的人的一条健康的戒律。[1] 我国各个层级的立法都规定了说明理由制度，要求行政机关对作出的行政决定说明理由，但对于说明理由的要件普遍没有作出具体规定。

六、听取意见制度

（一）听取意见概述

1. 听取意见的内涵。听取意见指行政机关在作出行政行为之前，通过一定方式听取受行政行为影响之人及其他主体的意见。听取意见在英国是普通法上古老的自然公正原则的基本要求，在美国是联邦宪法"正当法律程序"条款的要求。德国、瑞士、奥地利、荷兰、葡萄牙、意大利、西班牙、挪威、瑞典等国家的行政程序法典中均规定了听取意见制度。

作为体现行政公正、公开、民主的一项制度，听取意见制度可谓现代行政程序法的核心制度，是行政机关普遍应当遵循的程序义务。自1996年《行政处罚法》规定当事人的陈述权和申辩权以来，越来越多的单行法中要求行政机关要听取当事人的意见。人民法院在审理行政案件时，也将之作为行政行为合法性审查的内容之一。例如，在田永诉北京科技大学拒绝颁发毕业证、学位证一案中，一审法院认定被告北京科技大学忽视当事人的申辩权利，其行政管理行为不具有合法性。

案例5-1：1994年9月，原告田永考入被告北京科技大学下属的应用科学学院物理化学系，取得本科生学籍。1996年2月29日，田永在参加电磁学课程补考过程中，随身携带写有电磁学公式的纸条，中途去厕所时，纸条掉出，被监考教师发现。监考教师虽未发现田永有偷看纸条的行为，但还是按照考场纪律，当即停止了田永

---

〔1〕　〔英〕威廉·韦德著，徐炳等译：《行政法》，中国大百科全书出版社1997年版，第193页。

的考试。北京科技大学于同年 3 月 5 日按照"068 号通知"第 3 条第 5 项关于"夹带者，包括写在手上等作弊行为者"的规定，认定田永的行为是考试作弊，根据前述通知第 1 条"凡考试作弊者，一律按退学处理"的规定，决定对田永按退学处理，4 月 10 日填发了学籍变动通知。但是，北京科技大学没有直接向田永宣布处分决定和送达变更学籍通知，也未给田永办理退学手续。田永继续在该校以在校大学生的身份参加正常学习及学校组织的活动。

1996 年 3 月，原告田永的学生证丢失，未进行 1995～1996 学年第二学期的注册。同年 9 月，被告北京科技大学为田永补办了学生证。其后，北京科技大学每学年均收取田永交纳的教育费，并为田永进行注册、发放大学生补助津贴，还安排田永参加了大学生毕业实习设计，并由论文指导教师领取了学校发放的毕业设计结业费。田永还以该校大学生的名义参加考试，先后取得了大学英语四级、计算机应用水平测试 BASIC 语言成绩合格证书。田永在该校学习的 4 年中，成绩全部合格，通过了毕业实习、设计及论文答辩，获得优秀毕业论文及毕业总成绩全班第 9 名。北京科技大学对以上事实没有异议。

1998 年 6 月，被告北京科技大学的有关部门以原告田永不具有学籍为由，拒绝为其颁发毕业证，进而也未向教育行政部门呈报毕业派遣资格表。田永所在的应用学院及物理化学系认为，田永符合大学毕业和授予学士学位的条件，由于学院正在与学校交涉田永的学籍问题，故在向学校报送田永所在班级的授予学士学位表时，暂时未给田永签字，准备等田永的学籍问题解决后再签，学校也因此没有将田永列入授予学士学位资格名单内，没有交本校的学位评定委员会审核。

北京市海淀区人民法院于 1999 年 2 月 14 日判决：

一、被告北京科技大学在本判决生效之日起 30 日内向原告田永颁发大学本科毕业证书；

二、被告北京科技大学在本判决生效之日起 60 日内召集本校的学位评定委员会对原告田永的学士学位资格进行审核；

三、被告北京科技大学于本判决生效之日起 30 日内履行向当地教育行政部门上报原告田永毕业派遣的有关手续的职责；

四、驳回原告田永的其他诉讼请求。

本案中，法院判决理由之一是：按退学处理，涉及被处理者的受教育权利，从充分保障当事人权益的原则出发，作出处理决定的单位应当将该处理决定直接向被处理者本人宣布、送达，允许被处理者本人提出申辩意见。北京科技大学没有照此原则办理，忽视当事人的申辩权利，这样的行政管理行为不具有合法性。本案中，法院认为被告没有履行两项程序义务：一是没有将处理决定向被处理者本人宣布、送达；二是没有听取原告的意见。导致原告未能充分陈述自己意见，为自己进行辩护。而且原告对影响自己权利的决定没有获知，原告的利益因之受到很大影响。听取意见、将决定向当事人本人公开是行政程序法的基本制度，行政机关必须履行，否则，其作出的决定将因程序违法不具有合法性。

2. 听取意见的名称和形式。作决定前须听取对方意见已经成为现代行政程序法的基本制度之一，但不同国家用不同的名称来描述这一规则，导致有的时候名称一致，内容却不同。因此，在分析一国听取意见制度时，必须首先明确其使用的名称的具体含义。如听证，在我国专指以开听证会的方式听取对方意见的制度，而在美国，却是"听取利害关系人意见的程序"的泛称，行政机关可以采取从审判型听证到非正式的会谈等二十多种听证形式。[1] 韩国将行政机关听取当事人意见的形式分为"听证""公听会""提出意见"三种。日本分为"听证""公听会""辨明"三种形式。

我国立法规定的听取意见的形式有多种，包括信件、传真、电话、电子邮件、座谈会、论证会、听证会等。由于听证会最为正式、司法化程度最高，往往对之单独进行研究，并将之称为正式听证，其他听取意见的形式往往被统称为非正式听证。

（二）正式听证

1. 正式听证的内涵。正式听证指行政机关采用听证会的方式听取公众、当事人意见的制度。听证在很大程度上借鉴了审判程序中原告被告两造对抗、法官居中裁判的程序构造，其程序构造为：调查人员与相对人两造对抗，听证主持人居中裁判，呈现出极强的司法色彩，可谓司法化程度最高的行政程序制度。

设置正式听证的目的在于借助司法程序构造实现决定者准确认定事实、保证决定正确性的功能，来确保行政机关准确认定事实，作出正确决定。由于正式听证司法化程度太高，其适用情形在各国受到极其严格的限制，一般只适用于对相对人权利有重大影响的行政决策、决定的作出。由于适用正式听证的事项往往涉及相对人的重大利益，而且这种制度以高度司法化的程序运作集中体现了行政的公正，正式听证是现代行政程序法研究的重点，也是各国行政程序法典的核心内容，大多数国家设专章或专节规定了正式听证的具体制度。

2. 我国行政正式听证制度概况。1996 年的《行政处罚法》首次规定了正式听证制度之后，正式听证的适用领域呈现出扩大的趋势，可以分为两大类：

（1）决策类。听证会的结果影响不特定人的权利义务，包括行政立法、政府价格决策、城乡规划、环境影响评价等。原国务院法制办公室于 2017 年 6 月 9 日发布《重大行政决策程序暂行条例（征求意见稿）》，我国目前正在起草规范重大行政决策活动的普遍性法律规定。

（2）决定类。听证会的结果影响特定人的权利义务，包括行政处罚听证、行政许可听证等。

行政处罚、行政许可、政府价格决策、行政立法领域的正式听证制度的规定较

〔1〕　王名扬：《美国行政法》，中国法制出版社 1995 年版，第 450 页。

第四节

为系统，虽然还存在不少问题需要完善，但正式听证制度在这些领域中已经基本建立。

3. 行政决策正式听证制度的内容。[1] 行政决策与行政决定对事实的要求不同，前者着眼于一般性事实的调查与研究，后者要求具体事实认定准确。此外，行政决策涉及的主体多元，而行政决定涉及的主体单一。因此，行政决策与行政决定适用的正式听证规则不同。下面以政府价格决策听证制度为例，简要介绍行政决策正式听证规则。

（1）主体。主体包括听证会的组织者、主持人、听证申请人、听证会代表。行政立法听证会由起草部门或者政府法制部门自行启动，不存在听证申请人。价格决策主要依经营者的申请启动，提出举行听证会申请的主体被称为听证申请人。2008年国家发展和改革委员会修改《政府价格决策听证办法》，出台了《政府制定价格听证办法》，该规定取消了原来听证会代表这一类主体，代之以听证会参加人。该规定还增加听证人这一主体，听证人是指代表政府价格主管部门专门听取听证会意见的人员。由政府价格主管部门指定的工作人员担任，部分听证人也可以由政府价格主管部门聘请社会知名人士担任。

（2）启动。价格决策听证的启动分为两种形式：依申请启动和决策机关主动启动。依申请启动又分为两种情形：第一种是由申请制定《政府制定价格听证办法》第3条规定范围内的项目的价格的经营者或其主管部门提出听证申请；[2] 第二种是消费者或者社会团体委托消费者组织向政府价格主管部门提出听证申请。

（3）公告与通知。听证会举行30日前，政府价格主管部门应当通过政府网站、新闻媒体向社会公告听证会参加人、旁听人员、新闻媒体的名额、产生方式及具体报名办法。听证会举行15日前，政府价格主管部门应当通过政府网站、新闻媒体向社会公告听证会举行的时间、地点、定价听证方案要点，听证会参加人和听证人名单。

（4）听证会的进行。听证会的举行以公开为原则、不公开为例外。听证会分各方陈述与双方展开辩论两个阶段。

（5）听证会笔录及其效力。听证会笔录是在听证会现场制作的记载听证会进行情况的书面文件，是对听证会现场的即时记载。

听证会结束后，最终决策如何作出？最终决策是否只能根据听证会上的发言与提交的证据作出？可以说，听证会对最终决策的影响程度是此项制度能否真正发挥

---

[1] 关于行政处罚和行政许可正式听证规则请参见本书第八章"行政处罚"和第七章"行政许可"部分。

[2] 《政府制定价格听证办法》第3条第1款规定："制定关系群众切身利益的公用事业价格、公益性服务价格和自然垄断经营的商品价格等政府指导价、政府定价，应当实行定价听证。听证的具体项目通过定价听证目录确定，但容易引发抢购、囤积，造成市场异常波动的商品价格，通过其他方式征求意见，不纳入定价听证目录。"

作用的关键。《政府制定价格听证办法》第26条规定，定价机关作出定价决定时应当充分考虑听证会的意见，即价格决策听证会上提出的意见对定价机关没有约束力。定价机关根据听证会的意见，对定价听证方案作出修改后，政府价格主管部门认为有必要的，可以再次举行听证会，或者采取其他方式征求社会意见。定价机关作出定价决定后，应当通过政府网站、新闻媒体向社会公布定价决定和对听证会参加人主要意见采纳情况及理由。需要提请本级人民政府或者上级价格决策部门批准的最终定价方案，凡经听证会论证的，上报时应当同时提交听证纪要、听证会笔录和有关材料。

（三）非正式听证

非正式听证是对以听证会之外的方式听取意见制度的统称。非正式听证虽然程序简单，但由于其适用范围远远大于正式听证，建立完善的非正式听证制度对于保护公民权利同样具有非常重要的意义。

1. 行政决策非正式听证。非正式听证的程序规则较之正式听证简单、易行，但并非无规则。美国《联邦行政程序法》规定的行政立法非正式程序也叫"通告与评论"程序，要求行政机关制定法规时，必须在联邦登记、官方网站等公布建议制定的法规草案或者主要内容，供公众评论，听取公众意见。公众可以提交书面意见，也可以口头陈述意见。行政机关有时还采取非正式的磋商、会议、咨询和其他可以供公众表示意见的方式听取公众意见。随着科学技术的发展，目前公众主要是通过电子邮件的方式参与行政立法，发表意见。行政机关收到公众的意见后，要对意见进行分类整理，并针对每类意见作出回应。公众的意见与行政机关的回应应当在行政机关的网站上公布，以便让公众了解他人的意见。在最终公布的规章中，行政机关在规章正文之前，要对规章制定过程中收到的公众意见及行政机关对公众意见所作的回应进行说明，并说明采纳与不采纳某种意见的理由。

我国《行政法规制定程序条例》规定的非正式听证方式有座谈会、论证会，《规章制定程序条例》规定的方式有书面征求意见、座谈会、论证会等多种形式，《环境影响评价法》规定的方式有论证会。随着网络技术的发展，越来越多的行政机关通过知名网站、官方网站就行政立法、城市规划、交通管理等事项向公众征求意见。但上述立法关于非正式听证的规定过于原则，没有制度化，只能由行政机关自行操作。2007年1月1日开始实施的《广州市公众参与规章制定办法》是我国首部专门规定公众参与规章制定的地方性立法。该规章借鉴美国的通告与评论程序，较为系统、完备地规定了广州市政府规章制定中的非正式听证制度。

充分的信息公开和意见回应机制是行政决策非正式听证制度的两点核心要素，是听证制度得以良性发展的关键。前者保证公众充分知悉与决策相关的信息，与决策者做到信息对称，有效参与决策。后者保证行政机关认真思考相对人所提意见，保持公众的持续参与热情。

2. 行政决定非正式听证。《行政处罚法》《行政许可法》都规定行政机关应当听取相对人的意见，[1] 但没有规定具体的规则。韩国、日本和我国台湾地区都对行政决定的非正式听证程序规则作出了具体规定，其规则主要包括：

（1）行政机关负有通知义务。我国台湾地区"行政程序法"第104条规定，行政机关给予当事人陈述意见的机会时，应当书面记载下列事项，并通知相对人：①相对人及其住所、事务所或营业所；②将为限制或剥夺自由或权利行政处分之原因事实及法规依据；③陈述书应当说明的事项；④提出陈述书的期限及不提出陈述的后果；⑤其他必要事项。

（2）相对人提出意见的方式有书面和口头两种。如韩国《行政程序法》第27条规定："当事人等可在行政处分前向行政机关以书面、计算机通信或者言词之方式提出意见。"希腊《行政程序法》第6条规定："在作出不利于特定个人的权利或利益的行为或采取不利于特定个人的措施之前，行政机关有义务邀请利害关系人就相关事项以书面或口头方式发表意见。"但日本《行政程序法》规定，当事人提出辩明意见时，除行政机关允许以言词为之者外，应以书面方式提出。

（3）当事人陈述意见的内容包括：事实问题、法律问题、拟作出的决定本身。当事人有权对行政机关认定的事实提出异议，并提交证据证明。当事人还有权对行政机关适用的法律依据、决定本身提出异议。

我国现行立法对非正式听证的定位不合理，过于关注正式听证，忽视了非正式听证的制度化，应当在制定行政程序法典时将非正式听证规则细化。

七、期间制度

期间制度是程序法的重要制度，是一种精湛的法律技术。通过规定行为主体必须实施某一行为的期限，若逾期则法律强制实现某种法律后果，从而促进行为主体积极行为，提高行为的效率，使法律关系得以早日确定。完整的期间制度应当包括时间期限、期限的起算点和终结点、逾期将产生的法律后果。

我国越来越多的法律规定了期间制度。如《行政许可法》将作出行政许可决定的一般期限规定为自受理行政许可申请之日起20日内。多数立法仅规定了时间期限，至于行政机关逾期没有作出行政决定将产生何种法律后果，没有规定。只有少数立法，如《集会游行示威法》《吉林省地图编制出版管理办法》《杭州市河道管理条例》规定了行政机关逾期不作决定产生的直接法律后果。上述三项立法都规定行政机关逾期不作决定的，视为同意，即行政机关的沉默产生默示批准的效果。这样，多数情形下，行政机关逾期不作决定的，并不直接产生法律后果，相对人只能通过

---

[1] 《行政处罚法》第32条第1款规定："当事人有权进行陈述和申辩。行政机关必须充分听取当事人的意见，对当事人提出的事实、理由及依据，应当进行复核；当事人提出的事实、理由和证据成立的，行政机关应当采纳。"《行政许可法》第36条作出相同规定，要求行政机关在审查许可申请时，应当听取申请人、利害关系人的意见。

提起行政复议或者行政诉讼，由复议机关或者人民法院责令行政机关在一定期限内作出决定，而决定的内容既可能是批准申请，也可能是拒绝申请。如果相对人对拒绝申请不服，可以再次提起行政复议或者行政诉讼。

八、送达制度

送达是指行政机关将作出的行政决定递交给相对人的制度。送达直接影响行政决定的生效起点，也影响行政复议、行政诉讼的期间起算。送达问题的理论性不强，是实践中一个很重要的问题。

从我国现行法律规定看，部门规章对送达制度的规定最为具体。行政决定的送达方式主要有以下几种：

（一）直接送达

直接送达是行政机关应当首先采用的送达方式。直接送达是将行政文书直接交给受送达人，由受送达人在送达回执上签字的送达方式。

（二）留置送达

留置送达是指受送达人拒绝签收行政文书时，由送达人在送达回执上注明理由和日期，并由送达人和见证人签名，将文书留在受送达人处，据此视为已经送达的送达方式。

（三）委托送达和邮寄送达

直接送达有困难的，可以采用委托其他机关或者单位的方式送达，也可采用邮寄方式送达。

（四）公告送达

公告送达实质上是一种推定文书已送达当事人的送达方式，因此，为了保护受送达人的利益，其适用有严格的条件限制。一般只有在受送达人下落不明，或者采用其他送达方式无法送达时，或者当事人人数众多的情形时，才能采用。

随着计算机技术的发展和计算机的普及，我国一些规章中规定以后要逐步采用网上送达的方式。如《国家林业局行政许可工作管理办法》第8条规定，管理办公室应当在国家林业局政府网站上公开行政许可事项的有关信息，并组织逐步推行网上受理行政许可申请、送达行政许可决定。

在上述几种送达方式中，直接送达是首先应当采用的方式；采用直接送达方式有困难的，可以采用委托送达和邮寄送达；采用委托送达和邮寄送达仍存在困难的，才能采用公告送达。[1]

---

[1] 《民政部门实施行政许可办法》规定，民政部门送达行政许可决定以及其他行政许可文书，一般应当由受送达人到民政部门办公场所直接领取。受送达人直接领取行政许可决定以及其他行政许可文书时，一般应当在送达回证上注明收到日期，并签名或者盖章。只有受送达人不直接领取行政许可决定以及其他行政许可文书时，才采用直接送达等方式。

拓展阅读书目

1. 王万华：《行政程序法研究》，中国法制出版社 2000 年版。
2. 王万华：《中国行政程序法立法研究》，中国法制出版社 2005 年版。
3. 王万华：《中国行政程序法典试拟稿及立法理由》，中国法制出版社 2010 年版。
4. 姜明安等：《行政程序法典化研究》，法律出版社 2016 年版。
5. 章剑生：《行政程序法基本理论》，法律出版社 2003 年版。
6. 王锡锌：《公众参与和行政过程———个理念和制度分析的框架》，中国民主法制出版社 2007 年版。
7. 叶俊荣：《面对行政程序法——转型台湾的程序建制》，元照出版公司 2002 年版。
8. ［美］迈克尔·D. 贝勒斯著，邓海平译：《程序正义——向个人的分配》，高等教育出版社 2005 年版。
9. ［美］约翰·V. 奥尔特著，杨明成、陈霜玲译：《正当法律程序简史》，商务印书馆 2006 年版。

第
五
章

第六章

行政立法与行政规范性文件

本章提要：

　　行政立法是行政行为的重要组成部分，也是行政机关行使管理权能的重要表现形式。学习本章应主要掌握行政立法的基本原理，包括行政立法的概念、性质和分类；行政立法的权限划分以及行政法律规范的效力等级；行政立法程序与对行政立法的监督方式。本章还介绍了行政立法之外的其他行政规范性文件的含义及其与行政立法的区别。本章学习的重点内容是《立法法》以及相关规定。

第一节　行政立法基本原理

一、行政立法的概念

　　制定具有普遍约束力的行为规范是行政机关进行社会管理的重要方式之一。作为行政机关的立法活动，行政立法在资本主义制度建立初期就已经存在，只不过最初的表现形式并非行政机关固有的权限，而是一种"委任立法"。依据一些西方国家的传统的观点，立法权只属于议会，行政机关根据议会的委任制定一些行政管理法规。委任立法受议会或者法院监督。[1] 随着社会的发展，行政职能不断扩张和深化，传统的分权理论得以修正，行政立法权成为现代意义上行政权的重要组成部分，行政立法也迅速发展起来。20 世纪以来，行政立法已经远远超出议会等代议机关在

---

〔1〕　有关"委任立法"的介绍可以参见姜明安主编：《外国行政法教程》，法律出版社 1993 年版，第
　　　 101 页；刘莘：《行政立法研究》，法律出版社 2003 年版，第 4~5 页。

行政事务方面的立法。

　　行政立法是一个学理概念，而非法律概念。从行政立法一词产生之初，理论界对行政立法的概念就存在多种理解。总体而言，对行政立法的概念可以从四个层次进行定义：第一个层次是从最广泛的意义上来界定，即"立行政之法",[1] 凡国家机关（包括国家权力机关和行政机关）制定有关行政管理方面法律规范的行为，均称之为行政立法。第二个层次的定义，将立法主体限于国家权力机关，即全国人大和地方人大制定有关行政管理的法律规范的活动。第三个层次的定义，将立法主体限于行政机关，是指行政机关制定行政规范性文件的活动，这种定义将行政立法等同于抽象行政行为，包括所有行政机关制定所有行政管理的规范性文件的活动。第四个层次的定义是在行政法学研究范围内所使用的，将立法主体限于特定行政机关，将立法范围限于行政法规和行政规章，即指享有制定行政法规或规章权力的行政主体依法定职权和法定程序制定规范性文件的活动。这一概念将行政机关制定规范性文件的抽象行政行为分为两类：一类是拥有行政法规和规章制定权的行政机关制定行政法规和规章的活动，即行政立法活动；另一类是行政机关制定行政法规和规章之外的其他行政规范性文件的活动，这种抽象行为不属于行政立法。[2]

　　综合上述四种理论界对行政立法概念的界定，我们发现，在行政立法以行政管理活动为调整对象这一点上，人们的认识和理解基本相同，分歧在于立法主体包括哪些机关，以及在范围上包括哪些规范性文件。从法的本质和我国《立法法》的有关规定来分析，本书认为，采用第四个层次的定义较为合适，这也是目前我国行政法学界的通说，其具有以下两层含义：①行政立法的主体是部分行政机关和具有管理职能的机构，而不是所有行政机关。行政机关的立法权必须依据宪法和法律的规定或者得到国家权力机关的授权。②行政立法以制定规范性文件为活动特征。行政立法是适应现代行政管理的需要而产生的一种准立法活动。

二、行政立法的性质

　　关于行政立法的性质，理论界也存在多种观点，其中有代表性的观点有三种。第一种观点认为，立法权和行政权从程序上和内容上都有明显区别，行政立法是行政行为。[3] 第二种观点认为，政府立法权是得到宪法承认的权力，是完整、完全的

第六章

---

〔1〕 杨海坤主编：《行政法与行政诉讼法》，法律出版社 1992 年版，第 53 页。
〔2〕 关于行政立法的不同概念，参见应松年主编：《行政行为法》，人民出版社 1992 年版，第 40 页；应松年主编：《行政法学新论》，中国方正出版社 1999 年版，第 199 页；朱维究、王成栋主编：《一般行政法原理》，高等教育出版社 2005 年版，第 357 页；张树义：《行政法与行政诉讼法》，高等教育出版社 2002 年版，第 82 页；刘莘：《行政立法研究》，法律出版社 2003 年版，第 6 页；王学辉主编：《行政法学论点要览》，法律出版社 2001 年版，第 200～203 页。
〔3〕 王磊："对行政立法权的宪法学思考"，载《中外法学》1998 年第 5 期。

立法权，因此，行政立法是立法行为。[1] 第三种观点认为，行政立法是特定行政机关制定行政法律规范的行为，因此，该行为既有别于权力机关的立法，也有别于行政机关的其他行为，兼具行政和立法的双重属性，是行政性行为与立法性行为的统一。[2]

（一）行政立法的"立法"性质

1. 行政立法是以国家名义制定社会规范的行为。行政机关制定行政法规和规章，体现国家意志，为社会设定行为规则。

2. 行政立法制定的行政法规、规章属于法的范畴，具有法的普遍性、规范性、强制性等基本特征。

3. 行政立法程序严格，具有立法的形式特征，必须经过起草、征求意见、会议审议和通过、签署、公布等行政立法程序。

应注意的是：行政立法虽具有"立法"性质，但仍然属于从属性立法，与权力机关的立法是不同的，主要体现为：

1. 立法主体不同。权力机关立法的主体是公民选举产生的代表机关。行政立法主体是权力机关的执行机关。

2. 立法权来源不同。权力机关的立法权直接来源于人民的授权，由宪法加以规定。行政立法权力一部分来源于宪法的授权，另一部分来源于法律或权力机关的授权。

3. 立法的内容不同。权力机关的立法，通常是整个国家或政治、经济、文化等领域的基本制度和重大问题。行政立法的内容主要表现为执行宪法和法律，规范行政管理事务。

4. 立法效力等级不同。国家权力机关所立之法是法律，具有仅次于宪法的效力。行政立法所立之法是行政法规和规章，其效力低于法律，不能与法律相抵触，地方政府规章不得同地方性法规相抵触，否则无效。

5. 司法适用原则不同。根据我国《行政诉讼法》第63条以及《立法法》的相关规定，权力机关制定的法律，司法机关应当依照执行。司法机关对于行政立法是有选择地适用。行政法规只有在不与宪法和法律相抵触的情况下才予以适用，司法机关对于规章是予以参照。

以图6-1表示行政立法在整个国家法律体系中的定位（虚框中属于行政立法）：

（二）行政立法的"行政"性质

1. 行政立法的主体是行政机关。行政机关制定行政法规和规章的权力，是由宪

---

〔1〕　杨涛："论我国政府立法的属性"，载《兰州大学学报（社会科学版）》2000年第3期。

〔2〕　大多数行政法教材认同此种观点，可参见应松年主编：《行政法与行政诉讼法学》，法律出版社2005年版，第128页；姜明安主编：《行政法与行政诉讼法》，北京大学出版社、高等教育出版社1999年版，第163页。

```
                          宪法
                       （全国人大）
                          │
                          法律
                   （全国人大及其常委会）
                          │
                        行政法规
                       （国务院）
                          │
   ┌──────────────┬──────────────┬──────────────┐
自治条例、单行条例   地方性法规        规章           规章
 （自治区人大）   （省、自治区、直辖市  （省、自治区、   （国务院部、委）
                 人大及其常委会）   直辖市政府）
      │              │
自治条例、单行条例   地方性法规                      规章
 （自治州、县人大）  （设区的市人大                （设区的市政府）
                 及其常委会）
```

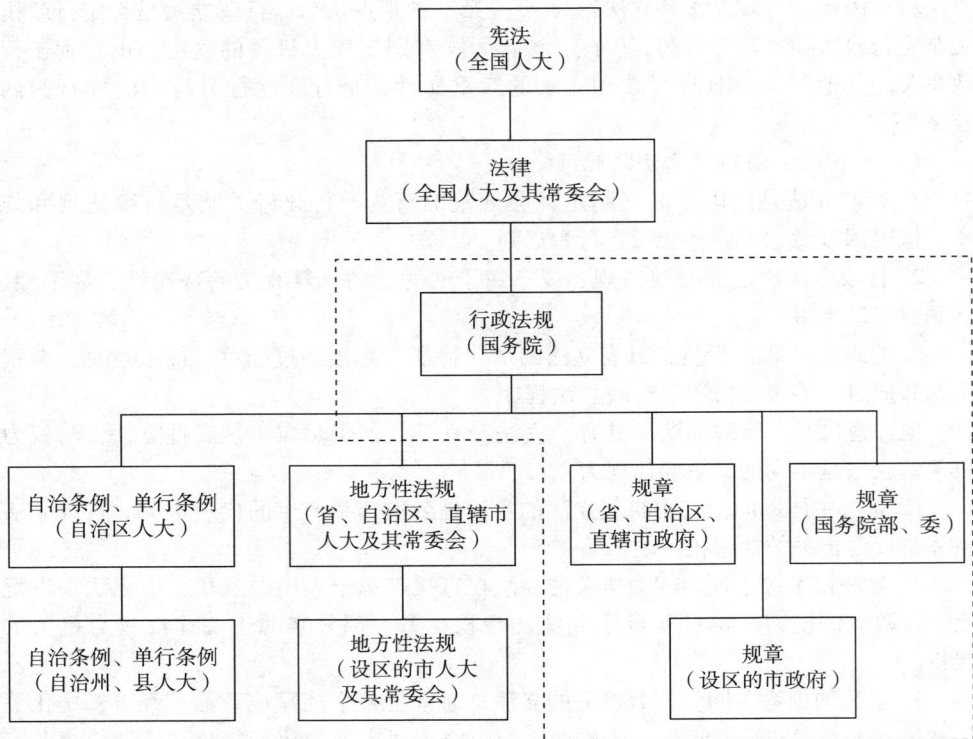

图6-1   行政立法在整个国家法律体系中的定位

法、法律授权获得的，但是这种授权并不能改变其行政机关的性质，更不能将其等同于人民选举产生的权力机关。

2. 行政立法的调整对象是行政事务。行政立法作为行政机关的一种活动是应行政管理的需要产生的，围绕行政管理运作。行政立法的目的是履行行政管理的职能，行政立法所调整的对象是与行政管理有关的事务。行政立法本质上是一种执行性立法。

按照行政行为所适用对象不同，行政行为可以分为抽象行政行为和具体行政行为，行政立法属于抽象行政行为，因此，抽象行政行为和具体行政行为的区别与行政立法行为和具体行政行为的区别相似。二者的区别主要表现在：①主体范围不同。行政立法的主体限于享有行政立法权的特定的行政机关，而所有的行政机关和法律、法规授权的组织都享有实施一定具体行政行为的权力。②对象不同。行政立法的对象是普遍的，所针对的是不特定的人和事，而具体行政行为的对象是个别的，所针对的是特定的人和事。③效力不同。行政立法通常可以反复适用，而具体行政行为只能适用一次。④程序不同。行政立法遵循的是立法程序，而具体行政行为遵循的是执行程序。

第六章

以图 6 - 2 表示行政立法在行政行为系统中的定位：

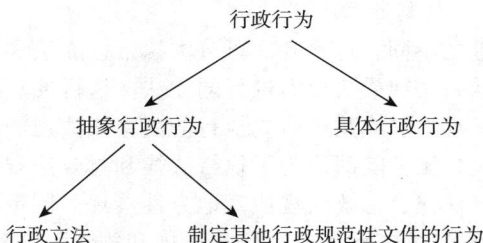

图 6 - 2　行政立法在行政行为系统中的定位

三、行政立法的分类

根据不同的标准，可将行政立法行为划分为不同的类型，本书主要作如下分类：

（一）职权立法与授权立法

根据行政立法权的来源不同，行政立法分为职权立法与授权立法。职权立法是指行政机关根据宪法和组织法赋予的立法权，在法定范围内进行的立法活动。职权立法的权力来源于宪法和组织法的直接赋予，往往随行政机关的产生而产生，属于行政机关的固有权力。在我国，根据宪法和相关组织法的规定，国务院及其主管部门，省、自治区、直辖市和设区的市、自治州的人民政府可以进行职权立法。[1] 职权立法的效力低于权力机关的立法，不能变通法律、法规的规定，若与其抵触，职权立法无效。

授权立法是指行政机关依据宪法和组织法以外的单行法律、法规或者专门的授权决议的授权而进行的行政立法活动。取得授权立法权的行政机关，受到授权法律、法规或者授权决议的严格制约，必须在授权范围内，按照授权的标准、内容、原则行使行政立法权，超越授权范围的立法行为无效。按照授权立法的依据不同，授权立法可以分为一般授权立法和特别授权立法。

一般授权立法是指根据某一单行法律或者法规的授权而进行的立法。一般授权立法在现实中司空见惯，如《行政处罚法》第63条规定："本法第46条罚款决定与罚款收缴分离的规定，由国务院制定具体实施办法。"

特别授权立法是指根据最高权力机关的专门授权决议而进行的立法，实践中为了适应行政管理的需要，国家最高权力机关将本来应当属于自己权限范围的立法权授予行政机关行使。如《立法法》第9条规定："本法第8条规定的事项尚未制定法律的，全国人民代表大会及其常务委员会有权作出决定，授权国务院可以根据实际需要，对其中的部分事项先制定行政法规，但是有关犯罪和刑罚、对公民政治权利

---

[1]　《宪法》第89条；《国务院组织法》第10条；《地方各级人民代表大会和地方各级人民政府组织法》第60条。

的剥夺和限制人身自由的强制措施和处罚、司法制度等事项除外。"

（二）执行性立法和创制性立法

根据行政立法功能的不同，行政立法可分为执行性立法和创制性立法。执行性立法是指行政机关为执行法律或法规而进行的立法。执行性立法不能创设新的法律上的权利义务，不能任意增加或减少所要执行的法律或法规的内容。国务院为了执行法律而制定行政法规，国务院部门为了执行法律和行政法规而制定部门规章，特定的地方政府为了执行法律、行政法规或者地方性法规而制定地方政府规章。这些都是执行性立法。执行性立法所制定的行政法规和规章，一般称为"实施条例"、"实施细则"或"实施办法"。

创制性立法是指行政机关为了填补法律、法规的空白，或者补充法律、法规的个别规定以实现行政职能进行的立法。创制性立法可以进一步划分为两类：第一类是自主性立法，是在没有相应法律、法规的前提下，为了填补法律、法规的空白，行政机关运用宪法和组织法所赋予的立法权而创制新的权利义务的活动。第二类是在已有相应法律、法规规定的前提下，为了补充法律、法规的个别规定而进行的立法，称为补充性立法。[1]

（三）中央行政立法和地方行政立法

根据行政立法主体的不同，行政立法分为中央行政立法和地方行政立法。中央行政立法是指中央国家机关，包括国务院、国务院各部、委员会、中国人民银行、审计署和具有行政管理职能的直属机构依法制定和发布行政法规和部门规章的活动。在效力范围上，中央行政立法所制定的规范性文件的效力及于全国范围。

地方行政立法是指地方行政机关，包括省、自治区、直辖市和设区的市、自治州的人民政府根据法律和法规制定地方政府规章的行为。地方行政立法所制定的规章，只在本行政区域内发生法律效力。[2]

（四）法规性立法和规章性立法

根据行政立法最终结果的不同，行政立法分为法规性立法和规章性立法。法规性立法是指国务院制定和发布行政法规的活动。国务院是最高行政机关，领导全国各项行政事务。法规性立法的内容包括全国性的政治、经济、文化、教育和外事等各个方面。规章性立法是国务院部门和地方政府制定和发布行政规章的活动，包括部门规章和地方政府规章。

---

〔1〕 也有学者提出，根据行政立法本身的特点不同，区分为执行性立法、补充性立法、自主性立法和试验性立法，参见朱新力、金伟峰、唐明良：《行政法学》，清华大学出版社 2005 年版，第 191 页。
〔2〕《立法法》修改后，可以制定地方性法规的主体增加了：省、自治区、直辖市以及省级人民政府所在地的市和国务院批准的设区的市。参见 2015 年 8 月全国人大常委会对《中华人民共和国地方各级人民代表大会和地方各级人民政府组织法》作出修改，将第 7 条第 2 款、第 43 条第 2 款、第 60 条第 1 款中的"省、自治区的人民政府所在地的市和经国务院批准的较大的市"修改为"设区的市"。

四、行政立法的原则

（一）依法立法原则

依法立法是行政立法的首要原则。我国《立法法》第4条规定："立法应当依照法定的权限和程序，从国家整体利益出发，维护社会主义法制的统一和尊严。"依法立法的原则可以具体表现为以下四项要求：①行政立法的主体合法。只有宪法、法律或者特别授权的行政机关和组织才享有行政立法权。②行政立法的权限合法。现代法治的理念要求行政立法主体必须在宪法、法律或特别授权法规定的权限范围内依法行使立法权，不能超越法定权限范围。③行政立法的内容合法。行政立法是从属性立法，行政立法的内容不得与宪法、法律、法规相抵触。④行政立法的程序合法。行政立法主体须严格按照法律规定的程序进行立法，以保证行政立法的公正、科学和效率性。

（二）法制统一原则

我国是单一制国家，法制的统一是维护社会稳定，保障制度有效运转，充分发挥社会效益的必然要求。在行政立法领域，由于行政立法主体的多元化，权限划分的多层次化，更需要贯彻法制协调统一的原则。我国《宪法》《立法法》都明确规定，下位法的制定应当根据上位法。《宪法》第89条规定，国务院根据宪法和法律，规定行政措施，制定行政法规，发布决定和命令。《宪法》第90条第2款规定："各部、各委员会根据法律和国务院的行政法规、决定、命令，在本部门的权限内，发布命令、指示和规章。"《地方各级人民代表大会和地方各级人民政府组织法》第60条第1款规定："省、自治区、直辖市的人民政府可以根据法律、行政法规和本省、自治区、直辖市的地方性法规，制定规章，报国务院和本级人民代表大会常务委员会备案。设区的市的人民政府可以根据法律、行政法规和本省、自治区的地方性法规制定规章，报国务院和省、自治区的人民代表大会常务委员会、人民政府以及本级人民代表大会常务委员会备案。"《立法法》第65条和第80条也作了类似规定。

（三）民主立法原则

民主立法是保障法律具有公正性和正义性的基本条件。我国《立法法》第5条规定："立法应当体现人民的意志，发扬社会主义民主，坚持立法公开，保障人民通过多种途径参与立法活动。"民主立法原则要求行政立法主体在行使行政立法权的过程中，应广泛听取人民群众的意见，保障人民群众的立法参与，在内容上体现人民群众的意愿并接受人民群众的监督。行政立法的制定主体在制定行政法规、规章的过程中，除非涉及国家秘密或法律另有规定的特殊情况，应当提前公布立法草案，让人民群众有充分的时间对立法事项发表意见。同时，还应当向人民群众公布行政立法主体对立法意见的处理结果。

（四）科学立法原则

我国《立法法》第6条第1款规定："立法应当从实际出发，适应经济社会发展和全面深化改革的要求，科学合理地规定公民、法人和其他组织的权利与义务、国家机关的权力与责任。"行政立法的主要目的是执行法律和法规的规定，从而起到补充法律、法规的空白和漏洞及解释法律、法规的原则规定和立法意图的作用，使法律和法规的执行符合本地方或本部门的实际情况。因此，行政立法所立之法是否科学、合理直接影响行政立法的可操作性和行政管理活动的有效性。科学立法的原则具体表现为：①合理规范各种社会关系，包括科学、合理地规定公民、法人和其他组织的权利和义务，国家机关的权力与责任。行政立法应避免两种错误倾向：一种是只强调公民、法人和其他组织的义务，而忽视保护公民、法人和其他组织的权利；另一种是只强调国家机关的权力，而忽视对于其责任的规定。②法律规范应当内容明确、具体、切实可行，语言准确清晰。行政立法应当尊重客观事实和客观规律，有的放矢地解决实际问题。同时，行政立法应使用规范化的法律语言，避免使用模糊、不确定的概念；其语言既要简明扼要，又要逻辑严谨。

第二节　行政立法的权限与效力等级

一、行政立法权限的划分

行政立法的权限是指享有行政立法权力的行政主体制定行政法规、规章的权力界限，即不同立法主体制定的行政法律规范在内容和形式上的分工和界限。行政立法权限的划分主要表现为两种形式：一种是行政立法主体和权力机关之间在立法权限上的分工和界限；另一种是行政系统内部不同行政立法主体之间在立法权限上的分工和界限。具体包括三个方面的问题：一是谁是行政立法主体；二是能立哪种形式的法；三是可以就哪些事项立法。

（一）国务院与全国人大及其常委会之间的立法权限划分

全国人大及其常委会行使立法权的事项范围包括：刑事、民事、国家机构的和其他的基本法律；关于国家主权的事项；有关各级人民代表大会、人民政府、人民法院、人民检察院的产生、组织和职权；民族区域自治制度、特别行政区制度、基层群众自治制度；犯罪和刑罚；对公民政治权利的剥夺、限制人身自由的强制措施和处罚；对非国有财产的征收；基本民事制度；基本经济制度以及财政、税收、海关、金融和外贸的基本制度；诉讼和仲裁制度以及必须由全国人民代表大会制定法律的其他事项。[1]

国务院享有以下事项的立法权限：[2]

1. 执行具体法律规定事项。主要是就法律在行政管理中的具体适用，作出进一

---

[1]　《宪法》第 62 条、第 67 条，《立法法》第 7 条第 2、3 款和第 8 条。
[2]　《宪法》第 89 条、《立法法》第 80 条。

步的详细规定。这类行政法规通常表现为实践中某一法律的"实施条例""实施细则""实施办法"等。

2.《宪法》第89条规定的国务院行政管理职权的事项。《宪法》第89条对国务院的职权的规定涉及了教育、科学、文化卫生、体育、城乡建设、国防公安、司法行政等社会生活的各个领域。国务院可以就这些领域中行政管理方面的重大事务进行立法。

3. 经全国人民代表大会及其常务委员会特别授权，就某些重大事项立法。应当由全国人民代表大会及其常务委员会制定法律的一些事项，在实践中，由于社会生活的复杂多样或者立法时机尚不成熟等原因，往往尚不具备制定法律的条件，为了保障实践中有法可依，全国人民代表大会及其常务委员会有权作出决定，授权国务院根据实际需要，对其中的部分事项先制定行政法规。法律对这种授权有严格的限制：①授权范围是有限的，并非所有法律保留事项都可以授权，有关犯罪和刑罚、对公民政治权利的剥夺和限制人身自由的强制措施和处罚、司法制度等事项不能授权；②授权决定应当明确授权的目的、范围；③国务院应当严格按照授权目的和范围行使授予的权力，不得将该权力转授给其他机关；根据授权制定的法规应当报授权决定规定的机关备案；④经过实践检验，制定法律的条件成熟时，国务院应当及时提请全国人民代表大会及其常务委员会制定法律。授权事项制定法律后，相应授权即行终止。

（二）国务院与国务院部门之间立法权限的划分

国务院各部门是国务院的职能机构，从其职能定位上看，国务院各部门一般主管某一方面的业务。根据《立法法》第80条的规定，国务院各部、委员会、中国人民银行、审计署和具有行政管理职能的直属机构，可以根据法律和国务院的行政法规、决定、命令，在本部门的权限范围内，制定规章。具体而言，国务院部门可以分为三类：①国务院组成部门，即各部、委员会、中国人民银行、审计署；②具有行政管理职能的直属机构，如海关总署、国家税务总局等；③根据单行法授权，具有行政管理职能的国务院直属事业单位，如中国证券监督管理委员会、中国国家电力监管委员会等。国务院部门行使立法权限基于两个基本原则：①部门规章规定的事项应当属于执行法律或者国务院的行政法规、决定、命令的事项。②涉及两个以上国务院部门职权范围的事项，应当提请国务院制定行政法规或者由国务院有关部门联合制定规章。[1]

（三）国务院与地方人民政府之间立法权限的划分

地方政府的立法权限主要有两项：①为执行法律、行政法规、地方性法规的规定，根据地方实际情况，将法律、法规具体化，确定法律法规的实施细则，制定执行性规范；②针对地方发展的特点和特殊需要，对地方行政管理事项进行调整。相

---

[1]《立法法》第80条和第81条。

第二节

对于地方政府规章，国务院的行政法规调整的领域一般涉及全国性或几个地区共同的行政管理事项。行政法规在全国有效，而地方政府规章仅适用于其所辖行政区域。在法律效力上，地方政府规章不得与行政法规、地方性法规相抵触。

（四）地方政府与国务院部门之间立法权限的划分

部门规章规定的事项应当属于执行法律或者国务院的行政法规、决定、命令的事项。部门规章着重于对本部门具体职权的关注，调整的对象主要是各部门主管领域中的具体行政事务。地方政府规章则侧重于根据本地区的实际情况，就法律、法规在本地区的执行进行规定。

二、行政法规、规章的效力等级

《立法法》明确规定了各个位阶的法律规范的效力等级和法律适用规则，即上位法优于下位法；同位阶的法律规范具有同等效力并在制定机关各自权限范围内实施；特别规定优于一般规定；新法优于旧法；法律不溯及既往。[1] 在行政法体系中，法律规范的效力等级依次是：宪法、法律、行政法规、地方性法规、自治条例和单行条例、规章。具体而言，宪法的位阶最高，具有最高法律效力，任何法律、法规的规定都不得与宪法相抵触；法律的效力高于行政法规、规章。行政法规的效力高于地方性法规、规章；地方性法规的效力高于本级地方政府规章和下级地方性法规；省、自治区的人民政府制定规章的效力高于本行政区域内设区的市、自治州的人民政府制定的规章。部门规章之间、部门规章与地方政府规章之间具有同等效力，在各自的权限范围内实施。

行政法规之间对于同一事项的新的一般规定与旧的特别规定不一致，不能确定如何适用时，由国务院裁决。地方性法规、规章之间不一致时，由有关机关依照下列规定的权限作出裁决：①地方性法规与部门规章之间对同一事项的规定不一致，不能确定如何适用时，由国务院提出意见，国务院认为应当适用地方性法规的，应当决定在该地方适用地方性法规；认为应当适用部门规章的，应当提请全国人民代表大会常务委员会裁决；②部门规章之间、部门规章与地方政府规章之间对同一事项的规定不一致时，由国务院裁决。[2]

第三节　行政立法的程序与监督

行政立法程序是指行政立法主体制定、修改、废止行政法规、行政规章的步骤、方式和时限等规则的总称。根据《立法法》《行政法规制定程序条例》《规章制定程序条例》的规定，行政立法的一般程序包括：立项、起草、审查、决定、公布、备

---

〔1〕《立法法》第91、92条。
〔2〕《立法法》第94、95条。

案、修改、废止。

一、行政立法的程序

（一）立项

行政法规的立项是指国务院对拟制定行政法规的事项进行总体设计，对今后一段时间行政法规的制定进行的安排和部署。立项解决国务院是否应当就特定行政管理事务制定行政法规的问题，是行政法规制定程序的第一个环节。

立项由国务院依职权决定，在程序上表现为年度立法计划的编制和调整。国务院于每年年初编制本年度的立法工作计划，在执行中可以根据实际情况予以调整。列入国务院年度立法工作计划的行政法规项目应当符合下列要求：①贯彻落实党的路线方针政策和决策部署，适应改革、发展、稳定的需要；②有关的改革实践经验基本成熟；③所要解决的问题属于国务院职权范围并需要国务院制定行政法规的事项。国务院有关部门认为需要制定行政法规的，应当于每年年初编制国务院年度立法工作计划前，向国务院报请立项。国务院有关部门报送的行政法规立项申请，应当说明立法项目所要解决的主要问题、依据的党的方针政策和决策部署，以及拟确立的主要制度。国务院法制机构应当根据国家总体工作部署对部门报送的行政法规立项申请汇总研究，突出重点，统筹兼顾，拟订国务院年度立法工作计划，报国务院审批。

部门规章的立项的决定由享有部门规章制定权的国务院部门作出。国务院部门内设机构或者其他机构认为需要制定部门规章的，应当向该部门报请立项。省、自治区、直辖市和设区的市、自治州的人民政府所属工作部门或者下级人民政府认为需要制定地方政府规章的，应当向该省、自治区、直辖市或者设区的市、自治州的人民政府报请立项。

（二）起草

起草是提出行政法规初期方案和草稿的程序，它是审查和决定程序的基础。行政法规由国务院组织起草，既可以由国务院的一个部门或者几个部门具体负责起草工作，也可以由国务院法制机构起草或者组织起草。起草完成后，由起草部门向国务院报送行政法规送审稿，一般而言，送审稿应当由起草部门主要负责人或者几个部门主要负责人共同签署。负责起草行政法规的部门，应当深入调查研究，总结实践经验，广泛听取有关机关、组织和公民的意见。同时，对于草案中涉及其他部门的职责或者与其他部门关系紧密的规定，起草部门应与有关部门协商一致。如果有关部门之间经过充分协商仍不能取得一致意见的，起草部门应当在上报行政法规草案送审稿时一并说明情况。

部门规章由国务院部门组织起草，国务院部门可以确定规章由其一个或者几个内设机构或者其他机构具体负责起草工作，也可以确定由其法制机构起草或者组织起草。地方政府规章由省、自治区、直辖市和设区的市、自治州的人民政府组织起草。起草的规章直接涉及公民、法人或者其他组织切身利益，有关机关、组织或者公民对其有重大意见分歧的，应当向社会公布，征求社会各界的意见；起草单位也可以举行听证会听取意见。起草部门规章，涉及国务院其他部门的职责或者与国务院其他部门关系紧密的，起草单位应当充分征求国务院其他部门的意见。

（三）审查

国务院法制机构负责审查行政法规送审稿，主要审查该送审稿是否符合宪法、法律的规定和国家的方针政策；是否符合起草要求；是否与有关行政法规协调、衔接；是否正确处理有关机关、组织和公民对送审稿主要问题的意见以及其他需要审查的内容。如果制定行政法规的基本条件尚不成熟或者发生重大变化，或者有关部门对送审稿规定的主要制度存在较大争议，起草部门未与有关部门协商，或者送审稿不符合相关的规定，国务院法制机构可以缓办或者退回起草部门。国务院法制机构应当认真研究各方面的意见，与起草部门协商后，对行政法规送审稿进行修改，形成行政法规草案和对草案的说明，提请国务院常务会议进行审议；对调整范围单一、各方面意见一致或者依据法律制定的配套行政法规草案，可以采取传批方式，由国务院法制机构直接提请国务院审批。

国务院部门法制机构或者地方政府法制机构负责审查规章送审稿是否符合规章制定的原则；是否与有关规章协调、衔接；是否正确处理有关机关、组织和公民对规章送审稿主要问题的意见；是否符合立法技术要求以及其他需要审查的内容。法制机构应当将规章送审稿或者规章送审稿涉及的主要问题发送给有关机关、组织和专家征求意见和进行实地调查研究，听取基层有关机关、组织和公民的意见，与起草单位协商后，对规章送审稿进行修改，形成规章草案和对草案的说明，规章草案和说明由法制机构主要负责人签署，提请本部门或者本级人民政府有关会议审议。

（四）决定与公布

行政法规草案由国务院常务会议审议，或者由国务院审批。国务院法制机构应当根据国务院对行政法规草案的审议意见，对行政法规草案进行修改，形成草案修改稿，报请总理签署国务院令公布施行。

部门规章应当经部务会议或者委员会会议决定，地方政府规章应当经过政府常务会议或者全体会议决定。审议规章草案时，由法制机构作说明，也可以由起草单位作说明。法制机构应当根据有关会议审议意见对规章草案进行修改，形成草案修改稿，报请本部门首长或者省长、自治区主席、市长、自治州州长签署命令予以公布。

行政法规签署公布后，应及时在国务院公报和中国政府法制信息网以及在全国范围内发行的报纸上刊载。国务院法制机构应当及时汇编出版行政法规的国家正式版本。部门规章签署公布后，应及时在国务院公报或者部门公报和中国政府法制信息网以及在全国范围内发行的报纸上刊载。地方政府规章签署公布后，应及时在本级人民政府公报和中国政府法制信息网以及在本行政区域范围内发行的报纸上刊载。

行政法规和规章应当自公布之日起 30 日后施行；但是，涉及国家安全、外汇汇率、货币政策的确定以及公布后不立即施行将有碍行政法规、规章施行的，可以自公布之日起施行。

（五）备案与解释

行政法规和规章应当自公布之日起 30 日内，依照《立法法》和《法规规章备案条例》的规定向有关机关备案。

国务院各部门和省、自治区、直辖市人民政府可以向国务院提出行政法规解释要求。行政法规条文本身需要进一步明确界限或者作出补充规定的，由国务院解释。国务院法制机构研究拟订行政法规解释草案，报国务院同意后，由国务院公布或者由国务院授权国务院有关部门公布。行政法规的解释与行政法规具有同等效力。对属于行政工作中具体应用行政法规的问题，省、自治区、直辖市人民政府法制机构以及国务院有关部门法制机构请求国务院法制机构解释的，国务院法制机构可以研究答复；其中涉及重大问题的，由国务院法制机构提出意见，报国务院同意后答复。

当规章的规定需要进一步明确具体含义或规章制定后出现新的情况需要明确适用规章的依据时，规章可由制定机关进行解释。规章解释由规章制定机关的法制机构参照规章送审稿审查程序提出意见，报请制定机关批准后公布。规章的解释同规章具有同等效力。

（六）修改与废止

行政法规、规章实施一段时间后，由于社会环境的变化、主管部门变更、上位法变更等原因，需要及时对行政法规和规章进行修改或者废止。行政法规和规章的修改和废止与制定一样，必须由行政立法主体按行政立法权限进行。

案例 6-1：2004 年 11 月 21 日包头空难中，机上 47 名乘客、6 名机组人员全部遇难。我国空难赔偿的唯一标准源自 1993 年国务院 132 号令修订的《国内航空运输旅客身体损害赔偿暂行规定》，承运人"对每名旅客的最高赔偿金额为人民币 7 万元"。包头空难一周后，东方航空公司公布赔偿办法，首先强调 7 万元基数，最终确定每位罹难者的赔偿金额为 21.1 万元。部分遇难乘客家属对这一方案提出异议，表示不能接受这一赔偿方案。东方航空公司表示，他们没有权力突破目前法律规定的赔款限额，因为赔付标准是国务院制定的，如果不满意，可以通过其他途径解决。陈某遇难时是一家知名公司的副董事长兼总经理。陈某没有买航空意外保险，也就意味着只能得到 21.1 万元的赔偿。这数目仅仅是他生前几个月的工资。他的妻子桂某无法接受以 21 万元作为对丈夫生命的"廉价补偿"。2005 年 3 月 4 日，她向北京市第二中级人民法院起诉民航总局行政立法不作为。2005 年 5 月 16 日，北京市第二中级人民法院下达行政裁定书，认定："现桂某请求判令中国民用航空总局履行立法义务，因立法行为属抽象行政行为，故桂某的起诉不属于行政诉讼的受案范围，不予受理。"[1]

---

[1]　黎伟华："民航局被诉立法不作为"，载《民主与法制》2005 年第 9 期。

第三节

本案中，关键的问题是国务院 1993 年制定的《国内航空运输旅客身体损害赔偿暂行规定》是否合理的问题。在当时立法的情况下，每人 7 万元的赔偿额度相对于其他领域的伤亡赔偿来说是最高的了。但显然，如果到今天还适用 1993 年的标准，就不尽合理，也不符合人权保护的世界性趋势。从这个案件可以看出及时针对行政立法进行修订的重要性。

二、行政立法的监督

随着我国法治化程度的提高和立法进程的加快，我国行政立法的数量大幅增加。据不完全统计，截止到 2018 年 3 月 19 日，我国现行有效的行政法规 730 件，地方政府规章 12 129 件，国务院部门规章 4795 件。[1] 改革开放初期"无法可依"的情况已经完全改变。目前主要的问题是加强立法的质量和实施。尽管自中华人民共和国成立以来，我国对行政法规、规章进行过几次全面清理和专项清理，但是由于各种原因，法律规范之间相互冲突和"打架"的现象仍然广泛存在。

我国目前存在的法律规范冲突大体上有四种类型：一是纵向冲突，即下位法同上位法相冲突，包括法律与宪法的冲突，行政法规与法律的冲突，地方性法规与法律、行政法规的冲突以及规章与法律、法规的冲突。二是横向冲突，即处于相同位阶的法律规范之间相互矛盾，包括一般法律与基本法律的冲突，法律之间、行政法规之间的冲突，部门规章之间的冲突，地方性法规之间、地方政府规章之间的冲突以及同一法律、法规、规章中法条的冲突。三是地方与部门法律规范之间的冲突，包括国务院部门规章与地方性法规之间的冲突、地方政府规章与部门规章之间的冲突。四是立法程序上引起的冲突，主要是因为法律制定、修改和废止等不配套引起的法律冲突。因此，加强对行政立法的监督和审查，防止行政立法中的不当和违法，及时撤销不适当的行政法规和规章是极为必要的。

我国现行的法律系统中，对行政立法的监督主体范围非常广泛，包括两个方面：一是国家权力系统的监督，包括国家权力机关、国家司法机关、国家行政机关的监督；二是国家权力系统之外的监督，包括公民、社会组织、新闻媒体等对行政立法的监督。本书以国家权力系统的监督为主，从权力机关的监督、行政机关的监督以及司法机关的监督三个方面来探讨。

（一）权力机关的监督

权力机关对行政立法的监督主要以四种方式进行：

1. 审查。国务院、中央军事委员会、最高人民法院、最高人民检察院和各省、自治区、直辖市的人民代表大会常务委员会认为行政法规同宪法或者法律相抵触的，可以向全国人民代表大会常务委员会书面提出进行审查的要求，由常务委员会工作

〔1〕 http：//www. pkulaw. cn/cluster_call_form. aspx？ menu_item = law&EncodingName = &key_word = ，最后访问时间：2018 年 5 月 15 日。

机构分送有关的专门委员会进行审查、提出意见。其他国家机关和社会团体、企业事业组织以及公民认为行政法规同宪法或者法律相抵触的，可以向全国人民代表大会常务委员会书面提出进行审查的建议，由常务委员会工作机构进行研究，必要时，送有关的专门委员会进行审查、提出意见。[1]

全国人民代表大会专门委员会在审查中认为行政法规同宪法或者法律相抵触的，可以向制定机关提出书面审查意见；也可以由法律委员会与有关的专门委员会召开联合审查会议，要求制定机关到会说明情况，再向制定机关提出书面审查意见。制定机关应当在 2 个月内研究提出是否修改的意见，并向全国人民代表大会法律委员会和有关的专门委员会反馈。[2] 全国人民代表大会法律委员会和有关的专门委员会审查认为行政法规同宪法或者法律相抵触而制定机关不予修改的，可以向委员长会议提出书面审查意见和予以撤销的议案，由委员长会议决定是否提请常务委员会会议审议决定。[3]

同样，地方人民代表大会常务委员会也有权改变或者撤销本级人民政府制定的不适当的规章。[4]

2. 执法检查。各级人民代表大会常务委员会，每年选择若干关系改革发展稳定大局和群众切身利益、社会普遍关注的重大问题，有计划地对有关法律、法规实施情况组织执法检查。执法检查结束后，执法检查组应当及时提出执法检查报告，由委员长会议或者主任会议决定提请常务委员会审议。在执法检查中，各级人民代表大会常务委员会发现法规需要修改完善的，可以在执法检查报告中提出建议。[5]

3. 备案。行政法规在公布后的 30 日内由国务院办公厅报全国人民代表大会常务委员会备案。部门规章和地方规章报国务院备案；地方政府规章应当同时报本级人民代表大会常务委员会备案；设区的市、自治州的人民政府制定的规章应当同时报省、自治区的人民代表大会常务委员会和人民政府备案。

4. 质询。全国以及地方人民代表大会及其常委会可以针对行政法规以及行政规章的内容以及执行情况向行政机关进行质询。

在全国人民代表大会常务委员会会议期间，常务委员会组成人员 10 人以上，可以向常务委员会书面提出对国务院和国务院各部、各委员会的质询案，由委员长会议决定交受质询机关书面答复，或者由受质询机关的领导人在常务委员会会议上或者有关的专门委员会会议上口头答复。在专门委员会会议上答复的，提质询案的常务委员会组成人员可以出席会议，发表意见。[6] 地方各级人民代表大会举行会议的

---

〔1〕《立法法》第 99 条。
〔2〕《立法法》第 100 条第 1 款。
〔3〕《立法法》第 100 条第 3 款。
〔4〕《立法法》第 97 条。
〔5〕《各级人民代表大会常务委员会监督法》第 22 条、第 26 条。
〔6〕《全国人民代表大会组织法》第 33 条。

时候，代表 10 人以上联名可以书面提出对本级人民政府和它所属各工作部门以及人民法院、人民检察院的质询案。质询案必须写明质询对象、质询的问题和内容。质询案由主席团决定交由受质询机关在主席团会议、大会全体会议或者有关的专门委员会会议上口头答复，或者由受质询机关书面答复。在主席团会议或者专门委员会会议上答复的，提质询案的代表有权列席会议，发表意见；主席团认为必要的时候，可以将答复质询案的情况报告印发会议。质询案以口头答复的，应当由受质询机关的负责人到会答复；质询案以书面答复的，应当由受质询机关的负责人签署，由主席团印发会议或者印发提质询案的代表。[1]

（二）行政机关的监督

行政机关对于行政立法的监督，主要通过三种方式进行：

1. 行政立法计划批准程序。行政立法计划是行政机关对于一定时间内行政法规和规章制定所作的设想和安排。在立法计划的批准程序中，批准机关可以对立法的指导思想、立法重点和长期目标等内容综合考虑，考察立法主体的合法性、内容的合法性和可行性。行政立法计划的批准机关通过此种程序实现对于行政立法的"入口"监督。

2. 法规、规章清理制度。法规、规章清理是指有关国家机关对一定时期和内容的规范性法律文件集中清理审查，并重新确认其法律效力的活动。它既是一种法律创制活动，也是一种法律监督形式。目前我国法规、规章清理制度主要有两种操作模式：对法律规范的所有内容进行的全面清理和对法律规范的部分内容进行的专项清理。清理的工作方式一般有两种：①及时的个别性清理，即在制定新法之前对相关内容的旧法予以清理。②间隔一段时间的集中清理，即间隔一段时间由法律规范的制定机关对现行的法律规范进行集中式的清理。[2]

3. 规章备案审查制度。国务院法制机构对报送国务院备案的规章，就下列事项进行审查：是否超越权限；下位法是否违反上位法的规定；地方性法规与部门规章之间或者不同规章之间对同一事项的规定不一致，是否应当改变或者撤销一方的或者双方的规定；规章的规定是否适当；是否违背法定程序。[3]

国务院对于规章的审查，既可以依职权直接进行，也可以依申请进行。国家机关、社会团体、企业事业组织、公民认为规章同法律、行政法规相抵触的，可以向国务院书面提出审查的建议，由国务院法制机构研究处理。

部门规章出现以下几种情况之一时，国务院有权将其改变或者撤销：超越权限；下位法违反上位法规定；规章之间对同一事项的规定不一致，经裁决应当改变或者撤销一方的规定；规章的规定被认为不适当，应当予以改变或者撤销；违背法

---

〔1〕《地方各级人民代表大会和地方各级人民政府组织法》第 28 条。

〔2〕崔卓兰、于立深：《行政规章研究》，吉林人民出版社 2002 年版，第 238～239 页。

〔3〕《法规规章备案条例》第 10 条。

定程序。[1] 省、自治区、直辖市人民政府行使对下级政府制定的地方政府规章的监督权，具体的监督程序则由各省、自治区、直辖市人民政府自行制定。

（三）司法机关的监督

我国司法机关对于行政立法的监督，主要表现为人民法院的审判监督。[2] 由于目前我国法院没有判例创制权和完全的司法审查权，因此，法院对于行政法规和规章的监督只能通过间接的方式进行。法院在审判活动中，有权依据新法优于旧法和法律效力等级等原则，来认定行政法规是否与宪法、法律相一致，规章是否和宪法、法律、行政法规相一致，从而适用和上位法一致的、有效的行政法规和规章。法院对行政立法的监督，表现为对行政法规和规章是否合法、有效和选择适用上，而不是直接予以撤销、变更和废止。在审理案件中，人民法院认为地方人民政府制定、发布的规章与国务院部、委制定、发布的规章不一致的，以及国务院部、委制定、发布的规章之间不一致的，可以由最高人民法院送请国务院作出解释或者裁决。

第四节　行政规范性文件[3]

一、行政规范性文件的概念

一直以来，行政法学界对于行政法规、规章之外的具有普遍约束力的行政规范性文件给予不同的称谓。有的称为"行政法规、规章之外的其他规范性文件"，有的称为"规章以下行政规范性文件"，有的称为"行政立法之外的抽象行政行为"，有的称为"行政规定"。我国宪法和法律中对于"行政规范性文件"的名称也未作统一规定。《宪法》用的是"规定行政措施，制定行政法规，发布决定和命令"，[4]《行政复议法》用"规定"一词指称行政法规、规章之外的其他行政规范性文件。[5]《行政处罚法》和《行政许可法》用的都是"其他规范性文件"。[6]《行政诉讼法》用的是"具有普遍约束力的决定、命令"。2018 年公布的《最高人民法院关于适用〈中华人民共和国行政诉讼法〉的解释》第 2 条第 2 款对此进行了解释：

［1］《立法法》第 96、97 条。

［2］《行政诉讼法》第 63 条第 1 款规定："人民法院审理行政案件，以法律和行政法规、地方性法规为依据。"第 63 条第 3 款规定："人民法院审理行政案件，参照规章。"

［3］鉴于行政机关制定其他规范性文件的行为并不属于《立法法》规定的行政立法行为，因此有些教材中并不讨论本部分，如张树义：《行政法与行政诉讼法学》，高等教育出版社 2002 年版。考虑到我国国家行政机关中有权制定行政法规、规章的只占少数，而几乎所有行政机关都有权发布行政规范性文件，同时，行政规范性文件又是大量行政行为的直接依据，本书对其中涉及的主要问题仍然进行讨论。

［4］见《宪法》第 89 条。

［5］《行政复议法》第 7 条。

［6］《行政处罚法》第 14 条，《行政许可法》第 17 条。

所谓具有普遍约束力的决定、命令，是指行政机关针对不特定对象发布的能反复适用的规范性文件。[1] 本书依据《行政诉讼法》和《最高人民法院关于适用〈中华人民共和国行政诉讼法〉的解释》，采用"行政规范性文件"的称谓。法律名词的一个基本要求就是可以明确体现其主要特征，"行政规范性文件"一词，包含"行政""规范""文件"等关键词语，既可以涵盖此类行为的基本特征，也能与行政法规、规章相对应，同时避免了其他称谓或拖沓冗长或含义不明的缺陷。

对行政规范性文件，不仅称谓各异，其概念界定也有多种观点。其中，具代表性的观点有三种：①最广义的解释是一切国家机关制定的除法律、法规、规章之外的具有普遍约束力的决定、命令和行政措施。②广义的解释是指各类国家行政机关为实施法律、执行政策，在法定权限范围内制定的除法规、规章之外的具有普遍约束力的决定、命令和行政措施。③狭义的解释是指没有行政法规和规章制定权的国家行政机关为实施法律、法规和规章而制定的具有普遍约束力的决定、命令和行政措施。[2] 本书认同广义的解释，将行政规范性文件界定为：行政机关为了执行法律、法规和规章以及实现行政目的，制定发布的，除行政法规和规章之外的，具有普遍约束力的决定、命令和行政措施。

根据国务院 2012 年 4 月 16 日发布的《党政机关公文处理工作条例》的有关规定，现在行政机关制定的行政规范性文件，通常采用下列名称：

1. 决议。适用于会议讨论通过的重大决策事项。

2. 决定。适用于对重要事项作出决策和部署、奖惩有关单位和人员、变更或者撤销下级机关不适当的决定事项。

3. 命令（令）。适用于公布行政法规和规章、宣布施行重大强制性措施、批准授予和晋升衔级、嘉奖有关单位和人员。

4. 公报。适用于公布重要决定或者重大事项。

5. 公告。适用于向国内外宣布重要事项或者法定事项。

6. 通告。适用于在一定范围内公布应当遵守或者周知的事项。

7. 意见。适用于对重要问题提出见解和处理办法。

8. 通知。适用于发布、传达要求下级机关执行和有关单位周知或者执行的事项，批转、转发公文。

9. 通报。适用于表彰先进、批评错误、传达重要精神和告知重要情况。

10. 报告。适用于向上级机关汇报工作、反映情况，回复上级机关的询问。

11. 请示。适用于向上级机关请求指示、批准。

---

〔1〕 《行政诉讼法》第 13 条。
〔2〕 应松年主编：《行政行为法》，人民出版社 1992 年版，第 307 页；罗豪才主编：《行政法学》，中国政法大学出版社 1996 年版，第 177 页；马怀德主编：《行政法与行政诉讼法》，中国法制出版社 2000 年版，第 208 页。

12. 批复。适用于答复下级机关请示事项。

13. 议案。适用于各级人民政府按照法律程序向同级人民代表大会或者人民代表大会常务委员会提请审议事项。

14. 函。适用于不相隶属机关之间商洽工作、询问和答复问题、请求批准和答复审批事项。

15. 纪要。适用于记载会议主要情况和议定事项。

二、行政规范性文件与行政立法的区别

制定行政规范性文件和行政立法从本质上均属于抽象行政行为，但是二者在制定主体、法律效力、规范内容以及创制程序等方面均存在明显区别。

1. 制定主体不同。行政规范性文件的制定主体非常广泛，几乎所有的行政机关都可以成为行政规范性文件的制定主体;[1] 而行政立法的主体仅限于宪法、组织法、立法法明确规定享有行政立法权的行政机关，前者的主体范围较后者要广泛得多。

2. 效力高低不同。一般来说，行政法规和规章的效力要高于行政规范性文件，后者要以前者为依据，并且不能与之相抵触。但是如果法律、法规有特别规定，从其规定。如《行政法规制定程序条例》第 31 条第 3 款规定，行政法规的解释和行政法规具有同等效力。《规章制定程序条例》第 33 条第 3 款规定，规章的解释同规章具有同等效力。同样，在《立法法》《行政法规制定程序条例》《规章制定程序条例》生效之前，行政机关根据《全国人民代表大会常务委员会关于加强法律解释工作的决议》以及单行法律、法规、规章的规定，对法律、法规、规章进行解释所形成的法定解释性文件，也具有同等的法律效力。

3. 规范的内容不同。行政立法和行政规范性文件对于行政主体和行政相对人的权利义务的规定是不同的。行政立法可以在法定权限范围内创设行政主体和行政相对人的某些权利义务，行政规范性文件则只能对行政法规和规章规定的内容进行具体化、明确化。

4. 制定程序不同。行政立法的程序相对严格，应当遵循《立法法》确定的正式的行政立法程序。行政规范性文件的制定程序则相对较为简单、灵活和讲求效率。

5. 监督方式不同。对行政立法和对行政规范性文件的监督方式存在相同之处，都包括权力机关的监督、[2] 行政机关的监督[3] 以及司法机关的监督。其中，权力

第四节

---

〔1〕　见《宪法》第 89 条，《地方各级人民代表大会和地方各级人民政府组织法》第 59 条和第 61 条。

〔2〕　《各级人民代表大会常务委员会监督法》第 30 条。

〔3〕　为落实国务院《全面推进依法行政实施纲要》对备案审查工作提出的要求，很多地方建立了"四级政府、三级备案"的规范性文件备案体制，完善了规范性文件备案登记制度、备案情况通报制度、规范性文件核查制度，形成了比较完备的备案管理工作流程。

机关和司法机关的监督方式也基本相同。需要注意的是：对于行政规范性文件，《行政复议法》规定了附带审查。《行政复议法》第 7 条第 1 款规定："公民、法人或者其他组织认为行政机关的具体行政行为所依据的下列规定不合法，在对具体行政行为申请复议时，可以一并向行政复议机关提出对该规定的审查申请：①国务院部门的规定；②县级以上地方各级人民政府及其工作部门的规定；③乡、镇人民政府的规定。"这一规定首次将行政规范性文件纳入到行政复议的审查范围，更加强化了行政复议对行政权的监督功能，对于加强和完善我国行政监督救济制度具有重要而深远的意义。但我们也应当看到，《行政复议法》在将行政规范性文件纳入到行政复议的审查范围的同时，又作了许多限制的规定，从而使得现有的这一对行政规范性文件的行政内部监督的制度还只能是一种间接的附带审查制度，存在着较大的局限性，有待进一步完善。[1]

拓展阅读书目

1. 刘增棋、李江：《行政规章分析》，中国政法大学出版社 1994 年版。
2. 周旺生主编：《立法学》，法律出版社 1998 年版。
3. 乔晓阳主编：《立法法讲话》，中国民主法制出版社 2000 年版。
4. 叶必丰、周佑勇：《行政规范研究》，法律出版社 2002 年版。
5. 刘莘：《行政立法研究》，法律出版社 2003 年版。
6. 刘莘主编：《法治政府与行政决策、行政立法》，北京大学出版社 2006 年版。

第六章

[1] 叶必丰、周佑勇：《行政规范研究》，法律出版社 2002 年版，第 225 页。

第七章

行政许可

本章提要：

　　本章首先深入分析了行政许可的概念和特征、行政许可与行政确认之间的关系、行政许可的种类，勾勒了行政许可的内涵和外延。然后结合《行政许可法》的规定，介绍了行政许可的范围与设定权。最后介绍了行政许可的实施机关、实施程序和监督检查。

第一节　行政许可概述

一、行政许可的概念和特征

　　行政许可是行政机关应行政相对人的申请，经审查后决定是否解除法律的普遍禁止，并且允许其从事某类行为的权利或者资格的行政行为。2003 年发布的《行政许可法》第 2 条规定："本法所称行政许可，是指行政机关根据公民、法人或者其他组织的申请，经依法审查，准予其从事特定活动的行为。"该法律定义着眼于"本法规定"，意在从法律定义的角度限定本法的适用范围，其要旨与学理上所称的行政许可一致。

　　（一）行政许可的前提是法律的普遍禁止

　　行政许可是行政机关按照法定条件和程序解除法律禁止的行政行为。法律设定行政许可即意味着设立了相应的行为禁止。

　　行政相对人的许多活动特别是经营活动会影响他人、社会或者国家的利益，例如，行政相对人从事食品、药品的生产经营，可能损害他人健康、危害公共安全、污染环境、破坏国家经济的有序发展。为了保证合格守法的经营者和质量安全可靠的产品进入市场，一个有效的方法是对这些行业活动事前予以普遍禁止，设定一系列的条件和程序，对从事这些行为活动的行政相对人进行审查，确认其是否具有从事相应活动的资格、能力或者条件，在此基础上决定是否批准其从事该类行业活动。这是保证社会安全、行业结构合理化和资源配置科学化的有效措施。

作为行政许可存在前提的普遍法律禁止是相对的、可以解除的发展型禁止，与法律对违法犯罪行为中的绝对的、不可以解除的抑制型禁止不同。具体表现在：①对象不同。发展型禁止针对的行为大多是经营行为，在法律规制的范围之内对社会有利，本身并没有反道德、反社会的性质；抑制型禁止针对的是违法犯罪行为，具有反道德或者反社会的性质。②目的不同。发展型禁止的目的并不是消除行政相对人的某种行为或者产品，而是为了防止不合格的行政相对人和产品进入市场，防止行政相对人的经营活动损害公共利益；对合格的、不会损害公共利益的经营活动或者产品，国家应当解除禁止。与此不同，抑制型禁止的目的是消除违法犯罪行为。③是否可以解除不同。发展型禁止在法定条件下可以解除，而抑制性禁止是不能解除的，即不因行政处罚或者刑事处罚而解除。④作用不同。发展型禁止的主要作用是保障经济、社会和文化的健康发展，从这一点来看，行政许可属于给付行政的范畴；抑制型禁止的主要作用是维护社会秩序，从这一点来看，以抑制型禁止为基础的行政行为，如行政处罚、行政强制、行政检查等，属于秩序行政的范畴。

（二）行政许可是授益性的行政行为

行政许可是赋予行政相对人从事某种行为的法律资格或者权利的行政行为。

这里的关键问题是"授益"的法律性质。对此，学理上存在着争议，代表性的观点有以下几种：第一种观点认为，授益性行政行为性质上属于"赋权"，即赋予行政相对人以新的、原先不享有的权利。理由是：在得到行政许可之前，行政相对人没有从事特定行为的权利或者资格。第二种观点认为，授益性行政行为性质上属于恢复权利，即解除禁止、恢复行政相对人原先就享有的法定权利。理由是：在行政许可设立之前，行政相对人本来可以直接从事特定的行为，但在设立行政许可之后，只有得到许可，才能从事特定的行为。行政许可实际上是行政相对人原先享有的权利的限制。第三种观点认为，行政许可是恩赐，即行政机关给予行政相对人的恩赐。[1]

从现行法律规定来看，对行政许可中授益性质的认定应当根据具体情况区分：①对宪法规定的公民基本权利，法律通过设定行政许可制度予以限制的，这种许可授益属于权利的恢复，例如1989年《集会游行示威法》第7条[2]规定的行政许可。②对法律规定的一般权利通过许可制度予以限制的，这种许可授益属于赋权，例如

〔1〕关于这三种观点，参见应松年主编：《行政法学新论》，中国方正出版社1999年版，第248~249页。
〔2〕该条规定："举行集会、游行、示威，必须依照本法规定向主管机关提出申请并获得许可。下列活动不需申请：①国家举行或者根据国家决定举行的庆祝、纪念等活动；②国家机关、政党、社会团体、企业事业组织依照法律、组织章程举行的集会。"

1980 年《青海省野生动物资源管理条例》第 5 条[1]规定的猎捕许可。理由是：宪法规定的公民基本权利，属于公民在自然法上与生俱来就享有的权利，宪法作为公民成立国家的公法契约，是对公民自然法权利的确认和宣告，而行政许可不过是对公民基本权利的恢复。与此不同，公民的一般权利由国家根据政治、经济和文化的发展水平逐步设定，因时间、地区、民族和公民个人的具体条件而异，并非与生俱来享有的，相反，只有得到许可，行政相对人才能享有和行使这种权利。

无论是权利的恢复还是权利的赋予，行政许可的内容都是行政相对人依法应当得到的权益，授益的内容、范围、标准、程序等都由法律规定。一旦法定的申请条件具备，行政机关就应当作出许可或者不许可的决定。从这些法律约束来看，行政许可属于法治国家原则约束之下的授益行为，而不属于人治的恩赐。

（三）行政许可是应申请的行政行为

原则上，只有在行政相对人提出申请的情况下，行政机关才能决定是否予以许可。这里的关键问题有三个：

1. 申请是否是行政许可决定的成立要件。对此，一种观点认为，申请是行政许可的前提条件，无申请即无行政许可。[2]另一种观点认为，申请属于行政许可决定的合法要件，而不是成立要件。在行政相对人没有提出申请的情况下，行政机关作出许可决定的，只构成程序瑕疵，行政许可的效力处于不确定状态，但这不影响行政许可的成立。在行政许可实体内容合法的情况下，可以责令行政相对人补办申请手续。[3]

第二种观点较为可取。对行政相对人没有提出申请的行政许可，应当本着有利于行政相对人的原则区别情况对待。在行政许可实体合法并且责令补办申请手续对行政相对人有利的情况下，无需撤销行政许可，可以判令或者责令行政相对人补办申请手续；如果补办申请手续对行政相对人不利或者行政相对人不接受，应当撤销行政许可。

2. 申请的效力。这是指行政相对人申请的意思表示对行政机关是否具有约束力。对此，一种观点认为，鉴于行政许可的单方行为性质，行政相对人的意思表示对行政机关没有约束力，行政机关在决定是否许可方面不受行政相对人申请的限制。[4]

---

[1]　该条第 1、2 款规定："省境内的野骆驼、野牦牛、野驴、白唇鹿、藏羚羊、盘羊、苏门羚、马鹿、水鹿、猕猴、雪豹、麝、藏水獭、猞猁、石貂、斑头雁、黑颈鹤、天鹅、白马鸡、黑鹤、兰马鸡、雪鸡、血雉以及鹰、雕等均为重点保护动物，任何单位和个人未经省狩猎主管部门批准不得猎捕。在省人民政府确定的禁猎区和自然保护区内，严禁妨害野生动物资源的一切活动，因特殊需要进入禁猎区和自然保护区猎取某种动物时，必须事先经当地狩猎主管部门批准。"

[2]　马怀德主编：《中国行政法》，中国政法大学出版社 1999 年版，第 96 页；姜明安主编：《行政法与行政诉讼法》，北京大学出版社、高等教育出版社 1999 年版，第 182 页。

[3]　吴庚：《行政法之理论与实用》，中国人民大学出版社 2005 年版，第 304 页。

[4]　姜明安主编：《行政法与行政诉讼法》，北京大学出版社、高等教育出版社 1999 年版，第 143 页。

本书的观点是，从法律性质来看，许可申请属于行政相对人行为[1]的一种，在符合法定形式要件的情况下，对行政机关具有约束力，具体表现在：

（1）行政相对人合法提出的申请产生行政机关的受理义务。行政机关必须受理合法申请，并且在法定期限之内作出决定。在受理申请时，必须办理登记手续，并且给行政相对人出具接收证明。对符合形式要件的申请，行政机关不得以各种理由或者方式推托。

（2）行政相对人合法提出的申请决定了行政许可决定的范围。行政机关原则上必须对申请的事项作出决定，既不能遗漏申请事项，也不能对申请之外的事项作出决定。

（3）对合法申请中提出的法律依据、事实根据、理由和证据，行政机关必须在行政许可决定中逐一作出认定，在否定的情况下，必须说明理由。根据依法行政原则、行政程序的职权原则以及行政行为的单方面性原理，对作出行政许可决定的法律依据、事实根据和证据，行政机关应当全面调查认定，其范围并不受行政相对人申请的限制。但是，这并不意味着对行政相对人在申请中提出的观点，行政机关可以不置可否。这是因为，行政相对人和行政机关都是行政法律关系和行政程序的主体，行政相对人可以通过各种形式参与和影响行政许可决定的过程，对行政相对人以申请的形式提出的要求和主张，作为另一方主体的行政机关必须作出回应。否则，行政相对人的主体地位无从体现。

（4）申请的效力影响但不改变行政许可的单方面性。合法申请对行政许可决定的过程和内容虽然产生影响，体现了行政相对人的主体地位，但仍然没有与行政机关的意思表示产生对等或者对价的作用。作为行政行为，行政许可决定是行政机关单方面的意思表示，而不是与行政相对人协商、意思表示一致的结果。这是行政许可与行政协议的根本区别所在。[2]

（四）行政许可是要式的行政行为

行政许可必须具备法定的形式，不仅要符合格式、行文、加密、颜色、用纸等方面的技术规范，遵循行政公文的格式规范，还要遵守相关的行为方式规范。

行政许可的表现形式多种多样，其中典型的是：

1. 许可证。这是行政许可最常用的形式。例如，1987 年《广告管理条例》第 6 条规定，兼营广告业务的单位和个体工商户，应当向工商行政管理机关申请广告经营许可证。

第七章

---

〔1〕 方世荣：《论行政相对人》，中国政法大学出版社 2000 年版，第 131～151 页。

〔2〕 根据行政协议可以替代行政行为的原理，行政许可可以采取行政行为的形式，也可以采取行政协议的形式，附条件的行政许可尤其如此。例如，限制建筑物风格、功能和配套设施的许可，行政机关可以按照行政行为规则，作出附加负担或者附带废止保留的行政许可决定，也可以就将行政许可作为行政协议的客体，与行政相对人协商建筑物的风格、功能和配套设施等事项。行政许可采取哪一种形式，由行政机关根据法律规定、行政相对人的要求和案件的具体情况裁量决定。

2. 执照。如 2016 年《企业法人登记管理条例》第 16 条第 1 款规定："申请企业法人开业登记的单位，经登记主管机关核准登记注册，领取《企业法人营业执照》后，企业即告成立。企业法人凭借《企业法人营业执照》可以刻制公章、开立银行账户，签订合同，进行经营活动。"

3. 批准文件。批准文件是指具有行政许可的实体内容和法律效果、但不采取资格证书或者证照的名称和形式的行政处理文本，属于实质意义上的行政许可行为。在大型项目投资方面，这种具有许可性质的批准文件比较常见。

4. 签证。如《中华人民共和国外国人入境出境管理条例》第 5 条规定："外交签证、礼遇签证、公务签证的签发范围和签发办法由外交部规定。"

5. 资格证和资质证。《行政许可法》第 39 条第 1 款第 2 项规定了这种文书形式。

6. 签章。主要适用于一些根据技术性的检验、检测或者检疫结论作出是否许可决定的情形，加盖标签或者印章即意味着许可。对此，《行政许可法》第 39 条第 2 款作了规定。

这里值得注意的问题是：

1. 认定行政许可的标准是内在特征而不是名称。行政许可涉及公安、卫生、土地、城建、取用水、开采矿等各行各业，立法分散，命名极不统一，如登记、批准、同意、执照、许可、检验、准许、特许、注册、备案、审核、检定等。因此，在认定行政机关的一个行为是否是行政许可时，应当着眼于内容和内在的特征，而不是名称，即是否存在法律的普遍禁止，是否必须经过行政相对人的申请，是否具有恢复权利或者赋予权利的效果，是否适用了法定的行政许可程序等。这里需要提出的是：

（1）认可。认可是行政机关对行政相对人已经具备的地位、身份、条件、能力或者水平的肯定，属于行政确认的范畴。严格而言，认可普遍存在于各种社会领域，还没有成为独立的法律概念。

（2）注册、登记。注册登记是行政机关要求行政相对人对其有关情况向行政机关申报，予以书面记录备查。注册登记虽然具有控制的作用，也属于行政行为，但没有产生权利的赋予或者恢复的效果。

（3）证明。证明是行政机关对特定的事实或者法律关系的真实性或者合法性的肯定或者否定，本身属于行政确认的范畴。

（4）批准。批准的性质应当根据具体情况认定。对行政机关内部的上下级之间的批准，属于内部行政的范畴，不是行政行为。对行政相对人申请的批准，属于行政许可的一种情况。如果需要由多个行政机关批准才能决定颁发行政许可，这种批准可能是行政机关内部的程序，也可能是外部的行政许可[1]。

以上区分不可一概而论，问题的关键仍然是行政许可的内在特征，而不是形式。

〔1〕　马怀德主编：《行政法与行政诉讼法》，中国法制出版社 2000 年版，第 224~226 页。

第一节

2. 形式瑕疵对行政许可效力的影响。如果行政机关颁发的证照不符合法律规定的形式，具有形式瑕疵，行政许可是否具有效力？对此，学理上还没有提出明确观点。这一点应当根据瑕疵的严重程度和证照的种类区别对待。对形式要求严格的行政许可证，例如护照、毕业证书、学位证书等，形式瑕疵即构成形式违法，相应的行政许可决定无效。例如，护照的照片不清楚、有揭贴嫌疑的情况。对形式要求不严格的行政许可证，只有严重的形式瑕疵才构成形式违法、导致行政许可决定无效，例如字迹模糊、难以辨认等情况；如果是一般的形式瑕疵，如数字书写错误等，可以按照法定程序更正，而不影响行政许可决定的合法性和效力。

二、行政许可与行政确认的关系

无论是在理论上还是实践上，行政许可与行政确认的关系都是一个比较复杂的问题，这里单独说明。

行政确认是指行政机关依职权或应申请，对法律上的事实、性质、权利、资格或者关系进行甄别和认定，以法定方式予以宣告的行政行为。

1. 行政许可与行政确认的联系表现在：

（1）二者都是要式的具体行政行为，都必须按照法律规定的程序和形式作出。

（2）行政确认往往是行政许可的前提和一个阶段，凡行政许可均有行政确认的效果。行政机关作出行政许可决定之前，必须首先确认行政相对人是否符合法定的条件。而行政许可决定也是行政相对人具备法定的条件或者某方面的能力、资格或者权利的证明。

（3）效力相同。行政许可与行政确认都无需执行，往往没有可供执行的内容。

2. 行政许可与行政确认的区别表现在：

（1）客体不同。行政确认的客体是法律上的事实、性质、权利、资格或者关系。①法律事实是指具有法律意义的客观真实情况，例如，1998 年《收养法》第 21 条第 2 款[1]规定的需要使领馆认证的外国收养人的有关情况。②法律性质是指某种事物具有法律属性或者特征，例如，1985 年《森林法》第 24 条规定[2]的"划定自然保护区"。③法律权利是指当事人享有的自己为或者不为一定的行为或者要求他人为或者不为一定行为的资格或者权能，例如对土地等自然资源所有权或者使用权的

---

〔1〕 该款规定："外国人在中华人民共和国收养子女，应当经其所在国主管机关依照该国法律审查同意。收养人应当提供由其所在国有权机构出具的有关收养人的年龄、婚姻、职业、财产、健康、有无受过刑事处罚等状况的证明材料，该证明材料应当经其所在国外交机关或者外交机关授权的机构认证，并经中华人民共和国驻该国使领馆认证。该收养人应当与送养人订立书面协议，亲自向省级人民政府民政部门登记。"

〔2〕 该条第 1 款规定："国务院林业主管部门和省、自治区、直辖市人民政府，应当在不同自然地带的典型森林生态地区、珍贵动物和植物生长繁殖的林区、天然热带雨林等具有特殊保护价值的林区，划定自然保护区，加强保护管理。"

确认即属于有关法律权利的行政确认。④法律资格是指当事人依法享有的专业技术能力，如律师资格、会计师资格等，例如司法行政机关或者财政部门颁发律师资格证书或者会计师资格证书就属于对法律资格的行政确认。⑤法律关系确认的例子是1998年《收养法》第15条规定[1]的收养关系确认。

与行政确认不同，行政许可的对象是为法律普遍禁止的行为，例如药品的生产或者销售行为、捕猎行为等。

（2）效果不同。行政确认是对现有法律事实、行为、权利、性质、资格或者关系的证明、肯定或者否定，本身并不直接产生新的权利或义务，或者创设新的法律关系。与行政确认不同，行政许可是在行政确认的基础上，进一步恢复或者赋予行政相对人权利，直接给当事人设定了权利或者义务。

（3）形式不同。行政确认的主要表现形式是鉴定、认证和证明。鉴定是指行政机关对具有专门性的技术性问题所作的认定结论，如交通事故责任鉴定、医疗事故鉴定、伤残等级鉴定等。认证是指行政机关对产品是否符合国家规定的质量或者安全标准而出具的证明。证明是指行政机关对法律行为或者法律事实的真实性或者合法性予以确认的行为。

如上文所述，行政许可的典型表现形式是许可证、执照、批准、签证等。

（4）前提不同。行政许可的前提是法律对某种行为的普遍禁止，而行政确认没有这种限制。

（5）是否应申请不同。行政许可是应申请的行政行为，只有在行政相对人提出申请的情况下才能实施；而行政确认可能应申请作出，也可能依职权作出。有关自然资源权属的行政确认往往由行政机关依职权作出；而有关法律关系、资格或者事实的确认，往往由行政机关应申请作出。

（6）效力不同。行政许可都没有行政终局的效力，而有的行政确认则具有这种效力，行政相对人不能向人民法院起诉。例如《行政复议法》第30条第2款规定："根据国务院或者省、自治区、直辖市人民政府对行政区划的勘定、调整或者征收土地的决定，省、自治区、直辖市人民政府确认土地、矿藏、水流、森林、山岭、草原、荒地、滩涂、海域等自然资源的所有权或者使用权的行政复议决定为最终裁决。"该条规定的"行政复议决定"属于终局性的行政确认。

三、行政许可的种类

对行政许可的种类，可以从学理分类和法定种类两个层面认识。

（一）学理分类

学理上按照不同的标准提出多种有关行政许可的分类，其中具有重要意义的是：

---

[1] 该条第2款规定："收养查找不到生父母的弃婴和儿童的，办理登记的民政部门应当在登记前予以公告。"

1. 排他性许可和非排他性许可。这是以范围为标准所作的分类。排他性许可又称为特许，是指具有数额限制，特定的行政相对人取得许可以后，其他公民或者组织不能再申请的许可，如专利许可、商标许可、烟草专卖许可、出租车经营许可等。

非排他性许可又称为普通许可，是指没有数额限制，行政相对人只要具备法定条件即可以提出申请的许可，如驾驶执照、营业执照等。

排他性许可的条件往往比较严格，具有数额的限制和特许性质；而非排他性许可的条件相对来说比较宽松，没有数额的限制。

这种分类是《行政许可法》所采取的基本分类，《行政许可法》第57条还对排他性许可作了特殊规定：如果有两个以上的申请人都符合法定的条件和标准，行政机关应当根据受理行政许可的先后顺序作出准予许可的决定，但法律和行政法规另有规定的除外。

案例7-1：1998年8月26日，易某向县水利局下属武安镇水站提出申请，要求在绿化协议范围内的河滩上采砂。武安镇水站于1998年9月1日以县水利局的名义向易某颁发了南水政字〔1998〕第001号采砂许可证，准许其在河滩绿化协议范围内的河底沙滩上采砂，采砂时间自1998年9月1日至1999年9月30日，未绘制平面采砂图。易某领取采砂许可证后，在河底沙滩上采砂至今。1998年10月17日，县水利局向刘某颁发了南水政字〔1998〕第018号采砂许可证，准许其在高井村五组沙滩上采砂，即东起西关桥以西20米，西至西关桥以西140米，南至高井村五组责任田边村路以北50米，北至该村以北110米，并绘制了平面采砂图，采砂时间自1998年10月17日至1999年10月17日。两证批准的作业方式均为机械采砂，采砂范围有重合之处。此后，易某与刘某因采砂范围多次发生纠纷。易某于1998年10月20日向法院提起诉讼。在诉讼过程中，刘某也向法院提起诉讼，请求撤销南水政字〔1998〕第001号采砂许可证。

本案中，需要讨论的问题是：县水利局是否可以在同一河段颁发两个采砂许可证？采砂许可证是一种典型的排他性许可，具有有偿性、有限性、排他性等特征。本案的关键在于采砂许可证作为一种特许所具有的排他效力，也就是说，同一自然资源权属只能设立一个特许，而不能设立两个以上的许可，尽管这不排除两个以上的相对人共同申请、共同获得和共同享用一个特许。本案水利局在同一采砂地段设立两个采砂许可证，必然造成当事人之间的权属纠纷，其违法之处在于违反了采砂许可的排他效力。

2. 独立的许可和附文件的许可。这是以文书构成为标准所作的分类。独立的行政许可是指许可证无须附带其他文书而独立存在和产生效力，如驾驶执照、营业执照、进出口许可证等。附文件的许可是指许可证须附有有关的说明材料才能产生效力的行政许可，如建筑许可证、用地许可证等，如果没有附带的检测资料予以证明，将无法确定建筑物的情况和待划拨土地的地点与面积。

3. 证照式行政许可和非证照式行政许可。这是以行政许可的格式要求为标准所作的分类。证照式行政许可是指以许可证或者执照的形式发放的行政许可，如许可证、执照、登记证、资格证等。

非证照式行政许可是指不采取特定的证书样式而是采取加盖印章、标签等方式发放的行政许可。

《行政许可法》第39条采取了这种分类，称之为需要颁发证照的许可与不需要颁发证照的许可。该条第1款规定了需要颁发证照的许可应当向申请人颁发加盖本行政机关印章的许可证书、资格证、资质证、批准文件或者其他证明文件。第2款规定，行政机关实施检验、检测、检疫的，可以在检验、检疫、检测合格的设备、设施、产品、物品上加贴标签或者加盖检验、检疫、检测的印章。

4. 单独的行政许可和附款的行政许可。单独的行政许可是指没有附加条件限制的行政许可。附款的行政许可是指附带期限、负担或者废止保留的行政许可。期限既可能是行政许可开始实施的期限，也可能是行政许可终止的期限，还可能是行政许可实施的期间。负担是指行政相对人在取得行政许可的同时必须承担的义务，如在取得建设许可的同时，必须承担修建辅助设施的资金。废止保留是指行政机关在特定的条件下可以废止行政许可，无需补偿，例如，规定在为维护公共利益必要时可以废止的建设许可。

5. 自由权许可、财产权许可、政治权许可和社会权许可。这是以行政许可针对的公民权利为标准所作的分类。自由权许可是指针对公民身份或者个人自由的许可，例如出入境签证、婚姻登记证等。财产权许可是指针对环境资源或者经营权的行政许可，例如营业执照、土地使用权出让许可、采矿采砂许可证、取水用水许可证、专利许可、商标许可等。政治权许可是指针对公民参政议政权利的许可，包括集会许可、游行许可、示威许可、出版许可等。社会权许可是指针对公民享受社会保障方面的许可。

除上述5种分类之外，可以按照行业标准，将行政许可分为治安行政许可、资源行政许可、农业行政许可、卫生行政许可、文化行政许可、交通行政许可、环境行政许可等。按照期限，将行政许可分为长期行政许可、临时行政许可。按照内容，可以将行政许可分为行为许可和资格许可等。

（二）法定的种类

不同种类的行政许可在范围、标准和程序方面有诸多不同之处，《行政许可法》综合吸收了学界提出的各种分类，针对行政许可执法的实践作一定的折中和调整，总体上确定了如下5类许可：

1. 普通类。普通类也就是通常所说的普通许可，是指没有特别严格的条件或者名额限制，凡是符合条件的公民、法人或者其他组织都可以申请并且得到准许的许可。从实质的意义上说，除了《行政许可法》第12条第2项规定的资源特许之外，第12条第1项和第3~5项规定的可以设定许可的事项都可以纳入普通许可的范畴。但在程序上，登记类、资质类、认证类的许可有一定的特殊之处，对此，《行政许可法》专门设立了"特别规定"一节，规定了这三类许可的特殊程序，从而使这三类许可独立出来，成为自成一类的行政许可。

2. 特许类。特许类是指涉及有限的自然资源开发、公共资源配置以及直接涉及公共利益的特定行业的市场准入等，有特别严格的准入条件限制，鉴于自然垄断的客观原因，客观上存在范围和数量的限制，行政机关只能给特定的相对人颁发的特别经营许可。这方面的典型是石油、煤炭、金属等矿产资源开发许可，土地使用权转让许可，电子通讯行业经营许可，水电气等涉及大型基础设施建设的经营许可，等等。

特许类许可在程序上的一个特点是采用招标投标或者拍卖的方式，对此，《行政许可法》第 53 条规定，行政机关通过招标、拍卖等方式作出行政许可决定的具体程序，依照有关法律、行政法规的规定。行政机关按照招标、拍卖程序确定中标人、买受人后，应当作出准予行政许可的决定，并依法向中标人、买受人颁发行政许可证件。行政机关违反该条规定，不采用招标、拍卖方式，或者违反招标、拍卖程序，损害申请人合法权益的，申请人可以依法申请行政复议或者提起行政诉讼。

案例 7-2：A 市欲修建一自来水厂，为节约修建成本，市人民政府决定采取招标的方式确定自来水厂的承建人。遂向社会公开发布招投标说明书，要求所有有意投标的人于 5 月 30 日之前将有关材料送至市政府办公室。甲、乙、丙三家公司均系合法成立的建筑企业，且均于法定期间内递交了相关材料。市人民政府在综合考虑各方面情况以后，决定将自来水厂的承建权交给乙企业。市人民政府于 6 月 30 日分别向甲、乙、丙三家企业发出通知。对此甲企业表示不服，认为自己提出的条件优于乙企业，应该将自来水厂的承建权交给自己，市政府的决定侵犯了自己的公平竞争权，向法院提起行政诉讼。

本案中，应当如何认识市政府通过招标程序作出的建设工程发包决定的性质？建设工程发包决定是一种典型的特许行为，符合有限性、有偿性、竞争性、排他性等特许的特征，而且，其程序也很有特色。市政府作出发包的决定之后，还要与中标的公司签订承包合同，而该合同是典型的特许合同，也就是说以合同方式作出的特许行为。因此，整个过程来看，首先是招标投标，这是一种中介性的准备行为，也就是行政事实行为；其次，市政府根据招标的结果作出发包的决定，也就是以行政处理决定的方式最终确定招标的结果，选择合作的伙伴；最后是签订合同，以合同的方式发放公共建设工程承包权。整体而言，这是一种典型的多阶段行政行为。

3. 资质类。资质类是指某些职业或者行业是为公众提供服务，直接关系到公共利益，需要具备特殊的信誉、特殊条件或者特殊技能，需要国家作统一的资质或者资格认定，例如设立统一的职业考试制度，并且予以颁发的执业许可。这方面的典型是律师资格证、教师资格证、工程师资格证等。

资质类许可在程序上的一个特点是往往通过考试，根据考试的结果作出是否许可的决定。对此，《行政许可法》第 54 条规定，行政许可赋予公民特定资格，依法应当举行国家考试的，行政机关根据考试成绩和其他法定条件作出行政许可决定；赋予法人或者其他组织特定的资格、资质的，行政机关根据申请人的专业人员构成、技术条件、经营业绩和管理水平等的考核结果作出行政许可决定。但是，法律、行政法规另有规定的，依照其规定。公民特定资格的考试依法由行政机关或者行业组织实施，公开举行。行政机关或者行业组织应当事先公布资格考试的报名条件、报考办法、考试科目以及考试大纲。但是，不得组织强制性的资格考试的考前培训，不得指定教材或者其他助考材料。

4. 认证类。认证类是指直接关系到公共安全、人身健康、生命财产安全的重要设备、设施、产品，需要按照特殊的技术标准和技术规范，通过检验、检测和检疫等方式颁发的许可。总体而言，这种许可是针对物的产品质量许可，许可往往采取签章、标签或者盖章的方式表示官方的认可和证明，这里将其称为认证类许可。由于这类许可的进行往往需要专门的技术人员和技术设备，根据《行政许可法》第28条的规定，这种许可应当逐步由符合法定条件的专业技术组织实施。

认证类许可在程序上的一个特点是可以当场作出许可决定，并且决定采取加盖印章或者标签的方式。对此，《行政许可法》第55条规定，行政机关应当按照技术标准、技术规范依法进行检验、检测、检疫，行政机关根据检验、检测、检疫的结果作出行政许可决定。行政机关实施检验、检测、检疫，应当自受理申请之日起5日内指派2名以上工作人员按照技术标准、技术规范进行检验、检测、检疫。不需要对检验、检测、检疫结果作进一步技术分析即可认定设备、设施、产品、物品是否符合技术标准、技术规范的，行政机关应当当场作出行政许可决定。行政机关根据检验、检测、检疫结果，作出不予行政许可决定的，应当书面说明不予行政许可所依据的技术标准、技术规范。

5. 登记类。登记类是指涉及企业或者其他组织的设立等，需要确定和证明主体资格的事项，由行政机关依法予以审核而颁发登记证书的行为。对此，《行政许可法》第56条规定，申请人提交的申请材料齐全、符合法定形式的，行政机关应当当场予以登记。需要对申请材料的实质内容进行核实的，行政机关依照该法第34条第3款的规定办理。

这里需要注意的是，《行政许可法》所称的登记，不包括有关婚姻和民事权利方面的登记，而是限于涉及市场主体资格的事项。从现行分类规定来看，登记应用的范围非常广泛，除了该法规定的市场主体资格登记之外，还包括不动产权属登记、有关特定行为证明的登记等。有的登记只是单纯的审核和证明，行政机关不在登记中作出新的意思表示，而有的登记却包含了行政机关的独立意思表示，具有形成新的法律关系的效果。从法律效果的角度来看，有的登记具有行政确认或者行政许可的法律效果；有的许可登记不仅具有行政法上的法律效果，而且具有民法上的法律效果。鉴于登记的多样性、复杂性和广泛性，有必要制定专门统一的《行政登记法》。

四、行政许可的功能

行政许可具有如下方面的功能：

（一）维护政治、经济、文化秩序

行政许可是国家对社会实施有效监控的手段之一。具体表现在：

1. 维护国家的政治秩序。公民行使集会、游行、示威、出版、言论等各项政治权利，必须符合法律规定的范围和方式，不得借此危害公共安全和社会秩序。通过行政许可，国家可以掌握有关的情况，规范公民行使政治权利的范围和方式，进行有效的事前控制。

2. 维护国家的经济秩序。通过行政许可，行政机关可以掌握公民从事经营活动的情况，防止可能危害他人合法权益或者社会安全的经营者、经营行为或者商品，提高经营者的素质，控制行业规模和经营者数量，优化产业结构，堵塞偷税漏税骗税现象，确保国民经济的健康发展。

3. 维护国家的文化秩序。通过行政许可，国家可以防止不健康的文化产品进入市场，促进健康文明的文化事业的发展；防止国家的文化公产遭受破坏或者流失，促进文化产业的健康发展。

（二）推进制度设计和社会塑造，提高国家的信用资本、环境资本、人才资本和制度资本的储备

从国家治理体系现代化的角度来看，现代公共行政区别于传统公共行政的根本之处在于其力求人民性、服务性与法治性的有机统一。①人民性的本质在于在公共行政管理过程中尊重公民、法人或者其他组织作为人和公民的主体地位，有效保障其合法权益，尤其是知情权、参与权、陈述权、申辩权等正当的程序权益。②服务性的关键在于根据公民日益增长的美好生活需要来调整公共行政的任务，在维护秩序的前提下为社会提供各种积极的给付。③法治性的关键在于通过制度设计，对社会进行事前积极的适度干预、引导和塑造；通过规范国家与公民的行为和权利义务关系，提高行政机关和公民的信用，保护环境，为人才发挥其专长提供平等的机会和条件，从而为公民提供信用、人才、环境和制度方面的给付。在这个方面，处于给付行政与秩序行政转型的交界点的行政许可具有特殊的作用。具体表现在：

1. 提高国家的信用资本。从行政机关和公民的关系的角度来看，行政许可既是对公民活动范围和方式的规制，也是对行政机关活动范围和方式的规制。通过行政许可，诚实信用的经营者和经营行为得到许可和鼓励，行政机关及其工作人员的不规范行为也可以得到抑制。

2. 提高国家的环境资本。主要是通过环境行政许可，鼓励有利于环境保护的经营行为和产品，防止破坏环境或者浪费自然资源的行为。

3. 提高国家的人才资本。主要是通过控制不合格的经营者或者产品进入市场，为人才进行公平竞争提供良好的条件。

4. 提高国家的制度资本。主要是通过行政许可的范围、种类、程序的设计，完善国家的社会监控手段；通过行政许可的实施，促进有利于社会发展的机制和社会风气的形成。

第二节　行政许可的范围和设定

一、行政许可的范围

行政许可的范围是指法律规范设定行政许可的事项的范围。对公民来说，法律设定行政许可也即意味着设定了对某种行为的禁止，扩大了行政机关进行干预的手段。因此，从立法机关的角度来看，"设定"是指需要针对哪些事项创设行政许可，不能针对哪些事项创设行政许可；从行政相对人的角度来看，是指行政相对人的哪些行为需要通过行政许可予以保护，哪些不需要或者不能采取行政许可的手段。

从有限政府原理和依法行政原则的角度来看，行政许可范围的实质是国家的干预权与公民的自由权之间的界限的划分。对此，《行政许可法》第 11 条作了概括性规定："设定行政许可，应当遵循经济和社会发展规律，有利于发挥公民、法人或者其他组织的积极性、主动性，维护公共利益和社会秩序，促进经济、社会和生态环境协调发展。"第 12 条与第 13 条又从正反两个角度作了具体规定。

（一）可以设定行政许可的事项

《行政许可法》第 12 条从正面角度对可以设定行政许可的事项作了比较详细的列举，从该条规定的要旨来看，设定行政许可的一般标准是：

1. 公共利益。公共利益是指公众或者共同体普遍享有的利益或者权利，公民可以普遍分享。从实体法的角度来看，公共利益具有普遍性、开放性、均等性、多样性、层次性等特征，一定范围内的公众可以普遍分享，是公众普遍主观需要的物质表现形式；从程序法的角度来看，公共利益具协商性、合意性等特征；从主体来看，公共利益可以分为人类利益、国家利益、社会利益、群体利益以及具有公共秩序价值的公民权益等。将事实上存在的各种公共利益纳入法律调整的范围，通过正当的法律程序和方式协调不同性质、类型、层次的公共利益，使其自身内部达成协调一致，在此基础上力求公共利益与公民权益的平衡，是行政许可法制建设的一个理想目标。

就行政许可的范围而言，作为不确定法律概念的公共利益，主要的表现形式是：

（1）公共安全和社会秩序。公民的活动可能损害不特定多数公民的合法权益或者社会安定、国家安全的，可以设定行政许可。例如，药品许可，食品许可，危险化学物品生产、销售或者运输的许可，医生职业许可，持枪许可，驾驶执照，网站开设许可，等等。

（2）公共财产和资源。公共财产包括有形的实物资产，如公共基金、税收、国有自然资源、公共设施、历史文物等，也包括无形的资产，如环境、信用、人才、制度、技术等。公共财产的转让应当设立行政许可，如国有土地使用权出让许可、采矿许可、取水许可；凡是可能产生外部不经济即损害公共财产的经营活动（如污染环境、造成人才流失等）应当设立许可，如污染排放许可、技术转让许可等。

（3）有利于经济健康发展的产业结构和竞争秩序。可能损害国家的经济秩序的经营活动，应当设立许可，如营业执照、经营许可证、进出口配额等。

（4）引导社会文明进步的先进文化事业。这是指与大多数公民的精神发展利益有直接联系的事务，如广播电影电视、书籍或者音像制品的出版或者销售、公众娱乐事业等，应当设立许可。

（5）有利于和平发展的国际关系秩序。可能损害国际关系的活动，应当设立许可，如出入境签证、进出口贸易许可证等。

对公共利益的列举不可能穷尽，种类的划分也是相对的。行政相对人的一个活动可能涉及多方面的公共利益，如网站开设许可，既可能影响公共安全和社会秩序，也可能涉及先进文化、公平竞争等方面的公共利益。因此，在考察一种行政许可涉及的公共利益时，应当从多个侧面综合认定。

2. 成本收益分析。成本收益分析是"对拟定的公共支出或者管理行为进行系统量化比较评价的方法"，是"确保管理政策的制定者了解有关各种管理方法的成本收益的最好的信息，从而作出更好的决策，促使公众、议会和法院更好地理解行政决定的根据"的手段，是"应用经济学和决策理论提出的分析方法和视角，对各种方案进行的系统分析和评价；是编排有关信息的框架和一系列程序"，但"不是供决策者用于作出决定或者预先选择的规则或者公式"。[1] 可以看出，成本收益分析是应用经济学和决策学的理论，比较分析各种行政法制度的利弊得失的方法，是对行政法的经济分析。

成本收益分析中的收益，主要是指上文所述的公共利益；而成本主要是指风险和支出，风险是指可能的失误，而支出既包括人力资源、自然资源、资金资本等有形财产的支出，也包括生态环境、信用资本、知识资本等无形资产的支出。

在行政许可范围方面，成本收益分析标准的意义是分析设定某种行政许可的效益和可能性。不符合成本收益分析的行政许可，即使直接涉及公共利益，也不能设定，而应当考虑其他替代的国家管理手段。

3. 比例原则。设定行政许可实际上是对公民自由和活动范围的限制。根据比例原则，在有行政许可与行政处罚、行政检查等管理方法以及多种行政许可类型可供选择时，立法机关设定的行政许可必须是对公民损害最小，并且行政许可与其达到的目的之间必须相称。

---

[1] Heinz Kallmann, "Project：The Impact of Cost - benefit Analysis on federal Administrative Law", *Administrative Law Review*, 42（1990），pp. 547～551.

除了以上提出的一般标准之外，立法机关在设定行政许可时，还应当注意如下因素：

（1）依法设定。行政许可只能由法律、行政法规、地方性法规设定，除非法律法规授权，任何其他机关无权设定行政许可。这是依法行政原则在行政许可立法中的体现。

（2）系统设定。注意中央和地方的协调、整体和部门的协调、行政许可与其他管理方法的协调以及不同行政许可类型之间的协调，防止重复设定行政许可或者交叉设定行政许可，防止行业垄断和地方割据。

（3）严格设定。设定行政许可应当保障公民自由，严格限制行政许可的范围，只有在没有其他可替代的管理方式的情况下，才能设定行政许可。

（4）有效设定。设定行政许可必须有助于提高公共行政的效率，防止行政许可的异化和个人化，防止行政许可变成行政机关工作人员谋取私利的手段；提高行政许可标准和程序的透明度，从而使其在根本上有助于提高公共行政的效率。[1]

（二）可以不设行政许可的事项

《行政许可法》第 13 条规定了可以不设定行政许可的四种情形：

1. 公民、法人或者其他组织能够自主决定的。什么是"能够自主决定"？自主决定的范围、条件和标准是什么？公民自由的界限是一个可行的认识角度。公民的自由有绝对和相对之分。诸如身体自由、生命自由、思想自由、意志自由、生活方式选择自由、个性特征塑造自由等事项，属于自然法上与生俱来的权利，国家公权力应当奉行多元宽容、理性引导的法律政策，尽可能地尊重公民个人的选择，以促进社会文化的多样性发展，提升国民的创造活力，不宜进行整齐划一的、禁止性或者压制性的干预，不宜采取行政许可的方式进行管理。反之，如果公民的活动涉及公共社会生活秩序，个人的主观自由就进入一种需要与他人的自由相互协调（尤其是与公共利益相互权衡）的相对的状态，成为社会公共生活规范约束和保护下的法律自由。在社会作为一个共同体需要维护其存在和发展所必需的基本公共秩序、公民享有相对自由的范围之内，国家才有必要设立行政许可。

2. 市场竞争机制能够有效调节的。即使在公民享有相对自由的范围内，设立行政许可也并非是绝对必要的。因为社会本身作为一个共同体具有天然的自我调节的力量，就像每个人都有一定的调节、恢复和免疫能力那样，体内虽然可能发生感染，可能会遭到某种程度的破坏，但是自身的免疫能力和恢复能力足以解决疾病的，就没有必要去请医生。如果市场竞争规律本身能够更为有效地解决市场中出现的问题，在这种情况下，市场这只"看不见的手"要比政府这只"看得见的手"还有效率，政府干预就没有必要了。

第二节

---

[1] 关于以上四个考虑因素，参见应松年主编：《行政法学新论》，中国方正出版社 1999 年版，第 260 ~ 262 页。

3. 行业自治组织或者中介机构能够自律管理的。相对于国家的统一干预而言，行业自治组织或者中介组织的自律管理更加灵活、多样，贴近地方居民或者行业社群的实际情况，因此，自治管理相对于国家的统一管理具有天然的优先性，国家的统一管理只能是辅助性的、后备性的，只有在其他干预手段不能奏效的情况下才需要使用。

4. 行政机关采取事后监督等其他管理方式能够解决的。即使国家的干预是必要的，可供国家采取干预的手段是多种多样的，不限于许可。从干预的力度大小来看，行政检查、行政指导、行政协议、行政补贴、行政奖励等都是小于行政许可的，而且是更加灵活的。如果采取这些方式足以解决问题，那么，就没有必要设立行政许可了。

从学理的角度来看，《行政许可法》有关行政许可设定范围的规定是贯彻有限政府原理的一个典型例证。法治政府归根结底是有限政府。政府、社会、市场和公民是发展经济、推动社会进步的四个主要力量，任何一个力量都有自己的独到之处，因而不可或缺；但也都有自己的局限性，因而不能绝对化、万能化。以法律的方式合理地限定四种力量的作用范围和方式，科学地划定政府的职能界限和角色定位，优化公共行政管理的方式和方法的结构，从而形成一种廉洁高效、持续稳定的发展动机机制，是行政许可法制建设的宗旨。

二、行政许可的设定依据

依据是指可以设定行政许可的立法机关和规范性文件的表现形式。行政许可的设定属于立法问题，应当与《立法法》有关法律、行政法规、地方性法规、行政规章的立法权限一致，对此，《行政许可法》第 14 条至第 17 条作了具体的规定，要点有：

1. 明确区分行政许可的设定权与规定权。设定权是从无到有、确立一项崭新行政许可制度的立法权，规定权是在现有法律法规的范围内作出具体规定的立法权。二者都属于立法权的范畴，但前者是创设性的，而后者是实施性的。创设新的行政许可制度意味着给公民施加了一项新的限制，缩小了公民自主活动的范围，提高了公民从事特定活动的条件（门槛），因此应当严格把握。相比之下，规定权是通过细化标准、术语解释、限定目的、设立程序和手续要求，明确现有法律规范的含义、目的、范围和效果，但不产生新的许可类型。在实施效果上，两类立法权力同等重要。立法机关在作出具体规定时可以采取严格限缩的立场，也可以采取扩大解释的立场，从而影响到创设权的实际效果。《行政许可法》对创设权采取严格限制的立场，而对规定权则采取宽松的立场。

2. 区分公民权利的性质而划分设定权。凡涉及公民身份权、自由权、政治权利的行政许可，原则上由全国人大及其常委会制定的法律创设，行政法规可以在得到授权的情况下进行规定。地方性法规、行政规章不得创设限制此类公民权利的许可。对涉及企业经营资质和市场主体资格的行政许可，地方性法规和省、自治区、直辖市人民政府规章，不得设定应当由国家统一确定的公民、法人或者其他组织的资格、资质的行政许可；不得设定企业或者其他组织的设立登记及其前置性行政许可。

3. 区分不同的规范效力等级而划分设定权。法律的设定权优先于行政法规的设定权，行政法规的设定权优先于地方性法规，地方性法规的设定权优先于规章。无论是效力等级还是设定权，上位法都优先于下位法。

4. 区分行政许可制度的效力期间而划分设定权。国务院既可以制定行政法规的方式，也可以发布行政决定的方式设置临时性的行政许可，但应当及时提请全国人民代表大会及其常委会制定相关的法律。尚未制定法律、行政法规的，地方性法规可以设定行政许可；尚未制定法律、行政法规和地方性法规的，因行政管理的需要，确需立即实施行政许可的，省、自治区、直辖市人民政府规章可以设定临时性的行政许可。临时性的行政许可实施满一年需要继续实施的，应当提请本级人民代表大会及其常务委员会制定地方性法规。

关于行政许可的设定，除了上述立法依据方面的一般要求之外，《行政许可法》还提出了一些特殊立法技术要求。主要是：

1. 明确性要求。设定行政许可，应当明确规定行政许可的实施机关、条件、程序、期限。

2. 民主性要求。公民、法人或者其他组织可以向行政许可的设定机关和实施机关就行政许可的设定和实施提出意见和建议。有关的立法机关起草法律草案、法规草案和省、自治区、直辖市人民政府规章草案，拟设定行政许可的，应当采取听证会、论证会等形式听取意见，并向制定机关说明设定该行政许可的必要性、对经济和社会可能产生的影响以及听取和采纳意见的情况。

3. 责任性要求。立法机关设定了许可后，还要注意跟踪立法的实施情况，调查研究行政许可存在的必要性，发现问题的，则应当及时修改立法。这被称为"夕阳条款"。对此，《行政许可法》第20条第1、2款规定："行政许可的设定机关应当定期对其设定的行政许可进行评价；对已设定的行政许可，认为通过本法第13条所列方式能够解决的，应当对设定该行政许可的规定及时予以修改或者废止。行政许可的实施机关可以对已设定的行政许可的实施情况及存在的必要性适时进行评价，并将意见报告该行政许可的设定机关。"第21条规定："省、自治区、直辖市人民政府对行政法规设定的有关经济事务的行政许可，根据本行政区域经济和社会发展情况，认为通过本法第13条所列方式能够解决的，报国务院批准后，可以在本行政区域内停止实施该行政许可。"

第三节　行政许可的实施

一、行政许可的实施机关

实施机关是指在具体案件中受理行政相对人的申请并且作出行政许可决定的行政机关和授权组织。

第三节

问题主要有两个：一是享有实施行政许可主体资格的行政机关和授权组织的种类和范围；二是行政许可的实施管辖权。

（一）行政许可实施机关的种类和范围

按照行政主体原理，只有具备行政主体资格的国家行政机关和授权组织才能成为行政许可的实施机关，具体包括如下情形：

1. 国家行政机关。国家行政机关是指中央和地方各级人民政府及其下属的享有外部行政管理职能的工作部门，地方人民政府依法设立的派出行政机关，以及综合执法机关。

2. 授权的社会组织。授权的社会组织是指根据法律、行政法规和地方性法规的授权，负责履行某个方面的行政管理职能的各种社会组织。对此，《行政许可法》第23条规定，法律、法规授权的具有管理公共事务职能的组织，在法定授权范围内，以自己的名义实施行政许可。

3. 受行政机关委托的公务组织。按照法律规定的范围和程序，国家行政机关可以将部分行政许可事项委托给具备相应的人员、技术和组织条件的社会组织办理。按照行政委托的一般规则，受委托的公务组织必须以委托的国家行政机关的名义实施行政许可，其后果由委托的行政机关承担，委托机关应当负责对受委托的公务组织进行监督和管理。行政机关应当将委托的有关事项发布公告。对此，《行政许可法》第24条作了规定。

4. 行政许可实施权限的集中。可以分为两种情况：①实体权限的集中，经国务院批准，省级人民政府可以根据精简、统一、效能的原则，决定由一个行政机关行使有关行政机关的行政许可权。②程序权限的集中，如果行政许可涉及同一人民政府的多个部门或者同一行政机关的内部多个机构，则可以指定一个机构统一受理申请、统一送达许可决定，或者在人民政府的协调下，不同的部门联合办理、集中办理。对此，《行政许可法》第26条作了规定。

（二）行政许可的实施管辖权

按照行政管辖权的一般规则，享有行政许可实施主体资格的机关必须在法定的管辖权范围内实施行政许可。对此，《行政许可法》没有作具体的规定。一般而言，管辖可分为：

1. 职能管辖。行政许可由享有相应的行业管理权限的行政机关或者授权组织实施，通常是业务主管部门，例外情况下也可能是人民政府。职能管辖的具体行政机关由单行的部门法律法规结合行政组织法的一般规定确定。

2. 级别管辖。行政许可实施机关的级别由单行的部门法律法规结合行政组织法的一般规定确立。

3. 地域管辖。按照地域管辖的一般规则，有关公民身份的行政许可，应当由户籍所在地的行政机关管辖；有关行为的行政许可，应当由行为实施地的行政机关管辖；有关自然资源的行政许可，由自然资源所在地的行政机关管辖。

4. 共同管辖。两个以上的行政机关都有管辖权的，应当由最先受理的行政机关管辖；不能确定最先受理的行政机关的，由行政相对人选择。

5. 移送管辖。没有管辖权的行政机关受理申请材料的，应当向有管辖权的行政机关移送，并且告知行政相对人。

二、行政许可的实施程序

行政许可实施程序是指行政机关或者授权组织在具体案件中实施行政许可的过程。从《行政许可法》的规定来看，行政许可的实施程序可以分为一般程序、听证程序和特别程序。关于特别程序，在行政许可的种类部分作了介绍。这里介绍一般程序和听证程序。

（一）行政许可的一般程序

1. 许可申请的受理。行政许可是应申请的行政行为，申请的受理是实施行政许可的首要环节。对此，《行政许可法》作了比较细致的规定。

受理阶段的任务是审查申请的形式要件，确认申请人的身份和利害关系人的范围，初步审查申请人提交材料的真实性。对行政相对人提出的申请，无论是否符合法定的形式要件，行政机关必须先予接收。在行政相对人提出要求的情况下，行政机关必须出具接收证明或者回执。对此，《行政许可法》第32条第2款规定，行政机关受理或者不受理行政许可的申请，应当出具加盖本行政机关专用印章和注明日期的书面凭证。

对不符合法定形式的申请，行政机关应当一次性全面告知更正的内容和要求。当事人提交的文件不符合法定格式要求的，应当当场或者在5日内一次性告知申请人需要补正的全部内容，逾期不告知的，自收到申请材料之日起即为受理。

对不予受理的决定，行政相对人可以按照《行政复议法》和《行政诉讼法》的规定申请复议或者提起行政诉讼。

2. 许可申请的审查。这里的主要问题有：

（1）实质性核查。申请人对申请材料的真实性负责，但行政机关认为需要对材料的内容进行实质性审查的，应当指派两名以上的工作人员进行核查。

（2）下级机关的初步审查。对此，《行政许可法》第35条规定，依法应当先经下级行政机关审查后报上级行政机关决定的行政许可，下级行政机关应当在法定期限内将初步审查意见和全部申请材料直接报送上级行政机关。上级行政机关不得要求申请人重复提供申请材料。下级机关初步审查的期限是20日。

（3）听取当事人和利害关系人的意见。行政机关对行政许可申请进行审查时，发现行政许可事项直接关系他人重大利益的，应当告知该利害关系人。申请人、利害关系人有权进行陈述和申辩。行政机关应当听取申请人、利害关系人的意见。

3. 作出许可决定的时效。具体包括如下情形：

（1）行政机关在受理或者视为受理申请之后，应当在20日作出是否许可的决定，法律法规另有规定的除外。不可抗力耽误的期间不计算在内。

（2）因案件复杂，不能在 20 日内作出许可决定的，经向本级行政机关负责人批准，可以延长 10 日，并且告知当事人。

（3）联合办理、集中办理许可的时间不得超过 45 日；45 日内不能办结的，经本级人民政府负责人批准可以延长 15 日，并且将延长期限的理由告知当事人。

（4）需要经上级机关批准的许可，下级机关应当自接到申请之日起 20 日内审查完毕，提出初步的审查意见。

（5）行政机关办理许可需要委托专家进行鉴定、进行拍卖或者招标投标的，因此所需要的时间不计算在内。

（二）听证程序

对行政许可的听证程序，《行政许可法》第 46 条至第 48 条作了比较细致的规定。这里需要强调的是：

1. 范围。应当举行听证的行政许可主要有如下三类事项：①法律、法规和规章明确规定应当举行听证的事项；②涉及公共利益的重大事项；③行政许可涉及关系人之间的重大利益关系，当事人要求举行听证的，行政机关应当在接到听证申请之日起 20 日内举行听证。

2. 程序。对此，《行政许可法》第 48 条规定了如下基本要求：

（1）行政机关应当于举行听证的 7 日前将举行听证的时间、地点通知申请人、利害关系人，必要时应予以公告。

（2）听证应当公开举行。

（3）行政机关应当指定审查该行政许可申请的工作人员以外的人员作为听证主持人，申请人、利害关系人认为主持人与该行政许可事项有直接利害关系的，有权申请回避。

（4）举行听证时，审查该行政许可申请的工作人员应当提供审查意见的证据、理由，申请人、利害关系人可以提出证据，并进行申辩和质证。

（5）听证应当制作笔录，听证笔录应当交听证参加人确认无误后签字或者盖章。行政机关应当根据听证笔录，作出行政许可决定。

三、行政许可的监督检查

行政机关颁发许可证书后，应当建立健全监督检查制度，检查被许可人遵守许可证的情况，禁止任何闲置、出租、出借、转让、伪造等情况的出现，制作检查的记录和档案。为此，对涉及质量认证的产品，可以进行抽样检查；对已经发现的违法情况，可以责令纠正；要求经营管理涉及公共安全、公民生命健康的设施或者设备的当事人设立自检制度。必要时，采取如下两项措施：

1. 撤销。撤销是指行政机关在监督检查过程中发现行政许可的颁发本身是违法的，或者虽然颁发是合法的，但是当事人滥用许可的权利，实施了违反行政许可规定的违法行为，行政机关取消已经颁发的行政许可。关于行政许可的撤销，《行政许可法》第 69 条作了比较细致的规定，其中需要注意的是：

（1）信赖赔偿。造成撤销许可的违法事由是出于行政机关的过错的，行政机关应当赔偿因撤销许可而给当事人造成的合法权益损失；造成许可被撤销的违法事由是出于当事人自己的过错的，当事人因行政许可而获得的利益不受保护，则不给予赔偿。

（2）情势变更。行政许可是违法颁发的，但撤销许可可能给公共利益造成重大损害的，出于利益衡量的考虑，不予撤销。但是，《行政许可法》并没有禁止行政机关采取其他相应的补救性措施，例如给予行政处罚、为行政许可设定期限或者条件的限制等。

案例 7-3： 2003 年 8 月，陈某向某县土地管理局申请建房，经县土地管理局批准获得了位于城关镇向阳路边（属县规划区内）的 45.32 平方米的宅基地使用权。此后，又获得了镇人民政府建设办公室发给的建筑准建证。8 月 20 日，陈某开始动工兴建房屋。县城乡建设委员会发现陈某的建房行为后，认为其建房未经县建委批准，属于违章建筑，于 10 月 24 日向陈某发出书面通知，责令其立即停工。陈某认为自己建房经过县土地局批准，又有镇人民政府发的建筑准建证，行为合法正当，故没有执行通知的内容，继续施工。2003 年 12 月 5 日，县建委一方面要求县土地局和镇人民政府分别书面通知撤销各自所发的证书，同时对陈某直接作出"拆除违章建房通知"。陈某仍未予理睬，继续施工。2003 年 12 月 21 日，县建委在"通知"指定的期限届满后，通过当地法院对陈某正在兴建的房屋进行了强制拆除。陈某不服，向县人民法院提起诉讼，请求撤销被告县建委的行政决定，同时请求赔偿其经济损失 57 846.60 元。

如何认识本案中的赔偿问题？本案是比较典型的行政许可中的信赖赔偿案件，主要法律依据是《行政许可法》第 69 条。该条规定："有下列情形之一的，作出行政许可决定的行政机关或者其上级行政机关，根据利害关系人的请求或者依据职权，可以撤销行政许可：①行政机关工作人员滥用职权、玩忽职守作出准予行政许可决定的；②超越法定职权作出准予行政许可决定的；③违反法定程序作出准予行政许可决定的；④对不具备申请资格或者不符合法定条件的申请人准予行政许可的；⑤依法可以撤销行政许可的其他情形。被许可人以欺骗、贿赂等不正当手段取得行政许可的，应当予以撤销。依照前两款的规定撤销行政许可，可能对公共利益造成重大损害的，不予撤销。依照本条第 1 款的规定撤销行政许可，被许可人的合法权益受到损害的，行政机关应当依法给予赔偿。依照本条第 2 款的规定撤销行政许可的，被许可人基于行政许可取得的利益不受保护。"结合该条规定，可以认为本案关键在于土地局颁发的用地许可证或者镇政府颁发的建筑许可证是否违法；如果违法，那么，受害人陈某对这种违法行为的产生是否具有过错。具体而言，有以下两种情况：①如果土地局颁发的用地许可证或者镇政府颁发的建筑许可证是合法的，那么，县建委的"拆除违章建筑通知"就是违法的，县建委应当对损害承担赔偿责任。②土地局颁发的用地许可证或者镇政府颁发的建筑许可证是违法的，但是，陈某对违法行为的发生有过错，例如，有采取欺骗、胁迫或者贿赂的手段致使行政机关的工作人员作出错误的意思表示，违法颁发用地许可证和建筑许可证，那么，陈某获得利益是非法的，而非法的利益不受法律的保护，也就是说，不是合法权益的损害，国家不给予赔偿。

2. 注销。这是指因法定事由的出现，合法有效的行政许可失去了效力，没有继续存在的意义，行政机关依法办理的废止手续。从《行政许可法》第70条的规定来看，注销并不取消行政许可以前的效力，而只是取消以后的效力。注销的事由可以分为法律事件和法律行为两类，前者如不可抗力使行政许可的事项无法实施，后者如行政许可的有效期限届满。

拓展阅读书目

1. 祝铭山主编：《行政许可类行政诉讼》，中国法制出版社2004年版。
2. 傅思明：《行政审批制度改革与法制化》，中共中央党校出版社2003年版。
3. 王勇：《行政许可程序理论与适用》，法律出版社2004年版。

第七章

第八章

行政处罚

本章提要:

　　本章通过概念对比，分析了行政处罚的含义和特点；解释了行政处罚的设定和实施应当遵循的原则、行政处罚设定权的划分、行政处罚的实施机关以及当事人在行政处罚中享有的程序权利；介绍了行政处罚的程序，重点阐述了行政处罚听证制度。

第一节　行政处罚概述

一、行政处罚的概念和特征

　　行政处罚是指行政主体依照法定程序对公民、法人或其他组织违反行政管理秩序、尚未构成犯罪的行为进行制裁的活动。

　　我国台湾地区与行政处罚相对应的概念是狭义上的行政秩序罚。狭义上的行政秩序罚是指行政机关基于维持行政秩序的目的，对于过去违反行政义务者，所施以刑罚以外之处罚，资为制裁。[1]

　　日本和我国台湾地区"行政法"中还有行政刑罚的概念。在我国台湾地区，行政刑罚是指对于违反行政法规所规定之行政义务者，可以刑法上所定之刑名处罚，如有期徒刑、拘役或者罚金等。行政刑罚在本质上属于刑罚，为特别刑法之一种，因此，处罚的主体是法院，而非行政机关。[2] 日本的行政刑罚是指对违反行政上的义务懈怠使用刑法典上的刑名进行制裁的处罚，是行政罚的一种。[3]

---

〔1〕　翁岳生编:《行政法（下）》，中国法制出版社 2002 年版，第 824 页。
〔2〕　翁岳生编:《行政法（下）》，中国法制出版社 2002 年版，第 829 页。
〔3〕　[日] 盐野宏著，杨建顺译:《行政法》，法律出版社 1999 年版，第 177 页。

我国《行政处罚法》所规定的行政处罚具有以下特征：

1. 行政处罚由行政主体作出。行政处罚权只能由行政主体行使，任何其他机关、组织和个人不能行使行政处罚权。行政主体必须在法定权限范围内行使行政处罚权，根据法律规定的处罚种类、法定处罚幅度，并遵循法定程序，作出具体的行政处罚决定。

2. 行政处罚适用于违反行政管理秩序、但尚未构成犯罪的行为。这一点不同于刑罚，刑罚是针对违反刑法构成犯罪的行为作出的。

3. 行政处罚的适用对象是公民、法人或其他组织。行政处罚属于外部行政行为，适用对象是行政相对人。

4. 行政处罚的内容具有制裁性。行政处罚在性质上属于不利行政行为，其通过对行政违法人的人身权、财产权、资格等进行限制或者剥夺，或者为其增设新的义务，对违法人进行制裁，阻止违法行为的继续发生，恢复被损害的行政管理秩序，并保护受害人的利益。

5. 行政处罚的根本目的是维护行政管理秩序，制裁行政违法人只是实现这一目标的必要手段。因此，制裁并非行政处罚的根本目的，要防止以罚代管。2005 年发生在北京的杜宝良事件引起对行政机关实施行政处罚目的的探究。

案例 8－1：杜宝良是一个在北京卖菜的安徽农民。2005 年 5 月 23 日，他在偶然查询中得知自己在 2004 年 7 月 20 日至 2005 年 5 月 23 日之间，在每天必经的北京市西城区真武庙头条西口被电子眼拍下禁行 105 次，他因在同一地点 105 次交通违章，被北京市公安交通管理局西城交通支队西单队罚款 10 500 元。2005 年 6 月 1 日，杜宝良缴纳了罚款。交通部门向媒体披露此事，以期教育广大驾驶员自觉遵守交通法规。这引起舆论对交通部门执法的热议。不少新闻媒体刊文提出交通部门以罚代管，将罚款作为目的，执法缺乏人性关怀。2005 年 6 月 13 日，杜宝良向北京市西城区人民法院提起行政诉讼，申请撤销北京市公安交通管理局西城交通支队西单队对他的行政处罚决定。起诉理由有三点：其一，禁行标志为无效标志；其二，交通队执法程序违法，少送了 81 次违法记录的处罚决定书；其三，未及时告知原告有违法行为，有悖于执法原则和目的。6 月 18 日，西城区人民法院受理此案。6 月 30 日，因北京市公安交通管理局西城交通支队西单队申请补充证据，法院依法裁定，延长举证期限。2005 年 7 月 27 日，在北京交管部门根据《人民警察法》（2012 年已进行修订）及《公安机关内部执法监督工作规定》（本篇法规被 2014 年 6 月 29 日公安部令第 132 号《公安部关于修改部分部门规章的决定》修订，删除了本法第 6 条第 4 项中的"劳动教养"），以内部执法监督的方式，对西单队的执法行为予以纠正后，杜宝良撤诉。

"杜宝良事件"中，杜宝良交通违章，这是事实，应当受到行政处罚。但是一个人在同一地点 105 次违章，交通部门却没有告知其纠正违法行为，而只是简单地违章一次，记录一次，处罚一次。处罚决定的内容又是罚款，公众难免会对交警执法的动机表示怀疑。如果不是杜宝良本人偶然得知自己交通违章受到处罚，其违章行为势必会延续下去。客观来看，本案中，通过处罚来教育司机遵守交通规则的目的没有达到，违背了行政处罚的根本目的。维持行政管理秩序才是行政处罚的根本目的，制裁违法人只是手段。因此，行政处罚作出后，行政机关应当依法并尽可能克服实践中存在的诸如难以找到当事人等困难，将处罚决定书送达被处罚人，让其知悉自己的行为已经违法，接受处罚，并应当停止违法行为，遵守法律。《北京市实施〈中华人民共和国道路交通安全法〉办法》第 109 条第 2 款规定："公安机关交通管理部门及其交通警察发现机动车有未处理的违法行为记录的，应当通过信函或手机短信、电子邮件等方式通知机动车所有人或者驾驶人，机动车所有人或者驾驶人应当按照告知的时间、地点接受处理。"本案中，交通部门没有及时告知杜宝良违章的事实，违反了法定程序，也放任了违章行为的发生，没有实现交通管理的目的。本案发生后，2005 年 7 月 13 日，北京市交管部门向社会公布了交管局规范执法行为的 8 项具体措施，包括进一步完善规范执法告知制度，规范交通标志设施，规范固定违法监测设备的设置以及规范移动违法监测设备的使用等。

二、行政处罚与相关概念的比较

（一）行政处罚与行政处分

行政处分在我国特指行政机关对公务员违反纪律的行为作出的制裁决定，属于内部行政行为。

1. 性质和适用对象不同。行政处罚是外部行政行为，适用对象是公民、法人或其他组织。行政处分是内部行政行为，适用对象是公务员，其与处分机关之间存在人事隶属关系。

2. 制裁措施不同。行政处罚的种类有警告、罚款、没收违法所得、没收非法财物、责令停产停业、暂扣或者吊销许可证、执照、行政拘留等。行政处分的种类有警告、记过、记大过、降级、撤职、开除等。

3. 救济途径不同。相对人认为行政处罚侵犯其合法权益，可以申请行政复议或者提起行政诉讼获得救济。公务员不服行政处分，只能申请人事仲裁，或者提出申诉，不能申请行政复议和提起行政诉讼。

（二）行政处罚与执行罚

执行罚是指行政机关在相对人逾期不履行义务时，以科处新的金钱给付义务的方式，促使其履行义务的强制执行方式。

1. 目的不同。行政处罚的目的是制裁行政违法行为，恢复行政管理秩序。执行罚的目的是促使行政决定的义务人尽早履行义务，不是对违法行为的制裁。

2. 性质不同。行政处罚具有制裁的内容属性，执行罚不具有制裁属性，是督促性措施。

3. 运用方法不同。行政处罚的作出是一次性的，执行罚按日执行，直至义务人

第一节

履行义务。

4. 执行罚是实现行政处罚内容的一种措施。《行政处罚法》第 51 条第 1 项规定："被处罚人逾期不缴纳罚款的，每日按罚款数额的 3% 加处罚款。"

三、行政处罚的原则

（一）处罚法定原则[1]

行政处罚将给被处罚人带来不利影响，其设定和实施都必须严格遵循合法原则。处罚法定原则具体包括以下内容：

1. 处罚设定权法定。每一层级法律文件的处罚设定权由《行政处罚法》明确规定，设定行政处罚必须符合《行政处罚法》关于处罚设定权的规定。例如，涉及人身自由的行政处罚只能由法律设定，其他任何法律文件都无权设定。

2. 实施主体法定。行政处罚由哪一行政机关来实施，由法律、法规、规章规定，限制人身自由的行政处罚权只能由公安机关行使。法律、法规授权的具有管理公共事务职能的组织可以在法定授权范围内实施行政处罚。

3. 被处罚行为法定。何种行为应当受到行政处罚由法律、法规、规章明确规定。对于行政相对人，法无明文规定不受罚，法律没有明文规定行为应当受到行政处罚的，行政机关不得作出行政处罚。没有法定依据作出的行政处罚无效。

4. 处罚权限法定。处罚的种类、处罚的幅度由法律明确规定，处罚机关必须在法定权限内行使处罚权。处罚机关在法定权限内行使自由裁量权应当符合法定目的，正当行使。

5. 处罚程序法定。实施行政处罚，必须按照法定程序进行。行政处罚违反法定程序的，行政处罚无效。

（二）处罚公正、公开原则[2]

1. 处罚公正原则。处罚公正原则的基本要求是行政处罚的设定和实施必须以事实为依据，与违法行为的事实、性质、情节以及社会危害程度相当。具体规则包括：

（1）立法机关设定行政处罚时，制裁的轻重程度应当与违法行为的性质、情节和社会危害程度相当。

（2）工作人员与行政违法案件存在利害关系时，应当回避。

（3）行政机关在作出行政处罚时，应当平等对待行政相对人，不得因性别、民族、宗教、社会地位等非法定因素区别对待。

（4）行政处罚自由裁量权的行使应当符合法律目的，采取的措施和手段应当必要、适当。

2. 处罚公开原则。公开包括处罚依据、处罚过程和处罚结果的公开。

---

[1]《行政处罚法》第 3 条。
[2]《行政处罚法》第 4 条。

（1）处罚依据公开是指作为行政处罚依据的法律规定必须依照法定程序公布，未经公布的，不得作为行政处罚的依据。

（2）处罚过程公开是指在作出处罚决定之前，处罚机关应当告知被处罚人作出处罚决定的事实、依据、理由。

（3）处罚决定向被处罚人公开，说明行政处罚的理由。处罚决定应当送达被处罚人，处罚机关应当在行政处罚决定中说明决定认定的事实、证据、适用的法律。

（三）处罚与教育相结合的原则[1]

《行政处罚法》第5条规定："实施行政处罚，纠正违法行为，应当坚持处罚与教育相结合，教育公民、法人或者其他组织自觉守法。"该规定明确了行政机关在制裁违法人的同时，还应当对其进行教育，教育公民、法人或者其他组织自觉守法。处罚与教育相结合意味着处罚与教育二者不可偏废，不是以教育代替处罚，也不能仅处罚了事。

（四）保障当事人权利原则[2]

保障人权是行政处罚立法和适用都必须严格遵循的一条基本原则。不能因为当事人有违反行政管理秩序的嫌疑就漠视对其权利的保护，也不能为了维护行政管理秩序就忽视对当事人权利的保护。

《行政处罚法》第6条规定了公民、法人或其他组织在行政处罚中享有的基本权利：陈述权、申辩权、申请行政复议权利、提起行政诉讼权利、获得国家赔偿权利。陈述权、申辩权是相对人在行政处罚过程中享有的为自己辩解的权利，属于事前程序权利；后三项权利是相对人享有的针对行政处罚决定提起救济的权利，属于事后救济权利。保障相对人的上述权利有助于实现对行政处罚权事前、事后的全程规范。

第二节　行政处罚的种类和设定

一、行政处罚的种类

（一）法定种类

针对《行政处罚法》制定前各层级法律文件乱设行政处罚、行政处罚种类繁多的现象，《行政处罚法》规定了6种行政处罚，对行政处罚的种类进行了统一。[3]

1. 警告。这是对违法人予以谴责和告诫的处罚形式，一般适用于违法情节较轻的情形。如《道路交通安全法》第93条第1款规定："对违反道路交通安全法律、

---

〔1〕《行政处罚法》第5条。

〔2〕《行政处罚法》第6条。

〔3〕之所以说《行政处罚法》对行政处罚种类作了相对统一，是因为该法第8条第7项作出兜底规定，
　　法律、行政法规可以设定其他种类的行政处罚。

法规关于机动车辆停放、临时停车规定的，可以指出违法行为，并予以口头警告，令其立即驶离。"

2. 罚款。这是指令违法行为人在一定期限内缴纳一定数额金钱的处罚方式。罚款数额由法律规定，一般规定最高额和最低额，由处罚机关根据具体情形在法定幅度内确定具体数额。如《居民身份证法》第 17 条规定，冒用他人居民身份证或者使用骗领的居民身份证的，由公安机关处 200 元以上 1000 元以下罚款。罚款必须全部上交国库。

3. 没收违法所得、没收非法财物。这是指处罚机关将违法行为人的违法所得或者非法财物收归国家所有的处罚形式。违法所得是指行为人从事违法行为所获得的收益。非法财物是指用于从事违法活动的工具、物品和涉案财物等。如《草原法》第 66 条规定："非法开垦草原，构成犯罪的，依法追究刑事责任；尚不够刑事处罚的，由县级以上人民政府草原行政主管部门依据职权责令停止违法行为，限期恢复植被，没收非法财物和违法所得，并处违法所得 1 倍以上 5 倍以下的罚款；没有违法所得的，并处 5 万元以下的罚款；给草原所有者或者使用者造成损失的，依法承担赔偿责任。"

4. 责令停产停业。这是指责令经济组织停止生产、停止营业的处罚形式。此种处罚不是直接剥夺被处罚人的财产权，而是让其暂时停止经营活动。如果被处罚人在一定期限内纠正了违法行为，仍然可以继续生产经营活动，不需要重新申请许可证。如《排污费征收使用管理条例》第 21 条规定："排污者未按规定缴纳排污费的，由县级以上地方人民政府环境保护行政主管部门依照职权责令限期缴纳；逾期拒不缴纳的……责令停产停业整顿。"

5. 暂扣或者吊销许可证、执照。这是指限制或者剥夺违法行为人从事某项活动的权利或者资格的处罚形式。暂扣带有临时性，是暂时中止被处罚人从事某种活动的资格；吊销则意味着终止被处罚人从事某种活动的资格。许可证或者执照被吊销的，应当办理行政许可的注销手续[1] 如《出版管理条例》第 66 条规定："出版单位有下列行为之一的，由出版行政主管部门责令停止违法行为，给予警告，没收违法经营的出版物、违法所得，违法经营额 1 万元以上的，并处违法经营额 5 倍以上 10 倍以下的罚款；违法经营额不足 1 万元的，可以处 5 万元以下的罚款；情节严重的，责令限期停业整顿或者由原发证机关吊销许可证：①出售或者以其他形式转让本出版单位的名称、书号、刊号、版号、版面，或者出租本单位的名称、刊号的；②利用出版活动谋取其他不正当利益的。"

6. 行政拘留。行政拘留也称治安拘留，是指短期限制违法行为人人身自由的处罚形式。行政拘留的期限一般为 15 日以下。行政拘留决定只能由县级以上公安机关作出，其他行政机关、组织无权作出。

---

[1] 《行政许可法》第 70 条第 4 项。

除上述 6 种行政处罚种类外，《行政处罚法》第 8 条第 7 项作出兜底规定，法律、行政法规可以规定其他种类的行政处罚。如《中华人民共和国出境入境管理法》第 81 条规定的限期出境、驱逐出境。

（二）学理分类

《行政处罚法》从适用处罚的角度规定了 6 种处罚类型，学理上则从处罚涉及被处罚人权利角度将处罚分为以下四大类别：

1. 人身罚。这是指限制或者剥夺被处罚人人身自由的处罚种类，比如行政拘留。人身罚涉及公民最基本的权利，其设定属于法律保留的事项。法律对人身罚的适用条件、程序一般有非常严格的规定，目的是保护公民的权利。人身自由罚的实施机关只能是公安机关。

2. 财产罚。这是指限制或者剥夺被处罚人财产权的处罚种类，包括罚款、没收违法所得、没收非法财物等。除依法应当予以销毁的物品外，依法没收的非法财物必须按照国家规定公开拍卖或者按照国家有关规定处理。罚款、没收违法所得或者没收非法财物拍卖的款项，必须全部上缴国库，任何行政机关或者个人不得以任何形式截留、私分或者变相私分；财政部门不得以任何形式向作出行政处罚决定的行政机关返还罚款、没收的违法所得或者返还没收非法财物的拍卖款项。[1]

3. 行为罚。行为罚也称能力罚，是指限制或者剥夺被处罚人从事某项活动的资格或行为能力的处罚。行为罚包括责令停产停业、暂扣或者吊销许可证、执照。

4. 申诫罚。申诫罚也称精神罚或者影响声誉罚，是指对被处罚人进行精神上的惩戒的处罚。申诫罚往往对被处罚人的名誉、荣誉、信誉等带来不利影响，包括警告、通报批评等。

二、行政处罚的设定

针对低层级法律文件滥设行政处罚的现象，《行政处罚法》对各层级法律文件的处罚设定权作出明确规定，从源头上防止处罚过多、过滥。行政处罚设定权的划分涉及权力机关立法与行政机关立法、中央立法与地方立法的划分。行政处罚设定以权力机关立法为主、行政机关立法为辅；以中央立法为主、以地方立法为辅。在此原则之下，立法结合行政处罚种类规定了各层级法律文件的处罚设定权。

1. 法律的设定权。法律指全国人大及其常委会制定的法律文件。法律可以设定各种行政处罚，除了《行政处罚法》规定的 6 种处罚之外，还能设定其他种类的行政处罚。如《中华人民共和国出境入境管理法》第 81 条规定的限期出境、驱逐出境。

限制人身自由的行政处罚，只能由法律设定，其他任何层级的法律文件都不能设定限制人身自由的行政处罚。人身自由是公民最基本的权利，限制人身自由的设

─────────

[1]《行政处罚法》第 53 条。

定属于法律保留的事项，这一立法精神在后来的《立法法》中再次得到明确。《立法法》第 8 条第 5 项规定，对公民政治权利的剥夺、限制人身自由的强制措施和处罚只能制定法律。《行政处罚法》和《立法法》的规定对保护公民权利具有重大意义。

2. 行政法规的设定权。行政法规由国务院制定。虽然国务院是行政机关，但由于它是最高国家行政机关，行政法规可以设定除限制人身自由以外的行政处罚。

法律对违法行为已经作出行政处罚规定，行政法规需要作出具体规定的，必须在法律规定的给予行政处罚的行为、种类和幅度的范围内规定。

3. 地方性法规的设定权。地方性法规可以设定除限制人身自由、吊销企业营业执照以外的行政处罚。

法律、行政法规对违法行为已经作出行政处罚规定，地方性法规需要作出具体规定的，必须在法律、行政法规规定的给予行政处罚的行为、种类和幅度的范围内规定。

4. 部门规章的设定权。国务院部、委员会制定的部门规章主要是执行性立法。部门规章可以在法律、行政法规规定的给予行政处罚的行为、种类和幅度的范围内作出具体规定。

尚未制定法律、行政法规的，部门规章对违反行政管理秩序的行为，可以设定警告或者一定数量罚款的行政处罚。罚款的限额由国务院规定。

5. 地方政府规章的设定权。地方政府规章由省、自治区、直辖市和设区的市、自治州的人民政府制定。地方政府规章主要是执行性立法，可以在法律、法规规定的给予行政处罚的行为、种类和幅度的范围内作出具体规定。

尚未制定法律、法规的，地方政府规章对违反行政管理秩序的行为，可以设定警告或者一定数量罚款的行政处罚。罚款的限额由省、自治区、直辖市人民代表大会常务委员会规定。

6. 其他规范性文件不得设定行政处罚。其他规范性文件，俗称"红头文件"，不是国家立法的形式。因此，不管其发布机关是哪一级行政机关，其他规范性文件一律不得设定行政处罚。

第三节　行政处罚的实施机关、管辖和适用

一、实施机关

行政处罚的实施机关是指作出行政处罚决定的机关，包括有行政处罚权的主体和没有行政处罚权但受委托行使行政处罚权的主体。根据《行政处罚法》第三章的规定，行政处罚的实施机关有：行政机关，法律、法规授权的组织，受行政机关委托实施行政处罚的组织。

（一）行政机关

《行政处罚法》第 15 条规定，行政处罚由具有行政处罚权的行政机关在法定职权范围内实施。根据此规定：

1. 行政处罚权只能由行政机关行使，其他国家机关无权行使。各级人民代表大会、检察机关、人民法院不能实施行政处罚。

2. 行政处罚只能由具有行政处罚权的行政机关实施。并非所有行政机关都能实施行政处罚，只有法律规定有行政处罚权的行政机关才能实施行政处罚。

3. 实施行政处罚的机关应当在法定职权范围内实施行政处罚。首先，行政机关只能在本机关主管领域内实施行政处罚，如税务机关不能对违反工商管理法律规范的行为进行处罚；其次，应当在法定处罚种类、幅度内实施行政处罚。

（二）行政机关相对集中行政处罚权

《行政处罚法》第 16 条规定："国务院或者经国务院授权的省、自治区、直辖市人民政府可以决定一个行政机关行使有关行政机关的行政处罚权，但限制人身自由的行政处罚权只能由公安机关行使。"此条规定了相对集中行政处罚权制度，即将原本由数个行政机关行使的行政处罚权集中至一个行政机关行使，其他行政机关不再行使行政处罚权。如《长沙市城市管理条例》第 6 条规定："市城市管理和行政执法局负责城市管理的相关工作，行使城市管理相对集中行政处罚权。规划、住房和城乡建设、国土、环保、公安、交通、林业、卫生、教育、文化广播电视新闻出版、工商行政、水务、园林等管理部门应当按照各自职责，共同做好城市管理工作。"

限制人身自由的行政处罚权只能由公安机关行使，不能集中至其他行政机关行使。

设定相对集中行政处罚权制度的目的是解决多头执法的问题，《行政处罚法》公布后，一些城市在城市综合执法领域开始相对集中行政处罚权制度的试点。如《广州市城市管理综合执法条例》第 5 条第 1 款规定："根据国务院或者本省人民政府依照国务院的授权所作出的决定，城市管理综合执法机关行使市容环境卫生、城市绿化、城乡规划、市政、环境保护等方面法律、法规、规章规定的行政处罚权。"

（三）法律、法规授权的组织[1]

法律、法规授权的组织在我国行政法上属于行政主体的一种，《行政处罚法》第 17 条规定："法律、法规授权的具有管理公共事务职能的组织可以在法定授权范围内实施行政处罚。"

1. 必须由法律、法规授权。授权组织行使行政处罚权必须来自法律、行政法规、地方性法规的授权，规章、其他规范性文件的授权无效。

2. 授权组织应当是具有管理公共事务职能的组织。

---

[1]　关于法律、法规授权的组织请参见本书第三章"行政主体与行政组织法"。

第三节

3. 授权组织以自己的名义作出行政处罚决定，对外承担法律责任，以自己的名义参加行政复议和行政诉讼。

4. 授权组织行使行政处罚权只能在特定授权范围内。

（四）受委托组织

《行政处罚法》第18条第1款规定："行政机关依照法律、法规或者规章的规定，可以在其法定权限内委托符合本法第19条规定条件的组织实施行政处罚。行政机关不得委托其他组织或者个人实施行政处罚。"

1. 委托必须有法律、法规、规章依据。法律、行政法规、地方性法规、部门规章和地方政府规章规定行政机关可以委托其他组织实施行政处罚时，行政机关才能委托其他组织实施行政处罚。

法律、法规、规章没有规定可以委托的，不能委托。

2. 受委托组织必须符合法定条件：①是依法成立的管理公共事务的事业组织。②具有熟悉有关法律、法规、规章和业务的工作人员。③对违法行为需要进行技术检查或者技术鉴定的，应当有条件组织进行相应的技术检查或者技术鉴定。

3. 受委托组织在委托范围内，以委托行政机关名义实施行政处罚。委托行政机关对受委托的组织实施行政处罚的行为应当负责监督，并对该行为的后果承担法律责任。

4. 受委托组织不得再委托其他任何组织或者个人实施行政处罚。

二、管辖

行政处罚管辖是指行政处罚机关之间行政处罚权限的划分。分为职能管辖、级别管辖和地域管辖三大类。

（一）职能管辖

职能管辖是指行政处罚权在不同职能行政机关之间的权限分工。职能管辖一般由行业性行政管理法律明确规定，如《药品管理法》第87条规定："本法第73条至第87条规定的行政处罚，由县级以上药品监督管理部门按照国务院药品监督管理部门规定的职责分工决定；吊销《药品生产许可证》、《药品经营许可证》、《医疗机构制剂许可证》、医疗机构执业许可证书或者撤销药品批准证明文件的，由原发证、批准的部门决定。"

（二）级别管辖

级别管辖是指行政处罚权在上下级行政机关之间权限的划分。《行政处罚法》第20条规定："行政处罚由违法行为发生地的县级以上地方人民政府具有行政处罚权的行政机关管辖。法律、行政法规另有规定的除外。"此规定明确了行政处罚权的最低级别行使机关，由县级以上地方人民政府具有行政处罚权的行政机关管辖。至于县级地方人民政府及其职能部门以上行政机关之间行政处罚权如何分配，《行政处罚法》没有规定，在一些单行法中有具体规定。

级别管辖的确定一般根据违反行政管理秩序行为的轻重程度来确定。[1] 行政违法行为越严重，处罚机关的级别越高，反之则越低。如《卫生行政处罚程序》第6条第3款规定："卫生部负责查处重大、复杂的案件。"

（三）地域管辖

地域管辖是指行政处罚权在同一级别不同地域行政机关之间权限的划分。《行政处罚法》第20条规定，行政处罚由违法行为发生地的县级以上地方人民政府具有行政处罚权的行政机关管辖。

（四）移送管辖

移送管辖是指无行政处罚权的行政机关将案件移送至有行政处罚权的行政机关的制度。如《卫生行政处罚程序》第9条第1款规定："卫生行政机关发现查处的案件不属于自己管辖，应当及时书面移送给有管辖权的卫生行政机关。"受移送管辖的行政机关如果认为自己也没有管辖权的，不能再自行移送，应当报送共同上一级行政机关指定管辖。

（五）指定管辖

指定管辖是指两个以上行政机关发生行政处罚管辖权争议时，由有权机关指定某一机关管辖的制度。《行政处罚法》第21条规定："对管辖发生争议的，报请共同的上一级行政机关指定管辖。"《卫生行政处罚程序》第10条规定，上级卫生行政机关在接到有关解决管辖争议或者报请移送管辖的请示后，应当在10日内作出具体管辖决定。

三、适用

（一）不予行政处罚

不予行政处罚分两种情形：

1. 无行政处罚责任能力不予行政处罚。无行政处罚责任能力的人有两类：①实施行政违法行为时不满14周岁；②精神病人在不能辨认或者不能控制自己行为时有违法行为的。这两类人实施违反行政管理秩序行为的，不予行政处罚，责令监护人加以管教。对精神病人，应当责令其监护人严加看管和治疗。

我国《行政处罚法》的规定与德国、奥地利等国家的规定一致。德国《违反秩序法》第12条规定，实施行为时不满14岁者，其行为不受谴责。青少年只在《青少年法院法》第3条第一句的前提下行事时方应受谴责。实施行为时因病理性精神

第三节

---

[1] 有的学者认为确定级别管辖的标准有三个：①行为的违法程度。严重的由较高一级处罚机关管辖，较轻的由较低一级处罚机关管辖。②处的轻重程度。较轻的处罚由下一级处罚机关管辖，较重的由上一级处罚机关管辖。③违法组织的法律地位。违法组织级别较低的，由下级处罚机关管辖，较高的由上级处罚机关管辖。袁曙宏：《行政处罚的创设、实施和救济》，中国法制出版社1994年版，第59～60页。

错乱，因深度神志迷乱或弱智或者其他严重的精神变态而无能力认识，此系不允许的行为或无能力按此认识行事者，其行为不应受谴责。奥地利《行政处罚法》与德国的规定相同。[1]

间歇性精神病人在精神正常时有违法行为的，具备行政处罚责任能力，应当给予行政处罚。

2. 违法行为轻微并及时纠正，没有造成危害后果的，不予行政处罚。

（二）从轻、减轻处罚的情形

具备下列情形的，应当从轻、减轻行政处罚：

1. 被处罚人为限制行政责任能力人。已满 14 周岁不满 18 周岁的人为限制行政责任能力人，实施违法行为的，应当从轻或者减轻行政处罚。

2. 具备以下法定情形之一的，应当依法从轻或者减轻行政处罚：①主动消除或者减轻违法行为危害后果的；②受他人胁迫有违法行为的；③配合行政机关查处违法行为有立功表现的；④其他依法从轻或者减轻行政处罚的。

（三）一事不再罚原则

《行政处罚法》第 24 条规定："对当事人的同一个违法行为，不得给予两次以上罚款的行政处罚。"此项规定被称为一事不再罚原则。关于一事不再罚原则的性质，其作为行政处罚适用的一项原则基本没有异议。有的教材则将一事不再罚原则纳入行政处罚基本原则的范畴，[2] 有的学者将之同时作为立法的原则。[3]

就《行政处罚法》的规定来看，将之称为一事不再罚原则并不妥当，只能称为有限的一事不再罚原则。因为该法只是规定不得给予两次以上的罚款，并没有禁止对同一违法行为两个以上行政机关都进行行政处罚，只要不给予两次以上的罚款即没有违背法律的规定，可以是吊销营业执照、责令停产停业，也可以是没收等。这与严格意义上的一事不再罚原则是有距离的。一事不再罚原则应当是指一个行政机关对违法行为作出行政处罚后，其他行政机关不应再给予行政处罚。因此，这项规定可以控制罚款的滥用，但并未能规范多头执法。

（四）追诉时效

《行政处罚法》第 29 条第 1 款规定，违法行为在 2 年内未被发现的，不再给予

---

〔1〕　奥地利《行政处罚法》第 3 条规定："行为时知觉发生障碍或者精神作用发生病理上之故障，或因心神耗弱，对于行为之禁止不可能辨识或者不可能为适当之处理时，其行为不罚。"该法第 4 条规定："行为时年龄尚未届满 14 岁者不罚。"

〔2〕　姜明安主编：《行政法与行政诉讼法》，北京大学出版社、高等教育出版社 2005 年版，第 314 页；关保英："行政处罚"，载应松年主编《当代中国行政法》，中国方正出版社 2005 年版，第 842 页。

〔3〕　有的学者认为一事不再罚原则也应指导立法。……由于各个行政机关都依据自己的"法"进行处罚，势必造成对同一违法行为重复处罚、多头处罚的现象，因此，从源头上解决问题，立法应遵循一事不再罚原则。参见应松年、马怀德主编：《〈中华人民共和国行政处罚法〉学习辅导》，人民出版社 1996 年版，第 134～135 页。

行政处罚。法律另有规定的除外。如《税收征收管理法》第 86 条规定："违反税收法律、行政法规应当给予行政处罚的行为，在 5 年内未被发现的，不再给予行政处罚。"

期限自违法行为发生之日起计算。违法行为有连续或者继续状态的，从行为终了之日起计算。

第四节　行政处罚决定程序

《行政处罚法》第五章分三节分别规定了简易程序、一般程序和听证程序，有的教科书也将行政处罚程序分为简易程序、一般程序和听证程序，[1] 但听证程序严格来讲并非与简易程序、一般程序并列的一种独立程序类型，它只是行政机关在适用一般程序时听取意见的一种正式形式，其他规则仍然适用一般程序，因此，《行政处罚法》事实上规定了简易程序和一般程序两种程序类型。根据行政事务的繁简适用不同的程序，有利于提高行政效率。

一、简易程序

简易程序，也称当场处罚程序，是指处罚机关对符合法定情形的处罚事项当场作出行政处罚决定的程序。简易程序可以迅速、及时处理轻微违法行为，有助于提高行政效率。

1. 适用条件。简易程序的适用必须同时具备以下条件：①违法事实确凿；②有法定依据；③作出警告和较小数额罚款的行政处罚。较小数额具体指对公民处以 50 元以下、对法人或者其他组织处以 1000 元以下罚款。

2. 实施规则。简易程序以简便、快捷的程序迅速处理行政事务，仍应遵循一定的规则，以保证程序的公正，具体包括：

（1）表明身份。当场作出行政处罚决定的，执法人员应当向相对人出示行政执法证件。例如，《著作权行政处罚实施办法》第 17 条规定："办案人员在执法中应当向当事人或者有关人员出示由国家版权局或者地方人民政府制发的行政执法证件。"再如，《广西壮族自治区行政执法程序规定》第 13 条第 1 款规定："实行持证亮证执法制度。行政执法人员执行公务时，应当着装整齐，出示行政执法证件，表明身份。国务院批准统一着装的，应当按规定着装。"

执法人员不出示行政执法证件的，被处罚人有权拒绝其执法。

（2）口头告知当事人作出行政处罚决定的事实、理由及依据和当事人依法享有的权利。

---

〔1〕　姜明安主编：《行政法与行政诉讼法》，北京大学出版社、高等教育出版社 2005 年版，第 314 ~ 320 页。

（3）听取被处罚人的陈述和申辩。简易程序中，被处罚人仍有权进行陈述和申辩，行政机关应当听取其意见。

（4）当场填写预定格式、编有号码、加盖处罚机关公章的行政处罚决定书。行政处罚决定书应当载明当事人的违法行为、行政处罚依据、罚款数额、时间、地点以及行政机关名称，并由执法人员签名或者盖章。如《药品监督行政处罚程序规定》第46条规定，当场行政处罚决定书应当载明当事人的违法行为、行政处罚依据（适用的法律、法规、规章名称及条、款、项、目），具体处罚的内容、时间、地点，不服行政处罚决定申请行政复议和提起行政诉讼的途径，药品监督管理部门名称。该规定第47条还规定，适用简易程序作出行政处罚的，应当在当场行政处罚决定书中书面责令当事人改正或者限期改正违法行为。

（5）行政处罚决定书应当当场交付当事人。如果当事人拒绝接收处罚决定书，执法人员应当注明情况。

（6）行政处罚决定书备案。执法人员当场作出的行政处罚决定，必须报所属行政机关备案。

当事人对当场作出的行政处罚决定不服的，可以依法申请行政复议或者提起行政诉讼。

二、一般程序

一般程序是行政处罚的基本程序，分为以下几个阶段：立案、调查、说明理由和告知权利、听取意见、决定。

（一）立案

《行政处罚法》没有规定立案的条件，有的部门规章和地方性立法中对立案的条件作出了明确规定。[1] 行政处罚的立案条件一般包括：①有证据证明公民、法人或其他组织有行政违法行为发生。[2] ②行为应当受到行政处罚。③属于本行政机关管辖。④不属于适用简易程序的案件。

决定立案的，应当填写行政处罚立案审批表或行政处罚立案呈批表，报行政负责人批准，并指派专门承办人员。

（二）调查取证

1. 全面、客观、公正调查的原则。行政机关发现公民、法人或者其他组织有依法应当给予行政处罚的行为的，必须全面、客观、公正地调查，收集有关证据。[3]

---

〔1〕　如《药品监督行政处罚程序规定》第14条规定，药品监督管理部门发现违法行为符合下列条件的，应当在7个工作日内立案：①有明确的违法嫌疑人。②有客观的违法事实。③属于食品药品监督管理行政处罚的范围。④属于本部门管辖。

〔2〕　行政机关发现处罚线索的途径主要有：①行政执法检查中发现的。②检验机构、鉴定发现的。③公民、法人或其他组织举报的。④其他行政机关移送的。⑤其他途径如新闻报道发现的。

〔3〕　《行政处罚法》第36条。

处罚机关在收集证据时，应当全面，不能仅收集不利于被处罚人的证据，也应收集有利于被处罚人的证据。

2. 表明身份。行政机关在调查或者进行检查时，执法人员不得少于 2 人，并应当向当事人或者有关人员出示证件，表明身份。

3. 行政相对人负有协助调查的义务。调查权是为了查明案件事实由法律赋予处罚机关的权力，当事人或者有关人员应当如实回答行政机关的询问，并协助调查或者检查，不得阻挠。[1]

调查措施往往涉及相对人的人身权、财产权等基本权利，因此，法律在规定行政相对人负有协助调查的义务的同时，还应对实施调查措施的程序作出严格规定，以防止侵犯相对人的权利。如《公安机关办理行政案件程序规定》第 69 条规定："对违法嫌疑人进行检查时，应当尊重被检查人的人格尊严，不得以有损人格尊严的方式进行检查。检查妇女的身体，应当由女性工作人员进行。依法对卖淫、嫖娼人员进行性病检查，应当由医生进行。"

4. 调查事项。需要处罚机关调查的事项主要有：①违法嫌疑人的基本情况。②违法行为是否存在。③违法行为是否为违法嫌疑人实施。④实施违法行为的时间、地点、手段、后果以及其他情节。⑤违法嫌疑人有无法定从重、从轻、减轻以及不予处理的情形。⑥与案件有关的其他事实。

5. 调查措施。调查措施的规定需要平衡两方面的因素：一是赋予行政机关必要的调查手段，保证处罚机关能够收集到证据；二是调查不能侵犯公民、法人或其他组织的权利，应当遵循正当程序。

《行政处罚法》规定了抽样取证和证据保全两项制度。《行政处罚法》第 37 条第 2 款规定："行政机关在收集证据时，可以采取抽样取证的方法。在证据可能灭失或者以后难以取得的情况下，经行政机关负责人批准，可以先行登记保存，并应当在7 日内及时做出处理决定，在此期间，当事人或者有关人员不得销毁或者转移证据。"

有的立法结合部门行政管理的特点，规定了具体的调查措施。如《公安机关办理行政案件程序规定》规定，公安机关办理行政案件采取的调查措施有：询问、勘验和检查、鉴定、辨认、证据保全，并对每类调查措施应当遵循的程序规则作出规定。再如，《税收征收管理法》第58条规定，税务机关调查税务违法案件时，对与案件有关的情况和资料，可以记录、录音、录像、照相和复制。

（三）事前告知

行政机关在作出行政处罚决定之前，应当告知当事人作出行政处罚决定的事实、

---

〔1〕　如《土地管理法》第69条规定："有关单位和个人对县级以上人民政府土地行政主管部门就土地违法行为进行的监督检查应当支持与配合，并提供工作方便，不得拒绝与阻碍土地管理监督检查人员依法执行职务。"《知识产权海关保护条例》第22条规定："海关对被扣留的侵权嫌疑货物及有关情况进行调查时，知识产权权利人和收货人或者发货人应当予以配合。"

理由和依据，并告知当事人依法享有的权利。被处罚人只有知道处罚决定的事实、理由和依据，才能有针对性地提出反驳意见。行政机关及其执法人员在作出行政处罚决定之前不履行告知义务的，行政处罚决定不能成立。告知当事人权利包括告知申请回避权、陈述意见权、申辩权、提交证据权利、获得救济权利。

（四）听取当事人陈述、申辩

《行政处罚法》第32条规定，当事人有权进行陈述和申辩。行政机关必须充分听取当事人的意见，对当事人提出的事实、理由和证据，应当进行复核；当事人提出的事实、理由或者证据成立的，行政机关应当采纳。这一规定明确了行政机关在作出行政处罚时负有听取意见的程序义务，相应地被处罚人享有陈述意见的程序权利。如果行政机关拒绝听取当事人的陈述、申辩，行政处罚决定不能成立，但当事人放弃陈述或者申辩权利的除外。

对当事人提出的事实、理由和证据进行复核是行政机关必须履行的程序义务，否则，被处罚人的陈述和申辩没有意义。

（五）听证

1. 听证概述。听取意见制度是现代行政程序法的核心制度，听取意见的形式可以有很多种，正式听证是其中最为正式的一种。我国《行政处罚法》规定了处罚机关听取意见的义务，并对其中的听证程序作出规定，但对以听证之外的方式听取意见的规则《行政处罚法》没有规定。

行政处罚听证是指行政机关在作出行政处罚决定之前，以类似法庭审判的正式程序听取当事人及相关人员意见的制度，[1] 其程序构造为：调查人员与相对人两造对抗，听证主持人居中主持，呈现出极强的司法色彩。[2]《行政处罚法》首次在我国规定了听证制度，这在我国行政程序立法历史上具有里程碑的意义。

2. 听证的适用范围。《行政处罚法》规定行政处罚听证适用于三种行政处罚决定：责令停产停业、吊销许可证或者执照、较大数额罚款。地方性法规、地方政府规章和部门规章对较大数额罚款作出具体规定。如《上海市行政处罚听证程序规定》第4条第1款规定："本规定所称的较大数额，对个人是指5000元以上（或者等值物品价值）；对法人或者其他组织是指5万元以上（或者等值物品价值）。市政府可以根据经济社会发展的情况，对前述较大数额标准进行调整并予以公布。"

2012年最高人民法院发布第6号指导案例《黄泽富、何伯琼、何熠诉四川省成都市金堂工商行政管理局行政处罚案》，将没收较大数额涉案财产处罚决定纳入处罚

---

〔1〕 关于听证的基本理论阐述请参见本书第五章"行政程序法"。

〔2〕 美国的听证概念是听取意见制度的统称，以最终的规章和决定是否必须根据听证笔录作出将听证分为正式听证和非正式听证。我国《行政处罚法》规定的听证程序与美国的正式听证相对应。正式听证在美国也被称为"审判型听证""准司法式的听证""基于证据的听证""完全的听证""对造型听证"等。

听证适用范围,该指导案例的裁判要点中载明:"行政机关作出没收较大数额涉案财产的行政处罚决定时,未告知当事人有要求举行听证的权利或者未依法举行听证的,人民法院应当依法认定该行政处罚违反法定程序。"

3. 听证的申请与决定。是否启动听证程序,由当事人选择决定。对于属于听证范围的事项,行政机关应当告知当事人有要求举行听证的权利。当事人要求听证的,行政机关应当组织听证。如果当事人没有提出申请,行政机关不用举行听证。

当事人要求听证的,应当在行政机关告知后 3 日内提出。

4. 通知当事人。行政机关应当在听证的 7 日前,通知当事人举行听证的时间、地点。通知书应记载的事项在一些下位阶法律规范中得以扩展和具体化,如《上海市行政处罚听证程序规定》中规定,听证通知书应当载明下列事项:①当事人的姓名或者名称。②举行听证的时间、地点和方式。③听证人员的姓名。④告知当事人有权申请回避。⑤告知当事人准备证据、通知证人等事项。听证通知书应当盖有行政机关的印章。

通知书的作用是告知当事人听证的事项,以便当事人进行充分准备,与行政机关形成有效的对抗。因此,行政机关必须将听证所涉及的事实问题和法律问题通知当事人。美国《联邦行政程序法》规定,行政机关仅仅通知当事人出席听证,没有通知听证所涉及的事实问题和法律问题,导致当事人无法准备防卫的,行政机关所作的裁决将因违反法律的规定和正当法律程序而无效。遗憾的是,我国没有对通知书欠缺法定事项时所产生的法律后果作出规定。

5. 听证的进行。听证主持人由行政机关内部的非本案调查人员担任,一般由本机关法制机构人员或者从事法制工作的人员担任,以尽可能保证主持人的公正性。

听证实行公开、言词原则。公开原则是指除涉及国家秘密、商业秘密或者个人隐私外,听证会公开进行。言词原则是指举行听证时,对调查人员提出的当事人违法的事实、证据和行政处罚建议,当事人有权进行申辩和质证。

听证一般分为以下几个阶段:

(1) 主持人宣布听证会开始。

(2) 行政调查人员陈述。行政调查人员陈述当事人违法的事实,出示支持其主张的证据,并提出拟作出的行政处罚决定,以及适用的法律依据。

(3) 当事人申辩,并提交证据。当事人对调查人员提出的自己违法的事实、证据和行政处罚建议进行申辩和质证。《广东省行政处罚听证程序实施办法》第 27 条第 1 款规定,当事人及其代理人有权申请通知新的证人到会,调取新的证据,申请重新鉴定或者勘验。

(4) 听证主持人询问当事人或者其代理人、案件调查人员、证人和其他有关人员。

(5) 行政调查人员与当事人之间展开辩论。辩论围绕以下主题展开:当事人是否存在某一违法事实、证据的证明能力与证明力、应当适用的法律依据、是否具备减轻处罚的情形、最终决定的内容等。

（6）当事人作最后陈述。

（7）听证主持人宣布听证会结束。

6. 中止听证、终止听证、延期听证。借鉴诉讼法的规定，浙江省、广东省、上海市、广州市等地的地方性法规、规章中规定了中止听证、终止听证、延期听证制度。

7. 听证笔录及其效力。听证的全部过程应当制作听证笔录。行政处罚听证笔录应当载明下列事项：①案由。②听证参加人姓名或者名称、地址。③听证主持人、听证员、书记员姓名。④举行听证的时间、地点。⑤行政调查人员提出的事实、证据和适用听证程序的行政处罚建议。⑥行政相对人陈述、申辩和质证的内容。⑦其他有关听证的内容。

听证结束后，行政机关是否只能根据听证笔录作出行政处罚决定？行政机关能否以听证会之外的证据作为其决定的依据？美国正式听证适用案卷排他原则，行政机关必须根据听证笔录作出最终裁决。我国《行政处罚法》没有对听证笔录的效力作出规定，未在制度层面上确立案卷排他原则。对于听证笔录的效力，理论层面存在"唯一论""之一论""重点论""模糊论"等多种观点。[1] 立法层面在一些部门规章与地方政府规章中对听证笔录与最终行政处罚决定之间的关系作出了明确规定，而且采用了案卷排他原则。如《上海市行政处罚听证程序规定》第 25 条（听证笔录的效力）规定，听证笔录应当作为行政机关作出行政处罚决定的依据。

听证笔录的效力是行政决定听证制度的核心问题，因为听证制度的设计本是将对实体决定公正的追求置于行政效率之上。如果听证的记录对行政机关作决定没有任何的约束力，当事人的主张未能反映在决定中，则听证的进行就没有任何意义，反而徒费人力物力，降低行政效率，并对当事人的心理造成严重的伤害，增加其接受行政决定的抵触情绪。作为一项成本非常高的制度，保证听证对最终决定的正确性真正发挥作用是这项制度的生命力所在。

（六）决定

调查终结后，行政机关负责人应当对调查结果进行审查，根据不同情况，分别作出如下决定：

第一种，作出行政处罚决定。这适用于确有应受行政处罚的违法行为的情形。处罚机关根据情节轻重及具体情况，作出行政处罚决定。对情节复杂或者重大违法行为给予较重的行政处罚，行政机关的负责人应当集体讨论决定。

第二种，不予行政处罚。这适用于违法行为轻微，依法可以不予行政处罚的情形。

第三种，不得对当事人行政处罚。这适用于违法事实不能成立的情形。

---

[1] 杨惠基：《听证程序概论》，上海大学出版社 1998 年版，第 240～242 页。

第四种，移送司法机关。这适用于违法行为已构成犯罪的情形。

如果作出行政处罚决定，应当制作行政处罚决定书。行政处罚决定书应当载明下列事项：①当事人的姓名或者名称、地址。②违反法律、法规或者规章的事实和证据。③行政处罚的种类和依据。④行政处罚的履行方式和期限。⑤不服行政处罚决定，申请行政复议或者提起行政诉讼的途径和期限。⑥作出行政处罚决定的行政机关名称和作出决定的日期。

行政处罚决定书必须盖有作出行政处罚决定的行政机关的印章，否则，行政处罚决定不成立。

行政处罚决定书应当在宣告后当场交付当事人。当事人不在场的，行政机关应当在 7 日内依照民事诉讼法的有关规定，将行政处罚决定书送达当事人。

第五节 行政处罚的执行

各类行政处罚中，罚款需要当事人履行义务实现处罚决定内容，而且《行政处罚法》制定之前乱罚款问题相当严重，因此，《行政处罚法》重点对罚款的执行作出具体规定。

一、罚款实行处罚决定权和执行权相分离的制度

为了解决《行政处罚法》立法时实践中存在的乱罚款问题，《行政处罚法》对罚款决定的执行规定了决定机关与执行机关相分离的制度，即实行罚执分离制度。根据《行政处罚法》第 46 条的规定，作出罚款决定的行政机关应当与收缴罚款的机构分离。除了当场收缴罚款的法定情形之外，作出行政处罚决定的行政机关及其执法人员不得自行收缴罚款，由当事人自收到行政处罚决定书之日起 15 日内，到指定的银行缴纳罚款。

银行收受罚款后，应当将罚款直接上缴国库。任何行政机关或者个人不得以任何形式截留、私分或者变相私分。财政部门不得以任何形式向作出行政处罚决定的行政机关返还罚款。

二、罚执分离的例外情形和程序

（一）罚执分离的例外情形

处罚机关当场收缴罚款的情形有两种：

1. 适用简易程序作出处罚决定，出现下列两种情形，执法人员可以当场收缴罚款：①依法给予 20 元以下的罚款的；②不当场收缴事后难以执行的。

2. 在边远、水上、交通不便地区，当事人向指定的银行缴纳罚款确有困难，经当事人提出，行政机关及其执法人员可以当场收缴罚款。此种情形简易程序和一般程序都适用。

（二）当场收缴罚款的程序

行政机关及其执法人员当场收缴罚款的，必须向当事人出具省、自治区、直辖市财政部门统一制发的罚款收据。不出具财政部门统一制发的罚款收据的，当事人有权拒绝缴纳罚款。

执法人员当场收缴的罚款，应当自收缴罚款之日起 2 日内，交到行政机关。在水上当场收缴的罚款，应当自抵岸之日起 2 日内交至行政机关。行政机关应当在 2 日内将罚款交付指定的银行。

三、强制执行

如果被处罚人逾期不履行行政处罚决定，产生强制执行的问题。

（一）强制执行机关[1]

强制执行机关包括行政机关和人民法院。法律法规规定由行政机关强制执行的，由行政机关自行强制执行。

行政机关没有强制执行权的，应当向人民法院提出强制执行申请，由人民法院审查后确定是否强制执行。

（二）强制执行措施

《行政处罚法》第 51 条规定："当事人逾期不履行行政处罚决定的，作出行政处罚决定的行政机关可以采取下列措施：①到期不缴纳罚款的，每日按罚款数额的 3% 加处罚款；②根据法律规定，将查封、扣押的财物拍卖或者将冻结的存款划拨抵缴罚款；③申请人民法院强制执行。"

其他法律也规定了强制执行措施，如《治安管理处罚法》规定的强制拘留。人民法院的强制执行措施参照《民事诉讼法》的规定。

（三）强制执行的例外

当事人确有经济困难，需要延期或者分期缴纳罚款的，经当事人申请和行政机关批准，可以暂缓或者分期缴纳。

拓展阅读书目

1. 袁曙宏：《行政处罚的创设、实施和救济》，中国法制出版社 1994 年版。
2. 应松年、马怀德主编：《〈中华人民共和国行政处罚法〉学习辅导》，人民出版社 1996 年版。
3. 周佑勇、刘艳红："论行政处罚与刑罚处罚的适用衔接"，载《法律科学》1997 年第 2 期。
4. 杨解君、周佑勇："行政违法与行政犯罪的相异和衔接关系分析"，载《中国法学》1999 年第 1 期。
5. 朱新力："论一事不再罚原则"，载《法学》2001 年第 11 期。

---

[1]　关于强制执行的详细阐述请参见本书第九章"行政强制"。

6. 阎锐："行政处罚罚款设定普遍化研究"，载《行政法学研究》2005 年第 2 期。

7. 徐向华、郭清梅："行政处罚中罚款数额的设定方式——以上海市地方性法规为例"，载《法学研究》2006 年第 6 期。

8. 朱芒："行政处罚听证制度的功能"，载《法学研究》2003 年第 5 期。

9. 王敬波："相对集中处罚权改革研究"，载《中国法学》2015 年第 4 期。

10. 杨解君、蒋都都："《行政处罚法》面临的挑战与新发展——特别行政领域行政处罚应用的分析"，载《行政法学研究》2017 年第 3 期。

11. 耿宝建："行政处罚案件司法审查的数据变化与疑难问题"，载《行政法学研究》2017 年第 3 期。

12. 杨登峰、李晴："行政处罚中比例原则与过罚相当原则的关系之辨"，载《交大法学》2017 年第 4 期。

第九章

行政强制

本章提要：

　　本章介绍了行政强制的特点，引导读者思考如何减少行政强制手段的运用，同时实现行政管理的目的；分析了行政强制的种类划分、行政强制措施与行政强制执行的关系、行政强制执行体制、行政强制措施的特征；解释了行政强制的方式和行政强制执行的程序。

第一节　行政强制概述

一、行政强制的概念和特征

　　行政强制是指行政机关为了实现行政管理的目的而对行政相对人的人身、财产采取强制措施的活动。

　　1. 行政强制是一个组合概念，由行政强制执行、行政强制措施组成。二者制度构建存在很大差别。行政强制执行又分为行政机关强制执行和申请人民法院强制执行。

　　2. 行政强制是采用强制手段实现行政管理目的的活动。行政强制是典型的侵益行政行为，不管相对人是否同意和愿意，由强制机关对其采取一定限制性措施强制实现行政管理的目的。

　　3. 行政强制的措施针对相对人的人身和财产作出，其适用必须严格遵循法律，并且应当在穷尽一切手段之后再运用。行政强制应当是最后使用的手段。

　　我国于2011年6月30日制定《中华人民共和国行政强制法》（以下简称《行政强制法》），自2012年1月1日起施行。《行政强制法》是继《行政处罚法》《行政许可法》之后又一部以某一类型行政行为为规范对象的重要立法。

　　4. 行政强制的实施主体不限于行政机关，还包括人民法院。这主要是针对行政强制执行而言。根据我国《行政诉讼法》和相关单行法的规定，行政行为的强制执行权原则上由人民法院行使，行政机关只有在法律、法规有明确授权的情况下才能自行强制执行。

二、行政强制的种类

行政强制是一个组合性概念，对此，学界没有争议。但对于行政强制概念之下除行政强制执行之外还包括哪些组成部分存在不同认识，表现为对行政强制措施和即时强制等概念的外延宽窄认识不一。

第一种观点将行政强制分为行政强制执行、行政调查中的强制和即时强制三种。[1] 行政强制执行是指作为义务主体的行政相对人不履行其应履行的义务时，行政机关或者人民法院依法采取行政强制措施，迫使其履行义务或者达到与履行义务相同的状态。行政调查中的强制是指为了实现行政目的，由行政主体依据其职权，对一定范围内的行政相对人进行的，能够影响相对人权益的检查、了解等信息收集活动。即时强制是指行政主体根据目前的紧急情况没有余暇发布命令，或者虽然有发布命令的余暇，但若发布命令便难以达到预期行政目的时，为了创造出行政上所必要的状态，行政机关不必以相对人不履行义务为前提，便可对相对人的人身、自由和财产予以强制的活动或制度。

第二种观点是将行政强制分为行政强制执行和行政强制措施。[2] 行政强制执行的内涵认识与前述第一种观点相同。行政强制措施，也称即时强制，是指国家行政机关或者法律法规授权的组织，为了预防或者制止正在发生或可能发生的违法行为、危险状态以及不利后果，或者为了保全证据、确保案件查处工作的顺利进行而对相对人的人身自由、财产予以强行限制的一种具体行政行为。

第三种观点在最广泛意义上使用行政强制措施，认为行政强制措施与非行政强制措施相对应，是行政主体在行政执法过程中所采用的各种强制性手段和办法。这种强制性手段和办法，既可以在强制实现义务内容的行政强制执行（行政机关自行强制执行）中使用，又可以在行政即时强制中使用，还可以在日常行政管理中，为查明或有效控制、有效制止违法行为和危害事件而使用。[3]

《行政强制法》对行政强制的种类作出了明确规定，《行政强制法》第 2 条第 1 款规定："本法所称行政强制，包括行政强制措施和行政强制执行。"与立法的思路相一致，本书采纳《行政强制法》的分类，将行政强制分为行政强制执行与行政强制措施两大类。

三、设定和实施行政强制的原则

《行政强制法》总则规定了设定和实施行政强制应当遵循的 5 项基本原则：法定

---

[1] 姜明安主编：《行政法与行政诉讼法》，北京大学出版社、高等教育出版社 2005 年版，第 322 页。

[2] 方世荣主编：《行政法与行政诉讼法学》，中国政法大学出版社 2002 年版，第 183 页。

[3] 傅士成：《行政强制研究》，法律出版社 2001 年版，第 266 页。

原则、适当原则、教育与强制相结合原则、不得利用行政强制权谋取私利原则、权利救济原则。

1. 法定原则。根据《行政强制法》第3条、第4条的规定，行政强制的设定和实施，适用《行政强制法》的规定，设定和实施行政强制均应当依照法定权限、范围、条件和程序进行。法定原则是依法行政原则在行政强制活动中的体现，行政强制对公民、法人和其他组织的人身权、财产权有直接影响，属于典型高权行政行为，依法行政是设定和实施行政强制首先应当遵循的基本原则。法定原则要求立法机关设定行政强制时必须符合《行政强制法》关于设定权的规定，草案起草部门必须遵循听取意见和向指定机关说明相关情况的法定程序；行政机关实施行政强制时应当严格按照法定条件和法定程序实施行政强制活动。

2. 适当原则。《行政强制法》第5条规定，行政强制的设定和实施，应当适当。适当原则是比例原则在行政强制中的体现，要求设定和实施行政强制时，采用非强制手段可以达到行政管理目的的，不得设定和实施行政强制。根据比例原则第一项子原则——适当原则的要求，行政手段要有助于达成行政目标，如果非强制手段即已能够达成行政管理目标，则不必采用对相对人权益将产生重大影响的强制手段。适当原则也体现了权力保持谦抑的思想，其目的是尽可能减少公权力对公民权利可能造成的损害。

3. 教育与强制相结合原则。《行政强制法》第6条规定，实施行政强制应当坚持教育与强制相结合的原则。强制本身并非目的，其目的在于实现法秩序，实现有效社会治理。在强制活动实施过程中，应当对相对人先行进行教育，如在采取具体强制措施或者强制执行措施前，先行催告，督促相对人及时履行义务。

4. 不得利用行政强制权谋取私利原则。《行政强制法》第7条规定，行政机关及其工作人员不得利用行政强制权为单位或者个人谋取利益。

5. 权利救济原则。行政强制是典型的高权行政行为，《行政强制法》第8条规定了给予相对人充分救济的原则，公民、法人或者其他组织在行政强制实施中，享有如下权利：对行政机关实施行政强制，享有陈述权、申辩权；对行政强制措施或者行政强制执行决定有权依法申请行政复议或者提起行政诉讼；因行政机关违法实施行政强制受到损害的，有权依法要求赔偿。公民、法人或者其他组织因人民法院在强制执行中有违法行为或者扩大强制执行范围受到损害的，有权依法要求赔偿。

第二节　行政强制执行

一、行政强制执行的概念和特征

根据《行政强制法》第2条第3款的规定，行政强制执行是指行政机关或者行政机关申请人民法院，对不履行行政决定的公民、法人或其他组织，依法强制履行义务的行为。行政强制执行的直接依据是行政决定。

1. 行政强制执行以公民、法人或其他组织逾期不履行发生法律效力的行政决定为前提条件。理解这一特征，需要把握以下几点：①行政强制执行的依据是生效的行政决定。生效行政决定的存在是行政强制执行发生的前提条件。因此，在德国行政法中，作为执行依据的行政决定被称为基础性行政行为，行政强制执行被称为执行性行为。行政强制执行不能直接依据法律规范作出。②当事人逾期没有履行义务。如果尚在行政决定设定的履行期限内，则不能强制执行。③相对人具备履行义务的能力和条件。

2. 行政强制执行的主体包括人民法院和行政机关。行政机关只在法律、法规授予其行政强制执行权时才能自行强制执行，否则，需要申请人民法院强制执行。

3. 行政强制执行并不为相对人设定新的义务，其目的在于迫使当事人履行义务或者达到与履行义务相同的状态，从而实现行政管理的目的。有的学者也因此将之理解为"二次行为"。[1]

行政强制执行同样要耗费人力、物力，行政强制执行发生越多，行政成本越高。因此，在规范行政强制执行的同时，更应关注如何减少行政强制执行的发生。

4. 行政强制执行是行政机关的义务。行政决定作出后，只是在字面上确定了当事人的义务，只有在当事人履行义务后，行政管理的目的才能真正实现。因此，如果当事人不履行义务，行政机关应当根据强制执行权的划分强制执行或者申请人民法院强制执行。

二、行政强制执行的方式与设定

《行政强制法》第12条规定，行政强制执行的方式包括以下几种：①加处罚款或者滞纳金。②划拨存款、汇款。③拍卖或者依法处理查封、扣押的场所、设施或者财物。④排除妨碍、恢复原状。⑤代履行。⑥其他强制执行方式。

行政强制执行由法律设定，此处的法律指狭义的法律，即全国人民代表大会及其常务委员会制定的法律。法律没有规定行政机关强制执行的，作出行政决定的行政机关应当申请人民法院强制执行。

三、行政强制执行体制

行政强制执行体制是指行政强制执行权的主体配置。有的国家将行政强制执行权授予行政机关，形成行政执行体制；有的国家将行政强制执行权主要授予法院，形成司法执行体制。

（一）外国行政强制执行体制

学界一般将国外的行政强制执行体制划分为司法执行模式和行政执行模式两种。

第二节

---

〔1〕　涂怀莹：《行政法原理》，五南图书出版公司1986年版，第573页。

1. 司法执行模式。司法执行模式是指由法院行使强制执行权而形成的强制执行体制。此种模式将决定权主体与执行权主体分离。由于强制执行往往涉及当事人的人身权和财产权，司法执行模式对保护当事人的利益具有重要意义。司法执行模式的划分具有相对性，因为被划入此类模式的国家并非全部行政决定由法院强制执行，行政机关在特定情形下仍然有强制执行权，只是适用情形非常有限。

美国属于此类模式。美国基于分权制衡的理论基础，原则上由法院实施强制执行，旨在通过司法权制约行政权，防止行政权滥用。具体做法是由行政机关向法院提起诉讼，法院按照执行诉讼程序判决确定是否强制执行行政决定。当事人如果不履行法院的裁决，法院将以藐视法庭罪对其处以罚金或者监禁。有的法律赋予行政机关行政罚的权力，由行政机关对不履行义务的当事人处以行政罚，促使其履行义务。如果当事人仍然不履行义务，行政机关只能向法院提起诉讼。如果出现以下 4 种情形，行政机关可以自行强制执行：[1] ①对负有缴纳国税义务的财产的查封、扣押；②将外国人驱逐出境；③对妨害卫生行为的排除；④对妨害安全秩序的排除。

2. 行政执行模式。行政执行模式是指不借助司法的力量、由行政机关行使强制执行权形成的强制执行体制。此种模式下，决定权主体与执行权主体都是行政机关，但并不一定是同一行政机关。行政执行模式的理论基础是行政强制执行权，是行政决定权的自然延伸，行政权包含执行权的内容。因此，强制执行应当由行政机关实施。此种模式有利于行政效率的提高，尽快实现行政的目的，但易侵犯当事人的权利。德国和日本都属于此种模式。

德国 1953 年制定的《联邦行政执行法》是联邦行政机关强制执行的基本法。该法共 4 章 22 条，规定了强制执行的主体、执行前提、执行内容和方法、执行程序、救济制度等内容。之后，德国于 1963 年制定《关于联邦官员行使公法权力间接强制法》。根据《联邦行政执行法》的规定，对行为、容忍或不作为的行政，由作出具体行政行为的机关予以执行。货币债权的执行机关有两类：一类是有关部门的最高联邦行政机关征得联邦内政部长的同意后所指定的行政机关；另一类是联邦财税管理部门的执行机关。

日本曾于 1900 年制定《行政执行法》，广泛授予行政机关强制执行权。相对人不履行行政决定设定的义务的，行政机关可以自行强制执行。强制执行的种类有代执行、执行罚、直接强制和行政上的强制征收等[2] 实践中，《行政执行法》在运作过程中，被认为涉及侵害国民的权利自由的情形较多，[3] 与二战后《日本国宪法》所确立的尊重基本人权和法治国家原理相违背。1948 年，日本废止《行政执行法》，关于行政强制执行的问题由单行法规定。关于可替代性作为义务，日本 1948

第九章

[1]　姬亚平："行政强制执行模式研究及选择"，载《理论导刊》2004 年第 9 期。
[2]　[日] 盐野宏著，杨建顺译：《行政法》，法律出版社 1999 年版，第 161 页。
[3]　[日] 盐野宏著，杨建顺译：《行政法》，法律出版社 1999 年版，第 159 页。

年制定《行政代执行法》进行规范。

（二）我国行政强制执行体制

我国行政强制执行体制由《行政诉讼法》《行政强制法》和相关单行法律组成。《行政诉讼法》第97条规定："公民、法人或者其他组织对行政行为在法定期限内不提起诉讼又不履行的，行政机关可以申请人民法院强制执行，或者依法强制执行。"一些单行法规定了行政机关的自行强制执行权，如《税收征收管理法》第88条第3款规定："当事人对税务机关的行政处罚决定逾期不申请行政复议，也不向人民法院起诉，又不履行的，作出处罚决定的税务机关可以采取本法第40条规定的强制执行措施，或者申请人民法院强制执行。"

《行政强制法》第53条规定："当事人在法定期限内不申请行政复议或者提起行政诉讼，又不履行行政决定的，没有行政强制执行权的行政机关可以自期限届满之日起3个月内，依照本章规定申请人民法院强制执行。"根据现行法律规定，我国行政强制执行实行的是人民法院和行政机关共同实施的双轨制。由于授予行政机关行政强制执行权的单行法律并不多，行政强制执行以申请人民法院强制执行为主，因此，我国行政强制执行体制可以将之表述为"以申请人民法院强制执行为原则、行政机关自行强制执行为例外"。

"以申请人民法院强制执行为原则、行政机关自行强制执行为例外"的执行体制具有以下优点：①有利于防止行政机关滥用行政职权。②有利于保护公民、法人或其他组织的利益。③人民法院有专门的执行机构和执行人员，有利于行政决定的执行。而在特定情形下赋予行政机关强制执行权又可以解决专业性、技术性较强，不适宜由人民法院强制执行的问题。

四、行政强制执行的分类

根据不同标准，可以对行政强制执行进行分类。

（一）直接强制执行和间接强制执行

以强制执行的措施是否直接实现行政决定的内容为标准，可以将行政强制执行分为直接强制执行和间接强制执行两种。这是对行政强制执行最重要的分类。

1. 直接强制执行。直接强制执行是指执行机关对被执行人的人身、财产直接实施强制措施，迫使被执行人履行义务或者达到与履行义务相同的状态。如《税收征收管理法》规定的通知开户银行从纳税人的存款中扣缴税款。[1]

---

〔1〕《税收征收管理法》第40条第1款规定："从事生产、经营的纳税人、扣缴义务人未按照规定的期限缴纳或者解缴税款，纳税担保人未按照规定的期限缴纳所担保的税款，由税务机关责令限期缴纳，逾期仍未缴纳的，经县以上税务局（分局）局长批准，税务机关可以采取下列强制执行措施：①书面通知其开户银行或者其他金融机构从其存款中扣缴税款；②扣押、查封，依法拍卖或者变卖其价值相当于应纳税款的商品、货物或者其他财产，以拍卖或者变卖所得抵缴税款。"

虽然直接强制执行有助于快速实现行政管理的目标，但由于其以被执行人的人身权和财产权为执行对象，如果适用不当，极易侵犯相对人的权利。因此，法律一般对直接强制执行的适用条件和程序有非常严格的规定。一般认为，只有在无法采用代执行、执行罚的情况下，或虽采用了代执行或者执行罚，仍然难以达到执行目的时，才能适用直接强制执行。

2. 间接强制执行。间接强制执行是指通过间接强制手段促使相对人履行义务，或者达到与履行义务相同的状态。间接强制执行包括代执行和执行罚两种方式。

间接强制执行的强制力度弱于直接强制执行，对当事人权利的影响程度低于直接强制执行，因此，发生强制执行时应当先适用间接强制执行。间接强制执行有以下两种主要方式：

（1）代履行。代履行也称代执行，是指义务人逾期不履行行政决定义务，由他人代为履行可以达到相同目的的，由行政机关或者委托第三人代替义务人履行义务，执行费用由义务人承担的强制执行方式。代执行的特点有：①义务可以由被执行人之外的他人代替履行，如拆除违章建筑。对于不可替代履行的义务如强制拘留、缴纳罚款等不适用代执行。此外，代履行只适用于作为义务，对于不作为义务，如停产停业等不适用。②由他人代为履行中的"他人"既可以是行政机关，也可以是第三人。③代履行发生的费用由义务人支付。

（2）执行罚。执行罚是指行政机关对拒不履行行政决定义务的相对人科处一定数额的金钱给付义务，以促使其履行义务的强制执行方式。加处罚款或者滞纳金属于执行罚。执行罚的特点有：①执行罚通常用于不履行金钱给付义务。如不缴纳罚款，每日按罚款数额的3%加处罚款。不按期缴纳关税、税收、社会保险费、工伤保险费、无线电频率占用费、城市生活垃圾处理费等，都要缴纳一定比例的滞纳金。[1] ②执行罚的标准应当由法律明确规定。执行罚为被执行人设定新的金钱给付义务，因此，立法应当明确执行罚的标准，一般按照被执行人应当支付的金钱的一定比例收取。如《税收征收管理法》第32条规定，纳税人未按照规定期限缴纳税款的，扣缴义务人未按照规定期限解缴税款的，税务机关除责令限期缴纳外，从滞纳税款之日起，按日加收滞纳税款万分之五的滞纳金。③执行罚按日计算，直至被执行人履行义务。这也是执行罚不同于行政处罚之处。

（二）行政机关强制执行和申请人民法院强制执行

以强制执行的主体为标准，可以将行政强制执行分为行政机关强制执行和申请人民法院强制执行，二者各自遵循不同的强制执行程序。

1. 行政机关强制执行。法律、法规授权行政机关强制执行权的，由行政机关自

第九章

---

〔1〕　如《进出口关税条例》第37条第1款规定："纳税义务人应当自海关填发税款缴纳书之日起15日内向指定银行缴纳税款。纳税义务人未按期缴纳的，从滞纳税款之日起，按日加收滞纳税款万分之五的滞纳金。"

行强制执行。《行政强制法》第四章专章规定了行政机关强制执行程序。

2. 申请人民法院强制执行。法律、法规没有授予行政机关强制执行权的，由行政机关申请人民法院强制执行。《行政强制法》第五章专章规定了申请人民法院强制执行的程序，2018年2月8日开始实施的《最高人民法院关于适用〈中华人民共和国行政诉讼法〉的解释》第十二部分中对行政机关申请人民法院强制执行的程序作出了具体规定。

（三）金钱给付义务的强制执行和行为义务的强制执行

以作为执行依据的行政决定确定的义务内容为标准，可以将行政强制执行分为金钱给付义务的强制执行和行为义务的强制执行。

1. 金钱给付义务的强制执行。行政决定确定了相对人的金钱给付义务，相对人逾期不支付的，执行机关强制其给付。如当事人逾期不缴纳罚款，纳税人逾期不缴纳税款等，都发生金钱给付义务的强制执行。金钱给付义务的强制执行通常采用执行罚，即以对当事人按日加处罚款的方式，促使当事人给付金钱。

2. 行为义务的强制执行。行政决定责令相对人为一定行为，或者禁止相对人为一定行为，相对人没有履行作为和不作为义务的，由执行机关强制其履行。不履行作为义务的情形如行政机关依法作出排除妨碍、恢复原状等义务的行政决定，当事人逾期不履行的，行政机关可以委托没有利害关系的其他组织代为履行。不履行不作为义务的情形如行政机关依照法律、行政法规的规定，对违法行为或者违法组织作出取缔的行政决定的，应当予以公告，责令其终止活动。违法行为人拒不终止活动的，依法强制执行。

五、行政强制执行程序

（一）行政机关强制执行

《行政强制法》第四章专章规定了行政机关强制执行的程序。

1. 催告前置程序。行政机关作出强制执行决定之前，应当事先以书面形式催告当事人履行义务，告知当事人以下事项：履行义务的期限；履行义务的方式；涉及金钱给付的，应当有明确的金额和给付方式；当事人依法享有的陈述权和申辩权。

当事人收到催告书后有权进行陈述和申辩。行政机关应当充分听取当事人的意见。对当事人提出的事实、理由和证据，应当进行记录和复核。当事人提出的事实、理由或证据成立的，行政机关应当采纳。

2. 作出强制执行决定。当事人经催告逾期仍不履行行政决定，且无正当理由的，行政机关可以作出强制执行决定。在催告期间，对有证据证明有转移或者隐匿财物迹象的，行政机关可以作出立即强制执行决定。

强制执行决定应以书面形式作出，并载明下列事项：①当事人的姓名或者名称、地址；②强制执行的理由和依据；③强制执行的方式和时间；④申请行政复议或者提起行政诉讼的途径和期限；⑤行政机关的名称、印章和日期。

第二节

3. 执行和解。在不损害公共利益和他人合法权益情况下，行政机关与当事人之间可以和解，达成执行协议。当事人不履行执行协议的，行政机关应当恢复强制执行。

4. 执行中止。有下列情形之一的，中止执行：①当事人履行行政决定确有困难或者暂无履行能力的。②第三人对执行标的主张权利，确有理由的。③执行可能造成难以弥补的损失，且中止执行不损害公共利益的。④行政机关认为应当中止执行的其他情形。中止执行的情形消失后，行政机关应当恢复执行。

5. 终结执行。有下列情形之一的，终结执行：①公民死亡，无遗产可供执行，又无义务承受人的。②法人或其他组织终止，无财产可供执行，又无义务承受人的。③执行标的灭失的。④据以执行的行政决定被撤销的。⑤行政机关认为需要终结执行的其他情形。

此外，《行政强制法》还规定了金钱给付义务的执行和代履行的具体程序规则。

（二）申请人民法院强制执行

《行政强制法》第五章规定了行政机关申请人民法院强制执行行政决定应当遵循的程序规则，《最高人民法院关于适用〈中华人民共和国行政诉讼法〉的解释》规定了法院如何受理行政机关申请及进行强制执行的程序。综合相关内容，申请人民法院强制执行制度包括以下内容：

1. 申请人民法院强制执行的情形。当事人在法定期限内不申请行政复议或者提起行政诉讼，又不履行行政决定的，下列情形申请人民法院强制执行：①法律没有赋予行政机关强制执行权。②法律规定既可以由行政机关依法强制执行，也可以申请人民法院强制执行。如果行政机关申请人民法院强制执行，人民法院可以依法受理。③经过了催告前置程序。《行政强制法》规定了申请前的催告前置程序。行政机关申请人民法院强制执行前，应当以书面形式催告当事人履行义务。催告书送达10日后当事人仍未履行义务的，行政机关可以向人民法院申请强制执行。

2. 向人民法院提出申请。《行政强制法》第55条规定，行政机关向人民法院申请强制执行，应当提供以下材料：强制执行申请书；行政决定书及作出决定的事实、理由和依据；当事人的意见及行政机关的催告情况；申请强制执行标的情况；法律、行政法规规定的其他材料。

3. 法院受理。申请具备以下条件的，人民法院应当在收到申请后5日内受理：①行政行为依法可以由人民法院执行。②行政行为已经生效并具有可执行内容。③申请人是作出该行政行为的行政机关或者法律、法规、规章授权的组织。④被申请人是该行政行为所确定的义务人。⑤被申请人在行政行为确定的期限内或者行政机关催告期限内未履行义务。⑥被申请人在法定期限内提出申请。⑦被申请执行的行政案件属于受理执行申请的人民法院管辖。

行政机关对人民法院不予受理的裁定有异议的，可以在15日内向上一级人民法院申请复议，上一级人民法院应当自收到复议申请之日起15日内作出是否受理的裁定。

4. 管辖法院。行政机关申请人民法院强制执行其行政行为的，由申请人所在地的基层人民法院受理。执行对象为不动产的，由不动产所在地的基层人民法院受理。基层人民法院认为执行确有困难的，可以报请上级人民法院执行。上级人民法院可以决定由其执行，也可以决定由下级人民法院执行。

5. 人民法院审查并做出裁定。人民法院在受理申请后由行政审判庭对行政行为的合法性进行书面审查，申请符合《行政强制法》第 55 条规定，且行政决定具备执行法定效力的，人民法院应当自受理之日起 7 日内作出执行裁定。

人民法院在书面审查过程中，发现存在下列情形之一的，在作出裁定之前可以听取被执行人和行政机关的意见：①明显缺乏事实根据的；②明显缺乏法律、法规依据的；③其他明显违法并损害被执行人合法权益的。出现此种情形的，人民法院应当自受理之日起 30 日内作出是否执行的裁定。

被申请执行的行政行为具有下列情形之一的，人民法院应当裁定不予执行：①实施主体不具有行政主体资格的。②明显缺乏事实根据的。③明显缺乏法律、法规依据的。④其他明显违法并损害被执行人合法权益的。裁定不予执行的，应当说明理由，并在 5 日内将不予执行的裁定送达行政机关。行政机关对人民法院不予执行的裁定有异议的，可以自收到裁定之日起 15 日内向上一级人民法院申请复议，上一级人民法院应当自收到复议申请之日起 30 日内作出是否执行的裁定。

6. 实施强制执行。强制执行由人民法院负责强制执行非诉行政行为的机构负责实施。

根据《行政强制法》第 59 条的规定，因情况紧急，为保障公共安全，行政机关可以申请人民法院立即执行。经人民法院院长批准，人民法院应当自作出执行裁定之日起 5 日内执行。

行政机关申请人民法院强制执行，不缴纳申请费。强制执行的费用由被执行人承担。人民法院以划拨、拍卖方式强制执行的，可以在划拨、拍卖后将强制执行的费用扣除。依法拍卖财物，由人民法院委托拍卖机构依照《中华人民共和国拍卖法》的规定办理。划拨的存款、汇款以及拍卖和依法处理所得的款项应当上缴国库或者划入财政专户，不得以任何形式截留、私分或者变相私分。

第三节　行政强制措施

一、行政强制措施的概念和特征

根据《行政强制法》第 2 条第 2 款的规定，行政强制措施是指行政机关在行政管理过程中，为制止违法行为、防止证据毁损、避免危害发生、控制危险扩大等情形，依法对公民的人身自由实施暂时性控制，或者对公民、法人或其他组织的财物实施暂时性控制的行为。

行政强制措施有以下特征：

1. 行政强制措施直接依据法律在实施行政管理过程中作出，不以行政决定的存在为前提条件。这是行政强制措施与行政强制执行最大的区别。行政强制措施的实施是因为在行政管理的过程中，因发生特定的情形，如证据有可能灭失或者事后难以收集，或者需要立即制止正在发生的危险行为，需要对公民的人身进行限制或者对财产采取临时控制措施。如果按照程序作出决定再实施，已经没有任何意义。因此，行政强制措施的实施不以行政决定的存在为前提条件，而是直接依据法律的规定实施。行政强制措施也因之更易对公民、法人或其他组织的权利造成损害，需要对之进行更为严格的程序控制。

2. 行政强制措施是暂时性控制措施。行政强制措施只能在制止违法行为、防止证据损毁、避免危害发生、控制危险扩大等情形下实施，如果上述情形已经消除，则应当解除强制措施。

3. 行政强制措施表现为对当事人人身自由和财产的控制。行政强制措施的方式或者是对当事人的人身自由进行暂时控制，如强制隔离；或者是对当事人的财产实施控制，如冻结存款。人身权和财产权是当事人最基本的权利，行政强制措施的实施应当严格规范，特别是要赋予当事人必要的程序权利以保护自身利益。

4. 行政强制措施性质上是限权，不具有制裁性质。行政强制措施是为了应对特定情形而采取的暂时性控制措施，多数情形下是为了保证行政决定的作出和执行，如冻结当事人的存款便于行政决定的执行。因此，行政强制措施在性质上是限权，而非制裁当事人，不具有制裁性质。

二、行政强制措施与相关概念的比较

（一）行政强制措施与行政强制执行

1. 实施主体不同。行政强制措施只能由行政机关实施，行政强制执行以人民法院实施为主、行政机关实施为辅。

2. 执行根据不同。行政强制措施的执行根据是法律法规的规定，而行政强制执行的执行根据是行政决定。这是二者最大的区别，也是《行政强制法》对行政强制进行分类的标准。行政强制执行以行政决定的存在为前提条件，行政强制措施不以行政决定的存在为前提条件。

3. 实施目的不同。行政强制措施的目的是制止违法行为、防止证据损毁、避免危害发生、控制危险扩大。行政强制执行的目的是实现行政决定为当事人所设定的义务。

（二）行政强制措施与妨害行政诉讼强制措施

妨害行政诉讼强制措施是指人民法院在行政诉讼中对有妨害行政诉讼行为的主体所实施的制裁性措施。

1. 性质不同。行政强制措施是行政管理过程中实施的行为，不具有制裁性质；

妨害行政诉讼强制措施是司法程序中实施的行为，具有制裁性质，是对实施妨害行政诉讼行为的当事人做出的制裁。[1]

2. 实施主体不同。行政强制措施的实施主体是行政机关，妨害行政诉讼强制措施的实施主体是人民法院。

3. 适用的法律依据不同。行政强制措施法律依据是行政法律规范，行政诉讼强制措施的法律依据是《行政诉讼法》和《民事诉讼法》。

三、行政强制措施的种类与设定

根据《行政强制法》第 9 条的规定，行政强制措施的种类有以下几种：①限制公民人身自由，如强制遣返、强制隔离等。②查封场所、设施或者财物。③扣押财物。④冻结存款、汇款。⑤其他行政强制措施。

《行政强制法》对有权设定行政强制措施的主体及其设定权限作出了明确规定：

1. 法律。法律可以设定各类行政强制措施，并享有设定限制公民人身自由和冻结存款、汇款的行政强制措施专有权限。

2. 行政法规。行政法规可以设定除限制公民人身自由、冻结存款汇款和应当由法律设定的行政强制措施以外的行政强制措施。

3. 地方性法规。地方性法规可以针对地方性事务设定查封场所、设施或者财物和扣押财物两类行政强制措施。

4. 规章和规范性文件不得设定行政强制措施。

法律对行政强制措施的对象、条件、种类作了规定的，行政法规、地方性法规不得作出扩大规定。法律中未设定行政强制措施的，行政法规和地方性法规不得设定行政强制措施。但是，法律规定特定事项由行政法规规定具体管理措施的，行政法规可以设定限制公民人身自由、冻结存款汇款和应当由法律设定的行政强制措施以外的行政强制措施。

四、行政强制措施的分类

学理根据不同标准对行政强制措施进行了分类。

（一）预防性行政强制措施、制止性行政强制措施和保障性行政强制措施

根据适用行政强制措施的目的，可将之分为预防性行政强制措施、制止性行政强制措施和保障性行政强制措施。

预防性行政强制措施以预防危害发生为目的。其特点是强制措施在危害发生之前实施，目的是预防危害结果的发生。如《治安管理处罚法》第 15 条第 2 款规定：

---

[1] 如《行政诉讼法》第 59 条规定，诉讼参与人或其他人有妨碍行政诉讼行为的，人民法院可以根据情节轻重，予以训诫、责令具结悔过，或者处 1 万元以下的罚款、15 日以下的拘留；构成犯罪的，依法追究刑事责任。

"醉酒的人在醉酒状态中，对本人有危险或者对他人的人身、财产或者公共安全有威胁的，应当对其采取保护性措施约束至酒醒。"

制止性行政强制措施以制止正在发生的违法行为或者控制正在出现的紧急事态、防止事态扩大为目的。如《传染病防治法》第27条规定，对被传染病病原体污染的污水、污物、场所和物品，有关单位和个人必须在疾病预防控制机构的指导下或者按照其提出的卫生要求，进行严格消毒处理；拒绝消毒处理的，由当地卫生行政部门或者疾病预防控制机构进行强制消毒处理。

保障性行政强制措施以确保以后的行政管理顺利进行为目的，或者为确保行政决定的作出，在证据可能灭失或以后难以取得的情况下，采取证据保全措施，如《税收征收管理法》第38条第1款规定："税务机关有根据认为从事生产、经营的纳税人有逃避纳税义务行为的，可以在规定纳税期之前，责令限期缴纳税款；在限期内发现纳税人有明显的转移、隐匿其应纳税的商品、货物以及其他财产或者应纳税的收入的迹象的，税务机关可以责令纳税人提供纳税担保。如果纳税人不能提供纳税担保，经县以上税务局（分局）局长批准，税务机关可以采取下列保全措施：①书面通知纳税人开户银行或者其他金融机构冻结纳税人的金额相当于应纳税的存款；②扣押、查封纳税人的价值相当于应纳税款的商品、货物或者其他财产。"

（二）限制人身自由的强制措施和限制财产权的强制措施

这是根据行政强制措施的内容所作的分类。[1]

限制人身自由的强制措施主要有：对人身的强制约束、强制传唤（《治安管理处罚法》）；强制带回、人身搜查、人体检查（《海关法》）；限制活动范围、强制离境（《出境入境管理法》）；以及人身扣留、强制进入当事人住所等。

限制财产权的强制措施主要有：查封、扣押财产；冻结存款；征缴滞纳金；强制扣款；强制拆除；强制征收；强制拍卖；以物折抵；等等。

五、行政强制措施的实施主体与程序

（一）行政强制措施的实施主体

《行政强制法》第16条第2款规定："违法行为情节显著轻微或者没有明显社会危害的，可以不采取行政强制措施。"需要采取行政强制措施的，行政强制措施由法律、法规规定的行政机关在法定职权范围内实施。行政强制措施的实施主体包括两大类：行政机关和法律、法规授权的组织。行政强制措施权不得委托。

相对集中行使行政处罚权的行政机关可以实施法律法规规定的与行政处罚权有关的行政强制措施。行政强制措施由行政机关具备资格的行政执法人员实施，其他人员不得实施。

第九章

---

〔1〕 本部分列举的强制措施参见李援："中国行政强制法律制度的构想"，载全国人大常委会法制工作委员会、德国技术合作公司编：《行政强制的理论与实践》，法律出版社2001年版。

（二）实施行政强制措施的一般程序

《行政强制法》第 18 条集中规定了行政机关实施行政强制措施应当遵循的一般程序规则，包括以下具体要求。

1. 内部报批。执法人员实施行政强制措施前必须向行政机关负责人报告并经批准，由 2 名以上行政执法人员实施。

2. 对相对人的程序保障。这包括：①执法人员要表明身份，出示执法身份证件。②通知当事人到场。③当场告知当事人采取行政强制措施的理由、依据以及当事人依法享有的权利和救济途径。实施限制公民人身自由行政强制措施的，还应当立即通知当事人家属实施行政强制措施的行政机关、地点和期限。④听取当事人的陈述和申辩。

3. 制作现场笔录。行政机关应当制作现场笔录。现场笔录由当事人和行政执法人员签名或者盖章，当事人拒绝的，在笔录中予以注明。当事人不到场的，邀请见证人到场，由见证人和行政执法人员在现场笔录上签名或者盖章。

（三）行政强制措施的紧急程序

紧急程序是关于紧急情况下实施即时强制程序的规定。情况紧急需要当场实施行政强制措施的，行政执法人员应当在 24 小时以内向行政机关负责人报告，并补办批准手续。当场实施限制公民人身自由的行政强制措施的，在返回行政机关后立即向行政机关负责人报告并补办批准手续。行政机关负责人认为不应当采取行政强制措施的，应当立即解除。

此外，《行政强制法》还规定了查封、扣押场所、设施或者财物和冻结存款、汇款的具体程序规则。

拓展阅读书目

1. 傅士成：《行政强制研究》，法律出版社 2001 年版。
2. 崔卓兰、卢护锋："契约、服务与诚信——非强制行政之精神理念"，载《社会科学战线》2005 年第 4 期。
3. 傅士成："行政强制措施研究"，载《南开学报（哲学社会科学版）》2004 年第 5 期。
4. 傅士成："我国非诉讼行政执行制度的几个问题"，载《中国法学》2002 年第 3 期。
5. 姬亚平："行政强制模式研究及选择"，载《理论导刊》2004 年第 9 期。
6. 朱芒："SARS 与人身自由——游动在合法性与正当性之间的抗 SARS 措施"，载《法学》2003 年第 5 期。
7. 胡建淼："论中国'行政强制措施'概念的演变及定位"，载《中国法学》2002 年第 6 期。
8. 信春鹰主编：《中华人民共和国行政强制法释义》，法律出版社 2011 年版。
9. 李大勇："其他行政强制执行方式之界定"，载《政治与法律》2014 年第 5 期。
10. 王青斌、赖音微："违法建设强制拆除机制的困境与出路——兼论《行政强制法》第 44 条的修改"，载《江苏行政学院学报》2018 年第 2 期。

第三节

第十章

行政裁决

本章提要：

行政裁决是行政主体居中解决当事人之间发生的与行政管理密切相关的民事纠纷的行政行为。本章主要介绍行政裁决的概念和特征、基本原则以及行政裁决的种类、管辖、程序和救济。本章重点掌握行政裁决的种类以及不同种类的行政裁决的救济途径。

第一节　行政裁决概述

一、行政裁决的概念和特征

行政裁决是指行政主体根据法律的授权，对平等主体之间发生的、与行政管理事项密切相关的、特定的民事纠纷居间进行审查，并作出决断的具体行政行为。行政裁决制度可以发挥行政机关高效、专业化的优势，缓解法院的诉讼负担。行政裁决制度早在中华人民共和国成立初期就已经存在，20 世纪 70 年代以后，陆续有法律、法规对此作出明确规定。[1]

行政裁决具有以下几个特征：

1. 行政裁决的主体必须是法律授予行政裁决权的行政主体。原则上，对于民事纠纷进行裁决属于国家司法权的范围，在特定情形下需要行政主体介入裁决民事纠纷，涉及行政权和司法权的分工问题，因此，只有法律、法规明确授予行政裁决权的主体才可以进行。

2. 行政裁决的对象是平等主体之间发生的，与行政管理密切相关的特定的民事纠纷。行政裁决并不针对一般意义上的民事纠纷，只有那些与行政管理行为密切关

---

〔1〕　如《草原法》《土地管理法》《森林法》《药品管理法》《邮政法》等作了类似规定。

联的民事争议，才可以由行政机关进行裁决，其他民事纠纷不属于行政裁决的范围。

3. 行政裁决是依申请的行政行为。民事争议当事人在争议发生后，可以依据法律、法规的规定，在法定期间内向法定裁决机关申请裁决。没有当事人的申请，行政机关不必主动作出裁决。[1]

4. 行政裁决适用的程序属于行政程序，但是在形式上具有准司法性。一方面，行政裁决涉及三方法律关系，其中既有民事法律关系，也有行政法律关系。享有行政裁决权的行政机关是以中立的第三人的身份居间裁决，这不同于一般的行政管理行为中行政主体和行政相对人的双方法律关系；另一方面，行政裁决中，行政主体在裁决民事纠纷时主要是调查事实，客观地审查证据，确认事实，在认定事实和证据的基础上适用法律作出裁决，类似于法院审判。

5. 行政裁决具有法律效力。行政裁决的结果直接影响当事人的权利，当事人对行政裁决不服，可以依法申请复议或者向法院提起诉讼。

二、行政裁决和其他法律概念的比较

（一）行政裁决与行政调解

行政调解是指行政机关以法律为依据，以自愿为原则，通过调停、斡旋等方法，促使当事人友好协商，达成协议，从而解决双方之间民事纠纷的活动。行政裁决与行政调解都是行政主体以中间人的身份解决有关民事纠纷的活动。二者的区别在于：

1. 权力来源不同。行政调解作为行政机关的一种经常性的工作方法，只要某种民事纠纷在其行政管理职权范围内，法律、法规没有明确禁止，行政机关就可以对民事纠纷进行调解。行政裁决则是受到法律、法规严格限制的，只有经法律、法规特别授权的行政主体才享有行政裁决权。

2. 处理纠纷的范围不同。行政调解的范围比较广泛，而行政裁决的案件仅限于特定的民事纠纷。

3. 法律效力不同。行政调解以当事人自愿为原则，包括自愿决定是否采取调解方式来解决争议，自愿选择适用的规则，自愿决定是否达成协议，是否接受调解结果。调解书不具有法律强制力。主持调解的行政主体只是在当事人中进行调停疏导、帮助交换意见等，引导双方解决纠纷。行政裁决则是行政主体依行政权作出的具有法律约束力的决定，具有国家强制力。当事人在没有经过法定程序改变裁决内容的情况下，必须执行行政裁决。

---

[1] 也有学者认为，实践中既包括依申请的行政裁决，也包括依职权的行政裁决。在法律规定针对民事争议当事人既可以申请行政裁决，也可以提起行政诉讼的情况下，行政机关享有选择性裁决权，此种裁决是依申请行政裁决；当法律规定行政裁决是解决民事争议的前置程序时，行政机关享有强制性裁决权，此种裁决属于依职权的行政裁决。参见朱新力、金伟峰、唐明良：《行政法学》，清华大学出版社 2005 年版，第 247 页。

4. 救济途径不同。行政调解不成的，民事纠纷的当事人可以依法向人民法院提起民事诉讼。而当事人如果对行政裁决不服，则可以选择行政复议或者行政诉讼。

（二）行政裁决与行政仲裁

关于行政裁决和行政仲裁两种行为之间的关系，目前存在不同的观点。有些学者认为，行政仲裁是行政裁决的一种特殊形式，二者都是行政主体以第三者的身份居间裁断，所处理的对象都是民事争议。[1] 也有观点认为，行政仲裁是由行政机关设立的专门的仲裁机构以第三者的身份，对特定的平等主体之间的某些纠纷进行调解和裁决，依法予以公断的制度。行政裁决和行政仲裁的性质不同。劳动争议仲裁委员会是以中间人的身份，而不是以行政主体的身份行使职权，其行为亦不具有行政性质。行政裁决是一种特殊的具体行政行为，具有行政性。[2] 本书综合两种观点，认为人事争议仲裁属于行政裁决的一种形式，而劳动争议仲裁的性质则不无疑问，本书不讨论劳动争议仲裁。

（三）行政裁决与行政复议

行政复议是行政相对人不服行政主体作出的具体行政行为，向法定的机关提出申请，请求重新审议并作出决定的行为。行政裁决和行政复议都是行政主体对纠纷进行裁决，都是按照准司法的程序裁断纠纷的具体行政行为。二者之间的区别在于：

1. 裁断纠纷的性质不同。行政裁决的对象限于与行政管理有关的、平等主体之间的特定的民事纠纷；而行政复议所裁断的是行政主体与行政相对人之间的行政争议。

2. 法律关系不同。在行政裁决中，行政主体是处于居中裁判的位置，民事争议双方当事人处于平等的法律地位；而在行政复议中，复议机关同作为被申请人的行政主体之间是监督与被监督的关系，行政争议中的行政主体和行政相对人之间的法律地位并不是完全平等的。

3. 适用的程序不同。行政裁决适用的程序分散于单行法律、法规中；而行政复议适用的程序是统一的，集中规定在《行政复议法》及其相关规定中。

三、行政裁决的基本原则

行政裁决的原则是指反映行政裁决的基本特点和一般规律，贯穿于行政裁决的整个过程，对行政裁决活动具有普遍指导意义的基本行为准则。行政裁决作为一种准司法化的裁判活动，应当遵循以下原则：

---

[1] 张国庆主编：《行政管理学概论》，北京大学出版社 1990 年版，第 444 页；何兵主编：《和谐社会与纠纷解决机制》，北京大学出版社 2007 年版，第 214 页；张树义主编：《纠纷的行政解决机制研究——以行政裁决为中心》，中国政法大学出版社 2006 年版，第 271 页；林莉红：《中国行政救济理论与实务》，武汉大学出版社 2000 年版，第 274 页。

[2] 罗豪才主编：《行政法学》，中国政法大学出版社 1999 年版，第 230 页；徐静琳主编：《行政法与行政诉讼法学》，上海大学出版社 2005 年版，第 157 页。

（一）公正、平等原则

公正、平等原则要求行政主体在行使裁决权时应当平等地对待民事纠纷的当事人，只能服从法律与事实，不能考虑其他任何与案件无关的因素。行政裁决机关在行政裁决中要真正做到超脱于民事纠纷当事人处于中立地位，至少要满足以下几个要求：①行政裁决机关必须独立。这是保证其中立行使裁决权的基本条件。只有独立的行政裁决机关，才可以不受外界的干预而独立地作出自己的裁决，才能保证裁决的公正性。②主持裁决的人员不得与案件或案件当事人有利害关系，否则应当回避。③裁判者的素质也是保证行政裁决中立的重要因素。作为行政裁判主体，必须有相应的专业特长和丰富的专业知识，同时还应具备良好的道德品质、社会正义感。[1]

（二）公开裁判原则

"没有公开就无所谓正义。"[2] 公开裁判原则，是指行政裁决机关裁决当事人之间的争议，除法律规定的特别情况外，一律公开进行，包括对当事人公开和对社会公开，裁决过程公开和裁决结果公开。公开裁判原则是行政裁决一项重要的程序原则。

（三）简便、迅速原则

行政主体行使行政裁决权，必须在程序上提高效率，降低行政成本，减少费用，及时、有效地解决当事人之间的纠纷，实现行政职能。行政裁决机关应当在确保公正解决争议的前提下，尽可能地采取简便、迅速、灵活的裁决程序，方便当事人，减少当事人不必要的支出，缩短裁决周期，节省当事人的支出和费用。

（四）客观、准确原则

行政裁决涉及的问题具有较强的专业性和技术性，因此裁决机关必须全面和客观地调查、了解事实，必要时组织勘验和鉴定，贯彻客观、准确的原则，尊重科学、尊重事实。

第二节　我国行政裁决的种类

根据不同的标准可以对行政裁决进行不同的分类。例如，有的学者根据民事纠纷的解决与行政机关专属职权行使的关联程度不同，将行政裁决划分为职权性行政裁决、同源性行政裁决和选择性行政裁决。[3] 有的学者以行政裁决的主体为标准，将行政裁决行为划分为专门行政机关的裁决和一般行政机关的裁决。[4] 本书以裁决

---

[1] 张树义主编：《纠纷的行政解决机制研究——以行政裁决为中心》，中国政法大学出版社 2006 年版，第 45 页。

[2] ［美］伯尔曼著，梁治平译：《法律与宗教》，生活·读书·新知三联书店 1991 年版，第 48 页。

[3] 肖泽晟："行政裁决及法律救济"，载《行政法学研究》1998 年第 3 期。

[4] 应松年主编：《行政法学新论》，中国方正出版社 1999 年版，第 472 页。

的纠纷的性质以及裁决的法律关系的不同作为标准对行政裁决进行划分，归纳起来主要有以下几种：

一、确认权属纠纷的裁决

权属纠纷是指当事人因某一财产的所有权或使用权的归属产生争议，包括对草原、土地、水、滩涂及矿产等自然资源的权属争议以及其他非自然资源的产权争议，可依法向有关行政机关请求裁决权属。

由行政主体裁决的权属争议纠纷，大致可分为以下三类：

1. 自然资源权属争议。自然资源包括土地、森林、草原、矿藏、水流和滩涂等。根据我国《宪法》和有关法律的规定，自然资源归国家或集体所有，任何组织或个人未经批准，无权占有和使用。公民、法人或者其他组织之间因自然资源的所有权或者使用权发生争议，经协商不能解决，行政主体可以依法进行裁决，确定权属关系。

我国现行多部法律明确规定了自然资源权属争议的行政裁决，如《土地管理法》第16条第1、2款规定："土地所有权和使用权争议，由当事人协商解决；协商不成的，由人民政府处理。单位之间的争议，由县级以上人民政府处理；个人之间、个人与单位之间的争议，由乡级人民政府或者县级以上人民政府处理。"《草原法》第16条第1、2、3款规定："草原所有权、使用权的争议，由当事人协商解决；协商不成的，由有关人民政府处理。单位之间的争议，由县级以上人民政府处理；个人之间、个人与单位之间的争议，由乡（镇）人民政府或者县级以上人民政府处理。当事人对有关人民政府的处理决定不服的，可以依法向人民法院起诉。"《森林法》第17条第1、2款规定："单位之间发生的林木、林地所有权和使用权争议，由县级以上人民政府依法处理。个人之间、个人与单位之间发生的林木所有权和林地使用权争议，由当地县级或者乡级人民政府依法处理。"《矿产资源法》第49条规定："矿山企业之间的矿区范围的争议，由当事人协商解决，协商不成的，由有关县级以上地方人民政府根据依法核定的矿区范围处理；跨省、自治区、直辖市的矿区范围的争议，由有关省、自治区、直辖市人民政府协商解决，协商不成的，由国务院处理。"《水法》第56条规定："不同行政区域之间发生水事纠纷的，应当协商处理；协商不成的，由上一级人民政府裁决，有关各方必须遵照执行。在水事纠纷解决前，未经各方达成协议或者共同的上一级人民政府批准，在行政区域交界线两侧一定范围内，任何一方不得修建排水、阻水、取水和截（蓄）水工程，不得单方面改变水的现状。"

2. 知识产权的权属争议。知识产权是一个宽泛的概念，一般理论认为，其范围包括版权与邻接权、商标权、地理标志权、工业品外观设计权、专利权、集成电路布图设计权、未披露信息权等七种。根据知识产权的不同类型，知识产权领域的行政裁决可以划分为：专利领域行政裁决、商标领域行政裁决、著作权领域行政裁决、植物新品种领域行政裁决等。[1] 根据现行法律规定，知识产权领域的确权性行政裁决主要有以下几类：

（1）专利权的无效宣告。《专利法》第 45 条规定："自国务院专利行政部门公告授予专利权之日起，任何单位或者个人认为该专利权的授予不符合本法有关规定的，可以请求专利复审委员会宣告该专利权无效。"第 46 条规定："专利复审委员会对宣告专利权无效的请求应当及时审查和作出决定，并通知请求人和专利权人。宣告专利权无效的决定，由国务院专利行政部门登记和公告。对专利复审委员会宣告专利权无效或者维持专利权的决定不服的，可以自收到通知之日起 3 个月内向人民法院起诉。人民法院应当通知无效宣告请求程序的对方当事人作为第三人参加诉讼。"

（2）商标注册初审的异议裁决。《商标法》第 33 条规定："对初步审定公告的商标，自公告之日起 3 个月内，在先权利人、利害关系人认为违反本法第 13 条第 2 款和第 3 款、第 15 条、第 16 条第 1 款、第 30 条、第 31 条、第 32 条规定的，或者任何人认为违反本法第 10 条、第 11 条、第 12 条规定的，可以向商标局提出异议。公告期满无异议的，予以核准注册，发给商标注册证，并予公告。"第 35 条规定："对初步审定公告的商标提出异议的，商标局应当听取异议人和被异议人陈述事实和理由，经调查核实后，自公告期满之日起 12 个月内做出是否准予注册的决定，并书面通知异议人和被异议人。有特殊情况需要延长的，经国务院工商行政管理部门批准，可以延长 6 个月。商标局做出准予注册决定的，发给商标注册证，并予公告。异议人不服的，可以依照本法第 44 条、第 45 条的规定向商标评审委员会请求宣告该注册商标无效。商标局做出不予注册决定，被异议人不服的，可以自收到通知之日起 15 日内向商标评审委员会申请复审。商标评审委员会应当自收到申请之日起 12 个月内做出复审决定，并书面通知异议人和被异议人。有特殊情况需要延长的，经国务院工商行政管理部门批准，可以延长 6 个月。被异议人对商标评审委员会的决定不服的，可以自收到通知之日起 30 日内向人民法院起诉。人民法院应当通知异议人作为第三人参加诉讼。"

（3）已经注册商标争议的裁决。《商标法》第 44 条规定："已经注册的商标，违反本法第 10 条、第 11 条、第 12 条规定的，或者是以欺骗手段或者其他不正当手段取得注册的，由商标局宣告该注册商标无效；其他单位或者个人可以请求商标评审委员会宣告该注册商标无效。商标局做出宣告注册商标无效的决定，应当书面通知当事人。当事人对商标局的决定不服的，可以自收到通知之日起 15 日内向商标评审委员会申请复审。商标评审委员会应当自收到申请之日起 9 个月内做出决定，并书面通知当事人。有特殊情况需要延长的，经国务院工商行政管理部门批准，可以

---

［1］ 张树义主编：《纠纷的行政解决机制研究——以行政裁决为中心》，中国政法大学出版社 2006 年版，第 191 页。

延长 3 个月。当事人对商标评审委员会的决定不服的，可以自收到通知之日起 30 日内向人民法院起诉。其他单位或者个人请求商标评审委员会宣告注册商标无效的，商标评审委员会收到申请后，应当书面通知有关当事人，并限期提出答辩。商标评审委员会应当自收到申请之日起 9 个月内做出维持注册商标或者宣告注册商标无效的裁定，并书面通知当事人。有特殊情况需要延长的，经国务院工商行政管理部门批准，可以延长 3 个月。当事人对商标评审委员会的裁定不服的，可以自收到通知之日起 30 日内向人民法院起诉。人民法院应当通知商标裁定程序的对方当事人作为第三人参加诉讼。"第 45 条规定："已经注册的商标，违反本法第 13 条第 2 款和第 3 款、第 15 条、第 16 条第 1 款、第 30 条、第 31 条、第 32 条规定的，自商标注册之日起 5 年内，在先权利人或者利害关系人可以请求商标评审委员会宣告该注册商标无效。对恶意注册的，驰名商标所有人不受 5 年的时间限制。商标评审委员会收到宣告注册商标无效的申请后，应当书面通知有关当事人，并限期提出答辩。商标评审委员会应当自收到申请之日起 12 个月内做出维持注册商标或者宣告注册商标无效的裁定，并书面通知当事人。有特殊情况需要延长的，经国务院工商行政管理部门批准，可以延长 6 个月。当事人对商标评审委员会的裁定不服的，可以自收到通知之日起 30 日内向人民法院起诉。人民法院应当通知商标裁定程序的对方当事人作为第三人参加诉讼。商标评审委员会在依照前款规定对无效宣告请求进行审查的过程中，所涉及的在先权利的确定必须以人民法院正在审理或者行政机关正在处理的另一案件的结果为依据的，可以中止审查。中止原因消除后，应当恢复审查程序。"

（4）植物新品种的更名和无效裁决。《植物新品种保护条例》第 37 条规定："自审批机关公告授予品种权之日起，植物新品种复审委员会可以依据职权或者依据任何单位或者个人的书面请求，对于不符合本条例第 14 条、第 15 条、第 16 条和第 17 条规定的，宣告品种权无效；对不符合本条例第 18 条规定的，予以更名。宣告品种权无效或者更名的决定，由审批机关登记和公告，并通知当事人。对植物新品种复审委员会的决定不服的，可以自收到通知之日起 3 个月内向人民法院提起诉讼。"

3. 其他权属争议裁决。除了上述权属争议之外，实践中还经常发生国有资产产权纠纷，系指由于财产所有权及经营权、使用权等产权归属不清而发生的争议。《国有资产产权界定和产权纠纷处理暂行办法》第 29 条规定："全民所有制单位之间因对国有资产的经营权、使用权等发生争议而产生的纠纷，应在维护国有资产权益的前提下，由当事人协商解决，协商不能解决的，应向同级或共同上一级国有资产管理部门申请调解和裁定，必要时报有权管辖的人民政府裁定，国务院拥有最终裁定权。"再如，关于企业名称权争议裁决，《企业名称登记管理规定》第 24 条规定："两个以上企业向同一登记主管机关申请相同的符合规定的企业名称，登记主管机关依照申请在先原则核定。属于同一天申请的，应当由企业协商解决；协商不成的，由登记主管机关作出裁决。两个以上企业向不同登记主管机关申请相同的企业名称，登记主管机关依照受理在先原则核定。属于同一天受理的，应当由企业协商解决；

协商不成的，由各该登记主管机关报共同的上级登记主管机关作出裁决。"

案例 10 - 1：恒升商标是安徽伟创电子有限公司转让给北京恒升远东电子计算机集团（以下简称恒升电子集团）的注册商标。北京市恒生科技发展公司于 1997 年向商标局申请注册"恒生"商标，商标局于 2001 年 7 月作出裁定书，裁定对"恒生"商标予以核准注册。此前，伟创公司和恒升电子集团都曾对"恒生"商标提出异议，认为"恒升"和"恒生"发音完全相同，且用在同一类商品上，易造成消费者和媒体、厂商等的误认等。恒升电子集团还曾将异议书等材料面交商标局，商标局以其卷宗中已有伟创公司的异议书为由拒收。为此，恒升电子集团又以挂号信的方式向商标局递送了上述文件。恒升电子集团认为商标局拒不向其作出商标异议裁定的行为不正确，诉至人民法院，请求撤销裁定书，并判令商标局对其作出异议裁定。

法院认为，商标局的行为属于不履行法定职责，侵犯当事人的合法权益，判决其尽快向恒升电子集团作出商标异议裁定。而商标局作出的裁定书则不属于法院审查范围，故法院对于恒升电子集团要求撤销裁定书的诉讼请求不予支持。

本案中，国家商标局不依法履行行政裁决职责的行为，导致恒升电子集团无法行使其异议权，并无法通过复审程序来维护自己的合法权益。行政裁决权是国家行政权之一种，具有一般行政权的单方意志性，即民事纠纷当事人是否同意或是否承认，都不会影响行政裁决的成立和其所具有的法律效力。行政主体行使裁决权必须坚持职权与职责相统一的原则。国家商标局应该对相对人的异议予以受理。商标争议裁决是属于商标局的专业领域，技术性强，法院不能代替行政机关履行职责，在本案中，法院只能判决商标局履行职责而不能直接解决当事人之间的商标争议。

二、侵权纠纷的裁决

侵权纠纷是由于一方当事人的合法权益受到他方的侵犯而产生的纠纷。产生侵权纠纷时，当事人可以请求行政主体予以裁决。行政主体对侵权纠纷进行裁决有利于制止侵权行为，保障当事人的合法权益。权属纠纷、侵权纠纷及其裁决之间具有内在的联系，权属关系的确定是侵权事实得以确定的基础，侵权事实的确定又为损害赔偿提供了依据。但是由于各自争议的标的不同，行政裁决的目标并不完全相同，因此属于两种不同性质的裁决。侵权纠纷裁决主要包括两大类：

1. 知识产权领域的侵权纠纷裁决。如我国《专利法》第 60 条规定："未经专利权人许可，实施其专利，即侵犯其专利权，引起纠纷的，由当事人协商解决；不愿协商或者协商不成的，专利权人或者利害关系人可以向人民法院起诉，也可以请求管理专利工作的部门处理。管理专利工作的部门处理时，认定侵权行为成立的，可以责令侵权人立即停止侵权行为，当事人不服的，可以自收到处理通知之日起 15 日内依照《中华人民共和国行政诉讼法》向人民法院起诉；侵权人期满不起诉又不停止侵权行为的，管理专利工作的部门可以申请人民法院强制执行。……"再如，根据我国《商标法》第 60 条的规定，有侵犯注册商标专用权行为之一，引起纠纷的，由当事人协商解决；不愿协商或者协商不成的，商标权人或者利害关系人可以请求工商行政管理部门处理。对侵犯注册商标专用权的行为，任何人都可以向工商行政管理部门投诉或者举报。《商标法》第 60 条第 1、2 款规定："有本法第 57 条所列侵犯注册商标专用权行为之一，引起纠纷的，由当事人协商解决；不愿协商或者协商不成的，商标注册人或者利害关系人可以向人民法院起诉，也可以请求工商行政管理部门处理。工商行政管理部门处理时，认定侵权行为成立的，责令立即停止侵权行为，没收、销毁侵权商品和主要用于制造侵权商品、伪造注册商标标识的工具，违法经营额 5 万元以上的，可以处违法经营额 5 倍以下的罚款，没有违法经营额或者违法经营额不足 5 万元的，可以处 25 万元以下的罚款。对 5 年内实施 2 次以上商标侵权行为或者有其他严重情节的，应当从重处罚。销售不知道是侵犯注册商标专用权的商品，能证明该商品是自己合法取得并说明提供者的，由工商行政管理部门责令停止销售。"

2. 其他侵权损害赔偿纠纷的裁决。这类侵权纠纷广泛存在于药品管理、教育管理、食品卫生、环境保护、产品质量、社会福利等方面。发生侵权损害纠纷时，合法权益受到损害的一方可以依法要求有关行政机关作出裁决，确认赔偿责任，裁决赔偿金额，使受损害一方的合法权益及时得到恢复或赔偿。如《水污染防治法》第 96 条第 1 款规定："因水污染受到损害的当事人，有权要求排污方排除危害和赔偿损失。"

三、补偿纠纷的裁决

补偿纠纷的裁决是指在平等主体之间发生的，与批准征用、强制许可等行政行为密切相关的补偿数量、范围等争议，由行政机关进行裁决。补偿纠纷裁决主要包括以下几类：

1. 征用自然资源补偿纠纷的裁决。《土地管理法实施条例》第 25 条规定："征收土地方案经依法批准后，由被征收土地所在地的市、县人民政府组织实施，并将批准征地机关、批准文号、征收土地的用途、范围、面积以及征地补偿标准、农业人员安置办法和办理征地补偿的期限等，在被征收土地所在地的乡（镇）、村予以公告。……对补偿标准有争议的，由县级以上地方人民政府协调；协调不成的，由批准征用土地的人民政府裁决。……"

2. 强制许可补偿纠纷的裁决。《专利法》第 57 条规定："取得实施强制许可的单位或者个人应当付给专利权人合理的使用费，或者依照中华人民共和国参加的有关国际条约的规定处理使用费问题。付给使用费的，其数额由双方协商；双方不能达成协议的，由国务院专利行政部门裁决。"第 58 条规定："专利权人对国务院专利行政部门关于实施强制许可的决定不服的，专利权人和取得实施强制许可的单位或者个人对国务院专利行政部门关于实施强制许可的使用费的裁决不服的，可以自收到通知之日起 3 个月内向人民法院起诉。"《植物新品种保护条例》第 11 条第 1、2 款规定:"为了国家利益或者公共利益,审批机关可以作出实施植物新品种强制许可的决定,并予以登记和公告。取得实施强制许可的单位或者个人,应当付给品种权人合理的使用费,其数额由双方商定;双方不能达成协议的,由审批机关裁决。"

四、经济合同纠纷裁决

经济合同纠纷裁决主要存在于计划经济时代,与当时政府广泛介入经济领域的状况相适应,行政机关对当事人之间因经济合同发生的争议进行裁决。但是,随着市场经济的发展,政府对经济合同纠纷较少涉足,目前仍然有效的合同纠纷裁决比较少,如租赁经营合同纠纷裁决,《全民所有制小型工业企业租赁经营暂行条例》第 22 条规定:"租赁经营合同双方发生纠纷,应当协商解决。协商不成的,可以根据合同规定向工商行政管理机关申请调解或者仲裁。租赁经营合同任何一方对仲裁机关的仲裁决定不服的,可以在收到仲裁决定书之日起 10 日内向上一级仲裁机关申请复议。上一级仲裁机关作出的决定,即为终局裁决。逾期未申请复议,发生法律效力的仲裁决定,即为终局裁决。……租赁经营合同未规定纠纷处理办法,但当事人在合同订立后或发生纠纷时达成申请工商行政管理机关仲裁的书面协议的,由工商行政管理机关依法受理该仲裁案件。租赁经营合同未规定纠纷处理办法,但当事人在合同订立后或发生纠纷时达成申请工商行政管理机关仲裁的书面协议的,由工商行政管理机关依法受理该仲裁案件。当事人一方在规定期限内不执行经发生法律效力的调解书、裁决书的,另一方可以申请人民法院强制执行。"[1]

五、人事争议仲裁

人事争议仲裁是指国家设置的人事争议仲裁委员会根据合法、公正、及时处理的原则,裁决人才流动以及其他人事争议。我国现行制度下可以通过人事争议仲裁解决的人事争议包括:①实施公务员法的机关与聘任制公务员之间、参照《中华人民共和国公务员法》管理的机关(单位)与聘任工作人员之间因履行聘任合同发生的争议;②事业单位与工作人员之间因解除人事关系、履行聘用合同发生的争议;③社团组织与工作人员之间因解除人事关系、履行聘用合同发生的争议;④军队聘用单位与文职人员之间因履行聘用合同发生的争议;⑤依照法律、法规规定可以仲裁的其他人事争议。我国的人事争议仲裁实行仲裁前置程序。当事人在将人事争议提交法院审判之前,必须先提交仲裁机构裁决,当事人不服裁决可以在法定期限内起诉,未经仲裁不能直接起诉。[2]

---

[1] 《仲裁法》生效以后,除非当事人都同意工商行政管理机关进行仲裁,工商行政管理机关在实践中已经很少介入经济合同纠纷裁决。

[2] 《人事争议处理规定》第 2 条。

第三节　行政裁决的管辖、程序和救济

一、行政裁决的管辖

行政裁决的管辖是指行政主体在受理行政裁决案件方面的权限分工。根据我国有关法律、法规的规定，行政裁决主体有三类：

1. 第一类是人民政府或者主管部门，具体有两种情况：

（1）依纠纷当事人的法律地位不同而确定不同的管辖，如自然资源权属纠纷的裁决管辖规则如下：①全民所有制单位之间、集体所有制单位之间、私营企业之间以及他们相互之间关于自然资源所有权和使用权发生争议的，由自然资源所在地县级以上人民政府或主管部门裁决；②个人之间、个人与单位之间关于自然资源使用权的争议，由土地所在地的乡级人民政府或县级人民政府或主管部门裁决；③自然资源的所有权和使用权发生争议需重新确认所有权或使用权的，由县级以上人民政府确认，核发所有权和使用权证书。

（2）作出批准决定的机关同时为裁决机关。房屋拆迁补偿纠纷由批准拆迁的房屋拆迁主管部门裁决；土地征用补偿纠纷由批准征用土地的人民政府裁决；专利的强制许可纠纷由国务院专利行政部门裁决；实施植物新品种强制许可的纠纷由作出强制许可决定的机关裁决。

2. 第二类是法律、法规授权的专门组织，例如，《专利法》规定，专利纠纷由专利局专利复审委员会进行裁决；《商标法》规定，商标纠纷由商标局商标评审委员会进行裁决；《植物新品种保护条例》规定，植物新品种更名和无效纠纷由植物新品种复审委员会裁决。

3. 第三类是专门设立的仲裁委员会，如《人事争议处理规定》第6条第1款规定："省（自治区、直辖市）、副省级市、地（市、州、盟）、县（市、区、旗）设立人事争议仲裁委员会。"第13条规定："中央机关、直属机构、直属事业单位及其在京所属单位的人事争议由北京市负责处理人事争议的仲裁机构处理，也可由北京市根据情况授权所在地的区（县）负责处理人事争议的仲裁机构处理。中央机关在京外垂直管理机构以及中央机关、直属机构、直属事业单位在京外所属单位的人事争议，由所在地的省（自治区、直辖市）设立的人事争议仲裁委员会处理，也可由省（自治区、直辖市）根据情况授权所在地的人事争议仲裁委员会处理。"第14条规定："省（自治区、直辖市）、副省级市、地（市、州、盟）、县（市、区、旗）人事争议仲裁委员会的管辖范围，由省（自治区、直辖市）确定。"第7条第2款规定："同级人民政府分管人事工作的负责人或者政府人事行政部门的主要负责人任人事争议仲裁委员会主任。"

第三节

二、行政裁决的程序

行政裁决作为解决特定民事纠纷的一种方式，可以及时有效地解决当事人之间的民事争议，保护当事人的合法权益，适应现代行政和社会经济发展的需要。但是，在我国现行行政裁决制度中，除了人事争议仲裁之外，没有一套相对统一的法定程序。不同行政裁决适用的程序散见于单行法律、法规以及规章之中。这就导致多数行政裁决在实践中难循一定之规，主要依靠行政裁决机构的取舍，随意性较大，不利于行政裁决制度的健康发展。本书结合我国现行法律、法规的规定和行政裁决的实践，将行政裁决的程序大致概括为以下几个阶段：

1. 申请。民事纠纷当事人应当首先向有权进行行政裁决的主体提出申请，要求行政主体对已经发生的争议作出行政裁决，以保护自己的合法权益。当事人申请应当符合的条件是：申请人必须是民事权益纠纷的当事人或者利害关系人；申请必须向有管辖权的行政主体提出；申请必须在法定期限内提出；申请必须符合法定形式，即一般须提交书面申请，载明双方当事人的基本情况、争议事项、具体请求以及根据和理由等。

2. 受理。行政裁决主体收到当事人的申请后，应当对申请内容进行初步审查，如果符合申请条件的，应当受理；如果认为不符合申请条件的，行政主体应当及时通知申请人并说明理由。

3. 审查。行政裁决主体受理当事人的申请后，即开始对当事人的争议进行审查，包括对有关事实和证据进行查证核实，召集当事人进行调查、询问、辩论和质证，向有关证人了解情况，必要时可以组织勘验、鉴定；如果证据不足，行政裁决主体有权责令当事人举证，也可以依法自行组织调查、取证。按照行政法理论的一般要求，凡是影响公民权益的裁决在作出之前，都必须进行审理和听证，以保证裁决的公正。我国《商标法》第 35 条第 1 款规定："对初步审定公告的商标提出异议的，商标局应当听取异议人和被异议人陈述事实和理由，经调查核实后，自公告期满之日起 12 个月内做出是否准予注册的决定，并书面通知异议人和被异议人。有特殊情况需要延长的，经国务院工商行政管理部门批准，可以延长6 个月。"

4. 裁决。行政裁决主体经过审查认为事实清楚、证据充足的，应及时作出行政裁决。裁决书应载明争议双方当事人的基本情况、争议的内容、裁决机关认定的事实以及裁决的根据和理由等，并应告知当事人对此裁决不服的救济途径，如是否可以申请复议或提起诉讼，以及复议或诉讼的管辖机关。如果属于终局裁决，则应当告知当事人履行裁决的期限等。

5. 送达。行政裁决作出后，行政裁决主体应及时将裁决书送达双方当事人。只有将裁决结果送达当事人，裁决才能发生效力。

三、行政裁决的救济

行政裁决是一种具体行政行为，对公民、法人或者其他组织的合法权益会产生实际影响，如果要推翻已成立的行政裁决，就只能通过有效的、正式的法律途径。当事人不服行政裁决时，需要一个渠道救济自己的权利。因此，建立和完善行政裁决救济制度是很有必要的。根据我国目前法律的规定，对行政裁决的救济存在三种情况：[1]

（一）行政复议

根据现行法律规定和理论界的通说，只有少部分行政裁决可以申请行政复议，其中部分行政裁决的复议是终局的。造成这种状况的一个主要的原因是《行政复议法》第8条第2款规定："不服行政机关对民事纠纷作出的调解或者其他处理，依法申请仲裁或者向人民法院提起诉讼。"其中的"其他处理"一词的含义在法律条文中并无明确界定，学界对此颇有争议。一些学者认为"其他处理"主要是指行政裁决的处理。[2] 因此，除非法律、法规有特别规定，否则不能申请行政复议。现行法律中明确规定可以针对行政裁决申请行政复议的情况比较少，如针对自然资源权属纠纷的裁决。《行政复议法》第6条规定，对确认土地、矿藏、水流、森林、山岭、草原、荒地、滩涂、海域等自然资源的所有权或者使用权的决定不服，可以申请行政复议。再如，《国有资产产权界定和产权纠纷处理暂行办法》第30条规定，全民单位对国有资产管理部门的裁定不服的，可以在收到裁定书之日起15日内，向上一级国有资产管理部门申请复议，上一级国有资产管理部门应当自收到复议申请之日起60日内作出复议决定。

需要注意的是：在自然资源权属纠纷的行政裁决中，有一类裁决只能申请行政复议，而且行政复议决定是终局的，对行政复议决定不服，不能再提起行政诉讼。即《行政复议法》第30条第2款规定："根据国务院或者省、自治区、直辖市人民政府对行政区划的勘定、调整或者征收土地的决定，省、自治区、直辖市人民政府确认土地、矿藏、水流、森林、山岭、草原、荒地、滩涂、海域等自然资源的所有权或者使用权的行政复议决定为最终裁决。"

案例10-2：2001年4月，某省甲县A村与乙县B村因对一条自然水源的取水权产生纠纷，A村认为该水源源头在甲县境内，历史上该村村民均在此取水，且此水源一直作为该村的人畜饮水及灌溉用水，故应由其对此水源享有取水权。B村认为该水源流经乙县境内，本村人口多于对方，且A村还有其他水源可取水，因此取水权应属于B村。双方互不相让进而发生冲突。管理甲、乙县的市人民政府经调查后对此作出处理决定：双方对该水源均享有取水权。A村、B村对此决定皆不服，

---

〔1〕　应松年主编：《行政法和行政诉讼法学》，法律出版社2005年版，第276页。
〔2〕　袁曙宏：《社会变革中的行政法制》，法律出版社2001年版，第278页。

均向省政府提出行政复议申请。复议机关经审理后查明，双方争议的水源为自然河流，依据省政府对甲、乙两县行政区域界线的勘定，该水源是甲、乙两县的界河，根据水法及其他有关规定，双方均有取水权。故被申请人作出的该水事纠纷处理决定程序合法，适用依据正确，内容适当，依法作出了维持的行政复议决定。

本案中，甲县 A 村与乙县 B 村不服市政府对自然水流的使用权纠纷作出的处理决定，依法向省政府提出行政复议申请，因此，本案是对自然资源的行政确权行为不服引起的行政复议。根据《行政复议法》第 30 条第 2 款的规定，在本案中，复议机关就是根据省政府对行政区划的勘定，作出了确认水流使用权的决定，因此该决定为最终裁决，当事人不能再提起行政诉讼。

（二）行政诉讼

无论是理论上还是司法实践中，大多数行政裁决都可以通过行政诉讼进行救济。1991 年最高人民法院《关于贯彻执行〈中华人民共和国行政诉讼法〉若干问题的意见（试行）》直接规定，对权属纠纷、赔偿纠纷和补偿纠纷的行政裁决，可以通过提起行政诉讼进行救济。2018 年《最高人民法院关于适用〈中华人民共和国行政诉讼法〉的解释》也没有排除对行政裁决提起行政诉讼的可能性。在审判实践中，对权属纠纷、赔偿纠纷和补偿纠纷的行政裁决不服提起的诉讼，法院也是作为行政案件受理的。根据《最高人民法院对人事争议仲裁委员会的仲裁行为是否可诉问题的答复》（2003 年 12 月 1 日）的规定，当事人认为人事争议仲裁委员会作出的人事争议仲裁侵犯其人身权、财产权的，可以依法提起行政诉讼，但国家行政机关与其工作人员之间发生的人事争议和事业单位与其工作人员之间因辞职、辞退及履行聘用合同所发生的争议除外。

由于行政裁决是以当事人之间的民事争议作为基础的，因此，如果当事人在行政诉讼中提出一并解决民事纠纷的，法院可以作为行政附带民事案件处理。对此，2018 年《最高人民法院关于适用〈中华人民共和国行政诉讼法〉的解释》第 138 条第 1 款规定："人民法院决定在行政诉讼中一并审理相关民事争议，或者案件当事人一致同意相关民事争议在行政诉讼中一并解决，人民法院准许的，由受理行政案件的人民法院管辖。"

案例 10-3：2001 年 12 月 10 日，某省某市城建规划局颁发给某省某市城区房地产开发公司房屋拆迁许可证，准予房地产开发公司对陈江等 21 人所有的商铺房屋进行拆迁。陈江等 17 人与房地产开发公司未能就拆迁安置补偿问题达成协议。2002 年 8 月 30 日，城建规划局应房地产开发公司的申请，对申请人与包括陈江等 17 人在内的被申请人作出《房屋拆迁行政裁决书》。陈江等 17 人不服该行政裁决，向某省某市中级人民法院提起行政诉讼，请求法院撤销被告作出的房屋拆迁行政裁决。

某省某市中级人民法院经审理判决驳回原告陈江等 17 人的诉讼请求。陈江等 17 人不服，向某省高级人民法院提起上诉，请求撤销原判，撤销被上诉人作出的行政裁决。某省高级人民法院经审理判决撤销某市中级人民法院的行政判决；撤销某省某市城建规划局作出的《房屋拆迁行政裁决书》；判决某省某市城建规划局重新作出裁决。

本案中，房屋拆迁行政裁决直接确定当事人之间的权利义务，若裁决不当将侵犯当事人的合法权益。当事人对行政裁决决定不服，可以通过行政诉讼审查行政裁决行为的合法性。但是，由于行政裁决具有较强的专业性，法院不能直接代替城建规划机关作出裁决决定，只能责令行政机关重新裁决。

（三）根据当事人起诉的理由和诉讼请求确定案件性质

由于行政裁决案件涉及两种性质的法律关系，实践中也存在针对不同性质的纠纷采用不同的救济途径的情况。如《最高人民法院关于审理植物新品种纠纷案件若干问题的解释》（2001 年 2 月 14 日起施行）第 5 条规定："关于是否应当授予植物新品种权的纠纷案件、宣告授予的植物新品种权无效或者维持植物新品种权的纠纷案件、授予品种权的植物新品种更名的纠纷案件，应当以行政主管机关植物新品种复审委员会为被告；关于实施强制许可的纠纷案件，应当以植物新品种审批机关为被告；关于强制许可使用费纠纷案件，应当根据原告所请求的事项和所起诉的当事人确定被告。"

（四）行政机关享有终局裁决权

随着行政诉讼制度的完善，虽然逐步扩大行政诉讼受案范围是大势所趋，但是实践中仍然存在行政机关享有终局裁决权，当事人不能寻求司法救济的情况。如因国家政策变化引起的房地产纠纷，最高人民法院的司法解释都是将此类纠纷排除在行政诉讼范围之外的。《最高人民法院关于房地产案件受理问题的通知》（1992 年11 月 25 日起施行）第 3 项规定："凡不符合民事诉讼法、行政诉讼法有关起诉条件的属于历史遗留的落实政策性质的房地产纠纷，因行政指令而调整划拨、机构撤并分合等引起的房地产纠纷，因单位内部建房、分房等而引起的占房、腾房等房地产纠纷均不属于人民法院主管工作的范围，当事人为此而提起的诉讼，人民法院应依法不予受理或驳回起诉，可告知其找有关部门申请解决。"

四、我国行政裁决制度的完善

（一）我国现行行政裁决制度存在的问题

关于行政裁决的概念及其法律救济途径等，我国现行法律均缺乏统一、具体、明确的规定，仅有的一些规定相互之间也存在不一致、甚至矛盾之处，这些制度缺陷给行政、司法实践带来很大的混乱。行政裁决制度存在的主要问题有：

1. 名称混乱，定性缺乏统一性[1] 我国现行的一系列规定行政机关有权裁决特定的民事、经济纠纷的法律和行政法规中，所使用的指称行政裁决的名称不尽相同，

---

〔1〕 张树义主编：《纠纷的行政解决机制研究——以行政裁决为中心》，中国政法大学出版社 2006 年版，第 116 页。

有"裁决""处理""调处""解决""仲裁"等。各种裁决在性质上有很大差异，例如，有的裁决是行政复议机关针对具体行政行为作出的行政复议行为；[1] 有的是指行政机关针对民事争议作出的裁决。[2] 同时，目前行政裁决的设定也比较混乱，行政法规、规章甚至规章以下的规范性文件都在设立行政裁决。

2. 没有独立的行政裁决机构。目前，行政机关中履行行政裁决职能的机构有多种情况，绝大多数的行政机关没有单独设置相对独立的裁决机关，而是由业务部门兼行行政裁决职能。有的是行政机关的法制部门兼行行政裁决职能；有的是行政机关内部的业务主管部门负责裁决。裁决机构不独立的情况不利于保证裁决的客观和公正。

3. 缺乏统一的行政裁决程序。正当程序是保证行政行为合法、公正、客观、合理的前提条件。我国目前没有统一的、明确的行政裁决程序，实践中，行政裁决机关依据具体行政管理工作的特点各自为政，基本上处于无序的混乱状态。有的依据一般行政行为程序进行裁决；有的自行创立一套行政裁决程序；有的借鉴其他行政行为程序；有的借鉴司法程序进行裁决。这种混乱状况直接影响了行政裁决的效力，也是行政裁决制度无法充分发挥解决纠纷的功能的原因之一。

4. 行政裁决的效力不明确，救济渠道不清晰。行政裁决是否具有法律强制力，不同法律的规定并不一致。对行政裁决不服的，有的法律规定可以提起行政复议，有的规定可以直接提起行政诉讼，还有的规定可以直接针对原民事争议提起民事诉讼。

（二）完善我国行政裁决制度的路径

综观世界范围内行政裁决制度的发展历程，可以发现，作为现代国家一项重要的政府职能，行政裁决的兴起是行政权不断扩张的结果，也是社会发展和国家管理之必然需求。行政解决民事纠纷的出现不仅具有合法性来源，同时也是社会发展的需要。由于现代行政日趋专门化，行政裁决的专业性契合社会现实的需要。此外，行政裁决制度可以有效地缓解法院诉讼压力，充分发挥行政权的主动性特征，有利于民事纠纷得到彻底和迅速的解决。鉴于行政裁决制度的现实合理性和我国行政裁决制度的缺陷，我们需要进一步研究如何完善行政裁决制度。

1. 统一行政裁决的名称和范围。行政裁决在立法中使用的混乱情况给立法、执法、司法和法制观念带来了许多负面效应。因而，应当将行政裁决的内涵和外延明确界定下来，避免理论上的认识混乱。同时，应当改变目前滥设行政裁决的状况，严格限制行政裁决的设定，对行政裁决规定统一的范围和尺度。

---

[1] 如《行政复议法》第30条第2款规定："根据国务院或者省、自治区、直辖市人民政府对行政区划的勘定、调整或者征收土地的决定，省、自治区、直辖市人民政府确认土地、矿藏、水流、森林、山岭、草原、荒地、滩涂、海域等自然资源的所有权或者使用权的行政复议决定为最终裁决。"

[2] 如《森林法》等相关法律规定。

第
十
章

2. 强化行政裁决机构的独立性。我国行政裁决机构的设置极不规范，除商标、专利争议有专门的裁决机构外，大多数行政裁决机关没有设置独立的行政裁决机构。随着市场经济的不断发展，与行政管理相关的民事、经济纠纷的不断增加，建立独立的行政裁决机构，有利于促进当事人之间的民事、经济纠纷的有效解决。

3. 构建完善、统一的行政裁决程序。为进一步规范行政裁决制度，本书认为，可以结合诉讼法和行政裁决具体部门工作规程的相关规定，确立统一的行政裁决程序，构建相对独立的行政裁决证据规则和裁决方式。

4. 明确行政裁决的救济途径。不服行政裁决提起民事诉讼是《行政诉讼法》颁布之前的通行做法，行政诉讼法颁布后，这种做法并未得到禁止和消除。从理论上说，这种做法违反了行政法的基本原理。如果法律规定行政机关进行行政裁决，但是又规定如果对行政裁决处理决定不服，可以直接提起民事诉讼，本身就是对行政行为公信力的一种否定。同时，在实践中容易出现行政判决、行政裁决以及民事判决之间相互矛盾的现象，造成不同行为法律效力的冲突，进一步激化当事人之间的矛盾。因此，本书认为，应在法律、法规中明确规定对行政裁决不服可以提起行政诉讼。[1]

拓展阅读书目

1. 何兵主编：《和谐社会与纠纷解决机制》，北京大学出版社 2007 年版。
2. 张树义主编：《纠纷的行政解决机制研究——以行政裁决为中心》，中国政法大学出版社 2006 年版。
3. 汤捷："行政裁决诉讼研究"，中国政法大学 2006 年硕士学位论文。
4. 范愉主编：《多元化纠纷解决机制》，厦门大学出版社 2005 年版。
5. 沈恒斌主编：《多元化纠纷解决机制原理与实务》，厦门大学出版社 2005 年版。
6. 吴平主编：《行政裁决制度研究》，中国民主法制出版社 1997 年版。
7. 张伟国：《论行政裁决》，中国政法大学出版社 1994 年版。
8. ［日］棚瀬孝雄著，王亚新译：《纠纷的解决与审判制度》，中国政法大学出版社 1994 年版。

---

〔1〕 周佑勇、尹建国："我国行政裁决制度的改革和完善"，载《上海政法学院学报（法治论丛）》2006 年第 5 期。

第十一章

行政应急

本章提要：

　　本章首先分析了突发公共事件和国家紧急权的定义和特征，我国行政应急法制的发展状况，并在此基础上分析了行政应急管理体制、突发事件预防与准备、监测与预警、事后恢复与重建；行政应急行为的概念、特征以及基本原则；行政应急措施的种类。本章重点是行政应急行为的基本原理、行政应急行为的原则和行政应急措施的分类。

第一节　行政应急概述

一、突发公共事件的界定

（一）突发公共事件的概念和范围

　　"天有不测风云，人有旦夕祸福"，古往今来，人类社会不曾或难以预料而突然发生的事件从未停止过，这些事件通常被称为"突发公共事件"。突发公共事件一般是指突然发生，造成或者可能造成严重社会危害，需要采取应急处置措施予以应对的自然灾害、事故灾难、公共卫生事件和社会安全事件。

　　对于突发公共事件的范围和种类，学界提出了不同的观点。有的学者根据突发公共事件的发生过程、性质和机理，将它划分为自然灾害、事故灾难、突发公共卫生事件、突发社会安全事件以及经济危机等五大类。[1] 有的学者根据突发公共事件的起因、自然性、方式与范围等分类标准分别把突发事件分成：自生的与承受的、自然的与社会的、有形的与无形的、整体的与局部的突发事件。[2] 有的学者从公共管理

---

〔1〕 薛澜、钟开斌："突发公共事件分类、分级与分期：应急体制的管理基础"，载《中国行政管理》2005 年第 2 期。

〔2〕 宋功德："突发公共事件应急处理法律制度及其完善"，载应松年主编：《突发公共事件应急处理法律制度研究》，国家行政学院出版社 2004 年版，第 19 ~ 28 页。

的角度出发，将危机性事件划分为政治性的危机事件、宏观经济性的危机事件、社会性的危机事件、生产性的危机事件以及自然性的危机事件。[1] 2007 年 11 月 1 日起施行的《突发事件应对法》将突发公共事件分为四类：①自然灾害，主要包括水旱灾害、气象灾害、地震灾害、地质灾害、海洋灾害、生物灾害和森林草原火灾等；②事故灾难，主要包括工矿商贸等企业的各类安全事故、交通运输事故、公共设施和设备事故、环境污染和生态破坏事件等；③公共卫生事件，主要包括传染病疫情、群体性不明原因疾病、食品安全和职业危害、动物疫情以及其他严重影响公众健康和生命安全的事件；④社会安全事件，主要包括恐怖袭击事件、经济安全事件和涉外突发事件等。

按照统一领导、综合协调、分类管理、分级负责、属地管理为主的应急管理体制的要求，为了落实"分级负责""分级响应"的措施，还需要对突发公共事件进行科学分级。每一类突发事件都具有特殊性，其发展机理并不相同，在对突发公共事件进行分级时需要尊重不同行业的特殊性、专业性和灵活性。我国现行有关法律、行政法规和其他规范性文件对于突发公共事件的分级不完全一致。绝大多数的法律、行政法规和其他规范性文件将突发公共事件分为四级，如《突发事件应对法》按照突发公共事件的社会危害程度、影响范围、突发事件性质、行业特点等因素将自然灾害、事故灾难、公共卫生事件分为特别重大、重大、较大和一般四级。部分行业根据自身的特点进行分级，如《国家安全生产事故灾难应急预案》将突发公共事件分为两级，《全国高致病性禽流感应急预案》将突发公共事件分为三级。[2]

（二）突发公共事件的特点

突发公共事件的发生往往会给公民的人身、财产带来重大威胁，给社会秩序带来严重破坏。此时，依靠正常的行政管理手段已经不能维护秩序，不采取特殊的应急措施就无法恢复正常状态。政府为了应对危机，需要改变行政权力的正常运作程序，采用特殊手段进行管理，甚至可能减少或限制公民的正常权利。突发公共事件的特点主要表现为以下几个方面：

1. 突发性。突发公共事件的突发性是指人们难以预料和把握突发公共事件是否发生，于什么时间、什么地点、以什么样的方式爆发以及爆发的程度等情况。突发公共事件由量变到质变的过程具有特殊性，这种特殊性集中体现在它的爆发式飞跃过程即突发性，诱发突发事件的契机是偶然的、难以预料的。[3]

2. 公共性。突发公共事件的公共性具体表现在两个方面：①突发公共事件涉及公共利益，即对公共财产、公共安全、公共秩序产生不利影响；②处理突发公共事件时必须借助公权力的介入，在应对和处置突发事件时，往往需要调动和整合全社

〔1〕 杨冠琼："危机性事件的特征、类别与政府危机管理"，载《新视野》2003 年第 6 期。
〔2〕 李飞主编：《中华人民共和国突发事件应对法释义》，法律出版社 2007 年版，第 8 页。
〔3〕 孙崇勇、秦启文："突发事件的两个基本理论问题探讨"，载《西南师范大学学报（人文社会科学版）》2005 年第 2 期。

会的人力、物力、信息等公共资源和力量。这不仅意味着行政系统内部不同部门之间的协调和配合，还意味着政府与社会组织及公民个人之间充分的沟通与合作。

3. 危害的严重性。突发公共事件，必然造成政治、经济、文化等方面的损失和破坏，给人民带来生命、财产或精神上的损失和损害。这种损害不仅体现在人员的伤亡、财产的损失和环境的破坏上，还体现在对社会心理和个人心理所造成的破坏性冲击上，并进而渗透到社会生活的各个层面。

4. 不确定性。突发公共事件的发生、发展趋势、事件影响的深度和广度等方面都具有不确定性。

5. 处置的紧迫性。突发公共事件所反映的问题极端重要，关系到社会、组织或个人的安危，必须立即采取特别措施进行及时和有效的处理。对突发公共事件的反应越快、决策越准确，突发公共事件所造成的损失就会越小。

二、国家紧急权的概念和特征

国家紧急权和突发公共事件紧密相连。国家紧急权是国家权力的一种特殊形式，是指当国家出现突发公共事件，引发或者可能引发社会危机，遵循正常的法律秩序不足以应对危机，国家有关机关依据宪法、法律的规定，通过法定程序宣布进入紧急状态或者采取紧急应对措施的权力。国家紧急权的实质是改变正常状态下的国家权力运行模式，通过国家权力的集中和扩张，以便采取集中有效的紧急措施，迅速恢复正常的社会秩序和法律秩序，维护国家安全、公共利益和公民基本权益。国家紧急权具有以下特征：

（一）国家紧急权必须有宪法上的依据

宪法是国家根本大法，任何国家权力都应具有宪法依据并在宪法的约束之下。现代意义上的国家紧急权是宪法制约下的国家特殊权力。宪法是国家紧急权的权力来源，国家紧急权的运用不得与宪法相抵触。

（二）国家紧急权的行使受到法律的限制

只有当国家或某一地区出现危及国家安全、公共利益或人民权益的突发公共事件，国家社会秩序遭到破坏，依靠正常的法律秩序不足以应对危机时，国家才能动用紧急权。现代法治国家的基本理念是不存在任何不受制约的权力，为了防止国家紧急权被滥用甚至转向专制，防止以国家紧急权的借口来破坏普遍的民主、法治的基本价值，现代国家无一例外地在宪法或法律中规定了国家紧急权的行使主体、运用条件、行为程序以及法律效力。

（三）国家紧急权具有临时性和短暂性

国家紧急权是非常态的，目的是应对危机，一旦危机过去，社会回归正常，则应恢复到常态的法律调整之下。

（四）国家紧急权具有权力的集中性和强制性

国家紧急权表现为国家权力的集中行使和更高的权威性。在紧急情况下国家权力的行使超越了常态秩序下国家权力对个体权利干涉的界限，人民的权利受到更大程度的限制和减损。

我国现行《宪法》关于国家紧急权的规定共有两项：①延长最高权力机关的任期。《宪法》第60条第2款规定："……如果遇到不能进行选举的非常情况，由全国人民代表大会常务委员会以全体组成人员的2/3以上的多数通过，可以推迟选举，延长本届全国人民代表大会的任期。……"这是我国《宪法》关于非常状态下最高权力机关延长任期的规定。②宣布进入紧急状态。《宪法》第67条规定，全国人民代表大会常务委员会有权决定全国或者个别省、自治区、直辖市进入紧急状态。《宪法》第80条规定，中华人民共和国主席根据全国人民代表大会和全国人民代表大会常务委员会的决定宣布进入紧急状态。《宪法》第89条规定，国务院有权依照法律规定决定省、自治区、直辖市的范围内部分地区进入紧急状态。其中，关于国务院的紧急状态宣布权就是行政应急权的具体体现。我国已经以宪法的形式规定了紧急状态法律制度，明确了紧急状态的决定机关、宣布机关和其各自权限，行政应急法律制度是我国宪政制度的一部分，这些规定为政府在各种突发事件下行使行政紧急权提供了宪法依据。

三、行政应急法律体系

改革开放以来，随着我国建设法治国家进程的加快，行政应急法制得到了相当的重视和发展。除了在《宪法》中对紧急状态制度作了原则性规定外，我国现行法律、法规中包含了大量关于行政应急的法律规范，可以说，我国行政应急法律体系已经初步建立。这些法律、法规为政府应对突发公共事件、依法采取有效的行政应急措施，提供了法律保障。我国现行关于行政应急的法律规范主要有：

（一）宪法和宪法性法律

在我国《香港特别行政区基本法》和《澳门特别行政区基本法》两部宪法性法律中都对中央政府行使行政应急权进行了规定。《香港特别行政区基本法》第18条第4款规定，全国人民代表大会常务委员会决定宣布战争状态或因香港特别行政区内发生香港特别行政区政府不能控制的危及国家统一或安全的动乱而决定香港特别行政区进入紧急状态，中央人民政府可发布命令将有关全国性法律在香港特别行政区实施。《澳门特别行政区基本法》第18条第4款规定，在全国人民代表大会常务委员会决定宣布战争状态或因澳门特别行政区内发生澳门特别行政区政府不能控制的危及国家统一或安全的动乱而决定澳门特别行政区进入紧急状态时，中央人民政府可发布命令将有关全国性法律在澳门特别行政区实施。

（二）突发事件应对法

《突发事件应对法》是我国制定的应对突发公共事件的一部综合法律。该法包括总则、预防和应急准备、监测与预警、应急处置与救援、事后恢复与重建等内容，共7章70条。

（三）单行法律

我国在有关应对地震、洪水、火灾、安全生产事故等各种突发公共事件的专门性法律中，对行政应急制度作了具体规定。如《传染病防治法》第42条规定，传染病暴发、流行时，县级以上地方人民政府经上级人民政府同意可以采取限制或者停止集市活动、停工、停业、停课、封闭或者封存被传染病病原体污染的公共饮用水源、食品以及相关物品、封闭可能造成传染病扩散的场所等紧急措施并予以公告。《防震减灾法》第48条规定，地震预报意见发布后，有关省、自治区、直辖市人民政府可以宣布有关区域进入临震应急期。《防洪法》第41条第2款规定，当江河湖泊的水情接近保证水位或安全流量，水库水位接近设计洪水位，或者防洪工程设施发生重大险情时，有关县级以上人民政府防汛指挥机构可以宣布进入紧急防汛期。《安全生产法》第77条规定，县级以上地方各级人民政府应当组织有关部门制定本行政区域内特大生产安全事故应急救援预案，建立应急救援体系。这些法律为政府应对突发公共事件，采取行政紧急措施提供了法律依据，是我国行政应急法律制度的主要组成部分。

（四）法规、规章和其他规范性文件

为有效行使行政应急权，应对突发公共事件，我国现行多部法规、规章以及其他规范性文件制定了具体的行政应急措施，具体包括突发公共卫生事件应急制度、突发恐怖、群众性治安事件、民族宗教因素引起的人为事件方面的应急制度，城市供水、燃气、交通安全、核事故等方面的应急制度等，如国务院2006年1月8日发布的《国家突发公共事件总体应急预案》对发生全国性突发公共事件的范围、应急预案体系、应急组织体系、应急机制运行和保障等进行了详细规定，是我国关于行政应急制度的总体规定。国务院颁布的《突发公共卫生事件应急条例》比较完善地规定了公共卫生事件的预警、应急处理、信息公开等制度。还有很多类似规定，如《核电厂核事故应急管理条例》《核事故辐射影响越境应急管理规定》《突发公共卫生事件交通应急规定》《保险业重大突发事件应急处理规定》《国境口岸突发公共卫生事件出入境检验检疫应急处理规定》《化学事故应急救援管理办法》《铁路应急通信系统运用管理暂行办法》《化工企业急性中毒抢救应急措施规定》等。另外，许多政府部门、各地区政府也以规范性文件的形式制定了本部门、本地区的应急预案，如《卫生部核事故医学应急方案》等。

第二节　行政应急机制

一、行政应急管理体制

建立统一领导、分级负责、综合协调的行政管理体制，对于提高应急反应能力、有效整合各种资源、及时高效地开展应对救援工作至关重要。《突发事件应对法》

第 4 条规定："国家建立统一领导、综合协调、分类管理、分级负责、属地管理为主的应急管理体制。"

（一）统一领导

在突发公共事件应对处理的工作中，由各级人民政府统一领导，成立应急指挥机构，对应对工作实行统一指挥。各有关部门在应急指挥机构的领导下，开展各项应对管理工作。从纵向看，从中央到地方，实行垂直领导；从横向看，包括突发事件发生地的人民政府及各相关部门，形成相互配合、共同服从应急指挥中枢的关系。《突发事件应对法》第一章总则中对于行政应急管理体制作了详细的规定，明确了国务院和县级以上地方各级人民政府是突发事件应对工作的行政领导机关。国务院在总理领导下研究、决定和部署特别重大突发事件的应对工作；根据实际需要，设立国家突发事件应急指挥机构，负责突发事件应对工作；必要时，国务院可以派出工作组指导有关工作。县级以上地方各级人民政府设立由本级人民政府主要负责人、相关部门负责人、驻当地中国人民解放军和中国人民武装警察部队有关负责人组成的突发事件应急指挥机构，统一领导、协调本级人民政府各有关部门和下级人民政府开展突发事件应对工作；根据实际需要，设立相关类别突发事件应急指挥机构，组织、协调、指挥突发事件应对工作。上级人民政府主管部门应当在各自职责范围内，指导、协助下级人民政府及其相应部门做好有关突发事件的应对工作。

（二）综合协调

在突发公共事件应对过程中，参与主体是多样的，既有政府及其职能部门，也有社会组织、企事业单位、基层自治组织、公民个人，甚至还包括国际援助组织，因此，要保证应急工作运转有序、反应灵敏，需要加强在统一领导下的综合协调建设。首先，需要明确各级政府及相关部门的职责，明确不同突发公共事件的牵头部门和单位，其他有关部门和单位提供必要的支持和协助。其次，为了形成各部门协同配合、社会积极参与的应急运行机制，需要建立统一的突发事件信息系统、统一的应急指挥系统、统一的救援队伍系统、统一的物资储备系统等。

（三）分类管理

由于公共危机有不同的类型，每一种类型产生的原因、表现的方式、涉及的范围等各不相同，因此，在集中统一的指挥体制下还应该实行分类管理。不同类型的突发事件，依托不同的专业部门负责，其他部门协同配合。

（四）分级负责、属地管理为主

各类公共危机的性质、涉及的范围、造成的危害程度各不相同。不同级别的突发公共事件需要动用的人力、物力也不同。国务院负责统一领导，综合协调，尤其是对于特别重大的突发公共事件负责决定和部署应对工作。县级人民政府对本行政区域内突发事件的应对工作负责。涉及两个以上行政区域的，由有关行政区域共同的上一级人民政府负责，或者由各有关行政区域的上一级人民政府共同负责。强调属地管理，是为了保证危机处理反应灵敏，确保危机发生地政府迅速反应、有效应对，避免延误应对时机。

二、预防和应急准备

建立预防和应急准备是突发公共事件的基础，主要包括四个方面的内容：

（一）制定应急预案

国家建立健全突发事件应急预案体系。应急预案应当根据《突发事件应对法》和其他有关法律、法规的规定，针对突发事件的性质、特点和可能造成的社会危害，具体规定突发事件应急管理工作的组织指挥体系与职责和突发事件的预防与预警机制、处置程序、应急保障措施以及事后恢复与重建措施等内容。国务院制定国家突发事件总体应急预案，组织制定国家突发事件专项应急预案。国务院有关部门根据各自的职责和国务院相关应急预案，制定国家突发事件部门应急预案。地方各级人民政府和县级以上地方各级人民政府有关部门根据有关法律、法规、规章、上级人民政府及其有关部门的应急预案以及本地区的实际情况，制定相应的突发事件应急预案。

（二）健全安全管理制度

所有单位应当建立健全安全管理制度，定期检查本单位各项安全防范措施的落实情况，及时消除事故隐患；掌握并及时处理本单位存在的可能引发社会安全事件的问题，防止矛盾激化和事态扩大；对本单位可能发生的突发事件和采取安全防范措施的情况，应当按照规定及时向所在地人民政府或者人民政府有关部门报告。矿山、建筑施工单位和易燃易爆物品、危险化学品、放射性物品等危险物品的生产、经营、储运、使用单位，应当制定具体应急预案，并对生产经营场所、有危险物品的建筑物、构筑物及周边环境开展隐患排查，及时采取措施消除隐患，防止发生突发事件。县级人民政府应当对本行政区域内容易引发自然灾害、事故灾难和公共卫生事件的危险源、危险区域进行调查、登记、风险评估，定期进行检查、监控，并责令有关单位采取安全防范措施。省级和设区的市级人民政府应当对本行政区域内容易引发特别重大、重大突发事件的危险源、危险区域进行调查、登记、风险评估，组织进行检查、监控，并责令有关单位采取安全防范措施。

（三）开展应急培训

县级以上人民政府应当建立健全突发事件应急管理培训制度，对人民政府及其有关部门负有处置突发事件职责的工作人员定期进行培训。县级人民政府及其有关部门、乡级人民政府、街道办事处应当组织开展应急知识的宣传普及活动和必要的应急演练。居民委员会、村民委员会、企业事业单位应当根据所在地人民政府的要求，结合各自的实际情况，开展有关突发事件应急知识的宣传普及活动和必要的应急演练。新闻媒体应当无偿开展突发事件预防与应急、自救与互救知识的公益宣传。各级各类学校应当把应急知识教育纳入教学内容，对学生进行应急知识教育，培养学生的安全意识和自救与互救能力。

县级以上人民政府应当整合应急资源，建立或者确定综合性应急救援队伍。人民政府有关部门可以根据实际需要设立专业应急救援队伍。县级以上人民政府及其有关部门可以建立由成年志愿者组成的应急救援队伍。单位应当建立由本单位职工组成的专职或者兼职应急救援队伍。县级以上人民政府应当加强专业应急救援队伍与非专业应急救援队伍的合作，联合培训、联合演练，提高合成应急、协同应急的能力。

（四）健全应急保障体系

国务院和县级以上地方各级人民政府应当采取财政措施，保障突发事件应对工作所需经费。国家建立健全应急物资储备保障制度，完善重要应急物资的监管、生产、储备、调拨和紧急配送体系。设区的市级以上人民政府和突发事件易发、多发地区的县级人民政府应当建立应急救援物资、生活必需品和应急处置装备的储备制度。县级以上地方各级人民政府应当根据本地区的实际情况，与有关企业签订协议，保障应急救援物资、生活必需品和应急处置装备的生产、供给。国家建立健全应急通信保障体系，完善公用通信网，建立有线与无线相结合、基础电信网络与机动通信系统相配套的应急通信系统，确保突发事件应对工作的通信畅通。

三、监测与预警

（一）突发事件监测制度

突发公共事件的早发现、早预警，是及时做好应急准备，有效处置突发事件，减少人员伤亡和财产损失的前提。突发事件应对工作实行预防为主、预防与应急相结合的原则。国家建立重大突发事件风险评估体系，对可能发生的突发事件进行综合性评估，减少重大突发事件的发生，最大限度地减轻重大突发事件的影响。县级以上人民政府及其有关部门应当根据自然灾害、事故灾难和公共卫生事件的种类和特点，建立健全基础信息数据库，完善监测网络，划分监测区域，确定监测点，明确监测项目，提供必要的设备、设施，配备专职或者兼职人员，对可能发生的突发事件进行监测。

（二）突发事件预警制度

国家通过建立突发事件预警制度，在已经发现可能引发突发事件的某些征兆，但突发公共事件尚未发生时，及时向社会公众发布信息，以便公众为应对突发事件做好准备。可以预警的自然灾害、事故灾难和公共卫生事件的预警级别，按照突发事件发生的紧急程度、发展势态和可能造成的危害程度分为一级、二级、三级和四级，分别用红色、橙色、黄色和蓝色标示，一级为最高级别。可以预警的自然灾害、事故灾难或者公共卫生事件即将发生或者发生的可能性增大时，县级以上地方各级人民政府应当根据有关法律、行政法规和国务院规定的权限和程序，发布相应级别的警报，决定并宣布有关地区进入预警期，同时向上一级人民政府报告，必要时可以越级上报，并向当地驻军和可能受到危害的毗邻或者相关地区的人民政府通报。

四、应急处置与救援

突发事件发生后，履行统一领导职责或者组织处置突发事件的人民政府应当针对其性质、特点和危害程度，立即组织有关部门，调动应急救援队伍和社会力量，采取应急处置措施。突发事件发生地的居民委员会、村民委员会和其他组织应当按照当地人民政府的决定、命令，进行宣传动员，组织群众开展自救和互救，协助维护社会秩序。受到自然灾害危害或者发生事故灾难、公共卫生事件的单位，应当立即组织本单位应急救援队伍和工作人员营救受害人员，疏散、撤离、安置受到威胁的人员，控制危险源，标明危险区域，封锁危险场所，并采取其他防止危害扩大的必要措施，同时向所在地县级人民政府报告；对因本单位的问题引发的或者主体是本单位人员的社会安全事件，有关单位应当按照规定上报情况，并迅速派出负责人赶赴现场开展劝解、疏导工作。突发事件发生地的公民应当服从人民政府、居民委员会、村民委员会或者所属单位的指挥和安排，配合人民政府采取的应急处置措施，积极参加应急救援工作，协助维护社会秩序。

五、事后恢复与重建

突发事件的威胁和危害得到控制或者消除后，履行统一领导职责或者组织处置突发事件的人民政府应当停止执行依照本法规定采取应急处置措施，同时采取或者继续实施必要措施，防止发生自然灾害、事故灾难、公共卫生事件的次生、衍生事件或者重新引发社会安全事件。受突发事件影响地区的人民政府应当及时组织和协调公安、交通、铁路、民航、邮电、建设等有关部门恢复社会治安秩序，尽快修复被损坏的交通、通信、供水、排水、供电、供气、供热等公共设施。受突发事件影响地区的人民政府应当根据本地区遭受损失的情况，制订救助、补偿、抚慰、抚恤、安置等善后工作计划并组织实施，妥善解决因处置突发事件引发的矛盾和纠纷。受突发事件影响地区的人民政府开展恢复重建工作需要上一级人民政府支持的，可以向上一级人民政府提出请求。上一级人民政府应当根据受影响地区遭受的损失和实际情况，提供资金、物资支持和技术指导，组织其他地区提供资金、物资和人力支援。国务院根据受突发事件影响地区遭受损失的情况，制定扶持该地区有关行业发展的优惠政策。

第三节　行政应急行为

一、行政应急行为的概念和特征

行政应急权是国家行政权力的一个重要组成部分，也是国家紧急权的一种表现

第三节

形式，是国家行政管理权在面对突发公共事件时的一种非常态行使方式，是行政权力正常运行过程的一种例外。行政应急行为是行政应急权的载体，是指在全国或一定区域即将面临或者正在遭受重大自然灾害或者重大事故，以及其他严重影响国家、社会或者公民利益的紧急情况，为了迅速消除威胁，解除危险，恢复正常的政治、经济和社会秩序，行政主体采取应急性措施的行为。与常态下的行政行为相比，行政应急行为的实施通常体现为行政主体综合运用多种权力，采取多种强制手段，有序处置应急事务的过程。由于突发公共事件的特殊性，行政应急行为具有不同于一般行政行为的特征：

（一）行政应急行为的前提是紧急状态的存在

行政应急行为是行政机关在紧急状态下采取的非常态行为，一旦实施将对社会秩序、公民权益产生重大影响，行政主体不能随意为之，紧急事态的存在或者必然发生是行使行政应急权的前提。

（二）行政应急行为法律约束的原则性

现代法治社会中，任何国家权力的运用均须符合法治原则，行政应急行为亦不能脱离法治的轨道，需要具有相应的法律依据。由于紧急状态的特殊性，实践中难以确定具体的行为方式和行为标准，法律对于行政应急行为的约束只能是原则性的。

（三）行政应急行为具有高度自由裁量性

行政主体在采取紧急应对措施时，拥有很大的自由裁量权，不仅可以根据不同的危险，在法定的措施中进行选择，而且可以根据实际情况决定行为的广度、深度和强度。

（四）行政应急行为具有更大的强制性

行政应急行为的目的是消除紧急事态或紧急危险，尽快恢复正常的社会公共秩序，从根本上保护公共利益和行政相对人的合法权益。因此，行政应急行为的运用主要不是依靠行政相对人的自觉履行，而是依靠公共权力的强制力量。比如，行政主体可以暂时征收或征用有关组织和个人的财物，可以对公民进行强制隔离或强制治疗，甚至可以直接动用警察、军队等。

（五）行政应急行为程序的高效率性

基于突发公共事件的突然性、紧急性、迫切性，正常的行政程序因其步骤的复杂性会造成时间上的延宕，无法应对复杂多变的紧急事态，因此，行政主体有必要根据具体紧急事态，改变正常的行政程序作出行政行为，以保证行政行为得以迅捷高效地实施。

（六）行政应急行为的效力优先性

为了应对突发公共事件，行政主体可以综合运用行政应急权力，采取一系列的行政强制、行政指导等行政行为和一些事实行为。与常态下的行政行为相比，行政应急行为具有优先性，可以限制或暂停某些宪法或法律规定的公民权利的行使，公民负有配合和容忍的义务。《突发事件应对法》第11条第2款规定："公民、法人和其他组织有义务参与突发事件应对工作。"

案例 11 - 1：安溪正浩印刷有限公司诉安溪县人民政府等不履行
开闸泄洪管理职责并请求行政赔偿案[1]

2003 年 8 月 3 日，安溪县人民政府根据气象部门的通报部署防抗热带风暴工作。2003 年 8 月 5 日，当地遇特大降雨，安溪县城东水闸桥分别于 14 时 27 分、15 时、15 时 45 分、16 时 10 分四次开闸并逐步加大放水力度，确保水位在 38 米至 38.5 米。当日 13 时 30 分左右，安溪正浩印刷有限公司因水库水位上升威胁到其厂房，遂打电话给县领导及相关部门请求从速开闸放水，但未果。安溪正浩印刷有限公司的厂房、原料、货物被水浸泡将近 3 小时，造成 75 万元的直接经济损失。此间安溪正浩印刷有限公司继续向相关部门恳求加大开闸放水力度。直到 16 时左右，城东水闸桥才开始加大放水，仅十多分钟水就退掉。安溪正浩印刷有限公司以县政府和县水利局在防汛抗洪中行政不作为违法为由向法院起诉，要求安溪县人民政府和县水利局赔偿其经济损失。一审和二审法院均认为安溪县人民政府和县水利局积极履行了法定职责，判决驳回了安溪正浩印刷有限公司的诉讼请求。

本案即体现了在应急情形下，行政机关享有更广泛的自由裁量权，不能依据正常条件下行政不作为的标准来衡量应急状态下的行政行为。由于热带风暴引发的自然灾害具有突发性和不可预料性，仅仅依靠灾情预警不可能制定出完善的防汛抗洪措施。《防洪法》对于在何种危机情况下应采取何种抗洪措施并未作明确规定，具体措施必须由行政机关根据灾情变化决定。本案中，县政府依据灾情综合作出泄洪决定，上游来水量、下游蓄水量、本市水库容量等都是政府作出决定时应考量的因素，而这些显然是政府自由裁量权的范畴。法院的判决体现了对应急状态下行政机关的自由裁量权的尊重。

二、行政应急行为的原则

在紧急状态下，政府为了应对危机，不但拥有更多的处置权和自由裁量权，也拥有更多对公民权利进行限制甚至剥夺的权力。这固然有利于政府迅速有效地作出应急反应、解决危机，但如果不对政府的行为加以必要的调整和限制，则可能造成对公民权利的损害，使公民权利陷入另一种危险境地。行政主体在实施行政应急行为时同样应当受到行政法基本原则的拘束，这是保证行政机关依法行政的必然要求。"行政机关不能仅从其目的的正当性来证明其手段的正当性，其在紧急状态下采取的措施同样必须受到法治原则的一般性限制。"[2] 这些原则大致有以下几项：

---

[1] 案件来源于最高人民法院中国应用法学研究所编：《人民法院案例选（2005 年第 2 辑·总第 52 辑）》，人民法院出版社 2005 年版，第 459 页。

[2] 马怀德主编：《应急反应的法学思考——"非典"法律问题研究》，中国政法大学出版社 2004 年版，第 161 页。

（一）依法行政原则

依法行政原则是行政法治的一项基本原则，是一切行政权力运行必须遵循的首要原则，行政应急行为也不例外。依法行政原则可以具体化为：①职权法定。行政应急行为必须由享有法定行政应急权的行政主体作出，并非任何人、任何机关均能实施应急行为。行政主体超越法律规定的职权实施应急行为时，必须在事后取得有权机关的追认方才有效。②法律保留。行政应急权属于国家紧急权的一种，其行使可能对公民权利造成更多限制甚至侵害。行政应急行为属于法律保留的事项，行政应急行为的法定主体、行政应急权的范围和原则、实施行政应急行为的条件、程序以及对行政相对人的救济等事项，必须由法律进行规定。政府只能在行政应急法律的范围内行事，或者只有在法律明确授权时才能进行紧急立法或突破法律采取紧急措施。[1]

（二）比例原则

行政应急行为的实施应当综合考虑公共利益与行政相对人的权益两方面因素，在行政主体实施应急行为的过程中，如果该行政应急行为不可避免地将会对行政相对人的权益造成不利影响时，行政主体应尽可能将这种不利影响控制在最小范围内，防止对行政相对人的权益不必要的侵害。《突发事件应对法》第 11 条第 1 款规定："有关人民政府及其职能部门采取的应对突发事件的措施，应当与突发事件可能造成的社会危害的性质、程度和范围相适应；有多种措施可供选择的，应当选择有利于最大限度地保护公民、法人和其他组织权益的措施。"

（三）应急效率原则

突发公共事件的突发性、紧急性、破坏性等基本特点要求行政主体必须积极作为，迅速行动，主动采取高效、迅捷的对抗措施来排除危险，否则难以达到应对紧急危险的目的。

（四）应急公开原则

在行政应急行为中，由于行政机关具有更多的自由裁量权和集中的权力，应急公开对于保障公民的知情权，监督行政应急权依法行使，防止行政机关滥用其权力，具有更加重要的作用。行政主体在进行行政应急行为时，除涉及国家机密、个人隐私和商业秘密之外，必须遵循公开原则，包括公开法律依据、行政决定、行政程序、突发公共事件信息等。《突发事件应对法》第 10 条规定："有关人民政府及其部门作出的应对突发事件的决定、命令，应当及时公布。"

三、行政应急措施的分类

行政应急措施，是行政主体为控制突发公共事件和消除其社会危害性采取的应

---

〔1〕 马怀德主编：《应急反应的法学思考——"非典"法律问题研究》，中国政法大学出版社 2004 年版，第 112～113 页。

对措施的总称。行政应急措施种类繁多，性质各异，学界从不同角度、根据不同标准对行政应急措施进行分类。

1. 按照行政应急措施对公民权益的影响，分为授益性应急措施、负担性应急措施、限制性应急措施。授益性应急措施授予公众直接利益，如紧急救助、安置、保护、保障等行为。负担性应急措施增加公众负担，如征用、征调等行为。限制性应急措施限制或者剥夺公民的基本权利，如限制人身权、财产权。

2. 以突发公共事件作为分类基础，可以分为以下三类：

（1）从突发公共事件的类别来看，不同类型的突发公共事件，造成的危急情形和社会危害不同，对紧急措施的需求也不相同。例如，传染病暴发时应采取对传染病人的控制性隔离措施，限制公民的自由交往和流动的限制性措施，辅之以救治性、保护性措施；自然灾害紧急措施应以救助性和保护性等授益性措施为主，辅之以维护基本社会秩序所需的限制性措施；发生影响社会安全的突发公共事件如骚乱等紧急情况时，则需要以限制性措施为主，严重时甚至可以实施戒严、军事管制等措施。

（2）按照突发公共事件的危险程度和级别，行政应急处置措施也有高低、强弱之分。针对严重程度不同的突发公共事件，应当采取不同的行政应急措施。

（3）按照突发公共事件的预警期、爆发期和缓解期等周期，可以把行政应急措施分为事前预警措施、事中紧急措施、事后恢复措施。[1]

3. 以行政应急措施的实施主体为标准，分为法定义务主体实施的行政应急措施和非法定义务主体实施的行政应急措施。

法定义务主体实施的行政应急措施是指负有法定职责的特定行政主体依法采取的行政应急措施。法定义务主体包括：

（1）行政机关。行政机关是行政应急措施的主要实施者，我国多部与应急相关的法律都明确规定了行政机关的权力和责任。如我国《传染病防治法》第42条规定："传染病暴发、流行时，县级以上地方人民政府应当立即组织力量，按照预防、控制预案进行防治，切断传染病的传播途径，必要时，报经上一级人民政府决定，可以采取下列紧急措施并予以公告……"《消防法》第44条第4款规定："消防队接到火警，必须立即赶赴火场，救助遇险人员，排除险情，扑灭火灾。"

（2）行政机关以外的特定社会组织或个人。特定的组织或个人在法律有明确规定的情况下，也可能成为行政应急措施的实施者。如我国《传染病防治法》第39条对医疗机构发现甲类传染病时应当及时采取的处置措施进行了规定。《海上交通安全法》第36条规定，事故现场附近的船舶、设施，收到求救信号或发现有人遭遇生命危险时，在不严重危及自身安全的情况下，应当尽力救助遇难人员，并迅速向主管机关报告现场情况和本船舶、设施的名称、呼号和位置。

非法定义务主体实施的行政应急措施是指并不负有紧急处置法定职责的社会组

---

[1]　于安："行政机关紧急权力和紧急措施的立法设计"，载《中国司法》2004年第7期。

织和个人实施的紧急处置措施，如各种民间组织和志愿者自愿、主动地参与紧急处置而采取的措施，这类措施主要是救助性、保护性的处置措施。

4. 按照行政应急措施的启动与决定的时间先后，可分为正式应急措施与先行应急措施。正式应急措施是在应急事态得到法定主体的确认并且有关主体作出实施应急措施的决定或命令后才正式启动或实施的。在应急决定或命令之前采取的必要措施是先行应急措施，即有关组织或人员发现危险或应急情况后，根据具体情况采取必要的措施及时制止或防止危险扩大，同时及时报告或通报有关部门。有关应急法律、法规或应急预案一般对先行应急措施都有授权规定。提前采取的先行措施应得到有关部门或主体的事后认可或追认，否则就是违法措施。

5. 按照行政应急措施的具体行为方式，应急措施主要体现为行政强制、行政救助、行政征用、行政指导、行政协助、行政奖励、行政处罚等行政行为。

此外，还可按照行政应急措施的功能和目的，划分为防范性紧急措施、控制性紧急措施和恢复性紧急措施；按照行政应急措施作用的对象分为对人的措施、对物的措施；按照行政应急措施适用对象的特定性，分为针对特定主体的应急措施和对不特定主体的应急措施等。[1]

四、行政应急措施的具体表现形式

本书根据行政应急措施对公民权益的影响，将行政应急措施分为授益性行政应急措施、负担性行政应急措施和限制性行政应急措施三种，并在此基础上进一步分析行政应急措施的具体表现形式。

（一）授益性应急措施

突发公共事件发生后，那些受到此事件损害的公民和组织，需要救助和保护。授益性应急措施，即是行政主体为遭受突发公共事件损害的公民和组织提供帮助和保护的应急措施。

1. 对公民人身的救助。应该强调的是：对公民实施人身救助是在紧急状态下实施救援的重点，优先于对财产的保护。在突发公共事件中，公民的人身安全都会受到不同程度的威胁和影响。行政主体应该采取不同的救助措施，使公民的人身伤害降到最低点。实践中经常采用的具体措施有：

（1）紧急转移、疏散人员。当突发公共事件形成一种紧急状态，可能危及公民的人身安全时，行政主体应该立即组织对那些处于洪水、火灾、疫区、放射区、地震区等灾区的公民予以转移、疏散。如《破坏性地震应急条例》第 19 条规定，在临震应急期，有关地方人民政府应当根据实际情况，向预报区的居民以及其他人员提出避震撤离的劝告；情况紧急时，应当有组织地进行避震疏散。《人民防空法》第五章对于疏散作了专章规定，其中包括：人民防空疏散由县级以上人民政府统一组

---

[1]　赵颖："突发事件应对法治研究"，中国政法大学 2006 年博士学位论文。

织；人民防空疏散必须根据国家发布的命令实施，任何组织不得擅自行动；城市人民防空疏散计划，由县级以上人民政府根据需要组织有关部门制定；预定的疏散地区，在本行政区域内的，由本级人民政府确定；跨越本行政区域的，由上一级人民政府确定；县级以上人民政府应当组织有关部门和单位，做好城市疏散人口安置和物资储运、供应的准备工作；农村人口在有必要疏散时，由当地人民政府按照就近的原则组织实施。

（2）紧急治疗。对有生命健康危险的灾民应该立即给予救治。灾民因受灾而难以支付治疗费用的，行政主体应该安排必要的经费，先予救治。

（3）搜救。在紧急状态中，行政主体应当组织专业人员搜救失踪人员。《海上交通安全法》第 38 条规定，主管机关接到求救报告后，应当立即组织救助，有关单位和在事故现场附近的船舶、设施，必须听从主管机关的统一指挥。为加强地震后的搜救工作，2004 年 10 月，在中国地震灾害紧急救援队的基础上设立了中国地震应急搜救中心，主要负责全国地震应急搜救业务的牵头及技术指导工作，同时负责管理和培训地震现场的工作队伍，研发地震搜救技术。

（4）救灾人员的人身保护。行政主体组织专门人员和公众进行救灾，必须要在保证救灾人员的生命安全的前提下进行，包括给予救援人员相应的防护设备以及采取必要的防护措施。《突发公共卫生事件应急条例》第 9 条规定："县级以上各级人民政府及其卫生行政主管部门，应当对参加突发事件应急处理的医疗卫生人员，给予适当补助和保健津贴；对参加突发事件应急处理作出贡献的人员，给予表彰和奖励；对因参与应急处理工作致病、致残、死亡的人员，按照国家有关规定，给予相应的补助和抚恤。"

2. 对公民财产的保护和物质帮助。在紧急状态下，行政主体依法负有保护公共财产和公民合法财产的责任。在条件允许时，行政主体应采取尽可能减少财产损失的应急措施。同时，行政主体应该向灾民提供必要的物质帮助，保障在紧急状态下公民的基本生活条件。具体措施有：

（1）物资援助。进行抗灾救民时，需要大量的物资。一方面，要求紧急状态地区备有立即能启用的抗灾物资，各级行政机关要建立救灾物资储备管理制度，保证在受灾时有紧急物资可供调用；另一方面，要求国家建立紧急状态物资救助体系，使其能够对那些无法进行自救的受难地区给予及时的援助。《防震减灾法》第 50 条规定，地震灾区的县级以上地方人民政府应当组织民政和其他有关部门和单位，迅速设置避难场所和救济物资供应点，提供救济物品，妥善安排灾民生活，做好灾民的转移和安置工作。

（2）补助抗灾人员。进行抗灾救援时，需要投入大量的人力、物力，尤其是人力资源，仅仅依靠行政机关的工作人员是不够的，需要大量公众参与其中。在紧急状态下，行政机关有权征调人员进行抗灾，救灾人员为了进行救援，必须从事具有一定风险的抗灾活动。行政机关应该给予一定的补助。《传染病防治法》第 64 条规

第
十
一
章

定："对从事传染病预防、医疗、科研、教学、现场处理疫情的人员，以及在生产、工作中接触传染病病原体的其他人员，有关单位应当按照国家规定，采取有效的卫生防护措施和医疗保健措施，并给予适当的津贴。"

对于授益性应急措施，法律严格禁止行政主体行政不作为、不当延迟行为和不公平歧视行为。例如，2011年修订的《突发公共卫生事件应急条例》，对于行政主体不履行法定职责等行政不作为的法律责任作出了比较全面、明确的规定。

（二）负担性应急措施

负担性行政应急措施，是行政主体为克服应急资源的不足而要求公民提供人力、物力、财力支持的行政应急措施。例如，在突发公共卫生事件中征用私有医疗单位、公共场所、私人房屋、运输工具、通信设备等动产与不动产和紧急征调专业技术人员。负担性应急措施中最常见的是征用、征购财产和征用人员。

1. 征用、征购财产。征用、征购财产是负担性应急措施中常用的一种措施。在紧急状态下，为了公共利益需要，行政机关可以按照法定的程序强制征用、征购公民、法人和其他组织的财产，如房屋、土地、厂房设备等。如我国《破坏性地震应急条例》第25条规定："交通、铁路、民航等部门应当尽快恢复被损毁的道路、铁路、水港、空港和有关设施，并优先保证抢险救援人员、物资的运输和灾民的疏散。其他部门有交通运输工具的，应当无条件服从抗震救灾指挥部的征用或者调用。"

2. 征用人员。在紧急状态中，行政主体为了应对紧急事件，往往需要抽调、借调专业技术人员。如发生疫病期间抽调医务人员，公民应当配合相关部门工作并履行相应的义务。《传染病防治法》第45条规定："传染病暴发、流行时，根据传染病疫情控制的需要，国务院有权在全国范围或者跨省、自治区、直辖市范围内，县级以上地方人民政府有权在本行政区域内紧急调集人员或者调用储备物资，临时征用房屋、交通工具以及相关设施、设备。紧急调集人员的，应当按照规定给予合理报酬。临时征用房屋、交通工具以及相关设施、设备的，应当依法给予补偿；能返还的，应当及时返还。"

对于负担性行政应急措施，要求有法律的明确规定或者授权，严格遵守法律规定的征用条件并应当进行补偿。但是在排除危险现场的行政机关工作人员或者法律授权的其他人员可以依法直接决定征用，事后再由有权机关进行追认，特别紧急的情况下可以即时强制征用，事后按照行政权限补办批准手续。

（三）限制性应急措施

限制性行政应急措施，是行政主体限制或者克减宪法和法律规定的公民权利的应急措施。在发生紧急状态时，公民权利需要受到比正常情况下严格的限制。例如，强制治疗、强制隔离等对人身自由的限制；停止和驱散集会等对公民集会权的限制等。主要包括以下类别：

1. 限制人身自由。当发生突发公共安全事件时，行政主体应该采取必要的措施使公民远离危险的区域。而当公民自身是传染源时，行政主体也须采取相应的一些措施将该公民拘束于一定的区域内，防止其将危险传播给他人。此类措施主要有管制、隔离、拘留等。

（1）管制。管制主要可以分为现场管制和交通管制两种措施。现场管制是对发生紧急状态的场所进行特殊的管理，以保护现场的安全和维持现场秩序。交通管制是指因特殊需要，行政机关对于管制地区的交通情况进行严格控制，包括对于交通工具及物品等采取特别管理，以避免危险程度的扩大。《人民警察法》第 17 条第 1 款规定："县级以上人民政府公安机关，经上级公安机关和同级人民政府批准，对严重危害社会治安秩序的突发事件，可以根据情况实行现场管制。"《戒严法》第 31 条规定，在个别县、市的局部范围内突然发生严重骚乱，严重危及国家安全、社会公共安全和人民的生命财产安全，国家没有作出戒严决定时，当地省级人民政府报经国务院批准，可以决定并组织人民警察、人民武装警察实施交通管制和现场管制，限制人员进出管制区域，对进出管制区域人员的证件、车辆、物品进行检查，对参与骚乱的人可以强行予以驱散、强行带离现场、搜查，对组织者和拒不服从的人员可以立即予以拘留。

（2）隔离。隔离是指将传染病病人、病原携带者、疑似传染病病人、物品等可能导致危险扩大的人或者物品隔开，切断危险的传播。《传染病防治法》第 39 条第 1、2 款规定："医疗机构发现甲类传染病时，应当及时采取下列措施：①对病人、病原携带者，予以隔离治疗，隔离期限根据医学检查结果确定；②对疑似病人，确诊前在指定场所单独隔离治疗；③对医疗机构内的病人、病原携带者、疑似病人的密切接触者，在指定场所进行医学观察和采取其他必要的预防措施。拒绝隔离治疗或者隔离期未满擅自脱离隔离治疗的，可以由公安机关协助医疗机构采取强制隔离治疗措施。"需要说明的是：在隔离期间，实施隔离措施的人民政府应当给被隔离人员提供必要的生活保障；被隔离人员有工作单位的，所在单位不得停止支付其隔离期间的工作报酬。

（3）拘留。在紧急情况下，对于那些正在危害社会安全的人可以实施拘留，以阻止其继续危害社会。由于拘留是一种严重限制公民人身自由的措施，因此，行政主体实施拘留的前提是其他强制手段已经不能制止其危害社会的行为。如果使用其他手段可以有效控制危险扩大，则不应采取拘留措施。《人民警察法》第 17 条第 2 款规定，公安机关的人民警察可以采取必要手段强行驱散，并对拒不服从的人员强行带离现场或者立即予以拘留。

2. 限制财产权利。为了保护社会公共利益，紧急状态下行政主体可以采取措施限制公民的财产权利，包括对公民财产的限制、毁损等。

（1）限制财产的使用。此种措施主要是通过行政主体的查封、扣押、冻结等措施，限制那些造成紧急状态的财产继续流通和使用，消除这些财产造成危险的可能性。《传染病防治法》第 55 条规定："县级以上地方人民政府卫生行政部门在履行监督检查职责时，发现被传染病病原体污染的公共饮用水源、食品以及相关物品，如不及时采取控制措施可能导致传染病传播、流行的，可以采取封闭公共饮用水源、封存食品以及相关物品或者暂停销售的临时控制措施，并予以检验或者进行消毒。经检验，属于被污染的食品，应当予以销毁；对未被污染的食品或者经消毒后可以使用的物品，应当解除控制措施。"

（2）销毁财产。行政主体在必要时可以销毁危险物品，对危险状态进行控制。销毁行为不能只是简单地认为是抛弃。由于危险物品的特性不同，行政主体要进行适当的处理。这一措施广泛应用于动植物防疫、检疫、食品卫生等领域。《进出境动植物检疫法》第 17 条规定："输入植物、植物产品和其他检疫物，经检疫发现有植物危险性病、虫、杂草的，由口岸动植物检疫机关签发《检疫处理通知单》，通知货主或者其代理人作除害、退回或者销毁处理。经除害处理合格的，准予进境。"

3. 限制行为的权利。

（1）限制经营活动。如果某一生产经营活动可能会导致危险状态的发生，或者正在导致危险状态的发生，行政主体有权对该活动进行必要的控制。如调查生产经营活动的场所，检查其产品的质量等问题，如果情况严重可以责令其停止生产经营活动。

（2）限制从业。如果公民具有可能导致公共安全受到威胁的因素时，行政主体可以限制其从事某些特定行业。《传染病防治法》第 16 条第 2 款规定："传染病病人、病原携带者和疑似传染病病人，在治愈前或者在排除传染病嫌疑前，不得从事法律、行政法规和国务院卫生行政部门规定禁止从事的易使该传染病扩散的工作。"

对于限制性行政应急措施，要求有法律的明确规定或者授权，行政主体在采取限制性行政应急措施时应注重比例原则，不能滥用其自由裁量权限。

案例 11-2：　　郎某等诉牙克石市动物防疫监督所动物防疫
行政处罚决定案[1]

2003 年 6 月 13 日，郎某、王某由黑龙江省龙江县汽运 6 头牛前往大雁镇屠宰，牙克石市防疫办公室依法对其检查，发现 6 头牛均来自五号病疫区且未办理《出县境动物检疫合格证明》。检疫人员当即向二人讲明了阻止入境的理由和有关法律规定，告知二人必须将牛遣返原产地。二人均不服从。因疫情紧急，依据《内蒙古自治区动物防疫条例》的规定，牙克石市动物防疫监督所作出行政处罚决定，决定对郎某、王某运输的牛紧急屠宰，并处 2000 元罚款，于当天下午向其送达了《行政处罚决定书》。郎某、王某不服，向牙克石市人民法院提起行政诉讼。一审法院判决牙克石市动物防疫监督所对原告 6 头牛的急宰行为合法，判决罚款决定因违反法定程序应予撤销。二审法院维持原判。

本案涉及行政应急措施的合法性和合理性。行政应急行为具有程序的特殊性，

---

〔1〕 案件来源于最高人民法院中国应用法学研究所编：《人民法院案例选（2004 年行政、国家赔偿专辑·总第 50 辑)》，人民法院出版社 2004 年版，第 443 页。

应急状态下行政机关作出行政行为可以不受正常的行政程序的约束。本案中，根据当时疫情防治的具体情形，倘若 6 头牛流入该市，存在引发疫情的极大风险。在原告不愿意返回疫区的情况下，被告作出紧急屠宰的决定并当天将 6 头牛宰杀完毕，在性质上是紧急状态下的一种行政应急措施，是合法的。依据我国《行政处罚法》的规定，行政机关作出较大数额罚款等行政处罚决定之前，应当告知当事人有要求举行听证的权利。本案中，被告于当日作出了对原告罚款 2000 元的决定并即时送达了《行政处罚决定书》，事实上剥夺了原告行使听证的权利。该处罚决定并不是行政应急行为，因其违反法定程序，应予撤销。

第
三
节

拓展阅读书目

1. 马怀德主编：《应急反应的法学思考——"非典"法律问题研究》，中国政法大学出版社 2004 年版。
2. 郭济主编：《政府应急管理实务》，中共中央党校出版社 2004 年版。
3. 韩大元、莫于川主编：《应急法制论》，法律出版社 2005 年版。
4. 莫纪宏、徐高：《紧急状态法学》，中国人民公安大学出版社 1992 年版。
5. 郭济主编：《中央和大城市政府应急机制建设》，中国人民大学出版社 2005 年版。
6. 许文惠、张成福主编：《危机状态下的政府管理》，中国人民大学出版社 2001 年版。
7. 黄俊杰：《法治国家之国家紧急权》，元照出版有限公司 2001 年版。

第 十 二 章

行 政 协 议 [1]

本章提要：

　　本章在对行政协议的发展历史进行梳理的基础上对行政协议进行了重新界定，并详细介绍了行政协议的主要类型和主要内容；然后分别介绍了行政协议的各个环节，包括行政协议的缔结、履行、变更、解除与终止；最后指出了我国现阶段在行政协议制度中存在的问题，并对我国行政协议的发展趋势进行了分析。

第一节　行政协议的历史发展

　　传统意义上的合同主要运用于民事领域，如我国现行《合同法》中规定的"合同"就是指民事领域中的合同。[2] 将合同从民事领域引入行政法范畴，在保留传统核心要素的基础上也移植了新的价值。这一转变是从西方开始的。

一、大陆法系行政协议的发展

　　在大陆法系国家，法律有公法与私法之分；与公私法划分相适应的是法院体系的划分。传统意义上的合同属于私法范畴，因合同而产生的争议由普通法院管辖；行政法属于公法范畴，因行政行为产生的争议由行政法院管辖。因此，在大陆法系国家，合同由私法领域发展到公法领域必须突破法律结构和法律观念的束缚。

　　在大陆法系国家，基本都存在对行政协议由否定转向肯定的过程，而且其转向的原因也是基本相同的。下面以德国为例进行介绍。

---

〔1〕　本章的写作得到了中国政法大学法学院宪法与行政法学硕士研究生高会彬同学的帮助，在此表示感谢。

〔2〕　现行《合同法》于 1999 年 3 月 15 日由第九届人大二次会议通过并于 1999 年 10 月 1 日起实行，其第 2 条第 1 款规定："本法所称合同是平等主体的自然人、法人、其他组织之间设立、变更、终止民事权利义务关系的协议。"

在德国，就逻辑上是否存在"行政协议"这一概念的争议持续了很久。在政府职能仅为守边安民的"夜警国家"里，不仅政府机构数量少，而且政府行使职权的方式也非常单一，即单方性、行政性、命令性的传统管理方式。行政法律关系中，也以命令—服从关系为根本特征。另外，此阶段的行政法基本原则为严格意义上的"依法行政原则"，强调行政主体的行政行为必须有法律的明确规定，"无法律即无行政"；而传统合同理论的根本理念是自由，强调"无法律禁止即自由"。在这种情况下，行政协议这种强调双方性、协商性和选择性的管理方式显然与传统行政法理念格格不入。正是基于传统行政法理念，被尊为行政法之父的德国行政法学者奥托·迈耶（Otto Mayer）坚决"反对国家与公民之间的公法合同，认为在公法领域国家与公民签订合同是不可能的，因为以法律主体对等为前提，而公法却因国家的优越地位而得确定"[1]正是在这个意义上，"行政"与"合同"根本不能合成一词，即"行政协议"本身就是一个逻辑上自相矛盾的概念。[2]在德国，虽然一直有学者主张存在行政协议，但反对行政协议的成立在很长一段时间里一直是主流观点。

在 1945 年之后的德国行政法学界中，行政协议存在论开始成为主流观点，"几乎所有公开发表的有关一般行政法的教科书都——附带性地——认为行政协议是一种可行的行政活动方式"[3] 1958 年出版的三本著作使行政协议最终赢得了行政法学界的认可。这三本著作是伊姆鲍登（Imboden）的《行政法合同》、扎尔茨韦德尔（Salzwedel）的《公法合同的适法性界限》和斯泰恩（Stern）的《论公法合同的理论基础》。

相对于理论的滞后现象，实践中却在很长时间里一直在运用行政协议这一崭新的政府管理方式。为了满足现实需要，在得到理论界肯定之前，行政主体已经在使用行政协议了。司法界关于行政协议的一个重要判决，是联邦行政法院在 1966 年关于建设费用的判决。在该判决中，联邦行政法院抛弃了以奥托·迈耶为代表的主流传统观点，而采纳了福斯多夫的主张："多样性的现代行政活动，在完成国家职能方面不再停留在限于单方面的制定规范和以行政行为方式执行规范，因此不应当继续拒绝协议性的法律行为。"行政协议的运用不仅"动摇了传统的行政方式"，而且具有重要价值："原则上承认公法合同作为行政方式的合法性，将在极高的程度上根本改变在现代法治国家里国家居高临下的优越地位，改变公民以前仅仅作为行政客体的法律地位。"[4]

---

〔1〕［德］哈特穆特·毛雷尔著，高家伟译：《行政法学总论》，法律出版社 2000 年版，第 360 页。

〔2〕瑞士公法学者 Z. Giacometti 在 1960 年出版的著作中，认为行政协议与法治国家的要求不能相容，并视"行政协议"为自相矛盾的概念。转引自吴庚：《行政法之理论与实用》，中国人民大学出版社2005 年版，第 264 页。

〔3〕［德］哈特穆特·毛雷尔著，高家伟译：《行政法学总论》，法律出版社 2000 年版，第 360 页。

〔4〕［德］《联邦行政法院判例集》，第 23 卷，第 212 页。转引自于安编著：《德国行政法》，清华大学出版社 1999 年版，第 135 页。

1976 年的德国《联邦行政程序法》设专章专门规定了行政协议，此法的颁布使行政协议最终得到法律的肯认。此后，学界关注的焦点由行政协议的存废问题转向与之相关的法律的解释和适用问题。

二、英美法系行政协议的发展

在大陆法系国家，合同概念从民事领域引入行政领域需要突破传统合同观念的束缚。与大陆法系国家不同，英美法系国家出现行政协议是件顺其自然的事情，"在理论上对上述问题基本没有疑义，也根本不会提出这样的问题"。[1]

首先，英美法系国家没有公法与私法的划分，所有行为适用相同的法律原则。合同从民事领域引入行政领域只是适用范围的扩展，并不存在法律结构和法律观念的障碍。合同在产生之初并没有限定签订主体必须是民事主体，行政主体为了公共利益的需要，在其权限范围内与行政相对人签订合同，是完全符合合同本初意义的。甚至"普通法或制定法上原本就允许政府拥有缔结契约的权限，比如，英国历来就认为国王缔结契约的权利与私人一样直接源于普通法，被视为固有的，不需要立法授权的权利。"[2] 有行政主体参加的合同与没有行政主体参加的合同，在合同的缔结、履行、变更、解除等方面并没有多大的差别。[3]

其次，法律救济的途径也是相同的。与公私法划分相对应的是法院体系的结构。在英美法系国家，因合同而产生的争议，无论签订者是否包括行政主体，都由普通法院管辖。法院在处理行政主体为一方当事人的合同争议时，与处理平等民事主体之间的合同争议所适用的规则基本相同。

英美法系国家虽然不存在"行政协议"理论，但也从形式角度对合同进行划分，以政府为一方当事人的合同统称为"政府合同"（government contract）或者"采购合同"（procurement contract）。英美法系国家虽然在理论上不存在"行政协议"，但实际操作中还是存在"行政协议"的影子的，例如，在法律救济方面，也并不是对所有的政府合同进行司法审查。在英美法系国家，是否对政府合同进行司法审查，除了"政府为一方当事人"这一形式特点外，还必须考虑合同是否具有关系公共利益的公法因素（public law element）。[4]

无论行政协议的出现是一个自然的过程还是一个思想观念突破的过程，现代国家一般都肯定行政协议成为政府治理的一种重要手段。这一转变其实是在深层次的经济发展背景下完成的。

---

[1] 余凌云：《行政契约论》，中国人民大学出版社 2000 年版，第 5 页。

[2] 余凌云：《行政契约论》，中国人民大学出版社 2000 年版，第 7 页。

[3] 政府合同原则上适用一般合同的法律规则，但因为一方当事人是政府，所以对一般合同的规则做了某些修改，制定了一些特殊法律规则。

[4] 余凌云：《行政契约论》，中国人民大学出版社 2000 年版，第 29 页。

资本主义经济在发展的初期是传统自由经济，此阶段的理论基础是"经济人"假设。首次对"经济人"思想进行了系统论述的是经济学鼻祖亚当·斯密，他在其奠基之作《国民财富的性质和原因的研究》（简称《国富论》）中指出，"经济人"的本性是"利己性"，从事经济活动的动机是为了自己，"我们每天所需的食料和饮料，不是出自屠户、酿酒家或烙面师的恩惠，而是出自他们自利的打算。我们不说唤起他们利他心的话，而说唤起他们利己心的话"。[1]他还提出著名的"看不见的手"的理论，即在市场经济中，有"一只看不见的手"在指导着社会个体通过追求自身的最大利益来最终实现社会利益，"他受一只看不见的手的指导，去尽力达到一个并非他本意想要达到的目的。也并不因为非出于本意，就对社会有害。他追求自己的利益，往往使他能比在真正出于本意的情况下更有效地促进社会的利益"。[2]经济学的理论决定着政府的职能和机构设置，在此理论框架下，政府的身份是管理者，"最好的政府就是最小的政府"，政府的职能仅限于守边安民，政府机构仅限于军队、警察局等。此阶段中的行政主体与行政相对人的关系，权力性特征特别明显，与此相对应，行政主体行使权力的方式也强调单方性、命令性和强制性。

19世纪末20世纪初，西方主要资本主义国家的经济由自由竞争阶段发展到垄断阶段。在此阶段，公民的需求逐渐增多，社会矛盾也日益显现，特别是经济危机的屡次发生使整个社会处于混乱状态，这些都需要政府进行处理。政府也由奉行不干预主义的政策转变为积极干预政策，20世纪30年代美国"罗斯福新政"和"凯恩斯主义"的盛行正是这一转变的典型反映。虽然70年代经济滞涨出现后，经济学开始主张新自由主义并且出现了席卷全球的私有化浪潮，[3]但此时政府的身份已转变为管理者和服务者、政府职能转变为社会管理和公共服务。社会管理职能的实现仍然可以沿用传统行政手段，但大量出现的公共服务职能一方面使政府无暇顾及，另一方面，政府亲力亲为也是不经济的，因此，非权力行政开始出现，行政协议逐渐得到实践的认可。另外，随着行政事务复杂性趋势的加剧，行政协议的形式也越来越多。例如，各地政府面临的重大行政事务具有同一性或关联性，其处理解决需要多个政府的通力合作，政府之间可以就该项行政事务达成合作协定，即行政协定。

三、我国行政协议的发展

虽然行政协议在我国也得到了肯认，但其发展路径与西方主要国家行政协议的发展路径截然相反。

〔1〕　［英］亚当·斯密著，郭大力、王亚南译：《国民财富的性质和原因的研究（上卷）》，商务印书馆1974年版，第14页。
〔2〕　［英］亚当·斯密著，郭大力、王亚南译：《国民财富的性质和原因的研究（下卷）》，商务印书馆1974年版，第27页。
〔3〕　［美］丹尼尔·耶金、约瑟夫·斯坦尼斯罗著，段宏、邢玉春、赵青海译：《制高点：重建现代世界的政府与市场之争》，外文出版社2000年版。

第十二章

　　我国行政协议的发展始于改革开放。改革开放的本质内涵就是经济体制的改革，而经济体制改革又决定着政府职能的转变。可以说，我国经济体制改革是一个政府由"全能型政府"向"有限型政府"转变的过程，通过确立市场经济制度以及政企分开、政事分开、政社分开等措施，由高度集中的无所不包的计划经济最终转变为"宏观调控、市场监管、社会管理、公共服务"的政府职能。政府职能的转变又决定着政府管理方式的转变，行政协议的运用正适应了这个转变的需要。尤其是2014年后，PPP模式的推广。

　　我国的改革开放起源于农村的家庭联产承包责任制。在改革之前，农民没有自己的决定权，农业生产是在执行上级的行政命令，是一种命令—服从模式。经济体制改革的核心就是要赋予公民在经济方面的自主权。根据我国的土地所有制，农村土地属于集体所有，为了实现农民经济方面的自主权，首先通过行政协议性质的农村土地承包合同把土地使用权出租给农民。在"交够国家的，留够集体的，剩下的都是自己的"政策的鼓励下，农民的积极性被调动起来。为了适应进一步改革开放的需要，1985年1月1日中共中央、国务院《关于进一步活跃农村经济十项政策》规定"粮食、棉花取消统购，改为合同定购"。农村土地承包合同、粮食定购合同等行政协议的运用，使农业领域实现了从高度集中的计划经济向市场经济的转变。

　　我国整个改革开放的过程实际上就是一个把"承包制"从农村拓展到城市的过程。为了提高企业的自主性，政府对国有企业的管理从直接行政命令方式转变为间接监督管理方式。为了实现1987年党的十三大提出的"无论实行哪种经营责任制，都要用法律手段，以契约形式确定国家与企业、企业所有者与企业经营者之间的权利关系"，1988年国务院陆续发布了《全民所有制工业企业承包经营责任制暂行条例》和《全民所有制小型工业企业租赁经营暂行条例》，以规范国有企业的承包租赁合同。此后，行政协议的适用范围逐渐扩展到国有土地使用权出让、公共工程承包、政府采购、BOT特许经营、科学研究以及行政协定、行政委托等领域。其中，1990年国务院颁布的《城镇国有土地使用权出让和转让暂行条例》明确规定了行政主体在合同中的制裁权、解除权等行政协议所特有的规则，其规定是当时"最为符合或接近行政协议的"[1]。而1995年1月16日，中国当时的对外贸易经济合作部发布了《关于以BOT方式吸引外商投资有关问题的通知》，目的是"规范此类项目的招商和审批"。这一政策文件，虽然在规范形式和具体内容上都相当简陋，例如对投资企业的选择实行审批而不是竞争，但起到了政策的开拓性作用，并且为后来的规范制定提供了基础。而行政协定和行政委托等行政主体之间的行政协议是在现代社会行政事务复杂化的情况下，政府合作处理公共事务中出现的行政协议的新形式。

---

〔1〕　张树义：《行政合同》，中国政法大学出版社1994年版，第5页。

四、行政协议的积极价值

行政协议的出现和广泛运用，是多因素共同作用的结果，既包括社会发展带来的政府职能扩张、行政协议自身的优点，又包括民主观念等思想观念的影响。同样，行政协议的运用也产生了诸多积极的价值。

1. 提高了行政相对人的主体地位。传统政府治理模式中，行政主体与行政相对人之间是命令—服从关系，二者之间的法律地位是不平等的。行政主体作为社会管理者居于主导者地位，拥有指挥、命令的绝对权力；而行政相对人则处于被动地位，毫无选择的自由，只有服从的义务。行政协议这种现代政府治理方式，是建立在双方地位平等的基础之上的，必须尊重行政相对人的意愿，与行政相对人协商一致后才能执行，行政相对人拥有是否缔结合同的选择权。当然，正如行政诉讼中行政主体和行政相对人在法律面前地位平等并不意味着双方拥有对等的权利义务一样，行政协议中的行政主体和行政相对人法律地位平等也不意味着二者的权利义务完全对等。为了保证公共利益的顺利实现，行政协议赋予了行政主体某些特权，如监督指挥权、单方变更权、单方解除权、制裁权等。当然，为了防止行政主体特权的滥用和保障行政相对人的合法权益，行政相对人享有因特权行为而遭受损失之后得到补偿的权利。

2. 体现了民主的精神。在现代国家，民主是政治制度建构的基础，是指人们通过选举组成代议机关决定国家的重大问题，没有人民的同意，任何国家权力的行使都是不合法的。民主的内涵不是一成不变的，随着社会的发展，民主的作用范围已经不仅限于立法和政治事务的决策过程，而且扩展到了行政领域。在行政内部，行政决策的过程要民主；在行政外部，行政主体对社会事务的管理也要民主。讲求行政主体与行政相对人平等协商的行政协议正好体现了行政中的外部民主。传统政府治理方式中，不管是否符合行政相对人的自身利益，行政相对人必须执行。行政协议中的行政主体没有命令权，只有征得行政相对人的同意才能执行。这就一方面为行政相对人的利益表达提供了渠道，另一方面使行政主体在作出决策时更多地考虑行政相对人的利益，以求得双方合意的最终达成。可以说，"行政协议的签订过程即是一种民主的过程，被管理者的利益和要求在行政协议中得到了充分的体现"。[1]

3. 有利于行政职能的顺利实现。与强调行政命令强制执行的传统行政管理手段不同，行政协议建立在行政主体与行政相对人之间意思表示一致的基础之上。行政协议的签订过程就是一个讨论协商的过程，行政相对人的意见可以得到比较充分的表达，而为了能够达成协议，行政主体也会认真考虑行政相对人的意见。行政协议使社会各个方面的利益得到了兼顾，改变了行政相对人的抵触心态，调动了行政相对人的积极性、主动性和创造性，有利于行政职能得到顺利实现。另外，随着社会

---

〔1〕　张树义：《行政合同》，中国政法大学出版社1994年版，第14～15页。

的发展，环境治理、传染病防治、跨区域资源的开发和利用等行政职能的实现已经不是单个行政主体力所能及的了，因此，相关行政主体之间通力合作，运用行政协议的方式把各方的权利义务规定下来，有利于共同行政事务的顺利实现。

4. 拓展了行政法学研究的范畴。传统行政法学仅仅以行政处罚、行政强制、行政许可等权力性行政行为为研究对象。随着公共服务成为政府职能的组成部分和现代行政事务的复杂化，传统行政行为已经不能满足现实的需要，行政协议、行政指导等非权力性行为开始出现并得到广泛运用。随之，行政法学的研究视野也从权力性行政行为拓展到了非权力性行政行为。与此相适应的是，行政法学理论也由"公共权力说"转向"公共事务说"。

第二节　行政协议的界定

由上述可知，大陆法系国家和英美法系国家关于行政协议的定义有很大区别。即使同属大陆法系的国家，由于不同的文化背景、经济环境和法学理论研究水平，行政协议的概念也众说纷纭，对行政协议的理解可谓"仁者见仁，智者见智"。本部分主要论述我国的行政协议理论，偶尔也会涉及国外的行政协议理论。

一、行政协议的界定

对行政协议的范围界定是建构行政协议纠纷解决机制的前提。尽管法律和法规尚未明确接受和使用"行政协议"这个概念，但行政协议的概念及存在受到行政法学界的普遍认同，对行政协议的范围界定的讨论主要集中在行政协议的识别标准及合同主体的构成上。我国行政协议的发展历史虽然不长，但关于行政协议界定的争论却不少。

总体而言，我国学者对行政协议的定义多采用"主体兼目的说"。根据范围的大小，可以把行政协议区分为狭义行政协议和广义行政协议。狭义论者认为，只有行政主体与行政相对人签订的协议才是行政协议，例如，行政协议是"指行政机关以实施行政管理为目的，与被管理方的公民、法人或者其他组织意思表示一致而签订的协议"；[1]"所谓行政合同就是行政主体以执行公务为目的，与相对人之间确定权利义务关系的协议，它适用不同于一般合同的某些特殊规则"。[2] 而广义论者认为，行政主体既可以与其他行政主体也可以与行政相对人签订行政协议，例如，"所谓行政契约就是指以行政主体为一方当事人的发生、变更或消灭行政法律关系的合意"。[3]

〔1〕 应松年主编：《行政法学新论》，中国方正出版社2004年版，第241页。

〔2〕 张树义：《行政合同》，中国政法大学出版社1994年版，第87页。

〔3〕 余凌云：《行政契约论》，中国人民大学出版社2000年版，第40页。

行政主体与行政相对人之间可以签订行政协议是学术界的共识。下面我们来分析"行政主体之间"签订的合同到底应该如何定位。

狭义论者认为，行政主体之间签订的合同与行政主体和行政相对人之间签订的合同有重大的区别，应将其排斥在行政协议的范畴之外，并且，为区别起见，"称作行政协议，不适用行政协议的理论和原则"，而且"理由很简单：这种合同，无法适用行政优益权原则，而且这种不涉及相对人的纯粹行政事项内容的合同，也不宜由人民法院主管"[1]。而广义论者认为，行政协议并不排斥行政主体之间的合同。一方面，"行政优益权只是行政契约作为实现行政目的的行政手段所派生的内容，不能反过来以此为识别行政契约的标准"；另一方面，"以行政机关间缔结契约属行政内部事务而排斥法院的司法审查这种观念显然是落伍的"，更"不能用现行的行政审判制度来限制我们对行政契约范畴的思考"[2]。

二者相比，我们倾向于广义论者的观点。我们认为，行政协议是实现行政目的、履行行政职能的一种新型方式，其本质特征在于双方就行政事务的执行达成合意，而"合意"是合同的根本特征，"行政事务"则是行政协议区别于民事合同的根本原因所在。在我国，行政协议的确起源于行政主体和行政相对人之间就行政事务签订的合同，但我们应当用发展的眼光来观察和界定行政协议，不能因此把行政协议的主体仅仅局限于行政主体和行政相对人。而且，就世界范围来说，行政主体之间存在行政协议已经得到了行政法理论和实践的肯定，例如，"德国行政法理论上就肯定行政机关之间可以缔结行政对等契约，日本公共团体间以行政契约方式达成行政目标的事例亦屡见不鲜"[3]。

另外，关于行政协议的概念还可以进行动态和静态的区分。我国行政法学界关于行政协议的概念中，绝大多数最终定位于"协议""合意""合同"等静态概念，例如，"行政协议，也叫行政契约，指行政主体为了实现行政管理目标，与相对人之间经过协商一致所达成的协议"[4]"行政协议，也称行政契约，是指行政主体以实现行政管理为目的，与行政相对人就有关事项经协商一致而达成的协议。"[5] 而实际上，行政协议还是行政主体行使行政职权的一种具体行政行为，是行政主体和行政相对人之间一系列行为的集合，这些行为包括合同签订前磋商、签订、履行、变更、解除、终止等。

综上，可以从两个角度理解行政协议的概念，即静态意义上和动态意义上，静态意义上的行政协议是一个文本，动态意义上的行政协议是一个行政行为。因此，

〔1〕　刘莘："行政合同刍议"，载《中国法学》1995 年第 5 期。

〔2〕　余凌云：《行政契约论》，中国人民大学出版社 2000 年版，第 32 页。

〔3〕　余凌云：《行政契约论》，中国人民大学出版社 2000 年版，第 32 页。

〔4〕　张树义：《行政法与行政诉讼法学》，高等教育出版社 2002 年版，第 122 页。

〔5〕　姜明安主编：《行政法与行政诉讼法》，北京大学出版社、高等教育出版社 2005 年版，第 347 页。

第二节

在借鉴各家观点的基础上，我们认为，文本意义上的行政协议是指行政主体为了执行公务，与另一方当事人（既可以是行政相对人，也可以是行政主体）在协商一致的基础上确定权利义务的协议；本质意义上的行政协议是指行政主体为了执行公务，与另一方当事人在协商一致的基础上发生、变更或消灭行政法律关系的具体行政行为。

二、行政协议的特点

根据以上关于行政协议的定义，我们认为行政协议具有以下几个特点：

1. 行政协议的一方当事人必须是行政主体。这里有三个问题需要注意：①在行政机关身份多元化的现代社会，行政许可、行政强制、行政处罚等行为都有"行政"二字，本质上并不是指与"行政机关"有关，而是指与"行政主体""公共利益"有关。所以，并不是有行政机关参加的合同都是行政协议，只有那些行政机关以"行政主体"身份参加的合同才是行政协议。②如前所述，我们认为可将行政主体界定为在行政法上具有独立行政利益，享有权利（权力）、承担义务，并负担其行为责任的组织体或该类组织体的代理主体，并按照行政主体是否具有独立的利益，可把行政主体分为利益行政主体和代理行政主体。[1] 这里的行政主体既包括利益行政主体，也包括代理行政主体，而在实践中存在的行政协议中，其行政主体基本上是代理行政主体。③当另一方当事人是行政相对人时，行政相对人既包括普通的公民、法人或者其他组织，也包括代理行政主体中虽然享有国家职权，在某些情况下可以成为对外实施行政管理权的主体，但在行政协议法律关系中却成为被管理对象的行政机关和其他组织，例如，公安局在申请办公楼建设中与建设局的法律关系。

2. 行政主体签订合同的目的是执行公务。公务即公共利益的需要，其内涵不是一成不变的，例如，在高度集中的计划经济条件下，农民的农业生产活动也可以被称为公务，而在市场经济条件下无论如何也不能再称其为公务了。"执行公务具有广泛的涵义。有的合同是直接执行公务，有的合同是帮助执行公务，不能认为，一切和执行公务有关的合同就是行政合同。"[2] 行政协议中的执行公务仅指因直接执行公务而产生的合同。我们可以借鉴法国行政法在这方面的理论标准。在法国没有法律明确规定识别行政协议的标准，其理论标准是由行政法院的判例提出的。"直接执行公务的合同发生在两种情况下：合同的当事人直接参加公务的执行，或者合同本身构成执行公务的一种方式。"[3] 例如，国有森林管理机关与相对人签订合同，委托其培育森林，或者国立高校聘请教师就属于行政相对人直接参加公务的情况；而

---

[1]　参见本书第三章"行政主体与行政组织法"的内容。

[2]　张树义：《行政合同》，中国政法大学出版社1994年版，第82页。

[3]　王名扬：《法国行政法》，中国政法大学出版社1988年版，第187页。

国有森林管理机关向当事人购买树苗或者国立高校聘请勤杂工不属于相对人直接参加公务的情况。关于合同本身构成执行公务的方式，有的合同不管其内容是否规定当事人有执行公务的义务，签订合同本身就是在直接执行公务，例如，北京市政府为了改善城区环境、解决水资源缺乏等问题，与首钢签订搬迁合同。

3. 行政协议建立在双方意思表示一致的基础之上。在行政主体和行政相对人签订的行政协议中，行政主体签订合同是为了公共利益，而行政相对人签订合同的目的在所不论。但在绝大多数的情况下，行政相对人的目的是自身的经济利益而非公共利益。正如追求各自利益的民事主体双方可以达成合意一样，追求公共利益的行政主体和追求私人利益的行政相对人同样可以达成意思表示一致。这里的"意思表示一致"包括两个方面：一是自由选择对方的一致；二是对合同条款认识的一致。合同条款分为两种：合同明示条款和合同隐含条款（指行政主体的"行政优益权"）。对于行政协议隐含条款如何达成一致，不同的国家的处理方式不同，有的国家规定只执行合同的明示条款，而有的国家规定无需合同明确规定，行政机关当然享有行政优益权。但这种相反的利益追求并不影响行政协议所追求的公共利益的实现，因为行政主体的"行政优益权"已经保证了行政相对人是在符合公共利益的前提条件下追求私人利益。在行政主体之间签订的行政协议中，行政主体之间一般没有管理与被管理的关系，只是因为共同的行政事务使二者走到一起，行政主体之间的行政协议是在意思表示一致的基础之上签订的。

4. 行政协议适用某些不同于民事合同的特殊规则。在行政主体和行政相对人签订的行政协议中，为了保证公共利益的实现，行政机关在行政协议的执行过程中享有某些特权，如监督指挥权、单方变更权、单方解除权、制裁权等。当然，为了防止行政主体特权的滥用和保障行政相对人的合法权益，行政相对人也得到了特权行为的补偿权。此方面的内容将在本章行政协议的内容一节详细论述。行政主体之间的行政协议是实践中发展起来的新型行政协议，我国现有法律对其规定很少，但理论上它有不同于民事合同的特殊规则，例如，当双方出现纠纷时，应当首选由上级主管部门协调解决。

5. 行政协议是由行政主体一方首先发动的。行政协议是行政主体执行公务行使职权的方式之一。行政主体根据法律的明确规定在其职权范围之内根据行政事务的性质决定运用行政协议的方式进行行政管理。行政相对人只是在行政主体发出签订行政协议的意思表示之后才参加到行政协议之中的。行政主体是行政协议的首先发动者。

第三节　行政协议的主要类型

行政协议的种类与行政协议的分类不同。行政协议的分类是指将行政协议按照一定的标准进行类别化的研究，例如，根据行政关系的范围不同，将行政协议分为内部合同和外部合同。相比之下，行政协议的种类强调从实际情况出发，是以行政协议的内容及其相应的名称为区分的，例如，企业承包租赁合同是以企业承包租赁为内容和名称的合同。行政协议的应用范围非常广，从分类上来看，可划分为土地使用权出让、企业承包、公共工程建设、政府采购、科学研究、人事聘任、计划生育、环境保护与治理以及行政协定、行政委托等领域。从种类上来看，包括：政府特许经营合同、公共工程承包合同、土地承包合同、国有土地出让合同、政府采购合同、公有房屋租赁合同、行政征收或征用补偿合同、公务员聘任合同、政策信贷合同、环境保护行政协议、政府科研合同、教育行政协议（例如学生委托培养合同）、计划生育合同、治安处罚担保协议、公务委托合同、行政执法和解合同、执法目标责任书、消防安全责任书等。在实践中，尤其在城乡基础设施、公用设施建设等公共项目建设或服务合同方面政府创新了诸多新机制，如 BT（building - transfer）、BOT（build - operate - transfer）、BOO（build - own - operate）、BOOT（build - own - operate - transfer）、BLT（build - lease - transfer）、BTO（build - transfer - operate）、ROT（rehabilitate - operate - transfer）、DBFO（design - build - finance - operate）、BOOST（build - own - operate - subsidy - transfer）、ROMT（rehabilitate - operate - maintain - transfer）、ROO（rehabilitate - own - operate）等多种模式，一些地方政府利用这些模式很好地解决了公共工程建设或公共服务的投资融资问题和管理问题。

一、外国行政协议的主要类型

如前所述，大陆法系国家存在行政协议的概念，相应的也有行政协议的类型化研究，而在英美法系国家，根本不存在严格意义上的行政协议，更不会有行政协议的类型化研究。

在德国，根据《联邦行政程序法》第54条第1款的规定，行政协议是指设立、变更和终止公法上的法律关系的合同。根据不同的标准，可以进行不同的分类。以签订合同的当事人之间的关系为标准，可以将行政协议分为对等权合同和主从权合同。对等权合同是指原则上地位相同的合同当事人之间，特别是具有权利能力的行政主体之间所签订的合同，其针对不能通过行政行为处理的法律关系，例如，两个乡镇之间有关界河养护的协议；主从权合同是指具有命令服从关系的当事人之间，即行政机关为一方与公民或者其他位于行政之下的法人为另一方签订的合同。

以处理客体为标准，可以将行政协议分为义务合同和处置合同。义务合同是指确定一方或者双方当事人的给付义务，另一方当事人享有履行相应给付义务请求权的合同。处置合同是指在履行合同义务、法定义务或者具有其他根据的义务时，直接引起权利变更的合同。

《联邦行政程序法》还规定了两种特殊的合同类型：和解合同和双务合同。和解合同是指通过相互让步来消除合理判断中的事实或者法律问题的不确定状态的合同。双务合同是指设定对等义务的合同，其适用的条件是：①符合特定的目的；②为了执行公共任务；③适当；④与合同中的给付具有客观的联系。[1]

在日本，行政协议的界定有一个发展的过程。在 20 世纪 70 年代，通说认为，行政协议是指以公法上的效果发生为目的的，由复数的对等当事人之间的相反方向意思的一致而成立的公法行为。而最近，日本学者一般将作为实现行政目的的手段而缔结的合同，一概称为行政协议。

日本学界传统上把行政协议分为行政主体相互间的合同、行政主体与私人之间的合同、私人之间的合同三种。这种分类方法具有内在逻辑上的缺陷，受到了批判。新的分类方法把行政协议区分为行政主体相互间的合同、行政主体和行政相对人之间的合同两种。前者最典型的例子是事务的委托；后者包括提供行政服务的合同，政府合同、公务员雇佣合同等为筹措行政手段的合同，财产管理的合同，作为规制行政手段的合同等。[2]

二、我国行政协议的类型

下面我们将主要对我国现实中存在的国有土地使用权出让合同、农村土地承包合同、全民所有制工业企业承包合同、全民所有制小型工业企业租赁经营合同、粮食订购合同、科研合同、公共基础设施特许经营合同、政府采购合同以及行政协定进行介绍。

（一）国有土地使用权出让合同

根据《城镇国有土地使用权出让和转让暂行条例》第 8 条第 1 款的规定，国有土地使用权出让是指"国家以土地所有者的身份将土地使用权在一定年限内让与土地使用者，并由土地使用者向国家支付土地使用权出让金的行为"。因该行为而签订的合同即为国有土地使用权出让合同。国有土地使用权出让合同，由市、县人民政府土地管理部门代表国家与行政相对人签订。

自中华人民共和国成立以来，我国的土地管理经历了从无偿、无期限、无流动的土地管理制度转变为有偿、有期限、可流动的土地管理制度的过程。在高度集中的计划经济条件下，土地由国家无偿划拨给用地单位无期限使用。随着改革开放国策的提出和经济体制改革的深入，作为重要生产资料的土地使用权不能流通，阻碍了主体之间的平等竞争，国有土地管理制度成为影响市场经济建立的重要因素。基于此，我国开始对僵化的国有土地管理制度进行一系列的改革。1979 年出台的《中外合资经营企业法》（后于 1990 年、2001 年、2016 年 3 次修正）和 1980 年国务院出台的《关于中外合营企业建设用地的暂行规定》明确规定，对中外合资企业建设用地实行有偿使用。国有土地有偿出让率先在深圳实行。1988 年 1 月 3 日，深圳市人民代表大会常务委员会公布《深圳经济特区土地管理条例》，该条例第 2 条第 1 款

---

〔1〕 ［德］哈特穆特·毛雷尔著，高家伟译：《行政法学总论》，法律出版社 2000 年版，第 348 ~ 357 页。
〔2〕 杨建顺：《日本行政法通论》，中国法制出版社 1998 年版，第 508 ~ 511 页。

明确规定："特区国有土地实行有偿使用和有偿转让制度。"同年 3 月 22 日，上海市首次采用国际招标方式转让土地使用权。1988 年 4 月 2 日，第七届全国人大一次会议通过的《宪法修正案》，增加了"土地的使用权可以依照法律的规定转让"的规定，使国有土地使用权出让行为有了宪法依据。此后，国务院于 1990 年 5 月 19 日公布《城镇国有土地使用权出让和转让暂行条例》，其第 2 条规定，"国家按照所有权与使用权分离的原则，实行城镇国有土地使用权出让、转让制度"，第 8 条第 2 款对出让形式作出了规定，即"土地使用权出让应当签订出让合同"。1994 年 7 月 5 日通过并于 1995 年 1 月 1 日开始施行的《城市房地产管理法》（后于 2007 年、2009 年两次修正）重申了实行有偿、有期限的国有土地使用权出让制度，并对涉及土地使用权出让合同的有关问题作出了规定。自此，我国形成了比较完善的国有土地使用权有偿出让方面的法律规定。

国有土地使用权出让合同是一种比较典型的行政协议，行政协议的各个特征在国有土地使用权出让合同中都有非常明显的体现。以《城镇国有土地使用权出让和转让暂行条例》加以说明，第 11 条的规定"土地使用权出让合同应当按照平等、自愿、有偿的原则，由市、县人民政府土地管理部门与土地使用者签订"，表明合同的一方当事人是行政主体；其第 1 条规定，"为了改革城镇国有土地使用制度，合理开发、利用、经营土地，加强土地管理，促进城市建设和经济发展，制定本条例"，表明合同的目的是执行国有土地管理方面的公务；其第 6 条关于监督指挥权的规定、第 42 条关于行政主体单方解除权的规定以及第 17 条关于制裁权的规定，都体现了行政协议适用不同于民事合同的规则。

根据《城镇国有土地使用权出让和转让暂行条例》第 13 条的规定，国有土地使用权出让合同的缔结方式有三种：协议、招标和拍卖，并授权省级人民政府制定出让土地使用权的具体程序和步骤。

（二）农村土地承包合同

农村土地承包合同是我国的行政协议形式。我国关于农村土地承包合同的法律规定比较滞后，2003 年之前主要依靠政策来进行管理。例如，国务院 1992 年 52 号文件，国务院批准了农业部关于加强农业承包合同管理的意见，要求加强农业承包合同的立法工作；1993 年中共中央、国务院发布《关于当前农业和农村经济发展的若干政策措施》，实行将到期的土地承包合同的土地承包期再延长 30 年的政策；1995 年国务院 7 号文件，批准了农业部关于稳定和完善土地承包关系的意见，要求做好农村土地承包合同的管理工作。1998 年第二次修订的《土地管理法》第 14 条第 1 款规定："农民集体所有的土地由本集体经济组织的成员承包经营，从事种植业、林业、畜牧业、渔业生产。土地承包经营期限为 30 年。发包方和承包方应当订立承包合同，约定双方的权利和义务。……"第 15 条第 1 款规定："……农民集体所有的土地，可以由本集体经济组织以外的单位或者个人承包经营，从事种植业、林业、畜牧业、渔业生产。发包方和承包方应当订立承包合同，约定双方的权利和义务。……"该法只提到了农村土地承包合同，但未对其进行详细规定。2002年8月29日通过并于2003年3月1日起施行的《农村土地承包法》，对农村土地承包合同等问题进行了比较全面的规定，至此，我国农村土地承包合同有了比较完善的法律规定。

根据《农村土地承包法》及关于农村土地承包合同的其他规定，农村土地承包合同具有以下几方面的特征：①合同的一方当事人是乡镇人民政府或者代表乡镇人民政府的基层自治组织，另一方当事人是农户；②调动农民的积极性、充分利用土地以增加粮食生产，最终稳定我国粮食供应；③改变以前通过行政命令管理农业生产的方式，以合同方式确定双方当事人之间的权利义务关系。

我国《农村土地承包法》关于农村土地承包合同的规定，在一定程度上体现了行政协议的性质，例如，《农村土地承包法》第13条关于监督权、指挥权的规定："发包方享有下列权利：①发包本集体所有的或者国家所有依法由本集体使用的农村土地；②监督承包方依照承包合同约定的用途合理利用和保护土地；③制止承包方损害承包地和农业资源的行为；④法律、行政法规规定的其他权利。"但总体而言，现有规定中行政协议特征体现的还不是非常明显，例如，并没有规定单方解除权、制裁权方面的规定。

根据《农村土地承包法》第44条的规定，在特殊情况下，农村土地承包权还可以通过招标、拍卖、公开协商等方式取得，但无论采用何种方式，都应当签订农村土地承包合同。

（三）全民所有制工业企业承包合同

全民所有制工业企业承包合同是指以人民政府指定的有关部门为行政主体，实行承包经营的企业为行政相对人，双方在协商一致的基础上签订的确定关于全民所有制工业企业经营管理中权利义务的协议。为了规范全民所有制工业企业承包经营中的问题，国务院于1988年2月27日发布《全民所有制工业企业承包经营责任制暂行条例》（后于1990年、2011年两次修订），并于同年3月1日起正式施行。[1]

全民所有制工业企业承包合同是一种比较典型的行政协议，《全民所有制工业企业承包经营责任制暂行条例》的规定也反映了行政协议的诸多特点：①合同的一方当事人是行政主体。该条例第14条规定："实行承包经营责任制，必须由企业经营者代表承包方同发包方订立承包经营合同。发包方为人民政府指定的有关部门，承包方为实行承包经营的企业。"②合同的目的是实现公共利益。该条例第3条规定："实行承包经营责任制，必须兼顾国家、企业、经营者和生产者利益，调动企业经营者和生产者积极性，挖掘企业内部潜力，确保上交国家利润，增强企业自我发展能力，逐步改善职工生活。"③行政主体在合同中享有诸多特权，例如，该条例第22条第1款关于监督指挥权的规定，第25条关于制裁措施的规定等。④规定了其他不

---

[1]　1990年2月24日，国务院发布第49号令对《全民所有制工业企业承包经营责任制暂行条例》的第21条进行了修订。

第三节

同于民事合同的内容，例如，该条例第22条第2款规定："发包方应当按承包经营合同规定维护承包方和企业经营者的合法权益，并在职责范围内帮助协调解决承包方生产经营中的困难。"

（四）全民所有制小型工业企业租赁经营合同

全民所有制小型工业企业租赁经营合同是指全民所有制小型工业企业根据国家的授权作为出租方，在不改变企业的全民所有制性质的条件下，把自身一定期限内的经营权出租给他方，承租方向出租方交付租金并依照规定对企业实行自主经营的协议。为了规范全民所有制小型工业企业租赁经营中的问题，国务院于1988年6月5日公布《全民所有制小型工业企业租赁经营暂行条例》，此条例于1988年7月1日起正式施行。

全民所有制小型工业企业租赁经营合同也是一种比较典型的行政协议，《全民所有制小型工业企业租赁经营暂行条例》中的规定也体现了行政协议的诸多特点：①合同的一方当事人是行政主体。该条例第6条规定："国家授权企业所在地方人民政府委托的部门为出租方，代表国家行使企业的出租权。"②合同的目的是实现公共利益。该条例第1条规定："为完善企业租赁经营，增强企业活力，提高经济效益，制定本条例。"③适用不同于民事合同的特殊规则。该条例第23条规定了行政主体的监督指挥权："出租方的权利：①监督承租方遵守国家方针政策、法律法规，完成国家下达的计划；②监督租赁企业的财产不受损害；③收取承租方按照合同规定交付的租金。"

（五）粮食订购合同

粮食订购合同是指各级人民政府及其主管部门为了保证国民经济对粮食的需求，而与农民签订的关于粮食的种植和订购的协议。为了保证粮食订购合同的顺利履行，行政主体为粮食种植者提供优惠的农业生产资料并保证收购，行政相对人向行政主体提供生产的粮食，并取得相应的报酬。

粮食订购合同是农村土地承包合同后，农业生产领域出现的又一行政协议种类。粮食订购合同改变了以前农业生产领域的命令方式，以合同的形式确定双方的权利义务关系，极大地调动了农民的种粮的积极性，保证了我国国民经济的发展。但粮食订购合同在实际的运作中，主要还存在着两方面的问题：①行政主体提供的优惠的农业生产资料没有完全得到落实；②行政相对人的报酬不能得到完全保证，部分地方出现"打白条"的现象。

（六）科研合同

科研合同是行政协议在科技领域的运用，指行政主体与科研机构之间达成的，科研机构按照一定的要求完成技术开发项目，行政主体为其提供科研经费的协议。科研合同与民法中的技术开发合同、技术服务合同有所不同。科研合同是行政主体为了公共利益的需要，提出一定的科研计划，例如，美国政府牵头提出的星球大战计划，通过招标或直接磋商等形式与行政相对人订立科研开发合同。我国也存在大量的科研合同，为了加强科技经费的宏观管理，合理和有效地使用科技拨款，推动科学技术工作面向经济建设，搞好科学研究的纵深配置，保证国家科学技术规划的实施，国务院于1986年1月23日发布了《关于科学技术拨款管理的暂行规定》。根据此规定，国家对国家重大科技项目普遍实行合同制，由主持项目的部门或省、自治区、直辖市会同国家有关部门向全国招标。

（七）BOT等公共基础设施特许经营合同

1997年世界银行的一项发展报告中把公共基础设施建设列为每一个政府的五项基础职能之一。[1] 随着经济的发展和社会的进步，人们对公共基础设施的需求逐渐增大。在我国，公共基础设施建设滞后，近年来虽有较大进展，但仍不能满足经济和社会发展的要求。政府对公共基础设施所能提供的财政支持，相对于其强大需求而言只是杯水车薪，因而，解决公共基础设施在投融资方面的困难成为当前城市建设的燃眉之急。

传统上基础设施建设由国家垄断，对基础设施投融资的民营化改革是西方国家20世纪70年代以后开始的。国家垄断公共基础设施的传统模式带来种种弊端，如财政支出局限、投资手段僵硬、缺乏竞争机制，尤其是无法充分利用社会资源和技术，这些弊端要求政府必须对公共基础设施的提供方式做出积极调整。其结果导致了西方国家意义深远的公共行政改革，改革的基本思路是公共行政的企业化和市场化，具体到公共基础设施建设上，就是公共基础设施投融资方式的民营化，建立了一套公私合融的特许经营制度。公共基础设施特许经营制度，是在传统的公共基础设施的建设和管理中引入经营的思想和方式，将原本由政府建设的公共基础设施由市场主体投资和经营，由市场主体代替政府提供公共服务，并允许经营者在一定期间和范围内营利的制度。

公共基础设施特许经营制度的核心是特许经营合同。在特许经营合同中，行政主体和行政相对人在合同中详细规定双方各自的权利义务、期限、争议解决途径等条款。通过特许经营合同，政府将本应该由自己提供的公共基础设施交由企业投资、经营，一方面解决了政府提供公共设施的财政压力，另一方面也充分吸收了民间资本和技术，提高了公共行政的效能。

公共基础设施特许经营有多种形式，最典型的方式是BOT模式。BOT是英文Build－Operate－Transfer（建设—经营—移交）的缩写，是公共基础设施投资、融资方式。BOT模式的具体运作过程是：项目所在地政府授予由一家或几家私人企业组建的项目公司一定期限的特许经营权利，即由项目公司对基础设施项目进行筹资建设；在约定的期限内经营管理，并通过项目经营收回成本和获取投资回报；约定期满后，项目设施无偿转让给项目所在地政府。BOT模式是项目融资的一种重要方式。BOT模式在世界上许多国家得到具体运用并取得成功。在欧洲，英国率先采用BOT

---

[1]　其他四项职能是：合理产权制度的建立、公正有序的社会秩序、弱势群体的救助和环境生态的保护等。

方式，项目涉及高速公路、桥梁和轻轨等，举世瞩目的英吉利海峡海底隧道也采用 BOT 方式，现已担负起海峡两岸 50% 的运输量，预计前景会更好。[1] 由于公共基础设施的类型、项目财产权利形态和投融资回报方式多样，因而在实践中，BOT 已有许多变异模式。例如，POT（Purchase - Operate - Transfer），即政府出售已建成的、基本完好的基础设施并授予特许经营权，由投资者购买基础设施项目的股权和特许专营权，允许其在一定的期限里经营管理，约定期限届满后，再移交给政府。另外，还有 BTO（Build - Transfer - Operate）模式，即建造、转让、经营；BOO（Build - Own - Operate）模式，即建造、拥有、经营；ROT（Renovate - Operate - Transfer）模式，即重整、经营、转让；等等。

　　案例 12 - 1：　　　　　　　**广西来宾电厂 BOT 项目**[2]

　　广西来宾电厂是我国第一家 BOT 试点项目，它位于广西壮族自治区的中部，电厂分二期建设，一期工程已于 1990 年建成投产；二期工程即 B 厂，计划扩建规模为 2×25 万千瓦燃煤机组，1988 年以外资立项，但由于建设资金不到位，1993 年确定为中外合资项目，1995 年初报请主管机关批准，成为我国第一个 BOT 试点项目。该项目总投资为 6.16 亿美元，其中总投资的 25% 即 1.54 亿美元为股东投资，两个发起人按照 60：40 的比例向项目公司出资，即法国电力国际占 60%，通用电气·阿尔斯通公司占 40%，出资额作为项目公司的注册资本，其余的 75% 通过贷款方式完成。贷款银行由法国东方汇理银行、英国汇丰投资银行及英国巴克莱银行组成的银团承担，贷款中约 3.12 亿美元由法国出口信贷机构——法国对外贸易保险公司提供出口信贷保险。项目特许期为 18 年，其中建设期为 2 年 9 个月，运营期为 15 年 3 个月。特许期满，项目公司将电厂无偿移交给广西壮族自治区政府。在建设期和运营期内，项目公司将向自治区政府分别提交履约保证金 3000 万美元，同时，项目公司还将承担特许期满电厂移交给自治区政府后 12 个月的质量保证义务。广西电力公司每年负责向项目公司购买 35 亿千瓦时的最低输出电量，并送入广西电网。同时，由广西建设燃料有限责任公司负责向项目公司供应发电所需燃煤，燃煤主要来自贵州省盘江矿区。

　　（八）政府采购

　　前文提及的政府采购（Government Procurement）起源于英国，其实质是市场竞争机制与财政支出管理的有机结合，其主要特点就是对政府采购行为进行法制化的管理。政府采购主要以招标采购、有限竞争性采购和竞争性谈判为主。在我国，政府采购的法定概念是：①《中华人民共和国政府采购法》第一章第 2 条所规定的政

---

〔1〕 刘省平：《BOT 项目融资理论与实务》，西安交通大学出版社 2002 年版，第 7～13 页。

〔2〕 本案例根据以下资料整理：高吉星、张坚、刘耀轩："BOT 融资经典：广西来宾电厂 2×36 万千瓦 2 期工程"，载《会计之友》1999 年第 2 期；刘省平：《BOT 项目融资理论与实务》，西安交通大学出版社 2002 年版，第 213～219 页。

府采购，主体是各级国家机关、事业单位或团体组织，采购对象必须属于采购目录或达到限额标准；②《政府和社会资本合作项目政府采购管理办法》所规定的政府和社会资本合作项目的政府采购（即 PPP 项目采购）。从法制实践的角度出发，通常包括以下要素：政府采购主体是公共资金的使用者，政府采购的资金具有公共性，政府的采购行为服务于公共利益，政府采购的客体通常包括货物、工程、服务，这样可以将政府采购定义为：政府采购是公共资金支配者为了公共利益的需要，使用公共资金购买货物、服务或工程的行为。[1] 早在 1999 年针对工程建设领域的质量问题和腐败问题，并在吸收相关国际法制规范的基础上，我国制定了《招标投标法》。其后在 2002 年，针对公共资金的使用效率低及使用中易生腐败之问题又制定了《政府采购法》。21 世纪以来，政府采购制度的兴起已经成为我国公共财政支出制度改革的一个重要符号。招标投标已成为公共资金使用管理领域里不断展开的实践，政府公共财政支出已由过去的政府自在自为变成了一种应受公众监督并有专家参与的公开行为。随着这一领域的法制建设的不断推动，2014 年 8 月 31 日，第十二届全国人民代表大会常务委员会第十次会议作出《关于修改〈中华人民共和国保险法〉等五部法律的决定》，对《中华人民共和国政府采购法》进行修正，国务院并于 2015 年 1 月 30 日发布《中华人民共和国政府采购法实施条例》。与此同时，信息公开制度的推进使得各地政府加快政府采购信息化管理，建立公共资源交易中心平台。财政部不断要求集中采购机构应切实推进协议供货和定点采购信息公开，自 2017 年 9 月 1 日开始，除按规定在中国政府采购网及地方分网公开入围采购阶段信息外，还应公开具体成交记录。电子卖场、电子商城、网上超市等的具体成交记录，也应当予以公开。

（九）行政协定

行政协定是在区域经济一体化的条件下发展起来的一种新型的行政协议形式，是指为了解决共同面临的行政事务或者相关的行政事务，相关行政机关之间在平等协商的基础上签订的合作协议。共同面临的行政事务包括基础设施建设、环境保护、水资源开发、警务合作等方面，相关行政事务包括资源供应、产业转移等方面。根据签订主体的不同，可以把行政协定分为三种：①政府协定，即不同级别或不同地域的政府之间签订的行政协定，例如，2004 年 6 月的《泛珠三角区域合作框架协议》就是由福建、江西、湖南、广东、广西、海南、四川、贵州、云南九个省区政府和香港、澳门两个特别行政区政府共同签署的；②职能部门行政协定，例如，江苏、浙江和上海两省一市 27 家知识产权部门共同签署的《长三角地区知识产权局系统专利行政执法协作》；③政府和职能部门之间签订的行政协议，例如，教育部和山东省人民政府共同签署共建山东大学的协议。

在这三种行政协定中，发展最快的是政府协定。政府协定出现的前提是地方利

〔1〕　肖北庚：《政府采购法原理》，世界图书出版公司 2016 年版，第 3～4 页。

益得到一定程度的肯定。改革开放改变了计划经济体制，改变了地方利益完全从属于国家利益的状态，地方的利益得到了一定程度的肯定，以促进本地区或本区域内的经济发展为主要目的的政府协定开始大量出现。因此，行政协定一般出现在地理位置上相邻或相近的地区之间。在政府签署概括性和原则性的框架协定的基础上，职能部门之间可以就某些具体方面进一步签订具体、专门的行政协定，例如，在《泛珠三角区域合作框架协议》的基础上签订的《泛珠三角区域（九省区）质量技术监督合作框架协议》。随着行政协定的发展，其适用领域已经由经济合作逐渐扩展到治理环境污染、共同打击违法犯罪等领域。

行政协定是新形势下发展起来的行政协议形式，现在还处于自发阶段，没有进入法治轨道，在缔结主体、缔结程序、主要条款、协议效力、履行方式、纠纷解决、组织制度、法律保障等方面还存在诸多问题。[1]

（十）行政委托合同

行政委托在我国有特定的内涵，是指行政主体依法将部分行政权委托给其他组织或个人去行使。因行政委托而在行政主体和其他组织或个人之间签订的合同即为行政委托合同。行政委托和行政授权不同，行政授权的依据是法律法规的授权条款，而行政委托虽也要依据法律进行，但其直接依据却是行政委托合同。行政委托的出现是源于管理的需要。行政委托合同既可以在行政主体之间签订，也可以在行政主体与非行政主体之间签订。前者如委托调查合同，后者如将国家鉴定、国家资格考试等行政事务，由国家指定的民法上的公益法人进行。行政委托中，受委托方只能以委托方的名义进行活动，委托方在委托权限范围内承担受委托方行为产生的责任。

第四节　行政协议的主要内容

行政协议的主要内容包括行政协议法律关系主体的权利义务和行政协议的条款、格式等。

行政协议双方当事人之间存在一种行政法律关系。"法律关系的内容就是法律关系主体之间的法律权利和法律义务。"[2] 由此可知，行政协议法律关系的内容就是行政协议双方各自的权利和义务。

一、行政协议法律关系主体的权利义务

根据主体的不同，可以把行政协议区分为行政主体之间的行政协议与行政主体和行政相对人之间的行政协议。前者是在新形势下出现的新型行政协议形式，行政

---

〔1〕　叶必丰："我国区域经济一体化背景下的行政协议"，载《法学研究》2006 年第 2 期。

〔2〕　刘金国、舒国滢主编：《法理学教科书》，中国政法大学出版社 1999 年版，第 120 页。

主体之间一般没有隶属关系，很少出现一方对另一方的控制，其与行政主体和行政相对人之间的行政协议中的权利义务有重大区别。

后者是最早出现也是现实实践中存在最多的行政协议形式，本部分主要介绍后者中法律关系主体的权利义务。

行政协议的内容包括两个方面：行政主体的权利义务和行政相对人的权利义务。在行政协议法律关系中，行政法律关系主体双方的权利义务具有对应性，即行政主体的权利对应于行政相对人的义务，行政相对人的权利对应于行政主体的义务，因此，我们在此仅介绍行政主体的权利和行政相对人的权利，行政主体的义务和行政相对人的义务可以由权利反向推理得知。

尽管行政协议种类繁多、千差万别，但双方当事人一般具有以下权利：

（一）行政主体的权利

行政协议作为合同的一种，在权利义务配置方面也遵循合同的共有规则；同时，行政协议作为区别于民事合同的另一种合同形式，也必然有其自身特有的规则。我们只对行政协议在权利义务配置方面特有的规则进行论述。

为了保证行政职能的顺利实现，行政机关在行政协议的执行过程中享有的特权包括以下几方面：

1. 对合同执行的监督指挥权。在一般的民事合同（除了劳务合同外）中，合同一方当事人不拥有对另一方当事人履行合同情况的监督指挥权，民事合同只需要根据合同执行的最终结果来确定合同履行的状态。行政协议关乎公共利益的实现，为了保证合同执行的最终结果符合公共利益，并且因为行政主体是公共利益的最终判断者，行政主体有必要提前介入合同的执行，对合同执行进行监督和指挥。行政主体的监督指挥权包括三个方面：检查权、决定权和命令权。检查权表现为行政主体对行政执行情况的经常性检查，以掌握行政协议履行的情况；决定权表现为行政主体有权决定何种履行方式是最符合公共利益的；命令权表现为行政主体有权对行政相对人不当履行合同的情况予以禁止，命令其采取措施实施某项活动。例如，"最为符合或接近行政协议"的《城镇国有土地使用权出让和转让暂行条例》第 6 条明确规定："县级以上人民政府土地管理部门依法对土地使用权的出让、转让、出租、抵押、终止进行监督检查。"

2. 单方变更权。变更是指合同中行政主体和行政相对人权利义务的调整。在民事合同中，合同的变更必须在双方协调一致的情况下才能变更。行政协议的执行是为了公共利益的需要，公共利益在某些情况下可能发生变化。行政主体是公共利益的最终判断者，在公共利益发生变化的情况下，原有行政协议的继续履行将不符合公共利益，甚至是与公共利益相违背的。因此，有必要赋予行政主体合同的单方变更权。当然这种单方变更权的行使是受到限制的：一是必须为了公共利益的需要；二是必须在公共利益需要的范围内；三是必须给行政相对人合理的补偿；四是不能根本上变更权利义务，"当单方面变更超过一定的限度而接近一个全新义务时，行政主体应同合同相对方另订合同"。[1]

3. 单方解除权。单方解除权是指合同缔结后尚未履行或尚未完全履行的情况下，由于行政相对人根本不符合公共利益的要求条件或公共利益发生变化，合同的履行或继续履行将不符合公共利益，甚至与公共利益相违背，行政主体有权单方面决定解除合同的权力。在民事合同中，合同的解除必须在双方合意的基础上才能进行。行政主体单方解除权的享有，同样是为了公共利益实现的需要。如同单方变更权的行使一样，单方解除权的行使同样受到限制：一是必须为了公共利益的需要；二是必须给行政相对人合理的补偿。例如，我国《城镇国有土地使用权出让和转让暂行条例》第 42 条明确规定："国家对土地使用者依法取得的土地使用权不提前收回。在特殊情况下，根据社会公共利益的需要，国家可以依照法律程序提前收回，并根据土地使用者已使用的年度和开发、利用土地的实际情况给予相应的补偿。"

4. 制裁权。在民事合同中，一方当事人违反合同约定时，另一方当事人只拥有赔偿请求权，而无制裁权。民事合同的直接目的是当事人自身的私人利益，即民事合同是手段，私人利益是目的，只要实现当事人的经济利益，无论合同是否履行都无关宏旨。在行政协议中，赋予行政主体制裁权的目的同样是公共利益的实现，即行政协议是手段，公共利益是目的。与民事合同不同的是：公共利益的实现只有通过行政协议的实际履行才能实现，而且公共利益是很难用金钱来计算的。因此，行政主体的制裁权是为了保证行政协议的实际履行，行政协议以实际履行为原则。行政主体的制裁权表现为三种形式：①金钱制裁，适用于行政相对人一般性的违约行为，这种行为并没有导致行政协议的不能履行；②解除合同，适用于行政相对人严重的违约行为，这种行为导致行政协议的履行根本不能实现；③强制履行，适用于行政相对人不愿履行的情形。强制履行包括强制行政相对人自身履行和代执行。代执行是指行政相对人能履行而不履行行政协议时，由行政主体或第三人代替行政相对人履行合同义务，而由行政相对人承担费用的制裁措施。强制履行应当首先适用强制行政相对人自身履行，在前者无效的情况下才选择代执行。例如，我国《城镇国有土地使用权出让和转让暂行条例》第 17 条明确规定："土地使用者应当按照土地使用权出让合同的规定和城市规范的要求，开发、利用、经营土地。未按合同规定的期限和条件开发、利用土地的，市、县人民政府土地管理部门应当予以纠正，并根据情节可以给予警告、罚款直至无偿收回土地使用权的处罚。"值得注意的是：作为制裁措施的解除合同与行政主体的单方解除权有两方面的不同：一是单方解除权不具有惩罚性质；二是单方解除权行使后要合理补偿行政相对人，而作为制裁措施的解除合同不需补偿行政相对人。

行政主体的制裁权在行政主体享有的特权中对行政相对人的影响最大，为了保护行政相对人，行政主体在行使制裁权时应该受到如下限制：①除非有紧急情况或

---

[1] 张树义：《行政合同》，中国政法大学出版社 1994 年版，第 82 页。

合同另有规定外，行政主体只有在催告行政相对人无效后才能行使制裁权；②如果行政相对人对行政主体的制裁行为不服，应当赋予其通过行政复议、行政诉讼等进行救济的权利。

（二）行政相对人的权利

行政协议的行政相对人在享有合同共有的权利、履行合同共有的义务之外，为了公共利益的实现还承担了诸多特有的义务。为了维护法律公平原则、防止行政主体特权的滥用、保障行政相对人的合法权益，行政相对人也得到了特权行为的补偿权。因此，行政相对人的权利可以区分为两种：共有权利和特权行为补偿权。其中，共有权利包括报酬取得权、损害赔偿请求权、不可预见困难补偿权、不可预见情况补偿权和额外费用补偿请求权。

1. 报酬取得权。行政相对人在行政主体的监督指挥下，提供劳务或服务，有获得报酬的权利。与行政主体追求公共利益不同，行政相对人一般以追求经济利益为目的，所以其从事活动的直接目的一般就是取得报酬。报酬的形式以金钱为主，但不限于金钱，还包括诸如政府贷款、税收减免等其他形式的经济利益。行政协议中的报酬条款不直接涉及公共利益，"报酬条款和其他关于业务的组织和执行的条款不一样，不能由行政主体单方面变更"[1]。

2. 损害赔偿请求权。在行政协议中，行政相对人违约时，行政主体拥有制裁权，但行政主体违约时，行政相对人享有的不是制裁权，而是损害赔偿请求权。例如，我国《城镇国有土地使用权出让和转让暂行条例》第15条明确规定："出让方应按照合同规定，提供出让的土地使用权，未按合同规定提供土地使用权的，土地使用者有权解除合同，并可请求违约赔偿。"

3. 不可预见困难补偿权。在行政协议签订之前，不能要求行政相对人预见合同执行过程中的所有困难并在合同签订过程中予以考虑。在行政协议的执行过程中，如果遇到巨大的物质困难，行政相对人有权要求行政主体为自身加重的义务给予合理补偿。

4. 不可预见情况补偿权。行政协议一般都是期限较长的合同，在合同履行过程中可能出现重大的经济变动，例如爆发经济危机。这些不可预见的重大事件，使行政协议的履行虽然在事实上仍然可能，但其履行却会对行政相对人造成灾难性的损失，使行政相对人签订行政协议所追求的经济利益荡然无存。在这种情况下，行政主体应当给予行政相对人适当的补偿。当然，不可预见情况补偿权的适用是非常严格的，必须符合以下三个方面的要求：①不可预见情况是行政协议签订时根本无法预见的；②不可预见情况的出现与行政主体和行政相对人的行为不存在关系；③行政协议的履行将对行政相对人造成灾难性的损失。

5. 额外费用补偿请求权。合同约定不可避免地具有一些局限性。在合同执行过

---

[1] 熊文钊：《现代行政法原理》，法律出版社2000年版，第472页。

程中，行政相对人为了更好地履行合同实现公共利益，提供了行政协议所未规定但必要和有益的劳务或服务，行政相对人有权就此额外事项产生的费用请求行政主体给予补偿。

6. 特权行为补偿权。行政协议中的行政相对人因承担了诸多不同于民事合同的义务而享有的请求行政主体给予补偿的权利，统称为特权行为补偿权。这里值得注意的问题是补偿和赔偿的区别：①引起的原因不同。特权行为补偿权是由不可归责于行政主体和行政相对人的行为引起的，而赔偿是由可归责于行政主体的过错行为引起的。另外，因行政相对人自身的过错行为产生的损失，行政相对人无权提出补偿或赔偿请求权。在行政协议中，行政主体的特权行为包括监督指挥权、单方变更权、单方解除权和制裁权，能引起特权行为补偿权的行政主体的行为只能是监督指挥权、单方变更权和单方解除权，而不包括制裁权。②范围不同。"补偿和赔偿在实际效果上是有区别的，补偿的范围一般只以全部实际损失为限，不能要求可以期待的利益。赔偿的范围就要比补偿更为宽泛，除相对人的全部实际损失之外，还包括可以期待的利益，对精神上的伤害的赔偿等。"[1] 我国有关法律法规也对特权行为补偿权进行了规定，例如，《城镇国有土地使用权出让和转让暂行条例》第42条明确规定："国家对土地使用者依法取得的土地使用权不提前收回。在特殊情况下，根据社会公众利益的需要，国家依照法律程序提前收回，并根据土地使用者已使用的年限和开发、利用土地的实际情况给予相应的补偿。"

（三）行政主体特权行为的控制

"一切有权力的人都容易滥用权力，这是万古不易的一条经验。有权力的人们行使权力一直到遇到界限的地方才休止。"[2] 孟德斯鸠的名言同样适用于行政协议领域，行政主体特权的享有是为了公共利益顺利实现的需要，但存在着被滥用的可能，必须对其进行控制。

我们可以从以下几个方面加强对行政主体特权行为的控制：

1. 选择行政相对人的控制。行政协议中的行政主体并不能像民事合同主体一样，可以自由选择合同相对人。我国有关法律对行政协议的缔结方式作出了规定，实践中存在的主要缔结方式有招标、竞争性谈判、直接磋商、邀请发价等，这些方式都对行政相对人的选择提出了一定限制。其中，招标是应用最广的缔约方式，也是对行政相对人选择控制最为严格的缔约方式，行政主体必须同报价最高或报价最低的投标人签订行政协议，[3] 对行政协议缔结过程中行政主体营私舞弊或浪费资金现象的出现起到了一定的预防作用。

2. 行政协议方式的控制。行政协议由于涉及公共利益，必须强调行政协议的稳

〔1〕　张树义：《行政合同》，中国政法大学出版社1994年版，第82页。

〔2〕　［法］孟德斯鸠著，张雁深译：《论法的精神（上册）》，商务印书馆1961年版，第156页。

〔3〕　在行政主体作为购买方时选择报价最低的相对人，在行政主体作为出卖方时选择报价最高的相对人。

定性，因此行政协议原则上应为书面形式，例如，我国《农村土地承包法》第 21 条第 1 款明确规定："发包方应当与承包方签订书面承包合同。"

3. 行政协议条款的控制。例如，在有的国家，行政主体的特权必须在行政协议中有明确规定时才能享有。

4. 缔约权限的控制。行政主体必须在其权限范围之内缔结行政协议，不能超越职权。缔约权限的控制详见本章第五节"行政协议的缔结"中的依法订立原则。

二、行政协议的条款

根据条款的不同性质，可以把行政协议的条款分为一般条款和特有条款：一般条款是指行政协议和民事合同共有的条款，而特有条款是指行政协议区别于普通民事合同所特有的条款。

（一）一般条款

《合同法》第 12 条规定了合同（即民事合同）的一般条款，包括当事人的名称或者姓名和住所、标的、数量、质量、价款或者报酬、履行期限、地点和方式、违约责任、解决争议的方法等。[1]

（二）特有条款

特有条款的存在表明了行政协议与民事合同的区别。这些条款涉及的内容包括行政主体享有的某些特权、行政相对人的特权行为补偿权、行政协议的目的是实现公共利益等。另外，行政协议的特有条款还涉及按照行政协议性质的不同而应具备的其他内容。"如建设工程勘察设计合同要具备委托方需提供资料的内容、技术要求，承包方勘察费的依据、标准及支付方法。"[2]

三、行政协议文本格式

合同的形式一般有口头与书面之分，由于行政协议涉及公共利益的实现，一般规定行政协议的形式必须为书面形式。

书面行政协议的格式一般包括首部、主体和尾部三部分：

1. 首部一般是行政协议的名称和编号。

2. 主体部分是行政协议的核心，其内容主要包括行政协议标的、数量和质量、双方各自的权利和义务、履行期限、地点和方法、违约责任、争议解决方法等内容。

3. 尾部一般是行政协议双方代表的签名、单位盖章以及签署日期等。

第四节

---

〔1〕 1999 年 3 月 15 日通过，并于 1999 年 10 月 1 日起施行的《合同法》第 12 条规定："合同的内容由当事人约定，一般包括以下条款：①当事人的名称或者姓名和住所；②标的；③数量；④质量；⑤价款或者报酬；⑥履行期限、地点和方式；⑦违约责任；⑧解决争议的方法。当事人可以参照各类合同的示范文本订立合同。"

〔2〕 熊文钊：《现代行政法原理》，法律出版社 2000 年版，第 469 页。

第五节　行政协议的缔结

行政协议的缔结是公共利益得以实现的首要阶段，在行政协议的整个过程中具有重要地位。本节讨论行政协议缔结的原则和方式。

一、行政协议缔结的原则

缔结行政协议是行政行为的一种，行政协议的运行过程在符合行政行为的基本原则的同时，也应该符合自身特有的原则。

（一）依法订立原则

依法行政是行政法的基本原则。依法行政原则具体到行政协议的缔结阶段就是依法订立原则。

关于依法行政原则，有狭义和广义之分。狭义论者认为，行政主体必须严格依照法律，只有在法律有明确授权的情况下才能行政，即"无法律即无行政"；广义论者认为，行政主体的行为无论是否有法律的明确规定，只要在其职权范围之内，就是依法行政，即"行政法治"。二者并无绝对的对错之分，只是二者适用的范围不同。狭义的依法行政针对的是行政主体的权力性行政行为；而广义的依法行政是在行政主体由社会管理者单重身份转变为社会管理者和服务者双重身份后，对狭义依法行政原则的扩充。随着政府职能的转变，行政指导、行政协议等非权力性行政行为逐渐增多。如何规制非权力性行政行为成为行政法学界面临的问题，如果依然运用严格意义的依法行政原则，将大大限制非权力性行政行为发挥作用，并且非权力性行政行为侵害行政相对人的可能性远远小于权力性行政行为。因此，行政协议领域应当适用广义的依法行政原则。综观世界各国法律，无论大陆法系国家还是英美法系国家，都倾向于广义的依法行政原则，例如，《葡萄牙行政程序法典》第179条就规定："行政机关在实现其所属的法人的职责时，可订立行政协议，但法律有相反规定或因拟建立的关系的性质而不允许不在此限。"

依法订立原则具有以下几方面的内涵：

1. 法律明确规定采用行政协议形式行使职权时，行政主体必须严格按照法律的规定实施行政管理。

2. 法律没有明确规定时，行政主体可以根据行政事务的性质，在其行政职权范围之内采用行政协议的方式行使职权。

3. 行政主体必须严格按照法律规定的程序订立行政协议。其中，在法律没有明确规定时，行政主体订立行政协议受到以下三个方面的限制：①行政主体必须在其管辖权范围内订立行政协议，这个管辖权包括事务管辖权、地域管辖权和层级管辖权；②不能违背现行法律的明确规定；③如果行政协议的实施将对第三人造成直接损害，则必须经过第三人的同意才能订立。

（二）抵触无效原则

抵触无效原则是指行政协议不能束缚行政主体的特权，即英国法上"契约不能束缚行政机关的自由裁量权"的原则。[1]

行政协议是行政主体行使行政职权的一种方式，它强调非权力性，必须在双方当事人协商一致的基础上才能执行。但是，为了公共利益的顺利实现，行政主体在行政协议的执行过程中享有诸多特权，这些特权必须在行政协议签订时反映在合同内容之中。行政主体在行政协议中享有特权，是行政协议的典型特征，行政主体无权签订限制自身在行政协议执行过程中享有特权的合同，因为这是公共利益实现的需要，否则，将失去行政协议本身存在的价值。

（三）平等原则

平等原则是世界上所有法治国家都具有的基本原则，也是宪法位阶的原则。就公法角度而言，在行政协议领域，平等意味着行政主体之间的平等、行政相对人与行政主体的平等和行政相对人之间的平等。平等原则要求任何符合行政协议资质的主体都有平等参与的权利，且每个参加竞争的主体都有平等的竞争权。对平等原则进行规定是许多国家和地区行政协议立法的内容，或者在行政程序法中进行统一规定。如葡萄牙1996年《行政程序法》第5条规定："与个人建立关系时，公共行政当局应当遵循平等原则，不得因被管理者的血统、性别、种族、语言原居地、宗教、政治信仰或意识形态信仰、教育、经济状况、社会地位，而使之享有特权、受惠、受损害，或者剥夺其任何权利或免除其任何义务。"[2] 可以说，平等原则是普遍适用于行政程序中的原则，在行政协议领域也自然适用。

（四）公正、公开原则

公正原则调整的是政府和相对人的关系。具体在行政协议领域，要求政府中立，无论是行政协议的确立、行政相对人的选择，还是在行政协议履行等阶段中，行政权的行使都要符合公正的法则，其决定要建立在理性的基础上，在作出不利于相对人的决定前，要听取相对人的意见，并在决定后说明理由。

公开是公正的要求，并具有相对独立性。在行政主体和行政相对人签订的行政协议中，公开原则包括行政协议项目公开、对行政相对人要求公开、行政相对人竞争过程公开、行政协议签订结果公开等多方面内容。在行政主体之间签订的行政协议中，同样应当坚持公开的原则。在国外，"行政协议虽然是在行政机关之间缔结，但其规范内容却不仅仅约束作为缔结主体的行政机关，而且也约束公众，是公众权益义务的一般规则"[3] 其实，这点在我国也是成立的。因此，行政主体之间的行政协议也应当公开其制定动机、制定过程，征求民众的意见、给予公众参与机会，

---

〔1〕 王名扬：《英国行政法》，中国政法大学出版社1987年版，第238页。
〔2〕 应松年主编：《比较行政程序法》，中国法制出版社1999年版，第60页。
〔3〕 叶必丰："我国区域经济一体化背景下的行政协议"，载《法学研究》2006年第2期。

并且公开最后的行政协议文本。

（五）竞争择优原则

行政主体为了更好地履行职权，根据行政事务的性质采用行政协议的方式。行政协议的实现需要行政主体和行政相对人的共同合作才能完成。为了更好地执行公务，行政主体必须选择合适的行政相对人，而竞争是选择合适行政相对人的最好途径。在竞争择优原则的要求下，应当充分重视专家论证会等科学论证的重要性，以确保最优者胜出。例如，我国现行《政府采购法》规定的政府采购形式包括公开招标、邀请招标、竞争性谈判、单一来源采购、询价和国务院政府采购监督管理部门认定的其他采购方式。根据竞争择优的原则，公开招标应该成为政府采购的最主要形式。

二、行政协议缔结的方式

我国现有法律中对行政协议的缔结方式也有规定，例如，《城镇国有土地使用权出让和转让暂行条例》第13条规定："土地使用权出让可以采取下列方式：①协议；②招标；③拍卖。依照前款规定方式出让土地使用权的具体程序和步骤，由省、自治区、直辖市人民政府规定。"《政府采购法》第26条规定："政府采购采用以下形式：①公开招标；②邀请招标；③竞争性谈判；④单一来源采购；⑤询价；⑥国务院政府采购监督管理部门认定的其他采购方式。公开招标应作为政府采购的主要采购方式。"下面，我们将对招标、竞争性谈判、直接磋商、邀请发价等方式进行介绍。

（一）招标

招标是被广泛采用的行政协议缔结方式，是指行政主体根据行政公务本身的需要确定行政协议的标底和主要条款，参加招标者根据行政协议作出承诺，行政主体经过评标和议标程序，从符合标底的参加者中选择最优者并与之签订行政协议。其中，招标的行政主体称为招标人，参加招标者称为投标人，与行政主体签订行政协议的参加者为中标人，即行政相对人。招标有公开招标和邀请招标之分，应该以公开招标为主，邀请招标为辅，邀请招标只在特殊情况下采用。例如，我国《政府采购法》第29条规定："符合下列情形之一的货物或者服务，可以依照本法采用邀请招标方式采购：①具有特殊性，只能从有限范围的供应商处采购的；②采用公开招标方式的费用占政府采购项目总价值的比例过大的。"另外，招标也不适合作为紧急情况下以及对行政相对人个人要素较为重视的行政协议的缔结方式。招标，尤其是公开招标，由于其竞争性和公开性，可以在一定程度上防止营私舞弊和财政经费的浪费。招标人应当与中标人签订行政协议，这是由招标本身特征所决定的。当然，如果中标人的确不适合执行公务时，应当赋予行政主体一定的权力，重新进行招标，但是这种权力应当受到严格限制。

（二）竞争性谈判

招标是行政协议缔结的最主要方式，但不能囊括行政协议的所有领域，竞争性谈判是补充招标的一种重要形式。"所谓竞争性谈判，是指行政主体对不能或不宜采取招标方式缔约的事项，通过与多个相对人分别谈判，从中选择最合适的人选缔结合同。"[1] 例如，我国《政府采购法》第30条对竞争性谈判的适用条件作出了严格规定："符合下列情形之一的货物或者服务，可以依照本法采用竞争性谈判方式采购：①招标后没有供应商投标或者没有合格标的或者重新招标未能成立的；②技术复杂或者性质特殊，不能确定详细规格或者具体要求的；③采用招标所需时间不能满足用户紧急需要的；④不能事先计算出价格总额的。"

与招标相比，竞争性谈判中的行政主体享有更大的选择权，并且更符合合同的原始意味。在保证行政协议中行政主体特权的前提下，行政主体能与相对人更好地谈判，更好地表达自身的意图，最终选择最合适的相对人。

（三）直接磋商

直接磋商是指在某些特殊情况下，行政主体先有一定意向，直接与相对人进行协商，然后签订行政协议。我国《政府采购法》中的单一来源采购就是直接磋商在政府采购领域中的表现形式，《政府采购法》第31条对单一来源采购的适用条件进行了规定："符合下列情形之一的货物或者服务，可以依照本法采用单一来源方式采购：①只能从唯一供应商处采购的；②发生了不可预见的紧急情况不能从其他供应商处采购的；③必须保证原有采购项目一致性或者服务配套的要求，需要继续从原供应商处添购，且添购资金总额不超过原合同采购金额10%的。"

在直接磋商中，行政主体的自由选择权更大，只有在特殊情况下才能采用此种行政协议缔结方式。

（四）邀请发价

"所谓邀请发价，是指行政主体为实现某种公务，发出要约，提出一定的条件邀请相对人发价，然后由行政主体综合各方面的因素，选择自己认为最恰当的相对人签订合同。"[2] 与招标相比，在邀请发价中，行政主体只确定行政公务达到的标准，不确定标底；另外，在邀请发价中没有中标人，行政主体可以综合各方面因素选择最恰当的相对人，而非一定是报价最低或报价最高的相对人，具有更大的自由选择权。在邀请发价中，如果对行政主体的自由裁量权缺乏有效的监督，可能造成行政主体选择行政相对人时的滥权，因此，必须限制其适用范围，并加强对行政主体的监督。

第六节　行政协议的履行

行政协议的缔结不是目的，只有行政协议的正确履行才能实现行政主体所追求

---

〔1〕　应松年主编：《当代中国行政法（下卷）》，中国方正出版社2005年版，第1022页。
〔2〕　张树义：《行政合同》，中国政法大学出版社1994年版，第114页。

的公共利益，因此，行政协议的履行是行政协议的最重要阶段。

一、行政协议履行的特点

行政协议与民事合同的不同，集中反映在行政协议的履行上。"行政主体的特权和对方当事人的经济利益平衡，可以说是行政协议在履行时两个主要的特征。"[1]

（一）双方权利（权力）不对等

在行政主体和行政相对人签订的行政协议中，双方权利（权力）不对等主要是指行政主体在行政协议中享有特权。行政协议是现代社会中行政主体执行公务的一种方式，它肩负着公共利益的实现。行政主体既是行政协议的组织实施者，也是公共利益的最终评判者，因此，有必要让行政主体提前介入行政协议，并且贯穿行政协议履行的全过程。行政主体的特权主要包括对合同执行的监督指挥权、单方变更权、单方解除权和制裁权，其具体内容详见本章第四节"行政协议的主要内容"。

（二）经济利益平衡原则

行政协议中的行政相对人除享有与其他民事合同共有的权利、履行共有的义务之外，还为了公共利益的实现承担了诸多特有的义务，为此，行政相对人也拥有民事合同中当事人所没有的一些权利。

在行政协议的履行过程中，由于既不可归责于行政相对人也不可归责于行政主体的原因而导致行政相对人的利益受损时，行政相对人仍然可以从行政主体那里得到补偿，以恢复二者之间的经济平衡。这是因为：一方面，公共利益的实现不能牺牲行政相对人的利益；另一方面，保证行政相对人的利益，有利于行政相对人更积极地履行行政协议，最终有利于公共利益的顺利实现。

二、行政协议履行的原则

（一）实际履行原则

民事合同中，缔约当事人的目的是通过民事合同追求自身的经济利益，即民事合同是手段，经济利益是目的。民事合同如果没有得到实际履行，守约方通过违约方的违约金或者损害赔偿金等形式仍能够实现自身所追求的经济利益，因此，民事合同是否实际履行是无关紧要的。与民事合同不同，行政主体签订行政协议是其执行公务的方式，其目的是实现公共利益。行政主体追求的公共利益和私人追求的经济利益有两点不同：一是公共利益只能通过合同履行才能实现；二是公共利益很难通过金钱来衡量。因此，行政协议以实际履行为原则。行政主体在行政协议的履行过程中享有诸多特权，其中之一是制裁权，制裁权的重要作用就是为了确保行政协议的实际履行。

当然，实际履行是就行政协议的性质而言的，并非在任何情况下行政协议都要

---

[1]　王名扬：《法国行政法》，中国政法大学出版社 1988 年版，第 195 页。

第十二章

得到实际履行，即并不排除不履行的情况。不履行包括以下几种情况：①公共利益发生根本变化，继续履行合同已无必要；②由于行政相对人自身条件发生变化，根本不可能履行行政协议；③行政协议标的物已灭失，没有履行的对象。

（二）亲自履行原则

民事合同以追求自身经济利益为目的，只要能实现经济利益，对合同的实际履行者并没有严格的限制。与民事合同不同，行政主体为了执行公务而签订行政协议。合同的缔结方式包括招标、竞争性谈判、直接磋商、邀请发价等，其中，竞争性谈判、直接磋商、邀请发价等方式都特别强调行政协议相对人的自身因素，如行政相对人的能力问题、履行条件、相关经验等。重视相对人的自身因素是行政协议区别于民事合同的一个重要特征，这也决定了在实际履行原则下强调行政相对人亲自履行行政协议，原则上不能委托或转由他人代为履行。

当然，亲自履行原则并不排除代为履行情况的存在，但代为履行必须经过行政主体的同意。

第七节　行政协议的变更、解除与终止

行政协议在履行过程中，可能会因实际的需要或特殊情况的出现而发生临时变动，如变更、解除或提前终止。

一、行政协议的变更

行政协议的变更是指行政主体根据公共利益的需要，在不改变行政协议根本性质的限度内，对行政协议的主体、客体和内容的条款做必要的修改、补充或限制。

行政主体享有行政协议的单方变更权，变更的原因主要是公共利益发生了变化。行政主体的变更行为给行政相对人造成损失的，应当对其损失给予合理补偿。

二、行政协议的解除

行政协议的解除是指行政协议在缔结后尚未履行或尚未完全履行的情况下，提前结束行政协议双方当事人之间的权利义务关系。

根据合同解除的原因，可将行政协议分为两种：单方解除和双方协议解除。单方解除是指行政协议缔结后尚未履行或尚未完全履行的情况下，由于行政相对人根本不符合公共利益要求的条件或公共利益发生变化，合同的履行或继续履行将不符合公共利益，甚至有悖于公共利益，因此，行政主体单方面决定提前结束行政协议双方当事人之间的权利义务关系。双方协议解除是指行政协议缔结后尚未履行或尚未完全履行的情况下，行政相对人根据实际的需要，提出解除合同的意思表示，经行政主体同意后提前结束行政协议双方当事人之间的权利义务关系。在行政主体单方解除的情况下，行政主体应当对因其行为而给行政相对人造成的损失给予合理补偿。

三、行政协议的终止

行政协议的终止是指由于特定事实的出现，行政协议中双方当事人之间的权利义务关系终结。

根据终止的原因，行政协议的终止可以区分为正常终止和非正常终止。正常终止的原因主要有：一是合同正常履行完毕；二是期限届满。非正常终止是指行政协议没有达到最终完美状态，提前结束双方当事人之间的权利义务关系，其原因主要有以下几种情况：一是行政主体因公共利益的需要而单方解除；二是行政主体为了制裁行政相对人而单方解除；三是双方协议解除；四是法院判决解除；五是不可抗力出现后，合同履行已无必要。

第八节 行政协议的发展展望

我国行政协议从改革开放之初出现到现在已经有40年的历史了。自行政协议发端开始，其在调动公民和企业的积极性、促进经济发展、利用民间资本解决政府财政资金短缺、加强各地政府之间协调、应对新行政事务保证行政职能顺利实现等方面发挥了不可低估的作用。在取得成就的同时，我们也应该看到我国行政协议存在的问题。

一、我国行政协议存在的问题

1. 理论研究中的问题。就世界范围而言，英美法系国家不存在行政协议与民事合同的区分，大陆法系国家建立在公法与私法分立的基础上认为存在与民事合同相对立的行政协议。即使在大陆法系国家，那些受到英美法系影响的国家和地区对行政协议的存在也有一定的质疑。从一定意义上说，行政协议的出现是权力行政转向服务行政的必然。我国有关行政协议法律规定也经历了从无到有的过程。现在行政法学界面临的问题是：阐述行政协议与民事合同的本质区别以及因此而产生的法律适用上的差异，为行政协议的立法、司法救济等问题的解决奠定理论基石。

在我国，行政协议作为一种新型的政府管理手段，受到行政法学界的肯定，但其行政法属性并没有得到民法学界的认同。在《合同法》的起草过程中，行政法学界主张将行政协议作为合同的特殊形式在《合同法》中设专章加以规定，但民法学界普遍表示反对，最终通过的《合同法》也没有采纳行政法学界的观点。但是2014年修正的《行政诉讼法》却将其进行特殊化，将行政协议纳入司法审查，并在2015年的司法解释中进一步明确特许经营协议属于行政协议范畴。为行政协议圈定范围虽然并未回答行政协议与民事合同的本质区别，但将行政协议独立出来，可以明了不同性质的合同需要法律加以分别的取向。

行政协定、行政委托等新型行政协议形式是在现实实践中逐渐发展起来的，现在处于自发的阶段，却在实践中扮演着重要的角色。"从实践来看，区域行政协议是指那些有关政府及行政主管部门为了顺应区域发展的趋势，在不同行政区域间协调行政目标、裁撤制度藩篱、缓解权力冲突等方面协商一致而签订的一系列合意性书面文件的总称。"[1] 但行政法学界对其的理论研究更是薄弱，缔结主体、缔结程序、协议效力、履行方式、纠纷解决、组织制度、法律保障等诸多问题没有解决，这在一定程度上阻碍了行政协议的健康发展和作用的有效发挥。

2. 法律制度中的问题。我国是成文法国家，行政协议要想得到健康快速发展，立法上的肯定将是非常重要的因素。在德国，1976 年的《联邦行政程序法》设专章规定了行政协议，内容涉及行政协议的涵义、种类，行政协议缔结的条件，行政协议的履行及违约责任等问题。在法国，虽然没有法律规定行政协议的意义，但行政法院的判例提供了一系列识别行政协议的标准。但在我国，行政协议还不是一个被立法所完全接受的法律概念，只是学者对一类合同的概括。

目前，我国行政协议立法上存在四个方面的问题：①没有行政协议的专门立法。1999 年最终通过的《合同法》没有接受把行政协议作为一章纳入合同法的建议。②有关行政协议的其他法律规定中，行政协议的特征没有得到完全肯定。我国关于行政协议的现有法律法规有《城镇国有土地使用权出让和转让暂行条例》《全民所有制工业企业承包经营责任制暂行条例》《全民所有制小型工业企业租赁经营暂行条例》《农村土地承包法》等，但是关于这些典型的行政协议的法律规定中，行政协议的特征没有得到明显的体现。③我国尚无法律规定行政主体之间的行政协议，其发展游离于法律之外，加强此方面的制度建设将是今后我国行政协定健康发展所亟待解决的问题。④救济制度设计中的问题。救济制度的作用在于实现权利、落实责任、化解纠纷，它应当包括非诉救济和诉讼救济两方面的内容，其中，处于主体地位的应当是行政仲裁制度、行政复议制度和行政诉讼制度。可以将行政仲裁主要适用于内部行政领域的行政协议纠纷，适例为行政聘任合同所产生的争议，可根据 2018 年修订的《公务员法》第 105 条、《劳动人事争议仲裁办案规则》第 2 条的规定向人事争议仲裁委员会申请仲裁，从而改变原有救济制度供给不足的现象。将行政复议和行政诉讼定位于主要适用于外部行政领域的行政协议纠纷。尽管 2017 年修正的《行政诉讼法》第 12 条规定的受案范围明确将特许经营协议纳入受案范围，但并未清晰阐明其与民事合同的界限和范围，由于长期实践中将特许经营协议认定为民事合同适用民事程序，行政协议在运作中往往"遁入私法"，损及公共利益和人民个体之利益。相应的，在内部行政领域的行政协议纠纷，往往不可诉。在涉及相对人重要权益的情形下，也应当逐渐突破"特别权力关系"的理论，允许相对人通过行政复议和行政诉讼等途径寻求救济。

---

[1] 熊文钊、郑毅："试述区域性行政协议的理论定位及其软法性特征"，载《广西大学学报（哲学社会科学版）》2011 年第 4 期。

第十二章

3. 实践中的问题。法制缺位是行政协议实践中最突出的问题。法制缺位的主要表现是：①立法机关尚未明确接受和使用"行政协议"这个概念，也未就与行政协议概念相对应的内容和问题进行系统立法。②行政协议应当适用的基本规则，在立法层面付之阙如。③对特定类型的行政协议（如国有土地出让、转让合同、政府采购合同）的立法，规范密度较低，关键问题语焉不详。[1] 由于我国没有行政协议的专门法律规定，单行法律中有关行政协议的部分也存在不少问题，导致在实践中存在许多问题。其中最主要的是，行政主体不能有效区分行政协议与民事合同，把行政协议当作普通民事合同对待，导致行政职能不能顺利实现，公共利益受到损失。在行政协定中，由于尚无法律规定，更是存在很多问题。以地方政府合作为例，其就存在着思想观念、合作实效、制度建设等诸方面的问题。[2]

二、我国行政协议的展望

尽管我国行政协议还存在着这样或那样的问题，但是立足我国国情，在总结其发展过程中的经验教训，并借鉴其他国家和地区成熟做法的基础上，我国行政协议必将得到迅速发展。分析我国行政协议的发展，有以下几点趋势：

1. 行政协议类型将逐渐增多。行政法学是一门实践性非常强的科学，是对现实实践中存在的法律现象进行归纳、总结并寻找其规律的科学。现实实践发展是行政法学发展的生命力源泉。我国自改革开放之初出现了农村土地承包经营合同之后，又相继出现了粮食订购合同、国有土地使用权出让合同、全民所有制工业企业承包合同、全民所有制小型工业企业租赁经营合同等行政协议形式，最近行政协议又适用于科研、公共基础设施等领域。行政协议是对这类以合同方式实现行政职能的法律现象的总称。行政协议是一个开放的概念，我们应该把握行政协议的核心，即以合同方式实现政府职能，凡是符合此核心内容的都属于行政协议，也正是从这个角度上说，我们赞成行政协议包括行政主体之间的行政协定等类型。随着实践的发展，行政协议的适用领域还将扩张，相应地也会出现新的行政协议形式。

2. 行政协议法律制度将逐渐完善。如前所述，我国关于行政协议的立法还很不完善。基于我国公私法划分的事实，民法学界反对在《合同法》中加入有关行政协议的内容也是有一定道理的。在行政协议立法上，我们可以借鉴德国等大陆法系国家在行政程序法中设专章规定行政协议的做法。值得欣慰的是：我国现在已经开始《行政程序法》的立法起草，而且在众多的立法建议稿中，大部分都设专章对行政协议或订立行政协议的程序进行了规定。[3] 因此，很可能在行政程序法中解决行政协议的专门立法问题。针对行政协议等新型行政协议形式地位重要而法律规定欠缺

---

〔1〕　江必新："中国行政合同法律制度：体系、内容及其构建"，载《中外法学》2012 年第 6 期。

〔2〕　薛刚凌主编：《行政体制改革研究》，北京大学出版社 2006 年版，第 211 ~ 212 页。

〔3〕　王万华：《中国行政程序法立法研究》，中国法制出版社 2005 年版，第 272 ~ 279 页。

的现状，有学者基于行政协议涉及"中央与地方的关系，政府与公众的关系，公权力与私权利的关系"、具有非常重要的地位，提出了制定《行政协作法》的建议，并对行政协议的适用范围、立法模式等问题进行了探讨[1]　我们认为，随着行政协议、行政授权现象的普遍存在和行政法学界对其研究的深入，相关法律如《行政协作法》《行政授权法》等法律的制定将是一个趋势。

　　3. 发挥的作用将越来越重要。我国政府已经把政府职能定位于"经济调节、市场监管、社会管理、公共服务"，公共服务成为政府的重要职能，与此同时，政府的身份已经从管理者转变为服务者。公共服务职能要求重视行政相对人，注重平等、协商、参与等内容的行政协议成为政府履行公共服务职能的重要方式。行政协议由于"它使灵活的、适应特殊情况的行政成为可能，特别符合现代法治——民主行政的观念：公民不是单纯的仆从，而应当被作为独立的法律主体和行政的伙伴对待，并且与行政机关一道担负起行政的责任"，"已经被认为是一个必要的和合法的管理手段"[2]　另外，在市场经济已基本建立的我国，尤其是经济发展比较迅速的珠江三角洲地区、长江三角洲地区以及京津冀地区的区域，合作要求越来越强烈，行政协定在加强经济区域一体化、行政机关之间的协调合作等方面发挥着越来越重要的作用。

拓展阅读书目

1. 王名扬：《法国行政法》，中国政法大学出版社 1988 年版。
2. 应松年主编：《当代中国行政法》，中国方正出版社 2005 年版。
3. 张树义：《行政合同》，中国政法大学出版社 1994 年版。
4. 余凌云：《行政契约论》，中国人民大学出版社 2000 年版。

第八节

---

〔1〕　叶必丰："我国区域经济一体化背景下的行政协议"，载《法学研究》2006 年第 2 期。
〔2〕　〔德〕哈特穆特·毛雷尔著，高家伟译：《行政法学总论》，法律出版社 2000 年版，第 361～362 页。

第十三章
行政复议

本章提要：

　　本章分析了行政复议的概念和性质，介绍了行政复议的受案范围、复议参加人、复议机关和管辖以及复议的程序等。本章应着重掌握行政复议的范围，行政复议与行政诉讼的关系、行政复议的管辖、行政复议的决定。难点在于行政复议的范围以及复议申请人、被申请人、第三人的资格确定。

第一节　行政复议概述

一、行政复议的概念和特征

（一）行政复议的概念

　　行政复议是指行政相对人认为行政主体的具体行政行为侵犯其合法权益，依法向行政复议机关提出复查该具体行政行为的申请，行政复议机关依法对被申请的具体行政行为进行合法性和适当性的审查并作出行政复议决定的一种法律制度。行政复议的目的是纠正违法或者不适当的具体的行政行为，维护公民、法人或者其他组织的合法权益，保证和监督行政主体依法行使职权。行政复议是现代法治社会中解决行政争议的方法之一，它与行政诉讼、国家赔偿同属行政救济。

　　行政复议是近代民主政治的产物，是行政机关内部监督的一种重要方式，在世界范围内被广泛采用，如德国的异议审查制度、日本的行政不服审查制度、法国的行政救济制度、英国的行政裁判所制度、美国的行政法官制度、我国台湾地区的诉愿制度等，均与我国行政复议制度类似。[1] 对我国行政复议制度的雏形，有学者主

---

〔1〕　关于此部分，可以参见胡建淼：《比较行政法——20 国行政法评述》，法律出版社 1998 年版，第 94、158、225、296、351 页。

张在中华人民共和国成立初期就已产生。虽然截至 1990 年 12 月，我国已经有一百多部法律、行政法规规定了行政复议，[1] 但是作为一种统一的法律制度，行政复议是由国务院发布并于 1991 年 1 月 1 日起施行的《行政复议条例》确立的，1999 年 10 月 1 日开始施行的《行政复议法》（后于 2009 年、2017 年两次被修正）对行政复议制度作了进一步的规范。为进一步增强行政复议制度的可操作性，国务院制定了《行政复议法实施条例》，自 2007 年 8 月 1 日开始施行。

　　（二）行政复议的性质

　　关于行政复议性质的问题，目前学术界主要有以下几种观点：第一种观点认为，行政复议是国家行政机关按照行政职权或者行政系统中的上下级的监督关系，直接地、单方面地行使行政权力的行为，是一种纯行政性活动，属于行政执法。第二种观点认为，行政复议是对行政相对人合法权益予以救济和保障的一种行政救济。第三种观点认为，行政复议适用介于行政程序和诉讼程序之间的程序，因此是一种行政司法活动。[2] 大多数学者认为，行政复议兼具行政与司法的部分特征，其中，行政性体现在行政复议机关是行政机关，作出的行政复议行为是行政行为；司法性体现在行政复议不同于一般的行政行为，行政复议机关是以裁判者的身份，借用类似于司法审判行为的程序裁决行政争议。[3] 正如有学者所说："行政复议既有行政性质也有司法行为与程序的性质、特征，行政复议不同于纯粹行政，也不同于司法诉讼那样的纯粹司法制度，它是具有双重色彩的行为与程序。"[4] 本书将行政复议的性质概括为以下几点：

　　1. 行政复议是行政机关的行政行为。因为行政复议是上级行政机关或者法定复议机关对下级行政机关行使监督权的一种形式，其本质是行政机关行使行政职权的行政行为。

　　2. 行政复议是依申请的行政行为。行政复议的发生是基于行政相对人认为具体行政行为侵犯其合法权益而向行政复议机关提出申请。行政相对人不提出复议申请，行政机关不能自动启动行政复议程序。因此，行政复议是一种被动的依申请而产生的行为，而不是依职权而产生的。

　　3. 行政复议以行政争议为处理对象，不解决民事争议及其他争议。

　　4. 行政复议是一种行政司法行为。行政复议制度的目的是解决行政争议，为了保证行政复议的公正性，需要严密的程序，从复议申请的提出到受理和审理，直到复议决定的作出，都与司法程序相类似，显然与一般的行政行为有明显的区别。

---

〔1〕　罗豪才主编：《行政法学》，北京大学出版社 2000 年版，第 312 页。

〔2〕　关于行政复议的性质，可以参见：应松年主编：《行政行为法——中国行政法制建设的理论与实践》，人民出版社 1993 年版，第 687 页。王成栋："行政复议性质研究"，载中国政法大学科研处编：《政法评论（2000 年卷）》，中国政法大学出版社 2000 年版。

〔3〕　杨海坤主编：《跨入 21 世纪的中国行政法学》，中国人事出版社 2000 年版，第 53 页。

〔4〕　杨小君：《我国行政复议制度研究》，法律出版社 2002 年版，第 3 页。

二、行政复议的基本原则

行政复议的基本原则是在行政复议立法目的指导下，遵循行政复议的基本规律，规范行政主体和行政相对人在行政复议中的行为，对行政复议行为具有普遍指导意义的基本行为准则。它上承行政复议的立法目的，下联行政复议基本制度与基本规范。根据《行政复议法》和《行政复议法实施条例》的规定，行政复议的基本原则主要有合法原则、公正原则、公开原则、及时原则、便民原则、不利变更禁止原则、全面审查原则、调解原则等。

（一）合法原则

在行政复议过程中，申请人、被申请人以及行政复议机关都要根据现行有效的法律、法规和规章来活动。合法原则主要包括三方面内容：①行政复议活动的主体合法，即行政复议申请人和被申请人以及行政复议机关都必须具有法定资格。主体合法是行政复议合法的基本前提和基础。②行政复议活动的依据合法，这里的"依据"包括宪法、法律、法规和规章以及上级行政机关依法制定的其他规范性文件。③行政复议程序合法，无论对行政复议机关还是行政复议的申请人和被申请人来说，行政复议本身是一种程序性行为，为确保行政复议的顺利进行，行政复议主体必须遵守法定程序。

（二）公正原则

行政复议机关要平等地对待行政争议的双方当事人，平等地适用法律，不得偏袒本部门或者下属机关，对当事人要一视同仁。行政复议机关对被申请的具体行政行为，不仅应当审查其合法性，而且应当审查其合理性，行政复议机关应当从合法性和合理性两个层面审查被申请的具体行政行为。行政复议机关应当正当、合理地行使复议自由裁量权。禁止行政复议机关在进行行政复议时反复无常，对于案情基本相同的案件，不得作出完全不同的复议决定。行政复议决定一旦作出就应该保持其稳定性，不得朝令夕改、随意变更。行政复议机关审查案件，作出复议决定时，应做到充分考虑相关因素，禁止行政复议机关在行政复议时考虑不合理和不正当的因素。

（三）公开原则

行政复议机关在行政复议过程中，除涉及国家秘密、商业秘密或个人隐私外，整个过程都要向申请人和社会公开。

需要公开的内容包括：①行政行为依据，包括行政复议行为的依据和被申请复议的行政行为的依据；②行政复议组织机构、场所和工作制度；③行政复议审查过程；④行政复议决定以及执行情况。

公开的形式包括：①资讯发布。行政复议机关应当通过刊载、报道、散发免费资料等方式，主动向社会公布行政复议机构的基本情况、行政复议法律规范等。②查阅。《行政复议法》第23条第2款规定，申请人和第三人可以查阅被申请人的书面答复、证据依据和其他有关材料。行政复议机关应当为当事人或社会公众查阅案件资料或行政复议资讯提供场所和其他便利条件。查阅范围不仅包括已公开的内容，也包括未公开但与查阅者密切相关的部分，只要不涉及国家秘密、商业秘密和个人隐私，行政复议机关均不得拒绝。要注意的是，此处的"查阅"，理应包括复制、摘抄、录像、照相等形式。③告知。行政复议机构审理案件时应向当事人明示复议工作人员的身份；调查取证时应出示证件；审理过程中的受理、中止、延期、恢复审查等环节应书面告知当事人；不予受理决定、行政复议决定等要告知当事人起诉权和起诉期限，并送达各方当事人。④公开审理。根据《行政复议法》第22条的规定，除书面审理形式外，在申请人提出要求或行政复议机构认为必要时，可以向有关组织和人员调查情况，听取申请人、被申请人与第三人的意见。⑤说明理由。行政复议机关无论是作出行政复议决定，还是作出其他决定，如不予受理、终止、中止、延期等，都应该向当事人说明作出决定的具体理由。

（四）及时原则

行政复议机关应当在法律规定的期限内，尽快完成复议案件的审查，作出相应的复议决定。及时原则是对行政复议机关效率的要求，行政复议机关对于复议申请受理与否要及时作出决定；审查案件讲求行政效率，及时作出复议决定；对复议当事人履行情况应及时了解，不履行的要及时采取措施，处理行政复议决定执行中的问题。

（五）便民原则

行政复议活动应尽量节约当事人的时间、精力和费用的支出，为当事人特别是申请人提供便利条件。《行政复议法》和《行政复议法实施条例》在许多方面都体现了便民原则，例如，申请形式多样化，可以书面申请，也可以口头申请，书面申请的，可以采取当面递交、邮寄或者传真等方式提出行政复议申请。有条件的行政复议机构可以接受以电子邮件形式提出的行政复议申请。行政复议不收取任何费用；对于当事人无法确知行政复议管辖机关的情形，申请人可向当地县级人民政府提出申请，由县级人民政府将该申请依法转送有权受理的行政机关；对县级以上政府部门的具体行政行为不服，申请人可选择向本级政府或上级主管部门申请复议；等等。

（六）不利变更禁止原则

不利变更禁止原则源于刑事诉讼法中的"上诉不加刑原则"，目的是鼓励公民、法人或者其他组织通过行政复议的方式依法解决行政争议，解除申请人"不敢告"的思想负担。对此，我国台湾地区和日本作出明确规定。[1] 我国《行政复议条例》

---

[1]　日本《行政不服审查法》第40条第5款规定："在前两款的情形下，如果审查厅是处分厅的上级行政厅时，审查可以裁决变更该处分或命令处分厅变更该事实行为，并以裁决宣告之。但不得命令作出对审查请求人不利的处分变更或事实行为变更。"第47条第3款规定："对于处分（事实行为除外）的异议申请的理由时，处分厅以决定全部或者部分取消该处分或予以变更。但不得作出不利于异议申请人的处分变更。"我国台湾地区"诉愿法"第81条规定："诉愿有理由者，受理诉愿机关应以决定撤销原行政处分之全部或一部，并得视事件之情形，径为变更之决定或发回原行政处分机关另为处分。但于诉愿人表示不服之范围内，不得为更不利益之变更或处分。"参见杨小君：《我国行政复议制度研究》，法律出版社2002年版，第293页。

和《行政复议法》都没有明确规定，实践中，行政复议机关也会遇到行政处罚畸轻畸重的情况。为了更有利地保障行政相对人的合法权益和行政复议的顺利进行，《行政复议法实施条例》第51条规定，行政复议机关在申请人的行政复议请求范围内，不得作出对申请人更为不利的行政复议决定。

（七）全面审查原则

行政复议制度是在行政系统内部解决行政争议的法律制度，行政系统的层级节制的特点决定了行政复议机关可对具体行政行为的合法性和适当性进行全面审查，既可以撤销不合法的具体行政行为，也可以变更不适当的具体行政行为。

（八）有限调解原则

行政复议能否适用调解一直是一个有争议的问题。1991年施行的《行政复议条例》曾经明确规定，行政复议不适用调解。理由是：行政机关作出的具体行政行为是代表国家行使行政权的具体体现，行政权力是国家通过法律赋予的，行政机关在行使权力时，无论是否与管理人发生争议，都无权按照自己的意志自由处置手中的权力，只能按照国家的意志即依法行事。也有学者主张行政复议中应当建立调解制度，调解原则并不违反依法行政原则。《行政复议法》没有对调解问题作出明确规定，这给《行政复议法实施条例》留下了立法空间。《行政复议法实施条例》规定，行政复议可以在有限的条件下实行调解，《行政复议法实施条例》第50条规定，公民、法人或者其他组织对行政机关行使法律、法规规定的自由裁量权作出的具体行政行为不服申请行政复议的；或者针对当事人之间的行政赔偿或者行政补偿纠纷，行政复议机关可以按照自愿、合法的原则进行调解。当事人经调解达成协议的，行政复议机关应当制作行政复议调解书。调解书应当载明行政复议请求、事实、理由和调解结果，并加盖行政复议机关印章。行政复议调解书经双方当事人签字，即具有法律效力。调解未达成协议或者调解书生效前一方反悔的，行政复议机关应当及时作出行政复议决定。

三、行政复议与行政诉讼的关系

行政复议和行政诉讼都是法律救济制度，二者都以解决行政争议，监督行政行为，保障行政相对人的合法权益为目的。

（一）行政复议与行政诉讼的相同之处

1. 行政复议和行政诉讼都以行政争议为处理对象，都是因为行政相对人不服行政行为而引起的。

2. 行政复议和行政诉讼都是为了纠正违法或者不当的具体行政行为，保护行政相对人的合法权益，保障和监督行政主体依法行政。

3. 行政复议和行政诉讼都是一种依申请的行为，二者程序的启动，都适用不告不理的原则。

4. 行政复议和行政诉讼在适用的原则、程序上也有一些相似的地方。原则上，无论是行政复议还是行政诉讼，都不停止具体行政行为的执行。

（二）行政复议与行政诉讼的主要区别

1. 行为性质不同。行政复议从本质上说仍然是一种行政行为，行政诉讼则是纯粹的司法行为。

2. 受案范围不尽一致。《行政复议法》规定的受案范围要比《行政诉讼法》规定的受案范围广。

3. 审查的范围不同。行政复议的监督是全面的，不仅限于对具体行政行为合法性的审查，还包括对具体行政行为合理性的审查。不仅包括对具体行政行为的审查，而且在对具体行政行为进行审查的同时，还可以审查作为具体行政行为的依据的规章以下的行政规范性文件。行政诉讼是法院运用司法权来审查行政行为，一般只审查行政行为的合法性。行政机关行使自由裁量权的合理性，则不属于审查范围（行政处罚显失公正的情况除外）。

4. 适用程序不同。行政复议和行政诉讼提起的时间与审理的期限都不尽相同。行政复议应自知道该具体行政行为之日起 60 日内提出申请。行政机关应自受理申请之日起 60 日内作出行政复议决定，但法律规定复议期限少于 60 日的除外；情况复杂的，依法经批准，可适当延长，延长期限最高不超过 30 日。行政诉讼的提起针对不同的情形有不同的要求，不能行政复议或复议机关逾期不作决定的，应在复议期满之日起 15 日内向人民法院提起诉讼。行政诉讼适用的程序有第一审普通程序、简易程序、第二审程序、再审程序和特别程序。

5. 审理方式不同。行政复议原则上采取书面审查的办法，但是申请人提出要求或者行政复议机关负责法制工作的机构认为有必要时，可以向有关组织和人员调查情况，听取申请人、被申请人和第三人的意见。行政诉讼实行开庭审理制度。

6. 法律效力不同。行政复议决定一般没有最终的法律效力，行政相对人对复议决定不服的，还可以提起行政诉讼。只有在法律规定复议裁决为终局裁决的情况下，复议决定才具有最终的法律效力。行政诉讼则具有最终的法律效力，无论有没有经过行政复议的案件，一经行政诉讼，终审诉讼的裁判决定即具有最终法律效力，当事人不能再申请行政复议。

7. 是否收取案件受理费用不同。行政复议机关受理行政复议申请，不得向申请人收取任何费用。行政复议活动所需经费，应当列入行政经费，由国家财政予以保障。人民法院审理行政案件，应当收取诉讼费用。诉讼费用由败诉方承担，双方都有责任的，由双方分担。

（三）行政复议与行政诉讼的衔接

行政复议与行政诉讼都是处理行政争议的方式，二者具有程序上的衔接关系，可以分为四种情况：

1. 第一种是自由选择型，行政相对人不服行政机关的具体行政行为，可以自由选择寻求救济的途径，既可以选择向行政机关申请行政复议，也可以选择向人民法院提起行政诉讼。我国绝大多数的法律、法规都是这样规定的。

2. 第二种是复议前置型，对某些具体行政行为不服，行政管理相对人应当先向行政复议机关申请复议，对复议决定不服的再向人民法院提起行政诉讼，在法定行政复议期限内不得向人民法院提起行政诉讼。此种行政复议前置型，以法律、法规明确规定为限。我国现行一些法律、法规明确规定了复议前置，如《行政复议法》第 30 条第 1 款规定，相对人认为具体行政行为侵犯其已依法取得的自然资源所有权或使用权的，必须先申请行政复议，对行政复议决定不服，才能提起行政诉讼。《海关法》第 64 条规定，纳税义务人同海关发生纳税争议时，应当缴纳税款，并可以依法申请行政复议；对复议决定仍不服的，可以依法向人民法院提起诉讼。《集会游行示威法》第 31 条规定，当事人对公安机关给予的拘留处罚决定不服的，可以自接到处罚决定通知之日起 5 日内，向上一级公安机关提出申诉，上一级公安机关应当自接到申诉之日起 5 日内作出裁决；对上一级公安机关裁决不服的，可以自接到裁决通知之日起 5 日内，向人民法院提起诉讼。《税收征收管理法》第 88 条第 1 款规定，纳税人、扣缴义务人、纳税担保人同税务机关在纳税上发生争议时，必须先依照税务机关的纳税决定缴纳或者解缴税款及滞纳金或者提供相应的担保，然后可以依法申请行政复议；对行政复议决定不服的，可以依法向人民法院起诉。

3. 第三种是选择兼终局型，即由公民、法人或者其他组织自由选择行政复议或者行政诉讼，但是如果选择了行政复议就不能再提起行政诉讼。如《行政复议法》第 14 条规定，对国务院部门或省级政府的具体行政行为不服，由作出该行为的国务院部门或省级政府作出复议决定，申请人如仍不服，可由国务院作出最终裁决。

4. 第四种是复议终局型。《行政复议法》第 30 条第 2 款规定："根据国务院或省、自治区、直辖市人民政府对行政区划的勘定、调整或者征收土地的决定，省、自治区、直辖市人民政府确认土地、矿藏、水流、森林、山岭、草原、荒地、滩涂、海域等自然资源的所有权或者使用权的行政复议决定为最终裁决。"另外，一些单行法律虽未明确规定，但在事实上也形成了复议终局的情况，如《集会游行示威法》第 13 条规定，集会、游行、示威的负责人对主管机关不许可的决定不服的，可以向同级政府申请复议。法律未明确规定对复议决定不服可提起行政诉讼，而由于集会、游行、示威权利属公民的政治权利范畴，不属于《行政诉讼法》规定的人身权、财产权，无法提起行政诉讼，从而使复议机关的决定在事实上成为最终裁决。

第二节　行政复议范围

一、行政复议范围

行政复议的范围是指行政相对人认为行政主体作出的行政行为侵犯其合法权益，依法可以向行政复议机关请求重新审查的行政行为的范围。行政复议的范围决定哪些行政行为可以成为行政复议的对象，关系到行政复议的深度和广度。根据《行政复议法》的规定，行政复议范围包括两个方面的内容：

（一）具体行政行为

《行政复议法》第6条详细列举了行政复议的范围，有下列情形之一的，公民、法人或者其他组织可以依法申请复议：

1. 行政处罚。行政处罚包括《行政处罚法》规定的警告、罚款、没收违法所得、没收非法财物、责令停产停业、暂扣或者吊销许可证、暂扣或者吊销执照、行政拘留等，还包括其他法律、行政法规明文规定的其他行政处罚形式，如通报批评、驱逐出境等。

2. 行政强制措施。行政强制措施包括限制人身自由和限制财产流通两方面，前者如强制戒毒、强制遣送、对传染病人的强制隔离、对公共场合醉酒者的强制约束、对闹事者强行带离现场等；后者如对财产的查封、扣押、冻结等。

3. 行政许可变更、中止、撤销行为。对行政机关作出的有关许可证、执照、资质证、资格证等证书的变更、中止、撤销的决定不服，行政相对人可以申请行政复议。

4. 行政确权行为。对行政主体作出的关于确认土地、矿藏、水流、森林、山林、草原、荒地、滩涂、海域等自然资源的所有权或者使用权的决定不服，可以提起行政复议。

5. 侵犯经营自主权的行为。经营自主权是公民、法人和其他组织依法享有的自主调配人力、物力和财力等用于经营活动的权利。行政机关侵犯经营自主权是指行政机关采用违法的行政手段，限制或者剥夺公民、法人或者其他组织依法享有的经营自主权的行为，如行政机关强制撤换企业的法定代表人、强制企业合并、限制企业经营范围、强制企业转让知识产权等。

6. 变更或废止农业承包合同行为。农业承包合同是农村集体经济组织与农民就承包经营集体土地、生产资料或其他财产所达成的明确相互间权利义务关系的协议，除非经合同当事人协商一致或出现法定事由，行政主体无权随意变更或者废止农业承包合同，如果行政主体非法干涉农业承包合同的订立和履行，行政相对人可以申请行政复议。

7. 要求行政相对人履行义务的行为。从内容上看，违法要求履行义务包括行政主体违法集资、征收财物、摊派费用或者违法要求履行其他义务。行政主体违法要求履行义务的情况主要有：①在法律、法规之外，行政主体自行通过规范性文件或者口头为行政相对人设定义务，或者无任何依据要求相对人履行义务；②行政主体超出法律、法规规定的种类、幅度和方式要求行政相对人履行义务；③重复要求行政相对人履行义务；④违反法定程序要求相对人履行义务。

8. 不依法办理行政许可行为。行政相对人认为符合法定条件，向行政机关申请颁发许可证、执照、资质证、资格证等证书，或者申请行政审批、登记有关事项，行政机关没有依法办理的，包括行政机关拒绝办理、不予答复、拖延办理等行为。

9. 不履行法定职责行为。行政相对人申请行政机关履行保护人身权、财产权、受教育权的法定职责，行政机关没有依法履行的。主要表现为行政机关不予理睬或拒绝履行。具体包括以下要件：①行政主体负有保护的法定职责；②行政相对人要求保护的是人身权、财产权、受教育权；③行政相对人提出要求；④行政主体没有正当理由拒绝履行职责。

10. 行政给付行为。行政相对人申请行政机关依法发放抚恤金、社会保险金或最低生活保障费，行政机关没有依法发放的。这里要注意：必须是法律、法规规定由行政机关发放的，不包括由企业、事业单位发给的部分。"没有依法发放"包括未发放或拖延不发、未足额发放、错发等情形。

11. 其他具体行政行为侵犯其合法权益的。行政机关的任何具体行政行为，只要侵犯了行政相对人的合法权益，都可以申请行政复议。合法权益不仅包括人身权、财产权和受教育权，还包括其他法定权利，如集会、游行、示威、结社、言论、出版、宗教信仰等政治权利和自由，以及劳动权、休息权、环境权等权利，可见行政复议的范围较行政诉讼受案范围广泛。

（二）抽象行政行为

《行政复议法》第 7 条规定，行政相对人在对具体行政行为申请行政复议时，可以一并提出对该具体行政行为所依据的有关规定的审查申请。

这里需要注意：①对这些规定提出审查申请，必须是在对具体行政行为申请复议时一并提出，不能单独对这些规定提起行政复议。②并非对所有的抽象行政行为都可以提出审查申请，只能是国务院部门的规定、县级以上地方各级人民政府及其工作部门的规定和乡镇人民政府的规定，不包括行政法规、行政规章以及国务院的规定、党的机关的规定。这里需要注意的是：行政相对人虽然不能提起对具体行政行为所依据的行政法规和规章的审查请求，但根据《行政复议法》第 27 条的规定，可以由行政复议机关主动进行处理或转送有权机关处理。③行政复议法只是赋予行政相对人申请复议时对部分抽象行政行为的监督机制的启动权，抽象行政行为的处理机关、处理权限和程序，仍按现行备案审查制度执行。④相对人要求进行审查的只能是抽象行政行为的合法性，不包括适当性。

二、行政复议的排除事项

（一）行政机关的人事处理决定

根据《行政复议法》第 8 条第 1 款的规定，对行政机关作出的行政处分或其他人事处理决定不服的，不能申请复议，只能向有关人事和行政监察部门申诉。行政处分是行政主体对其所属公务员作出的内部行为，包括警告、记过、记大过、降级、撤职、开除 6 种形式。其他人事处理决定，主要是指行政机关针对公务员的任免、晋升、撤职、轮换、辞退、考核等事项所作出的处理决定。《中华人民共和国监察法》第 49 条规定，监察对象对监察机关作出的涉及本人的处理决定不服的，可以在收到处理决定之日起 1 个月内，向作出决定的监察机关申请复审，复审机关应当在 1 个月内作出复审决定；监察对象对复审决定仍不服的，可以在收到复审决定之日起 1 个月内，向上一级监察机关申请复核，复核机关应当在 2 个月内作出复核决定。复审、复核期间，不停止原处理决定的执行。复核机关经审查，认定处理决定有错误的，原处理机关应当及时予以纠正。

案例 13－1：某县下属事业单位职工殷某，于 1995 年 9 月生育一胎，由于夫妻双方均为独生子女，殷某于 1998 年领取了《再生一胎计划生育证》，并于同年 10 月生育了第 2 胎。2000 年殷某又怀孕，于 2000 年 10 月又生育了第 3 胎。该县人民政府依据《某省计划生育条例》的规定，作出给予殷某开除公职、罚款 1200 元的处理决定。殷某不服，以定性不准、处理过重为由，向本地区行政公署提出复议申请，要求撤销某县人民政府的处理决定。[1]

本案中，需要讨论的问题是：殷某的复议申请是否应受理？县人民政府依据《某省计划生育条例》的规定对殷某作出的罚款 1200 元的处理决定，属于《行政复议法》第 6 条第 1 项规定的行政机关作出的罚款型行政处罚，对该行政处罚不服，公民、法人或者其他组织可以申请行政复议，属于行政复议的受理范围，地区行政公署应当受理。某县人民政府给予殷某开除公职的处理，属于行政处分。根据传统行政法理论，由于行政处分或者其他人事处理都是针对行政机关内部公务人员的，不涉及外部公民、法人或者其他组织的合法权益，因而不宜纳入行政复议范围。据此，殷某对开除公职的行政处分不服，可以向原处理机关某县人民政府申请复核，也可以向县人事局申诉，还可以向县监察局申诉，但不能提起行政复议。根据上述分析，对殷某罚款 1200 元的处罚，可以申请复议；开除公职的行政处分，依法不能申请复议。

（二）行政主体对民事纠纷的处理

《行政复议法》第 8 条第 2 款规定，对行政机关就民事纠纷作出的调解或者其他处理不服的，不能申请复议，可以依法申请仲裁或向人民法院提起民事诉讼。行政机关对民事纠纷的调解，例如，公安交警对交通事故中赔偿问题的处理，乡镇政府和城市街道办事处的司法助理员、民政助理员对有关民事纠纷主持的调解等，都是根据民事法律规范所规定的权利义务和法律关系进行的，行政机关只起劝解、引导作用，并不单方面对当事人之间的权利和义务强行变更，如果达成调解协议，那是当事人双方依法处分自己的民事权利的结果；如果未达成协议，则调解行为终止，当事人任何一方均可依法提起民事诉讼。行政主体对民事纠纷的调解行为本身不影响当事人的权益，不能申请行政复议。

---

〔1〕　案例参见吴鹏主编：《行政救济法典型案例》，中国人民大学出版社 2003 年版，第 38 页。

第三节　行政复议参加人和行政复议机关

一、行政复议申请人

申请人是指对行政主体作出的具体行政行为不服，依据法律、法规的规定，以自己的名义向行政复议机关提起行政复议申请的公民、法人或其他组织。申请人的范围非常广泛，包括公民、法人和其他组织以及外国人、无国籍人。国家机关作为行政管理对象时，可以作为机关法人成为行政复议中的申请人。确定公民、法人或其他组织是否具有申请人的资格，要考虑两个条件：

1. 必须是本人权益受到侵害，对于别人的权利受到具体行政行为侵害的，公民、法人或其他组织不得以自己的名义提起复议申请；申请人应当以自己的名义申请复议，而不能以他人的名义申请复议。

2. 必须与具体行政行为存在法律上的利害关系，即其合法利益受到具体行政行为的影响。关于此点，学界有不同观点。有学者提出，应按照《行政复议法》第 2 条的规定："公民、法人或其他组织认为具体行政行为侵犯其合法利益，向行政机关提出行政复议申请，行政机关受理行政复议申请、作出行政复议决定，适用本法。"这里的"认为"是申请人的一种主观认识，具体行政行为是否确实侵犯了其合法权益，必须等到行政复议机关审查后才能确定。只要申请人认为行政主体的具体行政行为侵犯了其合法权益，即可以提起行政复议。[1] 本书认为，虽然《行政复议法》使用的"认为"一词是主观标准，但是并不能因此得出结论：任何人只要主观上认为具体行政行为侵犯其合法权益，即可以成为合格的行政复议申请人。实践中，行政复议机关在审查决定是否受理行政复议申请时，必然审查拟提起复议申请的公民、法人或者其他组织与被申请的具体行政行为之间是否具有某种利害关系，如果完全没有联系，即使拟提起复议申请的公民、法人或者其他组织主观上认为自己的合法权益受到损害，其申请也不会被受理，也就不会具有法律意义上的申请人资格。

一般情况下，具体行政行为侵害的当事人是行政复议的申请人。在特定条件下，申请人的资格将发生转移。根据《行政复议法》第 10 条的规定，有权申请行政复议的公民死亡的，其近亲属可以申请行政复议，近亲属包括其配偶、父母、子女、兄弟姐妹、祖父母、外祖父母、孙子女、外孙子女等；有权申请行政复议的法人或者其他组织终止的，承受其权利的法人或者其他组织可以申请行政复议。

为便于当事人申请行政复议，《行政复议法实施条例》规定了复议申请人代表制度，包括以下几种情况：合伙企业申请行政复议的，应当以核准登记的企业为申请人，由执行合伙事务的合伙人代表该企业参加行政复议；不具备法人资格的其他

---

〔1〕 姜明安主编：《行政法与行政诉讼法》，北京大学出版社、高等教育出版社 1999 年版，第 291 页。

组织申请行政复议的，由该组织的主要负责人代表该组织参加行政复议；没有主要负责人的，由共同推选的其他成员代表该组织参加行政复议；股份制企业的股东大会、股东代表大会、董事会认为行政机关作出的具体行政行为侵犯企业合法权益的，可以以企业的名义申请行政复议；同一行政复议案件申请人超过 5 人的，推选 1～5 名代表参加行政复议。

二、行政复议被申请人

行政复议被申请人是指公民、法人或者其他组织对其作出的具体行政行为不服提出复议申请，并由行政复议机关通知参加行政复议的行政主体。依《行政复议法》和《行政复议法实施条例》的规定，行政机关和法律、法规授权的组织具有行政复议被申请人的身份。但行政机关和法律、法规授权的组织在什么条件下才能够成为合格的被申请人，从理论上讲是三个主体的合一，亦即行政主体、行为主体和责任主体的合一，亦即当一个行政机关或者法律、法规授权的组织享有行政职权，具有行政主体资格，实施了具体行政行为，并且依据法律规定，由它承担该行为引起的法律后果和责任时，该行政机关或者法律、法规授权的组织即具备了被申请人的资格。行政复议被申请人具有以下特征：①被申请人必须是行政主体。②被申请人必须是实施相应行政行为的行政主体。③被申请人必须是相应行政行为受申请人指控并由行政复议机关通知其参加行政复议的行政主体。

根据《行政复议法》和《行政复议法实施条例》的规定，被申请人主要有以下几种情形：

1. 作出具体行政行为的行政机关是被申请人。这是确认行政复议被申请人的一般原则，在一般情况下，作出具体行政行为的行政主体是单一的行政机关。

2. 两个或两个以上行政机关以共同名义作出同一具体行政行为的，行政机关为共同被申请人；行政机关与法律、法规授权的组织以共同的名义作出具体行政行为的，行政机关和法律、法规授权的组织为共同被申请人；行政机关与其他组织以共同名义作出具体行政行为的，行政机关为被申请人。

3. 法律、法规授权的组织作出的具体行政行为引起行政复议，该组织是被申请人。法律、法规授权的组织种类繁多，在确定被申请人时，要根据法律、法规和规章的规定和实际情况具体判断。

4. 下级行政机关依照法律、法规、规章规定，经上级行政机关批准作出具体行政行为的，批准机关为被申请人。

5. 行政机关设立的派出机构、内设机构或者其他组织，未经法律、法规授权，对外以自己名义作出具体行政行为的，该行政机关为被申请人。

6. 行政机关委托的组织作出的具体行政行为引起的行政复议，委托机关是被申请人。行政委托关系类似于代理关系，作为被代理人的委托机关承担法律后果。

7. 作出具体行政行为的行政机关被撤销的，继续行使其职权的行政机关是被申请人。行政机关主体资格的消失，虽然导致其权利义务的终止，但行政主体原来所实施的行政行为仍然有效，其行为效果由继续行使其职权的行政主体承受。实践中，主要有以下三种情况：①作出具体行政行为的行政机关被合并的，被申请人是合并后的行政机关；②作出具体行政行为的行政机关被分解的，被申请人是分解后承受职权的行政机关；③作出具体行政行为的行政机关被解散，其职权消失的，被申请人是作出解散决定的行政机关或者被解散的行政机关的上级行政机关或者是指定的其他行政机关。

案例13-2：吴某系某市个体经营者，租用该市永发市场东门外88号房屋，为袜子生产者进行袜子包装兼作生活用房。2006年，根据某市人民政府2006年发布的《关于开展2006年工商、税收、物价大检查的通知》，某市工商局、税务局、物价局组成了某市人民政府工商税收物价大检查办公室（以下简称"三查办"）。2006年4月9日下午，"三查办"工作人员来到永发市场检查，查到吴某处，发现其无营业执照违法经营，决定对吴某给予罚款800元的处罚，并责令吴某申办营业执照并补交税款。

本案中，若吴某对"三查办"的处罚决定不服申请复议，应以谁为被申请人？《行政处罚法》第16条规定："国务院或者经国务院授权的省、自治区、直辖市的人民政府可以决定一个行政机关行使有关行政机关的行政处罚权，但限制人身自由的行政处罚权只能由公安机关行使。"本案中的"三查办"既非国务院决定，也非国务院授权省级人民政府决定而成立的机关，应视为接受政府委托的行政机构。根据上述确定行政复议被申请人的理论，行政机关委托的组织作出的具体行政行为引起的行政复议，委托机关是被申请人。本案中，市人民政府为委托机关，如果吴某对"三查办"的处罚决定不服，应以某市人民政府为被申请人申请复议。

三、行政复议第三人

行政复议中的第三人是指同被申请复议的具体行政行为有利害关系，申请参加或者由行政复议机关通知其参加到行政复议过程中的公民、法人或者其他组织。

（一）行政复议第三人的基本特征

1. 第三人与具体行政行为有利害关系，这种利害关系既可能是与申请复议的行政行为有利害关系，也可能是与复议决定有利害关系。

2. 第三人必须在行政复议过程中参加到他人的复议中来，第三人应当在行政复议已经开始但尚未结束之前参加复议。如果行政复议尚未开始或者已经终结，都不存在第三人参加复议的问题。

3. 第三人在法律上享有独立的复议地位。第三人与申请人或被申请人一样，参加复议是为了维护自己的合法权益。在复议中，第三人具有独立的复议地位。相对于申请人，第三人除了没有提起复议的权利外，其他的复议权利都享有，可以提出自己的请求，也可以参加辩论，对复议不服有权提起诉讼。

4. 第三人参加复议必须经过复议机关批准。根据《行政复议法》第10条第3

款的规定，第三人"可以"参加行政复议，并非必须参加行政复议。公民、法人或者其他组织作为第三人参加复议有两种情况：①自己申请参加。行政复议期间，申请人以外的公民、法人或者其他组织认为自己与被审查的具体行政行为有利害关系的，可以向行政复议机关申请作为第三人参加行政复议。②复议机关通知其参加。行政复议期间，行政复议机关认为申请人以外的公民、法人或者其他组织与被审查的具体行政行为有利害关系，可以通知其作为第三人参加行政复议。无论哪种情况，复议机关对于是否允许第三人参加复议拥有决定权。一般情况下，第三人如果申请参加复议，行政复议机关应当准许；如果第三人未主动提出申请，但行政复议机关认为其应当参加的，可以通知其参加，第三人拒绝参加或消极回避的，并不影响复议案件的审理。

（二）第三人的种类

从法律、法规的规定以及行政复议实践来看，行政复议第三人主要包括以下几种情况：

1. 行政处罚争议案件中，被处罚人申请复议，则被害人可以作为第三人；如果被害人申请复议，被处罚人可以作为第三人。

2. 行政确权案件中，被确权的民事纠纷一方当事人申请复议，另一方可以作为第三人。

3. 与被申请复议的具体行政行为有其他利害关系，例如，征用土地或房屋拆迁案件中，因征地或拆迁等具体行政行为引起纠纷，当事人不服而申请复议的，有关建设单位可以作为第三人参加复议。再如，食品卫生监督检验所因某商店出售劣质食品而对其进行处罚，该商店不服，申请行政复议，并称所销售的食品是从某生产厂家购进，则该生产厂家可以作为第三人参加行政复议。

4. 两个以上行政机关作出相互矛盾的具体行政行为，其中一个行政机关被申请复议，另一个未被申请复议的行政机关是第三人。

5. 与行政机关共同署名作出处理决定的非行政机关组织。该组织既不是行政机关，也不是法律、法规授权的组织，但它却与行政主体共同署名作出行政行为。既然不是行政主体，当然不能成为行政复议被申请人。但是，如果复议涉及赔偿事项，则该组织应作为第三人参加复议，以承担相应的法律责任。

6. 应当追加被申请人而申请人不同意追加的，应通知其作为第三人参加复议。

7. 一个行政处理决定同时涉及数人，部分人申请行政复议，未申请复议的人可以作为第三人。

四、行政复议代理人

行政复议代理人是指法律、法规规定，或由行政复议机关指定或者由复议参加人委托，以被代理人的名义参加复议活动的人。复议代理人可以分为法定代理人、指定代理人、委托代理人。根据《行政复议法》第10条的规定，有权申请行政复议的公民为无民事行为能力人或者限制民事行为能力人的，其法定代理人可以代为申请行政复议。关于行政复议的指定代理问题，法律没有作出明确规定，实践中仍然存在指定代理问题。如果存在法定代理人推诿代理责任，行政复议机关可以指定代理人。关于委托代理问题，《行政复议法实施条例》第 10 条规定，申请人、第三人可以委托 1～2 名代理人参加行政复议。申请人、第三人委托代理人的，应当向行政复议机构提交授权委托书。授权委托书应当载明委托事项、权限和期限。公民在特殊情况下无法书面委托的，可以口头委托。口头委托的，行政复议机构应当核实并记录在卷。申请人、第三人解除或者变更委托的，应当书面报告行政复议机构。关于被申请人是否可以委托代理人参加复议的问题，法律上没有明确规定。学术界有两点分歧：一是作为被申请人的行政机关能否委托代理人参加复议；二是实践中行政机关工作人员代表行政首长参加复议，这是不是委托代理。[1] 本书认为，《行政复议法》之所以没有明确规定被申请人是否可以委托代理人参加复议，主要是担心被申请人借此逃避责任。但是，无论是被申请人自己参加复议，还是委托代理人参加复议，复议决定都针对被申请人，由被申请人承担法律责任，因此应当赋予被申请人委托代理人参加复议的权利，而且实践中广泛存在的行政机关工作人员参加复议实际上也是一种委托代理关系。

五、行政复议机关与管辖

行政复议机关，是指依照法律规定，有权受理行政复议的申请，依法对被申请的行政行为进行合法性、适当性审查并作出决定的行政机关。行政机关内部设立的具体负责办理复议案件的机构是行政复议机构。对于行政复议机关，可以从以下几个方面理解：①行政复议机关是行政机关，法律、法规授权的组织不能作为行政复议机关。②行政复议机关是享有行政复议权的行政机关，不是所有的行政机关都有行政复议权，乡、镇人民政府就不是行政复议机关。③行政复议机关是对于被申请复议的行政行为拥有复议管辖权的行政机关。

行政复议的管辖是指行政复议机关受理复议申请的权限和分工。《行政复议法》对于行政复议管辖的确立更多地考虑了我国行政系统中条条、块块管理体制的具体情况。具体有以下种类：

（一）一般管辖

通常情况下，行政复议案件由被申请人的上一级行政机关管辖，包括：

1. 申请人可以选择管辖。对县级以上地方各级人民政府工作部门的具体行政行为不服的，由申请人选择行政复议机关，既可以向该部门的本级人民政府申请行政复议，也可以向上一级行政主管部门申请行政复议。

2. 地方政府管辖。对地方各级人民政府作出的具体行政行为不服的，由上一级人民政府管辖。其中，省政府依法设立的派出机关即行政公署可以管辖对所属县级

---

[1]　应松年主编：《行政法与行政诉讼法学》，法律出版社 2005 年版，第 433 页。

地方政府的具体行政行为申请复议的案件。

3. 垂直领导机关管辖。对实行垂直领导的国家行政机关（如海关、金融、国税、外汇管理等行政机关和国家安全机关）的具体行政行为不服的，向上一级主管部门申请行政复议。对于省以下垂直领导的行政机关（如地方税务、工商、药品监督、质量技术监督、国土资源等部门）是否也实行行政复议垂直管辖，《行政复议法》未明确规定，《行政复议法实施条例》第24条规定，申请人对经国务院批准实行省以下垂直领导的部门作出的具体行政行为不服的，可以选择向该部门的本级人民政府或者上一级主管部门申请行政复议；省、自治区、直辖市另有规定的，依照省、自治区、直辖市的规定办理。

（二）特殊管辖

1. 本机关自己管辖。对国务院部门或者省、自治区、直辖市人民政府的具体行政行为不服的，向作出该具体行政行为的国务院部门或者省、自治区、直辖市人民政府申请复议，不能直接向国务院申请。申请人对两个以上国务院部门共同作出的具体行政行为不服的，可以向其中任何一个国务院部门提出行政复议申请，由作出具体行政行为的国务院部门共同作出行政复议决定。这种规定主要考虑到国务院的地位和工作性质，其应当更多地从事宏观调控，而不是具体事务。对国务院部门或者省、自治区、直辖市政府作出的复议决定不服的，可以向法院提起行政诉讼或申请国务院最终裁决。

2. 共同上一级行政机关管辖。对两个或者两个以上行政机关以共同名义作出的具体行政行为不服的，向其共同上一级行政机关申请行政复议。实践中，有以下四种具体情形：①同一政府所属的两个或两个以上的工作部门以共同名义作出具体行政行为的。如市工商局、物价局和税务局共同作出具体行政行为，对此不服申请的复议则由它们所属的政府管辖。②不同级别的政府所属的两个或两个以上工作部门以共同名义作出具体行政行为的，对此不服申请的复议，由处于领导地位的政府进行管辖。③对两个或者两个以上的地方人民政府共同作出的具体行政行为不服申请的复议，应由共同作出具体行政行为的政府的上一级政府管辖。④行政机关与法律、法规授权的组织或者两个及两个以上法律、法规授权的组织以共同名义作出的具体行政行为，应由对它们有共同领导或有主管权的行政机关进行管辖。

3. 派出机关和派出机构的管辖。对县级以上地方人民政府依法设立的派出机关（包括地区行政公署、街道办事处、区公所）的具体行政行为不服的，向设立该派出机关的人民政府申请复议；对政府工作部门依法设立的派出机构依照法律、法规或规章的规定，以自己名义作出的具体行政行为不服的，向设立该派出机构的部门或者该部门的本级地方人民政府申请行政复议。

4. 法律、法规授权的组织的管辖。对法律、法规授权的组织作出的具体行政行为不服的，分别向直接管理该组织的地方人民政府、地方人民政府工作部门或者国务院部门申请行政复议。

第三节

5. 被撤销行政机关的管辖。对被撤销的行政机关在撤销前所作出的具体行政行为不服的，向继续行使其职权的行政机关的上一级行政机关申请行政复议。

（三）县级政府转送管辖

根据《行政复议法》第15条第2款的规定，对特殊情况下的复议管辖，申请人也可以向具体行政行为发生地的县级地方人民政府提出行政复议申请，由该县级地方政府在收到复议申请之日起7日内，将该申请转送到有关的行政复议机关，这充分体现了行政复议的便民原则。

（四）复议的移送管辖

复议机关对已受理的复议案件，经审查发现自己对该案件无管辖权时，将该案件移送给有管辖权的复议机关管辖。

（五）指定管辖

当管辖权发生争议时，为避免发生相互推诿或互相争夺管辖权等现象，就需要由有关机关来指定由哪个机关来行使复议管辖。《行政复议法》规定，行政机关因复议管辖发生争议，争议双方应当协商解决。协商不成的，由它们的共同上一级行政机关指定管辖。

复议被申请人与复议机关的对应关系可以归纳为表13-1：

表13-1　复议被申请人与复议机关的对应关系

复议被申请人		复议机关
县级以上地方政府职能部门		本级政府或上一级主管部门（省、自治区、直辖市另有规定的，按照规定办理）
省级以下实行垂直领导的机关（地税、质量技术监督）		
地方国家安全机关		上一级主管部门
全国范围内实行垂直领导的机关（海关、金融、国税、外汇）		
乡、镇、县、市人民政府		上一级政府
省部级机关或者组织		本机关或者组织
派出机关（行政公署、街道办事处、区公所）		设立该派出机关的政府
派出机构	政府工作部门的派出机构	该部门或该部门的本级政府
	非地方政府工作部门的派出机构	直接管理该机构的机关
法律、法规授权的组织		直接管理该组织的机关
作出共同行政行为的数个机关		共同上一级机关
原行政机关被撤销后继续行使职权的行政机关		上一级机关

案例13-3：1997年，王某开办了个体修车业务部，并到区税务机关办理了税

务登记。1999 年，某区税务分局第二税务所检查人员对王某使用的发票进行了检查，发现发票存在缺少存根、存根作废等情况，因此依据某市政府第 13 号令对王某罚款 1000 元。王某不服，在交纳了全部罚款后向市税务局申请复议，市税务局决定由某区税务分局负责审议此案。[1]

本案中需要讨论的问题是：市税务局的决定正确吗？通过学习行政主体理论，我们了解到，派出机构是指由政府的工作部门根据需要在一定行政区域内设置的派出组织。派出机构在一般情况下不具有行政主体资格，只有在法律、法规有明确规定或授权的情况下，才可直接以自己的名义实施行政管理行为，才具有授权性行政主体的资格。本案中，某区税务分局第二税务所是某区税务分局的派出机构，《税收管理法》明确授权税务所行使税收征收管理的职权，使其获得了独立的法律地位。

《行政复议法》第 15 条第 1 款第 2 项规定，对政府工作部门依法设立的派出机构依照法律、法规或规章的规定，以自己名义作出的具体行政行为不服的，向设立该派出机构的部门或者该部门的本级地方人民政府申请行政复议。就本案情况而言，对税务所的行政处罚决定不服，既可以向某区税务分局复议，也可以向某区人民政府复议，但不能向市税务局复议，因此，本案中，市税务局决定由某区税务分局负责审议此案是正确的。

第四节

第四节　行政复议的申请与受理

一、申请

行政复议是依申请的行为，以行政相对人的申请为前提，即如果行政相对人不提出申请，行政复议机关不能主动管辖。根据《行政复议法》和《行政复议法实施条例》的规定，申请行政复议应当符合以下条件：

1. 申请人符合资格。申请人是认为具体行政行为侵犯其合法权益的公民、法人或者其他组织。

2. 有明确的被申请人。行政复议申请人应当在申请书中明确指出被申请人。被申请人的确定应当根据《行政复议法》和《行政复议法实施条例》的规定。

3. 有具体的复议请求和事实根据。一般而言，申请人的复议请求通常有五类：

（1）请求复议机关撤销违法的具体行政行为。

（2）请求复议机关变更明显不当的具体行政行为。

（3）请求复议机关责令被申请人履行法律、法规和规章规定的职责。

（4）请求复议机关确认具体行政行为违法。

（5）请求复议机关责令被申请人赔偿损失。

---

[1]　案例改编自：王贞琼、任文东主编：《行政复议法新释与例解》，同心出版社 2001 年版，第 228 页。

　　4. 属于行政复议范围。申请人申请复议的事项，必须符合《行政复议法》规定的范围。

　　5. 属于收到行政复议申请的行政复议机构的职责范围。申请行政复议应当向有管辖权的行政复议机关申请，行政复议机关无权受理不属于自己管辖的复议案件。

　　6. 符合程序条件。

　　(1) 在法定期限内申请复议。申请人认为具体行政行为侵犯其合法权益的，可以自知道该具体行政行为之日起 60 日内提出行政复议申请；但是法律规定的申请期限超过 60 日的，以法律规定为准。如《专利法》第 41 条第 1 款规定，专利申请人对国务院专利行政部门驳回申请的决定不服的，可以在收到通知之日起 3 个月内，向专利复审委员会请求复审。

　　法律规定的申请期限少于 60 日的，以《行政复议法》的规定为准。简单说，行政复议的申请期限大于或者等于 60 日，但不会少于 60 日，这也是行政复议便民原则的具体体现。

　　至于如何确定"知道具体行政行为之日"，《行政复议法实施条例》作了比较详细的规定：当场作出具体行政行为的，自具体行政行为作出之日起计算；载明具体行政行为的法律文书直接送达的，自受送达人签收之日起计算；载明具体行政行为的法律文书邮寄送达的，自受送达人在邮件签收单上签收之日起计算；没有邮件签收单的，自受送达人在送达回执上签名之日起计算；具体行政行为依法通过公告形式告知受送达人的，自公告规定的期限届满之日起计算；行政机关作出具体行政行为时未告知公民、法人或者其他组织，事后补充告知的，自该公民、法人或者其他组织收到行政机关补充告知的通知之日起计算；被申请人能够证明公民、法人或者其他组织知道具体行政行为的，自证据材料证明其知道具体行政行为之日起计算。行政机关作出具体行政行为，依法应当向有关公民、法人或者其他组织送达法律文书而未送达的，视为该公民、法人或者其他组织不知道该具体行政行为。[1]

　　(2) 同一行政复议申请尚未被其他行政复议机关受理，人民法院也没有受理同一主体就同一事实提起的行政诉讼。

　　(3) 申请方式符合法律规定。根据《行政复议法》第 11 条的规定，申请行政复议有两种方式：①书面申请，由申请人向行政复议机关提交书面的申请书，提交方式包括直接、邮寄、委托、传真、电子邮件等，申请书一般应包含申请人基本情况、被申请人名称、行政复议请求、事实和理由、致送的行政复议机关和提出行政复议申请的日期等内容。②口头申请，申请人或其委托代理人必须亲自到行政复议机关提出，由行政复议机关当面记录申请人的基本情况、行政复议请求、申请行政复议的主要事实、理由和时间，工作人员做好笔录后，要交申请人核对或者向申请人宣读，并由申请人签字确认。

---

〔1〕《行政复议法实施条例》第 15 条。

7. 法律、法规规定的其他条件。

二、受理

（一）以受理为原则，以不受理为例外

行政复议，是行政机关依法解决行政争议、化解社会矛盾、密切政府同人民群众的关系的重要平台。通过行政复议，行政机关可以主动纠正违法或者不当的具体行政行为，将行政争议化解在基层和初发阶段，化解在行政系统内部，从而减轻法院诉讼负担。因此，对公民、法人或者其他组织提出的行政复议申请，行政机关应畅通复议渠道、积极受理。《行政复议法实施条例》第 27 条规定："公民、法人或者其他组织认为行政机关的具体行政行为侵犯其合法权益提出行政复议申请，除不符合行政复议法和条例规定的申请条件的，行政复议机关必须受理。"《行政复议法实施条例》第 31 条还规定，"依照行政复议法第 20 条的规定，上级行政机关认为行政复议机关不予受理行政复议申请的理由不成立的，可以先行督促其受理；经督促仍不受理的，应当责令其限期受理，必要时也可以直接受理；认为行政复议申请不符合法定受理条件的，应当告知申请人"。

（二）受理机关的确定

申请人就同一事项向两个或者两个以上有权受理的行政机关申请行政复议的，由最先收到行政复议申请的行政机关受理；同时收到行政复议申请的，由收到行政复议申请的行政机关在 10 日内协商确定；协商不成的，由其共同上一级行政机关在 10 日内指定受理机关。协商确定或者指定受理机关所用时间不计入行政复议审理期限。

三、对行政复议申请的审查和处理

（一）审查

行政复议机关收到行政复议申请后，一般应当就下列内容进行审查：①申请人是否具有法定资格，即其本人权益是否受到侵害；受侵害的权益是否为合法权益；申请人与具体行政行为之间是否存在法律上的利害关系；②有无明确的被申请人；③是否有具体的行政复议请求和事实依据；④是否属于行政复议范围；⑤是否在法定申请期限内提出申请，超过法定申请期限的，是否有正当的理由；⑥是否已向其他有权受理的行政复议机关提出复议申请，或者已向人民法院提起行政诉讼且人民法院已经受理，因为相对人不能重复提出行政复议申请，相对人向人民法院提起行政诉讼，人民法院已经依法受理的，不得再申请行政复议；⑦是否应该由本机关受理或管辖。

（二）处理

行政复议机关对复议申请进行审查后，应当在 5 日内分别作出下列处理：

1. 受理。行政复议申请符合法定条件的，应当予以受理，并制作行政复议受理通知书，告知申请人，进入复议程序。

2. 不予受理。行政复议申请不符合法定条件的，应决定不予受理，制作不予受理决定书，送达申请人，告知其不予受理的理由，并告知诉权和起诉期限。如果申请人不服不予受理决定，可以有两种救济途径：①根据《行政复议法》第20条的规定，向复议机关的上一级机关反映，如果上一级机关认为行政复议机关不予受理的理由不正当的，上级行政机关应当责令其受理；必要时，上级行政机关也可以直接受理。②可以依法提起行政诉讼。行政复议机关决定不予受理或者受理后超过行政复议期限不作答复的，公民、法人或者其他组织可以自收到不予受理决定书之日起或者行政复议期满之日起15日内，依法向人民法院提起行政诉讼。

3. 告知。行政复议申请符合法定条件但不属于本机关受理的，应当书面告知申请人向有关行政复议机关提出。

4. 补正申请材料。行政复议申请材料不齐全或者表述不清楚的，行政复议机构可以自收到该行政复议申请之日起5日内书面通知申请人补正。补正通知应当载明需要补正的事项和合理的补正期限。无正当理由逾期不补正的，视为申请人放弃行政复议申请。补正申请材料所用时间不计入行政复议审理期限。

第五节　行政复议的审理、决定和执行

一、复议审理

行政复议机关受理复议申请后，应全面审查具体行政行为所依据的事实和规范性文件，并最终作出复议决定。行政复议的审理主要包括以下程序：

（一）申请前的准备

根据《行政复议法》和《行政复议法实施条例》及行政复议实践，审理前应做好以下工作：

1. 向被申请人送达申请书副本。复议机关应当自受理之日起7日内将复议申请书副本发送给被申请人。

2. 更换或者追加当事人。行政复议机关认为被申请人不适当的，可以要求申请人更换。

3. 被申请人应当在收到复议申请书副本之日起10日内向行政复议机关提交作出具体行政行为的有关材料或证据，并提出答辩书。

（二）审理方式

根据《行政复议法》第22条的规定，行政复议原则上采取书面审查的方式。实行以书面审查为原则，口头审查为例外，主要是为了保障行政效率，这是行政复议区别于行政诉讼的一个重要方面。但是为了保证行政复议的公正，《行政复议法》规定，在申请人提出要求或复议机关认为有必要时，可以向有关组织和人员调查情况，听取申请人、被申请人和第三人的意见。《行政复议法》没有明确规定行政复

议机关通过何种方式听取意见，为了进一步强化行政复议的准司法性，《行政复议法实施条例》规定了听证方式，《行政复议法实施条例》第 33 条规定，行政复议机构认为必要时，可以实地调查核实证据；对重大、复杂的案件，申请人提出要求或者行政复议机构认为必要时，可以采取听证的方式审理。书面审查的优势在于便民、高效，其缺陷在于不公开、缺乏监督。实践中，对于案情复杂、争议较大、对有关证据分歧严重或社会影响较大的案件，应尽量采取听证的方式，以保证复议决定的客观和公正。

（三）审查内容

行政复议机关在审查行政争议案件时，不仅可以对具体行政行为是否合法和适当进行审查，而且必须全面审查具体行政行为所依据的事实和规范性文件，不受行政复议申请范围的限制，这是行政复议区别于行政诉讼的显著特点。

对于具体行政行为的合法性，主要审查该具体行政行为的主体、程序、权限和内容是否符合法律规定。对于具体行政行为的适当性或合理性，主要审查：是否符合法定目的，是否具有正当动机，是否基于正当考虑，是否符合平等、比例原则等。

（四）证据规则

1. 被申请人的责任。《行政复议法》虽然没有明确规定被申请人承担举证责任，但是通过对《行政复议法》其他条文和行政复议的实践分析可以得出结论：在行政复议中，被申请人负有证明其所作具体行政行为合法、合理的责任。如《行政复议法》第 23 条第 1 款规定，被申请人应当在收到行政复议机构发送的申请书副本或申请笔录复印件之日起 10 日内，提交当初作出具体行政行为的证据、依据和其他有关材料。这表明在行政复议程序中，被申请人承担着主要的举证责任。如果被申请人未按期提交有关证据的，其作出的具体行政行为将被视为没有证据，行政复议机关可以直接撤销该具体行政行为。

《行政复议法》第 24 条还规定，在行政复议过程中，被申请人不得自行向申请人和其他有关组织或者个人收集证据。这是具体行政行为必须"先取证后裁决"原则的体现。不过，在被申请人作出具体行政行为时已经收集，但因不可抗力等事由不能提供，或者申请人或第三人在行政复议过程中，提出了其在被申请人作出具体行政行为过程中没有提出的反驳理由或者证据的，经过行政复议机关批准，被申请人也可以补充相关证据。在实践中，被申请人如果认为申请人提出的行政复议申请超过法定期限的，也应当提供证据材料。

2. 申请人的责任。申请人在行政复议过程中，有时也承担一定的证明义务，包括：①认为被申请人不履行法定职责的，提供曾经要求被申请人履行法定职责而被申请人未履行的证明材料；②申请行政复议时一并提出行政赔偿请求的，提供受具体行政行为侵害而造成损害的证明材料；③法律、法规规定需要申请人提供证据材料的其他情形。

3. 行政复议机关收集证据。向有关组织和人员调查取证，查阅文件和资料，是

《行政复议法》规定的行政复议机构的法定职责和职权。《行政复议法》第 22 条规定:"行政复议原则上采取书面审查的办法,但是申请人提出要求或者行政复议机关负责法制工作的机构认为有必要时,可以向有关组织和人员调查情况,听取申请人、被申请人和第三人的意见。"这里规定的"调查情况"的审查方式,也包含着对行政复议机构收集证据的要求。行政复议机构收集证据的目的是查清案情,而不是为被申请人的具体行政行为寻找合法或适当的证据,行政复议机构收集和补充的证据,不能作为维持具体行政行为的证据,但可以作为撤销、变更原具体行政行为或确认具体行政行为违法、不当或无效的证据,这样可以避免行政复议机关对被申请人的偏袒。另外,行政复议机构调查取证时,一般不得少于 2 人。

(五)行政复议申请的撤回

提出行政复议申请是复议申请人的一项权利,在复议过程中复议决定作出前,申请人也有权撤回复议申请,终止复议程序。《行政复议法》第 25 条规定:"行政复议决定作出前,申请人要求撤回行政复议申请的,经说明理由,可以撤回;撤回行政复议申请的,行政复议终止。"《行政复议法实施条例》第 38 条规定:"申请人在行政复议决定作出前自愿撤回行政复议申请的,经行政复议机构同意,可以撤回。申请人撤回行政复议申请的,不得再以同一事实和理由提出行政复议申请。但是,申请人能够证明撤回行政复议申请违背其真实意思表示的除外。"

根据上述规定可知,撤回申请应符合以下条件:①撤回者应该是申请人或其代理人;②撤回必须自愿,不能是受胁迫或者违背申请人的真实意思;③应该在案件受理后至复议决定作出前提出;④撤回复议申请应当说明理由;⑤撤回申请应该经过行政复议机关同意;⑥申请人撤回行政复议申请的,不得再以同一事实和理由提出行政复议申请,除非申请人能够证明撤回行政复议申请违背了其真实意思。在实践中,申请人撤回申请的原因众多,例如,可能出于认可原具体行政行为的合法性而撤回,或与被申请人达成和解而撤回,或受到外在压力或欺骗而撤回,或出于规避法律的目的而撤回。其中不乏违背法律目的、损害他人利益或公共利益的情形,因此,法律规定行政复议机关应当对于申请人撤回申请的理由进行鉴别和审核。行政复议机关经审查,如果认为申请人撤回申请是受他人胁迫、欺骗或非法干预,或者撤回申请可能损害第三人合法权益或者公共利益,或者可能掩盖行政主体错误行为的,应当不准许撤回申请。

行政复议机关准许申请人撤回申请的,行政复议终止。行政复议机关应当制作书面决定,发送申请人、被申请人和第三人。撤回申请后,如果仍未超过行政诉讼期限,申请人还可以针对原具体行政行为到法院提起行政诉讼。《最高人民法院关于适用〈中华人民共和国行政诉讼法〉的解释》第 58 条规定:"法律、法规未规定行政复议为提起行政诉讼必经程序,公民、法人或者其他组织向复议机关申请行政复议后,又经复议机关同意撤回复议申请,在法定起诉期限内对原行政行为提起诉讼的,人民法院应当依法立案。"这意味着:如果是法律、法规规定为复议前置的案件，申请人撤回申请后，即使仍在法定起诉期限内，也不能再提起行政诉讼。

（六）行政复议中止

在行政复议进行期间，如果出现下列情形，影响到行政复议案件审理的，行政复议中止：①作为申请人的自然人死亡，其近亲属尚未确定是否参加行政复议的；②作为申请人的自然人丧失参加行政复议的能力，尚未确定法定代理人参加行政复议的；③作为申请人的法人或者其他组织终止，尚未确定权利义务承受人的；④作为申请人的自然人下落不明或者被宣告失踪的；⑤申请人、被申请人因不可抗力，不能参加行政复议的；⑥案件涉及法律适用问题，需要有权机关作出解释或者确认的；⑦案件审理需要以其他案件的审理结果为依据，而其他案件尚未审结的；⑧其他需要中止行政复议的情形。

行政复议中止的原因消除后，行政复议机关应当及时恢复行政复议案件的审理。行政复议机关中止、恢复行政复议案件的审理，应当告知有关当事人。

（七）行政复议终止

在行政复议期间，如果发生特定情形，导致继续进行行政复议已经失去意义时，行政复议即告终止：①申请人要求撤回行政复议申请，行政复议机构准予撤回的；②作为申请人的自然人死亡，没有近亲属或者其近亲属放弃行政复议权利的；③作为申请人的法人或者其他组织终止，其权利义务的承受人放弃行政复议权利的；④申请人与被申请人经行政复议机构准许达成和解的；⑤申请人对行政拘留或者限制人身自由的行政强制措施不服申请行政复议后，因申请人同一违法行为涉嫌犯罪，该行政拘留或者限制人身自由的行政强制措施变更为刑事拘留的。

此外，如因以下原因导致行政复议中止，满60日行政复议中止的原因仍未消除的，行政复议应当终止：①作为申请人的自然人死亡，其近亲属尚未确定是否参加行政复议的；②作为申请人的自然人丧失参加行政复议的能力，尚未确定法定代理人参加行政复议的；③作为申请人的法人或者其他组织终止，尚未确定权利义务承受人的。

（八）复议期间具体行政行为的效力

根据《行政复议法》第21条的规定，行政复议期间具体行政行为不停止执行；但有下列情形之一的，可以停止执行：①被申请人认为需要停止执行的；②行政复议机关认为需要停止执行的；③申请人申请停止执行，行政复议机关认为其要求合理，决定停止执行的；④法律规定停止执行的。这里的"法律"限于全国人大及其常委会通过的法律。可见，在行政复议期间，除非符合《行政复议法》规定的情形，被申请复议的具体行政行为一律不停止执行。

二、行政复议决定

（一）决定期限

行政复议机关应当在受理复议申请之日起60日内作出复议决定，这是《行政复议法》规定的一般期限。如果其他法律规定的行政复议审查期限少于 60 日的，应该按其他法律规定的期限办理。例如，不服不批准集会游行示威决定的复议案件，行政复议审查期限只有 3 天。[1]

对于情况复杂，不能在规定期限内作出行政复议决定的，经行政复议机关负责人批准，可以适当延长审查期限，并告知申请人和被申请人；但延长期限最多不超过 30 日。

（二）行政复议决定的种类和适用条件

行政复议机构在对案件进行审查后，提出意见，报行政复议机关负责人同意，或由行政复议机关集体讨论通过行政复议决定。由于行政复议机关在审查具体行政行为时也审查具体行政行为的法律依据，因此，行政复议机关作出的复议决定也分为两种情况：①针对具体行政行为作出的复议决定，包括：维持决定、责令履行职责决定、撤销决定、变更决定、确认违法决定、驳回行政复议申请决定、行政赔偿决定、行政复议调解决定。②针对具体行政行为的依据作出的复议决定，《行政复议法》分别规定了两种情况：一种是复议机关有权处理的，依法作出处理决定；另一种是复议机关无权处理的，依法转送给有权机关处理。

1. 维持决定。行政复议机关经过审查，认为具体行政行为认定事实清楚，证据确凿，适用依据正确，程序合法，内容适当的，应当作出肯定具体行政行为效力的决定。

2. 履行决定。行政复议机关经过审查，认为被申请人没有履行法律、法规规定的职责或者拖延履行法定职责的，应作出责令其在一定期限内履行的决定。此种决定主要适用于行政主体应作为而不作为的案件。

3. 撤销决定。具体行政行为认定的主要事实不清、证据不足的；适用法律错误的；违反法定程序的；超越职权或滥用职权的；具体行政行为明显不当的，有以上任何一种情形的，行政复议机关应当作出撤销具体行政行为的决定。

被申请人不在法定的 10 天答复期内提出答辩，提交当初作出具体行政行为的证据、依据和其他有关材料的，视为被申请复议的具体行政行为没有证据、依据，行政复议机关不仅可以决定撤销该具体行政行为，而且还可以依法追究被申请人的法律责任。

行政复议机关在撤销原具体行政行为时，可以责令被申请人重新作出具体行政行为，被申请人应当在法律、法规、规章规定的期限内重新作出具体行政行为；法律、法规、规章未规定期限的，重新作出具体行政行为的期限为 60 日。被申请人不得以同一事实和理由作出与原具体行政行为相同或基本相同的具体行政行为。公民、法人或者其他组织对被申请人重新作出的具体行政行为不服，可以依法申请行政复议或者提起行政诉讼。

---

[1]　见《中华人民共和国集会游行示威法》第 13 条。

4. 确认决定。具体行政行为符合上述应该撤销的法定条件，但不适合采用撤销决定的，可适用确认违法决定。确认违法决定，是申请人获得行政赔偿的条件，可启动行政赔偿程序。确认决定主要适用于以下情形：

（1）具体行政行为尽管违法，但现实上不具备可撤销性。

（2）被申请人不依法履行法定职责，但时过境迁，责令其履行已没有实际意义。

（3）具体行政行为已执行完毕，没有可以撤销的具体行政行为存在。

5. 变更决定。行政复议机关经过审查，认为具体行政行为违法或者不当，直接作出变更原具体行政行为的决定。变更决定一般适用于以下情形：

（1）具体行政行为认定事实清楚、证据确凿、程序合法，但适用依据错误。

（2）超越职权或者滥用职权的。

（3）具体行政行为明显不当。

（4）具体行政行为认定事实不清、证据不足，行政复议机关经审理已经查明事实。

6. 驳回行政复议申请决定。有下列情形之一的，行政复议机关应当决定驳回行政复议申请：

（1）申请人以行政机关不履行法定职责为由申请行政复议，行政复议机关受理后发现该行政机关没有相应法定职责或者在受理前已经履行法定职责的。

（2）受理行政复议申请后，发现该行政复议申请不符合《行政复议法》和《行政复议法实施条例》规定的受理条件的。

上级行政机关认为行政复议机关驳回行政复议申请的理由不成立的，应当责令其恢复审理。

7. 行政赔偿决定。《行政复议法》第29条规定，申请人在申请行政复议时可以一并提出行政赔偿请求，行政复议机关对符合《国家赔偿法》的有关规定应当给予赔偿的，在决定撤销、变更具体行政行为或者确认具体行政行为违法时，应当同时决定被申请人依法给予赔偿。申请人在申请复议时没有提出行政赔偿请求的，行政复议机关在依法决定撤销或变更罚款，撤销违法集资、没收财物、征收财物、摊派费用以及对财产的查封、扣押、冻结等具体行政行为时，应当同时责令被申请人返还财产，解除对财产的查封、扣押、冻结措施，或者赔偿相应的价款。行政复议机关认为需要对申请人进行赔偿的，应在复议决定中就赔偿事宜作出决定。

行政复议机关在处理赔偿问题时可以适用调解，因为行政赔偿解决的是申请人的民事权益受到损害如何救济的问题，申请人对此有自由处分权，双方可以协商解决赔偿数额问题。

8. 行政复议调解决定。当事人经调解达成协议的，行政复议机关应当制作行政复议调解书。调解书应当载明行政复议请求、事实、理由和调解结果，并加盖行政复议机关印章。行政复议调解书经双方当事人签字，即具有法律效力。调解未达成协议或者调解书生效前一方反悔的，行政复议机关要及时作出行政复议决定。

9. 对具体行政行为法律依据的处理决定。在行政复议过程中，复议机关在对具体行政行为审查的同时，也对作为具体行政行为依据的法律规范进行审查。《行政复议法》第 26 条和第 27 条分别规定两种情况：第一种是申请人在申请审查具体行政行为时，一并提出对其所依据的行政规范性文件进行审查的申请，行政复议机关应当对该行政规范性文件合法与否进行审查，如果不合法，行政复议机关对该规定有权处理的，应当在 30 日内依法处理；无权处理的，应当在 7 日内按照法定程序转送有权处理的行政机关依法处理，有权处理的行政机关应当在 60 日内依法处理。第二种情况是申请人没有提出对抽象行政行为的审查申请，但是行政复议机关在对被申请人作出的具体行政行为进行审查时，发现其依据不合法，行政复议机关有权处理的，应当在 30 日内依法处理；无权处理的，应当在 7 日内按照法定程序转送有权处理的国家机关依法处理。这里应当注意的是：在第一种情况下，行政复议机关审查的抽象行政行为的范围仅包括行政规范性文件，而在第二种情况下，行政复议机关审查的范围则包括所有具体行政行为的依据，其范围远大于行政规范性文件，也包括法律、行政法规、规章等。

由于行政复议机关对于具体行政行为法律依据的审查直接关系到具体行政行为的处理结果，因此，在复议机关审查具体行政行为的法律依据期间，中止对具体行政行为的审查。有权机关作出处理决定后，复议机关要及时恢复复议程序，并书面告知申请人、第三人对依据的处理决定，继续对具体行政行为进行审查，并依法作出复议决定。

《行政复议法》并没有明确规定行政复议机关如何依法处理在自己权限范围内的抽象行政行为，本书认为这些处理方式应当包括以下几种：

（1）撤销。无论是对抽象行政行为全部撤销还是部分撤销，撤销权都是复议机关行使行政监督权的表现形式，行政复议机关可以通过撤销方式认定抽象行政行为违法。

（2）修改。修改实际上是部分改变抽象行政行为的内容。对此学界存在不同的观点：有观点认为，行政复议机关可以依职权作出改变或者撤销抽象行政行为的决定。[1] 也有观点认为，从法律效力上讲，自己的规定，自己可以修改，其他机关甚至上级行政机关是不能代替自己重新制定规定的。[2] 本书认为，《行政复议法》规定的"依法处理"在实际上应当表现为依据法律、法规及规章的标准在其职权范围内处理，因此，这种处理的具体形式就是法律、法规以及规章规定的行政复议机关对于抽象行政行为行使监督权的种类或者形式。[3] 根据《宪法》第 108 条的规定，

---

〔1〕　张树义：《行政法与行政诉讼法学》，高等教育出版社 2002 年版，第 163 页。
〔2〕　杨小君：《我国行政复议制度研究》，法律出版社 2002 年版，第 332 页。
〔3〕　有关此部分内容，可以参考本书第六章"行政立法与行政规范性文件"第四节"行政规范性文件"的相关论述。

县级以上地方各级人民政府领导所属各工作部门和下级人民政府的工作，有权改变或者撤销所属各工作部门和下级人民政府的不适当的决定。因此，行政复议机关有权改变抽象行政行为。

（3）肯定抽象行政行为的有效性。行政复议机关经过审查，认定抽象行政行为合法的，应当明确告知申请人，被审查的抽象行政行为合法有效，没有违法现象存在。

案例 13－4：某市友谊公司享有黄金饰品经营权。2004 年 2 月，某省工商局认定友谊公司向无业人员翟某某父女私自买卖黄金饰品，对其罚款 12 万元。该处罚决定被某区人民法院以证据不足为由撤销。同年 5 月，某省工商局基于同样的事实和理由，重新对友谊公司罚款人民币 15 万元，友谊公司不服，向国家工商行政管理局申请行政复议。[1]

在此案中，国家工商行政管理局可以作出何种复议决定？首先，本案中，某省工商局在对友谊公司的 12 万元的行政处罚决定被撤销后，没有重新调取新的证据，但却再次作出罚款决定，该处罚依然证据不足，因此国家工商行政管理局可以作出撤销该处罚行为的决定，但友谊公司与私人买卖黄金，毕竟属于违法行为，应受行政处罚，所以，国家工商行政管理局在作出撤销决定的同时，可责令某省工商局重新作出具体行政行为。其次，某省工商局在友谊公司交易黄金饰品的品种、数量和金额没有任何变化的情况下，又决定罚款 15 万元人民币，加重处罚显失公正，国家工商行政管理局对此可以作出变更复议决定。最后，《行政复议法》第 29 条第 2 款规定，申请人在申请复议时没有提出行政赔偿请求的，行政复议机关在依法决定撤销或变更罚款时，应当同时责令被申请人返还财产，或者赔偿相应的价款。因此，国家工商行政管理局在作出撤销决定或者变更罚款决定时，若认为需要对友谊公司进行赔偿，可以作出赔偿决定。

三、行政复议决定的执行

（一）行政复议决定的生效

复议机关对复议案件必须作出书面复议决定书。复议决定书制作完成并加盖公章后送达当事人，行政复议决定书一经送达，即发生法律效力。根据《行政复议法》第 40 条的规定，对于行政复议决定的送达，依据《民事诉讼法》关于送达的方式执行。按照《民事诉讼法》有关送达的规定，行政复议机关送达复议决定书，必须有送达回证，由受送达人在送达回证上记明收到日期，签名或者盖章。受送达人在送达回证上的签收日期为送达日期。送达诉讼文书，应当直接送交受送达人。受送达人是公民的，本人不在可交他的同住成年家属签收；受送达人是法人或者其

---

〔1〕　案例改编自：刘勉义、杨伟东主编：《行政复议法释解与案例评析》，法律出版社 2000 年版，第 152 页。

他组织的，应当由法人的法定代表人、其他组织的主要负责人或者该法人、组织负责收件的人签收；受送达人有复议代理人的，可以送交其代理人签收；受送达人已向行政复议机关指定代收人的，送交代收人签收。受送达人的同住成年家属，法人或者其他组织的负责收件的人，复议代理人或者代收人在送达回证上签收的日期为送达日期。受送达人或者他的同住成年家属拒绝接收诉讼文书的，送达人应当邀请有关基层组织或者所在单位的代表到场，说明情况，在送达回证上记明拒收事由和日期，由送达人、见证人签名或者盖章，把诉讼文书留在受送达人的住所，即视为送达。邮寄送达的，以回执上注明的收件日期为送达日期。受送达人是军人的，通过其所在部队团以上单位的政治机关转交。受送达人被监禁的，通过其所在监所或者劳动改造单位转交。受送达人是被劳动教养的，通过其所在劳动教养单位转交。受送达人下落不明，可以采用公告送达。自发出公告之日起，经过 60 日，即视为送达。[1]

（二）行政复议决定的履行

为保证行政复议的权威性和有效履行，《行政复议法》和《行政复议法实施条例》规定了责任追究和强制执行制度。

1. 法律责任追究制度。被申请人应当履行行政复议决定，被申请人不履行或者无正当理由拖延履行行政复议决定的，行政复议机关或者有关上级行政机关应当责令其限期履行。被申请人不履行或无正当理由拖延履行行政复议决定的，或者被申请人在规定期限内未按照行政复议决定的要求重新作出具体行政行为，或者违反规定重新作出具体行政行为的，对直接负责的主管人员和其他直接责任人员依法给予警告、记过、记大过的行政处分；经责令履行仍拒不履行的，依法给予降级、撤职、开除的行政处分。这些行政处分由行政复议机构向有关行政机关提出处理建议，由有关行政机关依法作出处理。行政复议机关或者行政复议机构不履行《行政复议法》和《行政复议法实施条例》规定的行政复议职责，经有权监督的行政机关督促仍不改正的，对直接负责的主管人员和其他直接责任人员依法给予警告、记过、记大过的处分；造成严重后果的，依法给予降级、撤职、开除的处分。行政机关及其工作人员违反《行政复议法》和《行政复议法实施条例》规定的，行政复议机构可以向人事、监察部门提出对有关责任人员的处分建议，也可以将有关人员违法的事实材料直接转送人事、监察部门处理；接受转送的人事、监察部门应当依法处理，并将处理结果通报转送的行政复议机构。

2. 行政复议决定的强制执行制度。申请人逾期不起诉又不履行行政复议决定的，或者不履行最终裁决的行政复议决定的，如果是维持具体行政行为的行政复议决定，由作出具体行政行为的行政机关依法强制执行，或者申请人民法院强制执行；如果是变更具体行政行为的行政复议决定，由行政复议机关依法强制执行，或者申请人民法院强制执行。

---

〔1〕　见《中华人民共和国民事诉讼法》第七章第二节。

拓展阅读书目

1. 杨小君：《我国行政复议制度研究》，法律出版社 2002 年版。
2. 王贞琼、任文东主编：《行政复议法新释与例解》，同心出版社 2001 年版。
3. 江必新、李江编著：《行政复议法释评——兼与行政复议条例之比较》，中国人民公安大学出版社 1999 年版。
4. 宋雅芳主编：《行政复议法通论》，法律出版社 1999 年版。

第五节

第十四章

国家赔偿法

本章提要：

　　本章介绍了国家赔偿责任的概念与特征，并将国家赔偿与行政赔偿、国家补偿、民事赔偿等近似概念进行了比较；介绍了国家赔偿法及其作用；重点分析了国家赔偿责任的构成要件，包括主体要件、行为要件、损害结果和法律要件。

第一节　国家赔偿责任

一、国家赔偿责任的概念

　　国家赔偿是指国家对国家机关及其工作人员违法行使职权造成的损害给予赔偿的责任制度。对于这一概念，可以作如下理解：

　　第一，国家赔偿是由国家承担的法律责任。虽然侵权行为是由不同的国家机关或机关工作人员实施的，但是，承担责任的主体不是这些机关或工作人员，而是国家。国家对受害人给予的赔偿费用来自国库。

　　第二，国家赔偿是对国家机关及其工作人员的行为承担的责任。在这里，国家机关包括依照宪法和组织法设置的行政机关、审判机关、检察机关等。国家机关工作人员是指上述机关中履行职务的公务人员。此外，法律、法规授权的组织、行政机关委托的组织和人员行使职权造成的损害，国家也应当依法给予赔偿。

　　第三，国家赔偿是对前述机关及其人员行使职权的行为承担的责任。行使职权的行为不同于国家机关的民事行为，也不同于国家机关工作人员的个人行为。对国家机关及其工作人员的民事和个人行为，国家不承担赔偿责任。

　　第四，国家赔偿是对违法行为承担的赔偿责任。所谓"违法"，不仅指违反法律、法规，还包括违反具有法律效力的各种规范性文件和法的基本原则、法的精神。

对于国家机关及其工作人员的合法行为造成的损失，国家不承担赔偿责任。

二、国家赔偿责任的特征

国家赔偿是国家对国家机关及其工作人员违法行使职权行为造成的损害承担的责任，与其他形式的赔偿责任相比，具有以下特征：

1. 国家承担责任，机关履行赔偿义务。国家赔偿的一个显著特点就是由国家承担法律责任，最终支付赔偿费用，由法律规定的赔偿义务机关履行具体赔偿义务，实施侵权行为的公务人员并不直接对受害人承担责任，履行赔偿义务。这与"谁侵权，谁赔偿"的民事赔偿不完全相同。从国外国家赔偿制度产生的过程看，最初国家对公务人员实施的侵权行为并不承担任何责任，此后很长一段时间里，都是由公务人员个人承担责任。直到21世纪初，各国法律才确认由国家自身承担责任。但是，国家作为抽象的责任主体，不可能履行具体的赔偿义务，一般由具体的国家机关承担赔偿义务，形成了"国家责任，机关赔偿"的特殊形式。

2. 赔偿范围有限。国家赔偿是对国家机关及其工作人员违法行使职权造成的损害给予的赔偿，属于国家责任的一种形式。从赔偿范围来看，它不同于民事赔偿"有侵权必有赔偿"的原则，国家只对国家机关及其工作人员一部分违法侵权行为承担赔偿责任。因此，国家赔偿的范围窄于民事赔偿，属于有限赔偿责任。例如，对国家立法机关、军事机关、司法机关的部分行为，即使造成了损害，国家也不承担赔偿责任。《中华人民共和国国家赔偿法》（以下简称《国家赔偿法》）第二章、第三章分别规定了行政赔偿和刑事赔偿的范围，明确了国家不承担赔偿责任的各种情形。此外，按照赔偿法定的原则，诸如公有公共设施损害，法院作出的民事、行政错判，行政机关的抽象行政行为造成的损害，均不在国家赔偿范围之列。

3. 赔偿方式和标准法定化。国家赔偿的方式和标准是法定的。我国《国家赔偿法》第四章规定了具体的赔偿方式和计算标准。国家赔偿以支付赔偿金为主要方式，以返还财产、恢复原状为辅助方式。根据侵权损害的对象和程度不同，又有不同的赔偿标准，赔偿数额还有最高限制。对于多数损害，国家并不按受害人的要求和实际损害给予赔偿，而是按照法定的方式和标准，以保障受害人生活和生存的需要为原则，给予适当的赔偿。例如，对于公民人身自由受到的损害，国家根据上年度职工的平均工资给予金钱赔偿，并不考虑受害人的实际工资水平和因此遭受的其他实际损失。对生产经营者的营业损失赔偿，国家只赔偿已经实际发生的必要的经常性费用开支，而不赔偿生产经营者的实际利益和利润损失。

4. 赔偿程序多元化。国家赔偿的另外一个特点是赔偿程序多元化。受害人可以通过多种渠道取得国家赔偿。我国《国家赔偿法》规定了取得行政赔偿和司法赔偿的多种程序。受害人要求行政赔偿，可以直接向赔偿义务机关提出，也可以在行政复议、行政诉讼中一并提起，还可以单独提起行政赔偿诉讼。受害人提出司法赔偿请求，需先向司法赔偿义务机关提出，然后再向其上级机关申请复议，最后才能向

第一节

人民法院赔偿委员会提出，但不能通过诉讼途径解决。

三、国家赔偿与近似的概念

（一）国家赔偿与行政赔偿

从立法内容上看，国家赔偿包括行政赔偿和司法赔偿两部分，行政赔偿是国家赔偿的一种形式。国家赔偿与行政赔偿是种属关系。从本质上看，无论是行政赔偿，还是司法赔偿，都由国家承担最终的赔偿责任，赔偿费用都由国家支付。

（二）国家赔偿与国家补偿

国家赔偿是国家对国家机关及其工作人员违法行使职权造成损害承担的赔偿责任。而国家补偿是国家对国家机关及其工作人员的合法行为造成的损失给予的补偿。二者的引发原因不同，国家赔偿是违法行为引起的，而国家补偿是合法行为（如土地房屋征收征用等）引起的。二者的性质也不同，国家赔偿是普通的违法行为引起的法律责任，而国家补偿是例外的特定法律责任，并不具有对国家职权行为的责难。此外，国家赔偿与国家补偿在适用范围、标准、方式等方面也有不同。

案例 14 - 1：两刑警在追击某犯罪嫌疑人的过程中，租了一辆出租车。出租车不幸被犯罪嫌疑人炸毁，司机被炸伤，犯罪嫌疑人被刑警击毙。该司机正确的救济途径是什么？

刑警为履行职务租用出租车，该出租车即具有公务用车的性质，司机在事实上成为国家雇佣的工作人员。追击过程中，出租车被炸毁，司机负伤，属于为执行职务所受到的伤害，对此应由国家承担责任。刑警租用出租车追击罪犯的行为是合法行为，在追击过程中，司机的人身和财产受到的损害属于为执行职务造成的损害，由此产生的是国家补偿责任而不是国家赔偿责任。

（三）国家赔偿与民事赔偿

国家赔偿是因国家机关及其工作人员违法行使职权行为引起的国家责任，而民事赔偿是由发生在平等民事法律主体之间的侵权行为引起的民事责任。二者的责任主体、责任性质等均不相同，且适用的赔偿原则、标准和程序也有不同。当然，并非国家机关及其工作人员的所有行为引起的赔偿责任都是国家赔偿责任。国家机关及其工作人员以民事主体身份实施的侵权行为仍属于民事侵权，国家机关对此承担的责任亦是民事赔偿责任。例如，国家机关建房侵占他人用地的行为是民事侵权行为，国家机关须和其他民事主体一样承担民事赔偿责任。

（四）国家赔偿与公有公共设施致害赔偿

公有公共设施致害赔偿，是指因公有公共设施的设置、管理、使用有欠缺和瑕疵，造成公民生命、健康、财产损害，国家负责赔偿的制度。在有些国家，这类赔偿属于广义的国家赔偿的一部分，受国家赔偿法规范。例如，因桥梁年久失修，有人骑车掉进水里摔伤；公共建筑设计失当，倒塌砸伤人等，均由国家赔偿。国家赔偿与公有公共设施致害赔偿的最大区别是：前者是行使国家权力引起的国家责任，

第十四章

后者是非权力行为引起的国家责任。此外，两种赔偿的归责原则也不同。我国国家赔偿法不包括公有公共设施的致害赔偿。公有公共设施致害的，由该设施的经营管理单位或通过保险渠道赔偿。例如，邮政损害由邮政企业赔偿，铁路、航空损害由铁路、航空公司赔偿，道路、桥梁致害由负责管理的单位赔偿。

第二节　国家赔偿法

一、国家赔偿法的概念

国家赔偿法的概念有广义、狭义之分。广义的国家赔偿法是指有关国家赔偿的所有法律规范的总称。包括宪法、民法、诉讼法、行政法和特别法中关于国家赔偿的各种法律规范。狭义的国家赔偿法是指专门规定国家赔偿内容的法典。如我国1994年5月12日第八届全国人民代表大会常务委员会第七次会议通过的《中华人民共和国国家赔偿法》。根据2010年4月29日第十一届全国人民代表大会常务委员会第十四次会议《关于修改〈中华人民共和国国家赔偿法〉的决定》，《国家赔偿法》作了第一次修正。根据2012年10月26日第十一届全国人民代表大会常务委员会第二十九次会议《关于修改〈中华人民共和国国家赔偿法〉的决定》，《国家赔偿法》作了第二次修正。本书除特别标明外，均采用广义国家赔偿法概念。对于国家赔偿法的概念，可以作如下理解：

1. 国家赔偿法是关于国家赔偿的法律规范。国家赔偿是对国家机关及其工作人员违法行使职权造成的损害给予赔偿的活动，调整上述活动的法律规范就是国家赔偿法。我国《国家赔偿法》颁布之前，调整国家赔偿活动的法律规范主要是《中华人民共和国民法通则》（以下简称《民法通则》）、《中华人民共和国行政诉讼法》（以下简称《行政诉讼法》）以及有关法律、法规、规章和司法解释。《国家赔偿法》的颁布实施，使得我国国家赔偿法律规范形成了比较完整的体系。

2. 国家赔偿法是一定范围内法律规范的总和。国家赔偿是对违法行使职权行为的损害赔偿，因而，只有调整这类活动的法律规范才称为国家赔偿法。规范和调整国家公有公共设施致害赔偿的法律、国家作为民事主体承担赔偿责任的法律，以及规定国家补偿责任的法律均不属于国家赔偿法。

3. 国家赔偿法是集实体规范与程序规范为一体的法律。国家赔偿法中既有调整国家与受害人之间权利义务关系的实体规范，也有如何实现上述权利义务关系的程序规范。实体规范是用来解决国家是否承担赔偿责任，赔偿多少的问题。例如，我国《国家赔偿法》关于赔偿的归责原则、赔偿范围、赔偿方式和赔偿的计算标准的规定均属于实体规范，关于请求赔偿的步骤、时限、顺序和方式的规定则属于程序规范。

二、国家赔偿法的作用

制定国家赔偿法，标志着国家赔偿制度的正式确立。我国建立国家赔偿制度，是落实宪法原则，保障公民、法人和其他组织的合法权益，监督国家机关及其工作人员依法行使权力履行职责的重要措施，具有重大的历史和现实意义。国家赔偿法的作用具体体现在以下方面：

1. 制定国家赔偿法是落实宪法的需要。我国 1954 年《宪法》规定，"中华人民共和国公民对于任何违法失职的国家机关工作人员，有向各级国家机关提出书面控告或者口头控告的权利。由于国家机关工作人员侵犯公民权利而受到损失的人，有取得赔偿的权利"。1982 年《宪法》重申了这项原则，同时提出了具体的立法要求，规定："由于国家机关和国家机关工作人员侵犯公民权利而受到损失的人，有依照法律规定取得赔偿的权利。"虽然宪法对国家赔偿作了原则性规定，但由于缺少一部可供具体操作的法律，很难落实宪法的这项原则。当国家机关违法行使职权，侵犯公民、法人或其他组织合法权益的事件发生时，受害人因缺少法律依据而难以行使宪法赋予的国家赔偿请求权，国家机关也因缺少法律依据而难以承担赔偿责任。1986 年颁布的《民法通则》和 1989 年颁布的《行政诉讼法》再一次规定了国家赔偿责任，使宪法原则进一步具体化。但是，要解决赔偿的具体范围、标准、程序等问题，还需要更为全面、更为具体的法律规定。1994 年 5 月 12 日第八届全国人民代表大会常务委员会第七次会议通过的《中华人民共和国国家赔偿法》最终确立了国家赔偿制度，从根本上结束了国家赔偿无法可依的状态，使得宪法中国家赔偿的原则得以真正落实。

2. 制定国家赔偿法有利于保障公民、法人和其他组织的合法权益。国家机关及其工作人员执行公务、行使职权时，难免会发生侵犯公民、法人或其他组织合法权益的现象。能否防止、减少这类侵权现象，对遭受损害的公民、法人予以赔偿，关系到一个国家人权保障事业健全与否。我国国家机关及其工作人员行使职权时的违法侵权现象早已有之且时有发生，但因法制不健全，国家赔偿制度迟迟未能建立，很长一段时间里，受害人投诉无门、申冤无据，难以获得有效的赔偿。制定国家赔偿法，不仅能够切实保障公民、法人和其他组织已经遭受侵害的权利得以恢复和补救，而且能够减少和防止侵权现象的发生，从根本上保护和发展人权。

3. 制定国家赔偿法可以有效地监督和促进国家机关依法行使职权。国家赔偿制度的建立，意味着国家必须对国家机关及其工作人员违法行使职权给公民、法人和其他组织造成的损害承担赔偿责任。国家承担赔偿责任后，对有故意或重大过失的工作人员有权追偿。这样，可以从根本上对国家机关及其工作人员起到监督作用，防止和减少违法行使职权现象的发生，改进国家机关及其工作人员的工作作风，促进国家机关依法行使职权。

第十四章

第三节　国家赔偿责任的构成要件

国家赔偿责任的构成要件是指国家承担赔偿责任的必要条件。换言之，国家应当在什么情况下给予受害人赔偿，申请人符合哪些条件才能取得国家赔偿，国家裁判机关根据哪些条件要求国家对受害人负责赔偿。国家赔偿责任的构成要件是国家赔偿制度的核心内容，通常包括侵权主体要件、侵权行为的类型要件、侵权行为的性质要件、损害结果要件以及侵权行为与损害结果之间的因果关系要件。只有完全具备上述五个要件的情况下，国家才承担赔偿责任，缺少任何一个条件，国家都不承担赔偿责任，受害人也得不到赔偿。可见，国家赔偿责任的构成要件是判断赔偿责任是否成立的重要标准，也是审理国家赔偿纠纷案件的主要依据。

一、主体要件

（一）主体要件的概念和特征

国家赔偿不同于民事赔偿，它是特定主体的行为引发的侵权责任。国家赔偿责任主体要件是指国家承担赔偿责任必须具备的主体条件，即国家对哪些组织和个人的侵权行为负责赔偿。国家赔偿责任的主体要件具有以下特征：①这里的主体要件是指侵权行为主体，而不是责任主体。国家赔偿责任是国家承担的一种法律责任，而国家的意志必须通过国家机关和公务员的行为表达和实现，所以，实施侵权行为的主体是具体的。在我国，侵权行为主体包括国家机关、国家机关工作人员、法律法规授权的组织和国家机关委托的组织及个人。对于上述人员实施的职务侵权行为，国家均应当承担赔偿责任，不能以实施侵权行为的主体不是国家自身为由而免除其责任。②侵权行为主体要件经历了由强变弱的过程。从许多国家的赔偿制度看，赔偿制度建立初期，严格限制侵权主体的范围，强调国家只对一定范围内的公务员的侵权行为负责。随着赔偿制度的发展，赔偿范围逐渐扩大，一些国家放松了对侵权行为主体要件的限制，倾向于扩大对主体要件的解释，将国家机关、公务员以及外观上具备执行公务身份的其他主体均纳入侵权行为主体范围。

（二）侵权主体的种类

根据我国《国家赔偿法》的规定，原则上，侵权行为主体包括两类：国家机关和国家机关工作人员。特殊情况下，还包括法律法规授权的组织和行政机关委托的组织和个人。

1. 国家机关。国家机关是指依照宪法和组织法的规定设置的行使国家权力，实现国家职能的机关。在我国，按照职能的不同，可以将国家机关分为立法机关、行政机关、检察机关、审判机关和军事机关。由于国家机关在行使权力过程中都有可能侵犯公民、法人和其他组织的合法权益，所以，理论上，所有国家机关都可能是侵权行为主体。我国《宪法》的规定也反映了这一点。《宪法》第41条第3款规定："由于国家机关和国家工作人员侵犯公民权利而受到损失的人，有依照法律规定取得赔偿的权利。"但实际情况并非如此，并不是所有国家机关都是侵权行为主体，各国法律对此都有所限制。只有特定范围的国家机关才构成侵权行为主体，这与国家赔偿的范围实际上是一个问题的两个方面。我国作为侵权主体的国家机关有以下几类：

（1）国家行政机关。国家行政机关是指依照宪法和行政组织法的规定而设置的行使国家行政职能的国家机关。①行政机关是专门代表国家行使国家职能的，因而与政党、社会团体及社会组织有严格区别；②行政机关行使行政职能，即执行法律，管理国家内政、外交事务，这一点与行使立法职能的立法机关、行使司法职能的司法机关有着严格的区别；③行政机关是依照宪法和组织法的规定设置的国家机关，这一点与根据法律、法规授权行使行政职能的组织有严格的区别。就范围而言，行政机关包括上至中央人民政府国务院，下至基层人民政府乡镇政府的各级各类行政组织，不仅包括各级政府及其所属部门和机构，也包括非常设机构和临时机构。由于行政机关在执行法律、管理内政外交事务时，必然与公民、法人和其他组织发生各种关系，因而很有可能成为国家侵权主体。对于国家行政机关实施的侵权行为，国家应当承担赔偿责任。

（2）国家司法机关。国家司法机关是指代表国家行使侦查、检察、审判和监狱管理职权的机关。根据我国《宪法》和相关组织法的规定，司法机关包括行使刑事侦查权的各级公安机关和安全机关，行使侦查权和检察权的各级人民检察院和专门检察院，行使审判权的各级人民法院和专门人民法院，行使监狱管理职权的监狱管理机关。必须说明的是：公安机关和安全机关虽然是国家行政机关的组成部分，但依照法律行使一部分侦查权，因而它们是具有双重职能的国家机关。专门人民法院中的军事法院、专门人民检察院中的军事检察院虽然是军事机关的组成部分，但它们行使的权力是司法权力，所以也是具有双重身份的司法机关。此外，监狱管理机关也是行政机关的组成部分，但它行使的是执行刑罚的权力，因而也属于具有双重身份的司法机关。司法机关掌握和行使的权力与公民法人的人身财产权利息息相关，因而司法机关也可能成为国家侵权主体，国家对于司法机关的侵权行为造成的损害，应当承担赔偿责任。

2. 国家机关工作人员。国家机关工作人员是指国家依照法定方式和程序任用，在各类国家机关工作，行使国家权力、执行公务的人员，包括行政机关的公务员、司法机关的侦查人员、检察人员、审判人员和监狱看守管教人员等，但不包括国家机关的工勤人员。因为工勤人员不行使国家权力，也不执行公务。工勤人员侵犯他人合法权利造成损害的，如机关驾驶员开车撞伤他人的，机关不承担国家赔偿责任，应当由驾驶员所在机关以其自有财产依照民法的规定给予赔偿，不适用国家赔偿的规则。

我国《国家赔偿法》规定的国家机关工作人员是指行政机关的公务员和司法机

关行使侦查、检察、审判和监狱管理职能的工作人员，同时也包括法律、法规授权组织的人员和行政机关委托的行使国家权力的人员。此外，还包括自愿协助执行国家公务的普通公民。当然，对上述人员的侵权行为造成的损害，国家是否承担赔偿责任，还要看是否符合其他赔偿责任的构成要件。例如，公安机关的工作人员在休假期间非因执行公务殴打他人的行为是个人行为，国家不承担赔偿责任，此时的公安人员不是国家侵权行为的主体。

3. 法律、法规授权的组织。法律、法规授权的组织是指根据法律、法规的授权而行使特定行政职能的非国家机关组织。①它们是非国家机关组织，不具有国家机关的地位，只有在法律、法规授权时，它们才享有国家权力和承担行政法律责任；②法律、法规授权的组织是以自己名义行使职权并承担责任的，与行政机关委托的组织以行政机关的名义行使职权并由行政机关承担责任有质的区别；③法律、法规授权的组织行使的特定职权是具体法律、法规授予的，而非宪法和行政组织法授予的，法律、法规的授权通常限于某种具体领域和事项；④具体法律、法规对相应组织的授权是有期限的，一旦行政事务完成，授权即告终止。

法律、法规授权的组织的范围通常很广，包括社会组织、团体、企事业组织和基层群众性自治组织。法律、法规授权的组织行使行政职权时必然对公民法人的合法权益产生影响，所以，它们也是国家侵权主体之一，国家对其行为应当承担责任。法律、法规授权的组织的人员根据法律、法规行使权力履行职务的行为应当视同国家机关工作人员的行为，国家也应当对此承担责任。

4. 行政机关委托的组织和个人。行政机关委托的组织和个人是指受行政机关的委托行使一定行政职权的非国家机关的组织和非国家公务员的个人。①被委托的组织不是国家机关，被委托的个人也不是国家公务员，他们的经常性工作不是执行国家公务；②被委托的组织和个人仅能根据委托行使一定的行政职权，非经委托，不得行使国家职权；③被委托的组织和个人以委托机关的名义行使权力，其行为产生的法律后果由委托的行政机关承担；④被委托的组织和个人行使的职权是基于委托机关的委托，而非法律、法规的授权。受委托的组织和个人行使职权的行为造成他人损害的，虽然侵权主体是被委托的组织和个人，但责任应当归属于委托的行政机关，行政机关应当承担国家赔偿责任。但是，委托机关并不是对受委托的组织和个人的所有行为承担责任，如果受托人按自己意愿从事与职务无任何关联的行为造成损害，国家不承担赔偿责任。

二、行为要件

(一) 执行职务行为的概念及特征

国家赔偿责任中的行为要件，是指国家对侵权主体实施的何种行为承担赔偿责任。在我国，这一构成要件是指：国家只对侵权主体实施的执行职务的行为承担赔偿责任，即致害行为必须是与执行职务有关的行为。所谓执行职务，是指国家机关或国家机关工作人员履行或不履行其职责和义务的行为。"执行职务"是一个内涵丰富的概念，它包括行使权力的行为和非权力行为，也包括法律行为和事实行为，还包括作为和不作为。

（二）界定执行职务行为的标准

由于执行职务行为是确定国家赔偿责任的必要条件，所以，判断某一行为是否属于执行职务行为具有重要意义。如何区分执行职务行为和非执行职务行为？区分的标准又是什么呢？对此，理论上有两种标准。

1. 实质内容理论，又称主观标准说。该理论主张采用主观标准即行为人的主观意思表示判断行为的性质。至于应当以何人的意思表示为准，又有两种不同的观点：一种观点认为，判断某一行为是否为职务行为，应当以国家机关（雇佣人）的意思表示为准，工作人员（受雇人）必须执行国家机关命令委托的事项，凡超出命令委托范围的，均不属于执行职务的行为，但国家机关事中或事后追认的，亦可认定为执行职务的行为。另一种观点认为，执行职务的行为，应当以国家机关工作人员的意思表示为准，只要实施该行为的目的是国家机关的利益，那么该行为就属于执行职务的行为。工作人员为了自己的利益而实施的行为，就不属于执行职务的行为。很显然，主观标准在国家赔偿领域有两个缺陷：①以国家机关的意思表示判断某一行为的性质，容易导致国家机关以未委托命令为由推卸责任，不利于保护受害人的权利；②以工作人员的意思表示为准，又难以确定公私利益交织情况下行为的性质，容易扩大国家赔偿责任的范围。

2. 外表形式理论，又称客观标准说。该理论主张，执行职务的范围应当以社会观念为准，凡在客观上、外形上可视为社会观念所称的"职务范围"，或者受害人有理由相信工作人员是在执行职务，或客观上足以认为其与执行职务有关的，不论行为者意思表示如何，其行为均可认定为执行职务行为。日本、瑞士、法国的国家赔偿实践都采用了这种外表形式理论。客观标准虽然比较抽象和笼统，但有利于保护相对人的合法权益，因而，我国的《国家赔偿法》也采用了类似标准。

我国《国家赔偿法》在界定"执行职务行为"和"非执行职务行为"时采用了类似"外表形式理论"的"与行使职权有关论"（简称"有关论"）。所谓"有关论"，是指凡与执行职务、行使职权有关的行为，只要符合其他赔偿责任的构成要件，国家就应当对该行为造成的损害承担赔偿责任。《国家赔偿法》第 3 条规定："行政机关及其工作人员在行使行政职权时有下列侵犯人身权情形之一的，受害人有取得赔偿的权利：……"第 5 条规定："属于下列情形之一的，国家不承担赔偿责任：①行政机关工作人员与行使职权无关的个人行为；……"此外，《国家赔偿法》第 17、18、19 条关于刑事赔偿的规定也有相同的内容。

当然，"有关论"和"外表形式理论"一样，仍然过于抽象，而且具有很大的随意性。为了准确地判断某一行为是否属于执行职务行为，还必须根据上述理论结合一些具体标准进行。这些具体标准包括以下几方面：

第十四章

（1）职权标准。国家机关和国家机关工作人员根据法律赋予的职责权限实施的行为都是执行职务行为，无论该行为合法与否。即使是超越职权行为、滥用职权行为，也都是建立在国家机关或国家机关工作人员享有职权基础上的行为，不可能由普通人实施。所以，行为人是否享有职权是判断行为性质的重要标准。

（2）时空标准。国家机关或国家机关工作人员在行使职权，履行职责的时间、空间范围内的行为通常是执行职务行为。因为国家机关的职权是有明显界限和范围的法定职权，具有很强的时空性，超出时空范围的行为通常就不是执行职务行为。例如，上海的工商管理人员到北京农贸市场收取管理费或处以罚款的行为，如果按照职权标准，仍然是职权行为，但由于其行为已超出时空范围，所以不能视为执行职务行为。警察在休假期间与邻居发生纠纷殴人致伤的行为也不是执行职务的行为。根据时空标准，国家机关工作人员在上班时间和工作地点实施的行为大多为执行职务的行为，工作时间和地点以外的行为通常是个人行为。但是，时空条件并不是构成执行职务行为的充要条件，对于特殊的主体，如警察，下班后在非工作地点实施的某些行为仍然构成职务行为。

（3）名义标准。通常情况下，凡是以国家机关及其工作人员的身份和名义实施的行为都是执行职务行为。例如，公务人员在着装、佩戴标志、出示证件、宣布代表的机关的情况下实施的行为一般都是执行职务行为。公务人员以个人名义和身份实施的行为则是个人行为，而不是执行职务的行为。当然，特殊公务人员（便衣警察、安全机关工作人员）另当别论。

（4）目的标准。执行职务的行为通常是为了实现法定职责和义务而为的行为，其目的是维护公共利益，而非公务人员的个人利益。所以，符合上述三个标准的行为，也未必都是执行职务行为。例如，乡政府工作人员在上班时间以国家公务人员的身份和名义，到农民家检查计划生育工作时，顺手拿走农民的一块手表戴在自己身上的行为，虽然符合职权标准、时空标准和名义标准，但是，该行为的目的与公共利益毫无关系，其行为既非行政机关希望达到的结果，也不是为了达到行政目的所必需或不可避免的，完全是为了达到公务人员个人目的而为的，所以，不是执行职务的行为。

当然，区分执行职务行为与非执行职务行为的标准不是单一孤立的，而是综合的。判断某一行为是否属于职务行为，必须综合上述标准加以判断。

（三）执行职务行为的分类

国家机关和国家机关工作人员执行职务的行为内涵丰富、种类繁多。为了深入了解执行职务行为的特征，有必要对其进行分类研究。

根据执行职务的行为是否具有强制命令的属性，可以将其划分为两类：权力行为和非权力行为。权力行为是国家机关实施的以强制力为保障的，通过命令和禁止方式要求相对人服从的行为。行政机关的行政处罚和行政强制措施，司法机关的刑事处罚等行为都是权力行为。非权力行为是国家机关实施的不具有强制力的非命令禁止行为。国家机关提供的咨询服务行为、管理公产行为、订立民事合同的行为等都是非权力行为。执行职务的权力行为造成的损害赔偿，由《国家赔偿法》予以调整。非权力行为造成的损害赔偿，也可以由民事法律规范调整。

根据执行职务的行为是否直接发生法律后果，可以将其划分为事实行为和法律行为。事实行为是国家机关和国家机关工作人员实施的不发生法律效果，或虽然发生法律效果，但效果的发生是由于外界的某种事实状态所致的行为。例如，国家机关工作人员的刑讯逼供行为、殴打辱骂行为、使用武器警械行为等都属于事实行为。法律行为是指国家机关和国家机关工作人员实施的能够引起公民、法人或其他组织权利义务的产生、变更、消灭等法律后果的行为。例如，行政机关的行政许可行为、行政处罚行为，司法机关的批准逮捕行为、没收财产行为等都属于法律行为。不论是事实行为还是法律行为，都是国家机关及其工作人员履行职责、行使权力的行为，因此造成的损害赔偿责任均为国家赔偿责任。

此外，根据执行职务的行为是否合法，还可以将其划分为合法行为和违法行为；根据执行职务针对的对象是否特定，适用效力是否可以重复，还可以将其划分为抽象执行职务的行为和具体执行职务的行为；根据执行职务是否采用积极主动的方式，还可以将其分为作为行为和不作为行为。

三、损害结果要件

国家是否承担侵权责任，要看该行为是否造成特定人的损害。没有损害结果或遭受损害的是普遍对象，国家就不必负责赔偿。因此，损害是构成国家赔偿责任的必要条件之一。所谓损害，是指对财产和人身造成的不利。

（一）损害的范围

作为国家赔偿要件的损害与民法上的损害并无多大区别。因此，各国法律对损害的界定和理解均适用本国民法。损害包括人身损害和财产损害，前者包括限制人身自由、剥夺生命、致人伤残以及毁损名誉、荣誉等。后者主要指财产的灭失、毁损和减少等损害。对物的损害又包括积极损害和消极损害（又称直接损害和间接损害），大多数国家原则上只赔偿直接损害，不赔偿间接损害。只有在侵权行为是故意实施的或不赔偿间接损害就会违背社会共同生活原则的情况下，法院才判决国家机关赔偿间接损害。同时，大多数国家只赔偿原告的财产和身体损害，而不赔偿对名誉、荣誉造成的损害。人格权受到侵害，只有在特别情况下，才有获得赔偿的可能。我国《国家赔偿法》在第二章第一节中把侵权损害的范围概括为两种：一是人身权；二是财产权。人身权主要有人身自由权、人格尊严权、婚姻自主权、名誉权、荣誉权、名称权、生命健康权、肖像权、亲属关系中的权利。财产权主要有继承权、物权、经营自主权、债权、知识产权等。当以上权利受到国家机关及其工作人员的损害时，国家应当负责赔偿。按照《国家赔偿法》的规定，人身权中的名誉、荣誉权遭受损害的属于精神损害，它们也可以用金钱计算，国家在一定条件下可予以金钱赔偿。具体而言，有《国家赔偿法》第 3 条或者第 17 条规定情形之一，致人精神损害的，国家应当要求赔偿义务机关在侵权行为影响的范围内，为受害人消除影响，恢复名誉，赔礼道歉；造成严重后果的，应当支付相应的精神损害抚慰金。

（二）损害的对象

所谓损害，就是国家机关违背对公民、法人承担的义务而使其受到不利益的结果。因此，国家能否赔偿这种损害，首先应确定损害者的利益是否受到法律保护，国家对受害人是否承担特定的义务。因为遭受损害的对象是法律特定保护的，所以国家必须对这种损害负责。国家颁布法律，行政机关制定法规、规章，如果它所造成的损害是普遍的，但法律又未加以特别保护，那么国家就不负赔偿责任。一个人能否成为损害赔偿的对象，关键在于行政机关所负的职责是否为了直接保护他的利益。例如，当盗贼正在行窃时，警察袖手旁观，那么警察就违反了他对财产所有人的职责，因为警察查处违法行为的权力不仅是为了一般公众的利益而被授予的，也是为了某一个具体的个人的利益而被授予的。应当区分国家机关对受害人承担的特别义务和对公众承担的普遍义务。

（三）损害行为与损害结果之间的因果关系

国家赔偿中的因果关系比较复杂，存在很多间接关系的损害赔偿问题。例如，某公司总经理被错误拘留，拘留期间错过一次已约好的签订合同的机会，造成企业重大经济损失，国家对这类损害是否赔偿？某人经合法手续领到许可证并依此建起房屋，后被行政机关确认为违章建筑并拆除，发放许可证机关是否负责赔偿？某公民财产被盗，能否以公安机关维护治安不力为由请求赔偿？要回答这些问题，必须分析国家机关及公务员的行为与损害结果之间是否存在因果关系，以及这种因果关系的密切程度如何。

民法理论上，因果关系是客观事物之间的前因后果的关联性。某一现象的出现，是由另一现象的存在所必然引起的，则二现象之间就为因果关系。当然，也有主张简化行为与损害结果之间因果关系的，认为凡是引发结果的条件皆为原因，只要结果的发生与行为之间存在逻辑上联系的事实，就视为有因果关系。这一学说称为条件说。此外还有相当因果关系说，又称适当条件说，认为某种原因在特定情形下发生某种结果，还不能断定二者之间的因果关系，只有在一般情形下，依照当时当地的社会观念，普遍认为也能发生同样结果的，才能认定有因果关系。由损害看行为，可以确信是它造成的，那么该行为即为相当原因。例如，警察殴打人致伤，并囚之于拘留所内，受伤人因不能外出医治，或治疗不得法，遂因伤致死。此时，殴打人行为与死亡结果之间有因果关系。也就是说，行为后加入其他原因，如其他原因在客观上足以预料有结合的可能，则其行为对于损害，是相当原因。同样，行为前已有其他原因，如果再加上行为这一原因，在客观上足以引起损害，则其行为也属相当原因。就目前理论看，相当因果关系说似乎更具说服力。

国家赔偿中的因果关系与民事赔偿中的因果关系相比，在某些方面要严格得多，另外一些方面又要宽松得多。完全用民法上的因果关系理论分析国家赔偿责任的构成很难获得满意结果。例如，公安机关违法限制某企业经理的自由，企业因此无法开业而遭受损失，依照民法原理，国家应当赔偿企业的损失，因为公安机关的行为是导致企业损失的主要原因。然而，多数国家的国家赔偿法理论并不这样理解，否认限制公民自由与企业损失之间的因果关系，而只规定一定数额的限制人身自由赔偿金。确认国家赔偿责任必须符合两个条件：一是因果之间具有逻辑联系；二是因果之间有直接相关性，即依正常人的经验和理解，行为和结果之间有牵连。国家侵权行为与一般民事侵权行为是有一定区别的。它具有非法性、滥用或超越裁量权性、强制性等特点，凡违背对特定人所承担的法律义务即视为侵权行为。因此，国家赔偿中的因果关系，实质上是国家机关与受害人之间的权利义务关系。只要国家机关违背了对权利人所承担的特定义务并因此导致其损害，且权利人无法通过其他途径受偿的，我们就认为存在国家赔偿责任中的因果关系。例如，警察发现有人殴打他人而不予制止，就违背了他所承担的特定义务，受害人无法向加害人求偿时（如已逃跑，无支付能力）向国家机关请求赔偿的，应予支持。因为警察与受害人之间有一定的权利义务关系，违背法定义务为因，受害人损失为果，二者虽无必然联系，但有间接联系。又如，公民已将各种材料、证件准备齐全，并按规定程序申请建筑或营业执照，而承办人无故长期积压不为其办理，致生损害者，行政机关应负赔偿责任。因受害人的损失是因国家机关公务员违反其应该履行的义务而造成的，已构成因果关系，所以应当赔偿。以上案例都是不作为引起的，即国家机关违背它所承担的义务引起的。这种职务上的义务既可以是法律、法规规定的，也可以是上级命令的。有的情况下，虽无明文规定，但按照普通常理，属于应该做的，也是职务上的义务。凡是国家机关应该为之而没有为，就是失职行为，就是不作为的违法行为，由此引起的损害，国家应承担赔偿责任。国家赔偿责任中的因果关系，是以国家机关及公务员的公职义务为基础，以受到法律保护的受害人权益为依托，以违反公职义务与权益遭到损害之间的关系为内容，用客观、恰当、符合正常社会经验的方式衡量和确定的逻辑关系。这种因果关系应当是客观、恰当、符合理性的，而不是机械、随意的。作为原因的现象，不仅在时间顺序上应出现于成为结果的现象之前，还须起着引起和决定结果发生的作用。只有与损害结果有直接联系的原因，才是赔偿责任的因果关系中的原因。当然，直接的原因不一定就是损害的最近的原因，而是损害产生的主要原因和决定性原因。

　　（四）缺乏因果关系的事实

　　国家只对直接产生损害的原因事实负赔偿责任。有些特殊的致害原因与损害结果之间缺乏因果联系，国家对此不负赔偿责任。这些特殊的致害原因主要有以下几类：

　　1. 受害人的过错。受害人的行为促使损害不可避免地发生或加重时，国家完全不负赔偿责任或者部分免除赔偿责任。例如，在法国一个案例中，儿童在公园玩耍时被树枝划伤，其父母要求国家赔偿，而行政机关认为儿童受伤是父母看管不严。行政法院认为公园存在伤害儿童的危险，说明采取的措施不力，存在一定的过失责任，但它并不是造成损害结果的唯一原因，受害人自己也有过错。这种过错行为与损害也有因果关系，所以，在这种情况下，可以免除或部分免除国家的赔偿责任。如果损害完全是由于受害人过错引起的，那么国家不负赔偿责任。

2. 不可抗力。因不可抗力（如战争、天灾等）引起的损害，国家不负赔偿责任。不可抗力是不能预见、不可抗拒的，属于当事人意志之外的力量，因此造成的损害与国家机关的行为之间没有任何因果关系，国家对此不承担责任。不可抗力与原因不明的意外事件不同，后者（如机器故障、火灾等）可以免除国家的过错责任，但不能排除国家的危险责任。例如，某一水坝漏水，造成了邻近居民的损害，但漏水的原因不明，这可以排除国家的过失赔偿责任，但不能排除危险责任。

3. 第三者介入。当国家机关的行为通过第三者介入产生损害时，这种损害是间接损害，国家不负赔偿责任。例如，某人驾驶的汽车被交通警察违法扣留，步行回家时被车撞伤。虽然交警有违法侵权行为，但不是造成损害的直接原因，因此，国家不负赔偿责任。若损害是由国家机关和第三者的共同行为造成的，国家机关就其行为部分负责。

四、法律要件

构成国家赔偿责任还必须满足"法律规定"这一要件，如果法律没有规定国家赔偿责任，即使公民受到国家机关违法侵害，国家也可能不承担赔偿责任。这是国家赔偿责任的一个重要特点。所谓"法律规定"，是指现实存在的所有规定国家赔偿责任的法律法规和判例等。国家赔偿不同于民事赔偿，它产生于20世纪末，大多数国家通过渐近式立法逐步将这一制度推开。因此，国家赔偿的范围、程序等内容是由立法和司法判例确定的。即使在今天，也没有任何国家的法律规定政府对所有侵权行为承担赔偿责任。

就国家赔偿的可行性而言，没有任何限制，允许受害人对国家所有行为提起赔偿诉讼也是不现实的。因此，国家对何种行为负责赔偿、适用什么赔偿方式及程序，均须由法律明确规定。总之，没有法律规定应赔偿的，即使有损失也不赔。可见，国家承担赔偿责任，必须以法律规定为要件之一。这种法律规定，既可以是统一的国家赔偿法，也可以是特别法、判例法。在我国，国家承担行政赔偿责任的法律依据有《国家赔偿法》《行政诉讼法》《民法总则》《民法通则》《治安管理处罚法》以及大量的最高人民法院的司法解释、国务院及各部委发布的行政法规和规章等。受害人依照以上规定才能获得赔偿请求权，这是我国与大多数国家相似的一个特点，也是构成国家赔偿责任的必备要件之一。

案例 14-2：某县医院是一所功能较全、急诊科已达标的二级甲等综合医院，具备设置急救中心的条件，根据上级文件的规定和主管部门批准，向县邮电局申请开通"120"急救电话。县邮电局也为县医院安装了"120"急救电话，但是该电话一直未开通。县医院曾数次书面请求县邮电局开通"120"急救电话，县邮电局仍拒不开通。县邮电局拒绝开通，致使县医院因为购置的急救车辆和其他设施一直不能正常运转而遭受损失。县医院遂以县邮电局为被告向县法院提起诉讼，请求判令县邮电局立即履行开通"120"急救电话的职责，并赔偿县医院的经济损失。

　　本案中，县医院的赔偿请求不能得到支持。《国家赔偿法》第2条规定："国家机关和国家机关工作人员行使职权，有本法规定的侵犯公民、法人和其他组织合法权益的情形，造成损害的，受害人有依照本法取得国家赔偿的权利。"国家是否应当为县邮电局拒绝安装"120"电话的行为承担赔偿责任，要看是否符合国家赔偿责任的构成要件。本案中，安装"120"电话的目的是实现一种公共利益，而不是为医院设定一种财产权，邮电局安装"120"电话的义务所对应的权利并非医院的财产权，因而医院不可因邮电局违背此法定义务而要求赔偿。

拓展阅读书目

1. 应松年主编：《国家赔偿法研究》，法律出版社1995年版。
2. 肖峋：《中华人民共和国国家赔偿法的理论与实用指南》，中国民主法制出版社1994年版。
3. 马怀德：《国家赔偿法的理论与实务》，中国法制出版社1994年版。
4. 高家伟：《国家赔偿法》，商务印书馆2004年版。
5. 曾世雄：《损害赔偿法原理》，中国政法大学出版社2001年版。
6. 董保城、湛中乐：《国家责任法——兼论大陆地区行政补偿与行政赔偿》，元照出版有限公司2008年版。
7. 马怀德主编：《国家赔偿问题研究》，法律出版社2006年版。

第十四章

第十五章

行政赔偿

本章提要:

　　本章分析了行政赔偿的概念,通过分析行政赔偿与行政补偿、民事赔偿、司法赔偿之间的联系与区别,揭示了行政赔偿的特征,并指出行政赔偿违法归责原则的内涵。结合我国《国家赔偿法》的规定,重点介绍了行政赔偿的范围、行政赔偿请求人和行政赔偿义务机关、行政赔偿程序、行政追偿等制度。

第一节　行政赔偿的涵义

一、行政赔偿的概念

　　行政赔偿是指行政机关及其工作人员在行使职权过程中侵犯公民、法人或其他组织的合法权益并造成损害,国家对此承担的赔偿责任。

　　1. 行政赔偿是国家的赔偿责任,行政赔偿的责任主体是国家,而不是行政机关及其工作人员。实践中,侵权行为是由行政机关及其工作人员实施的,但是,对此承担赔偿责任的主体不是行政机关,也不是行政机关工作人员,而是国家。这是由国家与行政机关及其工作人员之间的法律关系所决定的。行政机关及其工作人员与国家之间存在委托代理关系,虽然行政机关实施行政管理活动时往往以自己的名义进行,行政机关工作人员实施行政管理活动时也都以所属行政机关的名义进行,但是在法律上都是代表国家实施的,无论是合法还是违法,其法律后果都归属于国家。国家作为赔偿主体的主要表现是赔偿费用由国库支出。

　　2. 行政赔偿是国家对行政侵权行为所承担的赔偿责任。一方面,作为一种法律主体,国家可能承担的赔偿责任是多种多样的,包括民事赔偿责任、国际法上的赔偿责任、司法赔偿责任、立法赔偿责任、军事赔偿责任、公共设施设置和管理中的赔偿责任等。特定的赔偿责任是与特定的侵权行为相对应的，而行政赔偿仅仅是国家对行政管理过程中的侵权行为承担的赔偿责任。这一特性使行政赔偿与其他赔偿（如司法赔偿、民事赔偿等）区别开来。另一方面，行政管理过程中的侵权行为形式很多，既可能是违法行使职权所实施的侵权行为，如行政行为；也可能是利用执行职务机会实施侵权行为，如顺手牵羊的行为；还可能是表面上与行政职务相关、实则无关的侵权行为，如大吃大喝的行为。这些侵权行为都会引起赔偿责任，但不一定都引起国家赔偿责任。只有与行政职权密切相关的侵权行为才能构成行政侵权行为，才能引起国家的赔偿责任。

3. 国家赔偿是国家对行政机关及其工作人员的侵权行为承担的赔偿责任。对行政机关及其工作人员应当作广义的理解。行政机关不仅包括中央及地方各级人民政府及其下设的工作部门，即国家行政机关；而且包括法律法规授权的组织、委托的行政机关、共同实施侵权行为的行政机关。工作人员不仅包括具有公务员身份的工作人员，而且包括受行政机关委托执行公务的一般公民，包括接受行政机关指使实施违法行为的公民。在认定"工作人员"时，重要的不是公务员的身份，而是实施侵权行为的公民与有关的行政机关之间是否存在实际的公务关系。由于国家行政机关工作人员和国家之间存在职务委托关系，行政机关及其工作人员在行使职权过程中侵权的，或以执行职务为名侵权的，应当视为国家的侵权行为。此外，《国家赔偿法》将实施侵权行为的行政机关或者工作人员所在的行政机关确定为赔偿义务机关，办理具体的赔偿事务，例如，收集证据，出庭应诉，与受害人和解以及支付赔偿金，等等。这样规定有利于督促行政机关及其工作人员认真履行法定职责，便于受害人行使赔偿请求权。

4. 行政赔偿是国家对其合法权益受到行政侵权行为损害的公民、法人或者其他组织承担的赔偿责任。公民、法人和其他组织不局限于行政行为所指向的对象，凡是合法权益受行政机关及其工作人员的行为侵害的人都可能成为行政赔偿的请求权人。此外，国家赔偿针对的损害是对公民、法人或者其他组织合法权益的侵害。合法权益是公民、法人或者其他组织依法享有的财产权和人身权，只有合法权益受到侵犯的，国家才承担赔偿责任。违法的权益，如赌博获得的收入、偷盗来的财产等，不受法律保护，对违法权益的侵害，公民、法人或者其他组织不能要求赔偿。

二、行政赔偿的特征

对行政赔偿的特征，可以从如下三个方面认识：

（一）行政赔偿与行政补偿的联系和区别

行政补偿是指国家对行政机关及其工作人员在行使职权过程中因合法行为损害公民、法人或者其他组织合法权益而采取的补救措施。行政赔偿和行政补偿都是国家对行政机关及其工作人员行使职权过程中给公民、法人或者其他组织合法权益造成的损害采取的补救措施，而且在危险责任领域，行政补偿与行政赔偿之间没有明确的界限。但是，二者仍然存在许多区别，表现在：

1. 原因不同。二者都是国家对行政机关及其工作人员在行政管理过程中损害公民、法人或者其他组织合法权益所采取的补救措施，但是，行政赔偿所针对的损害是行政机关及其工作人员的违法行为，而行政补偿针对的是合法行为。

2. 范围不同。行政赔偿的范围小于行政补偿的范围。行政赔偿受国家赔偿法的限制，国家并非对所有的行政侵权行为都承担赔偿责任，例如，对国防外交等国家行为，一般认为实行国家豁免，国家对给公民、法人或者其他组织造成的损害不承担赔偿责任。行政补偿的原因除了合法性这一限制之外，没有其他的限制。

3. 程度不同。行政赔偿对公民、法人或者其他组织合法权益的补救程度不如行政补偿充分。《国家赔偿法》针对的损害限于人身权和财产权的损害，而行政补偿没有这种限制。而且，对《国家赔偿法》规定范围之内的行政侵权行为所造成的损害，国家也并非全部赔偿，而是限于最低限度的直接损失进行赔偿。《国家赔偿法》规定，"计算标准"的目的之一是限制赔偿的数额。行政补偿采取补偿实际损失的原则，行政机关及其工作人员的合法行为给公民、法人或者其他组织的合法权益造成了多大的损害，国家就补偿多少。当然，行政补偿所针对的损害必须是特定的公民、法人或者其他组织所遭受的特别的损害，而不是普遍的损害。从损害这一点来看，行政赔偿着眼于赔偿的最高数额，而行政补偿着眼于损害的特定性，没有数额的限制。

4. 程序不同。行政补偿可能是在损害发生之前由行政机关与公民协商解决，也可能是在损害发生之后由行政机关与公民协商解决。行政赔偿只能发生在侵权行为发生之后，由行政机关与公民协商解决。行政补偿和行政赔偿都可以适用调解，但是，公民因与行政机关对行政补偿不能达成协议而起诉的，适用一般的行政诉讼程序；与行政赔偿义务机关对行政赔偿不能达成协议而起诉的，适用行政侵权赔偿诉讼程序。

5. 性质不同。行政赔偿是国家对行政机关及其工作人员违法行使职权的行为承担的一种法律责任，具有否定和谴责的含义；而行政补偿是国家对行政机关及其工作人员合法行为所造成的损害而采取的补救措施，属于行政行为。

6. 依据不同。行政补偿的法律依据是有关的单行部门法律法规，而行政赔偿的法律依据是《行政诉讼法》和《国家赔偿法》。

（二）行政赔偿与民事赔偿的联系和区别

民事赔偿是一方当事人因侵权行为而向遭受损害的另一方当事人承担的赔偿责任。世界各国行政赔偿制度的早期阶段都借鉴民事赔偿理论（如归责原则、构成要件），适用民事赔偿的程序。1987年正式实施的《民法通则》第121条也将国家机关及其工作人员执行职务过程中的侵权行为规定为一种特殊的民事侵权行为，确立了国家的民事赔偿责任。在《国家赔偿法》实施以前，国家赔偿都是按照民事赔偿的标准和程序处理的。因此，民事赔偿与行政赔偿之间存在着密切的联系。但是，二者之间也存在着一些区别，表现在：

1. 主体不同。行政赔偿是国家向公民个人承担的赔偿责任，形成的是国家与公民之间的法律关系；而民事赔偿责任是个人向个人承担的赔偿责任，形成的是个人之间的法律关系。虽然国家也可以成为民事赔偿的主体，但在民事赔偿中，国家不是基于职务行为而承担赔偿责任，是民事主体而非公务身份。

2. 原因不同。行政赔偿的原因是行政侵权行为，而民事赔偿的原因是民事侵权行为。行政侵权行为是行政机关及其工作人员在行使职权过程中实施的侵害公民合法权益的行为，是国家权力的作用；而民事侵权行为既没有"行政机关及其工作人员"这一主体方面的限制，也没有"行使职权过程中"这一限制。

3. 范围不同。《国家赔偿法》对行政赔偿的原因、损害的范围作了限制，国家并不是对所有的侵权行为都承担赔偿责任，也不是对行政侵权行为所造成的所有损害给予赔偿，而只赔偿行政侵权行为对人身权和财产权造成的最低限度的直接损害。与此不同，民事赔偿的范围大于行政赔偿的范围。民事侵权行为人不但要对各种侵权行为承担责任，而且要全额赔偿受害人的各种损失，如可得利益的损失。

4. 归责原则不同。民事赔偿责任的归责原则以过错责任原则为主、危险责任原则为辅，而行政赔偿责任的归责原则多种多样，有的国家实行过错责任原则，有的国家实行公务过错责任原则，有的国家实行违法原则。

5. 程序不同。解决民事赔偿纠纷的程序是仲裁、民事诉讼，而解决行政赔偿争议的程序是行政处理程序、行政复议程序和行政诉讼程序。

6. 依据不同。行政赔偿是公法上的法律责任，其法律依据是《行政诉讼法》《国家赔偿法》等公法法律规范；而民事赔偿是私法上的法律责任，其依据是私法法律规范。

（三）行政赔偿与司法赔偿的联系和区别

司法赔偿是司法机关及其工作人员在行使职权过程中侵犯公民、法人或者其他组织的合法权益并造成损害，由国家承担的赔偿责任。行政赔偿与司法赔偿都属于国家赔偿，许多方面是一致的，如赔偿损害的范围、计算标准、赔偿主体等，但二者之间也存在许多区别，表现在：

1. 实施侵权行为的主体不同。在行政赔偿中，实施侵权行为的主体是国家行政机关及其工作人员，包括法律、法规授权的组织及其工作人员，受委托的组织及其公务人员以及事实上的公务员。在司法赔偿中，实施侵权行为的主体是履行司法职能的国家机关及其工作人员，包括公安机关、国家安全机关以及军队的保卫部门，国家检察机关，国家审判机关，监狱管理机关及上述机关的工作人员。

2. 实施侵权行为的时间不同。行政侵权行为发生在行政管理过程中，是行政机关及其工作人员在行使职权过程中实施的，而司法侵权行为发生在司法活动中，以司法机关及其工作人员在刑事诉讼中违法行使侦查权、检察权、审判权、监狱管理权以及在民事、行政审判中人民法院采取强制措施、保全措施以及执行措施为构成要件。

3. 追偿的条件不同。无论是行政赔偿还是司法赔偿，都实行追偿制度，赔偿义务机关在履行了赔偿义务后，可以责令有关责任人员承担部分或全部赔偿费用。但是，《国家赔偿法》对二者的追偿条件分别作了不同的规定：行政追偿的条件是行政机关及其工作人员在行使职权过程中有故意或者重大过失，这种标准具有明显的主观性。司法追偿的条件是司法机关工作人员实施刑讯逼供、殴打和以其他暴力方式伤害公民的、违法使用武器和警械伤害他人的和在审理案件中有贪污受贿、徇私舞弊、枉法裁判行为的。相比之下，司法追偿的条件范围要比行政追偿的条件范围窄。《国家赔偿法》划分这种区别，主要是因为司法机关及其工作人员面临的情况比较复杂，法律规定了较大的裁量权，认定司法工作人员主观上是否存在故意或重大过失比较困难，而且追偿的范围不能过宽，否则很容易挫伤司法人员的工作积极性。

4. 程序不同。行政赔偿的程序与司法赔偿程序差别较大。行政赔偿程序分为单独提出赔偿请求的程序和一并提出赔偿请求的程序。单独提出赔偿请求的程序实行行政处理前置的原则，行政赔偿争议在行政程序中不能解决的，最终可以通过行政诉讼途径解决。司法赔偿程序没有单独提出赔偿请求和一并提出赔偿请求的划分，赔偿请求人对赔偿义务机关的决定不服的，要向其上一级机关申请复议，对复议决定不服的，向复议机关所在地的同级人民法院的赔偿委员会申请，由其作出最终的决定。可以看出，司法赔偿自始至终都是通过非诉讼途径来解决的。

三、行政赔偿的归责原则

国家赔偿法上的归责原则是指国家承担赔偿责任的依据和标准，也就是国家为什么要对某一行为承担赔偿责任，损害发生后，是由于侵权行为人的行为违法，还是由于行为人实施某一行为时主观有过错，抑或是由于其他的原因，国家才承担赔偿责任。我国《国家赔偿法》中的行政赔偿适用的是违法归责原则。《国家赔偿法》第 2 条规定："国家机关和国家机关工作人员行使职权，有本法规定的侵犯公民、法人和其他组织合法权益的情形，造成损害的，受害人有依照本法取得国家赔偿的权利。"也就是说，国家只对违法行使职权的行为承担赔偿责任，如果行使职权的行为是合法行为，国家不承担赔偿责任。《国家赔偿法》之所以采用违法归责原则，是因为违法原则与其他原则相比有诸多优点，与依法治国、依法行政原则及《行政诉讼法》的规定也协调一致，便于操作，也有利于保护受害人获得国家赔偿，比较符合国家赔偿的特点。

违法归责原则是确定国家赔偿责任的基本准则，对于国家赔偿义务主体和赔偿请求人来说，什么是违法、哪些行为构成违法行为并可能导致国家赔偿责任等问题是十分重要的问题，所以，正确理解和适用《国家赔偿法》采用的违法归责原则具有十分重要的意义。

第一，违法归责原则中的"法"是广义的法，既包括实体法，也包括程序法；既包括法律、法规和其他具有普遍约束力的规范性文件，也包括法的基本原则和精神。之所以对违法原则作广义理解，是因为国家机关及其工作人员的职权十分广泛，受到多层次多角度法律规范的约束，违反任何层次的规范，都应当视为违法。国家机关及其工作人员的管理活动中，除了各类法律行为之外，还存在大量的事实行为。对于事实行为，法律不可能规定详尽统一的行为标准，由于不符合某种标准的事实行为造成他人损害的，国家不能以该行为没有违反法律为由拒绝承担赔偿责任。此外，在国家管理的很多领域，目前尚无明确的法律规范作为行使权力的依据，法律精神和基本原则是判断职权行为的主要标准，如果以具体的法律规范作为依据或标准，必然造成很多实际受害人无法取得国家赔偿的结果，这显然是不公平的。而且还应当看到，国外没有一个国家对国家赔偿法中的违法概念作狭义解释，相反，都不同程度地作了扩张解释。很显然，传统意义上的违法归责原则仅指违反严格意义上的法律规范，这种理解失之过窄。为了更为有效地保护国家侵权案件受害人的合法权益，防止国家机关或国家机关工作人员规避法律、滥用职权，应当对违法归责原则中的违法作广义理解。违法除指违反严格意义上的法规外，还包括违反诚信原则、公序良俗原则、尊重人权原则、权力不得滥用原则、尽到合理注意义务原则等。这种理解有利于解决诸如公务人员打骂当事人等侵权行为造成的损害赔偿问题。虽然公务人员的行为并非法律预先禁止的，但违反了尊重人权原则，因而国家对此类行为造成的损害应当给予赔偿。

第二，违法既包括积极的作为违法，也包括消极的不作为违法。作为违法是指侵权主体以积极的作为方式表现出来的违法情形，例如，司法机关的错判、错捕、错拘行为，行政机关的违法处罚、违法采取强制措施等行为均是作为性违法。不作为违法是指侵权主体拒绝履行或拖延履行其承担的职责和义务的违法情形。必须注意的是：认定不作为违法应当以法定的或职责确定的义务存在为前提，也就是说，如果国家机关或国家机关工作人员没有履行法定的或本身职责确定的义务，其不作为行为给受害人造成了损害，那么，国家应当对此承担赔偿责任。例如，一瓜农进城销售西瓜，遇一伙流氓哄抢，瓜农向当地公安机关求助，公安机关不理睬导致一车西瓜全部损失，公安机关应当对此承担赔偿责任，因为公安机关负有保护公民人身权财产权的法定职责，拒绝履行法定职责，应当承担赔偿责任。当然，如果法律赋予国家机关或国家机关工作人员在特定情况下作为或不作为的自由裁量权，除非国家机关或国家机关工作人员的不作为行为已经达到令正常人不能容忍的地步，否则，国家对此不承担赔偿责任。不作为还包括不当延误，即疏忽、怠惰、无故迟缓。如果法律明确规定了作为的期限或时限，未在该时限内作为即构成违法不作为，但如果法律没有规定作为的时限，就必须考虑为此设定一个合理期限。通常应当考虑公务活动的难易程度、处理此类公务的惯用时间、当时的客观环境及是否存在不可抗力等因素的干扰和阻碍等。

第三，违法归责原则既包括法律行为违法，也包括事实行为违法。事实行为违法是指国家机关及其工作人员违法实施的不直接产生法律效果的行为。例如，政府机关提供咨询、实施指导、发布信息等都是事实行为。政府提供错误的指导或信息造成损害的，虽然政府的行为不是法律行为，而是一项事实行为，但仍然应当对此承担国家赔偿责任。

综上所述，违法的具体情形包括以下方面：①侵权主体的行为违反法律、法规、规章和其他具有普遍约束力的规范性文件；②侵权主体的行为虽然没有违反上述文件的明确规定，但违反了法的基本原则和精神；③侵权主体没有履行对特定人的职责义务，或违反了对特定人的职责与义务；④侵权主体在行使自由裁量权时滥用职权或没有尽到合理注意义务。

第二节　行政赔偿范围

一、行政赔偿范围概述

行政赔偿范围是指国家对行政机关及其工作人员在违法行使行政职权时侵犯公民、法人和其他组织合法权益造成损害的哪些行为承担赔偿责任。

行政赔偿范围一般在两个意义上使用：一个意义是导致行政赔偿责任的原因行为的范围，即国家对哪些事项承担赔偿责任，对哪些事项不承担赔偿责任。另一个意义是赔偿损害的范围，即国家赔偿哪些损害，不赔偿哪些损害。西方国家一般在第二个意义上使用行政赔偿范围的概念，而我国《国家赔偿法》使用的是第一个意义上的行政赔偿范围的概念，因此，这里采用第一个意义上的行政赔偿范围的概念。

行政赔偿范围是行政赔偿的首要环节，其意义表现在：

1. 行政赔偿范围确定了受害人行政赔偿请求权的范围。法律规定行政赔偿范围意味着界定受害人享有和行使行政赔偿请求权的界限。只有法律规定国家对行政机关及其工作人员的侵权行为承担赔偿责任的情况下，受害人才享有相应的请求权。

2. 行政赔偿范围确定了行政赔偿义务机关履行赔偿义务的范围。法律规定行政赔偿范围的意义在于认定赔偿义务机关履行行政赔偿义务的界限。对于法律规定国家承担赔偿责任的行政侵权行为，行政赔偿义务机关必须对受害人履行行政赔偿义务，不得拒绝或推诿。

3. 行政赔偿范围限定了人民法院对行政赔偿案件行使审判权的范围。只有在法律规定的赔偿范围之内，人民法院才能受理受害人的起诉；也只有在法律规定的赔偿范围之内，人民法院才能判决赔偿义务机关履行赔偿责任。行政赔偿范围越大，人民法院可以受理的赔偿案件就越多，对行政机关进行司法监督的机会就越多。行政赔偿范围确定了行政机关接受人民法院司法监督的程度。

第二节

二、侵犯人身权的行为

（一）人身权的概念和范围

人身权首先是一个宪法概念。我国《宪法》规定的人身权有：人身自由不受侵犯，人格尊严不受侵犯，与人身自由相联系的住宅不受侵犯，通信自由和通信秘密受法律保护等权利。从《宪法》确认的这些权利来看，所谓人身权，是指公民为了生存而必不可少的、与公民的身体和名誉密不可分的权利。这些权利，在法律上是公民的基本权利，在客观上是公民生存的基本条件，正是因为享有这些权利，公民才成为独立的法律人格体。人身权的概念在民法学领域得到了充分的发展。民法学理论一般认为，所谓人身权，是指与权利主体自身密不可分的、没有财产内容的权利，包括人格权和身份权。人格权又分为生命健康权、自由权、名誉权、姓名权、肖像权等。身份权分为亲权、监护权等。行政法上的人身权的范围比较广泛，除了《宪法》规定的人身权、民法规定的人身权之外，还包括行政法律法规规定的特殊的人身权，如公务员的身份保障权。

《国家赔偿法》规定的人身权范围比较狭窄，限于生命健康权、人身自由权、名誉权和荣誉权。这一点表现在《国家赔偿法》第 3 条、第 17 条、第 35 条之中。

（二）侵犯人身自由权的行为

根据《国家赔偿法》第 3 条的规定，侵犯人身自由权的行为包括：

1. 行政拘留。行政拘留是公安机关依法对违反行政管理秩序的公民采取的限制其人身自由的惩罚措施。《行政处罚法》第 8 条将行政拘留确认为一种处罚形式。《治安管理处罚法》第 10 条规定："治安管理处罚的种类分为：①警告；②罚款；③行政拘留；④吊销公安机关发放的许可证。对违反治安管理的外国人，可以附加适用限期出境或者驱逐出境。"

行政拘留的合法要件是：

（1）处罚机关合法。根据《治安管理处罚法》和《行政处罚法》的规定，行政拘留裁决只能由县级以上人民政府公安机关决定。

（2）被处罚人实施了可以给予拘留处罚的违法行为。根据《治安管理处罚法》的有关规定，受处罚人必须有权利能力、行为能力。受拘留处罚的人必须在主观上有违法的故意或过失，受处罚人必须确已实施了违法行为。

（3）符合法定期限。行政拘留的期限必须在 1 日以上 15 日以下。《治安管理处罚法》第 16 条规定，行政拘留处罚合并执行的，最长不超过 20 日。

（4）符合法定程序。关于行政拘留的程序，《治安管理处罚法》第四章作了明确的规定，对违反治安管理的人的其他处罚，适用下列程序：①传唤。需要传唤违反治安管理行为人接受调查的，经公安机关办案部门负责人批准，使用传唤证传唤。对现场发现的违反治安管理行为人，人民警察经出示工作证件，可以口头传唤，但应当在询问笔录中注明。公安机关应当将传唤的原因和依据告知被传唤人。对无正当理由不接受传唤或者逃避传唤的人，可以强制传唤。②询问。对违反治安管理行为人，公安机关传唤后应当及时询问查证。询问笔录应当交被询问人核对；对没有阅读能力的，应当向其宣读。记载有遗漏或者差错的，被询问人可以提出补充或者更正。被询问人确认笔录无误后，应当签名或者盖章，询问的人民警察也应当在笔录上签名。③取证。公安机关收集证据材料时，有关单位和公民应当积极予以支持和协助。人民警察询问被侵害人或者其他证人，可以到其所在单位或者住处进行；必要时，也可以通知其到公安机关提供证言。公安机关对与违反治安管理行为有关的场所、物品、人身可以进行检查。检查时，人民警察不得少于 2 人，并应当出示工作证件和县级以上人民政府公安机关开具的检查证明文件。公安机关办理治安案件，对与案件有关的需要作为证据的物品，可以扣押；对被侵害人或者善意第三人合法占有的财产，不得扣押，应当予以登记。为了查明案情，需要解决案件中有争议的专门性问题的，应当指派或者聘请具有专门知识的人员进行鉴定；鉴定人鉴定后，应当写出鉴定意见，并且签名。④决定。经询问查证，违反治安管理行为事实清楚，证据确凿，公安机关作出治安管理处罚决定的，应当制作治安管理处罚决定书。公安机关应当向被处罚人宣告治安管理处罚决定书，并当场交付被处罚人；无法当场向被处罚人宣告的，应当在 2 日内送达被处罚人。决定给予行政拘留处罚的，应当及时通知被处罚人的家属。

2. 限制人身自由的行政强制措施。行政强制措施是行政机关依法定职责采取强制手段限制特定公民的权利或强制其履行义务的措施。行政强制措施既可以针对财产，也可以施加于人身。我国法律法规规定的限制人身自由的强制措施有：

（1）强制治疗和强制戒毒。这是对卖淫人员和吸毒人员采取的治疗和教育措施，由公安机关实施。

（2）强制传唤。这是公安机关对依法经过两次合法传唤仍然不到达公安机关接受询问的公民采取的强制性措施。

（3）行政扣留。这是海关采取的依法留置走私嫌疑的财产或者物品或者限制走私嫌疑人人身自由的强制措施。对此，《海关法》第 6 条第 4 项规定，海关可以"在海关监管区和海关附近沿海沿边规定地区，检查有走私嫌疑的运输工具和有藏匿走私货物、物品嫌疑的场所，检查走私嫌疑人的身体；对有走私嫌疑的运输工具、货物、物品和走私犯罪嫌疑人，经直属海关关长或者其授权的隶属海关关长批准，可以扣留；对走私犯罪嫌疑人，扣留时间不超过 24 小时，在特殊情况下可以延长至 48 小时"。

（4）其他限制人身自由的强制措施。例如，对传染病人的强制隔离，将打架斗殴的人员强制带离现场，等等。

3. 非法拘禁或者以其他方法非法剥夺公民人身自由。这是指行政拘留和行政强制措施以外的其他非法剥夺人身自由的行为。它有两种情形：

（1）无权限。这是指没有限制公民人身自由权的行政机关实施了剥夺公民人身自由的行为。例如，工商行政机关采取了行政拘留或限制人身自由的强制措施，即构成非法拘禁。

（2）超过法定期限或者条件关押。这是指享有限制人身自由权的行政机关在法律规定的拘留或限制人身自由的期限和条件之外，剥夺公民人身自由。例如，公安机关采取变相拘禁措施，如搞车轮战式的连续传唤、连续讯问等。

（三）侵犯生命健康权的行为

根据《国家赔偿法》第3条的规定，侵害公民生命健康权的行为有：

1. 暴力行为。以殴打、虐待等暴力手段或唆使、放纵他人以殴打、虐待等暴力手段造成公民身体伤害或死亡，是严重的侵犯公民人身权的违法行为，一般称为胡作非为。行政机关采取暴力的形式多种多样，可以由公务员采取，也可以唆使他人采取；可以实施殴打，也可以采取卡脖子、游街示众等其他形式。不论行政机关及其工作人员是否有履行职责的权限，也不论行政机关及其工作人员主观上是出于什么样的目的，采取这种暴力行为造成公民身体伤害或死亡的，受害人都有请求赔偿的权利。

2. 违法使用武器、警械。武器、警械是指枪支、警棍、警绳、手铐等。有权使用武器、警械的行政机关工作人员主要有人民警察、武警部队人员等。武器、警械的使用必须具备一定的条件。根据有关规定，人民警察在执行逮捕、拘留、押解人犯和值勤、巡逻、处理治安事件等公务时，可以使用武器或警械，但必须符合使用武器和警械的使用条件，使用武器、警械的时间、种类以及如何使用，必须与被管理对象的行为程度相适应；使用武器、警械需要经过一定的批准程序时，则必须履行批准程序。

违法使用武器、警械，有多种表现形式。例如，在不该使用武器、警械的场合使用武器、警械；使用武器、警械程度与被管理者的行为不相适应；使用武器、警械的种类上选择错误；使用武器、警械违反法定批准程序；等等。凡是行政机关工作人员在执行公务过程中违法使用武器、警械致公民身体伤害或死亡的，国家都应当承担赔偿责任。

3. 其他造成公民身体伤害或者死亡的违法行为。这是《国家赔偿法》的概括式规定，是指《国家赔偿法》第3条列举规定的情况外，行政机关及其工作人员实施的、造成公民生命健康权损害的行为，例如，行政机关工作人员在执行公务过程中违反交通规则撞伤行人。

案例15-1：2005年10月11日晚，王某酒后在某饮食店酗酒闹事，砸碎店里的玻璃数块。后经人劝说，王某承认错误并表示愿意赔偿。此时恰巧碰上某区公安局李某执勤到店里，对王某又推又打，欲将王某带回派出所处理。在扭推过程中，致王某跌倒，头撞在水泥地上，造成王某颅内出血死亡。2006年12月20日，王某之父向某区公安局提出行政侵权赔偿请求。

本案中，某区公安局李某执勤到店里，对王某又推又打，欲将王某带回派出所处理，并在扭推过程中，致王某跌倒，头撞在水泥地上，造成颅内出血死亡。这属于行政机关工作人员违法侵犯公民人身权的行为。国家应当为李某的行为承担赔偿责任。

三、侵犯财产权的行为

（一）财产权的概念和范围

财产权有广义和狭义之分。广义的财产权是指一切具有经济内容的权利。按照这种观点，除了物权、债权、知识产权、继承权、经营自主权、物质帮助权之外，劳动权、受教育权、休息权等与财产密不可分、具有一定经济内容的权利也属于财产权的范畴。狭义财产权是指具有直接经济内容的权利，包括物权、债权、知识产权、继承权、经营权和物质帮助权。本教材持广义的观点。

保护合法权益是行政机关的法定职责，因此，凡法定财产权都属于行政法上的财产权的范畴，既包括公法财产权，也包括私法财产权；包括公民、法人或者其他组织的财产权，也包括国家的财产权和国家机关工作人员基于其特殊的身份享有的财产权。

以上述分类为出发点，我们认为，《国家赔偿法》规定的财产权限于公民、法人或者其他组织的财产权，具体来说包括物权、债权、知识产权、经营权和物质帮助权。这一点可以从《国家赔偿法》第4条的规定看出来："行政机关及其工作人员在行使行政职权时有下列侵犯财产权情形之一的，受害人有取得赔偿的权利：①违法实施罚款、吊销许可证和执照、责令停产停业、没收财物等行政处罚的；②违法对财产采取查封、扣押、冻结等行政强制措施的；③违法征收、征用财产的；④造成财产损害的其他违法行为。"

（二）侵犯财产权的行政处罚

侵犯公民、法人或者其他组织财产权的行政处罚包括：

1. 罚款。罚款是行政机关依法责令违法行为人承担额外财产负担的处罚形式。《行政处罚法》第8条将罚款确立为一种处罚形式，其具体幅度由部门法律法规规定。在认定罚款时，值得注意的问题是：区分作为行政强制执行措施的罚款即执行罚与行政处罚的罚款的区别。

2. 没收。没收是指行政机关依法将公民、法人或其他组织的非法所得和非法财物强制无偿收归国家所有的一种处罚形式。例如，工商行政管理机关没收企业不正当竞争所获的非法所得，公安机关依法没收淫秽书刊或者音像制品并予以销毁等。《行政处罚法》将没收非法财物和没收非法所得确定为一种独立的惩罚形式。

3. 吊销许可证和执照。许可证和执照是行政机关根据公民、法人或者其他组织的申请，依法解除禁止，赋予申请人从事某种行为的权利和资格的书面凭证。许可证和执照一经国家行政机关颁发，即具有法律效力，非依法定程序不得吊销或者废止。需指出，对许可证和执照应当做广义理解，凡是行政机关颁发的具有许可性质的文书都应当视为许可证或者执照。《国家赔偿法》规定的许可证和执照与行政许可的范围是等同的。实践中，行政许可的表现形式多种多样，常见的有许可证、执照、批准书或文件、申请登记、签证等。吊销许可证和执照首先侵犯当事人从事某

第二节

种行为的资格和身份，具有类似人身权的性质，但是，许可证和执照涉及经营的权利，具有直接的经济内容，吊销许可证和执照会直接剥夺当事人获得财产利益的机会和能力，给相对人造成经济利益的损失。

4. 责令停产停业。责令停产停业是指行政机关依法命令企业在一定期限内停止经营的处罚形式。对企业来说，责令停产停业是一种比较严重的处罚。行政机关可以通过附期限或者附条件两种方式实施责令停产停业的处罚。所谓附期限，是指行政主管机关命令受处罚的行政组织在一定的期限内治理、整顿，达到法定的经营条件和标准的，可以在期限届满以后恢复经营。所谓附条件，是指行政机关命令企业停产停业，而不明示期限，由行政机关视其治理、整顿情况，重新作出准予复产复业的决定，或在多次督促仍无效的情况下采取其他措施。

5. 侵犯财产权的其他行政处罚。这是指《国家赔偿法》没有明确列举的处罚形式，例如暂扣许可证或者执照，或法律和行政法规在《行政处罚法》规定的处罚形式之外创设的其他行政处罚形式。

（三）侵犯财产权的行政强制措施

侵犯财产权的强制措施主要是查封、扣押、冻结、保全、拍卖。查封是指行政机关对特定的动产或者不动产就地封存，禁止使用或者处分的强制措施。扣押是指行政机关将动产置于自己的控制之下，防止当事人转移或者隐匿的强制措施。冻结是指行政机关要求银行暂时拒绝当事人使用其存款的强制措施。保全是指行政机关在办理案件的过程中，为了防止有关物品的灭失而采取的固定措施。保全措施形式上可能与其他强制措施相同。在行政机关可以采取的管理方法中，行政强制措施的力度是最大的，因此，法律往往对行政机关采取这些措施时所应具备的规则、条件和手续作比较严格的规定。违法的财产强制措施主要表现为：

1. 超越职权。这是指行政机关不享有查封、扣押、冻结的行政职权，而实施查封、扣押、冻结等措施。

2. 违反法定程序。这是指行政机关不按照法律规定的手续采取强制措施。例如查封不清点登记、加贴封条，并且未由当事人在查封凭证上签字。

3. 不按照法律规定妥善保管被扣押的财产。对扣押财产行政机关应妥善保管，或委托有关单位或个人保管。对易腐坏易变质不宜长期存放的物品，应变卖而保存价款。疏于妥善保管而造成财产的变质、灭失的，可能产生赔偿责任。

4. 对象错误。这是指行政机关对案外人的财产采取了强制措施，例如行政机关查封、扣押的财产不是违法人的财产，或虽是违法人的财产但不是用于违法活动的财产，即构成强制措施对象的错误。

5. 不遵守法定期限。有的法律法规规定了查封、扣押、冻结的期限，行政机关超越法定期限采取强制措施、造成财产损失、损坏的，国家应负赔偿责任。

（四）违法征收、征用财产

征收是指行政机关依据公共利益的需要，在给予公平补偿的情况下，向公民、法人或其他组织征收财物的行为。除了法律规定的正常征收以外，公民、法人和其他组织不再负担任何缴纳义务。实践中，违法征收财物和摊派费用主要表现为乱收费、乱摊派。具体来说有：

1. 不按照法律规定的项目和数额实施征收费用和劳务。

2. 没有法律规定自行设立项目征收财物和费用。

3. 征收的目的与相关法律规定的目的相悖。

（五）其他侵犯财产权的违法行为

造成财产损害的其他违法行为，是指《国家赔偿法》第4条没有作列举性规定的侵害公民、法人或者其他组织财产权的行为，例如违法的不作为。凡是涉及有关财产权的损害，受害的公民、法人或者其他组织都可以依照《国家赔偿法》的规定，请求行政赔偿。

案例15－2：2002年4月2日，某银行与某公司签订贷款合同，约定银行贷款给公司，公司以土地使用权作为抵押。2002年6月1日，公司办理土地使用权抵押登记手续，并取得土地管理局签发的抵押证书。后因公司未依约还款，某银行提起诉讼。2003年2月4日，法院作出民事判决，认定土地管理局在办理抵押证书时某公司并未取得土地使用权，该项抵押无效，判定银行无权主张土地使用权。办理抵押登记的土地管理局是否应对银行损失承担赔偿责任呢？

由于抵押无效，所以抵押登记为违法登记，银行无权主张土地使用权的损失应当由办理抵押登记的土地管理局承担。办理抵押登记的土地管理局应当对银行损失承担赔偿责任。

四、国家不承担赔偿责任的情形

（一）概述

国家不承担赔偿责任的情形是指国家对某些在行政管理过程中发生的损害不承担赔偿责任的事项。从《国家赔偿法》的规定和学理研究来看，国家不承担赔偿责任的根本原因是不具备国家赔偿的构成要件，但其具体表现形式多种多样。有的是损害的发生与行政管理没有法律上的联系；有的是因为损害的发生不具备国家赔偿的性质，例如行政机关的民事赔偿责任、公共设施的设置和管理上的赔偿责任；有的是因为损害的发生是因为受害人自己的过错造成的；也有的是出于政治性的考虑，虽然损害的发生与行政管理密切相关，并且符合国家赔偿的一般构成要件，但法律规定采取免除国家的赔偿责任，或者采取补偿的形式给受害人提供救济。需指出，不能将国家不承担赔偿责任的情形称为"免责"。免责是指具备国家赔偿的一般构成要件，但法律却规定国家不承担赔偿责任。与此不同，"国家不承担赔偿责任"是指因构成要件不具备，国家赔偿责任本来就不存在或者不成立。关于国家不承担赔偿责任的情形，《国家赔偿法》第5条规定："属于下列情形之一的，国家不承担赔偿责任：①行政机关工作人员与行使职权无关的个人行为；②因公民、法人和其他组织自己的行为致使损害发生的；③法律规定的其他情形。"

（二）行政机关工作人员实施的与行使职权无关的个人行为

行政机关工作人员在实施与行使行政职权无关的行为时，该行为法律上的主体并不是行政机关，更不是国家，而是公务员本人。行政机关工作人员具有双重身份，一方面是公务员，另一方面又是公民。行政机关工作人员以不同的身份从事的活动，在法律上的性质也就不同，其法律后果的归属也不同。行政机关依法获得行政职权之后，要在行政机关内部将行政职权具体分配到下设的行政机构，最终分解为行政职务，落实到特定的公务员，成为公务员的职责，公务员身份与行政职权之间是表与里的关系。行政机关工作人员以公务员身份实施的行为，总是与行政职权具有密切联系，应当视为职务行为、所属行政机关的行为，最终属于国家的行为，一切法律后果应归属于国家。当行政机关工作人员以普通公民的身份从事活动时，行使的是其民事权利或者其他公民权利，并不是行政职权；其目的是保护个人的利益，而不是国家利益；其意思表示是自由的，不受行政法规则的约束；而且，也不具备法律规定的表现形式。因此，公务员以公民的身份实施行为应当视为其个人的行为，由此而造成损害引起的赔偿责任应当由个人负责。

（三）因受害人自己行为致使损害发生的

受害人自己的行为致使损害发生或者扩大的，是对自己的侵权，过错在于本人，后果应当由其本人承担。有人认为，《国家赔偿法》作这种规定的根据是"过失相抵"原则。所谓"过失"，即过错，包括故意和过失。所谓"相抵"，是指受害人过错与国家行政赔偿责任相抵销，在赔偿损失时，减轻或免除国家行政赔偿责任。我们认为，这里不存在过失相抵的问题，更不存在免责的问题，因为，对受害人自己造成的损害，侵权行为的主体不是国家，而是其本人，不具备国家赔偿的构成要件，国家赔偿责任就不存在。

（四）国家不承担赔偿责任的其他情形

对国家不承担赔偿责任的情形，学理上多借鉴民法的有关规定和理论。其中，需要提出的问题是：

1. 不可抗力。关于不可抗力，《民法总则》第180条第2款规定："不可抗力是指不能预见、不能避免且不能克服的客观情况。"在行政法上，不可抗力也是当事人的免责事由，主要是法定期限的延长问题，例如，《行政诉讼法》第48条规定："公民、法人或者其他组织因不可抗力或者其他不属于其自身的原因耽误起诉期限的，被耽误的时间不计算在起诉期限内。公民、法人或者其他组织因前款规定以外的其他特殊情况耽误起诉期限的，在障碍消除后10日内，可以申请延长期限，是否准许由人民法院决定。"从上述民法和行政法的有关规定来看，不可抗力都是作为当事人的免责事由对待的，与国家赔偿并没有实质性的联系。根据《国家赔偿法》第2条规定的违法归责原则，确定国家是否承担赔偿责任的最终原因是行政机关及其工作人员行使职权过程中实施的行为是否违法，而不是不可抗力。不可抗力并不是行政机关及其工作人员实施违法行为的正当理由。

2. 第三人过错。因第三人过错致使损害发生的，法律上的侵权行为的主体是第三人，而不是行政机关及其工作人员，更不是国家。我们认为，在第三人的过错是损害发生的直接原因或者主要原因的情况下，不具备国家赔偿责任的构成要件，不产生国家赔偿问题。如果损害的发生，第三人有过错，行政机关及其工作人员也有过错——违法行为，则应当根据违法行为对损害发生所起的作用的大小，确定国家的赔偿责任。

3. 受害人从其他途径获得补偿。国家赔偿是一种补救性法律责任，其目的是弥补受害人遭受的损害，恢复受害人遭受侵害之前的权利义务状态，而不是增加受害人的收益，因此，受害人已经从其他途径得到补偿的，可以免除国家的赔偿责任。理由是：①"损益相抵"原则。"损益相抵"是指受害人就所受损害，获得了利益，则免除加害人的责任，或从赔偿金额中扣除所获利益。②不当得利。重复赔偿构成不当得利，权利人可以请求返还已支付的赔偿金额。

受害人从其他途径获得赔偿的具体情况有两种：

（1）保险。当国家行政机关对于保险事故的发生有过错时，受害人既可以从国家获得赔偿，也可以从保险公司获得赔偿。如果受害人已从保险公司获得了赔偿，就无权再向国家请求赔偿，由此即免除了国家行政赔偿责任。但保险人在赔偿受害人后，可以请求国家赔偿其因此而受的损失。

（2）公费医疗。公费医疗是国家对于公职人员实行免费治疗的制度。公职人员因病伤就医，国家为其承担费用。因此，享受公费医疗的人员受到行政侵权损害后，所花费的医疗费用已由国家支付，受害人不得就此项费用再向国家请求行政赔偿。但是，受害人就其因行政侵权行为所受的其他损失，仍有向国家请求赔偿的权利。

我们认为：①受害人通过其他途径得到赔偿并没有免除国家的赔偿责任，而只是转移了受害人的赔偿请求权。给受害人提供赔偿的单位或者组织在支付了受害人的损害之后，即依法取得了代位的赔偿请求权。②受害人从其他途径获得赔偿并不妨碍受害人取得国家赔偿。这是因为，《国家赔偿法》并没有明确规定从其他途径得到赔偿即不能行使国家赔偿请求权，而且，其他赔偿途径性质上与国家赔偿不同，其他赔偿途径的性质往往是民事债权债务关系，而国家赔偿性质上属于公法上的法律责任和请求权，二者不能相互取代或者替代。

第三节　行政赔偿请求人和赔偿义务机关

一、行政赔偿请求人

（一）行政赔偿请求人的概念和特征

行政赔偿请求人是指依法享有取得国家赔偿的权利，请求赔偿义务机关确认和履行国家赔偿责任的公民、法人或者其他组织。具有如下特征：

1. 行政赔偿请求人是公民、法人和其他组织。这是行政赔偿请求人法律身份方面的特征。在行政管理过程中，公民、法人或者其他组织是行政管理相对人；在行政赔偿程序中，公民、法人或者其他组织则是赔偿请求人；行政赔偿请求人是从行政管理相对人转化而来的，在不出现公民死亡或者法人或者其他组织终止的情况下，行政管理的相对人就是行政赔偿的请求人。当享有赔偿请求权的公民死亡时，其继承人及其他有抚养关系的亲属可作为行政赔偿请求人；当享有赔偿请求权的法人或其他组织终止时，权利承受人可以作为赔偿请求人。

从《国家赔偿法》的规定来看，除了一般的公民、法人或者其他组织可以成为行政赔偿请求人之外，行政机关和其他国家机关也可以成为行政赔偿请求人。行政机关和其他国家机关在行使职权时是公权力主体，不能成为行政赔偿请求人。行政机关之间、行政机关与其他国家机关之间在行使职权过程中侵犯对方的职权和财产的，属于机关争议，应当根据宪法和组织法的有关规定解决，不属于国家赔偿的范畴。但是，行政机关和其他国家机关同时具有机关法人的身份，可以成为行政管理的相对人，在这种情况下，行政机关或者其他国家机关因行政机关及其工作人员行使职权过程中的违法行为遭受损害的，可以作为赔偿请求人。

2. 行政赔偿请求人是依法享有取得国家赔偿权利的公民、法人或者其他组织。这是行政赔偿请求人在实体法方面的特征。依法享有赔偿请求权是公民、法人或者其他组织成为行政赔偿请求人的实质性要件。从《国家赔偿法》的规定来看，其合法权益遭受行政机关及其工作人员的违法行为侵害的公民、法人或者其他组织都可以成为行政赔偿请求人。确认公民、法人或者其他组织取得国家赔偿的权利，可以从两个角度进行：一个角度是行政法律关系。行政赔偿是在行政管理过程中发生的赔偿责任，行政赔偿请求人是从行政管理相对人转化而来的，行政赔偿义务机关是从行政主体转化而来的，因此，在行政赔偿义务机关与赔偿请求人之间产生行政赔偿法律关系之前，二者之间已经建立了行政法律关系。据此可以认为，凡是行政法律关系的相对人都享有赔偿请求权，可以成为行政赔偿请求人；而行政法律关系的行政主体一方便是赔偿义务机关。另一个角度是损害。凡是其合法权益遭受行政机关及其工作人员行使职权过程中的违法行为侵害的公民、法人或者其他组织，就享有赔偿请求权，可以成为行政赔偿请求人，而具体实施侵权行为的行政机关或者工作人员所在的行政机关便是赔偿义务机关。

这里值得注意的问题是：应当着眼于问题的实质而不是形式。行政机关及其工作人员行使职权的行为明确列举，公民、法人或者其他组织是明示的行政相对人，在其合法权益遭受损害的情况下可以成为赔偿请求人，固然没有问题；行政机关及其工作人员行使职权的行为没有明确列举、但其合法权益客观上遭受侵害的公民、法人或者其他组织是暗示的行政相对人，也可以成为行政赔偿请求人。

3. 行政赔偿请求人是依法以自己的名义请求赔偿义务机关履行国家赔偿责任的

公民、法人或者其他组织。这是行政赔偿请求人在程序法上的特征。行政赔偿请求人不但是行政赔偿请求权的主体，而且是行政赔偿程序的主体。代表他人或以他人名义请求国家赔偿的，是代理人而不是行政赔偿请求人。请求行政机关履行民事赔偿责任的公民、法人或者其他组织，是民事赔偿程序的当事人，不是行政赔偿程序的请求人。虽然享有取得国家赔偿的权利，但是没有依法提出赔偿请求或者丧失赔偿请求权的公民、法人或者其他组织，也不是赔偿请求人。

4. 行政赔偿请求人是依法被确认合格的公民、法人或者其他组织。这也是行政赔偿请求人程序法上的特征。行政赔偿请求人要参与行政赔偿程序，其资格必须首先经过确认。行政赔偿请求人的资格确认机关可以是行政赔偿义务机关、行政复议机关，也可以是人民法院。公民、法人或者其他组织单独提出赔偿请求的，其资格由赔偿义务机关确认；一并提出赔偿请求的，由行政复议机关或者人民法院确认。

（二）行政赔偿请求人资格

行政赔偿请求人资格是指特定的公民、法人或者其他组织成为行政赔偿请求人所应具备的实体法条件，是公民、法人或者其他组织请求赔偿义务机关履行赔偿责任的法定条件之一。行政赔偿请求人资格解决的中心问题是什么样的公民、法人或者其他组织享有行政赔偿请求权，可以按照法定的期限和方式要求赔偿义务机关确认和履行赔偿义务。从《国家赔偿法》的规定来看，只要其合法权益受行政机关及其工作人员违法行使职权的行为侵害的公民、法人或者其他组织，就享有国家赔偿请求权，可以成为行政赔偿请求人。

这里应当注意的问题是：行政赔偿请求人资格与提出赔偿请求的条件的区别。提出赔偿请求的条件是指公民、法人或者其他组织依法提出赔偿请求应当具备的所有条件，包括实体法条件和程序法条件。其中，实体法条件是指行政赔偿请求人资格，即公民、法人或者其他组织是否享有取得国家赔偿的权利；而程序法条件是指享有国家赔偿请求权的公民、法人或者其他组织什么时候行使以及如何行使其赔偿请求权，即提出赔偿请求的期限和方式。有人认为，行政赔偿请求权人资格包括实体上的资格和程序上的资格两类。实体上的资格是指作为请求人具备什么样的主观利益，程序上的资格是指请求人行使请求权要具备什么样的行为能力。我们认为，这种观点所说的"程序上的资格"仍然属于实体法的范畴，因为行为能力首先是一个实体法问题，而不是程序法问题。

设定行政赔偿请求人资格具有三个方面的意义：①有利于赔偿义务机关、行政复议机关和人民法院确认行政赔偿请求人。行政赔偿请求人资格是行政赔偿请求的具体化，行政赔偿请求权是抽象的概念，而行政赔偿请求人资格是具体的、可供操作的确认赔偿请求人的标准。就此而言，行政赔偿请求权人资格与行政赔偿请求权之间的关系类似于国家赔偿的归责原则与国家赔偿的构成要件之间的关系。②有利于排除有关主体的争议，使受害人及时得到赔偿。实践中，主体在各种程序中都是一个复杂的、但又不能回避的关卡，往往成为一方当事人攻击另一方当事人、从而逃避义务的武器。一旦赔偿请求人得到确认,接下来的问题是如何解决赔偿的方式和数额,行政赔偿义务机关就没有推脱责任的理由。③有利于防止公民、法人或者其他组织滥施请求权,避免司法成本的浪费和保证行政秩序的稳定。行政赔偿请求人资格有利于确认正当的赔偿请求人。

《国家赔偿法》第 2 条规定:"国家机关和国家机关工作人员行使职权,有本法规定的侵犯公民、法人和其他组织合法权益的情形,造成损害的,受害人有依照本法取得国家赔偿的权利。"这是有关国家赔偿请求人资格的一般规定,而第 3 条和第 4 条则是有关行政赔偿请求人资格的具体规定。第 3 条规定:"行政机关及其工作人员在行使行政职权时有下列侵犯人身权情形之一的,受害人有取得赔偿的权利……"第 4 条规定:"行政机关及其工作人员在行使行政职权时有下列侵犯财产权情形之一的,受害人有取得赔偿的权利……"具体来说,行政赔偿请求人资格的具体内容包括:

1. 行政赔偿请求人必须是公民、法人或者其他组织。

2. 行政赔偿请求人必须是合法权益遭受损害的公民、法人或者其他组织。这里所说的损害必须是现实的、特定的和直接的损害。损害已经发生并且客观存在,推测的、可能的损害或假想的损害的承受者都不具有请求人资格。损害是对特定的公民、法人和其他组织的损害。行政赔偿请求人应当是直接受到行政侵权行为损害的人,受行政侵权行为的间接损害或不利影响的人不具有请求人资格。

3. 行政赔偿请求人遭受的损害与行政违法行为之间存在因果关系。行政违法行为发生范围较广,既包括违法的行政行为,也包括违法的内部管理行为,如违法开除公职决定、违法的事实行为等。需指出,这里所说的"因果关系"仅仅是初步的、表面上的,只要求受害人指出损害系行政机关及其工作人员的行政侵权行为所致即可,至于是否真正存在因果关系,有待行政赔偿义务机关、行政复议机关或人民法院认定。

(三) 行政赔偿请求人的范围

关于行政赔偿请求人的范围,《国家赔偿法》第 6 条规定:"受害的公民、法人和其他组织有权要求赔偿。受害的公民死亡,其继承人和其他有扶养关系的亲属有权要求赔偿。受害的法人或者其他组织终止的,其权利承受人有权要求赔偿。"本条规定的"受害",是指合法权益受到行政机关及其工作人员违法行使职权行为的直接侵害,有两种情况:一种是作为明示的相对人而受到损害,如某公民被违法处以罚款;另一种是作为暗示的相对人即通常所说的第三人遭受损害,如某县工商局在没收某个体工商户的违法财产时,将他人在该个体户处代售的合法财产也予以没收,在这种情况下,他人就是暗示的相对人或者第三人,可以作行政诉讼的原告,也有权请求赔偿。根据该条规定,行政赔偿请求人分为公民、法人或者其他组织三种。

1. 公民。公民是指具有特定国家国籍的,包括中国公民和外国公民。受行政侵权行为损害的任何公民在实体上都具有行政赔偿请求人的资格,但对外国公民,我国实行平等原则和对等原则。根据平等原则，外国公民在我国行使国家赔偿请求权的，具有和中华人民共和国公民同等的权利义务，在我国领域内受我国行政机关和工作人员职权行为侵犯造成损害的，也可以请求国家赔偿；根据对等原则，外国人所属国对中国公民的行政赔偿权予以限制或不予保护的，我国将给予同样的待遇。根据《国家赔偿法》的规定，公民作为行政赔偿请求人，分为三种情况：

（1）受害的公民本人。受害的公民本人是行政侵权行为的侵害对象，当然可以作为行政赔偿请求人，这是世界各国的通例。

（2）受害公民死亡的，其继承人和其他有扶养关系的亲属，可以成为赔偿请求人。受害公民死亡的，赔偿请求资格便转移到其继承人和其他有抚养关系的亲属。继承人包括遗嘱继承人和法定继承人，法定继承人行使赔偿请求权受继承顺序的限制，前一顺序的继承人不行使请求权的，后一顺序的人就不能逾越行使请求权。关于继承顺序，我国《继承法》规定，第一顺序的继承人是配偶、子女、父母，第二顺序的继承人是兄弟姐妹、祖父母、外祖父母。继承开始后，由第一顺序继承人继承，第二顺序继承人不继承。没有第一顺序继承人继承的，由第二顺序继承人继承。作为继承人的子女包括婚生子女、非婚生子女、养子女和有扶养关系的继子女，父母包括生父母、养父母和有扶养关系的继父母，该法所说的兄弟姐妹，包括同父母的兄弟姐妹、同父异母或者同母异父的兄弟姐妹、养兄弟姐妹、有扶养关系的继兄弟姐妹。被继承人的子女先于被继承人死亡的，由被继承人的子女的晚辈直系血亲代位继承。代位继承人一般只能继承他的父亲或者母亲有权继承的遗产份额。丧偶儿媳对公、婆，丧偶女婿对岳父、岳母，尽了主要赡养义务的，作为第一顺序继承人。请求人较多时，可委托其中一人或数人为代表人，作为赔偿请求人。

其他有扶养关系的亲属是指上述继承人之外与死亡的公民具有抚养或者被抚养关系的亲属。从《继承法》的规定来看，这里所说的"亲属"不仅包括自然血亲，也包括姻亲，还包括拟制亲属。

《继承法》第 7 条规定："继承人有下列行为之一的，丧失继承权：①故意杀害被继承人的；②为争夺遗产而杀害其他继承人的；③遗弃被继承人的，或者虐待被继承人情节严重的；④伪造、篡改或者销毁遗嘱，情节严重的。"继承人虐待被继承人情节是否严重，可以从实施虐待行为的时间、手段、后果和社会影响等方面认定。虐待被继承人情节严重的，不论是否追究刑事责任，均可确认其丧失继承权。继承人故意杀害被继承人的，不论是既遂还是未遂，均应确认其丧失继承权。由于《国家赔偿法》规定的行政赔偿请求人资格的转移是以继承权为前提条件，继承人在丧失继承权的情况下，当然就丧失了行政赔偿请求人的资格。

（3）受害公民为限制行为能力或者无行为能力人的，其法定代理人可以代为行使行政赔偿请求权。限制行为能力人和无行为能力人包括未成年人和精神病人。根据《民法总则》的有关规定，无民事行为能力人、限制民事行为能力人的监护人是他的法定代理人。8 周岁以上的未成年人是限制民事行为能力人，可以进行与他的年龄、智力相适应的民事活动；其他民事活动由他的法定代理人代理，或者征得他的法定代理人的同意。不满 8 周岁的未成年人是无民事行为能力人，由他的法定代理人代理民事活动。不能辨认自己行为的精神病人是无民事行为能力人，由他的法定代理人代理实施民事活动。不能完全辨认自己行为的精神病人是限制民事行为能力人，可以进行与他的精神健康状况相适应的民事活动；其他民事活动由他的法定代理人代理，或者征得他的法定代理人的同意。未成年人的父母是未成年人的监护人。未成年人的父母已经死亡或者没有监护能力的，由具有监护能力的祖父母、外祖父母、兄、姐或者关系密切的其他亲属、朋友承担监护责任，但需经未成年人的父、母的所在单位或者未成年人住所地的居民委员会、村民委员会同意。没有监护人的，由未成年人的父、母的所在单位或者未成年人住所地的居民委员会、村民委员会或者民政部门担任监护人。无民事行为能力或者限制民事行为能力的成年人，由下列有监护能力的人按顺序担任监护人：①配偶；②父母、子女；③其他近亲属；④其他愿意担任监护人的个人或者组织，但是须经被监护人住所地的居民委员会、村民委员会或者民政部门同意。

　　案例 15－3：张某为县公安局干警，工商局为举行市场大检查，向公安局借调张某以充实力量。李某经营伪劣电器被工商局查获，被当场查封所有涉嫌电器。李某不服，辱骂工商人员杨某。张某见李某不依法接受检查反而辱骂检查人员，于是招呼杨某共同殴打李某，导致李某脾破裂。后李某死亡。李某家中有妻子、父亲以及生前抚养的无劳动能力的朋友王某。谁可作为行政赔偿请求权人呢？

　　受害的公民死亡，其继承人和其他有扶养关系的亲属以及死者生前扶养的无劳动能力的人是赔偿请求人。本案中，李某家中的妻子、父亲以及生前抚养的无劳动能力的朋友王某均可作为赔偿请求人。

　　2. 法人。就一般意义而言，法人是法律上的拟制人，指自然人以外的享有法律主体资格的组织，不仅包括通常所说的法人，而且包括通常所说的其他组织。《国家赔偿法》规定的法人具有特定的含义和范围。对此，我国《民法总则》第 57 条规定："法人是具有民事权利能力和民事行为能力，依法独立享有民事权利和承担民事义务的组织。"第 58 条规定："法人应当依法成立。法人应当有自己的名称、组织机构、住所、财产或者经费。法人成立的具体条件和程序，依照法律、行政法规的规定。设立法人，法律、行政法规规定须经有关机关批准的，依照其规定。"

　　根据《国家赔偿法》规定，法人作为行政赔偿请求人，有 2 种情况：

　　（1）受害的法人。即其合法权益遭受行政侵权行为直接侵害的法人。根据《民法总则》规定，我国的法人分为 4 种：

　　第一，企业法人。企业法人是指以经营为目的，有符合国家规定的资金数额，有组织章程、组织机构和场所，能够独立承担民事责任，经主管机关核准登记，取得法人资格的经济组织，具体包括依法经工商行政管理机关核准登记的全民所有制企业、集体所有制企业、中外合资经营企业、中外合作经营企业和外资企业，具备法人条件的联营企业等。

第二，机关法人。机关法人是指具有独立的经费和编制的、能够以自己的名义对外行文的国家机关。

第三，事业法人。事业法人是指以实现社会利益为目的而依法成立的自我管理、自我运作的社会组织，如学校、研究所、博物馆、影剧院、公园等。

第四，社会团体法人。社会团体法人是指两个以上的公民为了实现共同的目的而自愿联合、经民政部门登记核准成立的社会组织，如工会、妇联、各种协会和联合会等。

（2）受害的法人终止的，承受其权利的法人或者其他组织是赔偿请求人。因种类的不同，法人终止的具体情况也就不同。根据《民法总则》第68条的规定，企业法人终止的原因有：依法解散、依法宣告破产以及其他原因。机关法人因权力机关或者其上级机关的决议或者决定予以撤销，事业法人和社会团体法人因依法解散或者撤销而终止。

3. 其他组织。其他组织是指没有取得法人资格的社会组织。关于其他组织的范围和种类，可以参考《最高人民法院关于适用〈中华人民共和国民事诉讼法〉的解释》第52条："民事诉讼法第48条规定的其他组织是指合法成立、有一定的组织机构和财产，但又不具备法人资格的组织，包括：①依法登记领取营业执照的个人独资企业；②依法登记领取营业执照的合伙企业；③依法登记领取我国营业执照的中外合作经营企业、外资企业；④依法成立的社会团体的分支机构、代表机构；⑤依法设立并领取营业执照的法人的分支机构；⑥依法设立并领取营业执照的商业银行、政策性银行和非银行金融机构的分支机构；⑦经依法登记领取营业执照的乡镇企业、街道企业；⑧其他符合本条规定条件的组织。"

二、行政赔偿义务机关

（一）行政赔偿义务机关概述

行政赔偿义务机关是指代表国家处理赔偿请求、支付赔偿费用、参加赔偿诉讼的行政机关。行政赔偿的主体是国家，但国家是一个庞大的、结构复杂的政治实体，下设的机构和机关众多，受害者自己无法也没有权利确认承担赔偿义务的机关。另一方面，承担赔偿责任具有谴责的含义，国家机关不一定愿意主动承担赔偿责任，可能相互推诿。为了有利于受害人提出赔偿请求，避免行政机关之间相互推诿，《国家赔偿法》专门规定了赔偿义务机关。

行政赔偿义务机关与行政侵权行为人是两个不同的概念。行政赔偿义务机关是具体负责办理赔偿事务、履行赔偿责任的机关，而行政侵权行为人是指具体实施行政侵权行为的行政机关或者行政机关工作人员。二者的范围不一定一致。在我国，行政侵权行为人包括国家行政机关及工作人员，赔偿义务机关只有行政机关。这一制度设计的理由是：

1. 有利于督促行政机关依法行政。致害的行政机关为行政赔偿义务机关，有利于赔偿争议的顺利解决，也便于法院的调查取证和判决；有利于增强行政机关的自我约束力，促使行政机关依法办事。

2. 便于受害人行使赔偿请求权。设定行政赔偿义务机关的最终目的是保证受害人赔偿请求权的实现，由加害的行政机关作为义务机关，有助于受害人求偿。例如受害人的损害是由两个以上行政机关共同造成的，受害人可以向共同赔偿义务机关中的任何一个赔偿义务机关要求赔偿，该赔偿义务机关应当先予赔偿。

3. 有利于精简机构。设立专门的机构处理赔偿事务不利于精简机构，由加害的行政机关作为赔偿义务机关可以避免增设机构。

在办理赔偿事务、履行赔偿责任过程中，赔偿义务机关具有以下义务：

1. 及时受理和处理赔偿请求。对行政赔偿请求人的申请，赔偿义务机关应在法定期间内作出处理，首先确认加害行为的违法性，之后与赔偿请求人就赔偿事宜进行协商，达成一致的，制作协议书；达不成一致的，作出行政赔偿处理决定。

2. 参加行政复议和行政赔偿诉讼。受害人在行政复议过程中一并提出赔偿请求的，赔偿义务机关以被申请人的名义参加；受害人在行政诉讼中一并提出赔偿请求的，赔偿义务机关以行政诉讼被告的身份出现，行使相应的权利和履行相应的义务。

3. 及时充分地履行赔偿义务。赔偿义务依法经行政复议机关或者人民法院决定或判决确认之后，赔偿义务机关应当及时履行，办理赔偿费用交付事宜、返还财产和恢复原状等。

4. 依法办理追偿事务。在赔偿受害人损失后，赔偿义务机关有权也有义务向有故意和重大过失的公务人员及受委托的组织或个人行使追偿权。

（二）行政赔偿义务机关的确认

关于行政赔偿义务机关的确认，《国家赔偿法》第7条和第8条有明确规定。根据这些规定，确认行政赔偿义务机关的具体情形包括：

1. 单独的赔偿义务机关。行政机关及其工作人员违法行使行政职权侵犯公民、法人和其他组织的合法权益造成损害的，该行政机关为赔偿义务机关，这是确认行政赔偿义务机关的一般情况。行政机关以自己的名义发布命令，工作人员负责执行的，是行政机关实施的行为；行政机关没有明确的命令，工作人员在执法过程中根据具体情况自行决定实施侵权行为的，视为该工作人员所在的行政机关实施的行为。

关于工作人员实施侵权行为的赔偿义务机关的认定，有人认为工作人员所在的机关指实施侵害时其职权所属的行政机关，而不一定是该工作人员所隶属的行政机关。这是"谁致害、谁为赔偿义务机关"原则的具体体现。我们认为，工作人员实施的公务侵权行为应当一律视为所在的行政机关的行为，所谓"所在的"，关键不在于公务员隶属的行政机关，而是与公务员具有职务委托关系的行政机关。

2. 共同赔偿义务机关。两个以上行政机关共同行使行政职权时侵犯公民、法人和其他组织的合法权益造成损害的，共同行使行政职权的行政机关为共同赔偿义务机关。这里需要注意的问题是：

（1）作为赔偿义务机关的两个以上行政机关必须都是具有独立主体资格的行政机关。同一行政机关内部的两个以上部门或者同一行政机关内部具有从属关系的两个以上行政机构和组织，都不是赔偿义务机关。没有独立主体资格的行政机构实施的侵权行为应当由设立该行政机构的行政机关负责。

（2）两个以上的工作人员分属不同的行政机关，在其共同行使职权时侵犯公民、法人和其他组织的合法权益造成损害的，应当以工作人员所在的行政机关为共同赔偿义务机关。

（3）两个以上的行政机关进行联合执法的，所有参与联合执法的行政机关为共同赔偿义务机关。联合执法过程中发生的侵权行为可能是一个行政机关或者一个行政机关的工作人员具体实施的，但从便利受害人行使赔偿请求权和加强行政机关内部的相互制约和监督的角度来看，所有参与联合执法的行政机关作为共同赔偿义务机关是比较合适的选择。

（4）共同赔偿义务机关之间负连带责任，受害人可以向共同赔偿义务机关中的任何一个赔偿义务机关要求赔偿，该赔偿义务机关应当先予赔偿，然后要求其他行政机关负担部分赔偿费用。

如果引起行政赔偿诉讼，共同赔偿义务机关为共同被告。共同赔偿义务机关各自按其在侵权损害中所起的作用承担责任。

3. 法律、法规授权的组织。法律、法规授权的组织在行使行政职权时侵犯公民、法人和其他组织的合法权益造成损害的，该组织为赔偿义务机关。法律、法规授权的组织是根据单行的部门法律法规的具体授权履行特定的行政管理职能的行政机构或者社会组织，是国家行政机关之外的另一大类执法机构。由于国家机关编制有限，国家行政机关的人力和物力不能满足管理的需要，国家常常通过法律、法规授予行政机关以外的某些组织行使某项行政权。这些组织也因此以自己的名义行使职权，并承担其行为的后果。发生赔偿问题时，这些被授权的组织就是赔偿义务机关。法律、法规授权的组织中的工作人员违法行使职权侵权致害的，也由该组织作为赔偿义务机关。值得注意的是：这里所说的法律、法规授权，必须是法律、法规和规章明文规定的授权，规章以下的规范性文件授权的视为委托，发生赔偿问题，由委托的行政机关作为赔偿义务机关。

4. 委托的行政机关。受行政机关委托的组织或者个人在行使受委托职权时侵犯公民、法人和其他组织的合法权益造成损害的，委托的行政机关为赔偿义务机关。委托行政是行政机关根据管理的需要，按照法律规定的条件和范围将自己的行政职权委托给其他组织及个人行使。在委托行政中，受委托的组织及工作人员以委托行政机关的名义对外活动，其行为的后果归属于委托行政机关，当受委托的组织执行职务侵权时，由委托的行政机关作赔偿义务机关，但在赔偿损失后，赔偿义务机关有权责令有故意或者重大过失的受委托的组织或者个人承担部分或者全部赔偿费用。

　　需要注意的问题是：如果受委托的组织或个人所实施的致害行为与委托的职权无关，则国家不能对该致害行为承担赔偿责任，受害人只能追究受委托组织或个人的民事侵权责任。所谓"无关"，是指受委托的组织或者个人的行为与委托的职权或者公务之间没有任何实质性的联系。凡是委托的组织或者个人为了行使委托的职权或者执行委托的公务的目的实施的行为，以及将委托的职权作为便利条件实施的行为都应当由委托的行政机关负责。这是因为，委托的行政机关对受委托的组织或者个人负有监督管理的责任，受委托的组织或者个人利用委托的职权违法的，说明委托的行政机关没有尽到监督管理的责任，应当承担因此而发生的国家赔偿责任。

　　案例 15 - 4： 春风乡政府联防队受县公安局委托负责本乡的治安工作。某日，联防队接到举报说华家村张某家有人聚赌，于是前往张某家抓赌，抓获张某、刘某、王某、朱某、胡某等 5 人。联防队决定将他们带到乡政府先行询问后再进行处罚。联防队员孙某等 3 人和被抓的张某等 5 人（双手都被铐住）都挤在一辆吉普车内。因人多，孙某未关闭吉普车后门。途中，刘某趁孙某不注意跳下吉普车，导致左腿骨折。刘某遂申请国家赔偿，应当由哪一机关作为行政赔偿义务机关？

　　联防队是乡政府组建的临时性机构，不具有独立的主体资格，不能作为行政赔偿义务机关。春风乡政府本身不具有维持社会治安的权力，联防队由它组建，但行使的是县公安局委托的权力，因此与乡政府无关。联防队的行为应当由委托它行使权力的县公安局承担责任，县公安局为赔偿义务机关。

　　5. 行政机关撤销时的赔偿义务机关。赔偿义务机关被撤销的，继续行使其职权的行政机关为赔偿义务机关；没有继续行使其职权的行政机关的，撤销该赔偿义务机关的行政机关为赔偿义务机关。我国目前正处在经济体制和政治体制的改革阶段，行政机关的职能、机构设置还没有完全定型，行政机关的设立、合并与撤销比较频繁，为了保证受害人赔偿请求权的实现，法律明确规定致害机关撤销时的两种情况：一种是有继续行使职权的机关，由后者作赔偿义务机关；另一种是没有继续行使职权的机关，则由撤销该赔偿义务机关的机关为赔偿义务机关。

　　6. 经过行政复议的赔偿义务机关。经复议机关复议的，最初造成侵权行为的行政机关为赔偿义务机关，但复议机关的复议决定加重损害的，复议机关对加重的部分履行赔偿义务。

　　公民、法人和其他组织遭受的损害经复议程序后可能出现三种情况：第一种是加重损害，由较轻的处罚改为较重的处罚；第二种是减轻损害，如部分撤销原处罚决定；第三种是维持原状，如维持原处理决定。复议决定减轻损害的，原行政机关为赔偿义务机关，这一点在立法过程中没有什么争议。但对复议决定维持行政行为或者加重损害的，究竟由致害行政机关作为赔偿义务机关，还是复议机关作为赔偿义务机关，在立法时存有争议。有人认为，行政复议机关维持行政行为的，视为与原行政机关作出了共同的意思表示，应当与原行政机关承担连带责任，作共同赔偿义务机关。复议决定加重损害的，应当视为行政复议机关以自己的意思表示作出新的行政行为，应当以复议机关作赔偿义务机关。《国家赔偿法》最后规定，由最初侵权的行政机关作为赔偿义务机关，复议机关加重损害的，复议机关只对加重的部分履行赔偿义务。

这里需要注意的问题是：复议机关与原侵权机关不是共同赔偿义务机关，不负连带责任，而是各自对自己侵权造成的损害承担责任。

7. 派出机关作赔偿义务机关。派出机关是行政机关根据行政管理特殊地域的需要，按照法定程序设立独立执行行政任务的行政机关。派出机关执行的行政管理任务来自法律法规和规章的授权或者设立机关的委托。由于行政职权的来源不同，派出机关在实施侵权行为时的法律地位也就不同，在确认赔偿义务机关时也就应当有所区别。派出机关在法律法规规章的授权范围内行使职权时侵犯公民、法人或者其他组织的合法权益造成损害的，视为自己的侵权行为，自己作赔偿义务机关；派出机关执行设立机关交办的任务时侵害公民、法人或者其他组织合法权益的，应当视为受委托实施的侵权行为，由设立机关即委托的行政机关作赔偿义务机关。

第四节　行政赔偿程序

一、行政赔偿程序概述

（一）行政赔偿程序的概念和意义

行政赔偿程序是指受害人依法取得国家赔偿、行政机关或者人民法院依法办理行政赔偿事务应当遵守的方式、步骤、顺序、时限等手续的总称。

行政赔偿程序的意义表现在：

1. 保障受害人依法取得和行使行政赔偿请求权。通过行政赔偿程序，受害人知道自己如何与赔偿义务机关打交道，明确什么时候、以什么样的方式、向哪一个国家机关提出赔偿请求，在有关的国家机关受理其请求之后，又应当通过哪些方法、采取什么样的方式实现自己的国家赔偿权利。

2. 规范国家机关受理和处理赔偿请求的手续、及时确认和履行赔偿责任。《国家赔偿法》有关行政赔偿的程序作了比较细致的规定，这一方面是对有关国家机关的规范和制约，另一方面也为它们办理赔偿事务提供了可供操作的规程，有利于避免争议，提高办事效率，及时消除行政机关和受害人之间的矛盾。最高人民法院于1997年4月29日发布的《关于审理行政赔偿案件若干问题的规定》对行政赔偿程序作出了进一步的规定。

二、单独提出赔偿请求的程序

（一）单独提出赔偿请求程序的含义

从结果来看，对公民、法人或者其他组织具有实质性意义的行政救济无非两种：

一是确认和撤销违法行使行政职权的行为，以消除其将要产生的不利影响；二是消除或者弥补违法行为已经造成的损害。第一种救济方式是初步的，而第二种救济方式是彻底的。在行政机关及其工作人员行使职权行为的违法性已经得到确认的情况下，受害人接下来的请求便是赔偿。根据《行政诉讼法》和《国家赔偿法》的规定，受害人单独提出赔偿请求的，应当首先向赔偿义务机关提出，赔偿义务机关拒绝受理赔偿请求、在法定期限内不作出决定或者不能达成协议的，受害人可以提起行政诉讼。与一并提出赔偿请求的程序相比较，单独提出赔偿请求程序的特点是赔偿义务机关的先行处理程序，本节将着重介绍。先行处理程序是指赔偿请求人请求损害赔偿时，先向有关的赔偿义务机关提出赔偿请求，双方就有关赔偿的范围、方式、金额等事项进行自愿协商或由赔偿义务机关决定，从而解决赔偿争议的程序。其意义表现在：

1. 为赔偿义务机关自我纠正错误提供机会，体现了对赔偿义务机关的尊重，同时也有利于加强行政机关的内部监督。

2. 有利于迅速解决赔偿争议，减少受害人的讼累。一方面，行政机关是实施行政侵权行为的机关，也是承担赔偿义务的机关，一般对赔偿争议较为了解；另一方面，先行处理程序手续简便、及时，从根本上有利于减少赔偿义务机关和受害人的支出。

（二）行政赔偿义务机关的先行处理程序

行政赔偿义务机关在受理和处理受害人单独提出的赔偿请求时，办理如下手续：

1. 确认加害行为的职权性和违法性。从《国家赔偿法》的规定和实践经验来看，受害人单独提出赔偿请求的，必须以加害行为的职权性和违法性得到确认为前提。加害行为的职权性针对的是民事行为和行政行为、公务员个人行为和职务行为的划分等问题，前者决定了赔偿争议是民事争议还是行政争议；后者决定了赔偿责任人是国家还是公务员个人。加害行为的违法性针对的是行政赔偿与行政补偿的区别问题。

确认加害行为的职权性和违法性的途径有：

（1）赔偿义务机关自己确认。实施侵权行为的行政机关书面承认其行为的违法性和职权性，例如承认实施了暴力殴打或违法使用武器的行为等。

（2）通过行政复议确认。行政复议机关的撤销决定、履行法定职责的决定是确认加害行为违法性的直接根据。

（3）通过行政诉讼确认。人民法院的撤销判决、履行判决和确认判决都是确认加害行为违法性和职权性的根据。

2. 受害人提出赔偿请求。受害人提出赔偿请求应当递交申请书。申请书应载明以下事项：

（1）受害人的姓名、性别、年龄、工作单位和住所。请求权人是法人或其他组织的，应写明法人或其他组织的名称、住所和法定代表人或者主要负责人的姓名、职务。如果有代理人的，应写明代理人的姓名、性别、年龄、职业、住所或居所。

（2）具体的要求、事实根据和理由。赔偿请求包括赔偿的范围、方式等，如请求赔偿的金额或恢复原状的内容等，要求必须要明确、具体。事实根据是指受害人遭受损害的时间、地点、客体、范围等。理由是指损害形成的原因，如有关行政机关及其工作人员的违法行为与损害结果的因果关系等。

（3）申请的年、月、日。

（4）有关的附件。包括行政复议机关的复议决定书，法院的判决书等文件、医疗证明、证人、照片等有关证据材料或者证据线索。

赔偿请求人书写申请书确有困难的，可以委托他人代书，也可以口头申请，由赔偿义务机关记入笔录。请求赔偿申请书，应由请求人和代理人签名或盖章后向赔偿义务机关提出。对于共同赔偿义务机关，受害人可以向任何一个赔偿义务机关提出，被请求的赔偿义务机关应当先予赔偿。共同赔偿义务机关先予赔偿，并不是由该赔偿义务机关承担全部赔偿责任，而免除其他赔偿义务机关的赔偿责任。共同赔偿义务机关应当共同承担行政侵权造成的损害。某一赔偿义务机关先予赔偿之后，可要求其他赔偿义务机关承担其相应的赔偿责任。受害人可以同时提出一个或者数个赔偿请求。数个赔偿请求相互之间应当具有一定的联系，它们或者是因同一侵权行为而产生多项损害，或者是多种侵权行为实施于一个人产生多项损害，同时提出，一并解决，可以综合考虑各种因素，合理解决赔偿争议。受害人也可以提出具体的赔偿数额。

3. 赔偿义务机关受理赔偿请求，制作行政赔偿决定书。赔偿义务机关接到赔偿请求申请后，应当对案件事实进行调查，调查的事项包括：①公民、法人或者其他组织是否遭受了实际损害。②公民、法人或其他组织所受到的损害与已确认的违法行为有无因果关系。③受害人自己是否具有过错。④是否存在第三人的过错。赔偿义务机关应当全面审查、核实相关的证据材料，可以责令赔偿请求人补充有关证据材料。查明上述事实之后，赔偿义务机关应当决定对公民、法人或其他组织赔偿的具体方式及标准。

赔偿义务机关应当自收到申请之日起 2 个月内，作出是否赔偿的决定。赔偿义务机关作出赔偿决定，应当充分听取赔偿请求人的意见，并可以与赔偿请求人就赔偿方式、赔偿项目和赔偿数额依照《国家赔偿法》第四章的规定进行协商。赔偿义务机关决定赔偿的，应当制作赔偿决定书，并自作出决定之日起 10 日内送达赔偿请求人。赔偿义务机关决定不予赔偿的，应当自作出决定之日起 10 日内书面通知赔偿请求人，并说明不予赔偿的理由。

赔偿义务机关在规定期限内未作出是否赔偿的决定，赔偿请求人可以自期限届满之日起 3 个月内，向人民法院提起诉讼。赔偿请求人对赔偿的方式、项目、数额有异议的，或者赔偿义务机关作出不予赔偿决定的，赔偿请求人可以自赔偿义务机关作出赔偿或者不予赔偿决定之日起 3 个月内，向人民法院提起诉讼。

（三）对行政事实行为单独提出赔偿请求的程序问题

根据《行政诉讼法》和《行政复议法》的规定，对行政行为违法性的确认，可以通过行政复议与行政诉讼程序进行；对事实行为的职权性和违法性的确认，法律没有明确规定，不能通过行政复议和行政诉讼程序进行。例如，对殴打等暴力行为不能单独通过行政复议或者行政诉讼的形式予以确认。《最高人民法院关于审理行政赔偿案件若干问题的规定》第 3 条规定，赔偿请求人认为行政机关及其工作人员实施了《国家赔偿法》第 3 条第 3、4、5 项和第 4 条第 4 项规定的非行政行为的行为侵犯其人身权、财产权并造成损失，赔偿义务机关拒不确认致害行为违法，赔偿请求人可直接向人民法院提起行政赔偿诉讼。

三、一并提出赔偿请求的程序

（一）行政复议程序

一并提出赔偿请求的程序分为行政复议程序和行政赔偿诉讼程序。这里首先介绍行政复议程序。《国家赔偿法》第 9 条第 2 款规定："赔偿请求人要求赔偿，应当先向赔偿义务机关提出，也可以在申请行政复议或者提起行政诉讼时一并提出。"对此，《行政复议法》第 29 条规定："申请人在申请行政复议时可以一并提出行政赔偿请求，行政复议机关对符合国家赔偿法的有关规定应当给予赔偿的，在决定撤销、变更具体行政行为或者确认具体行政行为违法时，应当同时决定被申请人依法给予赔偿。申请人在申请行政复议时没有提出行政赔偿请求的，行政复议机关在依法决定撤销或者变更罚款，撤销违法集资、没收财物、征收财物、摊派费用以及对财产的查封、扣押、冻结等具体行政行为时，应当同时责令被申请人返还财产，解除对财产的查封、扣押、冻结措施，或者赔偿相应的价款。"这是受害人一并提出赔偿请求的法律依据。

行政复议申请人往往是受害人，必须是其合法权益受到行政行为违法侵害的公民、法人或其他组织。申请人申请复议应递交申请书，在申请复议的理由和要求中一并提出赔偿请求，并写明违法的行为与损害结果的因果关系、损害程度、具体赔偿要求等。行政复议的被申请人是赔偿义务机关。

在行政复议中一并提出赔偿请求的受理和审理适用行政复议程序。根据《行政复议法》规定的行政复议程序，行政复议机关对违法的行政行为进行审查并作出裁决。在赔偿处理中行政复议机关可以适用调解，以调解书的形式解决赔偿争议，也可以作出赔偿的裁决。

行政复议机关在撤销被诉行政行为的同时，应当作出赔偿决定。复议机关应当在收到复议申请书之日起 60 日内作出复议决定，申请人对复议机关作出的包括赔偿裁决在内的复议决定不服，可以在收到决定书之日起 15 日内，向人民法院提起行政诉讼。需指出，根据《行政复议法》第 29 条的规定，如果被申请人依法应当承担赔偿责任，即使申请人没有提出申请，行政复议机关也应当决定予以赔偿。根据《行政复议法》第 19 条的规定，如果行政复议机关拒绝受理申请或者逾期不复议，申请人也可以自收到不予受理决定书之日起或者行政复议期满之日起 15 日内，依法向人民法院提起行政诉讼。

（二）行政赔偿诉讼程序概述

行政赔偿诉讼程序是指人民法院受理行政赔偿请求的程序，是一种特殊的行政诉讼。受害人可以在提起行政诉讼时一并提出赔偿要求即提起行政赔偿诉讼，也可以在行政复议机关作出决定或者赔偿义务机关作出决定之后，向法院提起行政赔偿诉讼。根据《行政诉讼法》和《国家赔偿法》的规定，我国行政赔偿诉讼适用行政诉讼程序，属于行政诉讼中的一个特殊类别。之所以作出这样的选择，是因为：

1. 符合行政赔偿诉讼的特殊性。行政赔偿诉讼是因行政机关及其工作人员违法行使行政职权的行为对公民、法人或其他组织的合法权益造成损害而引起的，与国家公权力的行使和运作密不可分。这一点与行政诉讼程序一致，而与民事诉讼截然不同。具体表现在受案范围、诉讼代理人、级别管辖、审判组织、执行等方面。

2. 《国家赔偿法》的明确规定。《国家赔偿法》第 9 条明确规定："赔偿请求人要求赔偿，应当先向赔偿义务机关提出，也可以在申请行政复议或者提起行政诉讼时一并提出。"请求行政赔偿不管是单独式或一并式，都适用行政诉讼程序。行政赔偿适用行政诉讼程序并不排除对民事诉讼规范的适用。《最高人民法院关于适用〈中华人民共和国行政诉讼法〉的解释》（2017 年 11 月 13 日最高人民法院审判委员会第 1726 次会议通过，自 2018 年 2 月 8 日起施行）未明确规定参照适用民事诉讼法。但是，《行政诉讼法》第 101 条规定："人民法院审理行政案件，关于期间、送达、财产保全、开庭审理、调解、中止诉讼、终结诉讼、简易程序、执行等，以及人民检察院对行政案件受理、审理、裁判、执行的监督，本法没有规定的，适用《中华人民共和国民事诉讼法》的相关规定。"

（三）行政赔偿诉讼程序的内容

作为一般的诉讼，行政赔偿诉讼程序适用《行政诉讼法》的一般规定；但是，作为一种特殊的诉讼，行政赔偿诉讼程序又具有一些特殊之处。

1. 受案范围。

（1）单独提出赔偿请求时的受案范围。赔偿请求人对行政机关确认行政行为违法但又决定不予赔偿，或者对确定的赔偿数额有异议提起行政赔偿诉讼的；赔偿请求人就已被确认的违法行为造成的损害向赔偿义务机关请求赔偿，赔偿义务机关逾期不予赔偿，或者赔偿请求人对赔偿义务机关确定的赔偿数额有异议，提起行政赔偿诉讼的；赔偿请求人认为行政机关及其工作人员实施了暴力殴打行为、违法使用武器、警械或者其他侵害人身权、财产权的非行政行为，并造成损失，赔偿义务机关拒不确认致害行为违法，赔偿请求人直接向法院提起行政赔偿诉讼的；法律规定由行政机关最终裁决的行政行为，被作出最终裁决的行政机关确认违法，赔偿请求人以赔偿义务机关应当赔偿而不予赔偿或者逾期不予赔偿或者对赔偿数额有异议，提起行政赔偿诉讼的。

（2）一并提出赔偿请求时的受案范围取决于行政行为的可诉性。赔偿请求人以国防、外交等国家行为或者行政机关制定发布行政法规、规章或者有普遍约束力的决定、命令侵犯其合法权益造成损害的，不属于受案范围。

2. 管辖。

（1）一并提起时由被诉行政行为的管辖法院管辖。行政赔偿诉讼的请求涉及不动产的，由不动产所在地法院管辖。

（2）单独提起时的级别管辖与普通行政诉讼的管辖确定规则基本相同。在地域管辖方面，由被告所在地的基层法院管辖。

（3）赔偿请求人因同一事实向2个以上行政机关提起行政赔偿诉讼，可向任何一个行政机关的住所地法院提起。赔偿请求人向2个有管辖权的法院同时提起行政赔偿诉讼的，由最先收到起诉状的法院管辖。

（4）公民对限制人身自由的行政强制措施不服，或者对行政机关基于同一事实对同一当事人作出限制人身自由和对财产采取强制措施的行政行为单独提出赔偿诉讼的，由被告所在地或者原告所在地或者不动产所在地法院管辖。

3. 诉讼当事人。

（1）受害的公民死亡，其继承人和其他有扶养关系的亲属以及死者生前扶养的无劳动能力的人有权提起行政赔偿诉讼。企业法人或者其他组织被行政机关撤销、变更、兼并、注销，原企业法人或其他组织，或者对其享有权利的企业法人或其他组织具有原告资格。

（2）2个以上行政机关共同侵权，赔偿请求人对其中一个或数个行政机关提起诉讼，若诉讼请求系可分之诉，被诉的机关为被告；若诉讼请求系不可分之诉，法院依法追加其他侵权机关为共同被告。

（3）复议机关的复议决定加重损害的，赔偿请求人只对作出原决定的行政机关提起赔偿诉讼，作出原决定的行政机关为被告；只对复议机关提起赔偿诉讼的，复议机关为被告。

（4）与行政赔偿案件处理结果有利害关系的公民、法人和其他组织有权作为第三人参加诉讼。

4. 起诉与受理。

（1）赔偿请求人单独提起行政赔偿诉讼以赔偿义务机关先行处理为前提，应在向赔偿义务机关递交赔偿申请后的2个月届满之日起3个月内提出。

（2）一并提出赔偿请求的，起诉期限按照行政诉讼起诉期限执行。行政案件原告可以在起诉后至法院一审庭审结束前提出行政赔偿请求。

（3）当事人先后被采取限制人身自由的行政强制措施和刑事拘留等措施，因强制措施被确认为违法而请求赔偿的，法院按其行为性质分别适用行政赔偿程序和刑事赔偿程序立案受理。

第十五章

5. 审理与判决。法院审理行政赔偿案件，就当事人之间的行政赔偿争议进行审理与裁判。

（1）行政赔偿诉讼的审判组织适用《行政诉讼法》的规定，一律实行合议制。由于行政赔偿案件涉及行政机关行使国家职权的行为，涉及公共利益和个人利益的权衡；而且，多数行政赔偿案件都经过不同层次的行政机关处理，如经过赔偿义务机关先行处理或行政复议等程序，比较复杂，一律实行合议制是慎重的表现。

（2）在行政赔偿诉讼中，原告就被诉行政行为造成损害的事实提供证据。在行政赔偿诉讼中，被告同样不得就行政行为是否合法收集有利于自己的证据，但可以收集有关损害及其原因、第三人过错和受害人自己过错的证据。

（3）法院审理行政案件，可以就赔偿范围、方式和数额进行调解。这是行政赔偿诉讼与其他行政诉讼在审理方式上的区别。调解成立的，制作行政赔偿调解书。行政赔偿调解书应当写明赔偿请求、案件事实和调解结果，应由审判人员、书记员署名，加盖人民法院印章，送达双方当事人，调解书由双方当事人签收后，即具有法律效力。被告在一审判决前同原告达成赔偿协议，原告申请撤诉的，法院依法审查并裁定是否准许。

（4）原告的赔偿请求依法成立的，应当判决被告承担赔偿责任。被告的行政行为违法但尚未对原告合法权益造成损害的，或者原告的请求没有事实根据或者法律依据的，应当判决驳回原告的诉讼请求。对赔偿请求人未经确认程序直接提起行政赔偿诉讼的案件，在判决时应当对赔偿义务机关的致害行为是否违法予以确认。

（5）单独受理的第一审行政赔偿案件的审理期限为 3 个月，第二审为 2 个月。一并受理的行政赔偿请求案件的审理期限与该行政案件的审理期限相同。如因特殊情况不能按期结案，需要延长审限的，应按照行政诉讼法的有关规定报请批准。

6. 行政赔偿诉讼中的先予执行。先予执行是指在特定的给付案件中，人民法院在作出判决之前，因原告生活困难，裁定义务人先行给付一定款项或特定物，并立即交付执行的措施。在行政赔偿诉讼中，有可能出现因行政机关违法侵权造成损害，致使受害人无法维持生活的情况，适用先予执行，能够及时地保障当事人的合法权益。

7. 行政赔偿诉讼裁判的执行。行政赔偿诉讼的执行对象是国家行政机关，应当考虑它的特殊地位，不宜采取查封、扣押、冻结等对待一般当事人的执行措施。我国行政赔偿诉讼的执行适用《行政诉讼法》第96条的规定，对赔偿义务机关采取特殊的执行措施，包括划拨、罚款、司法建议和追究刑事责任。

四、行政追偿程序

（一）行政追偿

行政追偿是指国家在向行政赔偿请求人支付赔偿费用之后，依法责令具有故意或重大过失的工作人员、受委托的组织或者个人承担部分或全部赔偿费用的法律制度。赔偿义务机关代表国家对行政机关工作人员行使行政追偿权必须具备一定的条件。对此，《国家赔偿法》第16条第1款规定："赔偿义务机关赔偿损失后，应当责令有故意或者重大过失的工作人员或者受委托的组织或者个人承担部分或者全部赔偿费用。"根据上述规定，赔偿义务机关行使行政追偿权，应具备下列条件：

1. 行政赔偿义务机关已经履行了赔偿责任。行政追偿以国家承担了赔偿责任为前提，这是国家行使行政追偿权的必要条件。虽然国家是否履行其赔偿责任并不是向公务员进行追偿的直接原因，但是，在赔偿义务机关向受害人赔偿之前，国家自己的赔偿责任尚未最终实现，向公务员追偿缺乏法律上的正当性。这正是法律将国家履行赔偿责任作为必要条件规定的原因所在。

国家履行赔偿责任以赔偿责任依法确认为前提。确认国家赔偿责任的方式多种多样，可以是赔偿义务机关作出的行政赔偿决定书、与受害人达成的赔偿协议、行政复议机关的行政赔偿决定书，也可能是人民法院作出的行政赔偿判决书。另外，仅仅确认赔偿责任尚不足以成为追偿的理由，赔偿义务机关还必须切实充分履行赔偿责任，这是赔偿义务机关行使行政追偿权的客观要件。

2. 行政机关工作人员具有故意或者重大过失。行政机关工作人员对侵权行为的发生具有故意或者重大过失，这是国家行使行政追偿权的主观要件。所谓故意，是指工作人员在实施侵权行为时，主观上能认识到自己的行为违法并可能造成公民合法权益的损害，希望或放任侵害结果的发生的一种心理状态。所谓重大过失，是指行政机关工作人员没有达到其职务上的一般要求，未能预见或避免一般情况下能够预见或避免的侵害后果，也就是说没有达到对公务员的一般业务要求。

把行政追偿限制在故意或重大过失的范围内，主要是考虑到鼓励工作人员发挥主观能动性和抑制违法行政的平衡问题。因此，《国家赔偿法》允许工作人员在一定的限度内，出现差错而不负责任。这一方面有利于保护行政机关工作人员的积极性和创造性，另一方面也有利于抑制任意或者不负责任行使职权的问题。如果不问行政机关工作人员有无过错或过错大小，一律予以追偿，则势必会损伤行政机关工作人员执行职务的积极性和主动性，最终损害公共利益。

行政机关工作人员执行上级命令时违法侵害公民合法权益的，如何认定工作人员的过错？我国《行政诉讼法》和《国家赔偿法》对此没有明确规定。我们认为，执行上级命令产生国家赔偿责任的，应当认为上级和下级存在着共同过错，采取同样的认定标准，一并予以追偿。无论是上级还是下级，明知命令违法仍然发布或者执行的，认定为存在故意；应当知道命令违法而发布或者执行的，应当认定为具有重大过失。上下级均存在故意或者过失是一般的情况，但这并不排除上级发布命令具有重大过失，而下级执行命令时具有故意，或者相反的情况。只有一并追偿，才能杜绝各种可能的借口，督促上下级相互监督，共同依法行政。

需指出，只要具备上述两个条件，国家就应当行使追偿权。关于追偿权的行使，《国家赔偿法》使用的是"应当"一词，这就要求在具备上述条件的情况下，赔偿义务机关必须行使追偿权，不得放弃。唯有此，才能防止行政追偿流于形式，真正起到对行政机关工作人员的教育作用。但是，赔偿义务机关在确定追偿的具体数额时，可以考虑行政机关工作人员的经济情况。如果工作人员经济困难，可以减少甚至免除其追偿责任。例如，奥地利《国家赔偿法》第2条规定，如果公务员系因重大过失违背法律，则法院可以出于公平合理的理由减轻追偿。

（二）行政追偿程序

行政追偿程序是指赔偿义务机关处理追偿事务、作出追偿决定的程序。关于行政追偿程序，《国家赔偿法》没有规定。

1.行政追偿的主体。行政追偿的主体是指行政追偿法律关系的当事人，包括代表国家作为追偿人行使追偿权的赔偿义务机关和作为被追偿人的工作人员。

（1）追偿人。赔偿义务机关代表国家具体行使追偿权，是追偿人。在办理追偿事务过程中，赔偿义务机关有权向被追偿人、有关的单位和个人调查收集证据，有权裁量追偿金额的大小，并且单方面作出追偿决定。另外，赔偿义务机关在办理追偿事务过程中，应当充分考虑追偿的目的，准确认定工作人员的过错，合理确定追偿金额。

根据《国家赔偿法》的规定，作为追偿人的赔偿义务机关具体有：①行政机关工作人员违法行使职权侵犯公民、法人或其他组织的合法权益造成损害引起行政赔偿的，该工作人员所在的行政机关为追偿人；②法律、法规授权的组织的工作人员违法行使行政职权，发生行政赔偿的，该组织是追偿人；③受行政机关委托的组织或者个人违法行使委托的行政职权发生行政赔偿的，委托的行政机关是追偿人；④赔偿义务机关只能向自己所属的工作人员行使追偿权。赔偿义务机关为共同赔偿义务机关的，应当根据自己承担的赔偿金额，分别向自己所属的工作人员追偿。

（2）被追偿人。被追偿人是指在实施侵权行为过程中具有故意或重大过失的行政机关工作人员或法律、法规授权的组织的工作人员，或者受行政机关委托的组织和个人。具体来说，包括：①在执行职务中有故意或重大过失的行政人员。②行使职权时有故意或重大过失的受委托的组织或个人。③同一个行政机关两个以上的工作人员共同实施侵权行为的，为共同被追偿人，应当承担连带责任，但赔偿义务机关在作出追偿决定时，应当根据各自过错的大小，确定具体的追偿金额。④不同的行政机关的两个以上的工作人员共同实施侵权行为的，不能作为共同的追偿对象，赔偿义务机关应当根据自己分担的赔偿金额，分别向自己所属的工作人员追偿。⑤经过合议的行为发生赔偿责任的，所有投赞成票的工作人员都是被追偿人。投反对票的工作人员，不是被追偿人。

2.行政追偿的步骤。从办理行政追偿、作出追偿决定的客观需要来看，赔偿义务机关办理追偿事务应当经历如下步骤：查明被追偿人的过错；听取被追偿人的意见和申辩；决定追偿的金额；执行追偿决定。被追偿人不服追偿决定的，可以依法向上级行政机关或者监察、人事行政机关申诉；也可以根据《行政复议法》和《行政诉讼法》的规定，申请复议或者提起行政诉讼。

拓展阅读书目

1. 廖义男：《国家赔偿法》，三民书局 1998 年版。

2. 杨临萍主编：《行政损害赔偿》，人民法院出版社 1999 年版。

3. 杨小君："论国家赔偿的归责原则与归责标准"，载《法学研究》2003 年第 2 期。

4. 章志远："我国行政赔偿制度之改革"，载中国法学会行政法学研究会编：《修宪之后的中国行政法》，中国政法大学出版社 2005 年版。

5. 毕可志："论行政赔偿范围的拓展"，载中国法学会行政法学研究会编：《修宪之后的中国行政法》，中国政法大学出版社 2005 年版。

第
十
五
章

第十六章

司法赔偿

本章提要：

本章分析了司法赔偿的概念及特征，并分析了司法赔偿违法归责原则的内涵。结合我国《国家赔偿法》的规定，重点介绍了司法赔偿的范围、司法赔偿请求人和司法赔偿义务机关、司法赔偿程序、司法追偿等制度。

第一节　司法赔偿概述

一、司法赔偿的概念和特征

（一）司法赔偿的概念

司法赔偿是指司法机关及其工作人员在行使侦查权、检察权、审判权和监狱管理职权时给无辜的公民、法人或者其他组织的生命、健康、自由和财产造成损害的，国家应当承担的赔偿责任。对于这一概念，可以作如下解释：

1. 司法赔偿是一种国家赔偿责任，而不是普通的民事赔偿。尽管司法机关及其工作人员的违法侵权行为造成了公民、法人或者其他组织的损害，但不是由司法机关或者司法机关的工作人员对此承担责任，而是由国家承担赔偿责任。国家对司法机关及其工作人员的行为承担责任是现代民主法治国家的重要标志。司法机关作为国家机关的一种，其实施的司法行为给公民、法人或者其他组织造成不应有的损失时，国家必须对此承担责任。但是，这种责任不同于法人之间的普通民事责任，是一种特殊的国家责任，在很多方面与民事责任有着质的区别。

2. 司法赔偿是国家对司法机关及其工作人员的行为承担的赔偿责任，而不是对其他国家机关及其工作人员承担的赔偿责任。在我国，司法机关是指行使刑事侦查权、检察权和民事、行政、刑事审判权以及监狱管理职权的各级公安机关、检察机关、审判机关及监狱等机关。司法机关行使的是司法权，有别于立法权和行政权。只有司法机关及其工作人员行使司法权给公民、法人或者其他组织造成的损害，国家才承担司法赔偿责任。

3. 司法赔偿是国家对司法机关及其工作人员行使职权的行为承担的责任，对于司法机关或者司法工作人员实施的非职务行为或者个人行为造成的损害，国家不承担司法赔偿责任。司法机关和司法工作人员都具有双重身份，当他以行使公权力主体的身份实施某种行为给无辜公民、法人或其他组织造成不应有的损失时，国家必须给予赔偿。当他们以一般私法主体即民事主体的身份实施某种行为给其他公民、法人或者其他组织造成损害时，不会产生司法赔偿责任，国家也不承担此种赔偿责任。

4. 司法赔偿是国家对于司法机关及其工作人员违法行使职权的行为所承担的责任，对于司法机关或者司法人员依法行使职权的行为所导致的公民、法人或者其他组织的损害，国家不承担司法赔偿责任。如人民法院的司法警察依法对严重妨害民事诉讼秩序的公民实施司法拘留的行为虽然限制了该公民的人身自由，但国家对此合法执行职务的行为不承担司法赔偿责任。只有司法机关及其工作人员违法执行职务并因此造成公民、法人或者其他组织的合法权益损害的行为，才会产生司法赔偿责任。

需要指出的是，"司法赔偿"这一概念是法学术语，而非《国家赔偿法》上的法律术语。我国的《国家赔偿法》第二章、第三章及第五章第38条分别规定了行政赔偿、刑事赔偿以及民事诉讼、行政诉讼中的国家赔偿，没有明确使用"司法赔偿"这一术语，"司法赔偿"是学者对刑事赔偿、民事诉讼、行政诉讼中的国家赔偿的理论概括。

（二）司法赔偿的特征

司法赔偿是因国家司法权违法行使而导致的国家赔偿责任，即司法赔偿产生于司法活动这一特定过程中。由于司法活动中的不确定因素很多，且司法活动本身有一定的风险，因而司法权造成的损害常难以归咎于司法权自身。此外，在司法活动中权益遭受侵害的主体比较复杂，就刑事赔偿来说，受损害者既有确实无辜的公民，亦有构成犯罪的罪犯，对此国家往往区别对待，采用不同的赔偿标准。最后，在我国的司法体制中，人民法院是审判机关，人民检察院是法律监督机关，人民检察院可依法对人民法院进行审判监督，人民法院却无法以人民检察院的违法行为为审判对象，这种司法体制决定了司法赔偿程序的非讼性。

由以上因素所决定，司法赔偿的特点表现在以下四个方面：

1. 司法赔偿的侵权行为主体是司法机关及其工作人员。司法赔偿本质上是对因司法权违法行使造成的损害的赔偿，而司法权是由司法机关及其工作人员来行使的，因此侵权主体是司法机关及其工作人员。根据《国家赔偿法》的相关规定，司法机关及其工作人员主要包括：①行使刑事侦查权的公安机关、国家安全机关、军队保卫部门及其工作人员；②行使检察权（仅限于刑事检察权）的人民检察院及其工作人员；③行使审判权的人民法院（包括专门人民法院，如军事法院）及其工作人

第十六章

员；④行使监狱管理职权的机关及其工作人员。此为司法赔偿的形式特征。

2. 司法赔偿的原因是司法机关及其工作人员在司法活动中违法行使司法权侵害了公民、法人或者其他组织的合法权益。同一社会主体在不同的法律关系中身份不同或法律地位不同。上述司法机关及其工作人员在司法活动中是司法权行使主体，其违法行为产生司法赔偿责任；在民事活动中其违法行为产生民事赔偿责任。尤其需要指出的是，在我国，公安机关具有治安行政管理与刑事侦查两种职能，分别体现为行政权行使主体与司法权行使主体，其在履行治安管理过程中违法侵害他人合法权益的，产生行政赔偿责任；在履行刑事侦查职能时违法侵害他人合法权益的，产生司法赔偿责任。

3. 司法赔偿实行有限赔偿原则，范围很窄。笔者认为，根据现行《国家赔偿法》第 17 条的规定，刑事赔偿不仅应对无罪被羁押者以及错误判处死刑并已执行的人给予赔偿，对有罪被超期羁押的人也是应予赔偿的。

对轻罪重判是否应赔偿，我国法律未规定，但理论上有不同看法。详见本章第二节第二点"二、刑事司法赔偿的范围"。

在民事诉讼、行政诉讼中，国家只对人民法院违法采取妨害诉讼的强制措施、保全措施以及执行措施等造成的损害给予赔偿，对因错误判决造成的损害以及其他诉讼行为造成的损害则不予赔偿。而在行政赔偿中，因违法行政行为造成公民人身权、财产权损害或法人及其他组织财产权损害的，国家都予以赔偿。《国家赔偿法》第 2 条第 1 款规定："国家机关和国家机关工作人员行使职权，有本法规定的侵犯公民、法人和其他组织合法权益的情形，造成损害的，受害人有依照本法取得国家赔偿的权利。"但违法归责原则在司法赔偿中并未一以贯之，而以所明示列举者为限。此为司法赔偿在赔偿范围方面的特征。

4. 司法赔偿以独特的非讼程序进行。司法赔偿的侵权主体包括公安机关（含国家安全机关、军队保卫部门）、人民法院、人民检察院以及监狱管理机关及其工作人员。这些机关性质各异，在我国的司法体制中关系微妙。因此，由人民法院以诉讼程序解决赔偿争议，有两个法律障碍：①在司法侵权行为主体为人民法院及其工作人员时，由原审判机关审理赔偿案件有违公正原则，因为任何人不得作自己案件的法官；②在司法侵权行为主体为人民检察院及其工作人员时，由人民法院审理赔偿案件可能会导致审判权与法律监督权的紧张与冲突，在目前的宪政体制下亦缺乏依据。基于以上考虑，《国家赔偿法》规定司法赔偿程序以非讼程序进行。

二、司法赔偿的归责原则

司法赔偿的归责原则关注的是以何标准和依据来确定国家对司法侵权行为承担的赔偿责任。由于司法活动中的不确定性因素很多，如通过证据认定案件事实经常出现反复现象；同时司法活动又具有很大的风险，尤其是在刑事司法活动中赋予公安机关在一定情况下可便宜行事的权力，因而司法活动极其复杂，由此决定了在司

第一节

法活动中所发生的损害亦可能由多种因素导致，司法权被违法行使并非唯一因素，有时损害的发生甚至是由司法权正当、合法行使导致。

从保护受害人权益的角度来看，某一受害人若因非归咎于自己的原因蒙受损害，则应当获得救济。即使该损害系由司法权合法正当地行使所造成，从分配正义的角度看，该损害亦不应由其独自忍受，何况刑事司法活动系以打击犯罪为目的的公益活动，无辜受害者个人蒙受的损失往往是为维护公益所作的特别牺牲，依公共负担平等的国家责任原理，对此损害亦不应由其独自承担。但是，从权利配置的角度来看，某一权利受到损害法律是否予以救济是立法者政策选择的结果，也是一国法价值与法理念的体现。因此，对于司法活动中造成的损害国家依何标准和依据来承担赔偿责任，因各国的不同法律价值观和政策选择而各异，这表现在司法赔偿的归责原则上即为归责原则的多样性。

从各个国家或地区关于司法赔偿的归责原则的规定，可得出如下结论：①大多数国家对司法赔偿采无过错责任；②因法官的行为导致司法赔偿责任的，则以过错责任原则为归责标准。根据《国家赔偿法》第 2 条、第 17 条、第 18 条、第 37 条的规定，我国司法赔偿的归责原则在刑事赔偿中刑事拘留采取违法归责原则，逮捕和判决采取结果归责原则。

1. 无过错责任因其性质所限，不适于作为国家侵权赔偿的归责原则，因而不应是司法赔偿的归责原则。从无过错责任的起源来看，它是在近代工业损害问题日趋尖锐化的背景下，传统侵权行为法关于损害赔偿的归责标准客观化的方式之一（另一归责原则为过错推定原则）。按照无过错责任原则，不仅受害人无需证明加害人的过错，而且加害人即使能够证明自己主观上没有过错也不得免除责任，除非他拥有法律特别规定的某种免责事由，其目的是强化对受害者的保护。应该说，这一归责方式在私法领域作为侵权赔偿的辅助归责原则加以适用有相当的合理性，但若将之移用到公法领域中的国家侵权赔偿责任制度中来，其合理性则大有讨论的余地。

国家活动本质上属于公法领域，国家各种权力的运行——体现为各种性质的国家机关的活动——不得依其自己的意志而必须在法律的轨道之内，即国家机关的活动依据为客观的法律规范，这是法治国家的基本要求。因此，确定国家赔偿责任的归责标准亦应以国家机关的行为依据为出发点，即应以违法作为国家赔偿的归责标准。无过错责任不问造成损害的原因，只要有损害即赔偿，外表上可达到与违法归责同样的结果，但它无法区分国家因违法行为承担赔偿责任与因合法行为造成损害的国家补偿责任，无法科学说明国家承担赔偿责任的根据，因而不宜作为国家侵权赔偿的归责原则。

2. 有关"错误逮捕"，确实存在应如何理解的问题。《刑事诉讼法》第 81 条规定："对有证据证明有犯罪事实，可能判处徒刑以上刑罚的犯罪嫌疑人、被告人，采取取保候审尚不足以防止发生下列社会危险性的，应当予以逮捕……"修正后的《刑事诉讼法》降低了逮捕的事实条件，人民法院作出无罪判决，尤其是"证据不足，所指控的犯罪不能成立”的无罪判决的情况下，并不一定说明逮捕系违法逮捕，此时适用违法归责原则确有困难，但认为国家不负赔偿责任，则显然不利于保障被逮捕者的合法权益。

从《国家赔偿法》当时的立法原意看，它以违法原则为唯一的归责原则；从当时对“错误逮捕”的规定看，其意图亦是要将之纳入国家赔偿的范围，修正后的《刑事诉讼法》放宽了逮捕的条件以致有上述争议出现，不应认为国家对逮捕予以赔偿的判断标准有所变更。对此，最高人民法院在有关司法批复中认为，检察机关在批捕时，即便有部分可以证明有罪的证据，但是这些证据不足以确定被告人有罪的，依《刑事诉讼法》的规定，在法律上不能认定有罪，应按无罪处理，就应赔偿。因此，违法原则是司法赔偿的唯一归责原则。

第二节　司法赔偿的范围

一、司法赔偿范围概述

（一）司法赔偿范围的涵义

司法赔偿范围是指司法机关及其工作人员在行使职权时侵犯公民、法人和其他组织合法权益并造成损害，国家承担赔偿责任的范围。

司法赔偿范围针对的问题是国家对哪些司法侵权行为造成的哪些损害承担赔偿责任，包括侵权行为的范围和损害的范围两个方面。从法律规定来看，司法赔偿范围包括积极事项与消极事项。积极事项是指国家依法应当承担司法赔偿责任的事项，而消极事项则是指国家依法不承担赔偿责任的事项。

司法赔偿范围对受害人、赔偿义务机关和人民法院都具有重要意义。对受害人来说，司法赔偿范围就是其享有赔偿请求权的范围，只有在法定的赔偿范围之内，受害人才可以请求赔偿，也才能获得赔偿。对赔偿义务机关来说，司法赔偿范围确定了国家承担赔偿义务的范围，对法定赔偿范围以外的损害，国家不承担赔偿责任，赔偿义务机关也没有履行赔偿义务的问题。对人民法院来说，司法赔偿的范围明确了人民法院解决司法赔偿争议的权限范围，人民法院可以受理哪些司法赔偿争议，司法赔偿范围明确作出了限定。

（二）司法赔偿范围的确定标准

司法赔偿范围的确定标准是指界定司法赔偿范围的具体尺度。归责原则和构成要件实际上也起着确定司法赔偿范围的作用。但是，归责原则比较抽象，其主要功能是体现国家对司法赔偿的价值观念；而构成要件是司法赔偿责任是否成立的条件，内容是多方面的、综合性的；司法赔偿范围的确定标准则是具体的、单一的尺度。从内容来看，确定标准是归责原则的具体化，是构成要件的一个方面的内容。

关于侵权行为的范围，《国家赔偿法》对行政赔偿和司法赔偿分别作了规定，二者的确定标准不同。关于损害的范围，司法赔偿与行政赔偿一致，都对人身权财产权的损害予以赔偿。以下就司法赔偿的行为范围进行说明。

从《国家赔偿法》的规定来看，司法赔偿范围的确定标准是：

1. 刑事赔偿采取无罪羁押赔偿原则。所谓无罪羁押赔偿原则，是指只有在受害人没有犯罪的情况下，司法机关对其采取的拘留、逮捕以及判处拘役、徒刑等羁押行为才是错误的，国家才承担赔偿责任。如果受害人实施了犯罪行为，即使拘留、逮捕和判处刑罚存在着违法的情况，例如超过法定期限羁押的，国家也不承担赔偿责任。我国《国家赔偿法》强调"无罪"，受害人有犯罪事实而被拘留或者逮捕的、轻罪重判或犯此罪而被宣判彼罪的情形，不属于《国家赔偿法》上的"错误拘留""错误逮捕""错误判决"的范围。

受害人实施了犯罪行为，但依法不应判处死刑而被判处死刑并且已经执行即错杀的，国家是否应当承担赔偿责任？对此，我国《国家赔偿法》没有明确规定，但事实上属于赔偿范围。这是无罪羁押赔偿原则的一个例外情况。因为生命健康权是公民的基本权利，不应当判处死刑而判处死刑并且已经执行的，是对受害人生命健康权的非法剥夺，国家应当承担赔偿责任。

2. 民事诉讼、行政诉讼中的司法赔偿采取限制原则。所谓限制，是指民事诉讼、行政诉讼中的赔偿只针对特定的事项，包括违法采取对妨害诉讼的强制措施、违法采取保全措施和对生效法律文书执行错误。

我国《国家赔偿法》第 38 条规定："人民法院在民事诉讼、行政诉讼过程中，违法采取对妨害诉讼的强制措施、保全措施或者对判决、裁定及其他生效法律文书执行错误，造成损害的，赔偿请求人要求赔偿的程序，适用本法刑事赔偿程序的规定。"根据该条规定，在民事诉讼、行政诉讼中，对违法采取排除妨害诉讼的强制措施、违法采取保全措施和执行错误的，国家承担赔偿责任。在民事诉讼、行政诉讼中，人民法院作出错误判决侵害公民、法人或者其他组织合法权益的，国家是否承担赔偿责任？目前我国《国家赔偿法》尚无对民事错判承担赔偿责任的规定。可以解释的理由是：民事诉讼的证据制度使错判的责任人往往不是审判人员，而是当事人自己。同时，民事诉讼的执行回转制度使错判另有救济途径。与此同理，对于行政诉讼中的错判，国家也不承担赔偿责任。但是，对于不能通过执行回转弥补的损害国家是否承担赔偿责任？《最高人民法院关于审理民事、行政诉讼中司法赔偿案件适用法律若干问题的解释》（2016 年 2 月 15 日最高人民法院审判委员会第 1678 次会议通过，自 2016 年 10 月 1 日起施行）第 5 条第 5 项规定，"违法执行案外人财产的"，属于人民法院对判决、裁定以及其他生效法律文书执行错误，属于司法赔偿范围。

二、刑事司法赔偿的范围

（一）侵犯人身权的刑事赔偿

人身权是一个宽泛的概念，其内容主要规定于宪法和民法之中。宪法规定的人身权是公民的基本权利，主要是人身自由、通信自由、人格尊严等。民法规定的人身权是宪法规定的人身权的具体化，主要包括生命健康权、名誉权、荣誉权等，这些来源于宪法的规定，但又不限于宪法的规定。

我国《国家赔偿法》第17条规定："行使侦查、检察、审判职权的机关以及看守所、监狱管理机关及其工作人员在行使职权时有下列侵犯人身权情形之一的，受害人有取得赔偿的权利：①违反刑事诉讼法的规定对公民采取拘留措施的，或者依照刑事诉讼法规定的条件和程序对公民采取拘留措施，但是拘留时间超过刑事诉讼法规定的时限，其后决定撤销案件、不起诉或者判决宣告无罪终止追究刑事责任的；②对公民采取逮捕措施后，决定撤销案件、不起诉或者判决宣告无罪终止追究刑事责任的；③依照审判监督程序再审改判无罪，原判刑罚已经执行的；④刑讯逼供或者以殴打、虐待等行为或者唆使、放纵他人以殴打、虐待等行为造成公民身体伤害或者死亡的；⑤违法使用武器、警械造成公民身体伤害或者死亡的。"根据该条规定，我国刑事赔偿范围中侵犯人身权的赔偿限于侵犯公民人身自由权和生命健康权。具体包括：

1. 错误拘留。错误拘留在刑事诉讼法和国家赔偿法上具有不同的含义。在刑事诉讼法上，错误拘留是指司法机关在不具备刑事诉讼法规定的条件的情况下实施的刑事拘留。在国家赔偿法上，错误拘留是指司法机关对没有犯罪事实或者没有事实证明有犯罪重大嫌疑的公民而采取的刑事强制措施。

刑事拘留是刑事诉讼强制措施之一，是指行使侦查权的机关在侦查过程中，遇到紧急情况时，对现行犯或重大犯罪嫌疑分子采取的临时限制其人身自由的一种强制方法。①刑事拘留权只能由公安机关和人民检察院行使，其他任何机关和组织都不享有刑事拘留权。《刑事诉讼法》第82条规定了公安机关的刑事拘留权，第165条规定了人民检察院的刑事拘留权。依据《刑事诉讼法》第165条的规定，人民检察院直接受理的案件中符合《刑事诉讼法》第81条、第82条第4项、第5项规定情形，需要逮捕、拘留犯罪嫌疑人的，由人民检察院作出决定，由公安机关执行。②刑事拘留是司法机关在紧急情况下采用的强制措施。没有紧急情况的，司法机关可以采取其他措施，不需要采取刑事拘留措施。③刑事拘留是司法机关对现行犯和重大犯罪嫌疑分子采取的临时性强制措施。

刑事拘留必须依法定的条件和程序。公安机关执行拘留时，应持有经县级以上公安机关负责人签发的《拘留证》，并将《拘留证》向被拘留的人出示，向其宣布对其实行拘留。被拘留人应在《拘留证》上签名并按指印。拒绝签名和按指印的，执行拘留的人员应当予以注明。采取拘留措施之后，应当立即将被拘留人送看守所羁押，至迟不得超过24小时。除有碍侦查或者无法通知的情况以外，公安机关应在24小时以内，把拘留的原因和羁押的处所通知被拘留人的家属或者他的所在单位。有碍侦查的情形消失以后，应当立即通知被拘留人的家属或者他的所在单位。公安机关对被拘留的人，应当在拘留后的24小时以内进行讯问。在发现不应当拘留的时

第二节

候，必须立即释放，发给释放证明。可以看出，在刑事诉讼过程中，司法机关违法采取刑事拘留的形式是多种多样的，包括拘留的对象错误、超过法定拘留期限等。

2. 错误逮捕。逮捕是指司法机关对犯罪嫌疑人、被告人实行羁押、看管，暂时限制其人身自由的一种强制措施。对此，《宪法》第 37 条第 2 款规定："任何公民，非经人民检察院批准或者决定或者人民法院决定，并由公安机关执行，不受逮捕。"《刑事诉讼法》第 80 条规定："逮捕犯罪嫌疑人、被告人，必须经过人民检察院批准或者人民法院决定，由公安机关执行。"根据上述规定，逮捕犯罪嫌疑人、被告人的决定权属于人民检察院和人民法院，执行权属于公安机关。关于逮捕的条件，《刑事诉讼法》第 81 条规定："对有证据证明有犯罪事实，可能判处徒刑以上刑罚的犯罪嫌疑人、被告人，采取取保候审尚不足以防止发生下列社会危险性的，应当予以逮捕：①可能实施新的犯罪的；②有危害国家安全、公共安全或者社会秩序的现实危险的；③可能毁灭、伪造证据，干扰证人作证或者串供的；④可能对被害人、举报人、控告人实施打击报复的；⑤企图自杀或者逃跑的。对有证据证明有犯罪事实，可能判处 10 年有期徒刑以上刑罚的，或者有证据证明有犯罪事实，可能判处徒刑以上刑罚，曾经故意犯罪或者身份不明的，应当予以逮捕。被取保候审、监视居住的犯罪嫌疑人、被告人违反取保候审、监视居住规定，情节严重的，可以予以逮捕。"

《刑事诉讼法》第 94 条规定："人民法院、人民检察院对于各自决定逮捕的人，公安机关对于经人民检察院批准逮捕的人，都必须在逮捕后的 24 小时以内进行讯问。在发现不应当逮捕的时候，应当立即释放，发给释放证明。"所谓"不应当逮捕"，是指：①犯罪行为没有发生，或者被逮捕人的行为不构成犯罪的；②虽有犯罪行为，但罪行轻微，不够判处有期徒刑以上刑罚的；③虽有犯罪行为，也可能判处徒刑以上刑罚，但法律、法规另有规定，不予追究刑事责任的；④犯罪行为虽然是被逮捕人所为，但该人没有自杀、逃跑、串供、毁灭证据或者继续犯罪可能，采取取保候审、监视居住等其他强制措施足以防止发生社会危险性，因而不需要对其实行逮捕的。遇有上述情况，应当立即将被逮捕人释放，并发给释放证明。

在刑事诉讼法中，错误逮捕的表现形式多种多样，包括不应当逮捕而逮捕、违反法定程序逮捕等；国家赔偿法上的逮捕是指没有犯罪事实而实施的逮捕，二者之间存在着一定的差距。司法机关实施逮捕时符合法定条件和程序，但事后证明被逮捕人无罪的，仍然构成错误逮捕，国家应当承担赔偿责任。认定错捕的机关是人民检察院和人民法院，如果人民检察院因被捕的人无罪决定撤销案件或者作出不起诉决定的，人民法院在一审、二审程序中所作的终审判决宣告被告无罪的，对被告的逮捕应定为错捕。但是，那种逮捕时未查明有犯罪事实，但在逮捕后查明有犯罪事实的，不属于错捕。

案例 16 - 1：崔某因涉嫌挪用公款被市公安局刑事拘留，后被逮捕。区检察院以挪用公款罪向法院提起公诉。法院作出刑事判决，认定崔某违反保险公司资金运用部的正常贷款程序，超越单位内部关于贷款数额权限的规定，利用第三人冒名贷款给他人，是违反财经纪律的行为，不构成挪用公款罪，宣告其无罪。崔某没有上诉、检察院也没有抗诉。判决生效后，崔某提出赔偿申请。

本案中，法院宣告崔某无罪，说明区检察院错误逮捕，国家应当为此承担赔偿责任。

3. 无罪错判、原判刑罚已经执行的。具体来说，国家承担赔偿责任的无罪错判必须同时具备以下三个条件：

（1）人民法院对无罪的公民判处刑罚。所谓无罪，包括公民没有实施犯罪行为或者没有充分确凿的证据证明公民实施了犯罪行为两种情形。公民确实没有实施犯罪行为的，人民法院的有罪判决当然构成错误判决。公民具有实施犯罪行为的重大嫌疑，但是没有确凿充分的证据证明公民实施了犯罪行为的，根据无罪推定的原则，公民应当被视为无罪，人民法院的有罪判决仍然构成错误判决。此处所谓刑罚，是指剥夺公民人身自由和生命的刑罚，包括拘役、有期徒刑、无期徒刑和死刑。

根据上述分析，如果被告人的行为已经构成犯罪，人民法院在法定的量刑幅度内作出不适当的判决，或者超出法定刑幅度量刑，经改判处以比较轻的刑罚，不构成国家赔偿法上的错判。免予刑事处分的有罪判决经再审被撤销，公民被宣告无罪，也不构成国家赔偿法上的错判。在前者，不符合无罪羁押赔偿原则；在后者，人民法院只是作出有罪宣告，没有对被告人判处刑罚，没有发生人身自由被剥夺的损害事实，司法赔偿的构成要件没有具备。

（2）原判刑罚已经执行。"刑罚已经执行"包括刑罚已经全部执行和部分执行两种情况。被无罪错判的人如果已经全部执行判决刑罚，国家应对全部错判刑罚承担赔偿责任；在执行过程中经审判监督程序再审宣告无罪释放的，国家则应对已执行部分的错判刑罚承担赔偿责任。在自由刑执行期间，被告人被依法减刑或者假释的，对于被减刑或者假释部分的错判刑罚，国家不负赔偿责任。在刑罚执行中保外就医的，人身自由虽受限制但实际上未被羁押，此期间国家不负赔偿责任。[1] 缓刑判决经再审程序被撤销，公民被宣告无罪的，亦不发生国家赔偿责任。在这种情况下，法院虽然判处被告人刑罚，但缓刑不是刑罚的执行，而是附条件地不执行，不发生国家赔偿法上要求的侵犯人身自由权或者生命健康权的损害事实。根据《最高人民法院关于人民法院执行〈中华人民共和国国家赔偿法〉几个问题的解释》第4条的规定，人民法院判处管制、有期徒刑缓刑、剥夺政治权利等刑罚的人被依法改判无罪的，国家也不承担赔偿责任。但是，赔偿请求人在判决生效前被羁押的，依法有权取得赔偿。

（3）原判决经审判监督程序撤销并且被告人被宣告无罪。审判监督程序是人民法院对已经发生法律效力的判决、裁定，发现在认定事实或者适用法律上确有错误，依法进行重新审理的一种特殊的诉讼程序。"依照审判监督程序再审改判无罪"，是

---

〔1〕《最高人民法院赔偿委员会关于保外就医期间不承担赔偿责任的批复》（1998年3月11日）。

指经过再审确认被告人没有违法行为或者违法行为不构成犯罪而撤销原来有罪的判决。也就是说，改判必须是依据审判监督程序作出的，而且必须是改判无罪。

在此需要注意以下问题：

第一，被告人的行为不构成犯罪，但是构成民事违法行为或者行政违法行为，人民法院的有罪判决是否构成错误判决？国家是否承担赔偿责任？由于被告人实施了违法行为，存在着过错，国家对此不承担赔偿责任，有罪判决虽然被撤销，仍然不构成错误判决。

第二，法院在一审生效判决中宣告被告人无罪，对判决前的羁押，存在错误拘留和错误逮捕。这两种情况都是无端侵害公民人身权的行为，国家应负赔偿责任。一审判决被告人有罪，在二审程序中被改判无罪的，因刑罚尚未执行，不存在因刑罚执行造成的损害，但一审的有罪判决延长了对被告人的羁押时间，对此损害国家也应当承担赔偿责任。

第三，依照审判监督程序再审改判减轻刑罚的，被告人有无权利请求国家赔偿？关于轻罪重判国家应否承担赔偿责任，各国有不同规定。我国《国家赔偿法》未将轻罪重判的情况纳入国家赔偿的范围，但是理论上有不同看法：第一种观点认为，轻罪重判与无罪枉判有本质的不同，前者以被告人有罪为前提，后者则纯属冤枉。轻罪重判只是人民法院量刑中研究的问题，况且情况复杂，司法机关对此侵权较难掌握，目前暂不应列入国家赔偿的范围。在公民有罪的情况下，即使原判决超过了法定最高刑，依照审判监督程序予以纠正的，国家仍然不予赔偿。第二种观点认为，轻罪重判同样是冤狱的一种，如果改判后服刑期尚未超过后判刑期的，当然不存在赔偿问题。但是，如果已服刑的期限超过后判刑期，则与无罪羁押、超期羁押一样会使被告人遭受重大的人身财产损害，有时这种损害还相当严重。因此，从救济受害人角度看，对轻罪重判给予赔偿是必要的。第三种观点认为，从保护公民合法权益、维护司法公正、促进司法机关提高执法水平的需要出发，对已服刑期超过后判刑期的轻罪重判，国家给予赔偿是必要的。这有待《国家赔偿法》的修改。

4. 刑讯逼供和殴打等暴力行为。刑讯逼供和殴打均属于暴力侵权的范畴。司法机关及其工作人员在执行职务过程中对犯罪嫌疑人或被告人进行刑讯逼供或者施以其他暴力侵害行为的，可能产生工作人员自己的刑事责任，但是这并不妨碍国家承担赔偿责任。工作人员的刑事责任是工作人员因其犯罪行为对国家承担的惩罚性的法律责任，而刑事赔偿是国家因其侵权行为而对公民承担的补救性的法律责任，二者之间因主体和性质不同，不能发生折抵关系。

在确认暴力侵权行为时，应当注意的问题是：

（1）实施这种暴力侵权行为的主体不限于司法机关的工作人员。受司法机关及其工作人员唆使的人员实施了此类暴力行为，国家也应承担赔偿责任。

（2）这种暴力侵权行为必须发生在执行职务活动过程中，且与职权行使有密切的联系。刑讯逼供及其他暴力行为不是行使职权行为，因为法律不可能赋予司法机关这种权力。但是，此类行为是发生在国家司法工作人员行使职权的过程中，与行使职权有关，或者以公务为目的或者利用了行使职权的便利条件，因此仍然构成公务行为。《国家赔偿法》规定，对此类侵害行为，国家承担赔偿责任。如果暴力侵害行为发生在司法人员执行职务过程之外，则系个人行为，国家不负赔偿责任。

（3）此类暴力行为一般表现为刑讯逼供或者殴打等方式，而且必须造成了公民身体伤害或者死亡的后果。刑讯逼供是指司法人员在办理刑事案件过程中，对犯罪嫌疑人或被告人使用肉刑或者变相使用肉刑逼取口供的行为。所谓肉刑，主要指捆绑、悬吊、殴打，或用各种刑具进行肉体摧残。所谓变相肉刑，是指上述直接伤害身体的肉刑以外的其他对人的身体进行折磨的方法，如长时间的冻饿、站立、不准睡眠、"坐飞机"、卡脖子等。殴打是指用拳脚、警棍、武器等打击人的身体。根据《国家赔偿法》的规定，只有在造成公民身体伤害或者死亡的情况下，国家才承担赔偿责任。

《司法行政机关行政赔偿、刑事赔偿办法》（1995 年 9 月 8 日司法部第 40 号令发布）第 5 条的有关规定，可供我们具体认定此类行为：①刑讯逼供或者体罚、虐待服刑人员，造成身体伤害或死亡的；②殴打或者唆使、纵容他人殴打服刑人员，造成严重后果的；③侮辱服刑人员造成严重后果的；④对服刑期满的服刑人员无正当理由不予释放的；⑤违法使用武器、警械、戒具造成公民身体伤害、死亡的；⑥其他违法行为造成服刑人员身体伤害或者死亡的。其他司法机关工作人员若有上述行为，造成犯罪嫌疑人或被告人身体伤害或者死亡的，国家应当负赔偿责任。

（4）应当准确理解"造成"的含义。《最高人民法院赔偿委员会关于黄彩华申请国家赔偿一案的批复》（1999 年 8 月 25 日）中认为："国家赔偿法第 15 条第 4 项以及第 27 条的规定中使用的是'造成'身体伤害或者死亡的表述方法，这与致人伤害或死亡是有区别的。'造成'应当理解为只要实施了法律规定了的违法侵权行为，并产生了'伤害或者死亡'的后果，就应当适用国家赔偿法第 15 条第 4 项的规定。"

5. 违法使用武器、警械。司法机关及其工作人员违法使用武器、警械造成公民身体伤害或者死亡的，受害人有取得赔偿的权利。

司法机关工作人员在执行职务中因正当防卫使用武器警械造成他人伤亡的，国家不予赔偿。正当防卫明显超过必要限度造成重大损害的，国家应予赔偿。

（二）侵犯财产权的刑事赔偿

我国《国家赔偿法》第 18 条规定："行使侦查、检察、审判职权的机关以及看守所、监狱管理机关及其工作人员在行使职权时有下列侵犯财产权情形之一的，受害人有取得赔偿的权利：①违法对财产采取查封、扣押、冻结、追缴等措施的；②依照审判监督程序再审改判无罪，原判罚金、没收财产已经执行的。"根据该条规定，国家承担刑事赔偿责任的情况包括如下两种：

1. 违法对财产采取查封、扣押、冻结、追缴等措施。

（1）查封。在刑事诉讼中，查封是指司法机关将可以用作证据或与案件有关不

第二节

便提取的财物予以就地封存的一种措施。《刑事诉讼法》第 100 条规定："人民法院在必要的时候，可以采取保全措施，查封、扣押或者冻结被告人的财产。"根据该条规定，在刑事诉讼过程中，只有人民法院才有权采取查封措施。

（2）扣押。根据《刑事诉讼法》的有关规定，扣押针对的是物证、书证。所谓扣押物证、书证，是司法机关及其工作人员对发现能够证明犯罪嫌疑人有罪或者无罪的物品、文件，依法强制扣留的一种刑事强制性措施。

扣押物证、书证直接关系到公民的合法权益，必须严格依照法定程序进行。在侦查阶段，扣押物证、书证，只能由 2 名以上的侦查人员进行，其他任何人无权行使这种权力。扣押物证、书证经常与勘验和搜查同步进行。在实施这些侦查行为时，如果发现与案件有关的物品、文件需要扣押，凭勘验证、搜查证即可扣押。单独实行扣押时，须经县以上公安机关、国家安全机关、人民检察院的负责人批准。侦查人员进行扣押，必须持本机关的介绍信和本人的工作证，并向被扣押物证、书证的人出示或者宣读。根据《刑事诉讼法》第 141 条的规定，扣押的范围是可以证明犯罪嫌疑人有罪或者无罪的各种物品和文件。也就是说，对可以证明犯罪嫌疑人有罪、罪重的物品、文件应当扣押，对可以证明犯罪嫌疑人无罪、罪轻的物品、文件也应当扣押。但是，对明显与案件无关的物品、文件则不能扣押。如果已经扣押，应当尽快发还。对与案件有无关系有时不易分清或者认为可扣押可不扣押的物品、文件，应当先行扣押，待查清后再作出处理。如果发现违禁物品，虽然与本案无关，也应当扣押，并交有关部门处理。对扣押的物品、文件应当会同在场见证人和被查封、扣押财物、文件持有人查点清楚，当场开列清单一式两份，写明物品的名称、牌号、规格、数量、重量、特征及来源等，由侦查人员、见证人和持有人签名或盖章后，一份交持有人，一份存卷。对已扣押的物品、文件，应当认真登记，妥善保管。

（3）冻结。冻结是指司法机关在案件的侦查和审理中发现被告人的存款、汇款与案件有直接关系时，要求有关单位对其存款、汇款停止支付或者转移的一种措施。对犯罪嫌疑人的财产，司法机关可以采取查询、冻结措施。对此，《刑事诉讼法》第 144 条规定："人民检察院、公安机关根据侦查犯罪的需要，可以依照规定查询、冻结犯罪嫌疑人的存款、汇款、债券、股票、基金份额等财产。有关单位和个人应当配合。犯罪嫌疑人的存款、汇款、债券、股票、基金份额等财产已被冻结的，不得重复冻结。"《刑事诉讼法》规定的"犯罪嫌疑人的存款"，既包括犯罪嫌疑人以他的真名、化名存入的款项，又包括是他的犯罪所得但以其家庭成员的名字或者他的亲朋好友的名字存入的款项。如果一时分不清是否属于犯罪嫌疑人的存款，但侦查时又需要查询、冻结的，可先查询、冻结，然后根据情况再作处理。"犯罪嫌疑人的汇款"，既包括犯罪嫌疑人汇出的款项，又包括他人汇给犯罪嫌疑人的款项。

查询、冻结犯罪嫌疑人的存款、汇款，应当经县以上人民检察院的检察长或者公安机关负责人批准，填写查询个人储蓄存款通知书、停止支付个人储蓄存款通知书或者查询汇款通知书、停止支付个人汇款通知书等文书。对于已冻结的存款、汇款经查明确实与案件无关的，应当在 3 日以内解除扣押、冻结，退还原主或者原邮电机关。

（4）追缴。关于追缴措施，《刑事诉讼法》没有规定。《刑法》在"量刑"一节中规定了追缴。《刑法》第 64 条规定："犯罪分子违法所得的一切财物，应当予以追缴或者责令退赔……"从法律规定和有关的司法解释来看，所谓追缴，是指强制收缴罪犯赃款、赃物，退还原主、上缴国库的强制措施。但该种措施的法律性质、适用范围和适用程序均不明确。

司法机关采取上述措施，必须依法享有该项职权。超越职权范围、无权限以及违反法律规定的条件采取上述措施，给公民、法人或者其他组织合法权益造成损害的，国家应当赔偿。

2. 再审无罪，原判罚金、没收财产已经执行。罚金是指人民法院判处犯罪人向国家缴纳一定数额金钱的刑罚，没收财产是指将犯罪分子个人所有财产的一部分或者全部强制无偿地收归国有的刑罚。

罚金和没收财产产生国家赔偿责任的条件是：

（1）判处罚金或者没收财产的判决必须生效，而且已经执行。判决没有生效，受害人可以通过上诉的途径申请纠正。判决生效但没有执行的，没有发生《国家赔偿法》规定的财产损害事实，不产生国家赔偿责任。

（2）生效判决经审判监督程序撤销，受害人被宣告无罪。刑事赔偿以公民无罪为前提。如果依照审判监督程序再审改判被告人无罪，说明原判处的罚金或者没收财产错误，如果已经执行，国家当然应予返还，如果因被判处罚金或者没收财产造成受害人财产损失的，亦应由国家承担赔偿责任。如果经审判监督程序，公民被仍然被确认有罪，即使原判决被变更，国家仍然不承担赔偿责任。

三、民事、行政司法赔偿范围

根据《国家赔偿法》第 38 条的规定，人民法院在民事诉讼、行政诉讼过程中，违法采取对妨害诉讼的强制措施、保全措施或者对判决、裁定以及其他生效法律文书执行错误，造成损害的，赔偿请求人要求赔偿的程序，适用本法刑事赔偿程序的规定。

（一）违法采取排除妨害诉讼强制措施的司法赔偿

排除妨害诉讼的强制措施是指人民法院在审理案件过程中，为了保证审判和执行的顺利进行，依法采取的排除妨害诉讼秩序行为的强制措施。

《国家赔偿法》第 38 条规定，人民法院在民事诉讼、行政诉讼过程中，违法采取对妨害诉讼的强制措施造成损害的，国家应当承担赔偿责任。妨害诉讼的行为，包括违反法庭秩序、扰乱或者阻碍审判和执行、拒不履行协助义务等情况。人民法院在民事诉讼中可以采取的排除妨害诉讼的强制措施包括拘传、训诫、责令退出法庭、罚款和拘留；在行政诉讼中，排除妨害诉讼的强制措施包括训诫、责令具结悔过、罚款和拘留。《民事诉讼法》和《行政诉讼法》在规定上述强制措施的同时，一并规定了上述措施的适用范围和程序。人民法院违法采取上述强制措施造成损害的，受害人是否都享有取得国家赔偿的权利？对此，《最高人民法院关于人民法院执行〈中华人民共和国国家赔偿法〉几个问题的解释》第2条仅规定了人民法院错误实施司法拘留、罚款的国家承担赔偿责任。对其他的违法采取的强制措施即训诫、责令退出法庭和责令具结悔过等应否赔偿，没有规定。

需指出，《刑事诉讼法》也规定了排除妨害诉讼的强制措施。根据《刑事诉讼法》第199条的规定，对妨害刑事诉讼的行为，人民法院可以采取警告、强行带出法庭、罚款、拘留四种措施。但《国家赔偿法》第38条并没有规定刑事诉讼中违法采取排除妨害诉讼的强制措施的赔偿责任问题。事实上，这些排除妨害诉讼的强制措施也可能造成《国家赔偿法》所规定的人身权和财产权损害，而与民事诉讼、行政诉讼中的排除妨害诉讼的强制措施并没有实质性的区别。因此，本书认为，人民法院在刑事诉讼过程中侵犯采取上述三种强制措施侵害公民、法人或者其他组织合法权益的，应当参照适用《国家赔偿法》有关民事诉讼、行政诉讼司法赔偿的一般规定，国家应承担赔偿责任。

1. 违法罚款。罚款是强制妨害诉讼的行为人在规定的期限内交纳一定数额的金钱的排除妨害诉讼的惩罚措施。采取罚款措施，应当作出决定书，并且必须经法院院长批准。被处罚人对罚款决定不服的，可以向上一级法院申请复议一次，复议期间不停止决定的执行。在民事诉讼中，对个人的罚款数额为人民币为10万元以下，对单位的罚款数额为5万元以上100万元以下。在行政诉讼中，罚款的数额为1万元以下。在刑事诉讼中，罚款的数额在1000元以下。人民法院不应当采取罚款措施而采取的，或者超过法定的幅度罚款的，即构成违法罚款，国家应当承担赔偿责任。

2. 违法拘留。拘留是人民法院对妨害诉讼的违法行为人，在一定期限内限制其人身自由的一种强制措施。拘留是最严厉的排除妨害诉讼的措施，适用于妨害诉讼情节严重的违法行为人。《民事诉讼法》第111条、第112条和第113条，以及《行政诉讼法》第59条都规定了可以采取拘留措施的各种行为。拘留必须经院长批准，并制作决定书，拘留的期限最长为15日。被处罚人对拘留决定不服的，可以向上一级法院申请复议一次，复议期间不停止决定的执行。人民法院不应当采取拘留措施而采取或者超过法定期限采取拘留措施的，构成违法拘留，国家应当予以赔偿。

《最高人民法院关于审理民事、行政诉讼中司法赔偿案件适用法律若干问题的解释》第2条规定："违法采取对妨害诉讼的强制措施，包括以下情形：①对没有实施妨害诉讼行为的人采取罚款或者拘留措施的；②超过法律规定金额采取罚款措施的；③超过法律规定期限采取拘留措施的；④对同一妨害诉讼的行为重复采取罚款、拘留措施的；⑤其他违法情形。"该条规定可作为具体认定违法拘留、罚款的依据。

案例16-2：某市法制报记者彭某头脑敏锐，文笔犀利，经常发表一些庭审纪实类文章，其中有一篇对某法院庭审程序违法的事实作了报道，某法院对其十分不满。2000 年 3 月的某日，彭某到该法院民事审判庭旁听一起债务案件，被审判员认出，遂以彭某妨害庭审秩序为由，经院长批准对彭某拘留 10 日。彭某欲申请国家赔偿。

本案中，人民法院在民事诉讼过程中，违法对彭某采取排除妨害诉讼的强制措施，属于违反《国家赔偿法》第 38 条规定的行为，应当适用刑事赔偿程序予以赔偿。

（二）违法采取保全措施的司法赔偿

诉讼中的保全措施分为证据保全措施和财产保全措施两种。

1. 违法采取证据保全措施。证据保全是指证据可能灭失或者以后难以取得的情况下，人民法院根据当事人的请求或者依职权采取一定措施加以固定的调查取证措施。《民事诉讼法》第 81 条第 1 款规定："在证据可能灭失或者以后难以取得的情况下，当事人可以在诉讼过程中向人民法院申请保全证据，人民法院也可以主动采取保全措施。"《行政诉讼法》第 42 条规定："在证据可能灭失或者以后难以取得的情况下，诉讼参加人可以向人民法院申请保全证据，人民法院也可以主动采取保全措施。"

具体来说，采取证据保全，必须具备下列条件之一：①证据有灭失的可能性。这是指证据有灭失的客观可能性，例如，了解案情的人因年老、疾病有可能死亡，如不及时询问，将无法取得其证言；具有证明作用的物品即将变质、腐烂或消失；等等。②证据有难以取得的情况。这是指不立即提取，以后就不可能或者难以调查收集相应的证据。例如，了解案情的人即将出国；证明案情的物品因要转让而以后难以取得；等等。

人民法院可以依职权或者应申请采取证据保全措施。在符合法定条件时，人民法院可以依职权采取证据保全。当事人认为有采取证据保全措施必要的，可以向人民法院提出申请，但是否采取证据保全措施，仍然由人民法院决定。证据保全措施的违法性主要表现为两种情况：①不符合法定的条件和范围采取保全措施的；②采取保全措施的程序违法。因上述两种违法行为而侵害公民、法人或者其他组织合法权益的，国家应当承担赔偿责任。由于采取证据保全措施是人民法院的一项职权，具有单方面性，当事人的申请对人民法院没有约束力，因此，对违法采取证据保全措施造成的损害，无论是依职权还是应申请采取的，国家都应当承担赔偿责任。

2. 违法采取财产保全措施。财产保全是指人民法院根据利害关系人的申请，或者依职权对与本案有关的财物采取的一种强制性措施。财产保全分为诉前财产保全和诉讼财产保全两种。《民事诉讼法》第 100 条规定："人民法院对于可能因当事人一方的行为或者其他原因，使判决难以执行或者造成当事人其他损害的案件，根据对方当事人的申请，可以裁定对其财产进行保全、责令其作出一定行为或者禁止其作出一定行为；当事人没有提出申请的，人民法院在必要时也可以裁定采取保全措施。人民法院采取保全措施，可以责令申请人提供担保，申请人不提供担保的，裁定驳回申请。人民法院接受申请后，对情况紧急的，必须在48小时内作出裁定；裁定采取保全措施的，应当立即开始执行。"第101条规定："利害关系人因情况紧急，不立即申请保全将会使其合法权益受到难以弥补的损害的，可以在提起诉讼或者申请仲裁前向被保全财产所在地、被申请人住所地或者对案件有管辖权的人民法院申请采取保全措施。申请人应当提供担保，不提供担保的，裁定驳回申请。人民法院接受申请后，必须在48小时内作出裁定；裁定采取保全措施的，应当立即开始执行。申请人在人民法院采取保全措施后30日内不依法提起诉讼或者申请仲裁的，人民法院应当解除保全。"第102条规定："保全限于请求的范围，或者与本案有关的财物。"第103条规定："财产保全采取查封、扣押、冻结或者法律规定的其他方法。人民法院保全财产后，应当立即通知被保全财产的人。财产已被查封、冻结的，不得重复查封、冻结。"

人民法院应申请采取财产保全措施的，可以责令当事人提供担保。因此，对于依当事人的申请采取保全措施造成的损害，应区别具体情况处理。《民事诉讼法》第105条规定："申请有错误的，申请人应当赔偿被申请人因保全所遭受的损失。"人民法院采取财产保全措施，可以责令申请人提供担保；申请人不提供担保的，裁定驳回申请。如果当事人的申请没有错误，而是由于法院执行保全措施过程中违法，或者保全措施是人民法院依职权主动采取的，则应由国家承担赔偿责任。

《最高人民法院关于审理民事、行政诉讼中司法赔偿案件适用法律若干问题的解释》第3条规定："违法采取保全措施，包括以下情形：①依法不应当采取保全措施而采取的；②依法不应当解除保全措施而解除，或者依法应当解除保全措施而不解除的；③明显超出诉讼请求的范围采取保全措施的，但保全财产为不可分割物且被保全人无其他财产或者其他财产不足以担保债权实现的除外；④在给付特定物之诉中，对与案件无关的财物采取保全措施的；⑤违法保全案外人财产的；⑥对查封、扣押、冻结的财产不履行监管职责，造成被保全财产毁损、灭失的；⑦对季节性商品或者鲜活、易腐烂变质以及其他不宜长期保存的物品采取保全措施，未及时处理或者违法处理，造成物品毁损或者严重贬值的；⑧对不动产或者船舶、航空器和机动车等特定动产采取保全措施，未依法通知有关登记机构不予办理该保全财产的变更登记，造成该保全财产所有权被转移的；⑨违法采取行为保全措施的；⑩其他违法情形。"以上规定可作为具体认定违法采取保全措施的依据。

（三）错误执行判决、裁定和其他生效法律文书的司法赔偿

对拒不履行判决、裁定及其他生效法律文书的义务人，人民法院有权依法采取强制执行措施。根据《民事诉讼法》和《行政诉讼法》的有关规定，人民法院可以采取的强制执行措施包括查询、冻结、划拨被执行人的存款，扣留、提取被执行人的收入、存款，查封、扣押、冻结、拍卖、变卖被执行人的财产，搜查被执行人的财产，强制被执行人迁出房屋或退出土地等。人民法院采取强制执行措施违法并且造成被执行人损害的，国家应当负赔偿责任。

　　所谓"违法执行"，是指对上述法律文书执行措施违法，因此侵犯了公民、法人和其他组织的人身权和财产权，而不是执行错误的判决、裁定和其他生效法律文书。

　　所谓"判决、裁定及其他生效法律文书"，是指已经发生法律效力的判决、裁定、民事制裁决定、调解、支付令、仲裁裁决、具有强制执行效力的公证债权文书以及行政处罚、处理决定等。

　　执行错误，包括下列行为：①执行尚未发生法律效力的判决、裁定、民事制裁决定等法律文书的；②违反法律规定先予执行的；③违法执行案外人财产且无法执行回转的；④明显超过申请数额、范围执行且无法执行回转的；⑤执行过程中，对查封、扣押的财产不履行监管职责，严重不负责任，造成财物毁损、灭失的；⑥执行过程中，变卖财物未由合法评估机构估价，或者应当拍卖而未依法拍卖，强行将财物变卖给他人的；⑦违反法律规定的其他情形。

　　（四）民事、行政诉讼中司法工作人员侵权的赔偿

　　根据《最高人民法院关于人民法院执行〈中华人民共和国国家赔偿法〉几个问题的解释》第 2 条的规定，人民法院在民事诉讼、行政诉讼过程中，实施《国家赔偿法》第 17 条第 4、5 项规定行为的，适用刑事赔偿程序予以赔偿。因此，这里所说的"其他司法赔偿"包括：①人民法院工作人员以殴打、虐待等行为或者唆使、放纵他人以殴打、虐待等行为造成公民身体伤害或死亡的；②人民法院工作人员违法使用武器、警械造成公民身体伤害或者死亡的。对司法工作人员的上述违法行为，国家应当承担赔偿责任。

　　关于赔偿的损害范围，仅承担直接损失的赔偿责任。因多种原因造成的损害，只赔偿因违法侵权行为所造成的直接损失。

四、国家不承担赔偿责任的情形

　　（一）国家不承担赔偿责任的情形的含义

　　世界各国的立法都对司法赔偿责任的范围作了限制，只不过限制的大小有所差异。我国《国家赔偿法》第 19 条具体规定了国家不承担刑事赔偿责任的 6 类事项，对民事诉讼和行政诉讼中国家不承担赔偿责任的情形则没有规定。《国家赔偿法》第 19 条规定："属于下列情形之一的，国家不承担赔偿责任：①因公民自己故意作虚伪供述，或者伪造其他有罪证据被羁押或者被判处刑罚的；②依照刑法第 17 条、第 18 条规定不负刑事责任的人被羁押的；③依照刑事诉讼法第 15 条、第 173 条第 2款、第 273 条第 2 款、第 279 条规定不追究刑事责任的人被羁押的；④行使侦查、检察、审判职权的机关以及看守所、监狱管理机关的工作人员与行使职权无关的个人行为；⑤因公民自伤、自残等故意行为致使损害发生的；⑥法律规定的其他情形。"

　　在上述 6 种情况之中，国家不承担赔偿责任的性质有一定的差别。其中，个人

行为和公民自伤和自残的行为，均不符合国家赔偿的构成要件，属于国家赔偿责任不成立的情形。第 6 种情形是一种概括式规定，实际上是为扩大国家不承担赔偿责任的情形提供便利条件。无论是从保护公民、法人或者其他组织的合法权益，还是从提高司法机关的执法水平来看，应当认为，凡是法律没有明确规定不承担赔偿责任的情形，国家都应当承担赔偿责任，这种概括式规定并不可取。

（二）因公民故意作虚伪供述或者伪造其他有罪证据被羁押或者被判处刑罚的

我国《国家赔偿法》第 19 条第 1 项规定，因公民自己故意作虚伪供述或者伪造其他有罪证据被羁押或者被判处刑罚的，国家不承担赔偿责任。在理解《国家赔偿法》的这一规定时，应当注意的问题是：

1. 必须是被害人本人故意作虚伪供述，或者伪造有罪证据。如果司法机关因某一公民提供伪证而错误羁押或错判了另一公民，国家的刑事赔偿责任不能免除。

2. 必须是公民自愿虚伪供述或者伪造证据。受害人虚伪供述或者伪造证据时往往具有不正当的目的。因司法机关工作人员的威胁、引诱实施这种行为的，构成国家的违法行为，国家应当承担赔偿责任。

3. 因公民自己的过失致使其被司法机关错误羁押的，国家不能免除赔偿责任。公民无意中作出了误导司法机关及其工作人员认为其有罪的行为，没有故意，不符合《国家赔偿法》规定的不承担赔偿责任的条件。

4. 如果损害部分由受害人故意行为所致，部分由国家违法所致，则国家承担部分赔偿责任。

（三）法律规定不负刑事责任的人被羁押的

按照《国家赔偿法》第 19 条第 2 项的规定，依照《刑法》第 17 条、第 18 条规定不负刑事责任的人被羁押的，国家不承担赔偿责任。《刑法》第 17 条规定："已满 16 周岁的人犯罪，应当负刑事责任。已满 14 周岁不满 16 周岁的人，犯故意杀人、故意伤害致人重伤或者死亡、强奸、抢劫、贩卖毒品、放火、爆炸、投毒罪的，应当负刑事责任。已满 14 周岁不满 18 周岁的人犯罪，应当从轻或者减轻处罚。因不满 16 周岁不予刑事处罚的，责令他的家长或者监护人加以管教；在必要的时候，也可以由政府收容教养。"第 18 条规定："精神病人在不能辨认或者不能控制自己行为的时候造成危害结果，经法定程序鉴定确认的，不负刑事责任，但是应当责令他的家属或者监护人严加看管和医疗；在必要的时候，由政府强制医疗。间歇性的精神病人在精神正常的时候犯罪，应当负刑事责任。尚未完全丧失辨认或者控制自己行为能力的精神病人犯罪的，应当负刑事责任，但是可以从轻或者减轻处罚。醉酒的人犯罪，应当负刑事责任。"

根据上述规定，实施犯罪行为而不负刑事责任的人包括：①犯罪时不满 14 周岁的；②已满 14 周岁不满 16 周岁的人，犯故意杀人、故意伤害致人重伤或者死亡、强奸、抢劫、贩卖毒品、放火、爆炸、投毒罪以外的罪行的；③不能辨认或者不能控制自己行为的精神病人在不能辨认和控制自己行为的时候犯罪的。

上述三类人不负刑事责任，被司法机关追究刑事责任且羁押的，国家不予赔偿。必须指出的是，按照《最高人民法院关于人民法院执行〈中华人民共和国国家赔偿法〉几个问题的解释》第1条的规定，对有犯罪事实但不负刑事责任的人被羁押的，国家不承担赔偿责任。但是对起诉后经人民法院被判处拘役、有期徒刑和死刑并已执行的上列人员，有权依法取得赔偿。判决确定前被羁押的日期依法不予赔偿。换句话说，对有犯罪事实而不负刑事责任的未成年人、精神病人，判决确定前被羁押的，国家不承担赔偿责任；但对起诉后经人民法院判处拘役、有期徒刑、死刑并已执行的，国家仍需依法给予赔偿。例如，王某因盗窃被拘捕，经起诉，被法院判处有期徒刑3年，后经审判监督程序，认定此人犯罪时不满14周岁，不应负刑事责任。那么国家对王某被判刑造成的损害应依法给予赔偿，对判决确定前被羁押的日期则依法不予赔偿。

（四）依照《刑事诉讼法》第15条、第173条第2款等规定不追究刑事责任的人被羁押的

《国家赔偿法》第19条第1款第3项规定，"依照刑事诉讼法第15条、第173条第2款、第273条第2款、第279条规定不追究刑事责任的人被羁押的"，国家不承担赔偿责任。《刑事诉讼法》第16条（2018年修正前为第15条）规定："有下列情形之一的，不追究刑事责任，已经追究的，应当撤销案件，或者不起诉，或者终止审理，或者宣告无罪：①情节显著轻微、危害不大，不认为是犯罪的；②犯罪已过追诉时效期限的；③经特赦令免除刑罚的；④依照刑法告诉才处理的犯罪，没有告诉或者撤回告诉的；⑤犯罪嫌疑人、被告人死亡的；⑥其他法律规定免予追究刑事责任的。"

上述6种情况之中，第2~4种情况和第6种情况，属于受害人具有犯罪事实的情形，不符合无罪羁押赔偿原则，国家不承担赔偿责任。但是，对第1种和第5种情况，则应当进一步明确。根据罪刑法定原则，因情节轻微、危害不大而不认为是犯罪的，应当理解为是依《刑法》规定不构成犯罪，而不是司法机关主观认为不构成犯罪。对此，最高人民法院多次在司法批复中指出，"情节显著轻微、危害不大，不认为是犯罪"的行为，是指这种行为本身业已触犯刑法，具备犯罪构成要件，但因其"情节显著轻微、危害不大"，而"不认为是犯罪"。这种行为与"不构成犯罪"行为的主要区别在于前者属刑法调整范围，而后者则不具备犯罪构成要件，属一般违法行为，由行政法规来加以调整。因此，"情节显著轻微、危害不大"与"不构成犯罪"是两个不同的概念，不能混为一谈。但实践中，有些司法机关依据上述条款规避法律，对本不构成犯罪，不应追究刑事责任的人予以羁押后，以"情节显著轻微、危害不大"为由，作出不追究刑事责任的不起诉决定，使得无辜人被羁押后投诉无门，无法取得国家赔偿。对此，立法机关应当引起重视，明确该条款的含义，防止司法赔偿义务机关借此逃避赔偿义务。

对于第5种情况，国家是否承担赔偿责任，应当区别情况而异。如果受害人是

因自己的自伤、自残行为或者因为自己的体质等自然的原因而死亡的，即意味着司法机关没有实施违法行为，不产生国家赔偿责任。但是，如果受害人死亡是因为司法机关实施了刑讯逼供、暴力侮辱、违法使用武器或者警械等违法行为死亡的，即符合国家赔偿的构成要件，国家应当承担赔偿责任。

此外，《刑事诉讼法》第177条第2款规定："对于犯罪情节轻微，依照刑法规定不需要判处刑罚或者免除刑罚的，人民检察院可以作出不起诉决定。"第284条第2款规定："被附条件不起诉的未成年犯罪嫌疑人，在考验期内没有上述情形，考验期满的，人民检察院应当作出不起诉的决定。"第290条规定："对于达成和解协议的案件，公安机关可以向人民检察院提出从宽处理的建议。人民检察院可以向人民法院提出从宽处罚的建议；对于犯罪情节轻微，不需要判处刑罚的，可以作出不起诉的决定。人民法院可以依法对被告人从宽处罚。"因此，有前述规定的情形时，国家也不承担赔偿责任。

（五）司法机关工作人员实施的与行使职权无关的个人行为

行使国家侦查、检察、审判、监狱管理职权的机关工作人员实施的与职权无关的个人行为造成公民、法人损害的，国家不承担赔偿责任，而由实施个人侵权行为的司法人员自己承担。所谓"个人行为"，是与"职务行为"相对的概念，通常指司法人员不是以机关工作人员的身份而以个人名义实施的行为，如刑警大队队长与邻里发生纠纷殴人致伤的行为，不是行使职权时作出的，因而国家不承担赔偿责任。此外，个人行为还包括利用职权为个人谋取利益的行为，在职权范围和行使职务时间以外为达到个人目的而为的行为，因这些行为与行使的职权没有关联，所以均应视作个人行为，国家不承担赔偿责任。划分职权行为和个人行为的标准是多重的，主要包括行为人的名义或身份、行为的时间、地点、与个人利益和感情因素的联系等。

（六）因公民自伤、自残等故意行为致使损害发生的

《国家赔偿法》第19条第5项规定，因公民自伤、自残等故意行为致使损害发生的，国家不承担赔偿责任。所谓公民自伤、自残行为，是指公民故意对自己的身体实施的伤害行为。有的公民在刑事诉讼的侦查、检察、审判及服刑期间，为了解除羁押或逃避劳动及其他个人原因，故意伤害自己的身体，因这种自伤自残行为致使身体受到伤害或死亡的，属个人故意行为所致，不是国家司法机关工作人员违法行为造成的，国家不承担赔偿责任。

但是，如果公民自伤自残是因司法人员的刑讯逼供或殴打、威胁、折磨等致使公民难以忍受而自杀身亡或自杀未遂造成身体伤害的，这种结果不属于公民故意自伤自残，故其损害应当由国家承担赔偿责任。

（七）法律规定国家不承担赔偿责任的其他情形

这是根据《国家赔偿法》以外的其他法律的规定，国家不承担赔偿责任的情形。这里所说的法律是指全国人民代表大会及其常务委员会制定的规范性文件。《国

家赔偿法》这一规定的目的是给将来扩大国家刑事赔偿责任的免责范围留有余地。有人认为，在目前情况下，从《民法总则》等法律的规定来看，不可抗力、正当防卫、紧急避险、第三人的过错等造成损害的，可以免除国家的赔偿责任。

第三节　司法赔偿请求人和司法赔偿义务机关

一、司法赔偿请求人

（一）司法赔偿请求人的概念和特征

司法赔偿请求人是指人身权和财产权被违法司法行为侵害，依法享有国家赔偿请求权的人，包括公民、法人和其他组织。这一概念主要包括两层意思：

1. 司法赔偿请求人是人身权和财产权遭受违法司法行为侵害的公民、法人或者其他组织。这里所说的违法司法行为，是指《国家赔偿法》第 17 条、第 18 条和第 38 条所规定的司法机关及其工作人员在行使职权时的违法行为。例如，刑事诉讼中的错拘、错捕、错判，民事诉讼、行政诉讼中违法采取的排除妨害诉讼的强制措施、保全措施、执行措施。所谓人身权、财产权遭受损害，是指造成人身的伤害或者死亡，财产的毁损或灭失。例如，错拘、错捕造成人身自由被非法剥夺，刑讯逼供和暴力殴打行为造成生命健康权的损害，而违法判处罚金、没收财产造成财产所有权被剥夺。

2. 司法赔偿请求权人是依法享有司法赔偿请求权的公民、法人或者其他组织。所谓依法享有赔偿请求权，是指某一公民必须具备法定条件方才享有向国家请求赔偿的权利。依据《国家赔偿法》的有关规定，司法赔偿请求人分为原始请求人和继受请求人，前者是受害的公民、法人或者其他组织，"受害"为其享有司法赔偿请求权的条件；后者是在前者的主体资格消灭后，继受前者的赔偿请求权的公民、法人或者其他组织，与原始请求人有继承、扶养法律关系或承受原始请求人的权利是其获得司法赔偿请求权的条件。

与行政赔偿请求人相比，司法赔偿请求人的特征表现为：

1. 司法赔偿请求人与行政赔偿请求人产生于不同性质的国家权力各自运行的特定范围中。司法赔偿请求人是因违法司法行为侵害其人身权、财产权而依法享有国家赔偿请求权的公民、法人或者其他组织，行政赔偿请求人则是因违法行政行为侵犯其人身权、财产权而依法享有国家赔偿请求权的公民、法人或者其他组织。

2. 行政赔偿请求人依其申请救济的不同程序而有不同的称谓，司法赔偿请求人的称谓始终如一。由于行政赔偿争议可以通过行政诉讼程序（含行政赔偿诉讼）和行政复议程序得到解决，因而行政赔偿请求人可依不同的赔偿程序而被称为"行政诉讼的原告"或"行政复议申请人"，这意味着行政赔偿请求人在不同程序中的不同法律地位和相应的权利，表明其有完善的救济手段；而司法赔偿由于采用非诉讼的复议程序和决定程序，所以始终只有一种称谓，这同时表明司法赔偿的赔偿请求人没有充足的救济手段。

（二）司法赔偿请求人的确认

关于司法赔偿请求人的确认，《国家赔偿法》第 20 条规定："赔偿请求人的确定依照本法第 6 条的规定。"依《国家赔偿法》关于赔偿请求人确定的一般标准，可以认为民事、行政诉讼中的国家赔偿请求人也可依照《国家赔偿法》第 6 条关于行政赔偿请求人的规定确定："受害的公民、法人和其他组织有权要求赔偿；受害的公民死亡的，其继承人和其他有扶养关系的亲属有权要求赔偿；受害的法人或者其他组织终止的，其权利承受人有权要求赔偿。"

二、司法赔偿义务机关

（一）司法赔偿义务机关的概念和特征

所谓司法赔偿义务机关，是指在国家赔偿中代表国家接受赔偿请求、具体承担赔偿义务、并支付赔偿费用的国家机关。

司法赔偿义务机关的特征主要表现在以下两个方面：①司法赔偿义务机关代表国家履行司法赔偿义务。司法赔偿本质上是国家自己的责任，但是，国家是一个极度抽象的政治实体，受害人无法直接向这一抽象的实体请求履行具体的赔偿责任，而必须向组成国家的各具体机关请求承担赔偿义务，这一承担赔偿义务的机关即为司法赔偿义务机关。至于如何确定究竟由哪一机关承担具体的司法赔偿义务，则与司法赔偿义务机关的立法模式有关，容后详述。②司法赔偿义务机关的确认复杂，这主要表现在刑事赔偿领域。在民事、行政诉讼中，因人民法院是唯一行使司法权的主体，因而容易确定司法赔偿义务机关。在刑事诉讼中，公安机关负责对刑事案件的侦查、拘留、执行逮捕和预审；人民检察院负责检察、批准逮捕、检察机关直接受理的案件的侦查以及提起公诉；人民法院负责审判。这种分工负责又相互配合和制约的制度设计使得某一损害的形成往往是多种因素的合力，而不仅仅是由某一机关的违法行为造成。因此，《国家赔偿法》第 19 条以及最高人民法院的有关司法解释分别针对不同情形，对赔偿义务机关的确认作了详细规定。

（二）司法赔偿义务机关的确认

《国家赔偿法》第 21 条第 1 款规定："行使侦查、检察、审判职权的机关以及看守所、监狱管理机关及其工作人员在行使职权时侵犯公民、法人和其他组织的合法权益造成损害的，该机关为赔偿义务机关。"这是对刑事赔偿义务机关的一般规定，即司法机关侵权的，该机关为赔偿义务机关；司法工作人员侵权的，该工作人员所在的司法机关为赔偿义务机关。因而在刑事赔偿中的赔偿义务机关有公安机关、检察机关、审判机关和监狱管理机关，具体表现为公安局、检察院、法院、监狱等。

《国家赔偿法》第 38 条规定了人民法院在民事、行政诉讼过程中，违法采取对妨害诉讼的强制措施、保全措施或者对判决、裁定及其他生效法律文书执行错误造成损害的国家赔偿责任，但并未明确如何确定赔偿义务机关。结合《国家赔偿法》第 7 条第 1 款和第 21 条第 1 款关于确定赔偿义务机关的一般原则，可以认为侵权的人民法院和侵权的法院工作人员所在的人民法院为赔偿义务机关。以下结合《国家赔偿法》第 19 条的规定、最高人民法院发布的相关司法解释中的规定以及批复中所表明的法律见解，对司法赔偿义务机关的具体认定作出说明。

1. 对没有犯罪事实或者没有事实证明有犯罪重大嫌疑的人错误拘留的，作出拘留决定的机关为赔偿义务机关。根据我国《刑事诉讼法》第 3 条和第 308 条的规定，在刑事诉讼中行使侦查权的机关有公安机关、国家安全机关、军队保卫部门以及检察机关，上述机关在侦查犯罪的过程中都有权作出拘留决定。因此，上述任何一个机关只要在刑事诉讼过程中作出错误的拘留决定侵害受害人合法权益，就成为赔偿义务机关。所谓"没有犯罪事实或没有事实证明有犯罪重大嫌疑"，是指没有证据证明有犯罪事实或者证明有犯罪重大嫌疑，包括虽有一定证据但不足以证明有犯罪事实或者犯罪重大嫌疑的情形。

此外，检察机关对于其自行侦查的案件，在侦查过程中不作出拘留决定，而是请求公安机关以行政强制措施限制受害人人身自由的，该公安机关不是赔偿义务机关，其应检察机关的请求采取的行政强制措施应被视为检察机关作出的错误拘留决定，检察机关是正确的赔偿义务机关。

2. 对没有犯罪事实的人错误逮捕的，作出逮捕决定的机关为赔偿义务机关。《刑事诉讼法》第 80 条规定："逮捕犯罪嫌疑人、被告人，必须经过人民检察院批准或者人民法院决定，由公安机关执行。"同时，《刑事诉讼法》第 165 条规定，人民检察院直接受理的案件中符合《刑事诉讼法》第 81、82 条规定情形，需要逮捕犯罪嫌疑人的，由人民检察院作出决定，由公安机关执行。因此，在刑事诉讼中，只有人民检察院和人民法院有权决定逮捕。根据上述规定，若人民法院对没有犯罪事实的人错误决定逮捕的，在自诉案件中，人民法院为赔偿义务机关。若检察机关错误批准逮捕或者在其自行侦查的案件中错误决定逮捕的，检察机关为赔偿义务机关。无论在何情形下，执行逮捕的公安机关均不是赔偿义务机关；而且，在检察机关错误批准逮捕的案件中，最终侵害受害人的决定是由检察机关作出的，依赔偿义务机关后置原则，公安机关亦不对此前错误拘留造成的侵害承担赔偿义务。此外，"没有犯罪事实"是指没有足够充分的证据证明被告人有罪。虽有一定的证据证明某公民有犯罪重大嫌疑，但达不到有罪所要求的证据标准，也是"没有犯罪事实"。

3. 再审改判无罪的，作出原生效判决的人民法院为赔偿义务机关。《国家赔偿法》第 21 条第 4 款规定："再审改判无罪的，作出原生效判决的人民法院为赔偿义务机关。"此外，《最高人民法院关于人民法院执行〈中华人民共和国国家赔偿法〉几个问题的解释》（1996 年 5 月 6 日）第 5 条规定："原一审人民法院作出判决后，被告人没有上诉，人民检察院没有抗诉，判决发生法律效力的，原一审人民法院为赔偿义务机关，被告人上诉或人民检察院抗诉，原二审人民法院维持一审判决或者对一审人民法院判决予以改判的，原二审人民法院为赔偿义务机关。"

4. 二审改判无罪的，以及二审发回重审后作无罪处理的，作出一审有罪判决的人民法院为赔偿义务机关。如果司法机关已作出逮捕决定，并由第一审人民法院作出有罪判决，被告人有权上诉。二审法院改判无罪的，说明一审判决错误，尽管它尚未生效，不存在错误执行刑罚造成的损害，但导致公民被羁押时间延长。这一损害与提起公诉的检察院无关，由此一审法院对此损害应当负责。

无论是在一审判决无罪，还是二审改判无罪，作出错误逮捕决定的机关均为赔偿义务机关，但此前作出拘留决定的机关都不是赔偿义务机关。这关键是考虑到拘留的条件与逮捕和判决的条件相差极大，不能以起诉、审判阶段的标准要求侦查机关，因而在此种情形下作出拘留决定的机关不是赔偿义务机关。

案例 16-3：某县人民法院以受贿罪判处陈某有期徒刑 7 年，陈某不服提出上诉。市中级人民法院经审理认为原判事实不清、证据不足，发回原审法院重新审判。原审法院经审理退回县人民检察院补充侦查。县人民检察院经补充侦查认定陈某犯罪证据不足，遂作出不起诉决定。陈某提起国家赔偿请求，本案的赔偿义务机关应为哪一机关？

只要改判无罪、作出不起诉决定等无罪的司法决定是在二审程序中作出的，就符合"二审改判无罪"。"二审"所强调的是在二审程序中，不仅指是二审法院作出的无罪判决。无论二审法院判决无罪，还是撤销原判发回重审后，一审法院作出无罪判决，或者检察机关作出不起诉决定，都意味着在二审程序中改判无罪。赔偿义务机关应当是作出一审判决的法院和作出逮捕决定的检察机关。

5. 人民法院在民事诉讼、行政诉讼的过程中，违法采取对妨害诉讼的强制措施，保全措施或者对判决、裁定以及其他生效法律文书执行错误造成损害的，作出该行为的人民法院为赔偿义务机关。在民事诉讼和行政诉讼中，人民法院是行使司法权的唯一主体，当其违法采取对妨害诉讼的强制措施、保全措施以及错误执行造成损害的，该人民法院为唯一的司法赔偿义务机关。在委托执行的情况下，被委托的人民法院对判决、裁定或其他生效法律文书执行造成损害的，如何确定赔偿义务机关？《国家赔偿法》和最高人民法院的有关司法解释没有规定。本书认为，对此情况须具体分析。如果被委托执行的人民法院严格按照被委托执行的判决、裁定和其他法律文书执行而发生损害的，委托执行的人民法院为赔偿义务机关；若被委托执行的人民法院所采取的执行措施违法造成损害的，被委托执行的人民法院为赔偿义务机关。

6. 司法工作人员违法行使职权造成公民、法人或者其他组织人身权、财产权损害的，该工作人员所在的机关为赔偿义务机关。

依《国家赔偿法》第 17 条、第 18 条的有关规定，在刑事赔偿中，司法机关工作人员刑讯逼供或者以殴打、虐待等行为或者唆使他人以殴打、虐待等行为造成公民身体伤害或者死亡的；违法使用武器、警械造成公民身体伤害或者死亡的；违法对财产采取查封、扣押、冻结、追缴等措施的，该司法工作人员所在的机关为赔偿义务机关。另依《最高人民法院关于审理民事、行政诉讼中司法赔偿案件适用法律若干问题的解释》第6条的规定，人民法院工作人员在民事、行政诉讼过程中，有殴打、虐待或者唆使、放纵他人殴打、虐待等行为，以及违法使用武器、警械，造成公民身体伤害或者死亡的，适用《国家赔偿法》第17条第4项、第5项的规定予以赔偿。

第四节　司法赔偿程序

一、司法赔偿程序概述

司法赔偿程序是指公民、法人或者其他组织行使司法赔偿请求权，要求有关的国家侦查、检察、审判、监狱管理机关确认和履行司法赔偿责任的程序。司法赔偿程序作为国家司法赔偿制度的重要组成部分，是受害人实现司法赔偿请求权的有力保障。司法赔偿程序一般由遭受侵害的公民、法人或者其他组织提出赔偿请求而启动。赔偿请求应当向负有赔偿义务的有关国家机关提出。司法赔偿程序是有关的国家机关确认和履行司法赔偿责任的程序。司法赔偿程序的规定，明确了有关国家机关确认司法赔偿责任的行为及赔偿义务机关履行赔偿责任的行为规范，既为受害人及时得到赔偿提供程序上的保障，也是有关国家机关及时结案、尽早确定权利义务关系的保障。

二、司法赔偿确认程序

与行政赔偿程序因单独或者一并提出赔偿请求而分为两种不同，《国家赔偿法》规定的司法赔偿程序限于单独提出赔偿请求一种。因此，侵权行为的确认程序就成为司法赔偿程序的首要环节。

司法赔偿请求人提起司法赔偿请求，应当以具有法定的司法损害事实为前提，即司法机关依法确认发生了错拘、错捕、错判以及其他违法行使职权的损害事实为前提条件。司法侵权行为确认的途径主要有：

1. 错误拘留，由公安机关、安全机关等行使侦查权的机关通过释放证明的方式自行认定，或者由人民检察院作出不批准逮捕的决定予以确认，释放证明和不批准逮捕的决定本身就是拘留错误的证明。

2. 错误逮捕，由人民检察院自行认定或者由人民法院作出的无罪判决确认。

3. 错误判决，由人民法院通过审判监督程序作出的无罪判决确认。

4. 对因刑讯逼供等暴力行为或违法使用武器、警械造成伤害或者死亡后果的，其损害事实可由实施上述违法行为的工作人员所在的机关或其上级机关确认；在受害人自诉的情况下，也可以由人民法院自行确认。赔偿义务机关拒绝确认的，实际上意味着拒绝赔偿，受害人可以申请复议。

5. 对司法机关违法查封、扣押、冻结、追缴财产，或者违法采用对妨害诉讼的强制措施、保全措施或者对生效法律文书执行错误造成的损害，由作出该行为的机关或其上级机关确认。

（一）人民检察院的司法赔偿确认程序

根据《人民检察院国家赔偿工作规定》（2010 年 11 月 11 日最高人民检察院第十一届检察委员会第四十六次会议通过），人民检察院在办理刑事赔偿案件中确认违法的程序规则是：

1. 视为违法确认的情形。在这种情况下，受害人无须单独提出确认申请，确认程序也无单独进行的必要。

有下列法律文书或证明材料的，应视为请求赔偿的被侵权事项已依法确认：

（1）人民检察院撤销拘留决定书、撤销逮捕决定书、撤销案件决定书、不起诉决定书、复查纠正决定书等法律文书，或者公安机关撤销案件予以释放的证明书、人民法院宣告无罪已经发生法律效力的判决、裁定书等法律文书。

（2）对检察机关工作人员在行使职权中刑讯逼供或者以殴打等暴力行为或者唆使他人以殴打等暴力行为以及违法使用武器、警械造成公民身体伤害、死亡，作出处理决定的文书。

（3）对采取查封、扣押、冻结、追缴财产等措施认定为违法的文书。

2. 确认申请的受理。人民检察院按照内部的业务分工，由有关业务部门受理确认申请，提出侵权事实是否存在的意见，移送刑事赔偿工作办公室。经刑事赔偿工作办公室审查并报检察委员会决定后，制作《刑事确认书》，送达赔偿请求人。

3. 申诉。赔偿请求人对被要求的人民检察院不予确认的，有权向其上一级人民检察院提出申诉。对不予确认的申诉，上一级人民检察院可以自行复查，也可以责成下级人民检察院复查。对不予确认的申诉，经复查认定侵权事实存在的，予以确认；侵权事实不存在的，驳回申诉。

请求赔偿的被侵权事项经依法确认后，负有赔偿义务的人民检察院应当依照《国家赔偿法》和有关规定及时进行处理。

（二）人民法院的司法赔偿确认程序

根据《最高人民法院关于审理人民法院国家赔偿确认案件若干问题的规定（试行）》（2004 年 8 月 10 日发布，2004 年 10 月 1 日起施行）的规定，人民法院实施侵权行为的确认程序中的主要问题是：

1. 管辖。申请确认由作出司法行为的人民法院受理，但申请确认基层人民法院司法行为违法的案件，由中级人民法院受理。

2. 立案。人民法院受理确认申请的一般条件是：①确认申请人应当具有《国家赔偿法》第 20 条规定的国家赔偿请求人资格；②有具体的确认请求和损害事实、理由；③确认申请人申请确认应当在司法行为发生或者知道、应当知道司法行为发生之日起 2 年内提出；④属于受理确认申请的人民法院管辖。

具有下列情形之一的确认申请，不予受理：①依法应当通过审判监督程序提出申诉或者申请再审的；②申请事项属于司法机关已经立案正在查处的；③人民法院工作人员的行为与行使职权无关的；④属于《民事诉讼法》第 233 条规定情形的；⑤依法不属于确认范围的其他情形。

人民法院应当在收到确认申请之日起 7 日内决定是否立案。审查立案时，发现缺少相关证据的，可以通知确认申请人 7 日内予以补充。

确认申请人对不予受理决定不服的，可以在收到不予受理决定书之日起 15 日内，向上一级人民法院申请复议。上一级人民法院应当在收到复议申请之日起 30 日内作出是否受理的决定。

3. 审理。主要规则是：①合议庭。人民法院审理确认案件应当组成合议庭。②审理方式。合议庭决定进行书面审理或者进行听证。上级人民法院审理确认案件举行听证的，下级人民法院应当参加听证。确认申请人无正当理由不参加听证的，视为撤回确认申请。原作出司法行为的人民法院有义务对其行为的合法性作出说明。③期限。人民法院审理确认案件，应当自送达受理通知书之日起 6 个月内作出裁定。需要延长期限的，报请本院院长批准可以延期 3 个月。

4. 裁定。人民法院确认或者不予确认违法行使职权的，应当制作裁定书。确认违法的，应同时撤销原违法裁决。人民法院对本院司法行为是否违法作出的裁定书由院长署名；上级人民法院对下级人民法院司法行为是否违法作出的裁定书由合议庭署名。

5. 申诉。人民法院受理确认申请后，超过审理期限未作出裁决的，申请人可以在期满后 30 日内向上一级人民法院提出书面申诉。上一级人民法院应当在收到确认申诉书之日起 3 个月内指令下级人民法院限期作出裁定或者自行审理。自行审理需要延长期限的，报请本院院长批准可以延期 3 个月。

最高人民法院对各级人民法院、上级人民法院对下级人民法院作出的确认裁定认为确有错误的，可以直接作出确认，也可以指令下级人民法院或者其他同级人民法院重新确认。

三、司法赔偿处理程序

（一）司法赔偿处理程序的含义

司法赔偿处理程序是指司法赔偿义务机关受理和处理受害人赔偿请求的程序。我国《国家赔偿法》规定，赔偿请求人要求赔偿，应当先向赔偿义务机关提出，由赔偿义务机关予以先行处理，不服赔偿义务机关的裁决或者赔偿义务机关逾期不赔偿的，才能申请复议。由赔偿义务机关先行处理，可以给实施违法行为的赔偿义务机关提供一个纠正自己错误的机会。同时，由于赔偿义务机关更了解案情，由其先行处理更方便、迅速，既为请求人提供了便利，也使赔偿得以迅速解决，从而使当事人的合法权益得到有效的保护。

（二）司法赔偿处理程序的步骤

1. 司法赔偿确认程序。《国家赔偿法》第 22 条规定："赔偿义务机关有本法第 17 条、第 18 条规定情形之一的，应当给予赔偿。赔偿请求人要求赔偿，应当先向赔偿义务机关提出。"因此，请求人提起司法赔偿请求，应当以具有法定的司法损害事实，即司法机关依法确认发生了错拘、错捕、错判以及其他违法行使职权的损害事实为前提条件。

司法赔偿中，对司法侵权行为违法的确认应根据不同情况分别进行。司法机关依法在刑事诉讼中对侵权行为进行的确认：

（1）错误拘留，公民被拘留后，由于没有犯罪事实或者事实不清、证据不足，公安机关、安全机关等行使侦查权的机关发现不应当拘留，发给释放证明，或者由人民检察院作出不批准逮捕的决定后予以释放，释放证明和不批准逮捕的决定就是对错误拘留的确认。

（2）错误逮捕，犯罪嫌疑人因没有犯罪事实或事实不清、证据不足，人民检察院作出的撤销逮捕决定、撤销案件决定，在起诉过程中作出的不起诉决定，是对错误逮捕的确认；人民法院作出的撤销逮捕的决定以及无罪判决，是对错误逮捕的确认。

（3）错误判决，对于人民法院已经生效的判决，受害人按照审判监督程序进行申诉或者申请再审，再审改判无罪，该无罪判决是对错误判决的确认。

（4）对因刑讯逼供等暴力行为或违法使用武器、警械造成伤害或者死亡后果的行为的确认，在这种情况下，一般会首先确定国家工作人员的刑讯逼供等行为是否构成犯罪，如果经过刑事诉讼确定了其行为构成犯罪，则人民法院的刑事判决书当然是对这种行为违法的确认。如果刑讯逼供等行为尚不构成犯罪，其损害事实可由实施上述违法行为的工作人员所在的机关或其上级机关作出的处理决定文书予以确认；在受害人自诉的情况下，也可以由人民法院自行确认。这里需要注意的是："造成身体伤害或者死亡"的"造成"，应当理解为只要实施了法律规定的违法侵权行为，并产生了"伤害或者死亡"的后果，就应当适用《国家赔偿法》第 17 条第 4 项的规定，并不强调要有直接的因果关系。

（5）司法机关侵犯财产权的确认：原判刑罚为罚金、没收财产，并且已经执行的，依照审判监督程序改判无罪，则该无罪判决是对这种侵犯财产权行为的确认。

对于司法机关违法扣押、冻结、查封、追缴财产，或者人民法院在民事诉讼、行政诉讼中违法采用对妨害诉讼的强制措施、保全措施或者对生效法律文书执行错误造成的损害的确认：由作出该行为的机关或其上级机关确认。根据有关法律及最高法院有关司法解释的规定，当事人对罚款、拘留等强制措施不服的，可以向上一级人民法院申请复议一次；对财产保全或者先予执行的裁定不服，可以申请复议一次，如果复议决定撤销或者变更了原裁定或决定，则原裁定或决定的违法得到确认。

通过申诉程序确认，请求人要求赔偿义务机关确认其行为违法，赔偿义务机关应当予以确认，如果其不予确认，赔偿请求人有权向有关国家机关申诉。赔偿义务机关不予确认的情形有两种：①赔偿义务机关经过对案件的调查核实，认为不属于违法侵权行为而不予确认；②赔偿义务机关对当事人的合法请求在法定期限内不予理睬。无论何种情况，请求人均可向有关国家机关申诉，经复查认定侵权事实存在的，应予以确认。

2. 司法赔偿请求的提出。赔偿请求人提出司法赔偿请求，应当具备以下三个条件：

（1）赔偿请求人具备法律规定的主体资格。赔偿请求人必须是其合法权益受到司法机关及其工作人员违法行使职权行为的侵犯造成损害的公民、法人或者其他组织。

（2）赔偿义务机关必须适格。赔偿义务机关是实施了违法侵权行为的侦查、检察、审判、监狱管理的机关。

（3）应当递交申请书。受害人提出司法赔偿请求，应当向赔偿义务机关递交申请书。司法赔偿申请书应当书面载明下列事项：①赔偿请求人的姓名、性别、年龄、工作单位和住所。赔偿请求人为法人或其他组织时，应写明法人或其他组织的名称、住所，法定代表人或者主要负责人的姓名、职务。有代理人的，还应一并写明代理人的姓名、性别、年龄、职业、住所。②具体的请求赔偿要求、请求赔偿的项目与金额。例如，要求赔偿的金额或恢复原状的内容，同时还可以提出返还财产的要求。③请求赔偿的事实和理由。申请书应当说明受到损害的事实，以及司法机关及其工作人员违法行使职权与申请人遭受损害的事实之间存在因果关系。④被申请的赔偿义务机关。⑤申请的年、月、日。⑥赔偿请求人和代理人的签名或者盖章。

申请人应当提供有关附件，包括确认司法机关行使职权的行为违法的文件，例如法院的判决书、损害证明材料等。

申请人根据受到的不同损害，可以同时提出数项赔偿请求。受害人可能会同时受到不同的损害。如被判处有期徒刑同时附加没收财产，经改判无罪但有期徒刑和没收财产均已执行的，受害人的人身权和财产权都受到了侵害。在这种情况下，受害人可以同时提出数项赔偿请求。

申请人因文化程度、健康原因等书写申请书确有困难时，可以委托他人代书，但应由请求人和代书人签名。此外，赔偿请求人也可以向赔偿义务机关口头申请，由赔偿义务机关记入笔录，赔偿义务机关应当接受赔偿请求人的口头申请，并负责记入笔录。

（4）请求必须在法律规定的时效内提出。如果请求人在法定期间内没有提出赔偿请求，即丧失赔偿请求权。我国《国家赔偿法》规定的请求期限为 2 年，从损害行为违法性确认之日起计算。

3. 司法赔偿请求的受理。赔偿义务机关在收到赔偿请求人的赔偿申请书后，应及时予以审查，决定是否受理。审查的内容包括：

（1）申请人是否合格。即申请人是否为违法司法行为的受害人或其法定代理人、继承人等，或是否为受害的法人或其他组织或承受其权利义务的法人或其他组织。

（2）请求赔偿的事实和理由是否确实、充分。主要是有关的证据材料是否充分，包括损害事实的材料、因果关系的材料、侵权行为存在的材料等。

（3）赔偿请求是否属于法定的司法赔偿范围，是否属于国家不承担责任的情况。

（4）被请求的机关是否为适格的赔偿义务机关。

（5）赔偿请求是否在法定时效期限内提出。赔偿请求人必须在其知道或者应当知道其合法权益受到侵害之日起 2 年内向赔偿义务机关提出。如果请求时效已超过 2 年，须进一步审查有无时效中止或者中断的情况。超过法定时效的，应认定司法赔偿请求人丧失赔偿请求权。

4. 赔偿义务机关初步审查。赔偿义务机关接受赔偿请求后，应对赔偿请求是否符合法定条件进行初步审查，审查后，根据不同情况分别处理：

（1）对不属于司法赔偿范围的请求，应作出书面决定，通知申请人并告知其理由。

（2）对于无请求权的申请人，应书面通知其不予受理并说明理由。

（3）对于不属于本机关赔偿事项范围的赔偿申请，应告知赔偿请求人向负有赔偿义务的机关申请。

（4）对于申请书所载事项不符合法律规定或有遗漏的，应通知其在规定期限内补正。

（5）对于赔偿请求已过赔偿时效，应通知请求人不予受理。

（6）对于符合赔偿条件的，应将受理决定送达申请人。

赔偿义务机关决定受理赔偿请求之后，受害人可以撤回赔偿请求。受害人撤回赔偿请求的，是否可以再一次提出司法赔偿请求？对此，《国家赔偿法》没有明确规定。我们认为，取得国家赔偿是《宪法》第 41 条规定的基本权利，其放弃应当采取比较严格的手续。受害人要撤回赔偿请求，必须提出书面的申请，经赔偿义务机关审查后，与受害人达成放弃赔偿请求权的书面协议。否则，受害人在撤回赔偿请求之后，可以再一次提出赔偿请求，赔偿义务机关必须受理。

5. 司法赔偿请求的处理。司法赔偿义务机关受理受害人的赔偿请求后，应当及时、全面地审理案件材料，在收到申请书之日起 2 个月内，按照《国家赔偿法》关于"赔偿方式和计算标准"的规定，作出处理。在案件审理过程中，赔偿义务机关认为证明材料不足或不能证明有关赔偿的事实时，可以要求赔偿请求人或者有关部门补充证明材料，也可以自行调查。在查明案件事实的基础上，与请求人协商；不能达成协议的，应当及时作出赔偿决定，并制作赔偿决定书。

　　曾经参与实施侵权行为的工作人员以及其他与本案有利害关系的人员，应当回避，不得参加司法赔偿请求的处理。申请人也可以向赔偿义务机关提出申请，要求有利害关系的人回避。但是，赔偿义务机关在处理过程中可以询问实施侵权行为的工作人员，并且要求其陈述意见。

　　关于赔偿义务机关先行处理赔偿案件的方式，《国家赔偿法》未作明确规定。一般认为，赔偿义务机关可以根据案件的具体情况采取协议或者决定的方式。在查清事实的基础上，司法赔偿义务机关可以就赔偿的方式和数额与申请人进行协商，并签订赔偿协议。协商不成时，由赔偿义务机关单方面作出决定。

四、司法赔偿复议程序

　　（一）司法赔偿复议程序的含义

　　司法赔偿复议程序是指司法赔偿请求人不服赔偿义务机关的裁决或者未与其达成协议的，有权向赔偿义务机关的上一级机关提出复议申请，由复议机关进行审查并对司法赔偿争议作出决定的程序。

　　司法赔偿复议程序仅适用于公安机关、安全机关、检察机关和监狱管理机关等作为赔偿义务机关的情况。人民法院为赔偿义务机关的，在经过先行处理程序之后，受害人应当直接向上一级人民法院的赔偿委员会申请，由赔偿委员会作出决定。

　　司法赔偿复议是在受害人全部或者部分不服赔偿义务机关作出的赔偿决定时给予的救济。从国外的情况来看，救济的方式主要有两种：一种类型是诉讼制，另一种是复议制。对我国而言，赔偿义务机关比较分散以及它们之间的微妙关系决定了诉讼制不易操作，所以采用了复议的方式。

　　司法赔偿中的复议与行政复议有很大的区别：①二者的性质不同，行政复议属于行政行为，而司法赔偿复议则应属于司法行为；②二者针对的对象不同，行政复议处理的是行政行为合法与否的争议，司法赔偿复议针对的是赔偿义务机关的赔偿处理正确与否的问题；③二者救济的途径不同，对行政复议决定不服，当事人可以提起行政诉讼，而对司法赔偿复议决定不服的，只能向人民法院赔偿委员会提出赔偿请求，不能提起诉讼。

　　（二）司法赔偿复议程序的步骤

　　1. 复议申请的提出和受理。请求人提出赔偿请求后，赔偿义务机关拒绝受理赔偿请求、作出不予赔偿的决定、逾期不予赔偿，或者赔偿请求人对赔偿的数额、赔偿方式等有异议的，赔偿请求人有权依法向赔偿义务机关的上一级机关提出复议申请，要求通过复议程序解决司法赔偿争议。

　　赔偿请求人提起复议申请，也应当向复议机关递交申请书。复议申请书应当载明的事项可以参照赔偿请求申请书的有关规定和要求，同时应附有赔偿义务机关的书面决定。

　　赔偿义务机关作出有关的书面决定并送达赔偿请求人的，赔偿请求人应自收到书面决定之日起 30 日内提起复议；赔偿义务机关对赔偿请求不予赔偿的或者拒绝履行自己作出的赔偿决定的，赔偿请求人可以自 2 个月期间届满之日起 30 日内申请复议，2 个月的期间自赔偿义务机关收到申请书之日起算。期间届满的最后一日是节假日的，以节假日后的第一日为期间届满的日期；期间不包括在途时间，复议申请书在期满前交邮的，不算过期。当事人因不可抗力或其他正当理由耽误期限的，在障碍消除后，可以申请顺延期限。

复议机关接到复议申请书后，应及时对赔偿请求人的申请进行审查，并分别对不同情况作出相应的处理：①赔偿请求人未经赔偿义务机关处理而直接提出复议申请的，复议机关应当告知赔偿请求人向赔偿义务机关提出赔偿请求；②收到复议申请的机关不是赔偿义务机关的上一级机关的，应告知赔偿请求人向正确的复议机关提出申请；③超过法定期限提起复议申请的，应决定驳回。请求人对驳回的决定不服的，可以申请赔偿委员会决定；④赔偿请求人的复议申请符合受理条件的，应予受理。

2. 对复议申请的审理和决定。复议机关受理复议申请后，应指定与本案无利害关系的工作人员办理。工作人员应当调查收集证据，查明案件事实，同时充分听取赔偿请求人的意见，与请求人就赔偿数额、赔偿方式和期限进行协商。复议机关应当听取赔偿义务机关的意见。复议可以采取书面方式审理，认为有必要时，也可以采取其他方式审理。

复议机关应当自收到申请之日起 2 个月内作出决定，对赔偿义务机关认定事实清楚、适用法律正确、适当的决定应予以维持；对于认定事实错误、适用法律错误或确定的赔偿方式、数额不合理的决定应当予以撤销；认为应当予以赔偿的，复议机关应当重新作出决定或者变更赔偿义务机关的决定。

复议机关作出的决定对于作为其下级机关的赔偿义务机关具有约束力。复议决定一经生效，赔偿义务机关必须执行。赔偿复议机关如果在 2 个月内不作出决定，请求人可以申请复议机关所在地的同级人民法院赔偿委员会作出赔偿决定；如果请求人对复议机关作出的决定不服，可以在收到复议决定书之日起 30 日内向复议机关所在地的同级人民法院赔偿委员会申请作出赔偿决定。

五、司法赔偿决定程序

（一）司法赔偿决定程序的含义

司法赔偿决定程序是指赔偿委员会受理司法赔偿请求、作出决定的程序。这是我国《国家赔偿法》规定的最终解决和确定司法赔偿问题所适用的程序。根据《国家赔偿法》的规定，中级以上人民法院设立赔偿委员会，负责处理有关司法赔偿案件。

根据《国家赔偿法》第 29 条的规定，中级以上的人民法院设立赔偿委员会，由人民法院 3 名以上审判员组成，组成人员的人数应当为单数。赔偿委员会设主任 1

人，负责召集、主持赔偿委员会会议，领导赔偿委员会的工作；根据最高人民法院1994 年 12 月 23 日发布的《最高人民法院关于贯彻执行〈中华人民共和国国家赔偿法〉设立赔偿委员会的通知》，中级人民法院的赔偿委员会由 3 名或 5 名委员，高级人民法院赔偿委员会由 5 名或 7 名委员组成。赔偿委员会的主任委员由副院长兼任，亦可设专职主任主持工作，下设办公室，配备 2 名至 5 名工作人员。

（二）司法赔偿决定程序的步骤

1. 申请。复议机关逾期不作出复议决定或者受害人不服复议决定的，应当向与复议机关同级的人民法院提出申请，但必须符合一定的条件。

赔偿请求人依法向赔偿委员会申请作出赔偿决定的，应当递交赔偿申请书一式四份。赔偿请求人书写申请书确有困难的，可以口头申请。口头提出申请的，应当记入笔录，并填写《口头申请赔偿登记表》一式四份，由赔偿请求人签名、盖章。

赔偿请求人提出赔偿申请，应当提供有关的证明材料，包括：

（1）经依法确认有《国家赔偿法》第 17 条、第 18 条规定情形的法律文书，包括：人民法院一审宣告无罪并已发生法律效力的刑事判决书、人民法院二审宣告无罪的刑事判决书、人民法院依照审判监督程序再审宣告无罪的刑事判决书、人民检察院不起诉决定书或者公安机关释放证明书。

（2）经依法确认有《国家赔偿法》第 38 条规定情形的法律文书。

（3）赔偿义务机关作出的赔偿或者不予赔偿决定书。赔偿义务机关逾期未作出决定的，应当提供相关的证明材料；赔偿义务机关是侦查、检察或者监狱管理机关的，应当提供上一级机关作出的复议决定书。复议机关逾期未作复议决定的，应当提供相关的证明材料。

（4）其他相关法律文书、证明材料。

2. 立案。赔偿委员会收到赔偿申请后，应当在 7 日内决定是否立案，并及时通知赔偿请求人。审查立案时，发现缺少有关证明材料的，应当通知赔偿请求人予以补充。收到赔偿申请的时间应当自材料补充齐全后起算。赔偿委员会经审查，认为赔偿请求人的赔偿申请依法不属于赔偿委员会受理的，应当告知赔偿请求人向有关机关提出赔偿申请，或者转交有关部门处理，并通知赔偿请求人。赔偿委员会经审查，认为符合下列条件的，应予立案：

（1）属于人民法院赔偿委员会立案范围。

（2）赔偿请求人具有法定的主体资格。

（3）赔偿义务机关是行使侦查、检察、审判、监狱管理职权的机关。

（4）有具体的赔偿请求事项和事实根据。

（5）符合法定的请求期间，因不可抗力或者其他障碍未能在法定期间行使请求权或者人民法院赔偿委员会决定延长期间的除外。

（6）赔偿义务机关是侦查、检察、监狱管理机关的，作出赔偿决定后或者逾期未作赔偿决定的，赔偿请求人申请复议，经复议仍不服或者复议机关逾期未作出复

第四节

议决定的；赔偿义务机关是人民法院的，作出赔偿决定后，赔偿请求人不服的，或者人民法院逾期未作出赔偿决定的。

（7）符合国家赔偿法及有关司法解释对国家赔偿法溯及力的规定。

赔偿委员会决定立案的，应当编立案号，填写立案登记表，向赔偿请求人发出受理案件通知书。同时应当向赔偿义务机关，复议机关发出受理案件通知书，并在15日内送达赔偿申请书副本。对经审查不符合立案条件的，应当制作不予受理案件通知书，并送达赔偿请求人。

3. 审理。赔偿委员会决定立案审理的赔偿案件，应当指定专门的工作人员办理。赔偿委员会审理案件，一般实行书面审理，不公开进行。根据审理案件的需要，可以通知赔偿请求人、赔偿义务机关和复议机关的有关人员或者相关证人提供有关情况、案件材料、证明材料，或者到人民法院接受调查。对赔偿请求人和被请求的赔偿义务机关、复议机关调查取证，应当分别进行。

赔偿委员会经审查，赔偿案件事实清楚，证据确实、充分的，应当写出赔偿案件审查报告，并附有关案卷和证明材料，报请赔偿委员会主任提交赔偿委员会审理。赔偿案件审查报告应当包括以下内容：①案件的由来；②赔偿请求人的基本情况、赔偿义务机关、复议机关的名称及其法定代表人；③赔偿请求人申请事项及理由；④申请的赔偿案件的确认情况、赔偿义务机关的决定情况以及复议机关的复议情况；⑤承办人审查认定的事实及依据；⑥处理意见和理由。

赔偿委员会讨论案件，实行少数服从多数的原则，赔偿委员会半数以上委员的意见为赔偿委员会的决定意见。赔偿委员会认为重大、疑难的案件，必要时由赔偿委员会主任报请院长提交审判委员会讨论决定。审判委员会的决定，赔偿委员会应当执行。

4. 决定。赔偿委员会审理的案件，应当分别情形依法作出如下决定：

（1）维持决定。认为赔偿义务机关的决定或者复议机关的复议决定适用法律正确，赔偿方式、赔偿数额适当的，应当决定予以维持。

（2）撤销决定。认为赔偿义务机关决定、复议机关复议决定适用法律不当的，应当撤销原决定，依法作出决定。

（3）变更决定。认为赔偿义务机关决定、复议机关复议决定中赔偿方式、赔偿数额不当的，应当作出变更决定。

（4）赔偿决定。经依法确认有《国家赔偿法》第17条、第18条、第38条规定的情形之一，赔偿义务机关或者复议机关逾期未作决定的，应当作出赔偿或者不予赔偿的决定。

（5）不予赔偿的决定。赔偿请求人申请赔偿事项属于《国家赔偿法》第19条规定的国家不承担赔偿责任的情形，或者已超过法定时效的，应当作出不予赔偿的决定。

赔偿委员会审理案件作出的决定，应当制作人民法院赔偿委员会决定书。决定书应当载明以下事项：①赔偿请求人的基本情况，赔偿义务机关、复议机关的名称及其法定代表人；②赔偿请求人申请事项，赔偿义务机关的决定、复议机关的复议决定情况；③赔偿委员会认定的事实及依据；④决定的理由与法律依据；⑤决定内容。决定书由赔偿委员会主任审核签发，加盖人民法院院印。

赔偿案件应当在 3 个月内作出是否赔偿的决定。因案件情况复杂，3 个月内不能作出决定的，经本院院长批准，可以延长 1 个月；仍不能作出决定需要再延长审理期限的，应当报请上级人民法院批准，再延长的时间最多不得超过 3 个月。

5. 执行。赔偿委员会决定一经作出，即发生法律效力，必须执行。赔偿请求人可根据决定书要求赔偿义务机关履行赔偿义务，也可要求人民法院执行。关于赔偿委员会决定的执行程序和方式，《国家赔偿法》没有规定。学理上一般认为，赔偿委员会的决定属于生效的法律文书，可以作为人民法院强制执行的根据。赔偿义务机关作出的赔偿决定、赔偿协议以及复议机关作出的复议决定、与请求人达成的赔偿协议，都是生效的法律文书，可以作为强制执行的根据。但是，由于司法赔偿义务机关是国家机关，不能适用《民事诉讼法》规定的执行措施。对此，学理上有人认为，对司法赔偿义务机关的强制执行，可以参照适用《行政诉讼法》有关对被告的强制执行措施的规定。因此，人民赔偿委员会作出决定后，应将决定书根据决定事项分别送达赔偿请求人、赔偿义务机关和复议机关，通知赔偿义务机关履行赔偿义务。对于赔偿义务机关拒不履行赔偿义务的，可以根据《行政诉讼法》第 96 条的规定，"行政机关拒绝履行判决、裁定、调解书的，第一审人民法院可以采取下列措施：①对应当归还的罚款或者应当给付的款额，通知银行从该行政机关的账户内划拨；②在规定期限内不履行的，从期满之日起，对该行政机关负责人按日处 50 元至 100 元的罚款；③将行政机关拒绝履行的情况予以公告；④向监察机关或者该行政机关的上一级行政机关提出司法建议。接受司法建议的机关，根据有关规定进行处理，并将处理情况告知人民法院；⑤拒不履行判决、裁定、调解书，社会影响恶劣的，可以对该行政机关直接负责的主管人员和其他直接责任人员予以拘留；情节严重，构成犯罪的，依法追究刑事责任"，采取强制执行措施。

赔偿委员会的决定是终局裁决，请求人不服赔偿委员会的决定，只能申诉。此外，如果赔偿委员会发现原认定的事实或者适用法律错误，必须改变原决定的，经本院院长决定或经上级人民法院指令，赔偿委员会应当重新审理，并依法作出决定。

案例 16-4： 某日晚，村民李甲之子李乙从外面回来，手里拎着一只人的耳朵对李甲说："爸，给你一个好玩东西。"李甲忙问是怎么回事。李乙说他在路上看见一个女孩，就用棍子将她打翻在地，割下了她一只耳朵。李甲只有李乙一个儿子，为保全他便自己跑到派出所"自首"，说他因与一女孩口角，一时气愤把她的耳朵割了下来。县公安局将李甲拘留。讯问时，李甲一口咬定耳朵是他割下的，随后县检察院批准将李甲逮捕。但进一步侦查时，发现李乙是真正的凶手，于是将李乙依法逮捕，同时将李甲释放。对李乙进行讯问时，发现其言行古怪。侦查人员认为其

第四节

有意装疯卖傻，企图蒙混过关，使用了一些暴力手段，给李乙身体造成了一定伤害。后经进一步调查，得知李乙有精神病。经司法鉴定，李乙在作案前后一段时间内精神病发作最猛烈。李乙应当如何获得国家赔偿？

本案中，李乙属于依法不承担刑事责任的人，他在判决确定前被羁押，国家不承担赔偿责任，对侦查人员的暴力侵权行为导致的损害有权得到国家赔偿。李乙无行为能力，应由其法定代理人向县公安局要求确认有因暴力行为侵犯其人身权的违法事实；县公安局若不予确认，李乙有权申诉。暴力侵权行为的违法性被确认后，李乙应先向县公安局请求赔偿。县公安局应当自收到申请之日起 2 个月内依法给予赔偿，若逾期不予赔偿或李乙对赔偿数额有异议，李乙可以自期间届满之日起 30 日内向其上一级机关申请复议。复议机关应当自收到申请之日起 2 个月内作出决定。李乙不服复议决定，可以在收到复议决定之日起 30 日内向复议机关所在地的同级法院赔偿委员会申请作出赔偿决定；若复议机关逾期不作决定，可以自期间届满之日起 30 日向复议机关所在地的同级法院赔偿委员会申请作出赔偿决定。法院赔偿委员会所作决定为终局决定。李乙请求国家赔偿的时效为 2 年，自侦查人员的行为被确认为违法之日起计算。

六、司法追偿程序

司法追偿是指司法赔偿义务机关在履行赔偿责任后依法责令有责任的工作人员承担部分或全部赔偿费用的制度。对符合《国家赔偿法》规定条件的工作人员，司法赔偿义务机关在履行赔偿责任之后，即享有追偿的权力，应当责令工作人员承担部分或者全部赔偿费用。

（一）司法追偿的范围

司法追偿的范围是指国家对哪些工作人员进行司法追偿。对此，《国家赔偿法》第 31 条规定："赔偿义务机关赔偿后，应当向有下列情形之一的工作人员追偿部分或者全部赔偿费用：①有本法第 17 条第 4 项、第 5 项规定情形的；②在处理案件中有贪污受贿，徇私舞弊，枉法裁判行为的。对有前款规定情形的责任人员，有关机关应当依法给予处分；构成犯罪的，应当依法追究刑事责任。"根据该条规定，我国司法追偿的范围包括：

1. 实施暴力侵权行为的工作人员。行使侦查、检察、审判、监狱管理职权的工作人员，在行使职权时刑讯逼供或者以殴打、虐待等暴力行为或者唆使他人以殴打、虐待等暴力行为造成公民身体伤害或者死亡的，司法赔偿义务机关在履行赔偿责任之后，应当责令其承担全部或者部分赔偿费用。

2. 违法使用武器或者警械造成公民受害或者死亡的工作人员。行使侦查、检察、审判、监狱管理职权的工作人员，违法使用武器、警械造成公民身体伤害或者死亡的，国家对该工作人员有追偿的权利，在履行赔偿责任之后，应当责令其承担全部或者部分赔偿费用。

3. 在执行职务过程中贪污受贿、徇私舞弊、枉法裁判的工作人员。

从上述三种情形不难看出，我国《国家赔偿法》对司法追偿的范围进行了严格的限制，明显比行政追偿的范围狭窄。在行政追偿中，具有故意或者重大过失的工作人员都是追偿的对象；而且，受行政机关委托的组织或者个人具有故意或者重大过失的，也在追偿之列。在司法追偿中，追偿的范围限于上述三种人员。国家之所以对这种工作人员进行追偿，是因为这种工作人员具有实施违法行为的故意，其主观的归责性很大，不追偿不足以制止此类违法行为。此外，由于司法活动比较复杂，国家需要公安司法机关工作人员具有较大的独立性，充分发挥其主观能动性，对具有一般过错的工作人员，不予追偿。

（二）司法追偿程序

司法追偿程序是指司法赔偿义务机关行使追偿权、作出追偿决定的步骤、顺序、时间和方式。司法赔偿程序是对赔偿义务机关的规范和制约，有利于其正确、及时行使追偿权；同时，司法赔偿程序也是对被追偿人的保护，在司法追偿过程中，被追偿人应当享有知情权、申辩权、举证权、申诉权等程序权利，而司法追偿程序是确保被追偿人得以行使这些权利的途径。

关于司法追偿程序，我国《国家赔偿法》没有作明确具体的规定。我们认为，从程序法的一般原理来看，司法追偿程序涉及如下事项：

1. 司法追偿的机关。根据《国家赔偿法》第31条第1款的规定，司法追偿的机关为赔偿义务机关。赔偿义务机关只能对自己所属的工作人员行使追偿权。

2. 司法追偿的条件。根据《国家赔偿法》第31条第1款的规定，司法追偿的条件包括：

（1）司法赔偿义务机关已经履行了赔偿责任。

（2）实施司法侵权行为的工作人员符合司法追偿的范围。

（3）追偿的数额限于赔偿义务机关支付的赔偿金即国家赔偿费用，不包括赔偿义务机关因处理赔偿请求而支出的费用。关于追偿的数额，我们认为应当有最高数额的限制，例如，苏联和罗马尼亚规定的追偿的最高数额是被追偿人3个月的工资的总和。

（4）遵守法定的程序和期限。关于赔偿义务机关行使追偿权的期限，《国家赔偿法》没有明确规定。我们认为，任何权力和权利都必须具有期限限制。

对符合上述条件的工作人员，赔偿义务机关应当行使追偿权，责令其承担全部或者部分赔偿费用。

3. 司法追偿的步骤。司法赔偿义务机关行使追偿权，应当经历如下步骤：

（1）立案。司法赔偿义务机关在履行赔偿责任之后，对符合追偿范围的工作人员，应当办理立案手续。在决定是否立案时，赔偿义务机关应当对追偿的条件作初步的审查，经审查认为符合司法追偿的范围和条件的，应当按照司法赔偿义务机关的内部工作制度，经主管领导批准，办理立案手续，同时确定办案人员。

第四节

（2）调查。司法赔偿义务机关应当调查有关司法追偿范围和条件的事实，收集必要的证据。为此，司法赔偿义务机关可以询问证人，询问被追偿人，向有关的单位和个人调取证据材料。司法赔偿义务机关应当全面调查收集证据，无论其是否有利于被追偿人。被追偿人认为某个证据需要调查的，可以向赔偿义务机关提出申请，但赔偿义务机关不受其申请的约束。

（3）初步决定。办案人员根据调查收集的证据，拟定初步的处理意见。

（4）听取被追偿人的意见。被追偿人有权了解赔偿义务机关掌握的证据材料和初步的处理意见，有权提供证据，表达个人对追偿的意见和要求，特别是有关追偿的数额和履行期限的意见和要求。对有关的证人，被追偿人有权进行质辩。

（5）作出决定。办案人员在听取了被追偿人的意见之后，应当修改或者重新拟定处理意见，报请主管领导批准。作出决定必须说明追偿的法律依据和事实根据，即说明追偿的理由，以方便被追偿人申诉和上级机关监督。

（6）通知。作出决定应当通知被追偿人。

（7）申诉。被追偿人对作出决定不服的，可以向司法赔偿义务机关的上一级机关申诉，但申诉期间不停止执行追偿决定。

（8）执行。被追偿人无正当理由不按照作出决定规定的期限和方式履行追偿义务的，司法赔偿义务机关可以采取强制执行措施。由于被追偿人是公安司法机关工作人员，而且公安司法机关的职权不一致，关于司法赔偿义务机关是否有权直接对被追偿人采取强制执行措施，有待进一步探讨。我们认为，公安机关、人民检察院和监狱管理机关采取强制性措施的权力具有特定的适用范围和条件，不能适用于作出决定的执行。在被追偿人无正当理由拒不履行作出决定的情况下，应当申请人民法院执行。人民法院作出决定的，可以自行依法强制执行。

第十六章

拓展阅读书目

1. 刘清波：《冤狱赔偿法》，台湾商务印书馆 1973 年版。
2. 陈春龙：《中国司法赔偿：实务操作与理论探讨》，法律出版社 2002 年版。
3. 张红：《司法赔偿研究》，北京大学出版社 2007 年版。
4. 柯葛壮主编：《刑事赔偿理论与实务》，上海社会科学院出版社 2001 年版。
5. 陈瑞华："司法权的性质——以刑事司法为范例的分析"，载《法学研究》2000 年第 5 期。
6. 樊崇义、胡常龙："走向理性化的国家赔偿制度——以刑事司法赔偿为视角"，载《政法论坛》2002 年第 4 期。

第 十 七 章
国家赔偿的方式、标准和费用

本章提要：

　　本章详细介绍了金钱赔偿、返还财产、恢复原状等国家赔偿方式，并分别介绍了人身权损害和财产权损害的赔偿标准，介绍了我国的国家赔偿费用来源及其支付与管理制度。

第一节　国家赔偿的方式

一、国家赔偿的方式的含义

　　国家赔偿的方式，是指国家对自己的侵权行为承担赔偿责任的各种形式。赔偿是对侵权行为造成的损害的补救。由于损害的性质、情节、程度不同，赔偿的方式也有所不同。国家赔偿采用何种方式，直接影响到国家与被侵害主体的合法权益，因此有必要以法律的形式进行明确规定。我国《国家赔偿法》第32条规定："国家赔偿以支付赔偿金为主要方式。能够返还财产或者恢复原状的，予以返还财产或者恢复原状。"根据这一规定，我国的国家赔偿是以金钱赔偿为主要方式，以返还财产、恢复原状为补充方式，即除特别情形以外，绝大部分的赔偿应通过支付货币的方式进行赔偿，只有在返还财产、恢复原状适当时，才可以选择返还财产、恢复原状的方式。除金钱赔偿、返还财产、恢复原状三种方式外，我国《国家赔偿法》还规定了恢复名誉、赔礼道歉、消除影响及支付精神损害抚慰金等方式。我国《国家赔偿法》之所以采取这种方式，主要是出于以下原因：

　　1. 国家确立赔偿制度的目的在于更有效地保障公民、法人以及其他组织的合法权益，使其在受到国家机关的侵害后能得到相应的补救。因此，原则上应当是"同等损害、同等赔偿"。采用以金钱赔偿为主，以返还财产、恢复原状为辅的方式，能保证受害人得到与其所受损害相当的充分的赔偿，避免方式单一造成的局限性，使受害人从数量、质量、程度、类型上得到真正的救济。

2. 以金钱赔偿为主、以其他方式为辅的赔偿方式充分考虑了效率的要求。国家机关承担着国家运转的各项职能，为保证公务的正常履行，赔偿方式力求便捷易行，以避免国家机关陷入繁琐的个案纠缠之中而贻误公务。在国家赔偿中，采取金钱赔偿方式，简便易行，受害一方也可迅速得到救济。

需要特别指出的是，国家赔偿与民事赔偿虽然都是赔偿，但是二者有很大的区别：①二者性质是完全不同的，国家赔偿是由公法关系引起的赔偿，民事赔偿则是由私法关系引起的赔偿。②在赔偿方式上，国家赔偿与民事赔偿也有许多不同之处。我国《民法总则》第179条列举了承担民事责任的11种具体方式，包括：停止侵害，排除妨碍，消除危险，返还财产，恢复原状，修理、重作、更换，继续履行，赔偿损失，支付违约金，消除影响、恢复名誉，赔礼道歉。赔偿损失仅仅是其中一种。而在国家赔偿中，以支付赔偿金为主要的赔偿方式。③国家赔偿与民事赔偿在赔偿方式的适用上也不相同。民法中对侵权造成的损害的责任，以恢复原状为原则，以赔偿损失为补充。而国家赔偿则通常以金钱赔偿为原则，以恢复原状为例外。

二、金钱赔偿

金钱赔偿，即将受害人的各项损失计算成金额，以金额折抵受损害人的损失。无论是对财产损害，还是对精神损害、人身损害的赔偿，都可以适用金钱赔偿。国家赔偿法把金钱赔偿规定为主要原则，是由其本身的特点决定的：①金钱赔偿适用的范围非常广泛，几乎适用于任何损害的赔偿，无论是物质损害还是精神损害，无论是对人身权还是对财产权的损害，金钱赔偿都具有其他责任形式无法替代的优势。②金钱赔偿便于操作。金钱赔偿一般都有固定标准，便于实施，可以避免双方因标准不一达不成共识而难以实施。正因为如此，金钱赔偿在国家赔偿方式中居于相当重要的地位。

（一）人身损害的金钱赔偿

一般来说，对人身造成的损害是难以用金钱来直接赔偿的，因为人身权不是金钱可以衡量的。但是在损害已经发生的情况下，除了对仍在继续的损害停止侵害外，尚没有比金钱赔偿更为合适的赔偿方式。这是因为：一旦发生人身损害，特别是劳动能力的部分或全部丧失时，原本可以得到的收入可能减少或者丧失，法定扶养义务无法履行，同时还要为消除病痛、恢复健康或安葬支付费用等。受害人遭受的这一系列的财产损失，只能由国家承担赔偿责任，支付相应的赔偿金额，填补受害人因不法侵害造成的物质上的损失。此外，人身不但是物质利益的载体，还是精神、情感等精神生活的载体，金钱赔偿可以使受害人的精神得到安慰。从这些意义上说，人身损害适用金钱赔偿的方式是适合的。

（二）财产损害的金钱赔偿

任何财产都具有使用价值和交换价值，都可以折算成一定的金额，然后再给予相应的赔偿。例如，某企业的一批进口原材料被行政机关违法查封扣押，在此期间，该原材料发生变质，在计算损失时，可以按国家规定的价值折算成金额，由国家给予赔偿。财产损失的几种形式，如物的灭失、营利之丧失等，都可以通过金钱进行赔偿。但是，如果采用其他方式更便捷易行，则适用其他赔偿方式。

（三）精神损害的金钱赔偿

一些国家对精神损害也采用金钱赔偿的方式补救。通常是以慰藉金的形式间接地给以补救。我国《国家赔偿法》规定的金钱赔偿，不仅限于因身体损害造成的财产损失，也明确规定了对精神损害的赔偿。如《国家赔偿法》第35条规定："有本法第3条或者第17条规定情形之一，致人精神损害的，应当在侵权行为影响的范围内，为受害人消除影响，恢复名誉，赔礼道歉；造成严重后果的，应当支付相应的精神损害抚慰金。"

根据我国《国家赔偿法》第36条的规定，金钱赔偿的适用，应当以不能返还财产或恢复原状为前提。不能返还财产或恢复原状主要指以下几种情况：①侵犯公民人身自由及生命健康权；②侵犯公民、组织的财产权，被侵害的财产已经灭失、拍卖等，恢复原状在事实上已不可能；③侵犯公民、组织的财产权，被侵害的财产已被损坏且不能恢复原状或恢复有重大困难；④返还财产或恢复原状与法律规范相抵触。

在适用金钱赔偿的方式时，应根据案件的具体情况，分别适用以下原则：①国家对于受害人或第三人的过错而产生的损害不予赔偿或减少赔偿总额；②受害人因同一赔偿原因所取得的利益，应从赔偿金中扣除；③有法定赔偿金额的，适用法律规定的金额，而不按实际计算的数额赔偿。

三、返还财产

返还财产，是指国家机关将违法取得的财产返还给受害人的赔偿方式。返还财产只能适用于物质损害，尤其是在物品失去控制的情况下。返还财产一般是指原物。如果原物是特定化的种类物，可以以同种类的物品赔偿，当事人不同意的，只能金钱赔偿，不能采用返还财产的方式。在返还财产时，如果财产在失去控制期间有孳息物的，应一并返还。返还财产，主要适用于以下情形：

1. 行政机关违法采用罚款、没收财产等行政处罚。行政处罚是剥夺相对人权利的一种制裁措施，当处罚行为被认为违法时，即应返还受害人的财产。

2. 行政机关违反国家规定征收财物、摊派费用。行政机关征收财物、摊派费用，是行政机关对相对人课以义务的行为，当这种行为没有法律依据时，便构成对当事人财产权的侵犯，行政机关应当返还征收的财物和摊派的费用。

3. 司法机关或行政机关违法适用罚金、没收、追缴等剥夺财产的措施。如人民法院对没有犯罪事实的人处以罚金、没收财产等刑事制裁措施，当上级人民法院依照审判监督程序再审改判无罪的，原判的罚金、没收的财产应当返还。

第一节

4. 国家机关违法采取的查封、扣押、冻结财产的措施。如果被侵害的财产尚未灭失，应当返还，造成损害的，还应支付相应的赔偿金。

需要注意的是，采用返还财产这一赔偿方式，还需要具备以下几个条件：

1. 原财产还存在。如果原财产已经毁损或灭失，返还财产也就无从谈起。如果原物是经过特定化的种类物，如一台电视机，但该物已经被损坏，经受害人同意，可赔偿其另外一台价值相当的电视机。如果受害人不同意，则只能给予金钱赔偿。

2. 返还财产比金钱赔偿更为便捷。返还财产是国家赔偿方式中的一种例外，只有在比金钱赔偿更便捷时才适用。如果原财产虽然存在，但被运往外地或下落需要查找，则返还财产不如金钱赔偿便捷。

3. 返还财产不影响公务的实施。如果原财产已经用于公务活动，返还财产将会影响到公务的实施，则不应以返还财产方式赔偿，而应以金钱赔偿。

案例 17−1：2002 年 7 月 3 日，张某携带其承包金矿自产的 30 公斤黄金前往甲市销售，途中被甲市公安局截获。公安局以张某违反《中华人民共和国金银管理条例》、涉嫌经营国家限制买卖物品为由，对张某采取刑事拘留措施，并扣押了涉案黄金。随后检察院批准对张某逮捕。2003 年 2 月，国务院发布决定，取消了涉及黄金生产销售的许可证，检察院遂以认定犯罪的法律、法规已经发生变化为由，作出不起诉决定，但并未返还扣押的黄金。张某不服，提出国家赔偿请求。

本案中，张某被扣押的黄金已不属于被限制买卖的物品，应当予以返还。

四、恢复原状

恢复原状，是指使被国家机关的违法行为侵害的相对人的财产或权利恢复到受损害前的形状、性能或状态的赔偿方式。

国家赔偿中的恢复原状与民事赔偿中的恢复原状，既有联系，又有区别。从包含的内容来看，国家赔偿中的恢复原状包含的内容较宽，而民法中的恢复原状包含的内容较窄。民法中的恢复原状指当行为人侵害他人财产，致他人财产受到损坏时，应当对受到损害的财产进行修复，使之恢复到受损害前的形状或性能；而国家赔偿中的恢复原状不仅包括对受损害财产的恢复原状，而且包括对其他受损害的权利恢复原状，例如恢复受害人所享有的工资待遇、恢复职级等。

恢复原状作为一种赔偿方式，在国家赔偿中的适用限制非常严格。因为恢复原状可能会牵扯国家工作人员过多的时间、精力，影响行政效率。只有在比金钱赔偿更便捷的情况下，才适用此种方式。一般来说，通常适用于以下几种情况：①应当返还的财产被损坏，能够恢复原状的，应当恢复原状；②查封、扣押、冻结财产的，应当解除查封、扣押、冻结；③有可能恢复原状且不违反其他法律规定。

而且，恢复原状必须具备以下几个条件：

1. 受到损害的财产能够恢复原状。如果财产损害导致物之功能丧失或减弱已经无法恢复时，不能适用恢复原状的赔偿方式。

2. 恢复原状比金钱赔偿更便捷易行。恢复原状作为金钱赔偿的一种辅助方式，只有比金钱赔偿更为简便易行时才被采用。如果损害可以用金钱计算，且比恢复原状更简便时，应当适用金钱赔偿的方式。

3. 排除了其他赔偿方式的适用。恢复原状是一个十分灵活的概念，其适用的范围又比较广泛，排除妨碍，消除危险，修理、重作、更换等都是恢复原状的内容；无法适用金钱赔偿或者只有恢复原状这种赔偿方式最为便捷时，方可以适用恢复原状。

五、国家赔偿的其他方式

除上述三种赔偿方式外，《国家赔偿法》还明确规定了其他的赔偿方式。《国家赔偿法》第 35 条规定："有本法第 3 条或者第 17 条规定情形之一，致人精神损害的，应当在侵权行为影响的范围内，为受害人消除影响，恢复名誉，赔礼道歉；造成严重后果的，应当支付相应的精神损害抚慰金。"

根据该条规定，并非所有侵犯名誉权、荣誉权的行为都适用消除影响、恢复名誉、赔礼道歉这些赔偿方式，其仅适用下列侵权行为：

1. 行政机关违法拘留或者违法采取限制公民人身自由的行政强制措施，侵犯受害人名誉权和荣誉权的。

2. 行政机关非法拘禁或者以其他方式非法剥夺公民人身自由，侵犯受害人名誉权和荣誉权的。

3. 行政机关以殴打、虐待等行为或者唆使、放纵他人以殴打、虐待等行为造成公民身体伤害或者死亡的。

4. 行政机关违法使用武器、警械或者以其他违法行为造成公民身体伤害或者死亡的。

5. 行使侦查权、检察权、审判权的国家机关对没有犯罪事实的人违法拘留、错误逮捕，侵犯受害人名誉权和荣誉权的。

6. 依照审判监督程序再审改判无罪，原判刑罚已经执行完毕并致受害人名誉权和荣誉权损害的。

7. 行使侦查权、检察权、审判权的国家机关刑讯逼供或者以殴打、虐待等行为或者唆使、放纵他人以殴打、虐待等行为造成公民身体伤害或者死亡的。

8. 行使侦查权、检察权、审判权的国家机关违法使用武器、警械造成公民身体伤害或者死亡的。

上述情形均属国家机关违法行使职权限制或剥夺公民的人身自由，侵犯了公民人身权利，同时在一定范围内造成对公民的名誉权和荣誉权的损害。国家机关在纠正违法行为时，应当在侵权行为影响的范围内，为受害人消除影响，恢复名誉，赔礼道歉。

1. 消除影响。《国家赔偿法》中的消除影响是指国家机关承担的在特定范围内消除因侵犯名誉权、荣誉权所产生的各种不良影响，对受害人名誉和荣誉的赔偿方式。在运用这一赔偿方式时，应当注意以下几个问题：

（1）受害人的名誉权和荣誉权已经受到了损害，这是消除影响适用的前提。如果侵权行为尚未公开，并不为公众所知，或者公民的名誉权和荣誉权仅仅受到损害威胁，还未造成不良影响，则没有必要采用这一赔偿方式。

（2）消除影响必须在受到损害的特定的范围内。即侵权行为在多大的范围内侵害了受害人的名誉权和荣誉权，在多大范围内对受害人造成了不良影响，必须在多大范围内消除之，以恢复受害人在公众中的名誉和荣誉。例如，某公安机关认定某人有赌博行为对其实施拘留，并在全厂作为法制教育典型进行宣传，后该拘留被确认违法，公安机关应当在全厂范围内为受害人消除不良影响。

（3）消除影响的方式可以单独适用，也可以与其他赔偿方式合并适用。如果国家机关限制人身自由的时间较短，损害的程度又较轻，单独适用消除影响的赔偿方式即可。否则，除为受害人消除影响外，还须用其他方式赔偿。

2. 恢复名誉。恢复名誉与消除影响在我国民法中经常合并适用。二者在许多方面有相似之处，都是因为侵犯了受害人的名誉权与荣誉权而承担的民事责任的形式，都是对精神损害的补救与赔偿。我国《国家赔偿法》采用恢复名誉的赔偿方式，主要适用于国家机关的侵权行为造成的公民名誉权与荣誉权的损害。

3. 赔礼道歉。因为国家机关的侵权行为造成受害人名誉权或荣誉权的损害，侵害人向受害人承认过错，表示歉意，即为赔礼道歉。

《国家赔偿法》把赔礼道歉作为赔偿的一种方式，有其独特新颖之处。从各国立法来看，将赔礼道歉作为国家赔偿的方式似乎无此先例。立法过程中，曾产生过争议，有观点认为，国家机关向受害人赔礼道歉无异于"隔靴搔痒"，起不到对公民被损害的权利的补救作用。与此相反的观点则认为，国家机关向受害人赔礼道歉，对受害人的精神是一种安慰，有利于化解矛盾，达成谅解，有利于实现国家的管理职能。赔礼道歉作为国家赔偿方式中的一种补充方式，其存在是有其合理性的。《国家赔偿法》中对于用什么形式进行赔礼道歉未作明文规定。有人认为，可以由行政机关当面口头向受害人表示歉意，但为保证赔礼道歉的严肃性，应将口头道歉的内容记录在案。如果适用书面道歉的方式更为合适，或者受害人更乐于接受书面道歉的形式，则由赔偿机关将道歉内容以书面的形式送交受害人。本书认为，鉴于国家赔偿的特殊性，赔礼道歉原则上应当采取书面方式，同时可以口头、新闻或电视公告的方式予以补充。

第二节　国家赔偿的计算标准

一、人身权损害的计算标准

人身权的损害包括侵犯公民人身自由和侵犯公民生命健康权两类，具体包括限制和剥夺人身自由、损害人格权、损害健康致人伤残，致人死亡。其损害赔偿计算标准分别为：

（一）人身自由权损害赔偿的计算标准

国家机关侵犯公民人身自由的行为大致包括徒刑、拘役、管制、刑事拘留、司法拘留、行政拘留、劳动教养、逮捕及其他刑事侦查中限制人身自由的羁押行为。限制、剥夺人身自由的赔偿，一般以受害人被羁押的时间乘以每日赔偿金额计算，但各国和地区的每日赔偿金额不一。我国《国家赔偿法》第33条规定："侵犯公民人身自由的，每日赔偿金按照国家上年度职工日平均工资计算。"即按日支付赔偿金，每日的赔偿金按照国家上年度职工日平均工资计算。根据《最高人民法院关于人民法院执行〈中华人民共和国国家赔偿法〉几个问题的解释》第6条的规定，这里所规定的"上年度"，应为赔偿义务机关、复议机关或者人民法院赔偿委员会作出赔偿决定时的上年度；复议机关或者人民法院赔偿委员会决定维持原赔偿决定的，按作出原赔偿决定时的上年度执行。国家上年度职工日平均工资数额，应当以职工年平均工资除以全年法定工作日数的方法计算。年平均工资以国家统计局公布的数字为准。

我国《国家赔偿法》对侵害公民人身自由权的赔偿采用随机标准，而不是规定一个最高赔偿限额或固定的标准，好处在于可以适应经济发展的状况，符合我国的国情，既便于操作，也比较灵活，还能够在全国范围内得到统一实施，保证公民、法人和其他组织在合法权益受到侵害时能得到国家的合理赔偿。

（二）生命健康权损害赔偿的计算标准

损害生命健康包括致人身体伤害、致人身体残疾和致人死亡三种情况。国家违法侵害公民身体健康或者生命，致使其患病、丧失或减少劳动能力或者死亡的，应当负赔偿责任。各国关于人身伤害的赔偿一般包括医疗费、医疗期间的误工费和留有身体障碍时的补偿费或生活费。我国《国家赔偿法》第34条规定，侵犯公民生命健康权的赔偿金按照下列标准计算：

1. 造成身体损害的，应当支付医疗费、护理费，以及赔偿因误工减少的收入。减少的收入每日的赔偿金按照国家上年度职工日平均工资计算，最高额为国家上年度职工年平均工资的5倍。

一般身体伤害，是指尚未造成残疾的伤害。医疗费是受害人身体受到损害后恢复健康进行治疗所支出的费用。包括医疗费、住院费、化验费等。医疗费按实际花费赔偿，应以受害人就诊医院开具的诊断证明和医疗费有关的收据为凭，凡治疗与侵害无关的疾病或擅自购买与侵害无关的药品，或未经医务部门批准，另找医院治疗的花费，都不应赔偿。

护理费是指受害人于康复期因生活不能自理而花费的陪护费用。"护理费"为2010年《国家赔偿法》修正时新增的内容，陪护必须根据需要而定，且有限定范围。《最高人民法院关于审理人身损害赔偿案件适用法律若干问题的解释》第21

条第 1、2、3 款规定，护理费根据护理人员的收入状况和护理人数、护理期限确定。护理人员有收入的，参照误工费的规定计算；护理人员没有收入或者雇佣护工的，参照当地护工从事同等级别护理的劳务报酬标准计算。护理人员原则上为一人，但医疗机构或者鉴定机构有明确意见的，可以参照确定护理人员人数。护理期限应计算至受害人恢复生活自理能力时止。受害人因残疾不能恢复生活自理能力的，可以根据其年龄、健康状况等因素确定合理的护理期限，但最长不超过20 年。

误工减少的收入，是指受害人因受伤后不能工作而损失的收入。关于误工减少的损失标准，各国规定不一，有的规定按实际损失予以赔偿，有的确定每日或每月的赔偿金额，无论何人何种情况均适用一个标准，有的则规定按实际损失减半赔偿。我国《国家赔偿法》第 34 条第 1 款第 1 项规定，减少的收入每日赔偿金按国家上年度职工日平均工资计算，其总计的最高额为国家上年度职工年平均工资的 5 倍。误工日期的确定以医院开具的休假日期为依据，没有休假证明自行休假的，不作误工日计算。

对赔偿金额规定最高限额并非始于我国，世界上其他国家也有类似的做法，这主要是出于国家的财力情况考虑。

2. 造成部分或者全部丧失劳动能力的，应当支付医疗费、护理费、残疾生活辅助具费、康复费等因残疾而增加的必要支出和继续治疗所必需的费用，以及残疾赔偿金。残疾赔偿金根据丧失劳动能力的程度，按照国家规定的伤残等级确定，最高不超过国家上年度职工年平均工资的 20 倍。造成全部丧失劳动能力的，对其扶养的无劳动能力的人，还应当支付生活费。

残疾赔偿金是指国家机关及其工作人员因违法行使职权侵犯公民生命健康权，致使公民部分或全部丧失劳动能力后，国家支付给受害人的赔偿金。赔偿额的多少由受害人的伤残程度来确定。确定受害人的伤残程度，应根据国家有关的规定。由于《国家赔偿法》及有关司法解释没有作出明确解释，因此可以参照 2013 年最高人民法院、最高人民检察院、公安部、国家安全部、司法部发布的《人体损伤程度鉴定标准》，该司法解释可作为国家赔偿中确定伤残程度的参照。

生活费是国家因国家机关工作人员违法行使职权侵犯公民的生命健康权，致使其全部丧失劳动能力，对其所扶养（或抚养）的无劳动能力的人支付维持生活的费用。根据我国《婚姻法》《继承法》等法律规定，公民应扶养（或抚养）的人包括公民的直系亲属，即祖父母、外祖父母、父母、配偶、未满 18 岁的子女以及与公民已形成抚养关系的人。凡是被抚养人是未成年人的，生活费给付至 18 周岁；其他无劳动能力的人，生活费给付至死亡。根据《国家赔偿法》第 34 条第 2 款的规定以及相关司法解释，生活费发放标准应参照作出赔偿决定时被扶养人住所地所属省级人民政府确定的最低生活保障标准执行。

3. 造成公民死亡的，应当支付死亡赔偿金、丧葬费，总额为国家上年度职工年平均工资的 20 倍。对死者生前扶养的无劳动能力的人，还应当支付生活费。

我国的赔偿法借鉴了国外立法经验，又根据我国的实际情况，对死亡的赔偿采取最高限额一次性给付的规定。需要注意的是：死亡赔偿金和丧葬费是一个固定的数额，即国家上年度职工年平均工资的 20 倍。关于生活费的规定与致人全部丧失劳动能力是相同的。

死亡赔偿金与残疾赔偿金的不同之处在于：死亡赔偿金是给付受害人亲属的，而残疾赔偿金是给付受害人的。接受死亡赔偿金的主要是受害人的继承人及与受害人有扶养关系的亲属。因此，死亡赔偿金的内容，包括死亡赔偿金、丧葬费和生活费，由国家一次性向死者家属支付包括丧葬费在内的死亡赔偿金。

案例 17 - 2：1996 年 10 月 11 日晚，丁某酒后在某饮食店酗酒闹事，砸碎店里玻璃数块。后经人劝说，丁某承认错误并表示愿意赔偿。此时恰巧碰上某区公安局任某、赵某执勤到店里，任某对丁某又推又打，欲将丁某带回派出所处理。在扭推过程中，致丁某跌倒，头撞在水泥地上，造成颅内出血死亡。1997 年 12 月 20 日，丁某之父向某区公安局提出行政侵权赔偿。本案赔偿义务机关应以什么赔偿方式赔偿？

《国家赔偿法》第 34 条第 1 款第 3 项规定，造成死亡的，应当支付死亡赔偿金、丧葬费，总额为国家上年度职工年平均工资的 20 倍。对死者生前扶养的无劳动能力的人，还应当支付生活费。

二、财产权损害赔偿的计算标准

根据《国家赔偿法》第 36 条的规定，财产损失赔偿的计算标准如下：

1. 罚款、罚金、追缴、没收财产或者违法征收、征用财产的赔偿。罚款、罚金、追缴、没收财产侵犯公民、法人和其他组织财产权的，或者违法征收、征用财产的行为，属于物之失去控制，与之相适应的最好赔偿是返还财产。这里所说的"返还财产"，包括金钱及其他财物。

2. 查封、扣押、冻结财产的赔偿。查封、扣押、冻结财产的，应当解除对财产的查封、扣押、冻结。应当返还财产损坏的，能够恢复原状的恢复原状，不能恢复原状的，国家承担赔偿责任，按照损害程度给付相应的赔偿金。应当返还的财产灭失的，给付相应的赔偿金。灭失是指经损害的财产已不复存在。所谓"相应的赔偿"，是指赔偿的数额应以物的价值计算，严格掌握在实际损失范围内，并且是在受害人失去该财产时为估价日期。

3. 财产已经拍卖或者变卖的赔偿。拍卖，是指公开处置财产的一种方式，由专业拍卖机构、临时从事拍卖活动的企业或者人民法院以公平竞争的方式将财产出卖给竞价中最高的出价者。国家机关及其工作人员对财产实行违法强制措施后，如果对财产已经进行了拍卖，原物已经不存在或已为他人所有，恢复原状已不可能，便应给与金钱赔偿。变卖一般适用于金银及其制品、当地市场有公开交易价格的动产、

第二节

易腐烂变质的物品、季节性商品、保管困难或者保管费用过高的物品。《国家赔偿法》第 36 条第 5 项规定，财产已经拍卖或者变卖的，给付拍卖或者变卖所得的价款；变卖的价款明显低于财产价值的，应当支付相应的赔偿金。

4. 吊销许可证和执照、责令停产停业的损害赔偿。吊销许可证和执照、责令停产停业是国家机关及其工作人员可能侵害公民、法人及其他组织的财产权的又一种形式。这种侵害并非直接指向财产，而是剥夺和限制受害人的权利，其后果往往是造成企业停产或法人消灭。对此，《国家赔偿法》第 36 条第 6 项规定，吊销许可证和执照、责令停产停业造成损害的，赔偿停产停业期间必要的经常性费用开支。"必要的经常性费用开支"是指企业、商店、公民等停产停业期间用于维持其生存的基本开支，如水电费、房屋租金、职工基本工资等。其中，职工基本工资是按国家统一规定的劳保工资的平均数来计算的。但不赔偿法人或组织在正常情况下于此期间必定能获得的利益，也不赔偿停产停业期间的一切开支，而只是赔偿必要的经常性费用，并且是赔偿损失的一部分而非全部。

5. 返还执行的罚款或者罚金、追缴或者没收的金钱，解除冻结的存款或者汇款的，应当支付银行同期存款利息。

6. 对财产权造成其他损害的赔偿。《国家赔偿法》第 36 条第 8 项规定，对财产权造成损害的，按照直接损失给予赔偿。所谓"直接损失"，是指因遭受不法侵害而使现有财产的必然减少或消灭。规定"直接损失"赔偿原则是因为：①我国的国力财力还不雄厚，国家赔偿只是慰抚性的，仅是象征性地给予一定的补偿，否则会加重国家及公民的负担。②除直接损失外，可预期利益、间接损失都是相对人未实际取得的利益，不能排除因意外情况的发生而无法实际取得的可能。

案例 17-3：某区公安分局因追赃将甲厂的机器设备连同其产品、工具等物品一并扣押，经评估价值 10 万元。甲厂雇人看管扣押的设备等物品，共花费 900 元。后市公安局通过复议决定撤销区公安分局的扣押决定，区公安分局将全部扣押物品退还甲厂。甲厂将所退物品运回厂内安装，自付运输、装卸费 800 元。设备被扣押期间，甲厂损失 2 万元的企业利润。甲厂提出国家赔偿请求。依据《国家赔偿法》的规定，对哪些损失应予赔偿？

本案中，国家应当赔偿 800 元的运输、装卸费和 900 元的看管费。设备被扣押期间 2 万元的企业利润损失，不能获得赔偿。

第三节　国家赔偿费用

一、国家赔偿费用的来源

国家赔偿费用是指国家机关赔偿受害人损失所需的费用，由于国家赔偿是以金钱赔偿为主，其他赔偿方式为辅，因而需要相当的费用。世界上很多国家以立法形式规定国家赔偿的经费来源。一般来说，赔偿经费均由国家拨款支出，但在具体做法上，各国又有所不同。《国家赔偿法》第37条对国家赔偿经费来源作了明确规定："赔偿费用列入各级财政预算。赔偿请求人凭生效的判决书、复议决定书、赔偿决定书或者调解书，向赔偿义务机关申请支付赔偿金。赔偿义务机关应当自收到支付赔偿金申请之日起7日内，依照预算管理权限向有关的财政部门提出支付申请。财政部门应当自收到支付申请之日起15日内支付赔偿金。赔偿费用预算与支付管理的具体办法由国务院规定。"政府在每年度的国家预算中列支赔偿费用专项。鉴于我国财政实行的是中央和地方分列的体制，因此，《国家赔偿法》实施后，凡属中央财政划拨经费的部门由中央财政作预算。地方政府、人民法院、人民检察院的赔偿费则由各级财政列入预算。具体的列支方法，由国务院制定具体的实施细则。

二、国家赔偿费用的支付与管理

国家赔偿费用由各级人民政府按照财政管理体制分级负担，由各级财政部门拨款，由财政部门向请求权人支付。国家赔偿费用支付中，往往会出现赔偿金预算与赔偿金使用结果不符的结果，或者年终有余，或者经费不足。由于国家赔偿金是专款专用，每一项都有具体的使用范围，不能将结余部分与其他行政费的结余一样处理，只能将全部结余转入下一年度继续专项使用。对于经费不足，可以采取两个办法予以补救：①动支预备费。各级财政为应付临时性急需或事先难以预料的开支设置了预备费，国家赔偿费用不足部分，可经一定手续批准动用预备费，以保障受害人得到赔偿。②追加预算。在原来已核定的赔偿总额外增加数额，以弥补赔偿金的不足。追加预算应由财政部门向上级财政部门提出报告，上级财政部门审核后转报国务院或同级人民政府批准。

我国国家赔偿经费的管理，主要由2011年1月17日国务院发布的《国家赔偿费用管理条例》规定：

1. 国家赔偿费用，列入各级财政预算，由各级财政按照财政管理体制分级负担。国家赔偿费用由各级财政机关负责管理。当年实际支付国家赔偿费用超过年度预算的部分，在本级预算预备费中解决。

2. 财政部门自受理申请之日起15日内，按照预算和财政国库管理的有关规定支付国家赔偿费用。

3. 财政部门发现赔偿项目、计算标准违反国家赔偿法规定的，应当提交作出赔偿决定的机关或者其上级机关依法处理、追究有关人员的责任。

此外，根据《国家赔偿法》第41条的规定，赔偿请求人要求国家赔偿的，赔偿义务机关、复议机关和人民法院不得向赔偿请求人收取任何费用。不论最终处理结果如何，均不得收取案件受理费、勘验费、鉴定费等一切开支和费用。以上所有费用均由赔偿义务机关、复议机关和人民法院自行负担。对赔偿请求人取得的赔偿金

第三节

也不予征税，即赔偿请求人获得的赔偿金不用缴纳任何税款。

拓展阅读书目

1. 应松年："国家赔偿法修改中的几个问题"，载《国家行政学院学报》2006 年第 4 期。
2. 马怀德、张红："论国家侵权精神损害赔偿"，载《天津行政学院学报》2005 年第 1 期。
3. 张瑾："关于侵犯公民人身权利的国家赔偿标准的研究"，载《法制与社会》2007 年第 2 期。

第
十
七
章